管子

국내 최초 완역판

사상 최초의
정치경제학서

관자

관중 지음
신동준 옮김

上

국내 최초 완역판

사상 최초의
정치경제학서

고 전 에 서
배 우 는
경 제 활 성 화 와
국 가 경 영 전 략

인간사랑

차례㊤

차례㉻

역자 서문

삼국시대의 제갈량은 포의지사布衣之士로 있을 때 자신을 춘추시대 중엽 제환공을 도와 사상 최초로 패업霸業을 이룬 관중에 비유한 바 있다. 관중은 포숙아와 더불어 관포지교管鮑之交 고사를 만들어낸 주인공이다. 제갈량이 스스로를 관중에 비유한 것은 조조와 마찬가지로 『한비자』로 상징되는 법가사상을 추종했기 때문이다. 문화대혁명 당시 4인방四人幇이 관중을 법가사상의 효시로 칭송한 것도 이런 맥락에서 이해할 수 있다.

그러나 관중은 법가뿐만 아니라 유가와 도가, 병가 등 제자백가의 효시에 해당한다. 그는 춘추전국시대를 대표하는 최고의 정치가일 뿐만 아니라 중국의 전 역사를 통틀어 최고의 사상가에 해당한다. 공자가 제자들 앞에서 관중을 수시로 언급하며 그가 이룬 업적을 인仁으로 풀이한 게 그렇다. 『논어』「헌문」에 나오는 다음 일화가 이를 뒷받침한다.

하루는 공자의 우직한 제자인 자로子路가 공자에게 말했다.

"제환공 소백小白이 이복동생인 공자 규糾를 죽이고 보위에 올랐을 때 소홀召忽은 주군을 위해 죽었으나 관중은 그리하지 않았습니다. 그러니 관중은 어질지 못하다고 해야 할 것입니다."

공자가 말했다.

"제환공이 제후들을 규합해 전쟁을 미연에 막은 것은 모두 관중의 공이다. 그 누가 그의 인仁만 하겠는가!"

관중의 패업을 높이 평가한 것이다. 이 소식을 들은 최고의 수제자 자공이 다시 스승을 찾아가 말했다.

"관중은 인자仁者가 아닌 듯합니다. 주군인 공자 규를 좇아 죽지 못하고 오히려 적으로 있던 제환공을 섬겼으니 말입니다."

공자가 잘라 말했다.

"관중은 제환공을 도와 제후들을 단속하고, 일거에 천하를 바로잡는 일광천하一匡天下의 위업을 이뤘다. 중원의 백성이 지금까지 그 혜택을 받고 있다. 그가 없었다면 우리는 지금 머리를 풀고 옷깃을 왼편으로 여미는 오랑캐가 되어 있을 것이다. 어찌 그의 행보를 필부가 작은 절개를 위해 목숨을 끊는 것에 비유할 수 있겠는가!"

공자의 이런 칭송은 관중의 패업을 존왕양이尊王攘夷의 위업으로 평가한 결과다. 왕실을 받들어 천하질서를 바로잡고, 외적의 침입으로부터 중원의 역사문화를 수호한다는 뜻이다. 훗날 순자와 한비자도 똑같은 취지로 관중의 '존왕양이' 업적을 기렸다.

주목할 것은 공자의 사상적 후계자를 자처한 맹자의 정반대되는 평가이다. 그는 난세에도 오직 덕치로 평천하를 이뤄야 한다는 왕도王道를 역설하며 관중의 패업을 가차 없이 깎아 내렸다. 무력과 법치로 상징되는 패도覇道를 적극 수용한 순자의 입장과 대비된다. 치세에는 왕도가 바람직하나 난세에는 패도도 기꺼이 수용할 수 있어야 한다는 게 순자의 기본입장이다. 이를 선왕후패先王後覇라고 한다. 순자의 '선왕후패' 입장이 관중의 '존왕양이' 행보를 인仁으로 해석한 공자의 입장과 같은 것임은 말할 것도 없다.

그럼에도 남송 때 주희가 맹자사상에 기초한 성리학을 집대성하면서 맹자의 주장만이 횡행하게 됐다. 순자와 그의 제자인 한비자가 이단으로 몰리게 된 이유다. 이를 계기로 원래 치국평천하에 초점을 맞춘 공자사상은 수신제가에 방점을 찍은 도덕철학으로 변질되고 말았다. 그 후유증은 막심했다. 19세기에 들어와 성리학에 함몰된 청조와 조선이 서구 열강 및 일제의 식민지 내지 반식민지로 전락한 게 그렇다. 아편전쟁을 전후로 국가패망의 위기가 고조되자 중국의 내로라하는 유학자들이 뒤늦게 『관자』의 주석 작업에 매달린 사실이 이를 뒷받침한다. 『관자』를 깊숙이 연구해 메이지유신에 성공한 일본과 대비된다.

공자사상을 근본적으로 왜곡한 장본인은 맹자와 더불어 성리학을 집대성한 주희다. 청조와 조선조의 패망은 『관자』의 키워드인 경세제민經世濟民과 부국강병富國強兵 이치를 무시 내지 폐기한 후과로 볼 수 있다. 청조 말기에 내로라하는 유학자들이 뒤늦게 『관자』의 주석 작업에 매달렸으나 이미 때가 늦었다. 소 잃고 외양간 고치는 격에 지나지 않았다.

그래도 중국의 경우는 나은 편이다. 전철을 밟지 말아야 한다고 각성한 게 그렇다. 실제로 초대 사회과학원장을 지낸 곽말약은 1956년에 메이지유신의 사상적 기초가 된 일본의 역대 『관자』 주석을 포함해 중국의 역대 주석을 총망라한 『관자집교管子集校』를 펴냈다. 비록 문화대혁명 등의 우여곡절을 겪기는 했으나 중국이 문득 21세기에 들어와 G2의 일원으로 우뚝 선 배경이 여기에 있다. 『관자』의 키워드인 경세제민과 부국강병 이치를 통찰한 결과다.

21세기 현재 자금성의 수뇌부와 세계 굴지의 기업CEO들은 『관자』를 옆에 끼고 평천하 방략을 짜고 있다. 겉으로는 공자를 중국의 역사문화를 상징하는 아이콘으로 띄우면서 속으로는 경세제민과 부국강병의 이치를 탐구하는데 머리를 싸매고 있는 것이다. 정치경제학계도 비슷하다. 『관자』를 기본텍스트로 하는 관학管學이 『논어』를 텍스트로 삼는 공학孔學을 압도하고 있는 현상이 그렇다. 역대 중국 황제들이 구사한 외유내법外儒內法의 통치술을 좇고 있는 셈이다. '외유내법'은 겉으로는 유가의 덕치를 내세우면서도 속으로는 법가의 법치를 구사하는 통치술을 말한다. 중국 수뇌부와 기업 CEO의 이런 행보는 비록 소를 잃기는 했으나 뒤늦게나마 외양간이라도 고친 덕분으로 볼 수 있다.

정작 문제가 되는 것은 한국이다. 조선조 개창 이래 21세기 현재에 이르기까지 6백여 년 동안 줄곧 맹자의 왕도 이론에 함몰돼 있는 현실이 그렇다. 해방 이후 조선조 사대부가 맹종한 '왕도'를 '민주'로 바꾼 것만이 다를 뿐이다. 천하가 태평하고 나라가 평안한 치세에는 이런 주장이 나름 타당하다. 그러나 난세에 이런 주장을 펴는 것은 패망의 길이다. 구한말 유림이 내세운 위정척사衛正斥邪 운동이 대표적이다. 21세기 현재 '민주'를 금과옥조로 내세우고 있는 게 꼭 이와 같다. 한반도를 둘러싸고 주변 4강이 치열한 신경전을 펼치고 있는 21세기의 G2시대는 구한말을 방불하고 있다. 이런 중차대한 시기에 한가하게 '왕도'의 21세기 버전인 '민주'를 맹종하는 것은 패망을 자초하는 짓이다. 남북이 분단돼 서로 대치하고 있는 현실을 감안하면 오히려 그때보다 더 심각하다.

고금의 역사가 가르치듯이 난세에는 난세의 논리가 있다. 그게 바로 '경세제민'과 '부국강병'으로 상징되는 패도이다. 공자사상의 정맥을 이은 순자의 제자 한비자는 이를 독제獨制로 표현했다. 한비자는 서구의 민주주의 이론과는 정반대로 군주독제君主獨制와 권신전제權臣專制 개념을 대비시켰다. 『한비자』에 '군주전제' 표현이 단 한마디로 나오지 않고, 오직 '권신전제' 표현만 5번 나오는 이유다. 한비자는 무엇을 근거로 '군주독제'와 '권신전제'를 대비시킨 것일까? 『한비자』「망징」에 그 답이 있다.

"신하들이 붕당을 결성해 군주의 눈과 귀를 가리면서 권력을 휘두르면 그 나라는 패망한다. 변경을 지키는 장수의 직위가 너무 높아 멋대로 명을 내리면 그 나라는 패망한다. 나라의 창고는 텅 비어 있는 데도 대신의 창고만 가득 차 있으면 그 나라는 패망한다."

한비자는 신하들이 사리사욕을 꾀하기 위해 붕당을 결성한 뒤 군주를 허수아비로 만들고 대권을 멋대로 휘두르는 것을 '권신전제'로 표현한 것이다. 그가 말한 '군주독제'는 군주가 중차대한 국가대사를 앞에 두고 고독한 결단을 내린다는 뜻으로 사용된 것이다. 주목할 점은 '군주독제'에 앞서 반드시 공청회를 열어 신하들의 다양한 건의를 경청할 것을 권한 점이다. 이를 뒷받침하는 『한비자』「팔경」의 해당대목이다.

"명군은 중대 사안이 빚어지면 여러 사람의 지혜를 하나로 모으기 위해 먼저 신하들의 의견을 일일이 들은 뒤 곧바로 공청회를 열어 이를 공개적으로 토론케 한다."

이를 통해 '군주독재'와 권신이 권력을 멋대로 휘두르는 '권신전제' 사이에 하늘과 땅만큼의 차이가 있음을 알 수 있다. 한비자가 말하는 '군신독제'는 서구의 역사문화에 뿌리를 둔 현대정치학의 '실질적 민주주의' 이념과 상통한다. 단지 군주의 고독한 결단을 강조한 점만이 다를 뿐이다. 역사적으로 볼지라도 국가안위를 책임진 최고 통치권자는 결단의 순간 고독할 수밖에 없다. 한비자가 '군주독제'를 역설한 이유다.

이는 최근 마키아벨리를 두고 미국의 시카고학파가 '민주주의자'로 규정한 것과 닮았다. '공화주의자'로 파악한 캠브리지학파와 구별된다. 그러나 양자 모두 마키아벨리가 기본적으로 '군주주의자'라는 사실을 도외시하고 있다. 보다 엄격히 말하면 마키아벨리는 군주주의와 민주주의를 혼용한 '군주민주주의자'로 규정하는 게 타당하다.

동서고금을 통틀어 관자가 바로 '군주민주주의'의 선구자에 해당한다. '공화주의'로 포장되기 일쑤인 붕당의 혁파를 강조하면서 민생과 국방을 최우선 과제로 삼는 '경세제민'과 '부국강병'을 역설한 게 그렇다. 공자와 순자 및 한비자가 제시한 치국방략과 닮았다. 사실 이런 입장에 입각해야만 공자가 관중의 '존왕양이' 행보를 높이 평가한 배경을 이해할 수 있다.

그런 점에서 '민주리더십'에 대한 맹종이 당연시되고 있는 작금의 상황은 매우 심각하다. 자칫 구한말의 전철을 밟을 소지가 크기 때문이다. 관건은 '난세에는 난세의 논리가 있다!'는 간명하면서도 엄중한 이치를 통찰하는데 있다. 그 해답이 바로 마키아벨리가 『군주론』에서 역설한 '군주민주주의'이다. 그 효시가 바로 춘추시대 중엽 사상 최초로 패업을 이룬 관중이다. 필자가 본서를 펴낸 것도 바로 이 때문이다. 난세의 시기에는 난세의 논리가 작동하고, 그 요체가 바로 '군주민주주의'에 있다는 사실을 널리 알리고자 한 것이다.

『관자』는 『한비자』와 『상군서』 및 『손자병법』 등과 더불어 경세제민과 부국강병 계책의 보고에 해당한다. 관중이 역설한 경세제민과 부국강병 계책은 백성을 이롭게 하는 이민利民에 기초한 부민富民을 전제로 한 것이다. 애덤 스미스가 말한 '보이지 않는 손'에 의한 시장의 자율과 '보이는 손'인 관청에 의한 시장질서 확립을 동시에 달성하는 게 요체이다. 관중은 바로 이런 입장에 서 있었다. 그가 40여 년 동안 제환공을 곁에서 보필하면서 제나라를 문득 가장 부강한 나라로 만들어낸 비결이 여기에 있다.

최근 중국 학계는 관중을 아담 스미스와 대비시켜 경중가輕重家의 창시자로 내세우고 있다. '경중가'는 제자백가 내에서 지금으로 치면 일종의 정치경제 학단學團에 해당한다. 정치와 경제를 하나로 녹여 경세제민과 부국강병을 추구한 게 특징이다. 베이징대 세계연구센터 연구원인 자이위중翟玉忠은 지난 2010년에 펴낸 『국부책國富策』에서 『관자』가 『국부론』보다 무려 2300년 앞서 나온 세계 최초의 정치경제학 고전에 해당한다고 주장했다. 그는 이 책에서 중국을 이끄는 자금성의 주인과 기업CEO 모두 『관자』를 옆에 끼고 살면서 정치경제의 새로운 패러다임을 찾고 있다고 말했다. 중국이 '팍스 시니카'를 구축하기 위해 어떤 방향으로 나아가고 있는지 짐작케 해준다. 마르크스는 말할 것도 없고 애덤 스미스와 케인즈 등 서구의 정치경제이론에서 완전히 벗어나 중국의 역사문화에 기초한 새로운 패러다임을 추구하고 있다는 명백한 증거다.

당초 청대 말기의 변법사상가들은 영어 '이코노믹스'를 '경중학'으로 번역한 바 있다. 일본이 '경세제민'의 약자인 '경제'로 번역하며 메이지유신을 강력 추진한 것과 같다. 중국 나름의 독자적인 국가발전 전략을 추진한 것이다. 원래 중국에서는 전통적으로 상품의 생산과 조절, 화폐의 유통, 당국의 물가통제 등을 통상 '경중'으로 표현했다. 실제로 관중은 생전에 개방적인 대외무역을 통한 모든 재화의 원활한 유통, 상평창을 통한 물가안정과 사회안정망의 구축, 소금과 철의 전매제도를 통한 재정확충 방안 등을 역설한 바 있다. 이는 『관자』의 「승마」와 「구부」 및 「경중」편에 모두 수록돼 있다. 21세기의 학문용어로 바꿔 표현하면 관중은 정치경제학을 사상 최초로 제시한 경우에 해당한다.

객관적으로 볼 때 중국 학계에서 공용어로 사용하는 '경중가'는 상가商家로 표현하는 게 간명하다. 나아가 『관자』의 「승마」와 「구부」는 「경중」편 못지않게 매우 중요한 경제이론과 재정정책을 담고 있다. 원래 이들 모두 독립적인 책으로 존재했던 것이다. 전한 말기 유향劉向이 관중의 저서를 하나로 묶어 현재의 『관자』로 펴낼 때 「승마」와 「구부」를 무리하게 「경중」에 끼워 넣었다. '경중가' 용어가 적절치 못한 이유다. 관중은 사농공상士農工商으로 요약되는 4민四民 가운데 최하층으로 분류된 상인을 농부만큼 중시해 이른바 농상병중農商竝重을 천명한 최초의 인물이다. 본서가 일련의 저서를 통해 '종횡가' 대신 '상가' 용어를 사용하며 관중을 제자백가의 효시이자, '상가'의 창시자로 규정하는 이유다.

21세기에 들어와 세계 최대의 시장으로 부상한 중국에 대한 이해는 이제 선택이 아닌 필수이다. 중국의 역사문화는 모두 춘추전국시대의 제자백가 사상에서 비롯됐다. 제자백가의 효시가 바로 사상 최초의 정치경제학자인 관중이다. 지피지기知彼知己 차원에서라도 위정자와 기업CEO는 물론 일반인 모두 『관자』가 역설한 경세제민과 부국강병 이치를 통찰할 필요가 있다. 난세에는 그래야만 살아남을 수 있다. 민족의 염원인 한반도통일을 조속히 실현해 명실상부한 '동북아 허브시대'를 조기에 개막할 수 있는 비결도 여기에 있다. 본서가 이런 흐름에 앞장서고자 하는 모든 사람에게 나름 도움이 됐으면 하는 바람이다.

2014년 겨울 학오재學吾齋에서 저자 쓰다.

국내 최초 완역판

[제1권]

관중은 누구인가?

제1부 관중은 어떻게 살았을까?

제2부 관중은 어떻게 생각했을까?

사상 최초의 정치경제학서

고 전 에 서

배 우 는

경 제 활 성 화 와

국 가 경 영 전 략

국내
최초
완역판

사상

최초의

정치

경제

학서

『관자』에 관한 역대 주석을 총망라한 주석서 국내 최초 출간

정치와 경제를 하나로 녹인 『관자』에서 경세제민과 부국강병 원리를 찾아라!

자금성의 수뇌부는 『관자』를 『논어』보다 열심히 읽으며 G1을 꿈꾸고 있다

고 전 에 서

배 우 는

경 제 활 성 화 와

국 가 경 영 전 략

|제1부| 관중은 어떻게 살았을까?

혼란스런 제나라

춘추시대에 첫 패업을 이룬 제나라는 원래 주왕조 건국 초기 대공을 세운 태공망 여상呂尙의 봉국封國이다. '여상'은 당초 '여呂' 땅을 봉지로 받은 데서 나온 것으로 그의 본래 이름은 강상姜尙이다. 제나라는 강상이 죽은 후 크게 빛을 내지 못했다. 오히려 4대 군주인 제애공齊哀公 때 지금의 산동성 수광현인 기紀나라 군주의 참소에 걸려 펄펄 끓는 솥에 삶아 죽이는 팽형烹刑을 당했다. 그는 역사상 첫 '팽형'을 당한 군주에 해당한다.

당시 주공왕周恭王은 제애공을 팽형에 처한 뒤 제애공의 동생을 제호공齊胡公으로 앉혔다. 제호공이 도성을 영구營丘에서 지금의 산동성 박흥현인 박고薄姑로 옮기자 이에 반발한 제애공의 막내 동생 강산姜山이 제호공을 죽인 뒤 제헌공齊獻公으로 즉위했다. 제헌공은 도성을 다시 박고에서 원래의 임치臨淄로 옮겼다. 이후 임치는 전국시대 말기까지 줄곧 제나라의 도성이 되었다.

제헌공 사후 제무공齊武公과 제여공齊厲公이 차례로 즉위했다. 제여공의 폭정으로 백성들의 불만이 커지자 제호공의 아들이 무리를 이끌고 임치로 쳐들어왔다. 제나라 백성들이 이에 호응해 제여공을 쳐 죽였다. 이때 제호공의 아들도 난중에 죽게 되었다. 제나라 백성들이 제여공의 아들 적赤을 제문공齊文公으로 옹립했다. 제문공은 즉위하자마자 제여공을 시해한 70여 명을 찾아내 극형에 처했다.

제문공 사후 제성공齊成公과 제장공齊莊公이 차례로 즉위했다. 제장공의 재위 기간 중 주유왕이 견융에 의해 피살되는 일이 일어났다. 제장공은 국내 일로 인해 주왕실의 낙양 천도에 참여치 못했다. 제장공 사후 그의 아들 녹보祿甫가 제희공齊釐公으로 즉위했다. 제희공 때에 들어와 비로소 제나라 역사가 『춘추좌전』에 상세히 실리게 된다. 제희공의 희釐는 원래 '리'이나 시호로 쓰일 때는 '희'로 읽는다. '희僖'와 같은 뜻이다. 유사한 경우가 또 하나 있다. 목繆도 원래는 '무'이나 시호로 쓰일 때는 '목'으로 읽어야 한다. 시호에 자주 쓰이는 목穆과 동일하다.

당시 제희공에게는 선강宣姜과 문강文姜이라는 두 명의 딸이 있었다. 선강은 위선공衛宣公, 문강은 노환공魯桓公에게 시집을 갔다. 도중에 사달이 난 것은 제희공의 태자 제예諸兒 때문이었다. 그는 호색한이었다. 문강의 이복오빠인 제예는 어렸을 때 문강과 사통했다. 이게 훗날 커다란 화를 불렀다.

문강이 노환공에게 시집을 갈 당시 노환공은 당시의 기준으로 볼 때 나이가 매우 많았다. 두 사람은 기원전 709년 가을에 혼인식을 올렸다. 노환공은 문강의 미색이 출중한 것을 보고 크게 기뻐하며 오랫동안 정사를 팽개치다시피 했다. 그는 결혼한 지 3년 뒤 아들 동同을 얻었다. 장인 제희공도 크게 기뻐했다. 그러나 이내 기紀나라 일로 인해 장인과 사위 사이가 틀어지고 말았다. 당시 제희공은 조상인 제애공이 기나라 군주의 참소로 팽살을 당한 것을 설욕키 위해 군사를 이끌고 가 기나라를 쳤다. 기나라는 대대로 노나라와 혼인을 맺어 가까운 사이였다. 노환공이 기나라 성 밖에 진을 치고 있는 제희공을 찾아가 용서를 구했으나 제희공이 이를 거절했다.

화가 난 노환공은 곧 좌우에 명해 군사를 이끌고 가 제나라 군사와 싸우게 했다. 제희공이 곧 공자 팽생彭生을 시켜 이들을 치게 했다. 노나라 군사가 밀리자 노환공이 곧 정나라에 도움을 청했다. 당시만 해도 정나라가 가장 막강한 무력을 보유하고 있었다. 이에 제희공도 곧 북쪽의 연나라를 비롯해 사위 나라인 위나라에 도움을 청했다. 도중에 송나라가 제나라 연합군에 합세했다. 7개국의 군사가 두 패로 갈려 치열한 공방전을 벌인 끝에 막강한 군사력을 자랑한 정나라 측의 승리로 끝났다.

이후 제희공은 거듭 기나라를 치고자 했으나 노나라와 정나라의 견제로 뜻을 이루지 못했다. 결국 그는 기원전 698년 이내 자리에 눕게 되었다. 그는 태자 제예를 불러 당부했다.

"기나라는 우리의 원수다. 원수를 갚지 못하면 아예 종묘에 들어설 생각을 하지 마라."

이어 다시 동생 이중년夷仲年의 아들 무지無知를 불렀다.

"이중년은 나의 친동생이다. 나의 혈육은 태자 제예뿐이니 너는 마땅히 태자를 잘 섬기도록 하라."

그의 사후 제예가 제양공齊襄公으로 즉위했다. 당시 위나라에는 제양공의 이복누이 선강이 위선공과의 사이에서 낳은 삭朔이 위혜공衛惠公으로 즉위해 있었다. 위혜공의 즉위는 떳떳치 못했다. 자객을 보내 태자로 있던 이복형 급자急子와 동복동생 공자 수壽를 죽이고 보위에 올랐기 때문이다. 자객에게 죽임을 당한 급자에게는 천자의 사위인 친동생 검모黔牟가 있었다. 위나라 신하들이 이내 위혜공 삭을 몰아낸 뒤 검모를 맞아들여 보위에 앉혔다. 쫓겨난 위혜공 삭이 곧 외숙인 제양공이 있는 제나라로 달아났다. 제양공은 생질인 위혜공 삭을 이같이 위로했다.

"언젠가 군사를 일으켜 반드시 위나라를 찾아주도록 하겠다."

당시는 마침 제양공이 매부인 문강의 남편 노환공을 통해 주왕실의 공주에게 청혼을 한 상태였다. 노환공을 통한 것은 주왕실이 노나라를 크게 존중했기 때문이다. 노나라는 주무왕의 친동생인 주공周公 단旦의 봉국이었다. 주공 단은 주무왕이 건국 직후 이내 세상을 떠나자 어린 주성왕周成王을 보필해 주왕실을 반석 위에 올려놓은 건국 원훈이다. 책사인 태공망 여상의 봉국인 제나라와는 격이 다를 수밖에 없었다. 당시 제양공은 조카인 위혜공 삭이 망명해오자 신하들에게 이같이 말했다.

"지금 위나라 군주 검모는 천자의 사위요. 이제 과인 또한 천자의 사위가 되기 위해 청혼 중이니 공자 삭을 돕는 일은 후일로 미룰 작정이오."

얼마 후 주왕실로부터 제양공과 공주의 혼인에 대한 허락이 떨어졌다. 사자를 보내 통보하면 될 일이었다. 그러나 문강이 이를 빌미로 친정에 가고 싶어 했다. 노환공이 동조했다. 대부 신수申繻가 만류했다.

"지금 친정에 부모도 안 계시는데 오라비에게 근친을 간다는 것은 말이 안 됩니다."

"과인은 이미 허락했소."

왕실과의 혼인이 성사된 것을 안 제양공이 크게 기뻐하며 잔치를 성대하게 차려 노환공 부부를 크게 대접했다. 잔치가 파한 후 문강은 궁에 머물렀다. 노환공은 별다른 의심을 하지 않았다. 그러나 이런 일이 거듭되자 노환공도 이내 내막을 알게 됐다.

그가 부인 문강을 크게 꾸짖은 뒤 장차 본국으로 돌아가 다스리고자 했다. 문강이 곧바로 정부情夫이자 이복오빠인 제양공을 찾아가 이를 고했다. 제양공이 공자 팽생을 불렀다.

"송별연이 끝나는 즉시 모든 것을 소리 없이 마무리 짓도록 하라."

연회가 파하자 대취한 노환공은 공자 팽생에게 안겨 수레에 올랐다. 공자 팽생은 힘이 장사였다. 수레가 임치성의 성문을 빠져나간 지 얼마 안 돼 무쇠 같은 팽생의 주먹을 옆구리에 맞은 노환공은 그 자리에서 즉사했다. 제양공이 병사들을 시켜 노환공의 영구를 노나라로 호송케 했다. 기원전 694년 여름 4월 10일의 일이다.

노나라 대부들이 바보가 아닌 이상 전말을 짐작치 못할 리 없었다. 그러나 현장을 목격한 사람도 없는 만큼 곧바로 제양공에게 책임을 추궁하는 일 또한 쉽지 않았다. 결국 고육책으로 호송을 책임진 팽생을 죽이는 것으로 사태를 마무리 짓기로 의견을 모았다. 곧바로 제나라에 국서를 보냈다. 『춘추좌전』에 그 내용이 실려 있다.

"우리 군주는 늘 제후齊侯의 위엄을 두려워하여 감히 편안히 지내지도 못했습니다. 이번에 귀국에 가서 이전의 우호 관계를 다지고자 했는데 우호의 예를 이루고도 돌아오지 못했습니다. 지금 그 책임을 물을 데가 없어 제후들 사이에서 좋지 못한 소문이 나게 됐습니다. 청컨대 팽생을 제거하여 이러한 소문이 나지 않도록 해 주십시오."

제양공이 이를 좇았다. 결국 팽생은 제대로 변명도 하지 못한 채 이내 목이 잘리고 말았다. 실컷 이용만 당하고 주군인 제양공이 자행한 불륜행각의 희생양이 되고 만 셈이다. 충성도 충성 나름이다. 암군暗君을 섬기다가는 이런 참혹한 일을 당할 소지가 크다.

제양공의 비명횡사

당시 제양공은 생질인 위혜공 삭을 복위시킨 뒤 낙읍으로 추방된 동서 검모가 이내 장인 주장왕을 부추겨 토벌군을 이끌고 오지나 않을까 크게 걱정했다. 기원전 687년, 제양공이 대부 연칭連稱과 관지보管至父에게 명해 도성 임치성으로 들어오는 동남 쪽 길목을 지키게 했다. 두 사람이 제양공에게 물었다.

"언제쯤이면 만기가 되어 돌아올 수 있겠습니까?"

"참외가 익는 내년 7월쯤 교대할 사람을 보낼 것이오."

1년이 지난 기원전 686년 가을 7월, 만기가 지났는데도 아무런 기별이 없었다. 두 사람이 마침내 무지를 받들어 반기를 들었다. 『춘추좌전』은 당시 상황을 이같이 기록해 놓았다.

"당초 이중년의 아들 공손 무지는 제희공의 총애를 입어 입는 옷과 예우 등에서 태자 제예와 하등 차이가 없었다. 제예가 제양공으로 즉위한 뒤 곧

바로 공손 무지에 대한 대우를 삭감케 했다. 연칭과 관지보는 이를 빌미로 공손 무지를 끌어들여 반란을 꾸몄다."

당시 연칭에게 사촌 여동생이 있었다. 그녀는 제양공의 후궁으로 있었으나 총애를 받지 못했다. 공손 무지가 그녀와 만나 제양공의 동태를 살필 것을 주문하면서 이같이 다짐했다.

"일이 성사되면 너를 반드시 부인으로 맞이할 것이다."

공손 무지와 연칭 일당은 제양공이 사냥 나올 때를 틈타 거사를 일으키기로 의견을 모았다. 이해 겨울 12월, 제양공이 남쪽 패구貝丘로 사냥을 나갔다. 이때 덩치가 큰 멧돼지가 나타났다. 제양공을 수종하던 종자가 외쳤다.

"공자 팽생이 나타났습니다."

제양공이 화를 내며 곧바로 돼지를 향해 활을 쏘았다. 그러나 멧돼지의 반격이 만만치 않았다. 이는 『춘추좌전』의 다음 기록이 뒷받침한다.

"활을 맞은 멧돼지가 사람처럼 벌떡 서서 울부짖었다. 제양공이 두려워한 나머지 수레 위에서 실족하면서 발을 다치고 신발을 잃었다."

'공자 팽생' 운운은 후대인의 상상력으로 만들어낸 얘기인 듯하고, '멧돼지가 사람처럼' 운운은 문학적인 표현으로 보는 게 옳다. 정황상 화살이 빗맞아 저돌적으로 제양공을 향해 달려들었을 공산이 크다.

당시 제양공은 환궁한 뒤 시종 비費에게 신발을 찾아오라고 했으나 끝내 찾지 못했다. 특수 제작된 비싼 신발이었던 모양이다. 『춘추좌전』에는 '구屨'로 되어 있다. 당시 신발을 통상 '구'로 칭했다. '구'는 만드는 재질에 따라 '마구麻屨'와 '갈구葛屨', '피구皮屨' 등으로 구분되었다. 삼과 칡으로 만든 '마구'와 '갈구'는 대체로 여름에 신고, 가죽으로 만든 '피구'는 겨울에 신었다. 『춘추좌전』의 기록에 주목해 대략 '피구'로 짐작하고 있으나 이는 신중을 요한다.

'구'의 별칭으로 사용된 '석舃' 때문이다. '구'는 신발 바닥이 홑으로 되어 있는 반면 '석'은 겹으로 되어 있었다. '피구皮屨'와 '혁석革舃' 모두 가죽신을 말한다. 가죽신은 귀해 서민들은 신을 수가 없었다. 『춘추좌전』에는 비록 '구'로 표현돼 있으나 '피구'보다 고급인 '혁석'일 공산이 크다.

당시 신발을 찾지 못해 화가 난 제양공이 비를 피가 나도록 매질하자 비가 피를 흘리며 도망쳤다. 이때 마침 궁문 앞에서 제양공을 해치기 위해 궁 안으로 들어오던 연칭 일당을 만났다. 연칭의 무리가 그를 잡으려고 하자 비가 저고리를 벗어 등의 매 맞은 자리를 보이며 제양공을 비난했다. 비는 연칭 무리가 자신을 믿자 먼저 제양공이 있는 곳으로 들어가겠다고 청해 급히 궁 안으로 들어갔다. 그는 제양공을 숨기고 밖으로 나와 이들과 싸우다가 죽었다. 일당이 드디어 침소 안으로 들어와 제양공을 대신해 누워 있는 제양공의 총신 맹양孟陽을 죽였다. 그러나 이내 제양공이 아닌 것을 알고는 크게 떠들었다.

"죽은 자는 군주가 아니다! 얼굴이 닮지 않았다."

명대 말기 풍몽룡이 쓴 『동주열국지』에는 제양공이 한쪽 신발이 침소의 지게문 밖으로 살짝 삐져나온 탓에 이내 발각돼 목숨을 잃는 것으로 묘사돼 있다. 꽁꽁 숨어 있어야 하는 상황에서 왜 신발이 삐져나온 것일까? 이해할 수 없는 일이다. 이는 풍몽룡이 당시의 상황을 제대로 간파하지 못한 결과다. 『사기』「제태공세가」는 '혹견족或見足', 『춘추좌전』은 '현족見足'으로 기록해 놓았다. 「제태공세가」는 '누군가 제양공의 맨발을 보았다.'고 쓴 것이고, 『춘추좌전』은 '발이 드러났다.'고 쓴 것이다. 어느 쪽이든 똑같은 상황을 묘사한 것이기는 하나 당시의 위급한 상황에 비춰 극도의 공포심에 휩싸인 제양공이 자신도 모르는 사이 오들오들 떨다가 발을 삐죽 내밀었을 공산이 크다. 『춘추좌전』의 기록이 훨씬 사실에 가깝다.

연칭의 무리는 곧 공손 무지를 새 군주로 옹립했다. 공손 무지는 보위에 오른 지 얼마 안 돼 죽는 바람에 시호가 없다. 공손 무지의 즉위는 제양공 제예의 이복동생인 제환공 소백小白에게 하나의 기회로 다가왔다. 제양공이 계속 보위에 앉아 있었다면 그가 즉위하는 일은 결코 없었을 것이다. 세상일이란 묘하다. 소백의 경우처럼 남의 불행이 자신에게는 행운으로 작용하는 경우가 있기 때문이다. 시운時運이라면 시운일 수 있다. 제양공의 죽음은 패자가 천자를 대신해 천하를 호령하는 시대가 박두했음을 예고한 사건이다.

공자 규와 소백의 경쟁

공자 소백에게는 한 명의 서형庶兄이 있었다. 공자 규糾다. 그는 노나라 여인 소생이고, 소백은 거莒나라 여인 소생이었다. 그러나 성리학을 집대성한 남송대의 주희朱熹는 『논어』를 주석하면서 공자 소백이 공자 규의 서형이라고 주장했다. 이는 『사기』「제태공세가」 및 『춘추좌전』의 기록과 명백히 어긋난다. 주희는 무엇을 근거로 이런 주장을 편 것일까?

결론부터 말하면 이는 공자가 『논어』에서 관중과 제환공의 패업을 높이 평가한데 반해 맹자가 이른바 '환문지사桓文之事'를 폄척貶斥한 모순을 최소화하기 위한 고육책이었다. '환문지사'는 곧 춘추시대 첫 패자인 제환공과 두 번째 패자인 진문공이 이룬 업적을 의미한다. 주희가 활약한 남송 때는 맹자가 역설한 '의리론'이 기승을 부린 까닭에 공자 소백이 서형인 공자 규를 죽게 만들었다는 비난이 높았다. '3강5륜'에서 역설하는 장유長幼의 질서를 해친 셈이다.

만일 이들의 주장을 그대로 수용할 경우 공자가 관중과 제환공의 패업을 높이 평가한 배경을 설명할 길이 없게 된다. 장유의 질서를 어지럽힌 공자 소백 즉 제환공의 패업을 칭송하는 것은 '3강5륜'에 어긋나기 때문이다. 주희가 두 사람의 서열을 두고 굳이 공자 소백이 공자 규의 서형이었다는 억지를 부린 이유가 여기에 있다. 패업에 대한 공자와 맹자의 이견을 극소화하기 위한 고육책으로 해석할 수밖에 없다. 황당한 명분론이다.

큰 틀에서 볼 때 두 사람의 서열은 결코 중요한 게 아니다. 성리학의 가장 큰 문제 중 하나는 작은 의리와 명분에 지나치게 얽매여 대의大義를 보지 못한 데 있다. 조선조 및 청조가 서구 열강과 일제의 침탈에 제대로 대응치 못하고 식민지 내지 반식민지로 전락한 것도 이와 무관할 수 없다.

이와 관련해 사마천은 「제태공세가」에서 소백의 모친이 위衛나라 출신이라고 기록해 놓았다. 그러나 모친이 위나라 출신이라면 소백은 '거'나라 대신 '위'나라로 망명하는 게 순리에 맞다. '거'나라 출신으로 보는 게 타당하다. 「제태공세가」의 기록에 대한 의문은 계속 이어진다. 제양공이 죽기 이전에 이미 목숨이 위태롭다고 판단한 공자 규와 소백 모두 각각 노나라와 거나라로 망명한 것으로 되어 있다. 그러나 『춘추좌전』의 기록은 이와 다르다. 이에 따르면 제양공 즉위 후 제나라 정치가 매우 어지러운 모습을 보이자 포숙아가 소백에게 말했다.

"군주가 백성들을 방종하게 만들고 있으니 곧 변란이 일어나고야 말 것입니다."

그리고는 곧 공자 소백을 받들고 거나라로 달아났다. 관중과 소홀은 제양공이 시해된 후 비로소 공자 규를 받들어 노나라로 망명한 것으로 되어 있다. 양쪽 모두 소백이 미리 망명했다고 기록한 점에서는 동일하나 공자 규의 망명 시점에 대해서는 서로 상반되고 있다.

『춘추좌전』의 기록을 좇을 경우 관중 및 소홀과 같은 뛰어난 참모를 둔 공자 규는 제양공이 시해되는 사건이 빚어진 뒤에야 비로소 망명한 셈이 된다. 관중과 소홀 모두 제양공이 시해되는 등의 사태가 빚어질 경우 자신이 모시는 공자 규를 곧바로 보위에 앉힐 생각으로 마지막 순간까지 임치성에 남아 있었을 공산이 크다. 『춘추좌전』의 기록이 역사적 사실에 부합한다. 사마천이 『사기』를 기록하면서 신중치 못했다고 평할 수밖에 없다.

그런 점에서 『동주열국지』의 상상력은 나름 평가할 만하다. 이에 따르면 당시 관지보는 공손 무지에게 이같이 권했다.

"널리 방을 내걸고 어진 사람을 모으십시오. 그래야만 백성들의 신망을 얻을 수 있습니다."

공손 무지가 이를 좇아 사람을 보내 관중을 부르자 관중이 혼잣말로 중얼거렸다.

'공손 무지의 목도 튼튼하지 못한 데 이들이 다른 사람 신세까지 망치려 드는구나!'

그러고는 소홀과 이를 상의한 뒤 함께 공자 규를 모시고 노나라로 달아나는 것으로 되어 있다.

당시 관중이 이런 말을 했는지 여부는 알 길이 없다. 이런 문학적 상상력은 역사소설의 영역이다. 주목할 것은 관지보가 관중을 추천한 것으로 묘사한 대목이다. 이는 2가지 이유였다. 하나는 서로 친척이었고, 다른 하나는 관중이 현명하다는 이유다. 사서에 두 사람 모두 하급 사족士族으로 나오고 있는 점에 비춰 친척일 공산이 크다. 나아가 관중의 명성이 소홀 못지않게 컸을 가능성도 높다. 당시 노장공이 망명한 관중과 소홀, 공자 규를 거두어 지금의 산동성 가택현인 생두生竇에 살게 하면서 매달 의식衣食을 넉넉히 공급했다는 대목이 이를 뒷받침한다. 공자 규의 즉위 가능성을 높이 점친 결과다. 뛰어난 참모를 둔 게 노장공으로 하여금 이런 기대를 갖도록 만들었다고 보는 게 상식에 부합한다.

관포지교의 유래

사마천은 『사기』를 저술하면서 「본기本記」와 「표表」, 「서書」, 「세가世家」 이외에 「열전列傳」을 두었다. 이중 21세기 현재까지 가장 주목을 받는 것은 바로 전체의 반 이상을 차지하는 「열전」이다. 춘추전국시대를 살아간 수많은 영웅호걸들의 모습이 생생히 묘사돼 있기 때문이다. 사마천 자신이 뛰어난 문체로 개개인의 활약상을 핍진逼眞하게 그려놓은 덕분이다. 이로 인해 일정부분 역사적 사실이 크게 왜곡돼 있다는 사실도 명심할 필요가 있다. 이에 대해서는 해당 대목마다 자세히 설명할 예정이다.

「열전」은 권61의 「백이열전」을 시작으로 「관안열전管晏列傳」과 「노자한비열전老子韓非列傳」 등 총 70편으로 구성돼 있다. 『사기』 130권의 절반이 넘는 분량이다. 사마천이 「백이열전」을 맨 앞에 배치한 데에는 수양산에 들어가 굶어죽은 백이와 숙제를 통해 궁형宮刑을 당한 자신의 억울한 처지를 호소하려는 취지가 크게 작용했다. 갖은 치욕을 참아내고 마침내 죽백에 이름을 올린 관중과 오자서 등의 삶에 특별한 의미를 부여한 것도 같은 맥락이다. 그는 후대인들에게 모순으로 가득 찬 현실 속에서 나름 좌절하지 말고 자신의 길을 힘껏 개척해 나갈 것을 당부하고자 한 것이다. 21세기 현재까지 많은 사람들이 인간 군상群像의 속살을 거침없이 드러낸 「열전」에 환호하는 이유다.

두 번째로 등장하는 「관안열전」은 원래 관중과 안영의 전기를 다룬 것이다. 안영은 관중 사후 1백 년 뒤에 태어난 제나라의 현대부이다. 공자와 같은 시기에 활약했다. 사마천이 두 사람을 같은 편에 다룬 것은 두 사람 모두 제나라 출신이고, 주군을 보필해 나라를 부강하게 만든 공통점에 주목한 결과다. 「관안열전」은 인구에 회자하는 관포지교管鮑之交 고사에서 시작하고 있다.

객관적으로 볼 때 '관포지교'는 크게 3가지 사실을 전제로 하여 성립한 것이다. 첫째, 주인공인 관중과 포숙아 모두 젊었을 때 장사를 해야 할 정도로 풍족치 못한 삶을 살았다. 둘째, 그럼에도 두 사람 모두 서로를 격려하며 열심히 학문을 닦았다. 두 사람이 같은 시기에 공자 규와 소백의 스승이 된 사실이 이를 뒷받침한다. 셋째, 재주는 관중이 뛰어났으나 인품 면에서는 포숙아가 훨씬 위였다. 매번 관중이 앞서 계책을 내거나 일을 저지르고, 이로 인해 관중이 낭패한 상황에 처할 때마다 포숙아가 감싸며 변호한 사실이 이를 뒷받침한다.

크게 보아 '관포지교'는 관중과 포숙아가 각자 자신의 장기인 재才와 덕德을 결합시켜 죽을 때까지 변함없는 우정을 나눈 데서 그 특징을 찾을 수 있다. 초한전 당시 목을 벨 정도의 위험에도 생사를 함께 하는 문경지교刎頸之交를 자랑했던 진여陳餘와 장이張耳가 문득 원수로 돌변한 것과 대비된다.

'문경지교'와 '관포지교'의 가장 큰 차이는 기본적으로 교의交誼를 주고받는 관계의 차이에서 비롯된다. 문경지교는 나라와 민족 등의 '공의'가 전면에 내걸린 까닭에 '교의'가 쌍무적雙務的이다. 반드시 공을 세워야만 상을 내리고, 잘못을 저지르면 가차 없이 벌을 내린다. 일방적으로 은혜를 베푸는 것은 금물이다. 조조가 내로라하는 당대의 인재를 가장 많이 그러모을 수 있었던 이유가 바로 이런 엄격한 '신상필벌信賞必罰'에 있었다.

이에 반해 관포지교의 '교의'는 편무적片務的이다. 반드시 공을 세워야만 상을 내리고 잘못을 저지르면 가차 없이 벌을 내리는 관계가 아닌 것이다. 관중이 훗날 포숙아를 두고 찬탄한 대목이 이를 뒷받침한다.

"나를 낳아 준 사람은 부모이고, 나를 알아주는 사람은 포숙아이다!"

이는 포숙아가 부모에 준하는 은덕을 베풀었다는 뜻이다. 「관안열전」에 나오는 '관포지교'의 배경을 보면 관중이 포숙아에 대해 어떻게 이런 찬탄을 하게 되었는지를 대략 짐작할 수 있다.

관중과 포숙아 두 사람은 젊었을 때 함께 시장에서 장사를 한 적이 있다. 바닷가에 접해 있던 제나라에 어염魚鹽이 발달해 있었던 까닭에 두 사람 모두 생선 장사에 나섰을 공산이 크다. 당시 장사가 끝나면 관중은 언제나 그날 수입에서 포숙아보다 배나 되는 이익을 가지고 돌아갔다. 포숙아를 따르는 사람들이 불평하자 포숙아가 말했다.

"그는 집안이 가난하고 식구가 많다. 내가 그에게 더 가지고 가도록 사양한 것이다."

원래 비즈니스는 정확한 이해타산을 전제로 한다. 그런데 당시 동업자인 포숙아는 엉뚱한 얘기를 한 셈이다. 두 사람의 '교의'가 공의가 아닌 사정에 기초하고 있음을 시사한다.

이를 더욱 극명하게 보여주는 것은 그 다음에 있다. 전쟁이 일어났을 때 관중은 3번이나 전장을 이탈했다. 사람들이 비겁한 자라고 비웃자 포숙아가 말했다.

"그에게는 늙은 어머니가 있다. 자기 몸을 아껴 길이 늙은 어머니에게 효도하려는 것이다."

이런 식의 변명이 허용될 경우 그 군대는 오합지졸이 되고 만다. 군대에 올 때 늙은 노모와 처자식, 애인을 두고 오지 않는 자가 어디에 있겠는가? 관중처럼 약삭빠르게 행동하는 자는 가차 없이 엄단해야 군기문란을 바로 잡을 수 있다. 그런데도 포숙아는 그를 극구 변명했다. 사정을 공의보다 앞세운 결과다.

관포지교의 세 번째 일화는 비즈니스에 관한 얘기다. 두 사람이 어떤 일을 합작코자 할 때 아이디어를 낸 관중의 계책이 실패로 돌아간 경우가 많았다. 사람들이 관중을 어리석다고 비난하자 포숙아가 말했다.

"모든 사업에는 유리할 때와 불리할 때가 있기 마련이다. 마침 그가 사업을 할 때 공교롭게도 상황이 불리하게 전개되었을 뿐이다."

나름 이해할 수 있다. 그러나 정치적 행보와 관련한 4번째 일화는 논리의 비약이 심하다. 관중은 일찍이 3명의 주군을 모셨다가 3번 모두 쫓겨난 적이 있다. 사람들이 관중을 불초不肖한 자라고 비난하자 포숙아가 이같이 변호했다.

"사람이란 누구나 불우할 때가 있는 법이다. 그가 때를 만나기만 하면 재능을 유감없이 펼칠 것이다."

얼핏 그럴듯하나 논리의 비약이 심하다. 누구나 불우할 때가 있다는 지적은 맞다. 험한 세상을 살아나간데 온통 평탄한 길만 있을 수는 없기 때문이다. 그러나 자신의 재주를 마음껏 펼칠 수 있는 득지得志의 계기를 맞을 경우 재능을 유감없이 펼칠 수 있다는 주장은 무엇에 근거한 것인가?

상식적으로 판단할 때 자신이 모시던 사람으로부터 3번이나 '비토'를 당했다면 분명 충성스럽지 못했거나 하는 등의 무슨 문제가 있다고 보아야 한다. 재주가 넘친 나머지 주군을 면전에서 비판하다가 미움을 샀을 수도 있다. 어느 경우든 사람을 제대로 못 모신 것만은 분명하다. 그런 사람이 뜻을 얻게 될 경우 문득 주군을 잘 모시며 자신의 재능을 마음껏 펼칠 수 있을까? 상식과 어긋나는 얘기다. 그럼에도 그는 「관안열전」의 주인공이 됐다. 그 이유는 무엇일까? 크게 2가지를 들 수 있다.

첫째, 관중은 당대의 기인奇人이었다. 고금을 막론하고 '기인'은 통상적인 잣대로 평가할 수 없다. 기인을 억지로 필부의 잣대로 재단할 경우 엉뚱한 해석만 나올 뿐이다. 『장자』「소요유」편에 나오듯이 매미와 텃새가 자신들의 잣대로 대붕大鵬을 비웃는 것에 비유할 수 있다. 관중의 흉중에는 대붕처럼 '치국평천하'의 방략이 가득 차 있었다. 그의 대략大略을 세속의 필부들은 헤아릴 길이 없었던 것이다.

둘째, 관중은 제환공을 만나기 전까지 지은知恩을 베풀어 줄만한 인물을 만나지 못했다. 유일한 인물은 포숙아 뿐이었다. 그러나 포숙아를 모시고 천하를 도모할 수는 없는 일이었다. 그가 자신을 알아주는 제환공을 만날 때까지 숱한 시행착오를 거치며 비천한 처지에 머물러 있었던 이유가 바로 여기에 있다.

당시 천하정세는 춘추시대가 개막한 이래 제환공이 패업을 이루기까지 약 1백년의 기간이 흘렀음에도 고만고만한 열국의 제후들이 끊임없이 갈등을 빚으며 다투는 상황이었다. 비록 정장공이 나름 '패자'의 역할을 자임했으나 그는 주왕실의 기피인물이 되어 힘과 명분을 동시에 지닌 '패자'의 역할을 수행하는 데는 일정한 한계가 있었다. 이 와중에 죽어난 것은 열국의 백성들이었다. 무거운 세금과 종군부역 등에 신음하는 백성들의 피폐한 삶은 더 큰 혼란을 야기할 소지가 충분했다.

이런 위기상황을 타파키 위해서는 막강한 힘을 배경으로 천하를 호령할 수 있는 패자의 출현이 절실히 필요했다. 이는 시대적 요구이기도 했다. 춘추시대만 해도 신분세습의 봉건질서 하에서 주왕이 독점적으로 누리고 있는 '천자'의 권위를 능가하는 것이 불가능했다. 그런 만큼 패자는 이상과 현실을 조화시킨 최상의 선택이기도 했다. 실제로 관중이 생각한 새로운 통치질서가 바로 이것이었다. '패자'가 천자를 대신해 천하를 호령하는 이른바 '협천자挾天子, 영제후令諸侯'가 그것이다. 천자를 옆에 끼고 제후들을 호령한다는 뜻이다.

엄밀히 얘기하면 '협천자'는 천자를 위협하는 협천자脅天子에 지나지 않는다. 그럼에도 '협천자'가 위력을 발휘한 것은 겉으로는 천자를 존중하는 모습을 보인데 있다. 패자가 되기 위한 제1 조건이 바로 겉모습만큼은 존왕尊王의 형식을 갖춘 협천자挾天子가 되어야 한다는 데 있다. 새 왕조를 세운 창업주들은 거의 예외 없이 한때 천자로 군림했던 전왕조의 제왕에 대해 사실상 협천자脅天子를 하면서도 겉으로는 협천자挾天子의 모습을 취한 것도 이와 무관치 않다. 이는 명분을 잃지 않아야 새 왕조를 성공적으로 세울 수 있었음을 반증한다. 그 효시를 바로 관중에게서 찾을 수 있다.

후대인들은 관중과 포숙아의 우정을 '관포지교'로 부르며 크게 기린 것도 이런 맥락에서 이해할 수 있다. 「관안열전」에 '관포지교'가 등장할 수 있었던 것은 기본적으로 당사자인 관중과 포숙아를 포함해 소홀이 제희공의 명을 좇아 공자 규와 소백의 스승이 되었기 때문에 가능했다. 이들 3인이 같은 시기에 모두 제나라 공자들의 스승이 되었다는 것은 이들의 학문이 간단치 않았음을 방증한다. 『사기』「관안열전」에 따르면 원래 관중과 포숙아는 어렸을 때부터 함께 자랐다. 두 사람이 공자 규와 소백의 스승 역할을 맡게 됐다는 것은 서로를 격려하며 학문을 닦은 결과로 보인다.

『관자』「내언」편의 '대광'에는 이들이 공자 규와 소백의 스승 역할을 맡게 된 배경을 짐작케 해주는 일화가 나온다. 이에 따르면 당초 포숙아는 제희공으로부터 공자 소백을 떠맡아 달라는 부탁을 받고 내심 커다란 불만을 품었다. 이내 병을 핑계로 문을 닫고 외부인의 면회를 사절하자 관중과 소홀이 그를 찾아가 이유를 물었다. 포숙아가 말했다.

"아들을 아는 사람으로 부친보다 나은 사람이 없고, 신하를 아는 사람으로 군주보다 나은 사람이 없다고 했소. 지금 군주는 내가 불초한 자라는 것을 알고 나에게 명해 소백을 보좌케 한 것이오. 나는 이미 버림받았다는 사실을 눈치 챘소."

그는 공자 규와 소백 모두 서자인 까닭에 후사가 될 가능성이 적고, 특히 소백의 경우는 서열에서 뒤져 가능성이 더욱 희박하다는 취지로 말한 것이다. '재'보다 '덕'이 뛰어났던 포숙아의 평소 행보에 비춰 후대인의 가필로 보인다. 그럼에도 「내언」의 '대광'에 나오는 이 일화는 나름 역사적 진실을 담고 있다.

후속 대목이 이를 뒷받침한다. 당시 이 말을 들은 관중이 이같이 반박했다.

"지금 상황으로 볼 때 장차 누가 보위를 잇게 될지 알 수 없소. 태자 제예는 비록 장자이기는 하나 품성이 천박해 장차 후계자가 될 수 있을지 확실치 않소. 장차 제나라를 능히 안정시킬 수 있는 사람으로는 공자 규와 소백밖에 없소. 속히 나와 직책을 맡도록 하시오."

재미난 것은 소홀의 언급이다.

"그러나 내가 보건대 소백은 틀림없이 후계자가 되지 못할 것이오."

소홀은 자신의 제자이기도 하지만 자신이 성심껏 모신 주군 규가 죽게 되자 함께 목숨을 끊어 훗날 유가들로부터 칭송을 받은 인물이다. 당시 소홀은 무엇을 근거로 소백이 후사가 될 가능성이 거의 없다고 단정한 것일까? 소홀의 이어지는 말에 그 해답이 있다.

"나는 장차 내가 받드는 공자 규가 폐해지는 일이 생기면 비록 천하를 다 준다고 할지라도 살아남지 않을 것이오. 내가 세우고자 하는 공자 규를 받들면서 배신치 않는 것이 응당 신하가 된 자가 취할 도리요."

소홀이 소백의 후사 가능성을 거의 '제로'로 본 것은 크게 2가지 이유에 기초해 있음을 짐작할 수 있다.

첫째, 소백 자신이 지닌 문제로 그는 서형인 공자 규보다 빼어난 점이 거의 없었다는 점이다. 인품이나 재주 등에서 공자 규에 훨씬 못 미쳤을 가능성을 시사한다. 둘째, 보좌진에 관한 문제로 소홀 자신이 관중과 포숙아를 낮게 평가하고 있었음을 시사한다. 소홀이 아무리 천하의 재주를 모두 한 몸에 지닌 천하의 기재奇才라 할지라도 감히 '천하를 준다고 할지라도' 운운한 것은 보통 큰 자부심이 아니다. 자신이 모시는 공자 규가 모든 면에서 소백보다 뛰어날 뿐만 아니라 참모인 자신 또한 재주와 충성심 등에서 관중과 포숙아에 비할 바가 아니라는 자부심이 있기에 이런 언급이 가능했다고 봐야 한다.

소홀의 호언장담 속에 담겨 있는 이런 취지를 모두 수긍할지라도 그가 간과한 게 하나 있다. 바로 덕德과 재才의 반비례관계다. 자고로 '재'가 많은 사람은 각박한 경우가 많다. 자부심이 크기에 남의 충언을 잘 듣지도 않는다. 이는 무덤을 파는 길이다.

삼국시대 당시 학문과 재주 등에서 유비 및 손권보다 한 수 위에 있던 조조가 끝내 천하통일에 실패한 이유도 이와 무관치 않다. 적벽대전 직후 익주의 지도를 갖고 온 장송을 제대로 대접했다면 당대에 능히 천하를 통일할 공산이 컸다. 그러나 그는 왜소하고 추하게 생긴 장송의 거친 말버릇에 화를 내며 이내 무시하는 모습을 보였다가 대세를 그르치고 말았다.

이와 정반대로 유비는 학문과 재주 등에서 조조 및 손권보다 한 수 아래에 있었으나 내심 꿍꿍이속이 있음에도 최소한 겉으로는 덕인의 모습을 보였다. 제갈량을 비롯해 많은 재사들을 휘하에 둔 이유다. 그가 떠돌이생활을 그치고 익주를 기반으로 하여 조조 및 손권과 삼국정립三國鼎立의 형세를 구축한 배경이 여기에 있다. 조조의 실수가 유비의 행운으로 작용한 결과다.

공자 규와 소홀이 이내 실패케 된 것도 이와 무관치 않다고 보아야 한다.

실제로 소백은 보위에 오른 후 관중에게 모든 것을 일임했다. 마치 유비가 제갈량에게 모든 것을 위임한 것과 닮았다. 소백이 주색酒色과 사냥 등을 극도로 밝혔음에도 춘추시대 첫 패자가 된 배경이 여기에 있다.

여기서 주목할 것은 당시 소홀이 '천하를 다 준다 할지라도' 운운하며 호언할 때 소홀과 함께 공자 규를 보좌케 된 관중의 반박이다.

"나는 공자 규 대신 종묘사직을 지킬 생각이오. 내가 목숨을 바칠 수 있는 경우로는 종묘가 불타고, 사직이 파괴되고, 제사가 끊어지게 되는 3가지 경우뿐이오. 이 경우라면 기꺼이 죽을 수 있소. 그러나 이 3가지 경우가 아니라면 나는 기필코 살아남을 것이오. 내가 살아남아야만 제나라에 유리하오. 내가 죽으면 제나라도 불리하게 될 것이오."

이는 후대인의 가필이기는 하나 관중의 기본 입장을 잘 전해 주고 있다. 관중이 말한 3가지 경우는 사실 1가지나 마찬가지다. 종묘와 사직, 제사는 같은 뜻이기 때문이다. 결국 그는 나라가 망하는 경우에 한해 목숨을 바치겠다는 이른바 위국헌신爲國獻身을 천명한 셈이다. 이는 주군을 위해 목숨을 바치는 '위군헌신爲君獻身'과 다른 것이다.

안중근의 유묵에 '위국헌신, 군인본분'이라는 내용이 있다. 이는 무인뿐만 아니라 문인에게도 그대로 통용된다. 국록을 먹는 관인官人이라면 무릇 '위국헌신'의 자세를 견지해야 할 것이다. '위국헌신'과 '위군헌신'의 가장 큰 차이점은 헌신의 대상이다. 선조가 뼈를 묻고 나와 후손이 살아나가는 터전인 나라는 영원하다. 그러나 군주는 유한하다. '대의'와 '소의'의 차이가 여기에 있다.

인간 개개인의 의리 차원에서 보면 '소의' 또한 매우 중요하다. 그러나 더 큰 가치인 '대의'와 '소의'가 충돌할 경우 '대의'를 좇을 수밖에 없다. '위국헌신'을 언급한 관중은 유사시 주군인 공자 규를 좇아 죽음을 택하겠다고 호언한 소홀의 '위군헌신'을 '소의'로 간주해 반박한 것이다.

재주와 덕이 반비례관계에 있듯이 재주와 그릇도 반비례관계에 있다. 노자가 『도덕경』에서 '대기만성大器晩成'을 역설한 것은 바로 이 때문이다. 그릇이 작으면 빨리 채워진다. 소기小器에 채워진 재주는 소재小才에 불과할 뿐이다. 빈 수레가 요란한 이유다. '대기'는 규모가 큰 만큼 이를 다 채우려면 오랜 시간이 걸린다. 말 그대로 대재大才는 오랜 기간 숙성돼야만 가능하다. 세상에 차고 넘치는 것은 '소의'에 얽매인 '소재'의 인물이다. 어느 시대나 '대의'에 입각한 '대재'를 찾아보기 힘든 이유다.

「내언」의 '대광'에 따르면 결국 포숙아는 관중과 소홀의 갑론을박을 들은 뒤 이내 결단하여 소백을 모시게 됐다. '대광'은 후대인의 가필이 거의 확실하나 당시 관중과 소홀이 공자 규의 스승이 되고, 포숙아가 공자 소백의 스승이 된 사실을 전하고 있다. 춘추시대 중기에 들어와 공자 규와 소백이 제나라의 보위를 놓고 하나의 드라마를 펼치게 된 것은 전적으로 '대의' 및 '소의'를 둘러싼 이들 3인의 이견과 지략이 충돌한 결과로 봐야 한다.

주군과 신하의 망명

제희공 사후 태자 제예가 뒤를 이어 제양공으로 즉위했을 당시 관중과 포숙아의 망명은 시기적으로 엇갈린다. 이는 '관포지교'의 당사자인 관중과 포숙아가 일시 서로 다른 길을 갔음을 시사한다. 사실 여부를 단정키는 어려우나 포숙아가 모시는 소백을 죽이기 위해 관중이 화살을 날렸다는 일화 등이 이를 뒷받침한다. 이게 자신의 출세를 위해 친구의 앞길을 막고자 한 게 아니고 무엇인가? 관중과 포숙아 모두 자신의 업무에 매진한 까닭에 유사한 일로 인해 서로 얼굴을 붉히는 일이 적잖이 있었음을 시사하는 대목이다.

두 사람에 관한 여러 일화를 종합해 볼 때 혼군昏君 제양공이 즉위할 당시 공자 규가 소백보다 훨씬 시류에 민감한 모습을 보인 게 확실하다. 이는 '천하의 기재'인 관중을 스승으로 둔 사실과 무관치 않을 것이다. 이와 정반대로 포숙아는 좀 '덜 떨어진' 모습을 보였다. 이를 뒷받침하는 일화가 있다.

하루는 제양공이 과부가 된 이복동생 문강을 만나기 위해 작禚 땅으로 가려고 하자 포숙아가 공자 소백에게 말했다.

"모든 백성들이 이를 비웃고 있습니다. 군주가 지금이라도 버릇을 고치면 지나간 허물을 덮을 수 있습니다. 어찌해 이를 무심히 보고만 있는 것입니까?"

소백이 이를 옳게 여겨 곧 이복형인 제양공을 찾아가 간했다.

"노나라 군주가 죽은 것에 대해 여러 가지 말이 나돌고 있습니다. 모두 남녀 관계에서 일어난 일이라고 합니다. 그러니 삼가는 게 좋을 듯합니다."

제양공이 대로하자 소백이 도망치듯 물러나왔다. 혼군에게 이런 식의 충고를 하는 게 '덜 떨어진' 모습이 아니고 무엇인가? 목숨을 잃지 않은 게 다행이다. 당시 소백이 이를 포숙아에게 말하자 포숙아가 한탄했다.

"군주가 백성들을 방종하게 만들고 있으니 장차 변란이 일어나고야 말 것입니다. 저와 함께 타국으로 가 훗날을 도모하는 게 좋을 듯합니다."

"어느 나라로 가는 게 좋겠소?"

"대국은 항시 변덕이 많습니다. 공자의 외가인 거나라로 가는 것이 좋을 듯합니다. 거나라는 나라도 작거니와 우리 제나라와 가까운 거리에 있습니다. 나라가 작으니 감히 우리를 업신여기지 못할 것이고, 거리도 가까우니 언제라도 즉시 돌아올 수 있습니다."

포숙아가 곧 공자 소백과 함께 거나라로 달아났다. 제양공은 이 사실을 알았으나 그들의 뒤를 좇지 않았다. 당시 특별한 경우가 아니고는 다른 나라로 망명한 사람을 끝까지 추격한 경우는 거의 없었다. 그러나 국경을 넘기 전에 자객 등을 보내 제거하는 일은 제법 많았다.

포숙아가 소백과 함께 망명한 지 얼마 안 돼 공손 무지가 연칭 및 관지보 등과 손을 잡고 제양공을 죽이는 일이 빚어졌다. 당시 관지보가 공손 무지에게 이같이 권했다.

"널리 방을 내걸고 어진 사람을 모으십시오. 그래야만 백성들의 신망을 얻을 수 있습니다."

그러고는 자기 친척의 아들인 관중을 천거했다. 이에 공손 무지가 사람을 보내 관중을 초청하자 관중이 혼잣말로 중얼거렸다.

"공손 무지의 목도 튼튼하지 못한 데 이들이 다른 사람 신세까지 망치려 드는구나!"

그러고는 곧바로 소홀과 이를 상의한 뒤 함께 공자 규를 모시고 노나라로 달아났다는 것이다. 앞서 검토한 바와 같이 공자 규가 소백보다 뒤늦게 망명한 것은 역사적 사실에 가깝다. 이 일화는 관중이 마지막 순간까지 임치성에 남아 기회를 엿보고 있었음을 시사한다. 내심 공손 무지에게 무슨 사단이 나기를 고대했을 공산이 크다. 그러나 상황은 정반대로 나타났다. 임치성에 남아 있다가는 목숨을 부지키 어려운 상황이 닥치자 이때 비로소 황급히 망명길에 오른 게 그렇다.

소백의 발 빠른 귀국

『춘추좌전』과 「제태공세가」 모두 공손 무지가 보위에 오른 지 얼마 안 된 이듬해인 기원전 685년 봄, 대부 옹름雍廩 등이 모의해 공손 무지를 죽인 것으로 기록해 놓았다. 그러나 그 배경과 관련해서는 매우 소략하게 기록해 놓았다. 『춘추좌전』은 '공손 무지가 대부 옹름을 학대했다.'는 게 전부다. 이에 대해 「제태공세가」는 약간 길게 써 놓았다.

"소백의 모친은 평소 제희공의 총애를 받았다. 소백은 어렸을 때부터 정경正卿인 고혜高傒를 좋아했다. 옹름이 공손 무지를 죽인 후 제나라 대부들이 후사문제를 논의했다."

'정경'은 주왕실의 승인을 받은 대신을 말한다. 비록 형식적이기는 했으나 각 제후국에서 신하들 중에서는 서열상 가장 높은 위치에 있었다. 『춘추좌전』과 「제태공세가」의 기록을 종합하면 공손 무지는 대부 옹름을 핍박해 원한을 산 데다 소백을 좋아하는 정경 고혜의 미움을 받아 이내 비명횡사한 것으로 보는 게 옳다.

「제태공세가」는 '옹름'을 옹림雍林으로 기록해 놓았다. 제나라 도성인 임치성의 서쪽 문인 옹문雍門 근교에 있는 옹림의 대부라는 것이다. 삼국시대 위나라의 가규賈逵는 『춘추좌전』을 주석하면서 「노소공 11년」조에 나오는 '제나라의 거구渠丘 대부가 공손 무지를 죽였다.'는 구절을 근거로 '거구대부 옹름'으로 규정했다. '거구'는 지금의 산동성 치박시 일대를 말한다. 전후 문맥으로 보아 가규의 주석이 옳을 듯싶다. 가규는 사마씨를 도와 서진제국을 세운 건국공신 가충賈充의 부친이다.

『춘추좌전』에 따르면 당시 옹름을 추종하는 대부들은 노나라에 가 있는 공자 규를 부르고자 했다. 객관적으로 볼 때 당시 상황에서 이게 순리에 부합했다. 그런데 어떤 이유로 소백이 보위에 오르게 된 것일까?

바로 고혜 때문이다. 당시 옹름을 추종하는 대부들은 공손 무지를 제거한 직후 노장공과 지금의 산동성 조장시인 기蔇 땅에서 만났다. 이 자리에서 노장공은 곧 공자 규를 제나라로 호송하겠다는 뜻을 전했다. 이런 상황에서 고혜가 드러내놓고 소백을 지지할 경우 소백의 목숨이 위태로워질 공산이 컸다. 고혜를 지지하는 세력도 만만치 않은 게 확실하나 노장공까지 적극 나선 마당에 드러내놓고 소백의 조속한 귀환을 촉구할 경우 노나라가 군사를 동원해 적극 저지할 가능성이 높았다. 그 경우 고혜를 비롯해 소백을 지지한 세력 모두 목숨을 보장키가 어렵다고 봐야 한다. 고혜가 은밀히 사람을 소백에게 보내 급히 돌아올 것을 재촉한 이유다. 결과적으로 이때에 이르러 공자 규와 소백의 운명은 누가 빨리 돌아오느냐에 따라 판가름 나게 되어 있었다.

객관적으로 볼 때 모든 면에서 공자 규가 유리했다. 단 하나 불리한 점이 있었다. 임치성을 기준으로 할 때 거나라가 노나라보다 가까운 게 그것이다. 잠입潛入을 무사히 할 수만 있다면 소백이 역전승을 거둘 소지가 컸다. 그러나 사태가 그리 쉽게 풀리지 않았다. 「제태공세가」에 따르면 노나라가 이내 이 사실을 알아챘다. 사실 이처럼 중차대한 상황에서 이런 사실이 끝내 비밀로 지켜질 것이라고 상상키는 어렵다.

그나마 소백 입장에서 다행이었던 것은 노나라가 이 사실을 뒤늦게 알아챈 점이다. 꾸물댈 여유가 없었다. 사서의 기록에 비춰 당시 거나라는 비록 노나라보다 약소국이기는 했으나 이 문제에 사활을 걸다시피 한 게 확실하다. 무사히 호송키 위해 군사를 동원했다는 '발병發兵' 기록이 그 증거다. 이 소식을 전해들은 노장공이 급히 관중에게 명해 별도로 경병輕兵을 이끌고 가 거나라에서 제나라로 통하는 길목을 차단케 했다.

당시 양측은 얼마나 많은 군사를 동원한 것일까? 기록이 없어 알 길이 없다. 풍몽룡은 이 대목에서 나름대로 상상력을 동원해 박진감 있게 묘사해 놓았다. 이에 따르면 거나라는 병거 1백 승乘을 내주었고, 노장공의 명을 받은 관중은 우선 급한 대로 병거 30승만 요구한 것으로 되어 있다. '1승'은 말 4필이 이끄는 수레를 기준으로 한 부대 단위를 말한다. 통상 '1승'에 정예병인 갑사甲士 3인과 보졸 72명을 배치한다. 당시의 기준에서 볼 때 병거 1백 승이면 7천여 명이 넘는 대규모 군사다. 소백과 거나라, 공자 규와 노나라 모두 제나라 보위를 놓고 총력을 기울인 만큼 그 가능성은 충분히 있다.

양측의 속도 경쟁은 이해 여름에 판가름 났다. 소백이 한 발 빨랐던 것이다. 그러나 이 과정에서 매우 아슬아슬한 장면이 연출됐다. 「제태공세가」에 따르면 당시 관중이 이끄는 별동대가 급히 달려가 소백이 오는 길목을 지키고 있다가 화살을 날렸다. 소백이 풀썩 쓰러지자 관중은 소백이 죽은 것으로 알고 급히 첩보捷報를 띄웠다. 그러나 소백은 죽지 않았다. 「제태공세가」의 기록이다.

"화살이 소백의 혁대 갈고리에 맞았다. 소백이 거짓으로 죽은 척했다. 관중이 급히 노나라로 사람을 보내 이를 보고토록 했다. 공자 규의 행렬이 더욱 늦어져 6일 만에 제나라 경계에 이르렀다. 이때는 이미 소백이 고혜의 도움으로 보위에 오른 뒤였다. 그가 바로 제환공이다. 당시 제환공은 혁대 갈고리에 화살을 맞자 곧바로 짐짓 죽은 체 하여 관중을 착각케 만든 뒤 침대용 수레인 온거溫車로 갈아타고 황급히 임치성을 향해 달렸다."

그러나 이 기록은 많은 의문을 낳고 있다. 당시 정확한 숫자는 알 수 없으나 적잖은 호위 군사를 이끌고 임치성을 향해 달려가는 소백 일행을 향해 별다른 접전도 없이 단 한 발의 화살로 소백을 맞힐 수 있었던 것일까? 그 정도 실력이면 신궁神弓이 아닌가? 「제태공세가」는 '신궁'의 당사자를 관중으로 묘사한 『열국지』와 달리 당사자가 누구인지 구체적으로 명시하지 않았다. 당사자가 누구이든 화살이 공교롭게도 소백의 혁대에 맞은 것은 너무 공교롭지 않은가? 후대에 만들어진 허구일 공산이 크다. 『춘추좌전』의 다음 기록이 그 증거다.

"여름, 노장공이 군사를 보내 제나라 군사를 친 뒤 공자 규를 제나라로 들여보내려고 했다. 그러나 거나라가 가까웠기 때문에 제환공이 공자 규보다 한 발 앞서 먼저 제나라로 들어갔다."

이는 소백이 고혜의 도움으로 아무런 방해도 받지 않고 급속히 귀국했고, 이어 보위에 오른 후 곧바로 군사를 보내 공자 규를 호위하는 노나라 군사의 입경을 저지했음을 시사한다. 관중이 별동대를 이끌고 가 길목을 지키고 있다가 화살을 날렸을 가능성이 거의 없는 것이다.

만일 관중이 별동대를 이끌고 길목을 지키고 있다가 화살을 날렸다는 「제태공세가」의 기록이 사실이라면 소규모 접전이 있었다고 보아야 한다. 이 와중에 유시流矢가 소백에게 날아왔을 수 있다. 「제태공세가」의 기록처럼 소백을 겨냥한 화살이 공교롭게 혁대 갈고리에 맞은 것은 아니라는 것이다. 소백은 양측이 교전하는 틈을 이용해 급히 오솔길 등을 통해 임치성을 향해 질주했을 것이다. 당시의 정황에 비춰 이같이 추론하는 게 사리에 부합한다.

물론 『춘추좌전』에도 관중이 길목을 지키고 있다가 소백을 향해 화살을 날렸을 가능성을 시사하는 대목이 전혀 없는 것은 아니다. 제환공이 죽은 지 7년 뒤인 기원전 636년 봄, 진문공이 보위에 오른 직후 군주 곁에서 수발하는 시인寺人 발제勃鞮가 진문공을 만나 이같이 말했다.

"과거 제환공은 사구射鉤의 원한이 있음에도 불구하고 관중을 재상으로 앉혔습니다. 군주가 만일 사람 쓰는 방법을 제환공과 달리 참거斬袪의 원한을 품고 있었다면 저는 벌써 떠났을 것입니다."

사구射鉤는 활로 혁대 갈고리를 맞힌 사건, 참거斬袪는 발제가 진문공의 소매를 자른 사건을 뜻한다. 발제는 진문공이 공자로 있을 때 진헌공의 명을 받아 죽이려고 갔다가 간발의 차이로 진문공이 달아나는 바람에 소매만 벤 바 있다. 당시 발제는 진문공을 만나 자신의 '참구'를 변명하기 위해 '사구' 운운한 것이다. 이는 당시에 이미 관중이 제환공에게 화살을 날려 혁대 갈고리를 맞혔다는 얘기가 널리 유포되었음을 암시한다. 그러나 이를 근거로 관중의 '사구'를 역사적 사실로 간주해서는 안 된다. 7백년 뒤에 나온 『사기』「제태공세가」조차 관중이 '사구'의 주인공이라고 단정하지 않은 사실이 이를 뒷받침한다. 『춘추좌전』의 기록과 여러 정황을 감안할 때 당시 제환공은 혼전의 와중에 급히 오솔길 등을 통해 임치성을 향해 질주했을 공산이 크다고 보는 게 합리적이다.

소백이 제환공으로 즉위할 당시 노나라의 상황이 매우 급박하게 돌아갔다. 대군을 동원한 노장공이 소백의 즉위를 묵과하지 않았기 때문이다. 사실 간발의 차이로 자신이 미는 공자 규가 '속도경쟁'에서 패한 사실을 놓고 노장공은 통탄했을 것이다. 당사자인 공자 규와 그를 모시던 관중과 소홀의 경우는 더 말할 것도 없다. 「제태공세가」는 이같이 기록해 놓았다.

"소백이 한 발 앞서 제나라로 들어오자마자 곧바로 군사를 동원해 노나라를 막았다."

이는 소백이 보위에 오를 즈음 제나라와 노나라 사이에 본격적인 접전이 일어났음을 시사한다. 싸움이 일어난 장소는 지금의 산동성 박흥현인 제나라의 간시乾時였다. 노나라 군사가 내친 김에 제나라 영내로 밀고 들어온 것이다. 『춘추좌전』의 기록이다.

"가을, 노나라 군사가 간시에서 제나라 군사와 접전했다가 패했다. 노장공이 패해 전차를 잃고 다른 전차를 타고 돌아왔다."

「제태공세가」는 '제나라 병사가 노나라로 돌아가는 길을 차단했다.'고 덧붙여 놓았다. 노나라 군사가 참패한 것이다. 이는 제나라가 이미 노나라 군사가 밀고 들어올 것을 예상해 철저히 준비했음을 시사한다. 실제로 『춘추좌전』에는 노장공이 허둥지둥 달아나던 상황을 그대로 기록해 놓았다.

"이때 노장공의 수레를 모는 어자御者와 호위병인 융우戎右가 노장공을 엄호하기 위해 노장공의 깃발을 들고 다른 길로 도망가면서 제나라 군사를 유인했다. 이로 인해 이들은 모두 제나라 군사에게 포로로 잡혔다."

노장공의 수레를 몰던 '어자'와 '융우'가 거짓으로 노장공으로 위장해 제나라 군사를 유인해야 했을 정도로 상황이 다급했음을 알 수 있다. 대략 병거에서 뛰어내려 옷을 갈아입고 군사들 사이에 끼어 달아났을 공산이 크다. 『동주열국지』는 상상력을 동원해 그같이 묘사해 놓았다. 제환공이 보위에 오른 직후 제양공의 장사를 치른 지 채 1달도 안 되는 기원전 685년 가을 8월의 일이었다.

『춘추좌전』에 따르면 당시 제나라 군사를 이끈 사람은 포숙아였다. 다음 기록이 그 증거다.

"이때 포숙아가 승세를 몰아 군사를 이끌고 노나라로 들어간 뒤 노장공을 만나 얘기했다."

「제태공세가」는 당사자가 포숙아인지 여부를 밝히지 않았다. 전후 상황에 비춰 포숙아가 관중을 살리기 위해 직접 군사를 이끌고 노나라로 들어가 참패한 후 경황이 없는 노장공을 압박했을 공산이 크다. 『춘추좌전』에 수록된 포숙아의 언급이 이를 뒷받침한다.

"공자 규는 우리 군주의 육친이니 청컨대 군주가 그를 죽이기 바랍니다. 그러나 관중과 소홀은 우리 군주의 원수이니 청컨대 그들을 산 채로 넘겨줌으로써 저희 군주가 친히 그들을 죽여 분을 풀 수 있도록 해 주십시오."

당사자가 포숙아였는지 여부에 침묵한 「제태공세가」는 제나라가 노나라에 국서를 보낸 것으로 기록해 놓았다. 골자는 포숙아의 언급과 비슷하나 그 내용은 훨씬 심각하다.

"공자 규는 우리 군주의 형제입니다. 죽이지 않을 수 없으니 청컨대 노나라 스스로 그를 죽여주기 바랍니다. 소홀과 관중은 우리 군주의 원수입니다. 청컨대 우리 군주가 그들을 죽여 젓을 담금으로써 마음을 통쾌하게 만들 수 있도록 넘겨주기 바랍니다. 그렇지 않으면 장차 노나라 도성을 포위할 것입니다."

포숙아의 언급은 은근한 으름장에 가까웠으나 「제태공세가」에 나온 국서의 내용은 노골적인 협박이나 다름없다. 당시의 정황을 종합해 볼 때 포숙아가 노장공의 면전에서 노골적인 협박을 가했을 공산이 크다. 노장공이 곧바로 사람을 보내 공자 규를 죽인 사실이 이를 뒷받침한다. 노장공이 문득 돌변한 것은 그만큼 제나라의 압력이 컸음을 시사한다. 공자 규를 죽이도록 강압한 것은 제환공의 의중이 반영된 것으로 봐야 하나, 관중을 제나라로 보내달라고 압박한 것은 전적으로 포숙아의 의중이 반영된 결과다.

당시 소홀은 공자 규가 죽자 곧바로 그의 뒤를 따라 스스로 목숨을 끊었다. 그러나 관중은 포숙아에게 자신을 묶어갈 것을 청했다. 이는 포숙아와 관중이 서로 교신하고 있었음을 암시한다. 포숙아가 임치성으로 돌아와 제환공에게 고한 내용이 이를 뒷받침한다.

"관이오의 정치적 재능이 상경인 고혜보다 뛰어나니 그를 재상으로 발탁해 쓰는 것이 가할 것입니다."

『춘추좌전』은 당시 제환공이 자신을 옹립하는 최고의 공을 세운 포숙아의 건의를 좇아 곧바로 재상으로 발탁했다고 짤막하게 기록해 놓았다. 그러나 과연 가까스로 보위에 오른 제환공이 아무리 포숙아의 건의가 있다고 할지라도 아무 이론도 없이 곧바로 관중을 재상으로 기용하는 일이 가능한 것일까? 「제태공세가」는 그 배경을 이같이 설명해 놓았다.

"제환공은 보위에 오른 즉시 군사를 동원해 노나라를 치고, 내심 관중을 죽이고자 했다."

이게 사실에 가까웠을 것이다. 지략이 뛰어난 관중을 그대로 놓아둘 경우 무슨 일이 빚어질 지 예측키가 어려웠다. 이를 제지한 장본인이 바로 포숙아다. 「제태공세가」에 따르면 포숙아가 관중을 천거한 이유가 보다 명쾌하게 드러나 있다.

"신은 단지 운이 좋아 군주를 좇아 군주의 옹립에 참여했을 뿐입니다. 군주가 보위에 오르는 과정에서 신이 도움을 준 것이라고는 아무 것도 없습니다. 군주가 장차 제나라를 다스리는 것으로 만족한다면 고혜와 저로도 족할 것입니다. 그러나 장차 패왕霸王이 되고자 한다면 관중이 없으면 안 됩니다. 그가 보필하는 나라는 반드시 패권을 차지할 것이니 그를 놓쳐서는 안 됩니다."

그 내용이 『춘추좌전』에 비해 훨씬 구체적이다. 그러나 『국어』「제어」는 당시 상황을 이보다 더 구체적으로 묘사해 놓았다. 이에 따르면 제환공이 보위에 오른 후 포숙아를 재상으로 삼고자 했다. 포숙아가 이같이 사양했다.

"신은 단지 군주의 평범한 일개 신하에 불과할 뿐입니다. 군주가 신에게 은혜를 베풀려 한다면 제가 헐벗고 굶주리지 않게만 해주십시오. 이는 군주의 막대한 은혜입니다. 만일 나라를 잘 다스리고자 하면 이는 제가 능히 할 수 있는 일이 아닙니다. 만일 그리하고자 하면 오직 관중이 있을 뿐입니다. 신은 5가지 점에서 관중을 따라갈 수 없습니다. 백성이 편히 살며 즐거이 생업에 종사케 할 수 있는 점에서 신은 그만 못합니다. 나라를 다스리면서 근본을 잃지 않는 점에서 그만 못합니다. 충성과 신의로써 백성의 신임을 얻는 점에서 그만 못합니다. 예의규범을 제정해 천하 인민의 행동법칙으로 삼는 점에서 그만 못합니다. 영문營門 앞에서 북을 치며 전쟁을 지휘하여 백성들을 용기백배토록 만드는 점에서 그만 못합니다."

"그러나 관중은 전에 나의 혁대를 쏘아 맞춘 자요. 당시 나는 거의 죽을 뻔했소."

"그것은 당시 그가 자신의 주군을 위해 온 힘을 기울였기 때문입니다. 만일 군주가 그를 능히 사면하여 제나라로 돌아오게 하면 그는 똑같은 충성심으로 군주에게 보답할 것입니다."

「제어」에 나오는 이 일화 역시 『관자』「내언」의 '대광'에 나오는 기록보다는 소략하다. '대광'에 따르면 하루는 제환공이 포숙아에게 물었다.

"장차 어찌해야 사직을 안정시킬 수 있겠소."

"관중과 소홀을 얻으면 사직이 안정될 것입니다."

제환공이 반문했다.

"관중과 소홀은 내 적이 아니오?"

포숙이 제환공에게 자신의 계책을 일러주자 제환공이 이내 수긍하며 물었다.

"어찌해야 그들을 얻을 수 있소?"

"빨리 서두르면 가능하나 서두르지 않으면 불가능합니다. 노나라 대부 시백施伯은 관중의 지혜를 알고 있습니다. 그래서 노나라 군주는 관중에게 노나라의 정무를 맡기려고 할 것입니다. 이 계획을 관중이 받아들이면 그는 제나라를 약하게 만들 수 있습니다. 그가 만일 받아들이지 않으면 노나라는 반드시 그를 죽일 것입니다."

"관중이 노나라의 제의를 받아들일 것 같소?"

"그렇지 않을 것입니다. 관중이 공자 규의 죽음을 원치 않았던 것은 제나라 사직의 안정을 위한 것이었습니다. 이제 노나라의 정치를 맡으면 이는 제나라를 약화시키는 것입니다. 관중은 죽임을 당할지라도 결코 노나라의 정치를 맡지 않을 것입니다."

"관중은 전에 왜 나를 그리 대한 것이오?"

"모시는 주군이 있었기 때문입니다. 공자 규가 죽지 않았다면 어찌 군주를 섬기겠습니까? 제나라 사직을 안정시키고자 하면 서둘러 그를 맞아하십시오."

제환공이 결단을 못 내리자 포숙아가 말했다.

"노나라 대부 시백은 민첩하게 일을 처리하면서도 두려움이 많은 자입니다. 군주가 먼저 관중을 돌려받고자 하면 그는 제나라와 원수가 되는 것을 꺼려해 반드시 관중을 죽이지 않을 것입니다."

제환공이 이를 좇았다. 이때 시백이 노장공에게 말했다.

"관중이 급하게 되었습니다. 그가 섬기던 공자 규가 권력을 다투다 실패했습니다. 이제 노나라에서는 마땅히 그에게 정무를 맡겨야만 합니다. 만일 관중이 이를 받아들이면 제나라를 약화시킬 수 있습니다. 그가 받아들이지 않으면 죽이십시오. 그를 죽이면 제나라에서 좋아할 것입니다. 관중을 죽여 제나라 군주의 노여움을 풀어 주고, 제나라와 노여움을 같이 하는 것이 그를 죽이지 않는 것보다 현명한 처사입니다."

노장공이 이를 좇고자 했다. 이때 마침 제나라 사자가 도착해 제환공의 말을 전했다.

"관중과 소홀은 과인의 적이다. 이제 노나라에 있는 그들을 데려가고자 한다. 만일 그렇지 못하면 노나라 군사는 과인이 적이 되는 것이다."

노장공이 시백에게 묻자 시백이 말했다.

"그들을 돌려보내십시오. 제나라 군주는 성질이 급하고 아주 교만하다고 하니 비록 현인을 얻은들 어찌 반드시 쓸 리가 있겠습니까? 만일 제나라 군주가 그를 등용하면 관중은 제나라를 섬길 것입니다. 관중이야말로 천하의 큰 성인입니다. 이제 그가 제나라로 돌아가면 천하가 모두 그를 향하게 될 터인데 그 일이 어찌 노나라뿐이겠습니까? 지금 만일 그를 죽이면 그는 포숙아의 친한 벗이기 때문에 포숙아는 이를 빙자하여 군사를 일으킬 터인데 군주는 이를 감당키가 어려울 것입니다. 허락하느니만 못합니다."

이 내용은 오직 『관자』에만 나오고 있다. 후대인의 가필이 거의 확실하나 나름 역사적 사실을 담고 있다. 「제태공세가」의 다음 대목이 뒷받침한다.

"제환공이 짐짓 사자를 노나라로 보내 장차 관중을 잡아 죽여 마음을 통쾌히 하고자 하는 뜻을 전했다. 그러나 사실은 그를 등용하고자 한 것이다."

당대의 명군 제환공과 현신 관중의 만남은 이런 우여곡절 끝에 이뤄졌다.

명군과 현신의 만남

관중과 포숙아가 각자 자신이 모시는 주군을 옹립키 위해 치열한 각축을 벌이다가 제환공의 즉위로 사안이 매듭지자 이내 '관포지교'의 우의를 발휘한 대목은 감동적이다. 『국어』「제어」에 그 일화가 소개돼 있다.

이에 따르면 공자 규가 생두에서 죽임을 당한 직후인 기원전 685년 가을 10월, 포숙아가 지금의 산동성 몽양현인 당부堂阜로 나아가 관중을 실은 수레가 오기를 기다렸다. 마침내 수레가 오자마자 곧바로 관중의 족쇄와 수갑을 풀어주고 목욕재계토록 했다. 관중이 말했다.

"나는 소홀과 함께 공자 규를 섬겼으나 능히 공자 규를 받들어 보위에 올려놓지도 못했고, 능히 절개를 지키지도 못했소."

포숙아가 말했다.

"큰일을 하는 자는 작은 일에 신경 쓰지 않고, 큰 공을 세우는 자는 작은 절개를 위해 목숨을 버리지 않는 법이오. 우리 군주는 뜻이 크고 식견이 높으니 만일 그대를 얻어 도움을 받는다면 능히 패업을 성취할 수 있을 것이오. 공을 천하에 높이고 이름을 제후들 사이에 드날리는 것이 어찌 필부의 절개를 지켜 무익한 죽음을 취하는 것과 같을 수 있겠소?"

그러고는 임치성으로 돌아와 제환공에게 이같이 건의했다.

"관중은 재주가 뛰어나니 속히 발탁해 쓰도록 하십시오."

"내가 그를 만나 본 뒤 결정토록 하겠소."

포숙아가 말했다.

"신이 듣건대 '천한 몸으로는 능히 귀한 곳에 나아갈 수 없고, 가난한 자는 부유한 자를 부릴 수 없고, 소원疏遠하면 능히 부모에게도 간할 수 없다.'고 했습니다. 관중을 등용하려면 상국의 지위를 내리고, 국록을 높이고, 부형에 대한 예로써 영접해야 합니다. 무릇 상국이란 군주의 다음가는 자이니 이런 일을 가벼이 해 서로 가벼이 대하면 군주 또한 가벼워지는 법입니다. 비상한 사람에게는 비상한 예로써 대우해야만 합니다. 그러니 군주는 우선 택일부터 하고, 교외까지 나가 그를 영접토록 하십시오. 그래서 설령 원수일지라도 어진 사람이면 존경하고 예의로써 대한다는 소문이 사방으로 퍼져 나가도록 만들어야 합니다. 그래야만 천하의 뜻있는 사람들이 모두 제나라에 등용되기를 바랄 것입니다."

제환공이 이를 받아들였다. 택일한 날이 가까워오자 제환공이 관중을 영접하기 위해 몸에 훈향薰香을 여러 번 쐬었다. 『국어』「제어」의 해당기록이다.

"관중이 제나라에 이를 즈음 제환공이 관중을 영접하기 위해 '3흔3욕三釁三浴'을 행했다."

'3흔3욕'은 여러 번 훈향薰香으로 몸을 쐬고 씻었다는 뜻이다. '삼三'은 '다多'를 대용해 쓰이는 만큼 3번만 행했다는 의미로 새길 게 아니다. 「제어」는 제환공이 교외까지 나가 관중을 영접한 뒤 나란히 수레를 타고 궁으로 향하자 백성들이 크게 놀랐다고 기록해 놓았다. '3흔3욕'은 취지 면에서 볼 때 훗날 삼국시대 당시 유비가 제갈량을 찾아간 삼고초려三顧草廬와 맥을 같이 하는 것이다.

유비는 제갈량과의 만남을 수어지교水魚之交에 비유했다. 물고기가 물을 만난 것과 같다는 뜻이다. 이후 명군과 현신의 만남을 '수어지교'로 표현했다. 그 효시가 바로 제환공과 관중의 만남이다. 춘추시대에 새로운 패자가 등장할 때마다 이런 만남이 계속 이어졌다. 진문공과 조최趙衰, 초장왕과 손숙오孫叔敖, 오왕 합려와 오자서伍子胥, 월왕 구천과 범리范蠡의 만남이 그렇다. 일각에서 '춘추5패'의 일원으로 꼽는 진목공이 백리해百里奚를 만난 것도 같은 경우로 볼 수 있다.

새로운 패자가 나타날 때마다 '수어지교'의 만남이 이뤄진 것을 결코 우연으로 볼 수 없다. 천하는 넓다. 군주가 아무리 뛰어난 재주를 지니고 있을지라도 현명한 신하의 보필이 없으면 안 되는 이유다. 당시 제환공은 '수어지교'의 상대인 관중과 함께 궁으로 들어와 자리에 앉은 뒤 곧바로 가르침을 청했다.

"전에 선군 제양공은 높은 대를 쌓고 자신의 존영尊榮을 과시코자 했소. 이에 사냥놀이를 하면서 나라의 정사를 돌보지 않고, 성인을 얕보고 선비들을 모욕하면서 오로지 여색만 밝혔소. 수백 명의 희첩姬妾이 그의 주위에 있었소. 이들이 먹는 것은 반드시 기름지며 맛있는 것이었고, 입는 것은 반드시 정교하게 수놓은 능라비단이었소. 이로 인해 장병들은 얼어 굶어죽고, 전차는 낡은 오락용 수레인 유거游車를 대용으로 쓰고, 먹고 입는 것은 모두 궁중의 희첩들이 사용하다 남은 것뿐이었소. 소인배는 신하들을 면전에서 농락하고, 뛰어난 인재들을 뒷전으로 밀어냈소. 이에 나라가 앞으로 나아갈 수 없었던 것이오. 나는 종묘조차 쓸고 닦을 사람이 없고, 사직 또한 제사를 받지 못하는 상황이 닥칠까 걱정하지 않을 수 없소. 청컨대 과연 이를 어찌해야 좋을지 가르침을 주시오."

관중이 대답했다.

"전에 우리의 선왕 주소왕周昭王과 주목왕周穆王은 세대에 걸쳐 모두 주 문왕과 주무왕 당시의 업적을 본받아 공업을 세웠습니다. 그러니 응당 연륜 있고 덕이 높은 분을 부르고, 백성 가운데 덕이 높은 사람을 선별해내야 할 것입니다. 또한 법률을 제정해 사람들의 행위가 준칙을 따르게 하고, 민력을 이용해 반드시 고르면서도 적의한 것을 만들어야 할 것입니다. 법도를 이용해 백성을 조직한 뒤 우선 근본을 정해 다시 세부 사항을 바르게 하고, 상사賞賜를 이용해 선행을 장려하고, 형벌을 이용해 악행을 다스리고, 노소에 따라 윤리강상의 차서를 정해야 합니다. 이로써 백성을 다스리는 기강을 세울 수 있습니다. 예禮, 의義, 염廉, 치恥는 나라의 4가지 근본입니다. 나라의 기강을 세우고자 하면 반드시 이 4가지 근본부터 바로 펴야 합니다."

'예의염치'는 관중사상의 핵심에 해당한다. 이를 이른바 '4유四維'라고 한다. 이는 『관자』의 첫 편인 「경언」의 '목민'에 나오는 내용이기도 하다. '예의염치'는 관중사상의 핵심을 이룬다. 해당 대목이다.

"예의염치의 4유四維를 널리 베풀면 영이 잘 시행된다. 나라를 보존하는 법도는 바로 4유를 밝히는 데 있다. 천시天時를 좇아 농경에 임함에 힘쓰지 않으면 나라의 재물이 늘지 않고, 지리地利를 개발하는데 힘쓰지 않으면 창고가 차지 않는다. 4유가 베풀어지지 않으면 나라는 이내 멸망하고 만다."

국가존망의 근거를 '4유'에서 찾고 있음을 알 수 있다. 관중사상 가운데 유가사상과 맥을 같이 하는 게 바로 '4유'이다. 당시 제환공은 관중으로부터 '4유'에 관한 얘기를 듣고는 곧바로 부국강병의 방략을 물었다.

"어떻게 해야 능히 백성을 동원할 수 있소?"

"먼저 백성을 사랑해야 합니다. 연후에 백성이 처할 길을 열어주어야 합니다."

"백성을 사랑하려면 어찌해야 하오?"

"항상 백성과 함께 서로 손을 잡고 일하며 그 이익을 나눠주면 백성과 서로 친할 수 있습니다. 일단 선포한 법령은 경솔히 고치지 않고 공평히 집행해야 합니다. 그러면 백성들은 절로 정직해집니다."

이는 관중사상 중 법가사상과 맥을 같이 하는 대목이다. 부국강병은 법가사상의 요체에 해당한다. 제환공이 이어 재정에 관해 물었다.

"재정은 어찌해야 효과적으로 조달할 수 있겠소?"

"산에 있는 광물을 녹여 돈을 만들고, 바다를 이용해 소금을 구우면 그 이익이 천하에 유통됩니다. 천하의 모든 물품을 거두어 두고, 때 맞춰 무역하게 하면 장사하는 사람들이 모여들고 자연히 재화도 모일 것입니다. 그들로부터 적당한 세금을 징수해 군용을 돕는다면 어찌 재용을 걱정할 것이 있겠습니까?"

이는 관중사상의 재정경제 사상을 요약한 것이다. 제환공이 군사에 관해 물었다.

"군사는 어찌 조직하는 것이 좋겠소?"

"원래 군사란 정예한 것을 중시할 뿐 숫자가 많은 것을 중시하지 않습니다. 군사는 힘보다 마음이 강해야 합니다. 만일 군사를 기르고 무기를 준비하면 천하의 모든 제후들도 군사를 기르고 무기를 준비할 것입니다. 그같이 해서는 승리를 거둘 수 없습니다. 군사를 강하게 하려면 먼저 실속을 튼튼히 해야 합니다."

부국이 이뤄져야 강병이 가능하다는 논리를 전개한 것이다. 당시 제환공과 관중은 3일 밤낮을 논의했다. 크게 탄복한 제환공이 관중을 곧바로 상국으로 삼으려 하자 관중이 사양했다.

"신이 듣건대 '큰 집을 지으려면 한 나무의 재목만으로는 안 된다.'고 했습니다. 이는 마치 큰 바다도 한 줄기의 흐름만으로 이뤄지지 않는 것과 같습니다. 군주는 꼭 그 큰 뜻을 성취코자 하면 동시에 많은 인재를 등용해야 합니다."

이에 습붕과 영월, 성보, 동곽아, 빈수무 등이 중용됐다. 제환공은 관중을 상국으로 삼고 조세 1년분을 녹봉으로 주었다. 관중이 포숙아와 습붕 등과 함께 제나라의 정치를 가다듬었다. 군사를 체계적으로 조직하고, 화폐를 만들고, 제염과 광물제련 등의 이용후생利用厚生의 조치를 하고, 빈궁한 자들을 구제하고, 능력 있는 현사를 등용했다. 제나라 사람들이 모두 크게 기뻐했다.

당시 제환공은 관중을 존중하는 의미에서 이름을 부르지 않고 '중보仲父'로 칭했다. '중보'는 관중의 자가 중仲인 데서 나온 것이다. 보父는 사람을 존중하는 뜻에서 이름이나 자 뒤에 붙이는 미칭美稱이다. 훗날 진시황은 여불위를 '중부仲父'로 불렀다. 이는 말 그대로 집안의 '작은 아버지'와 같다는 뜻에서 붙인 것이다. 똑같은 글자일지라도 뜻이 전혀 다르다.

하루는 제환공이 관중을 찾아와 물었다.

"과인은 불행하게도 사냥과 여자를 좋아하오. 장차 패업을 이루는데 해롭지 않겠소?"

"그렇지 않습니다."

"그렇다면 어떤 것이 해로운 것이오?"

관중이 대답했다.

"현명하고 유능한 사람이 있는 것을 모르면 패업에 해롭고, 이를 알고도 쓰지 않으면 패업에 해롭고, 쓰면서도 적소에 배치하지 못하면 패업에 해롭고, 적소에 배치하면서도 신임하지 않으면 패업에 해롭고, 신임하면서도 소인배들을 참여시키면 패업에 해롭습니다. 패업에 사냥과 여인은 가히 논할 바가 못 됩니다."

이는 패도의 요체를 언급한 것이었다. 그러나 사냥 등의 잡기와 주색이 패업에 하등 문제가 될 것이 없다는 그의 이런 주장은 유가의 가르침과 정면으로 배치되는 것이다. 이로 인해 훗날 적잖은 비판을 받게 되었다. 그러나 칼을 앞세우는 난세의 패업은 붓을 앞세우는 치세의 왕업王業과 같을 수 없다. 같은 잣대를 들이대면 역사적 인물 및 사건에 대해 엉뚱한 평가가 나올 수밖에 없다.

하루는 제환공이 관중을 불러 물었다.

"나는 불의한 제후국을 치려고 하는데 이것이 가능하겠소?"

"아직 안 됩니다. 나라가 아직 충분히 안정치 못했습니다."

제환공이 다시 물었다.

"어찌해야 나라를 능히 안정시킬 수 있겠소?"

"옛 법령을 정비해 그 중 좋은 것을 선택해 혁신을 계승하고, 인구를 증가시키고, 빈곤한 자를 구제하고, 백관으로 하여금 정숙히 관직을 수행케 하면 가히 나라를 안정시킬 수 있습니다."

제환공이 이를 좇자 제나라가 크게 안정되었다. 제환공이 다시 물었다.

"국가가 안정되었으니 대략 가히 제후들을 토벌해도 좋지 않겠소?"

"아직 안 됩니다. 만일 군주가 군사를 정비하면 다른 제후국도 좇아 할 것입니다. 군령을 안으로 감춰야 합니다."

"좋은 생각이오."

관중이 곧 다음과 같은 영을 반포했다.

"5가家를 1궤軌, 10궤를 1리里, 4리를 1연連, 10연을 1향鄕이라 한다. 매 단위마다 장을 둔다. 1궤에서 5명의 오伍를 편성하고, 궤장軌長이 이를 통솔한다. 1리에서 50의 소융小戎을 편성하고, 유사有司가 이를 통솔한다. 1연에서 2백 명의 졸卒을 편성하고, 연장連長이 이를 통솔한다. 1향에서 2천 명의 여旅를 만들고, 향대부鄕大夫가 이를 통솔한다. 5향이 1수帥가 되니 1만 명의 군軍을 편성하고, 경卿이 이를 통수한다."

이로써 패업을 위한 기본 틀을 완벽하게 갖췄다. 제환공은 천거 받은 인재를 직접 소견召見한 뒤 과감히 발탁해 정사를 돌보게 했다. 수시로 나라에 큰 화란이 있을 경우를 가상해 그 대책을 물었다. 이로써 그 인재가 어느 방면에 뛰어난지를 살펴 큰 대과가 없으면 곧바로 승진시켰다. 덕분에 제나라는 이내 부국강병의 길로 들어설 수 있었다.

제환공의 독자행보와 좌절

제환공은 관중을 재상으로 임명한 뒤 그의 보필을 받아 마침내 부국강병을 이룰 수 있었다. 부국강병을 위해서는 먼저 백성에게 이익을 주어 부유하게 만들어야 한다는 관중의 계책을 받아들인 결과였다. 그러나 제환공이 처음부터 관중의 계책을 전폭 수용했던 것은 아니다. 노나라 협객 조귀曹劌에게 혼이 난 일화가 이를 뒷받침한다.

당시 노장공은 제환공이 관중을 상국으로 삼아 나라를 크게 다스리고 있다는 소식을 접하고 크게 노했다. 이내 군사를 일으켜 지난날 간시 땅에서의 패배를 설욕코자 했다. 이 소식을 전해들은 제환공은 아직 준비가 끝나지 않았다는 관중의 말을 무시한 채 포숙아에게 명해 군사를 이끌고 가 노나라 국경 지역인 장작長勺을 치게 했다. 기선을 제압키 위해 선공을 취한 것이다.

노장공이 시백을 불러 상의했다.

"제나라가 먼저 쳐들어왔으니 이를 어찌 막아야 하오?"

"신이 한 사람을 천거하겠습니다. 그 사람이면 가히 제나라 군사를 대적할 수 있을 것입니다."

"그가 누구요?"

"그는 조귀라고 합니다. 지금 동평東平에 살고 있습니다. 속히 사람을 보내 부르십시오."

조귀는 알현 자리에서 대뜸 이같이 물었다.

"장차 무엇을 믿고 제나라와 싸우려 하는 것입니까?"

"나는 백성에게 은혜를 베풀면서 의식에 인색치 않았고, 신령에게 제사를 지내면서 희생과 옥백을 아끼지 않았소."

조귀가 말했다.

"그것은 작은 은혜에 불과합니다. 은혜가 백성에게 두루 미칠 수 없으니 백성들이 군왕을 좇아 죽기로 싸우려 하지 않을 것입니다. 널리 은덕을 베풀고 일을 공평히 처리해야 명령을 따르지 않는 자가 없게 됩니다. 무엇을 믿고 이번 싸움을 하려는 것입니까? 백성들이 추구하는 것은 재물이 모자라지 않는 것이고, 귀신이 제사에서 바라는 것은 백성들이 해마다 풍년을 맞는 것입니다."

"나는 옥사를 비록 다 밝게 살피지는 못했으나 반드시 정리情理에 맞게 처리했소."

조귀가 말했다.

"그것은 백성들을 위해 헌신하는 것이니 이번 싸움에서 승리할 수 있는 조건이 될 만합니다. 늘 마음속으로 백성의 일을 생각할 줄 알면 비록 재주와 지혜가 아직 미치지 못할지라도 조만간 경지에 이르게 될 것입니다. 출병할 때 군주와 함께 종군할 수 있도록 허락해 주십시오."

기원전 684년 봄, 노장공이 조귀와 함께 같은 병거를 타고 장작으로 나아갔다. 『동주열국지』는 포숙아가 제나라 군사를 지휘한 것으로 묘사해 놓았다. 정황상 그랬을 가능성이 높다. 이에 따르면 당시 간시 싸움의 승리를 지나치게 의식한 포숙아가 서둘렀다.

"북을 울리고 즉시 진격하라!"

노장공이 곧바로 영격迎擊에 나서려고 하자 조귀가 만류했다.

"제나라 군사의 예기가 날카롭습니다. 조용히 때를 기다려야 합니다."

노나라 군사가 대응하지 않자 제나라 군사는 아무런 성과도 거두지 못하고 물러갔다. 포숙아가 다시 북을 울리게 했다. 조귀가 제나라 군사의 3번째 북소리를 듣고서야 이같이 건의했다.

"이제 북을 쳐도 좋을 것입니다."

성난 파도처럼 밀려오는 노나라 군사의 위세에 주눅이 든 제나라 군사들이 사방으로 흩어졌다. 조귀가 사용한 전술은 병법에서 말하는 '이일대로以逸待勞'의 계책이었다. 노장공이 승세를 몰아 추격에 나서려고 하자 조귀가 만류했다. 그는 제나라 군사의 수레바퀴 자국을 살펴보고 멀리 제나라 군사들이 움직이는 모습을 관찰한 뒤 비로소 추격을 명했다. 노획한 무기와 군량이 헤아릴 수 없을 정도로 많았다. 노장공이 대승을 거둔 뒤 조귀에게 물었다.

"경은 한 번 북을 울려 세 번이나 북을 울린 적을 단숨에 꺾었으니 이는 무슨 연고요?"

"무릇 용병이란 병사들의 전의戰意에 달려 있습니다. 한 번 북을 치면 병사들이 투지가 치솟습니다. 그러나 교전이 이뤄지지 않아 두 번째 북을 치게 되면 투지가 떨어지게 됩니다. 이 와중에 세 번째 북을 치면 투지가 완전히 소진됩니다. 적병의 전의가 바닥에 떨어졌을 때 우리가 북을 한 번 쳐서 병사들의 투지를 드높였기 때문에 적들을 이길 수 있었던 것입니다."

"제나라 군사가 패했을 때 어째서 즉시 추격하지 않았던 것이오?"

"제나라와 같은 대국의 전력과 용병술은 쉽게 헤아리기 어려운데다가 복병에게 기습을 당할 우려가 있었기 때문입니다. 그러나 저는 적들의 수레바퀴 자국이 어지러운 데다가 그들의 깃발이 어지럽게 흔들리는 것을 보고 추격 명령을 내리도록 청했던 것입니다."

당시 제환공은 노나라 군사에게 대패하자 크게 노했다.

"군사가 싸움에 나가 공도 세우지 못한 채 돌아왔으니 이러고서야 어찌 여러 나라 제후들을 제압할 수 있겠는가?"

포숙아가 사죄했다.

"제나라와 노나라는 전력이 서로 비슷해 상황에 따라 승패가 갈릴 수밖에 없습니다. 지난번 간시의 싸움에서는 우리가 주인 격이어서 이겼지만 이번 장작의 싸움에서는 노나라가 주인 격이어서 우리가 패한 것입니다. 송나라와 힘을 합쳐 노나라를 치면 이번 수치를 설욕할 수 있을 것입니다."

송나라로 사신을 보내 지원을 청했다. 송나라가 쾌히 응했다. 얼마 후 제나라 군사와 송나라 군사가 낭郞 땅에서 합류했다. 그러나 두 나라 연합군은 노나라의 기습공격에 대패하고 말았다. 관중이 재상으로 발탁됐는데도 제나라가 군사가 패했다는 것은 무엇을 말하는 것일까? 제환공이 이때만 해도 관중의 건의를 무시하고 성급히 서둘렀을 가능성을 시사한다.

『관자』「내언」의 '대광'에 이를 뒷받침하는 일화가 나온다. 이에 따르면 제환공은 관중을 발탁한 후에도 그의 말을 듣지 않고 군비 확장을 서둘렀다. 관문과 시장에서 받는 세금을 과도하게 바꾸고, 제환공은 오직 용맹을 기준으로 녹을 주었다. 포숙아가 관중에게 물었다.

"지금 나라가 더욱 어지러워졌소. 앞으로 어찌할 생각이오?"

"우리 군주는 성질이 급하므로 그 지혜를 더 많이 깨우쳐주어야 하오. 좀 더 시간을 두고 그가 깨우치도록 할 것이오."

"스스로 깨우칠 때까지 기다리면 나라가 망하지 않겠소?"

관중이 대답했다.

"아직 괜찮소. 국내정치는 내가 보이지 않게 손을 써 놓았으니 이제는 기대할 만하오. 밖에 있는 제후들도 우리 두 사람을 모두 없애기 전에는 거사하기 어려우니 누가 감히 우리를 침범하겠소?"

초기에 제환공이 관중의 말을 듣지 않고 안으로 군비를 증강해 나간 배경을 설명한 대목이다. 그 결과가 바로 노나라 군사에 대한 참패로 나타났다. 이런 식으로는 '패자'는커녕 이웃한 약소국 노나라에게마저 얕보일 소지가 컸다. 이 일화는 당시까지만 해도 제환공이 관중의 계책을 흔쾌히 받아들이지 않았음을 시사한다. 이때의 패배를 계기로 관중의 계책을 적극 수용한 것으로 짐작된다.

군신의 2인3각 행보

제환공이 천하의 패자가 되기 위해 반드시 제압해야 할 나라는 초나라였다. 제환공이 관중을 기용해 중원의 패권을 도모할 당시 남쪽 초나라 역시 국력이 튼튼해져 그 기세가 자못 성대했다. 제환공이 즉위할 당시 초나라를 다스린 군왕은 초문왕楚文王이었다. 제환공의 재위 도중 초문왕이 죽고 그의 아들이 초성왕楚成王으로 즉위했다. 그는 당대의 명군이었다. 제환공이 재위 기간 내내 중원의 패권을 유지하기 위해 초문왕 및 그의 아들 초성왕과 힘겨운 씨름을 해야만 했던 이유다.

당시 제환공과 초문왕 모두 일정한 명분을 내걸기는 했으나 힘으로 주변국을 병탄하는 등의 패권행보를 보인 점에서 하등 차이가 없다. 기원전 684년 가을 9월에 초나라 군사가 채애후蔡哀侯 헌무獻舞를 포로로 잡은 뒤 회군한 지 얼마 안 된 이해 겨울, 제환공은 아예 이웃한 담譚나라를 멸망시켰다. 담나라 군주는 거나라로 달아났다. 담나라 정벌 역시 초나라의 채나라 토벌과 마찬가지로 담나라가 중원의 패권국을 자처하는 제나라에 무례를 범했다는 게 구실이었다.

천자의 명도 없이 멋대로 제후의 나라를 멸망시킨 것은 월권이다. 그럼에도 후대의 사가들은 이를 아예 외면하거나 무시해 버렸다. '춘추5패'에 대한 후대 사가들의 평이 자의적이었음을 반증하는 대목이다. 그럼에도 주왕실은 이를 전혀 문제 삼지 않은 것은 물론 오히려 왕실의 여인을 제환공에게 시집보냈다.

기원전 683년 겨울, 제환공이 왕녀 공희共姬를 맞이했다. 막강한 무력을 보유한 제후를 왕실의 보호 세력으로 끌어들이기 위한 고단수의 책략이었다. 이듬해인 기원전 682년에 제환공이 과연 패자의 역할을 제대로 수행할 수 있을지 여부를 가늠하는 사건이 빚어졌다. 이해 가을, 송나라에 내분이 빚어졌다. 송나라 대부 남궁장만南宮長萬이 송민공을 시해하고 대부 구목仇牧과 태재 화독華督 등을 쳐 죽이는 사건이 빚어진 것이다. 남궁장만은 송나라 공실의 후손들이 이끄는 군사에게 쫓겨 진陳나라로 도주했다가 이내 죽임을 당하고 말았다. 패자가 되기 위해서는 반드시 이런 하극상의 혼란을 제압할 수 있어야 한다. 제환공이 과연 패자로서의 자질과 능력을 지니고 있는 인물인지 여부를 가리는 첫 번째 시험무대였다.

이듬해인 기원전 681년 3월 1일, 제환공이 주왕실의 허락을 얻어 노, 송, 채, 진陳, 주邾 등의 군주와 지금의 산동성 동아현인 북행北杏에서 만났다. 제환공이 패자로서 첫 걸음을 내디딘 최초의 회맹이었다. 제환공이 먼저 입을 뗐다.

"천자의 명을 받들어 여러 제후들을 청한 것은 장차 왕실을 돕기 위한 것이오. 오늘 한 사람을 추대해 모든 일을 주도하도록 해야 할 것이오."

자신을 최초의 패자로 선정해 달라고 주문한 것이나 다름없다. 그러나 일이 만만치 않았다. 서열상 송환공이 높았다. 그의 작위는 공작, 제환공의 작위는 후작이다. 주왕조의 작호는 공公, 후侯, 백伯, 자子, 남男 등 모두 5등급이다. 천자는 사방 1천 리의 영지를 다스리고, '공'과 '후'는 사방 1백 리, '백'은 사방 70리, '자'와 '남'은 사방 50리의 영지를 다스리는 것으로 되어 있다. 그러나 이는 후대에 명문화된 것으로 이런 규정이 정확히 적용된 것은 아니다. 당시 모임을 주도한 제환공도 작위 문제로 적잖이 고심했을 것이다. 본인이 나서는 것은 쑥스러운 만큼 누가 나설 필요가 있었다. 진선공이 '총대'를 멨다.

"이번에 천자가 제후들을 규합하라고 제후齊侯에게 부탁했소. 응당 그를 추대해 모임을 주도하게 해야 할 것이오."

이로써 제환공이 형식적으로 몇 번 사양했다가 못 이기는 체하며 단 위로 올라가 맹주가 되었다. 북행회맹은 제환공이 죽을 때까지 행한 9번의 회맹 중 첫 번째 회맹에 속한다. 훗날 공자는 제환공이 제후들을 모아 회맹한 것을 두고 『논어』「헌문」에서 이같이 칭송한 바 있다.

"제환공이 제후들을 9번 규합하며 병거兵車를 동원치 않은 것은 모두 관중의 공이다. 관중이 제환공을 도와 제후들을 호령하고 일거에 천하를 바로잡음으로써 백성들이 지금까지 그 혜택을 받고 있다."

그러나 사실 제환공이 행한 9번의 규합 중 병거를 동원한 회맹인 이른바 병거지회兵車之會는 모두 6번에 달한다. 주희왕 원년인 기원전 681년의 북행 회맹을 비롯해 주희왕 2년과 3년의 견鄄 땅 회맹, 기원전 659년의 정檉 땅 회맹, 기원전 647년의 함鹹 땅 회맹, 기원전 644년의 회淮 땅 회맹을 말한다. 병거를 동원하지 않은 회맹인 이른바 승거지회乘車之會는 기원전 657년의 양곡陽穀 회맹과 기원전 655년의 수지首止 회맹, 기원전 651년의 규구葵丘 회맹 등 모두 3번에 불과하다. 공자가 말한 9합제후九合諸侯를 놓고 '여러 번 제후들과 회합했다.'로 풀이해야 한다는 주장이 나오는 이유다.

일거에 천하를 바로잡았다는 일광천하一匡天下에 대해서도 오랫동안 설이 대립했다. 당나라 측천무후 때 나온 장수절張守節의 『사기정의史記正義』는 실제적인 사건을 지칭한 것으로 간주해 기원전 652년의 도洮 땅 회맹에서 주양왕을 태자로 정한 일을 지칭한다고 해석했다. '일광천하'를 기원전 648년에 관중이 이끈 제나라 군사가 주 왕실의 내분을 평정한 일을 언급한 것으로 풀이하는 견해도 같은 입장이다. 북행의 회맹은 제환공이 행한 '9합제후'의 첫 번째 회맹에 해당한다는 점에서 매우 의미가 깊다.

북행 회맹 당시 5국의 제후들이 서로 술잔을 들어 제환공에게 장수를 기원하는 헌수獻酬를 행했다. 다음날 송환공이 작별인사도 하지 않고 떠나 버렸다. 작위가 공작인데도 맹주가 되지 못한 게 불만이었다. 대로한 제환공이 송나라를 치기 위한 군사를 일으키면서 사자를 주왕실로 보내 출병을 요청했다.

"송공이 왕명을 어기고 지난번 회맹 도중 돌아갔습니다. 청컨대 왕사王師를 보내 주면 함께 송나라의 죄를 토벌하겠습니다."

주왕실의 대신 선멸單蔑이 군사를 이끌고 와 합세했다. 주왕실은 이를 외교적으로 해결코자 했다. 선멸이 제환공에게 말했다.

"천자의 명을 받고 제후들을 규합했으니 덕으로 굴복시키는 게 나을 것이오."

제환공이 이를 허락했다. 선멸이 송환공을 만나 설득하자 송환공이 사자를 시켜 백옥 10쌍과 황금 1천 일鎰을 바쳤다. 제환공이 이를 선멸에게 주었다. 선멸이 떠나자 제환공을 비롯한 제후도 곧 군사를 이끌고 본국으로 돌아갔다. 이는 제환공이 중원의 패자임을 내외에 선언한 것이나 다름없었다. 제환공이 송나라를 치려고 할 당시 관중은 이같이 만류한 바 있다.

"송나라 토벌보다 더 급한 일이 있습니다. 수遂나라가 왕명을 어기고 이 맹회에 참석치 않았습니다. 수나라는 노나라의 부용국附庸國입니다. 우리가 치면 곧 항복할 것입니다. 그때 사자를 노나라에 보내 꾸짖으십시오. 노후魯侯가 화친을 청하면 그때 노나라를 용서하고 다시 군사를 송나라로 옮기십시오."

이해 여름, 제환공이 대군을 보내 수나라를 병탄한 뒤 제수濟水를 지키게 했다. 과연 노장공이 화친을 청했다. 제환공이 군사를 지금의 산동성 양곡현인 제나라의 가柯 땅까지 물렸다. 이해 겨울, 제환공과 노장공이 가 땅에서 결맹했다. 『사기』「자객열전」은 당시 상황을 이같이 묘사해 놓았다.

"제환공이 노장공과 맹서를 할 때 조말이 비수를 손에 들고 제환공을 협박했다. 제환공의 좌우가 감히 움직이지 못했다. 제환공이 '원하는 게 무엇인가?'라고 묻자 조말이 '비록 제나라가 강하고 노나라가 약하기는 하나 대국이 노나라를 침공하는 게 지나칩니다. 빼앗은 땅을 돌려주십시오.'라고 했다. 제환공이 이를 허락했다. 얼마 후 제환공이 노한 나머지 약속을 저버리려고 하자 관중이 만류했다. 이로써 조말은 노나라가 제나라와 3번 싸워 잃은 땅을 모두 되찾게 되었다."

사마천은 「자객열전」을 지으면서 조말을 춘추전국시대에 활약한 5명의 대표적인 자객 중 으뜸으로 쳤다. 그러나 그는 자객이라기보다는 의협義俠에 가까웠다. 의협은 '대의'를 명분으로 내세운다는 점에서 사적인 의리인 '소의'에 얽매인 자객과는 차원이 다르다. 실제로 『법언』을 쓴 전한 말기의 양웅揚雄과 『자치통감』을 쓴 북송의 사마광 모두 조말을 자객의 명단에서 빼야 한다고 주장했다.

정나라 토벌의 시험대

원래 춘추시대 초기만 해도 중원의 패자 노릇을 한 정나라였다. 제환공 당시 정나라는 매우 어지러웠다. 정여공 돌突은 보위에서 쫓겨난 후 17년 동안 망명생활을 하며 복위를 위해 절치부심하고 있었다. 관중이 제환공에게 말했다.

"명실상부한 패업을 이루고자 하면 반드시 초나라를 쳐야 합니다. 그러나 초나라는 땅도 넓고 군사도 강합니다. 먼저 정나라부터 칠 필요가 있습니다."

선멸이 제나라와 송나라의 화해를 주선한 지 불과 몇 달 뒤인 기원전 680년 여름 6월, 제환공이 좌우에 명해 대군을 이끌고 정여공 돌이 있는 정나라의 역성櫟城을 향해 떠나도록 했다. 정나라는 제나라의 상대가 되지 못했다. 정여공 돌은 제나라 군사 덕분에 이내 보위를 되찾게 되었다. 당시 정나라 백성들은 정여공을 크게 동정했던 까닭에 그의 복위를 반겼다.

춘추시대 초기만 해도 중원의 패자 노릇을 한 나라는 정나라였다. 이는 주 왕실의 동천에 참여해 대공을 세운 결과였다. 당시 정나라는 동괵東虢을 쳐 없애고 그곳에 도성을 정했다. 동괵의 고지는 천혜의 요새였다. 앞은 산, 뒤는 하수河水였다. 좌우로 낙천洛川과 제수濟水를 끼고 있어 험요險要하기 그지없었다. 제환공에 앞서 천하를 호령했던 정장공鄭莊公이 송나라와 허나라를 격파한데 이어 천자의 군사와도 맞붙은 배경이다.

그러나 정나라는 시간이 지나면서 잇단 내분으로 과거의 위세를 잃은데 이어 제환공이 등장하는 시점에 이르러서는 초나라를 섬기며 그 앞잡이 역할을 하는 소국으로 몰락하고 말았다. 당시 초나라는 장강과 회수를 뜻하는 강회江淮 일대의 모든 나라를 손아귀에 넣고 왕을 칭했다. 주 왕실의 입장에서 볼 때 어떤 식으로든 이를 정리할 필요가 있었다. 관중이 이를 모를 리 없었다. 곧 제환공에게 이같이 건의했다.

"군주가 왕실을 돕고 제후들에게 호령하면서 패업을 이루고자 하면 반드시 초나라를 쳐야 합니다. 그러나 초나라는 땅도 넓고 군사도 강합니다. 우선 초나라의 힘을 꺾기 위해 먼저 정나라부터 얻어야 합니다."

"과인도 알고 있소. 그러나 마땅한 계책이 없어 한이오."

이때 대부 영척寧戚이 말했다.

"정여공 돌突은 보위에 오른 지 2년 만에 대부 채족祭足에 의해 쫓겨났고, 뒤를 이은 공자 홀忽과 공자 미亹 모두 안팎의 환란에 휘말려 죽게 되자 채족이 다시 공자 의儀를 세웠습니다. 채족은 신하로서 군주를 추방한 자이고, 공자 의는 형님의 자리를 빼앗은 자입니다. 마땅히 죄목을 들어 엄히 꾸짖어야 합니다. 지금 채족은 죽어 없고, 정여공은 역성櫟城에 머물며 날마다 정나라를 치려고 절치부심하고 있습니다. 속히 군사를 보내 공자 돌을 복위시키십시오. 그리하면 그는 군주의 은공을 잊지 않고 섬길 것입니다."

기원전 680년 여름 6월, 제환공이 대부 빈수무賓須無에게 명해 병거 2백 승을 이끌고 정여공 돌이 있는 역성을 향해 떠나도록 했다. 17년 동안 망명생활을 하며 복위를 위해 절치부심했던 정여공 돌은 마침내 빈수무가 이끄는 제나라 군사 덕분에 보위에 앉게 되었다. 정여공이 복위한 지 며칠 만에 민심이 크게 안정되었다.

제환공은 정여공의 복위를 계기로 위나라와 조나라가 회맹에 참여하겠다고 자청해 오자 곧 모든 제후들을 크게 모아 새로운 규약을 정하고자 했다. 관중이 말했다.

"군주는 새로 패업을 세웠으니 모든 일을 간편히 하십시오."

"간편히 하라는 게 무슨 뜻이오?"

"진·채·주邾 3국은 북행北杏의 회맹 이래 우리 제나라를 섬기되 배신한 일이 없고, 조나라는 비록 회맹에 참여치는 않았으나 우리가 송나라를 칠 때 함께 거사했습니다. 그러니 이들은 번거롭게 두 번씩 오라고 할 것은 없습니다. 송·위 두 나라가 한 번도 회맹에 협력한 일이 없으니 이번에는 그들만 부르도록 하십시오. 그리 한 뒤 모든 나라가 한 마음으로 단결될 때를 기다려 다시 함께 모여 맹약하는 것이 옳을 것입니다."

제환공이 곧 송·위·정 3국에 사자를 보내 지금의 산동성 복현인 위나라의 견鄄 땅에서 회맹할 뜻을 통고했다. 얼마 후 송환공과 위혜공, 정여공이 견 땅으로 왔다. 제환공은 참석한 제후들에게 삽혈의 맹세를 강요하지 않고 정중히 상견만 하고 환담한 후 헤어졌다. 이들은 제환공의 공손한 태도에 감격했다. 제환공이 다시 모든 제후국에 사자를 보내 회맹할 날을 통보했다.

이듬해인 679년 봄, 제환공과 송환공, 진선공陳宣公, 위혜공, 정여공이 다시 견 땅에서 만났다. 이때 이뤄진 두 번째의 견 땅 회동을 두고 『춘추좌전』은 이같이 기록해 놓았다.

"이로써 제나라가 비로소 패자가 되었다."

이는 제환공이 제나라의 패권을 인정하지 않은 송나라로부터 패권을 승인받고 오랫동안 지속된 정나라의 내분을 진정시킨 점을 높이 평가한 결과다. 제환공에게 무릎을 꿇은 송나라와 정나라 모두 약소국에 불과했다. 남방의 강국 초나라는 말할 것도 없고 중원의 대다수 제후국들 역시 제환공을 그다지 높게 평가하지 않았다. 아직 대단치 않다고 본 것이다. 힘으로 제압하는 수밖에 없었다.

이해 가을, 초문왕이 직접 군사를 이끌고 가 정나라를 쳤다. 정여공이 감히 싸울 생각을 못하고 곧바로 초문왕 앞으로 나아가 백배사죄하며 충성을 다짐했다. 초문왕은 철군한 후 정여공의 충성을 시험할 생각으로 곧 정여공에게 명해 송나라를 치게 했다. 이해 겨울, 정여공은 마지못해 군사를 이끌고 가 송나라를 쳤다. 그러나 애초부터 송나라와 싸울 생각이 없었던 까닭에 대충 싸우는 시늉만 하다가 이내 철군했다. 송나라 역시 정나라의 속사정을 뻔히 아는 만큼 퇴각하는 정나라 군사를 추격하지 않았다.

이 소식을 들은 제환공은 대로했다. 그는 초나라의 앞잡이 노릇을 한 정나라를 응징하지 않을 경우 중원의 패자로서 운신키가 어렵다고 판단했다. 중원의 제후들을 소집해 응징 방안을 논의하자 제후들 모두 정여공을 성토했다.

이듬해인 기원전 678년 여름, 제환공의 연합군이 정나라로 쳐들어갔다. 대경실색한 정여공은 곧바로 역櫟 땅까지 나와 백배사죄하며 충성을 다짐했다. 당시 정여공은 이 사실을 초나라에 알리지 않았다. 얼마 후 초문왕은 정여공이 다시 중원의 제후들과 가까이 하고 있다는 사실을 알고는 대로했다. 이해 가을, 초문왕이 친히 군사를 이끌고 정나라의 역 땅까지 진출했다. 정여공이 또 다시 크게 놀라 황급히 역성으로 나아가 초문왕에게 사죄하고 충성을 다짐했다.

제환공이 사자를 정나라로 보내 꾸짖었다. 정여공이 대부 숙첨叔詹을 제나라로 보내 제환공을 설득케 했다. 숙첨이 제환공을 만나 이같이 변명했다.

"지금 우리 정나라는 초나라의 위세에 견딜 수 없어 밤낮 성만 지키고 있습니다. 그래서 귀국에 공물貢物을 바치지 못했습니다. 만일 군주가 초나라를 제압해 주기만 하면 과군인들 어찌 조석으로 군주를 섬기지 않겠습니까?"

제환공은 반복反覆을 일삼는 정여공의 소행을 괘씸하게 생각한 나머지 숙첨을 억류했다. 그러나 얼마 후 숙첨은 방비가 허술한 틈을 타 도주했다. 정나라의 무상한 반복은 천하정세가 제나라를 중심으로 하는 중원세력과 초나라를 중심으로 한 남방세력의 대립구도로 재편된 데 따른 것이었다. 중원의 패자와 남방의 패자가 대립하는 구도는 춘추시대 말기까지 전혀 변하지 않았다. 정나라와 같은 약소국으로서는 상황에 따라 이리저리 오가며 양쪽의 비위를 맞추는 수밖에 없었다.

물론 남북의 두 강대국과 등거리를 유지하면서 중립을 유지하는 방안이 없는 건 아니다. 이를 구현한 인물이 춘추시대 말기에 나타난 정나라 재상자산子産이었다. 공자의 사상적 스승이었던 자산은 단순히 독립을 유지하는 차원을 넘어 당시의 정국을 주도적으로 이끌어가는 역할을 수행했다. 그러나 불행하게도 정나라는 자산 사후 그를 이을 만한 인물이 나오지 못했다.

두 패자의 불가피한 충돌

제환공은 재위 28년인 기원전 658년 여름에 초나라와 가까운 강江과 황黃 두 나라 군주가 제환공에게 사자를 보내 화친을 청했다. 제후들의 연합군이 위나라를 위해 초구에 성을 쌓아준 지 몇 달 안 되는 시점이었다. 제환공이 관중에게 자문을 구했다.

"강·황 두 나라 군주가 초나라의 횡포에 견딜 수 없다며 과인에게 도움을 청했소. 과인은 그들과 결맹할까 하오. 초나라를 칠 때 그들이 내응하면 큰 도움이 될 것이오."

관중이 반대했다.

"강·황 두 나라는 우리 제나라에서는 멀고 초나라에서는 가깝습니다. 그들이 우리에게 복종하면 초나라가 반드시 크게 화를 낼 것입니다. 초나라가 그들을 칠 경우 그들을 구원하려면 길이 너무 멀고, 그렇다고 그대로 두면 의리를 잃게 되어 결국 우리 제나라는 진퇴양난에 빠질 수밖에 없습니다. 좋은 말로 돌려보내느니만 못합니다."

제환공이 고개를 저었다.

"먼 곳에서 과인의 의리를 사모해 찾아왔는데 거절하면 장차 천하의 인심을 잃을 것이오."

기왕의 업적에 도취한 제환공이 이제 관중의 간언을 듣지 않기 시작한 것이다. 이해 가을, 제환공이 송환공을 비롯해 강과 황 두 나라의 군주와 만나 지금의 산동성 조현인 관貫 땅에서 결맹했다. 이듬해인 기원전 657년 가을, 제환공이 강·황 두 나라 군주와 지금의 산동성 양곡陽穀에서 만났다. 초나라를 치기 위한 회동이었다.

당시 초나라는 초문왕이 죽고 그의 아들이 초성왕으로 즉위해 있었다. 하늘에 두 개의 태양이 있을 수 없다. 초성왕이 신하들을 모아놓고 말했다.

"제나라 군주가 덕을 펴 명성을 떨치고 인심을 얻고 있소. 오늘날 세상에는 제나라만 있고 우리 초나라는 없는 것이나 다름없소."

기원전 658년 겨울, 초나라 군사가 정나라를 쳤다. 정문공이 급히 제나라에 사람을 보내자 제환공이 곧바로 제후들을 소집했다. 제환공이 노, 송, 조曹, 주邾 등의 군주와 지금의 하남성 회야연인 낙犖 땅에서 결맹했다. 초나라 장수 투장鬪章은 정나라의 수비가 만만치 않은데다 제후들의 군사가 몰려와 협공을 가할까 두려운 나머지 국경까지 왔다가 그대로 돌아갔다.

대로한 초성왕이 투장의 형 투렴鬪廉을 주장, 투장을 부장으로 삼아 병거 4백승을 이끌고 가 다시 정나라를 치게 했다. 이들은 기습전을 펼쳐 대승을 거두었다. 정문공이 다시 제나라에 사자를 보내 구원을 청했다. 관중이 제환공에게 건의했다.

"군주는 그간 연나라를 구하고, 노나라의 기초를 세워 주고, 형나라에 성을 쌓아 주고, 위나라를 봉해 천하의 제후들에게 대의를 폈습니다. 모든 제후들의 군사를 쓸 때는 바로 이때입니다"

"초나라도 반드시 그만한 준비를 할 것이오?"

"지난날 채蔡나라가 군주에게 죄를 진 일이 있습니다. 초나라와 채나라는 서로 인접해 있습니다. 그러니 겉으로는 채나라 토벌한다고 내세우고 은밀히 초나라를 도모해야 합니다."

채나라 군주가 제환공에게 죄를 지었다는 것은 무엇을 말하는 것일까? 원래 채나라는 제환공의 세 번째 부인인 채희蔡姬의 친정이다. 일찍이 채목공蔡穆公은 제환공의 환심을 사기 위해 자신의 여동생을 제환공에게 시집보냈다. 하루는 제환공이 부인 채희와 함께 연못에서 뱃놀이를 하게 되었다. 제환공은 연꽃을 따며 즐겼다. 이때 채희가 배를 흔들며 제환공에게 겁을 주었다. 제환공이 두려운 나머지 낯빛을 바꾸며 이를 못하게 타일렀으나 채희가 듣지 않았다. 제환공이 대로했다.

"너는 참으로 버릇없는 계집이다. 능히 군주를 섬길 줄 모르는구나!"

여동생이 쫓겨 오자 채목공도 대로했다.

"여자를 친정으로 돌려보낸 것은 서로의 관계를 끊자는 것이 아닌가?"

그러고는 곧 채희를 다른 곳으로 시집보내 버렸다. 채나라가 제환공에게 죄를 지었다는 관중의 언급은 바로 이를 말한 것이었다.

기원전 656년 봄, 제환공이 좌우에 명해 군사를 이끌고 채나라로 진공케 하자 채목공이 권속을 이끌고 초나라로 도주했다. 초성왕이 좌우에 명했다.

"군사와 병거를 모으고 싸울 채비를 하도록 하라!"

제환공이 채나라에 당도한 지 얼마 안 돼 송, 노, 진陳, 위, 정, 조曹, 허許 등 7개국의 제후들이 자국의 군사들을 이끌고 채나라에 당도했다. 연합군이 초나라 경계에 이르렀을 때 초성왕이 사자의 입을 통해 이같이 말했다.

"군주는 북해北海에 살고 과인은 남해南海에 살고 있소. 그러니 서로 영향을 미치지 못하는 게 당연하오. 군주가 우리 땅에 들어오리라고는 생각지도 못했소. 나로서는 도무지 그 연고를 알 수가 없소."

관중이 제환공을 대신해 회답했다.

"지금 초나라가 포모包茅를 진공하지 않자 왕실은 축주縮酒를 올릴 길이 없어 제물祭物을 바치지 못하고 있소. 과군이 온 것은 바로 그 공물을 얻기 위한 것이오. 또한 전에 주소왕이 남순南巡하다가 돌아오지 못한 이유를 동시에 묻고자 한 것이오."

'포모'는 초나라에서 나는 특산물로 술을 거를 때 사용하는 띠 풀을 말한다. '축주'는 포모로 거른 술을 뜻한다. 원래 주소왕는 남순 도중 한수를 건너다가 진흙으로 만든 배를 타는 바람에 익사하고 말았다. 관중이 문득 주소왕을 언급한 것은 사실 퇴각의 명분을 찾고자 한 데서 나온 것이다. 사자가 말했다.

"포모를 올리지 않은 것은 과군의 잘못입니다. 그러나 주소왕의 죽음은 과군과 아무 관계도 없는 일입니다. 이를 믿지 못하겠다면 직접 한수漢水로 가 한수의 신령에게 물어보십시오."

그러고는 홀쩍 떠나버렸다. 중원 제후들의 연합군을 낮게 보지 않고는 있을 수 없는 일이다. 관중이 제환공에게 건의했다.

"초나라는 말로 타일러서는 제압할 수 없습니다."

제환공이 명을 내리자 연합군이 일시에 초나라 영내로 진군해 지금의 하남성 언성현인 초나라의 형陘 땅에 영채를 차렸다. 한수가 매우 가까웠다. 제후들이 의아해 하며 물었다.

"대군이 이미 초나라 안으로 깊이 들어왔는데 어찌해 한수를 건너지 않는 것이오?"

관중이 대답했다.

"초나라가 이미 요소마다 방어준비를 갖춰 놓은 게 틀림없소. 이곳에 머물며 우리의 군세軍勢를 보여주면 초나라는 우리를 두려워해 반드시 또 사람을 보낼 것이오. 이때를 놓치지 말고 초나라의 항복을 받아내야 하오. 초나라의 항복을 받으면 그것으로 족하오."

『사기』「초세가」에 이를 뒷받침하는 기록이 나온다.

"초성왕이 장군 굴완屈完에게 명해 군사를 이끌고 가 막게 했다."

굴완은 초나라가 자랑하는 인물이었다. 이해 여름, 굴완이 제나라로 오자 제환공이 정중히 맞이했다.

"무슨 일로 과인을 찾아온 것이오?"

"과군도 포모를 바치지 않은 것을 후회하고 있습니다. 군주는 대군을 20리만 물려주십시오. 그러면 과군은 틀림없이 제후들의 요구를 들어줄 것입니다."

제환공이 이를 받아들여 곧 군사들을 뒤로 물린 뒤 지금의 하남성 언성

현인 소릉召陵에 주둔했다. 굴완이 돌아가 보고하자 초성왕이 좌우에 하령했다.

"황금과 비단을 실은 수레를 갖다 주고, 중원의 제후군들에게 음식을 대접토록 하라. 포모 한 수레를 제나라 군사에게 바치고 주왕에게도 표문表文을 올리도록 하라."

굴완이 이를 가지고 제환공을 찾아갔다. 제환공이 굴완에게 물었다.

"대부는 우리 중원의 군대를 본 일이 있소?"

"아직 보지 못했습니다."

제환공이 굴완과 함께 수레를 타고 사열했다. 사열이 끝난 뒤 제환공이 물었다.

"내가 이 많은 군사를 이끌고 가 싸운다면 누가 능히 대적할 수 있겠소? 또 이 군사로써 성을 공격한다면 어느 성인들 이기지 못하겠소?"

굴완이 응수했다.

"군주가 만일 덕으로 제후들을 다스린다면 누가 감히 복종하지 않겠습니까? 그러나 만일 힘에 믿고 대한다면 우리 초나라는 방성산方城山을 성벽으로 삼고 한수를 못으로 삼을 터이니 비록 군사가 많을지라도 결코 쓸 곳이 없을 것입니다."

'방성산'은 지금의 하남 섭현 남쪽에 있는 명산이다. 제환공이 굴완을 칭송하며 크게 잔치를 베풀어 융숭히 대접했다. 이튿날 소릉召陵에 세운 단위에서 제환공이 맹주가 되어 희생의 우이牛耳를 잡았다. '우이'를 잡는 것은 맹주가 되었음을 의미한다. 굴완도 초성왕의 이름으로 제환공과 함께 맹세했다.

"이제부터 대대로 결호結好할 것을 맹세한다."

결맹 후 연합군이 각기 군사를 이끌고 철군하자 포숙아가 관중에게 물었다.

"초나라의 죄는 스스로 왕을 칭한 데 있소. 왜 포모만을 문제 삼은 것이오?"

"초나라가 왕호를 칭한 지 이미 3대나 되었소. 이를 문제 삼으면 서로 싸울 수밖에 없게 되오. 싸움은 한 번 시작하면 서로 끝없이 보복하기 마련이오. 그 전화戰禍가 과연 어떠하겠소? 포모로써 초나라의 굴복을 얻어내 제후들의 위력을 빛냈고 전화를 피하게 되었으니 이 어찌 다행이 아니겠소?"

제·초 두 나라 모두 상호 체면을 유지하는 선에서 사안을 마무리 지은 셈이다. 만일 접전이 벌어졌다면 누가 이겼을까? 초나라다. 삼국시대 당시 승승장구하며 형주荊州를 접수했던 조조의 위나라 군사가 손권의 오나라 군사에게 대패했다. 남북의 풍토가 너무나 달랐기 때문이다. 북쪽 출신 연합군이 아무리 육전陸戰에 능할지라도 수전水戰이 위주가 되는 남방 싸움에서 승리를 거두기란 여간 어려운 일이 아니다.

서로 체면을 살리는 선에서 사태를 수습한 것은 나름 일리가 있었다. 당시 굴완은 초성왕이 상표하는 글을 써주자 포모와 금옥, 비단 등을 가득 실은 10대의 수레를 이끌고 주왕실로 갔다. 주혜왕이 초성왕의 표문을 보고 크게 기뻐했다.

"초나라가 오래도록 신하의 직분을 버리더니 이렇듯 효순孝順해졌다. 이는 선왕의 신령들이 돌보아 주었기 때문이다."

그러고는 사당에 고한 뒤 제사를 지내고 남은 고기를 하사했다. 이는 초나라를 패자로 인정한다는 것이나 다름없다. 왜 그랬을까? 남방의 강국 초나라가 신하를 칭한 사실에 감격한 것일까? 그런 점도 있지만 더 큰 속셈이 있었다.

왕실의 안녕 차원에서 볼 때 중원의 패자를 견제하는 남방 패자의 존재가 훨씬 유리했다. 서로 충성경쟁토록 만들어 왕실의 권위를 더욱 드러낼 수 있기 때문이다. 그러나 역사는 그러한 방향으로 전개되지 않았다. 이는 기본적으로 초나라가 결코 제후국으로 존재하는데 만족하지 않았기 때문이다.

결과적으로 볼 때 제환공의 초나라 제압은 여러모로 미흡했다. 군사적 승리가 아닌 외교적 승리에 기댄 탓이다. 초나라를 무력으로 제압한 패자는 두 번째 패자인 진문공이다. 진나라가 오랫동안 중원을 대표하는 패권국으로 군림한 근본배경이다.

관중의 죽음과 제환공의 암군 행보

『춘추좌전』은 제환공이 비록 미흡하기는 했으나 초나라를 제압한 이후에 보여준 일련의 패업 행보를 상세히 기록해 놓았다. 말할 것도 없이 관중의 헌신적인 보필 덕분이다. 대표적인 예로 주왕실을 받들고 사방의 오랑캐를 물리치는 이른바 존왕양이尊王攘夷과 패망한 중원의 제후국을 일으켜 세우고 끊어진 후사를 잇게 하는 존망계절存亡繼絶 행보를 들 수 있다. 이에 대해서는 뒤에서 상세히 논하기로 한다.

주목할 것은 『춘추좌전』이 관중의 사망을 제대로 기록해 놓지 않은 점이다. 이는 훗날 적잖은 혼란을 불러 일으켰다. 사마천이 『사기』를 저술하면서 3년의 차이가 나는 두 가지 기록을 남겨 놓은 게 그렇다. 「진본기」는 '진목공 12년(기원전 648년), 관중과 습붕이 죽었다.'고 기록해 놓았다. 그러나 「제태공세가」에는 '제환공 41년(기원전 645년), 관중과 습붕이 죽었다.'고 기록돼 있다. 이는 제환공의 사망 시점보다 1, 2년 앞선 것이다. 공자보다 1세기 반 정도 앞서 태어난 관중은 동서고금을 통틀어 사상 최초로 '부국강병'을 기치로 내건 최초의 '상가'라는 점에서 새로운 조명을 요한다.

제환공과 관중이 보여준 리더십은 이른바 군도君道와 신도臣道의 표상에 해당한다. 21세기 리더십 이론에서는 통상 '군도'를 1인자 리더십, '신도'를 2인자 리더십으로 해석한다. 고금동서를 막론하고 1인자는 2인자의 보필이 없으면 대업을 이룰 수 없고, 2인자는 1인자의 전폭적인 성원이 없으면 제 기량을 발휘키가 어렵다. 경서와 사서를 포함한 동양의 모든 고전이 '군도'

와 '신도'를 동시에 언급하는 이유다.

제환공이 보여준 '군도'는 관중이 구현한 '신도'의 토대 위에 서 있었다. 관중 사후 제환공의 '군도'가 이내 무너진 사실이 이를 뒷받침한다. 당초 제환공은 평소 수초豎貂라는 미동美童과 공실의 요리사인 역아易牙를 총애했다. 역아는 요리에 뛰어났다. 『관자』와 『한비자』 등에 나오는 일화에 따르면 한 번은 제환공의 총희 위희衛姬가 병으로 누운 일이 있었다. 그녀는 역아가 만든 음식을 먹고 이내 자리에서 일어났다. 수초가 제환공에게 역아를 천거했다. 제환공이 역아에게 농담조로 말했다.

"내가 일찍이 날짐승과 네 발 달린 짐승과 벌레 등을 포함해 모든 것을 다 먹어보았다. 그러나 사람 고기 맛은 어떤지 모르겠다."

얼마 후 역아가 점심상에 찐 고기를 올렸다. 고기가 연하고 맛이 좋았다. 제환공이 맛있게 먹고 난 후 신기해하며 물었다.

"이 고기는 무엇으로 만들었기에 이토록 맛있는 것인가?"

"사람 고기입니다."

"그것을 어디서 구했단 말인가?"

"신이 듣건대 군주에게 충성하는 자는 가정을 돌보지 않는다고 했습니다. 군주가 아직 사람 고기를 맛보지 못했다고 하기에 즉시 세 살 된 저의 자식을 죽여 요리를 만들었습니다."

제환공은 소인배인 역아 등을 총애한 이유로 후대 사가들로부터 호된 비판을 받았다. 그럼에도 그가 춘추시대의 첫 패자가 된 것은 주변에 관중 및 포숙아 등의 인재들을 포진시켜 힘을 실어준 덕분이다. 인재들을 곁에 두고 이들의 계책을 활용하는 한 수조와 역아 등의 소인배들을 곁에 둔 것은 작은 문제에 지나지 않는다. 인재와 소인을 구분해 사용할 줄 알았던 것이다. 이는 소인배들이 관중을 헐뜯을 때 그가 취한 행보를 보면 쉽게 알 수 있다. 하루는 수초와 역아가 관중을 이같이 무함했다.

"군주가 영을 내리면 신하는 그 영을 받들어 행할 뿐입니다. 그런데 군주는 모든 것을 관중에게만 맡기니 이는 흡사 나라에 군주가 없는 것과 같습니다."

제환공이 크게 웃으며 일소에 붙였다.

"중보仲父는 과인의 팔다리나 다름없다. 팔다리가 있어야 완전한 몸이 되듯이 중보가 있어야 과인도 군주가 될 수 있다. 너희들 소인들이 무엇을 안다고 그러는 것인가!"

제환공을 명군으로 평할 수 있는 이유가 여기에 있다. 당시 그는 다양한 종류의 사람을 상황에 따라 두루 활용하는 게 군도君道이고, 사물의 요체를 파악해 일을 공평히 행하는 게 신도臣道라는 사실을 통찰하고 있었던 것이다. '지인知人'과 '지사知事'가 요체인 군도와 신도는 달라야만 한다. 뛰어난 군주가 되는 비결은 사물에 대한 지식이 많은데 있는 게 아니라 사람을 깊이 이해해 두루 활용할 줄 아는 데 있다.

제환공도 관중이 살아 있을 때는 '지인'의 이치를 꿴 모습을 보였다. 관중을 포함한 인재들에게 각기 그 능력에 맞는 역할을 할당해 소신껏 행보하도록 뒷받침한 게 그 증거다. 그러나 그런 그도 관중 사후 문득 암군 행보를 보이기 시작했다. 그 이유는 무엇일까?

후대 사가들은 제환공이 수초와 역아 등의 소인배에 둘러싸여 그들의 말에 혹했기 때문이라고 평해 놓았다. 『사기』「제태공세가」의 기록이 대표적이다.

"관중이 죽자 제환공은 관중의 유언을 좇지 않고 역아와 수초, 공자 개방을 가까이 두어 중용했다. 이에 세 사람이 정권을 전횡하게 되었다."

이와 관련한 일화는 너무나 유명해 『여씨춘추』「지접」, 『설원』「권모」 등에 두루 실려 있다. 사마천의 지적은 나름 일리가 있으나 정확한 답은 아니다. 정답은 죽기 전까지 후사 문제를 제대로 완결시켜 놓지 못한 데 있다.

이틈을 비집고 수초와 역아 등이 제환공의 공자들과 연계해 치열한 권력 다툼을 벌이면서 춘추 시대 첫 패업을 이룬 제나라가 일거에 극심한 혼란으로 빨려 든 것이다. 제환공에게는 아들이 10여 명 있었다. 이들 중 보위에 오른 자는 모두 5명이었다. 이들 모두 서자들이었다.

원래 제환공은 여색을 좋아했다. 주왕실에서 시집 온 공희共姬를 비롯해 서나라 군주의 딸 서영徐嬴, 채목공의 딸 채희蔡姬 등 3명의 부인을 두었다. 그러나 이들 정실부인은 모두 아들을 낳지 못했다. 사서는 후궁 중 정실부인과 같은 대우를 받은 여인이 6명이나 있었다고 기록해 놓았다.

위나라에서 시집 온 장위희長衛姬는 공자 무휴無虧를 낳았다. 무휴는 보위에 오른 지 불과 3달 만에 피살되었다. 장위희의 동생인 소위희少衛姬는 공자 원元(제혜공)을 낳았다. 정희鄭姬는 공자 소昭(제효공)를 낳았다. 갈葛 하남성 영릉현 북쪽나라에서 시집 온 갈영葛嬴은 공자 반潘(제소공)을 낳았다. 밀密 감숙성 영대현 서쪽나라에서 시집온 밀희密姬는 공자 상인商人(제의공)을 낳았다. 송나라에서 시집 온 화씨華氏의 딸은 공자 옹雍을 낳았다. 이들 6명 이외에도 제환공의 잉첩으로 자식을 둔 여자가 매우 많았다. 사서에 그 이름이 나오지 않았을 뿐이다.

제환공과 관중은 정희가 낳은 공자 소昭를 일찍이 규구의 회맹에서 송양공에게 부탁한 바 있다. 제환공은 공자 소가 총명하고 어진 것을 높이 사 그를 후사로 삼고자 했으나 많은 공자들이 있어 죽을 때까지 이를 결정치 못했던 것이다. 관중은 이를 염려해 죽을 때까지 속히 후계자를 세우라고 신신당부했으나 제환공은 끝내 이를 행하지 않아 제나라를 혼란에 빠뜨린 것이다.

관중이 살아 있을 때만 해도 수초와 역아 등이 함부로 굴지 못했다. 이들은 관중이 죽자마자 공자들과 연계해 발호하기 시작했다. 그렇다면 관중이 죽을 때의 정황은 어떠했을까?

『사기』「제태공세가」에 따르면 당시 제환공은 관중이 병으로 자리에 눕게 되자 매일 문병을 가 그의 쾌유를 빌었다. 그러나 관중의 병은 더욱 깊어만 갔다. 마침내 관중이 죽게 되자 제환공이 관중의 손을 잡고 물었다.

"불행히도 중보가 다시 일어나지 못한다면 과인은 장차 이 나라 정사를 누구에게 맡겨야 하오?"

"군주보다 신하들을 더 잘 아는 사람은 없습니다."

"포숙아는 어떻소?"

"포숙아는 사람이 매우 정직하기는 하나 그 정도가 지나칩니다. 그런 까닭에 모든 사람들을 장악해 통솔키가 쉽지 않아 나라를 부강케 만들기가 어렵습니다."

"빈수무賓須無는 어떻소?"

"빈수무는 사람이 비록 착하고 성실하기는 하나 너무 고지식해 다른 나라들을 굴복시키기에는 미흡합니다."

"개방開方은 어떻소?"

"개방은 위나라 공자이면서 자기 나라를 버리고 제나라로 와 군주를 가까이 모시고 있는 자입니다. 친족 간의 인연을 저버린 자이니 인정이 있을 턱이 없습니다. 가까이 하기 어려운 자입니다."

"수초는 어떻소?"

"수초는 스스로 궁형宮刑 거세를 자처해 군주를 가까이 모시는 자입니다. 자신의 몸에 차마 못할 짓을 해 군주를 모시고 있으니 인정이 있을 턱이 없습니다. 친하게 지내기 어려운 자입니다."

"역아는 어떻소?"

"역아는 자기 자식을 삶아 군주에게 먹인 자입니다. 자기 자식에게 인간으로서는 차마 못할 짓을 하고 군주를 모시고 있으니 인정이라고는 찾을 길이 없는 자입니다. 그를 절대 등용해서는 안 됩니다."

그렇다면 관중은 도대체 누구를 후임으로 천거한 것일까? 『한비자』「십과」에 그 해답이 나온다.

"제환공이 최종적으로 누가 좋은지를 묻자 관중이 대답키를, '습붕이 좋습니다. 그는 사람이 안으로는 마음이 굳세고, 밖으로는 겸손하고 정직하며,

욕심이 적습니다. 무릇 마음이 견실하면 모든 사람의 모범이 되어 사표師表가 될 수 있고, 밖으로 겸손하면 큰일을 맡길 수 있습니다. 욕심이 적으면 백성의 윗자리에 앉아 쉽게 그들을 다스릴 수 있고, 신의가 두터우면 이웃 나라와 친교를 맺을 수 있습니다. 이만하면 가히 패자를 보필할 만하니 군주는 그를 쓰도록 하십시오.'라고 했다."

이는 오직 『한비자』에만 실려 있다. 역사적 사실로 단정키는 쉽지 않으나 관중과 제환공의 대화에서 생략돼 있는 마지막 대목을 보충하고 있다는 점에서 큰 의미가 있다. 관중 사후 그의 뒤를 이어 제나라의 정사를 맡은 사람은 습붕이었을 것으로 짐작된다. 그러나 그 또한 관중이 죽은 지 얼마 안 돼 죽었다. 습붕 다음에는 과연 누가 제나라의 정사를 맡았던 것일까?

『춘추좌전』과 『사기』 등의 기록을 보면 관중이 우려했던 역아와 수초, 개방 등의 소인배들이 그 뒤를 이은 것으로 관측된다. 관중 사후 후계자를 둘러싼 치열한 암투가 표면화하고 제나라의 정사가 어지럽게 된 사실이 이를 뒷받침한다. 『동주열국지』는 포숙아가 습붕 이후에 제나라의 정사를 맡았다고 묘사해 놓았으나 이를 그대로 믿기는 어렵다. 여러 정황에 비춰 포숙아 역시 관중이 죽기 전후로 세상을 떠났을 공산이 크다.

사서의 기록을 토대로 볼 때 관중이 병사한 시점으로 추정되는 기원전 644년 전후로 중원의 형세가 매우 심상치 않게 돌아가고 있었다. 적인의 진晉나라 침공이 그 실례이다. 당시 적인들은 지금의 산서성 양릉 일대인 진나라의 호狐·주廚·수탁受鐸 일대를 차례로 유린한 뒤 분수汾水를 건너 지금의 산서성 임분현 곤도昆都까지 진출했다. 진나라 군사는 연이어 패했다.

진나라는 낙읍과 근접해 있는 까닭에 이는 왕실에 대한 커다란 위협이었다. 주양왕은 상황이 심상치 않게 전개되자 곧 사자를 제나라로 보내 이 사실을 알렸다. 이에 제나라가 제후들의 연합군을 이끌고 가 낙읍을 수비했다. 사서에는 자세한 기록이 나오지 않고 있으나 대략 아직 생존해 있던 제환공이 이를 주도했을 것으로 짐작된다.

이 일이 있은 지 얼마 안 돼 노희공의 주도 하에 송宋, 위衛, 정鄭, 허許, 조曹, 진陳, 형邢 등의 군주가 회淮 땅에서 회동했다. 이는 노나라 인근의 증鄫나라를 도모키 위한 모임이었다. 이 회맹에 제환공은 참여치 못했다. 사서의 기록을 종합해 볼 때 이때 제환공은 병이 나 자리에 누워 있었던 것으로 짐작된다. 증나라에 성을 쌓던 중 일꾼 중 한 사람이 밤에 언덕 위로 올라가 '제나라에 난리가 났다!'고 외친 사실이 이를 뒷받침한다. 『춘추좌전』은 당시 이 고함소리를 듣고 제후들이 성을 다 쌓지도 못한 채 서둘러 본국으로 돌아갔다고 기록해 놓았다.

관중과 달리 제환공의 경우는 사망한 날자가 정확히 기록돼 있다. 기원전 643년 겨울 10월 7일이다. 이날 춘추시대 첫 패업을 이룬 제환공이 마침내 숨을 거뒀다. 관중이 죽은 지 2년 뒤의 일이다. 주목할 것은 후사문제를 제대로 완결 짓지 못한 탓에 숨을 거둔 뒤 시신에서 구더기가 나올 정도로 방치되는 등 참혹한 최후를 맞은 점이다. 그는 생전에 내심 공자 소가 마음에 들었음에도 불구하고 결단을 못해 대사를 그르치고 만 것이다.

생전에 매우 뛰어난 업적을 세운 군주들 중 상당수가 후사 문제를 제대로 완결 짓지 못해 낭패를 당했다. 제환공이 대표적인 실례다. 제환공이 사망할 당시 가장 유력한 후계자는 가장 나이가 많은 서장자 무휴였다. 그는 역아 및 수초의 전폭적인 지지를 받고 있었다.

그러나 위나라 출신 공자 개방은 공자 반潘을 지지했다. 힘의 열세를 절감한 개방은 기회를 노려 반격을 가하고자 했다. 사실 무휴 못지않은 경쟁자가 있었다. 바로 밀희密姬 소생의 공자 상인商人이었다. 상인은 제환공처럼 남에게 베푸는 것을 매우 좋아해 추종자가 매우 많았다. 제환공은 여러 총희 중 밀희를 가장 총애했다. 이런 일로 인해 제환공이 세상을 떠날 당시 공자 무휴와 공자 반, 공자 상인 등이 선두대열에서 치열한 각축을 벌였다.

제환공이 자리에 누웠을 당시 그의 목숨이 얼마 남지 않았다는 것을 가장 먼저 안 사람은 역아였다. 그는 수초와 함께 밀실에서 계책을 세운 뒤 궁문에 제환공 이름의 패牌를 내걸었다.

"과인이 병으로 자리에 누웠으니 일체의 국사는 병이 나을 때까지 기다려 보고토록 하라. 수초는 출입을 통제하고, 역아는 병사들을 이끌고 위반자가 없도록 순시토록 하라."

다른 공자들이 궁 안으로 들어오지 못하게 하고, 제환공의 좌우에서 시위하는 자들까지 모두 궁문 밖으로 내쫓은 뒤 침실 주변에 높이 3장의 담을 쌓았다. 병상의 제환공이 아무리 불러도 들려오는 것은 공허한 메아리뿐이었다. 그가 울음을 삼키며 부르짖었다.

"하늘이여, 이 소백이 이렇게 죽어야 합니까!"

『관자』「단어」의 '소칭'에 당시의 비참한 정경을 짐작케 해주는 일화가 나온다. 담 밑에 개구멍 크기의 구멍이 뚫려 있었다. 한 궁녀가 조석으로 제환공이 죽었는지 여부를 살피기 위해 개구멍을 통해 드나들었다. 제환공이 말했다.

"나는 지금 목이 마르고 배가 고파 죽을 지경이다. 어찌해 과인에게 먹을 것도 마실 것도 주지 않는 것인가?"

"역아와 수초, 공자 개방 등이 반란을 일으켰기 때문입니다. 공자 개방은 이미 영토를 들어 위나라에 항복했습니다. 도무지 먹을 것을 얻을 길이 없습니다."

제환공이 눈물을 흘리며 말했다.

"아, 지하에 있는 중보가 이 사실을 알면 무엇이라고 하겠는가? 저승에 가서 중보를 만날 면목이 없다."

제환공은 이내 백포白布로 얼굴을 가리고 숨을 거두었다.

이 일화는 다른 사서에는 전혀 나오지 않고 있다. 『동주열국지』는 이 일화를 윤색해 당시 개구멍으로 출입했던 궁녀가 제환공이 죽은 뒤 곧바로 목숨을 끊은 것으로 그려놓았다.

사망 당시 제환공의 나이는 73세였다. 당시의 기준으로 볼 때 장수한 셈이다. 제환공이 숨을 거두자 역아와 수초는 한밤중에 군사를 이끌고 가 공자 소를 잡으러 갔다. 공자 소가 수하 몇 명과 함께 황급히 성문을 빠져나가 송나라로 도주했다. 다음날 곧 공자 무휴의 즉위식을 거행했다. 공자 개방이 공자 반에게 말했다.

"공자 소는 어디로 달아났는지 흔적도 없습니다. 공자 무휴가 제멋대로 보위에 올랐는데 공자라고 해서 보위에 오르지 말라는 법이 어디에 있습니까?"

곧 공자 반을 앞세워 지지자들과 함께 궁궐로 들어간 뒤 궁궐의 우전右殿을 장악했다. 밀희 소생의 공자 상인도 지지자들과 함께 좌전左殿을 점거했다. 역아와 수초는 정전正殿을 지키면서 이들과 대치했다. 공자 옹은 형제들이 날뛰는 꼴을 보고 겁이 나 진秦나라로 달아났다. 이런 상태로 2달이 지난 뒤 가까스로 무휴를 상주로 삼아 장례를 치렀다.

당시 제환공의 시신은 침상 위에 그대로 있었다. 추운 겨울이라고는 하나 2달이 지나자 이미 시신 썩는 냄새가 코를 찔렀다. 「제태공세가」의 기록이다.

"제환공의 시신이 침상에서 67일 동안 방치되자 시체에서 나온 구더기가 문 밖까지 기어 나왔다."

아무리 불초한 후계자일지라도 미리 정해 놓는 것이 아예 선정치 않는 것보다는 훨씬 낫다. 보위를 차지하기 위한 유혈전을 막을 수 있기 때문이다. 사마광은 『자치통감』에서 제환공을 혹평해 놓았다.

"제환공의 행동은 개와 돼지를 닮았다. 관중은 이를 수치로 생각지 않고 그를 도왔다. 제환공을 돕지 않으면 백성을 구원할 수 없다고 생각했기 때문이다."

공자도 『논어』에서 제환공과 관중을 나눠서 평가했으나 이처럼 혹독하게 평하지는 않았다. 오히려 진문공과 비교하면서 '올바른 패자'로 평했다. 『한비자』는 법가의 시각에 입각해 제환공이 생전에 관중에게 너무 많은 권한을 주는 바람에 자칫 위험에 빠질 소지가 컸다고 지적했다. 관중은 자신에게 지우지은知人之鑑을 베푼 제환공에게 충성을 다한 까닭에 한비자가 우려하는 일은 빚어지지 않았다. 제환공은 관중과 같은 인재를 과감히 탁용할 줄 아는 뛰어난 지인지감을 지닌 인물이다. 그런 그가 관중 사후 암군과 유사한 행보를 보인 것은 크게 애석한 일이다. 모든 게 후사문제를 완결 짓지 못한 후과다. 아들 소동파 및 소철과 더불어 '당송8대가'의 한 사람으로 꼽히는 소순의 「관중론」이 바로 이런 관점에 서 있었다. 「관중론」은 관중보다 포숙아를 높이 평가한 게 특징이다. 관중과 같은 '기인'을 제환공에게 천거한 인물이 바로 포숙아인 까닭에 제나라를 일으킨 장본인은 바로 포숙아라는 것이다. 나름 일리가 있다. 그러나 이런 논리를 확대해 제환공 사후 제나라가 혼란에 휩싸인 책임을 전적으로 관중에게 뒤집어씌운 것은 지나쳤다.

이런 식으로 접근할 경우 흉악범의 부모는 자식을 제대로 계도하지 못한 책임을 지고 처벌을 받아야 한다는 논리로 진행된다. 모반죄에 저촉될 경우 3족을 멸한 것과 같은 논리다. 관중이 아무리 제환공의 총임을 한 몸에 받았을지라도 충고의 범위와 깊이에도 한계가 있는 법이다. 후사 문제는 기본적으로 군주 집안의 문제다. 주어진 상황에서 관중은 나름 최선을 다했다. 제환공과 상의를 거친 후 송양공에게 공자 소昭를 당부한 사실이 이를 뒷받침한다. 『한비자』에는 최종적으로 습붕을 천거했다는 대목도 나온다. 소순은 이를 간과했거나 무시했다는 지적을 면키 어렵다.

나아가 관중 사후 이 문제를 매듭짓는 것은 전적으로 제환공의 몫이었다. 그럼에도 제환공은 이를 제대로 하지 못한 것이다. 제환공 사후의 혼란은 궁극적인 책임자인 제환공에게 책임을 묻는 게 타당하다. 「관중론」이 한쪽 면만 지나치게 부각시켰다는 지적을 받는 이유다.

그럼에도 「관중론」은 후사문제의 중요성을 역설했다는 점에서 시사하는 바가 크다. 당태종은 『정관정요』에서 창업도 어렵지만 수성守成 또한 이에 못지않게 어렵다고 실토한 바 있다. 후사문제의 중요성을 언급한 것이나 다름없다. 사서를 보면 천하통일을 이룬 지 불과 한 세대를 넘기지 못하고 패망한 사례가 매우 많다. 진시황의 진나라, 사마염의 서진, 양견의 수나라 등이 이에 해당한다. 당태종이 '수성' 운운한 것도 바로 이를 지칭한 것이다.

|제2부| 관중은 어떻게 생각했을까?

제1편 관자사상의 특징

제자백가의 효시

관중은 치국평천하의 이론과 실제를 모두 아우른 당대 최고의 사상가이자 정치가였다. 문화대혁명 당시 모택동의 부인 강청을 비롯한 이른바 사인방은 관중을 법가의 효시로 분류했으나 그를 제자백가 중 어느 한 쪽으로 분류하는 것은 잘못이다. 실제로 그의 저서인 『관자』에는 제자백가의 모든 사상이 녹아 있다. 주목할 점은 그의 사상을 관통하는 핵심어가 바로 부민부국富民富國이라는 점이다. 이는 부민부국을 치국평천하의 요체로 삼는 상가商家 이론의 핵심에 해당한다.

관중이 역설한 '부민부국' 사상에 공명해 상가의 이론을 집대성한 사마천은 『사기』「화식열전」에서 나름 해당 분야에서 최고의 부를 이룬 사인私人을 소왕素王으로 표현해 놓았다. 그러나 원래 '소왕'은 『장자』가 처음으로 언급한 것이다. 후대인들은 이 명예로운 칭호를 공자에게 올렸다. 제왕에 버금하는 무관의 제왕이라는 뜻이다.

객관적으로 볼 때 『도덕경』에 나오는 치도治道인 이른바 제도帝道는 최상의 통치에 해당한다. 그러나 이는 하나의 이념형에 불과한 까닭에 현실적으로 제도를 실현하는 제자帝者가 출현할 가능성은 거의 없다. 그러나 세상이 달라졌다. 전 세계의 시장이 하나로 통합되는 21세기에 들어와 무관의 황제에 해당하는 이른바 소제素帝 내지 소황素皇이 출현한 게 그렇다. 전 세계 IT시장을 호령한 애플제국의 창업주 스티브 잡스가 이에 해당한다. 잡스가 사망한 후 '소제' 내지 '소황'을 찾기 힘들어졌지만 '소왕'은 현실적으로 대거 존재한다. 세계 100대 글로벌기업의 총수들이 이에 해당한다. 국가총력전 양상을 보이는 21세기 글로벌 경제전쟁 상황에서 나라의 흥망을 좌우하는 관건은 이들 '소왕' 내지 '소제'가 쥐고 있다.

주목할 것은 제자백가가 초점을 맞추고 있는 세상이 각기 다른 점이다. 도가를 포함해 유가와 묵가는 춘추전국시대라는 난세의 배경에서 출현했지만 난세 자체를 일시적인 현상으로 간주했다. 조만간 치세가 도래할 것을 의심치 않은 이유다. 이는 그만큼 세상을 낙관적으로 바라보았음을 반증한다. 이들이 높은 수준의 덕치德治를 지향한 것도 바로 이 때문이다.

중국의 역대 왕조 모두 이런 낙관론을 좇았다. 한무제가 유학을 유일한 관학官學으로 인정하는 이른바 독존유술獨尊儒術을 선언한 이래 역대 제왕이 하나같이 도덕을 최고의 통치이데올로기로 내세운 게 그렇다. 모든 왕조가 치세도 난세도 아닌 통상적인 용세庸世를 태평성대의 성세로 미화한 배경이 여기에 있다. 실제로 당태종 때의 정관지치貞觀之治, 청조 강희제에서 옹정제를 거쳐 건륭제에 이르는 강건성세康乾盛世를 제외한 여타의 성세는 관학을 장악한 유가가 의도적으로 미화한 것에 지나지 않는다. 서주西周 초기 주성왕과 주강왕 시대의 성강지치成康之治를 비롯해 전한 초기 한문제와 한경제 때의 문경지치文景之治를 성세로 미화한 게 대표적인 사례다.

원래 『도덕경』에서 말하는 소국과민小國寡民과 『예기』「예운」에 나오는 대동세계大同世界의 이상국은 현실적으로 구현할 수 있는 게 아니다. 말 그대로 하나의 이념형에 지나지 않는다. 대략 2, 3백년 단위로 왕조가 바뀌는 상황에서 용세만 유지해도 나름 평가해줄 만하다. 용세를 성세로 미화한 것도 크게 탓할 일이 아니다.

문제는 위난세危亂世마저 성세로 미화하는 경우다. 조선조의 사대부들이 선조宣祖의 묘호廟號를 선종宣宗에서 '선조'로 높이고, 그의 치세를 이른바 목릉성세穆陵盛世로 미화한 게 그렇다. 목릉은 선조의 능호陵號이다. 왜란으로 인해 나라가 초토화되고 백성들이 어육이 됐는데도 반성하기는커녕 성세로 미화한 것이다. 3백 년 뒤 일본에게 패망한 것도 결코 우연으로 볼 수 없다.

이런 황당한 일이 빚어지게 된 데에는 천자를 정점으로 한 중화질서가 크게 작용했다. 중화질서를 좇는 한 왜란 및 호란 등과 같은 외침을 제외하고는 중원으로부터 직접 침략위협을 받을 이유가 없었다. 조선조가 한가하게 당쟁이나 벌이며 5백 년 동안 유지된 근본배경이다. 이는 19세기 중엽 청조가 아편전쟁에서 양이洋夷로 낮춰본 대영제국에 참패한 후 더 이상 통하지 않게 됐다. '양이'는 동양 전래의 도덕정치에 대해 알지도 못했고 알려고 하지도 않았다. 조선은 양이攘夷 대신 재빨리 천하대세에 올라탄 왜이倭夷에게 당했다.

여기에는 메이지유신을 전후해 수많은 학자들이 난세 리더십의 보고에 해당하는 『관자』와 『한비자』, 『손자병법』, 『전국책』 등을 치밀하게 연구한 게 크게 작용했다. 『관자』는 상가, 『한비자』는 법가, 『손자병법』은 병가, 『전국책』은 종횡가의 바이블에 해당한다. 이들이 지향하는 것은 오직 하나, 바로 부국강병이었다. 당시 일본 학자들의 연구수준은 매우 높았다.

21세기에 들어와 중국학자들이 『국부론』에 비견되는 자본주의 이론을 찾던 중 우연히 『관자』를 발견하고 '상가'를 제자백가의 일원으로 공식 거론하고 나섰으나 엄밀히 따지면 최초의 발견자는 일본 학자들이었다. 일본 학자들이 만들어낸 경제경영 이론의 가장 큰 특징은 전쟁터와 비즈니스 정글을 동일시한데 있다. 일본 특유의 경제경영 이론에 『관자』와 『손자병법』 및 『한비자』를 관통하는 상가와 병가 및 법가의 난세리더십 이론이 대거 수용된 이유다.

객관적으로 볼 때 춘추전국시대는 동서고금을 통틀어 가장 오랫동안 지속된 난세에 해당한다. 말 그대로 '난세 중의 난세'이다. 한순간에 생과 사가 엇갈리는 난세에는 인간의 이기적인 모습이 적나라하게 드러날 수밖에 없다. '인간의 본성은 선하다!'는 맹자의 성선설이 난세 상황에서는 설득력이 떨어지는 이유다. 실제로 전국시대 말기 열국의 군주들은 덕치에 기초한 맹자의 왕도王道 주장을 귓등으로 흘려들었다.

당시 성악설을 주장한 순자는 천하통일을 무력으로 실현하는 패도霸道를 차선책으로 제시해 커다란 호응을 얻었다. 그의 문하에서 강력한 법치를 주장한 한비와 이사 등의 걸출한 법가가 일거에 배출된 게 결코 우연이 아니다. 법가사상의 요체는 부국강병에 있다. 『손자병법』의 요지와 같다. 병가와 법가 사상이 일란성 쌍생아의 모습을 띠고 있는 이유다.

전국시대 말기 법가사상을 집대성한 한비자는 사상 최초로 『도덕경』에 주석을 가했다. 『한비자』의 「해로解老」와 「유로喩老」가 그것이다. 법가사상은 노자의 무위지치無爲之治 사상과 전혀 어울릴 것 같지 않지만 기본취지를 보면 서로 일치하고 있다. 공평무사公平無私를 대전제로 삼고 있기 때문이다. '무위지치'는 천지만물의 운행이치인 무위의 도를 치국평천하의 원리에 그대로 도입한 것으로 이른바 도치道治에 해당한다. 한비자의 법치는 사사로움이 전혀 없는 무사법치無私法治를 가장 이상적인 통치로 간주한 점에서 노자의 '도치'와 취지를 같이한다. 『도덕경』 제79장은 '도치'의 요체를 사사로움이 없는 천도무친天道無親으로 표현해 놓았다. 유가도 최상의 이상적인 통치를 공평무사에서 찾은 점에서는 별반 차이가 없다. 『서경』「채명지중」의 황천무친皇天無親이 그 증거다. 표현만 다를 뿐 기본취지는 같다. 사마천도 『사기』「화식열전」에서 '도치'를 최상의 통치로 칭송했다. 해당대목이다.

"최상의 통치는 백성을 천지자연의 도에 부합하도록 이끄는 도민道民이다. 그 다음은 백성을 이롭게 하는 식으로 이끄는 이민利民, 그 다음은 가르쳐 깨우치는 식으로 이끄는 교민教民, 그 다음은 백성들을 가지런히 바로잡는 식으로 이끄는 제민齊民이다. 마지막으로 최하의 통치는 백성과 이익을 다투는 식으로 이끄는 여민쟁리與民爭利이다."

도민은 도가, 이민은 상가商家, 교민은 유가, 제민은 법가와 병가의 통치 이념을 요약해 놓은 것이다. 여기서 상가는 제환공을 도와 사상 첫 패업을 이룬 관중을 효시로 한 제자백가를 말한다. 상가의 사상적 배경을 사상 처음으로 설명한 게 『관자』의 「승마」와 「구부」 및 「경중」이다. 사마천이 『사기』「화식열전」에서 중상을 역설한 것은 『관자』의 이런 가르침에 크게 공명한 결과다. 21세기에 들어와 중국 학계는 관중에서 시작해 자공을 거쳐 사마천에 의해 집대성된 부민부국의 사상적 흐름을 '상가'로 요약하고 있다. 일각에서는 '경중가'로 부르고 있다. 일종의 외교학파에 해당하는 소진과 장의 등이 합종책과 연횡책을 주도한 점에 주목해 종횡가縱衡家로 명명한 것과 같은 취지이다. 그러나 앞서 언급한 것처럼 『관자』의 「승마」와 「구부」가 「경중」편 못지않게 중요하고, 나아가 관중이 부국강병의 관건을 중상에서 찾았다는 점 등을 감안할 때 '경중가'보다는 '상가'로 표현하는 게 타당하다. '경중가'든 '상가'든 결과적으로 제자백가의 구성원이 하나 더 늘어난 셈이다.

「화식열전」과 「평준서」

상가는 오랫동안 제자백가의 일원으로 거론되지 않고 있으나 춘추전국시대는 물론 그 이후의 진한시대에 이르기까지 분명 하나의 사상적 흐름으로 존재했다. 사마천이 『사기』를 쓰면서 「평준서」와 「화식열전」을 편제한 사실이 이를 뒷받침한다. 「평준서」는 요즘으로 치면 경제정책, 「화식열전」은 경제경영 이론서에 해당한다.

상가의 관점에서 볼 때 『사기』에서 가장 주목되는 것은 70편에 달하는

'열전'의 맨 마지막 편인 「태사공자서」의 바로 앞에 편제된 제69편의 「화식열전」이다. 상가의 경제경영 이론을 집대성해 놓은 「화식열전」은 자본주의의 발전이 결코 마르크스가 얘기하듯이 역사발전의 한 과정으로 전개되는 게 아니라는 사실을 극명하게 보여주고 있다.

「화식열전」에서 말하는 '화貨'는 조개가 상품과 화폐로 변용돼 사용되고 있는 점에 착안해 조개 패貝와 변화할 화化를 조합해 만든 회의문자이다. 조개를 화폐로 사용할 당시의 원시경제 상황을 반영하고 있다. '식殖'은 증식을 뜻한다. '화식'은 곧 자원의 생산 및 교환을 통해 재화의 이익을 추구하는 상공업활동을 의미한다. 사마천은 「태사공자서」에서 「화식열전」을 편제하게 된 배경을 이같이 기술해 놓았다.

"포의布衣의 필부가 정사에 해를 끼치지도 않고, 백성을 방해하지도 않고, 때에 따라 매매하면서 그 이식으로 재부를 쌓았다. 지자知者도 이를 택한 바 있다. 그래서 「화식열전」을 열전의 제69편에 편제하게 된 것이다."

거만의 재산을 모은 부상대고에 대한 그의 기본적인 입장이 잘 드러나 있다. 이들 중에는 목장 주인, 하층 장사꾼, 부녀자 등도 있다. 사마천은 이처럼 다양한 부류의 사람이 부상대고가 된 비결을 이른바 성일誠壹에서 찾았다. 하나같이 모든 정성을 기울여 주어진 사업에 매진한 덕분으로 파악한 것이다.

그러나 『한서』를 쓴 반고는 사마천의 이런 입장에 극히 비판적인 모습을 보였다. 그는 비록 「화식열전」을 흉내 내 『한서』「화식전」을 편제하기는 했으나 그 취지만큼은 정반대이다. 사마천이 '성일'의 구체적인 실례로 든 행상인 출신 옹락성雍樂成 등의 치부 방법을 두고 '교화를 해치고 풍속을 깨뜨리는 대란의 길이다!'라며 혹평을 가한 게 그 증거다. 『사기』와 『한서』의 차이를 이처럼 극명하게 보여주는 대목도 없다. 『한서』를 쓴 반고는 '유가'의 관점에서 상가를 비판적으로 본 것이다. 이에 반해 사마천은 오히려 입만 열면 인의를 떠벌이는 '유가'를 질시했다.

사마천이 상가의 적극적인 옹호자가 된 데에는 돈이 없어 궁형을 당한 개인적인 경험이 적잖이 작용했다. 당시에는 속죄금을 내고 죽을죄까지도 사면을 받는 속사贖死 제도가 있었다. 궁형은 죽을죄보다 가벼운 죄이다. 사마천도 돈을 내기만 했으면 얼마든지 궁형을 면할 수 있었다. 그러나 그 비용이 엄청났다. 사마천의 집에는 그런 큰돈이 없었다. 그는 이를 원통하게 생각했을 공산이 크다.

사마천이 『사기』 전편에 걸쳐 큰 뜻을 가슴에 품은 진취적인 인물을 상세히 소개해 놓은 것도 이런 맥락에서 이해할 수 있다. 이들 모두 사마천처럼 온갖 고난을 무릅쓰고 자신이 세운 목표를 이룰 때까지 끊임없이 전진한 자들이다. 목숨을 버릴지언정 결코 굴하는 법이 없다. 죽음보다 못한 궁형의 굴욕을 감수하고 끝내 『사기』를 완성한 사마천의 의지를 빼닮았다. 사마천이 불요불굴의 의지로 인간승리를 이룬 인물로 꼽은 사람은 주문왕과 공자, 굴원, 좌구명, 손빈, 여불위, 한비자 등이다. 모두 '대의멸친'과 관련된 자들이다.

그러나 「화식열전」에 나오는 주인공들은 '대의멸친'과 동떨어진 사람들이다. 그럼에도 사마천은 이들 부상대고에게 찬사를 아끼지 않았다. 관중을 사상적 비조로 하는 상가에 대한 확고한 신념이 없다면 불가능한 일이다. 지난 10년 동안 경제규모를 3배로 키운 중국의 눈부신 경제발전도 같은 맥락에서 접근할 필요가 있다. 「화식열전」이 역설하고 있는 상가의 정신을 되찾은 결과로 볼 수 있다.

중국의 전 역사를 통틀어 「화식열전」과 같은 경제경영 이론서는 두 번 다시 나타나지 않았다. 「화식열전」의 독창성과 위대함이 여기에 있다. 흔히 『사기』를 읽으면서 「화식열전」을 읽지 않으면 『사기』를 읽지 않은 것과 같다고 말한다. 그만큼 중요하다는 얘기다.

「화식열전」에는 다양한 사업으로 거만의 재산을 모은 총 52명의 행보가 소개되어 있다. 이들 모두 주어진 시기에 다양한 방법으로 부를 쌓았다. 이들이 구사한 축재 방법은 모두 71가지이다. 이들 중 태공망 여상呂尙과 관중, 계연, 범리, 백규 등 5명은 경제이론가인 동시에 뛰어난 사업가에 해당한다.

주목할 점은 「화식열전」이 21세기에 그대로 적용해도 좋은 매우 진보적인 경제사상을 담고 있는 점이다. 일례로 유가들이 입만 열면 떠드는 '인의'에 냉소를 보내면서 사람들이 삶의 질을 높이고 부자가 되고 싶어 하는 것을 '인의'에 앞서는 인간의 본성으로 못 박은 점을 들 수 있다. 부유해지고자 하는 심성을 인간의 본성으로 못 박은 것은 획기적인 일이다.

관중을 사상적 비조로 한 상가는 바로 '부' 자체를 긍정 평가한데서 출발하고 있다고 해도 과언이 아니다. 아담 스미스가 『국부론』에서 개개인의 이익추구 행위를 자본주의의 출발로 간주한 것과 맥을 같이한다. 사마천은 제환공이 사상 첫 패업을 이룬 것은 경제력 때문이고, 진시황이 천하를 통일한 것도 경제가 밑거름이 됐기에 가능했다고 보았다. 이는 중농 대신 중상에 방점을 찍은 관중의 상가 이론을 그대로 수용한 결과이다. 공자의 수제자 자공子貢을 대서특필한 사실이 이를 뒷받침한다.

유상儒商과 관독상판

공자의 제자 가운데 가장 해박하고 언변에 뛰어났던 자공은 당대 최고의 부를 이룬 바 있다. 사마천이 자공을 높이 평가한 이유다. 공자의 제자를 다룬 「중니제자열전」에서 자공의 사적이 절반가량을 차지하고 있는 게 그 증거다. 사마천은 「화식열전」에서 관중을 상가의 사상적 비조, 자공을 공부하며 사업하는 유상儒商의 효시로 특서해 놓았다. 자공은 전 세계의 시장을 무대로 열심히 학습하며 분주히 사업을 벌이는 21세기 글로벌 비즈니스맨의 표상이 될 만하다.

상가의 가장 큰 특징은 부민부국의 방략을 중농重農이 아닌 중상重商에서 찾은데 있다. 관중의 '중상' 이론은 취지 면에서 21세기의 경제경영 이론과 하등 다를 게 없다. 「평준서」와 「화식열전」의 출현은 사마천이 관중의 상가 이론과 자공의 '유상' 행보에 크게 공명했기 때문이다. 관중이 『관자』를 펴낸 지 5백여 년, 자공이 천하의 부상대고富商大賈로 명성을 떨친 지 4백여 년만에 상가의 존재를 명백히 확인시켜 준 쾌거에 해당한다. 사마천은 상가 이론을 집대성한 셈이다. 한비자가 전국시대 말기에 법가사상을 집대성한 것에 비유할 만하다. 기원전에 사마천이 관중과 자공을 대서특필하며 부민부국의 요체가 '중상'에 있다고 역설한 것은 놀라운 일이다.

그러나 사마천의 이런 업적은 이내 빛이 바랬다. 유학을 유일한 관학으로 못 박는 이른바 독존유술獨尊儒術과 부상대고를 억제하기 위한 염철鹽鐵 전매의 선언 때문이다. 부상대고의 폭리를 막고 재정을 확충코자 한 것은 나름 일리가 있으나 이를 계기로 상가의 맥이 사실상 끊어지게 된 것은 커다란 손실이었다. 21세기에 이르기까지 수천 년 동안 관중의 상가 이론과 자공의 '유상' 행보, 사마천의 '상가이론 집대성' 사실이 제대로 밝혀지지 않은 것도 이와 무관할 수 없다. 『한비자』가 일종의 금서에 가까운 이단서로 간주된 것을 계기로 법가사상이 제왕학의 주류에서 밀려나 제왕의 숨은 통치술로 전락한 것과 닮았다.

여기에는 성리학자들이 안빈낙도安貧樂道를 실천한 안연을 극도로 높이면서 의도적으로 자공의 '유상' 행보를 깎아내린 게 크게 작용했다. 후대인들은 관중의 부국강병 책략에만 지나치게 관심을 기울인 나머지 『관자』를 관통하고 있는 핵심어가 '중상'을 통한 부민부국에 있다는 사실을 간과했다. 나아가 역대 왕조 모두 중농 대신 중상을 역설한 사마천의 주장을 극도로 꺼린 까닭에 이전 왕조의 사서를 편찬할 때 「평준서」를 모방한 「식화지」만 편제하고 「화식열전」은 아예 편제할 생각을 하지 않았다. 상가의 존재가 오랫동안 묻힌 이유다.

그러나 21세기에 들어와 상황이 일변했다. 중국 학계에서 관중과 자공,

사마천 등을 상가로 분류하는 게 하나의 흐름으로 형성돼 있다. 「화식열전」이 집중 조명 대상이다. 서양의 역사문화를 배경으로 한 기존의 경제경영 이론 대신 21세기에 부응하는 새로운 패러다임을 전래의 동양고전에서 찾아내려는 노력의 일환이다. 이전의 자부심을 되찾은 결과로 볼 수 있다. 사마천은 스스로 상가라는 표현을 쓰지만 않았을 뿐 당대 최고의 경제경영 이론가에 해당한다. 실제로 피터 드러커를 위시해 21세기의 내로라하는 '구루'들이 내놓은 이론도 「화식열전」의 내용에 살을 붙인 것에 지나지 않는다. 이런 흐름에 적극 가세해 동서고금을 관통하는 상가의 부민부국 이론을 깊이 천착할 필요가 있다.

현재 서구의 내로라하는 학자들 중에는 중국의 앞날과 관련해 부정적인 견해를 피력하는 사람이 적지 않다. 일각에서는 중국이 과거 일본이 걸었던 전철을 밟을 것이라는 비관적인 전망까지 내놓고 있다. 그러나 객관적으로 볼 때 이는 지나치다. 1990년대에 들어와 부동산 거품이 일거에 꺼지면서 버블경기의 된서리를 맞은 일본과 현재의 중국은 여러 모로 차이가 있다. 겉만 보면 중국이 많은 거대 기업군들을 거느리고 있는 등 과거의 일본과 닮았다. 중국의 위안화가 세계 국가들로부터 부당하게 저평가됐다는 평가를 받고 있는 것도 과거 일본이 수출주도형 경제 성장을 추구했던 것과 닮았다.

그러나 다른 점이 더 많다. 크게 2가지를 들 수 있다. 중국에선 금융과 통신, 에너지, 핵심 제조분야를 포함해 광범위한 분야에서 외국기업의 참여가 배제되고 있다. 심지어 자국 기업들을 배제시키는 경우도 있다. 이들 업종은 전략산업으로 간주돼 정부의 엄한 통제를 받고 있다. 국영기업 형태로 운영되는 이들 기업 모두 글로벌 시장 진출을 위한 전위대이자 중국의 '사회주의 시장경제'를 세상에 널리 알리는 전도사 역할을 수행하고 있다.

다른 하나는 경공업과 소매업, 수출부문 등은 아담 스미스가 『국부론』에서 역설했듯이 철저히 자유경쟁에 맡겨두고 있는 점이다. 실제로 현재 중국에서는 월마트와 스니커즈, 테스코 등 서구의 소매 체인들이 중국 업체와 치열한 경쟁을 벌이고 있다. 나이키 운동화를 비롯한 중국의 주요 수출품들 모두 해외 다국적기업에 의해 제조되거나 그들의 주문을 받아 생산되고 있다. 폐쇄적이었던 일본과는 근본적인 차이가 있다.

미국의 사회학자 조반니 아리기는 지난 2007년에 펴낸 『베이징의 아담 스미스』에서 중국의 '사회주의 시장경제'가 미국의 '자유주의 시장경제'보다 아담 스미스의 『국부론』 취지에 더 부합한다는 주장을 내놓은 바 있다. 그는 이 책에서 아담 스미스를 자본주의 이론가가 아니라 철저한 시장주의자로 평가했다. 아담 스미스가 『국부론』을 통해 예언한 것은 자본주의가 아니라 '다양한 시장'의 도래였고, 이것이 지금 현재 진행 중인 중국의 '사회주의 시장경제'를 이해할 수 있는 단초를 제공한다는 것이다. 21세기의 중국을 제대로 이해하기기 위해 등장한 여러 분석 틀 중 매우 파격적인 견해에 속한다.

아리기의 주장에 따르면 중국은 등소평의 개혁개방 이후 지난 30년간 서구 학자들이 평가하는 '자본주의화'의 길을 걸은 게 아니라 '시장화'의 길을 걸은 셈이다. 아리기가 '자본주의'가 아닌 '시장주의'를 중국경제의 특징으로 꼽은 것은 이른바 '유교자본주의' 내지 '유교사회주의'를 달리 표현한 것으로 해석할 수 있다. 이는 아담 스미스가 『국부론』에서 최고의 성세를 구가했던 건륭제 치하의 중국경제를 긍정적으로 평가한 것과 맥을 같이 하는 것이기도 하다. 아담 스미스가 시장 참여자의 이기적인 행동이 '보이지 않는 손'에 의해 국부를 축적하는 계기로 작용한다고 주장한 것은 관청이 시장 교란자들을 솎아내는 역할을 수행한 건륭제 치하의 청나라를 모델로 삼은 데서 나온 것이다. 중국의 학자들은 이를 '관독상판官督商辦'이라고 한다.

중국이 수천 년 간에 걸쳐 '관독상판'의 전통을 이어온 것은 진시황 때 이미 상비군과 관료조직을 확립한 사실과 무관치 않다. 역대 왕조 모두 비록 중농주의 경제정책을 관철했음에도 유통경제를 담당하는 상인의 역할과 비중을 결코 과소평가하지 않았다. 청조 말기까지 염상鹽商에게 소금 전매의 특권을 부여하면서 그들로부터 수령한 염세로 재정을 충실히 한 사실이 이를 뒷받침한다. 조선조가 이른바 육의전六矣廛에 해당 물품에 대한 전매권을 부여하고 세금을 부과한 것도 같은 맥락이다. 큰 틀에서 볼 때 중국의 '사회주의 시장경제'는 전래의 '관독상판'을 재현한 것으로 볼 수 있다.

중국은 지난 30년 동안 놀라운 발전을 통해 전래의 '관독상판' 전통에 입각한 이런 '투 트랙' 전략이 옳았다는 것을 여실히 증명했다. 현재 중국 정부가 주도하는 투자가 과연 얼마나 생산적인가 하는 문제에 대한 논란이 지속되고 있으나 중요한 건 결과다. 지금까지는 성공적이다. 다만 중국 역시 초고속성장에 따른 여러 문제를 안고 있다. 치솟는 임금으로 인해 이미 노동집약적 산업중 상당수는 저비용을 강점으로 내세운 베트남 등지로 빠르게 이전되고 있다. 세계경제가 위기국면에 처해 있는 만큼 수출 위주의 성장정책을 지속하기는 어렵다. 중국의 수뇌부도 이를 잘 알고 있다. 향후 내수를 강화해 수출의존을 줄이겠다고 약속한 게 그 증거다. 사안의 심각성을 모르면 문제가 되지만 이를 알고 있는 한 얼마든지 적절한 대응책을 찾아낼 수 있다. 중국의 앞날을 낙관하는 이유다.

제2편 관자사상의 구성

제1장 부강주의富强主義

부국강병과 예의염치

부강富强은 부국강병富國强兵의 줄임말이다. 관중은 역사상 최초로 '부국강병'을 기치로 내걸고 이를 실현시킨 최초의 정치가이자 사상가에 해당한다. 관중의 '부국강병' 주장에서 주목할 점은 춘추시대 첫 패업을 이루기 위해 부민富民을 생략한 채 곧바로 부국강병으로 나아가고자 한 제환공의 성급한 행보를 제지하면서 '부민'을 관철시킨 점이다. 이를 뒷받침하는 『관자』「구언」편 '치국'의 해당대목이다.

"무릇 치국의 길은 반드시 우선 백성을 잘살게 하는 데서 시작한다. 백성들이 부유하면 다스리는 것이 쉽고, 백성들이 가난하면 다스리는 것이 어렵다."

관자사상을 관통하는 최고의 이념을 하나 꼽으라면 우선 백성을 부유하게 만든다는 뜻의 '필선부민必先富民'으로 표현된 '부민'에 있다. 그의 경제사상을 이른바 '부민주의'로 요약하는 이유다. '부민'은 부국강병의 대전제에 해당한다. 이는 부민이 이뤄져야 부국이 가능하고, 부국이 가능해야 강병이 실현된다는 지극히 간단한 이치에 기초해 있다. 이를 논리적으로 뒷받침하는 매우 유명한 대목이 『관자』「경언」편 '목민'에 나온다.

"무릇 백성을 다스리는 목민자牧民者는 반드시 4시四時의 농경에 힘쓰고 창름倉廩을 잘 지켜야 한다. 나라에 재물이 많고 풍성하면 먼 곳에 사는 사람도 찾아오고, 땅이 모두 개간되면 백성이 안정된 생업에 종사하며 머무는 곳을 찾게 된다. 창름이 풍족하면 백성들이 예절禮節을 알게 되고, 입고 먹는 의식衣食이 족하면 영욕榮辱을 알게 된다."

'창름'의 '창'은 곡식을 갈무리하고, '름'은 쌀을 갈무리하는 곳으로 국고의 재물을 상징한다. 여기서 예절은 '예의염치'의 도덕적 가치, 영욕은 존비귀천尊卑貴賤의 국법질서와 존엄을 말한다. 그는 국가가 존립하기 위해서는 백성들 개개인이 예의염치를 좇고 국법질서와 국가존엄을 이해하는 이른바 지례지법知禮知法이 전제돼야 한다고 설파한 것이다.

주목할 점은 '지례지법'의 관건으로 창고를 채우고 백성들을 배불리 먹이는 실창족식實倉足食을 든 점이다. '실창족식'은 '부민'을 뜻하고, '지례지법'은 나라의 '부강'을 의미한다. 그는 나라를 다스리는 요체로 곧 〈부민 → 부강〉의 도식을 제시한 셈이다.

그의 '부민' 철학은 일련의 '중본억말重本抑末' 정책으로 구체화했다. '중본억말'의 '본本'은 식재植栽와 목축牧畜 및 어염魚鹽 등의 농축수산업을 의미한다. 요즘의 경제정책으로 표현하면 제1차 산업인 농업을 포함해 제2차 산업인 일반 제조업을 강력 후원한 것에 비유할 수 있다.

'말末'과 관련해 그가 시행한 일련의 정책을 보면 더욱 뚜렷하게 나타난다. '말'을 두고 적잖은 사람들이 상업으로 이해하고 있으나 이는 잘못이다. 그가 적극 반대한 것은 사치소비재의 생산 및 유통을 비롯해 고리대 이식을 주업으로 하는 금융서비스산업이다. 이들 산업은 백성들의 생산의욕을 저상시켜 나라의 부강을 가로막는 걸림돌로 본 것이다. 실제로 제1, 2차 산업이 제대로 육성되지 않은 가운데 금융서비스업을 기반으로 한 제3차 산업만 기형적으로 비대해질 경우 경제는 이내 파탄이 날 수밖에 없다.

미국의 역사학자 맥코이는 미국이 2025년 쯤 바로 이런 이유 등으로 인해 급격히 몰락할 것으로 내다봤다. 역사적으로 볼 때 모든 제국은 외양상 비할 데 없이 강력한 것처럼 보였지만 사실은 제조업이 붕괴된 취약한 조직체계로 인해 일단 충격이 가해지면 급속도로 몰락할 수밖에 없다는 것이다. 경착륙만 있고 연착륙은 존재한 적이 없다는 게 논거다. 포르투갈은 1년, 소련은 2년, 프랑스는 8년, 오스만 터키는 11년, 대영제국은 17년 만에 힘을 잃었다는 게 그의 진단이다. 미국은 이라크를 침공한 2003년을 기준으로 22년째가 되는 오는 2025년 대영제국과 유사한 몰락의 과정을 맞으리라는 게 그의 분석이다.

맥코이는 동양의 경우를 거론하지 않았으나 중국의 역대 왕조가 몰락한 과정도 별반 다를 바가 없다. 농업을 포함한 제조업 기반이 붕괴된 가운데 관원과 유착한 지주들의 악덕 고리대금업이 횡행하면서 근거지를 잃고 떠돌던 백성들은 이내 유적으로 돌변했다. 군웅이 사방에서 속출하면서 지방 관원들까지 이들에게 협조하는 상황이 빚어지고 이는 곧 왕조의 급속한 몰락으로 이어졌다.

관중은 결코 상업을 중본억말의 '말'로 본 적이 없다. 그는 오히려 이를 중시했다고 봐야 한다. 그가 제3차 산업에서 중시한 것은 이른바 수재輸財였다. 이는 물류物流와 인류人流를 포함한 것이다. 일반 재화를 비롯해 인력 및 정보의 신속하고도 원활한 유통을 의미한다.

그가 말한 '중본'과 '억말'은 불가분의 관계를 맺고 있다. 제조업 분야의 생산력 증대와 이를 지원키 위한 재정 분야의 건전화 정책이 이를 뒷받침한다. 염철鹽鐵에 세금을 부과해 재정을 충당한 게 그 실례다. 그가 염철세를 통해 국부를 쌓은 뒤 패업을 이루어야 한다고 주장한 것은 바로 이 때문이었다.

부국강병과 민신의 상호관계

관중의 '부민' 정책은 기본적으로 '부국'을 염두에 둔 것이다. '부국' 정책과 관련해 주목할 만한 것은 균형재정을 뜻하는 절용節用이다. 불요불급한 사업에 대한 방만한 투자를 억제하고 남아도는 관원인 용관冗官 등을 퇴출시켜 건전한 재정을 제도화하는 것을 뜻한다. 관중이 행한 재정의 건전화는 사치억제 정책과 함께 실시됐다. 부민부국을 이루기 위해서는 우선 지배층의 자기절제가 선결돼야 한다는 판단에 따른 것이다. 이를 뒷받침하는 『관자』「외언」편 '팔관'의 해당 대목이다.

"나라를 다스리는데 사치하면 국고를 낭비하게 되어 인민들이 가난하게 된다. 인민들이 가난해지면 간사한 꾀를 내어 나라를 어지럽히게 된다."

관중은 이를 막기 위해서는 재화의 고른 분배가 이뤄져야 한다고 역설했다. 그의 이러한 주장은 땅과 노동력의 균배를 의미하는 균지분력均地分力과 전 인민에게 재화를 고르게 나눠주는 여민분화與民分貨를 의미한다. 빈부의 격차가 적어야만 통치가 제대로 이뤄질 수 있다는 판단에 따른 것이다. 이는 공자의 주장과 맥을 같이 한다. 『논어』「계씨」의 해당 대목이다.

"내가 듣건대, '유국자有國者와 유가자有家者는 재물이 적은 것을 근심하지 않고 고르지 못한 것을 걱정하며, 가난한 것을 근심하지 않고 편안치 못한 것을 근심한다.'고 했다. 대개 고르면 가난하게 되는 일이 없고, 조화를 이루면 적게 되는 일이 없고, 편안하면 기울어지는 일이 없게 된다. 이런 까닭에 먼 곳의 사람이 복종하지 않으면 문덕文德을 닦아 다가오게 하고, 이미 오게 했으면 편하게 만들어 주어야 하는 것이다."

'유국자'는 나라를 보유한 군주, '유가자'는 저택을 보유한 경대부를 말한다. 관중이 「경언」편 '목민'에서 제시한 〈실창족식을 통한 부민 → 지례지법을 통한 부강〉의 도식은 『논어』「안연」의 다음 일화에 나오는 공자의 언급과 꼭 같다. 이에 따르면 하루는 자공이 정치에 대해 묻자 공자가 이같이 대답했다.

"족식足食과 족병足兵, 민신民信이 이뤄져야 한다."

'족식'은 경제자립, '족병'은 국방확립, '민신'은 백성들의 대정부 신뢰를 말한다. 자공이 외적의 침공으로 인해 성이 함락되는 등의 극단적인 위기상황을 전제로 다시 물었다.

"만일 부득이하여 반드시 하나를 버리기로 한다면 세 가지 중에서 무엇을 먼저 버려야 합니까?"

"거병去兵해야 할 것이다."

'거병'은 병력의 감축을 뜻한다. 공자가 대답했다.

"만일 부득이하여 반드시 하나를 버리기로 한다면 나머지 두 가지 중에서 무엇을 먼저 버려야 합니까?"

"거식去食해야 할 것이다. 자고로 먹지 못하면 죽을 수밖에 없으나 사람은 누구나 죽기 마련이다. 그러나 '민신'이 없으면 나라가 설 수조차 없게 된다."

'거식'은 경제의 축소를 의미한다. 공자의 이러한 주장은 일견 '족식'에 해당하는 '실창'을 강조한 관중의 주장과 배치되는 것처럼 보인다. 실제로 성리학자들은 그같이 해석하면서 관중이 말한 〈실창족식을 통한 부민 → 지례지법을 통한 부강〉의 도식은 공자사상과 배치된다고 주장했다.

이 대목에서 공자가 '민신'을 가장 중요한 국가존립의 요건으로 거론한 것은 국가존립을 위한 최소한의 조건인 '족식'과 '족병'을 포기해도 좋다고 말한 게 아니다. 이런 오해가 빚어진 것은 자공이 외적의 침공으로 인해 성이 함락되는 등의 극단적인 위기상황을 전제로 질문한 점을 간과한데 있다. 자공이 비상상황을 전제로 질문을 하자 공자가 '거식'과 '거병'을 차례로 언급한 이유가 여기에 있다.

공자가 마지막 구절에서 '민신'을 강조한 것은 나라가 패망의 위기에 직면했을 때 군주가 솔선수범하는 자세를 보여야만 백성들이 그를 믿고 위기상황을 마침내 벗어날 수 있다는 사실을 역설한 것이다. 지배자와 피지배자 모두 생사를 같이 하는 국가공동체의 주체라는 점을 부각시키고자 한 게 진정한 취지이다. 결코 평시조차 '거식'과 '거병'을 해도 좋다고 말한 게 아니다. 그럼에도 성리학자들은 문맥 전체를 고찰하지 않고 '믿음이 무기나 식량보다 더 중요하다.'는 황당한 풀이를 한 것이다. 이를 최초로 규명한 인물이 바로 명대 말기에 활약한 이탁오李卓吾이다. 그는 자신의 명저 『분서焚書』「잡술雜述, 병식론兵食論」에서 이같이 갈파했다.

"인간이 처음으로 세상에 나타났을 때는 짐승과 다름없었다. 동굴 속에 살고 들판에서 기거하며 초목의 열매를 주워 먹었다. 게다가 다른 짐승들처럼 먹이를 후려치거나 물어뜯을 조아爪牙가 없고 몸을 가려줄 깃털이나 털도 없어 딴 짐승에게 잡아먹히지 않는 경우가 드물었다. 무릇 하늘이 인간을 낸 것은 만물 중에서 가장 귀하게 여겼기 때문일 것이다. 다른 짐승에게 잡아먹힐 형편이라면 차라리 내지 않느니만 못했기 때문이다. 인간은 형세에서 스스로 다른 것의 힘을 빌려 사용해야 했다. 활과 화살, 길고 짧은 창, 갑옷과 투구, 칼과 방패 따위의 설비를 갖추지 않으면 안 되는 이유다. 원래 생명이 주어지면 그 생명을 먹여 살릴 바가 반드시 있게 마련이다. 그게 바로 식량이다. 몸이 주어지면 반드시 그 몸을 지킬 도구가 필요하게 마련이다. 그게 바로 무기이다. 식량은 다급히 해결해야 할 문제인 까닭에 정전제井田制 같은 제도가 등장했다. 몸을 지키는 문제 역시 시급한 탓에 활과 화살, 갑옷과 투구 등의 무기가 등장했다. 이는 짐승의 발톱과 이 등을 대신한 것으로 덕분에 호랑이와 표범 등을 멀리 쫓아내게 됐다. 인간이 살아가면서 평안해하는 것을 얻게 된 것은 이런 도구들 덕분이 아니겠는가?

무릇 윗사람이 되어 백성이 배불리 먹고 안전하게 살 수 있도록 지켜주기만 하면 백성도 윗사람을 믿고 따를 것이다. 부득이한 상황에 이를지라도 차라리 죽을지언정 떠나가지 않을 것이다. 이는 평소 윗사람이 그들의 안전과 식량을 충분히 제공해주었기 때문이다. 공자가 『논어』「안연」에서 '거병'

과 '거식'을 거론한 것은 실제로 군사와 식량을 버리게 하려는 의도가 아니다. 이는 어쩔 수 없는 위기상황을 전제로 한 것이다. 어쩔 수 없는 위기상황에서 비롯된 것이라면 백성들도 '거병'과 '거식'의 부득이한 상황을 감내하면서 윗사람을 불신하는 지경까지는 이르지 않게 된다. 그래서 마지막에 '민신'을 언급한 것이다. 그런데도 어리석은 유자儒者들은 반대로 믿음이 무기나 식량보다 더 중요하다고 지껄이고 있다. 이는 성인이 하신 말의 참뜻을 제대로 파악치 못한 탓이다.

군사력과 식량이 과연 별개의 문제인가? 군사력이 지켜주지 않으면 식량도 절대 확보될 수 없다. 무기란 사지에서 쓰이는 것이라 사람들은 이를 거론하는 것조차 꺼린다. 그러나 무기가 없으면 자신을 지켜낼 수 없으니 그 실질은 매우 아름다운 것이다. 원래 실질이 아름다운 것은 잘 드러나지 않게 마련이다. 이를 꺼리게 되면 결국 아예 듣지 않으려는 지경에 이르게 된다. 아랫사람들이 듣기 싫어한다고 윗사람까지 이를 거론하려 들지 않으면 세 번 명령하고 다섯 번 되풀이하는 식으로 군령을 거듭 내리는 3령5신三令五申을 행할지라도 정작 위급할 때 무슨 소용이 있겠는가? 천하가 평안할 때 군사훈련을 행하면 백성들은 치세에 어찌하여 공연히 일을 벌려 자신을 괴롭히는 것이냐고 불평한다. 그러나 천하 만민을 평안히 하는 방도로써 부리면 설령 힘이 들지라도 누가 원망의 말을 내뱉겠는가? 유사시에 군사훈련을 시행하면 백성들은 난세에 어찌하여 자신을 사지로 내모느냐고 불평한다. 그러나 천하 만민을 살리는 방도로써 싸움에 임하도록 하면 설령 죽음에 이를지라도 누가 원망의 말을 내뱉겠는가?"

이탁오는 관중이 「경언」편 '목민'에서 언급한 〈실창족식을 통한 부민 → 지례지법을 통한 부강〉의 도식이 공자가 「안연」에서 언급한 〈민신 → 족식, 족병〉 도식과 완전히 일치하고 있다는 사실을 밝혀낸 최초의 인물이다. 성리학자들이 '믿음이 무기나 식량보다 더 중요하다.'는 식으로 엉뚱하게 해석한 〈거식 → 거병 → 민신〉의 도식이 나라가 패망할 위기에 처하는 등의 특수상황을 전제로 하지 않은 것임을 밝혀낸 것은 탁견이다. 외적이 쳐들어왔을 때와 같은 비상상황에서는 군민君民이 하나가 되어 싸워야 한다. 식량이 달리고 병력이 거의 소진된 상황에서 군주가 콩 한 알이라고 백성들과 나눠먹겠다는 자세로 솔선수범해야 백성들이 군주와 생사를 같이한다는 각오로 적을 물리칠 수 있다. 공자는 바로 이 경우를 말한 것이다.

객관적으로 볼 때 공자가 「안연」에서 언급한 이 대목의 기본취지를 제대로 파악하는 게 그리 쉬운 일은 아니다. 내로라하는 성리학자들이 거의 빠짐없이 『논어』에 주석을 달았음에도 〈거식 → 거병 → 민신〉의 도식이 〈족식 → 족병 → 민신〉 도식과 같은 취지라는 사실을 알아채지 못한 게 그 증거다. 이는 성리학자들이 3강5륜 등의 윤리도덕을 강조하며 지나치게 유심론적으로 기울어진 탓으로 볼 수 있다. 이런 식의 논리를 외적이 쳐들어왔을 때와 같은 비상상황에 적용하면 군민이 일치단결해 적과 싸울 생각은 하지 않은 채 매일 모여 적을 성토하는 짓이나 하게 된다.

실제로 그런 일이 병자호란 때 남한산성에서 빚어졌다. 김상헌을 비롯한 척화파들은 연일 '독 안의 쥐' 신세가 되었는데도 산성에 들어오기 전보다 더 격한 어조로 매일 청나라 군사를 성토하는데 여념이 없었다. 주화파인 최명길이 쓴 '항서降書'를 마구 찢으며 울분을 토로한 게 전부다.

이런 식의 인물들이 나라를 망친 것이다. 아무 대책도 없이 '오랑캐' 운운하며 자고자대自高自大한 후과다. 구한말 일본에 나라를 빼앗길 때도 똑같은 모습이 연출됐다. 60여 년 만에 통일시대를 열 수 있는 절호의 기회가 왔는데도 아무런 방략도 없이 3대 세습에 혈안이 돼 있는 북한의 계책에 넘어가 '신냉전'의 위기상황을 자초하고 있는 게 그렇다. '믿음이 무기나 식량보다 더 중요하다!'고 떠벌인 조선성리학의 통폐가 21세기 현재까지 이어지고 있는 것이다. 실제로 명나라는 이탁오의 이런 지적을 받아들이기는커녕 그를 옥에 가두고 자진으로 몰아감으로써 이내 '오랑캐' 청나라에 패망하고 말았다. 대책도 없이 자고자대하는 자들의 말로가 이렇다. 공자가 단순히 느낌으로 관중의 패업을 칭송한 게 아니다.

공자와 관중이 부국강병의 방략에 일치하고 있다는 것은 『관자』와 『논어』의 관련대목을 비교하면 쉽게 알 수 있다. 춘추시대는 이미 초기부터 힘 있는 제후가 천자를 대신해 천하를 호령하는 모습을 보였다. 이를 역사상 최초로 이론적으로 정립해 제왕학을 만들어낸 사람이 바로 관중이다. 그가 정립한 제왕학은 기본적으로 물은 배를 띄우기도 하지만 배를 전복시키기도 한다는 뜻의 이른바 '수가재주水可載舟, 수가복주水可覆舟'의 이치 위에 구축된 것이다. 『관자』「외언」편 '오보'에 이를 뒷받침하는 대목이 나온다.

"치국의 방법으로 백성에게 이익을 주는 것보다 나은 것이 없다."

관중사상을 '이민利民' 내지 '부민'으로 요약하는 이유다. 백성에게 이익을 주는 '이민' 정책을 펼쳐야 백성이 부유해지는 부민을 달성케 되고, 부민이 완성돼야 나라도 부유해지는 부국이 가능해지고, 부국이 돼야 강병도 실현할 수 있다는 게 그의 주장이다.

그는 이런 기조 위에서 군민일체君民一體의 필요성을 역설했다. 『관자』「단어」의 '군신 상'에 '군주가 백성과 더불어 일체를 이루는 것이 곧 나라로써 나라를 지키고 백성으로써 백성을 지키는 길이다.'라고 강조한 게 그 증거이다. '이민'을 전제하지 않은 한 '부민'은 달성할 길이 없다.

관중의 부국 책략

관중이 추진한 부국강병의 계책은 '부국술富國術'에서 나온 것이다. '부국술'의 성패는 국가의 흥망을 좌우한다. 21세기 스마트혁명 시대의 경제전쟁 상황에서 관중의 '부국술'이 글로벌 기업CEO을 비롯해 세계의 뛰어난 정치지도자들에게 각광을 받는 것도 이런 맥락에서 이해할 수 있다. 관중이 역설한 '부국술'은 기본적으로 '인재경영'과 불가분의 관계를 맺고 있다. 관중이 제환공에 의해 재상으로 발탁되자마자 습붕과 빈서무 등 천하의 인재를 두루 천거한 사실이 이를 뒷받침한다.

인재를 그러모으지 못하면 부국강병의 실현이 불가능하다는 얘기나 다름없다. 실제로 세계의 부를 거머쥐는 비결도 관중의 '부국술'을 떠나서는 생각할 수 없다. 관중의 '부국술'에 깊은 관심을 기울여야 하는 이유다. 관중이 보여준 일련의 '부국술'은 『관자』의 「승마」와 「구부」 및 「경중」 등에 소상히 소개돼 있다.

주목할 것은 관중이 위정자의 절검을 역설하면서도 부유한 상공인의 사치를 적극 권장한 점이다. 『관자』「단어」편의 '치미侈靡'에서 부자의 사치 행각을 오히려 권장한 게 그렇다. 경제에 도움이 된다고 본 것이다. 상가의 특징이 약여하게 드러나는 대목이다. 원래 '치미'의 치侈는 크게 베푼다는 뜻이고, 미靡는 많이 소비한다는 의미이다. 한마디로 사치스런 소비를 상징한다. 이를 뒷받침하는 '치미'의 해당대목이다.

"음식을 배불리 먹는 것은 백성의 기본 욕구이고, 풍치 있게 노는 풍류風流는 백성의 소원이다. 백성의 욕구와 소원을 만족시키면 능히 그들을 부릴 수 있다. 지금 백성들로 하여금 가죽을 걸치고, 짐승의 뿔을 쓰고, 야생풀을 먹고, 들판의 물을 마시게 하면 과연 누가 이들을 부릴 수 있겠는가? 욕구와 소원을 이루지 못한 사람으로는 공업功業을 이룰 수 없다. 가장 좋은 음식을 물리도록 먹고, 지극한 즐거움을 물리도록 즐기고, 심지어 새알에 장식을 한 뒤 삶아 먹고, 땔감에 조각을 한 뒤 불을 때도록 허용해야 한다. 불사약不死藥의 단사丹砂가 나는 광산의 굴을 막지 않으면 이를 판매하려는 상인의 발길이 그치지 않을 것이다. 부자가 원하는 만큼 소비토록 하면, 덕분에 빈자도 일자리를 얻게 된다. 이것이 백성을 기르고, 부자와 빈자가 서로 협력해 먹고 살게 하는 길이다. 그러기 위해서는 우선 부자의 분묘를 크고 아름답게 조성토록 한다. 이는 빈자들의 일자리를 만들기 위한 계책이다. 또 분묘를 아름답게 꾸미도록 한다. 이는 화공畵工과 조공彫工의 고용을 위한 계책이다. 이어 관곽을 크게 짜도록 한다. 이는 목공木工의 고용을 위한 계책이다. 나아가 수의壽衣와 수금壽衾 등을 많이 장만토록 한다. 이는 여공女工의 고용을 위한 계책이다. 이것도 충분치 않다. 흙을 모아 담장을 쌓고, 둘레에 울타리 나무를 심고, 부장품을 대거 묻게 한다. 이는 후장厚葬을 통해 백성이 서로 먹고 살도록 조치하려는 것이다. 연후에 비로소 백성이 서로를 이롭게 하고, 나라 또한 수비와 출정 준비를 합당하게 할 수 있다."

관중은 여기서 부자를 중심으로 한 왕성한 소비를 역설하고 있다. 그 이유는 크게 3가지이다. 첫째, 경기가 좋지 않을수록 부자의 소비를 촉진시켜 민생을 안정시킬 필요가 있다. 둘째, 빈부격차를 해소키 위해 부자는 사치품을 비롯한 각종 재화를 열심히 소비하고 빈자는 이를 위한 생산에 종사하는 방안을 적극 강구할 필요가 있다. 셋째, 농업증산을 위한 자금 조달 방안으로 소비 확대와 유통 촉진만큼 좋은 게 없다. 이는 여타 제자백가 모두 근검절약을 통한 소비억제를 역설한 것과 극명한 대조를 이룬다. 제자백가서 가운데 사치품을 포함한 소비 촉진을 통해 경제를 활성화하고, 민생을 안정시키는 방안을 제시한 것은 『관자』밖에 없다. 관중을 상가의 효시로 보는 것도 바로 이 때문이다.

재화의 유통과 염철론

관중은 기본적으로 경제를 활성화하기 위해서는 재화의 유통을 뜻하는 이른바 수재輸財가 원활해야 한다고 주장했다. '수재'는 물류物流과 인류人流을 포함한 개념이다. 일반 재화를 비롯해 인력 및 정보의 신속하고도 원활한 유통을 의미한다. 관중이 제조업 분야의 생산력 증대와 이를 지원키 위한 재정 분야의 건전화 정책을 추진한 배경이다. 염철鹽鐵에 세금을 부과해 재정을 충당한 게 그 실례다.

원래 소금과 철은 철제농구로 농경을 해야 하는 농민들의 입장에서 볼 때 일상생활에 빼놓을 수 없는 것이다. 이 두 가지에 세금을 부과한다면 기왕의 모든 잡세를 없앨지라도 능히 국가재정을 충당할 수 있다고 주장했다. 그의 이런 주장을 이른바 염철론鹽鐵論이라고 한다.

그의 '염철론'은 6백년 뒤 전한제국 초기에 『염철론』이라는 책으로 정립되었다. 이는 한소제 때 열린 '염철회의'에서 유가와 법가가 전개한 공방전을 대화체 식으로 정리한 것이다. 당시 염철회의는 유가와 법가 사이에 부국강병에 관한 사상투쟁의 성격을 띠고 있었다. 논의를 주도한 상홍양桑弘羊은 법가사상에 통달한 상인출신 관료였다.

이 회의에서 이른바 '외유내법外儒內法'이라는 독특한 통치이론이 만들어졌다. 천하를 다스릴 때 겉으로는 유가의 덕치를 내세우고, 안으로는 법가의 법치를 시행한다는 것이다. 이는 경제 국가 건설을 통해 예의염치를 아는 문화국가로의 이행을 추구한 관중사상과 맥을 같이 한다.

고금을 막론하고 농업 및 염철 등의 제1, 2차 산업생산력 증대는 필연적으로 물류 및 인류의 원활한 흐름을 자극할 수밖에 없다. 관중이 제나라로 들어오거나 제나라에서 빠져 나가는 모든 물류 및 인류에 대한 관세를 완전히 철폐한 이유다. 덕분에 열국을 넘나들며 장사를 하는 상인들이 제나라의 도성인 임치성에 몰려들었다. 임치성이 전국시대 말기까지 가장 번화한 도시로 존재한 근본배경이다. 학자들은 당시 임치성에 대략 10만 명 이상의 인구가 상주한 것으로 보고 있다. 물류와 인류의 원활한 유통은 동시에 농민은 물론 상공업자들의 자본과 기술이 제나라로 물밀듯이 유입됐다.

당시 관중은 금융자산이 버블을 일으키는 것을 우려해 금·은 등의 유동성 재화가 곡물 및 염철 등의 제1, 2차 산업 생산물보다 비싸지 않도록 시장에 적극 개입해 가격변동 등을 조절했다. 생산과 유통의 안정성을 확보하기 위한 조치였다. 21세기에 들어와 미국이 주도한 시장만능주의의 천박한 '신자유주의'가 굉음을 내고 붕괴한 것과 대비되는 대목이다.

치국평천하와 상가

예로부터 『도덕경』 제80장은 노자사상을 압축해 놓은 것으로 널리 인용되고 있다. 상가 이론을 집대성한 사마천이 「화식열전」의 첫머리에 『도덕경』 제80장을 인용해 놓은 것도 이런 맥락에서 이해할 수 있다. 「화식열전」의 첫머리는 이같이 시작하고 있다.

"『도덕경』에서 말하기를, '지극히 잘 다스려지는 시대는 이웃 나라를 마주 보며 닭과 개 짓는 소리가 서로 들릴 정도로 평화롭다. 백성들은 각자 자신들의 음식을 달게 먹고, 의복을 아름답게 여기고, 풍속을 편히 여기고, 일을 즐거워하고, 늙어 죽을 때까지 서로 왕래하지 않는다.'고 했다. 그러나 만일 이를 목표로 삼아 요즘의 풍속을 옛날처럼 돌이키려 하거나 백성들의 눈과 귀를 틀어막으려 하면 거의 실행할 수 없을 것이다."

사마천이 「화식열전」 첫머리에 『도덕경』 제80장을 인용한 것은 노자가 말하는 가장 이상적인 통치인 이른바 무위지치無爲之治로는 결코 민생을 보장할 수 없다는 입장을 드러내기 위한 것이다. 이 장은 이같이 시작하고 있다.

"소국과민小國寡民의 이상향에서는 여러 편리한 기물이 있을지라도 이를 사용치 않게 하고, 백성으로 하여금 죽음을 중히 여겨 멀리 옮겨 다니지 않게 한다."

나라가 작고 백성이 적은 것을 뜻하는 '소국과민'은 노자가 상정한 이상향을 말한다. 사마천은 「화식열전」 첫머리에서 이를 지치지극至治之極으로 표현해 놓은 것이다. 원래 '무위지치'는 외견상 아무 것도 하지 않는 것을 주장한 듯하나 사실은 백성을 위해 모든 것을 다하라는 매우 적극적인 메시지를 담고 있다. 노자의 통치사상은 무정부주의와 유사한 장자의 무치無治는 물론 서구에서 나온 자유방임주의와도 현격한 차이가 있다.

'무위지치'는 장자와 달리 현실의 혼란상을 제거코자 하는 취지에서 비롯된 것이다. 실제로 『도덕경』 어디를 보더라도 노자가 국가의 존재 자체를 부인한 대목은 한 군데도 없다. 노자는 오히려 유가 못지않게 통치자들의 안일과 향락을 비판하면서 백성들을 위해 헌신할 것을 촉구했다. 나아가 그는 장자와 달리 전쟁 자체를 반대한 적이 없다. 부득이한 경우는 전쟁에 나설 수밖에 없다는 게 그의 입장이다. 『도덕경』 제67장의 다음 대목은 노자가 불의한 침공에 대한 반격과 수비를 모두 중시했음을 알 수 있다.

"지금 사람들은 자애를 버린 채 용맹에만 힘을 쓰고 있다. 이리하면 이내 죽고 말 것이다. 무릇 자애를 통해서만 전쟁을 해도 이길 수 있고, 수비를 해도 견고해질 수 있다."

'승전'과 '수비' 운운은 불가피한 상황의 전쟁을 전제로 했기에 가능한 것이다. 이처럼 노자가 말한 '소국과민'은 국가와 제왕의 존재를 대전제로 한 것이다. 흔히 알고 있듯이 원시공산사회를 염두에 두고 이같이 말한 게 아니다. '무치'의 원시공산사회를 이상향으로 생각한 사람은 노자가 아닌 장자였다. 장자는 노자사상의 외형만 좇았을 뿐이다.

노자는 인위적이면서도 자의적인 '유위통치'를 극소화하라는 취지에서 '소국과민'을 언급한 것일 뿐이다. 무위에 입각해 다스리지 않는 게 없는 이른바 '무불치無不治'의 상황은 그 규모와 깊이가 너무나 크고 깊은 까닭에 겉모습이 마치 장자가 말한 '무치'처럼 보일 뿐이다. 무위지치에 입각해 전 인류가 종교와 인종 등의 차별 없이 함께 평화롭게 지내는 세계정부 하의 지상낙원이 바로 이에 해당한다. 대략 칸트의 '세계평화론'과 취지를 같이한다. 국가와 다스림이 존재하지 않는 장자의 '무치'와는 천양지차가 있다.

종교 간의 갈등이 엄존한 현실에 비춰 볼 때 노자가 말한 소국과민의 세계는 쉽게 오지 않을 것이다. 그러나 전혀 불가능한 것도 아니다. 『동물농장』을 쓴 조지 오웰은 과거의 소련이 미국과 대치했을 때 장차 전체주의에 입각한 세계정부가 등장할 것으로 예상해 『1984』를 펴냈다. 그러나 이는 억측으로 끝났다. 인류가 노력하기에 따라서는 능히 소국과민의 이상을 실현할 수 있다. 노자는 인류평화의 이상향을 사상 최초로 제시한 인물에 해당한다.

사마천이 「화식열전」의 첫머리에 '소국과민'을 언급한 것은 상가의 기본입장을 설명키 위한 것으로, 노자의 '소국과민'이 장자의 '무치'와 같은 취지로 오해받을 소지가 많다는 점을 부각시킨 것이다. 고금을 막론하고 그 어떤 사상과 이념이든 이상적인 색채가 짙으면 짙을수록 현실과 동떨어진 모습을 띠기 마련이다. 노자가 말한 '무위지치'는 왕도보다 한 단계 더 높은 제도帝道의 차원에서 나온 것이다. 사마천은 이를 통찰했다. 사마천이 상가의 이론을 집대성한 「화식열전」을 쓰면서 『도덕경』 제80장에 나오는 '소국과민'을 예로 든 배경이다.

유상의 효시 자공

공자가 생전에 총애했던 애제자로는 크게 안회顔回와 자로子路, 자공子貢를 들 수 있다. 불행하게도 안회와 자로는 스승인 공자에 앞서 요절했다. 공자가 안회를 총애한 것은 자신의 사상을 집약한 인仁을 능히 실천한 사람으로 평가했기 때문이다. 자로는 의義를 상징했다. 주군을 위해 몸 바쳐 싸운 게 그렇다.

자공은 특이한 인물이다. 공자의 학문을 가장 열심히 연마한 것은 물론 뛰어난 재주로 천하의 부를 거머쥔 게 그렇다. 일면 공부하고 일면 돈을 버는 이른바 유상儒商의 효시에 해당한다. 사마천은 상가의 이론을 집대성한 「화식열전」을 편제하면서 '유상'의 효시인 자공을 극찬해 놓았다. 해당대목이다.

"자공은 일찍이 공자에게서 배웠다. 물러나서는 위나라에서 벼슬을 했다. 또 조나라와 노나라 사이에서는 물자를 사두고 내다 파는 등의 장사를 했다. 공자의 제자 70여 명 가운데 자공이 가장 부유했다. 자공은 네 마리 말이 이끄는 수레를 타고 비단꾸러미 예물로 제후들을 방문했다. 그가 이르는 곳마다 제후들 중 뜰의 양쪽으로 내려와 자공과 대등한 예를 행하지 않는 자가 없었다. 무릇 공자의 이름이 천하에 골고루 알려지게 된 것은 자공이 그를 앞뒤로 도왔기 때문이다. 이야말로 이른바 '부유한 사람이 세력을 얻으면 세상에 그 이름을 더욱 드러낸다.'고 하는 게 아니겠는가!"

자공은 원래 주나라 도성인 낙양 인근의 위衛나라 사람으로 이름은 단목사端沐賜이다. 나이는 공자보다 31년이나 아래였다. 자공은 공자의 제자 중 가장 머리가 명석했고 특히 언변에 출중한 재능이 있었다. 사서에는 그의 화려한 행보가 대거 실려 있다. 자공의 재지才智를 짐작케 해주는 일화가 『논어』「공야장」에 실려 있다. 하루는 공자가 자공에게 물었다.

"너와 안회 중 누가 더 나으냐?"

자공이 대답했다.

"제가 어찌 감히 안회를 바라볼 수 있겠습니까? 안회는 하나를 들으면 열을 알고, 저는 하나를 알면 겨우 둘을 알 뿐입니다."

참으로 절묘한 대답이다. 당시 공자는 자공이 자신의 뛰어난 재지를 과신한 나머지 매사에 지나친 자만심을 보일까 우려해 이런 질문을 던진 것으로 짐작된다. 당시 자공은 당돌하게도 공자에게 이같이 되물었다.

"저는 어떤 사람입니까?"

스승의 질문에 대한 반격의 성격이 짙었다. 공자가 대답했다.

"너는 그릇이다."

"어떤 그릇입니까?"

"호련瑚璉이다."

'호련'은 종묘제사에 쓰는 귀한 그릇을 지칭한다. 공자도 자공의 뛰어난 재능을 액면 그대로 인정한 셈이다. 자공은 머리도 비상하고 언변이 뛰어났던 만큼 스승인 공자를 가장 잘 변호한 인물이기도 했다. 하루는 제나라의 권신인 진항陳恒이 자공에게 이같이 물은 적이 있었다.

"중니는 누구에게서 배웠소?"

"주문왕과 주무왕의 도가 아직 땅에 떨어지지 않고 사람에게 보존되어 있습니다. 현자들은 모두 그것을 기억하고 있습니다. 주문왕과 주무왕의 도를 사람마다 지니고 있으니 선생님이 누구에겐들 배우지 않았겠습니까? 그러니 또한 어찌 일정한 스승을 두었겠습니까!"

반론의 여지가 없는 명변明辯이다. 실제로 공자는 일정한 스승 밑에서 배운 적이 없었다. 삶의 체험 속에서 인애仁愛의 이치를 터득했다. 공자사상을 한마디로 요약한 인仁에 대해 수천 년 동안 무수한 사람들이 셀 수 없을 정도로 다양한 해석을 시도했음에도 '인즉인仁則人'보다 더 절묘한 해석은 존재하지 않는다. 인학仁學은 사람에 관한 인학人學인 동시에 사람 사이의 관계에 관한 인간학人間學이고, '지'와 '덕'을 겸비한 군자가 되기 위한 군자학이다. 공자사상이 사람을 제대로 아는 지인知人에서 시작해 사람을 두루 사랑하는 애인愛人에서 끝나는 이유다. 자공은 바로 공자사상의 요체를 꿰고 있었던 것이다.

그러나 후세인들의 자공에 대한 평가는 매우 인색했다. 이는 그가 이재理財에 밝았던 것과도 무관치는 않았을 것이다. 사마천이 자공을 높이 평가한 것과 대비된다. 객관적으로 볼 때 명분을 중시한 성리학자들이 이재에 밝았던 자공을 높이 평가할 리 만무했다. 늘 말을 신중히 한 까닭에 일견 어눌한 느낌마저 준 공자와 대비되는 까닭에 자공의 뛰어난 언변도 못마땅했을 것이다.

관중의 강병 책략

역사학자들의 통계에 따르면 인류가 문자를 사용한 이후 21세기 현재에 이르기까지 5천여 년 동안 기록으로 남아 있는 전쟁 횟수를 모두 합치면 총 14,531회에 이른다고 한다. 한해 평균 2.6회의 전쟁이 벌어진 셈이다. 『춘추좌전』이 다루고 있는 기원전 722년에서 481년 사이 매년 평균 1번꼴로 전쟁이 빚어졌다. 당시 전 세계에서 동시다발적으로 터져 나온 전쟁 가운데 절반 가까이가 중국에서 빚어진 셈이다.

춘추전국시대는 동서고금의 전 역사를 통틀어 사상적으로 가장 활발한 시기였다. 수많은 제자백가가 출현해 치열한 사상논쟁인 백가쟁명을 전개한 게 그 증거다. 제자백가 가운데 국가존망을 좌우하는 전쟁문제를 전문적으로 다룬 학단學團이 바로 병가이다. 공자와 묵자 및 노자 등이 각각 유가와 묵가 및 도가의 사상적 효시로 간주되고 있는 것과 달리 병가는 아직까지 누가 효시인지에 대해 정설이 없는 실정이다.

대다수 사람들은 춘추시대 말기 오자서伍子胥와 함께 오왕 합려闔閭의 패업을 도운 손무孫武를 들고 있다. 전국시대 초기 위문후魏文侯의 패업을 도운 오기吳起와 전국시대 중기 제나라에서 활약한 손빈孫臏을 드는 견해도 만만치 않으나 통설은 손무이다. 세계 최대의 관찬 도서목록인 건륭제 때의 『사고전서총목제요四庫全書總目提要』는 손무를 '1백 세대에 걸쳐 병법을 얘기할 때마다 거론하는 병가의 시조'로 칭송해 놓았다. 후대인들이 그를 병성兵聖으로 부른 이유다. 중국은 물론 한국과 일본 등 동아3국에서 대다수 학자들이 그를 병가의 효시로 거론하고 있는 것도 같은 맥락이다. 말할 것도 없이 그를 『손자병법』의 저자로 간주한 탓이다.

그러나 엄밀히 말하면 병가의 효시는 춘추시대 중기 제환공을 도와 패업을 이룬 관중으로 보는 게 옳다. 이를 뒷받침하는 대목이 『관자』「경언」의 '칠법'과 '유관', 「잡어」의 '금장', 「외언」의 '병법', 「단어」의 '지도'와 '세' 등에 산재해 있다. 여기에 나오는 전략전술 등을 통틀어 흔히 '관자병법管子兵法'이라고 한다. 「경언」의 '유관'은 『손자병법』 등의 모든 병서가 최상의 전략으로 꼽고 있는 부전굴인不戰屈人을 지선부전至善不戰으로 표현해 놓았다. 해당 대목이다.

"전쟁이 잦으면 병사들이 피로하고, 승리가 잦으면 군주는 교만해진다. 교만한 군주가 피로한 백성을 부리면 나라는 위태로워진다. 가장 좋은 것은 싸우지 않고 이기는 것으로 이를 '지선부전'이라고 한다. 그 다음은 단 한 번만 싸워 승리를 거두는 일전이승一戰而勝이다. 대승大勝은 여러 번 이기는 것을 모은 것이나 의로운 전쟁이 아닌 게 없어야 가히 대승이라고 이를 수 있다."

'관자병법'의 가장 특징 가운데 하나는 전쟁을 정치의 연장으로 간주하고 있는 점이다. 마키아벨리의 『전술론』과 클라우제비츠의 『전쟁론』에서 역설하는 이른바 정전政戰의 입장과 하등 다를 게 없다. 삼국시대의 조조는 이런 입장에 입각해 현존 『손자병법』인 『손자약해孫子略解』를 새롭게 펴낸 바 있다. 『도덕경』의 부득이용병不得已用兵 취지를 병도兵道의 원리로 격상시킨 이른바 집이시동戢而時動을 역설한 게 그렇다. 평시에는 무기를 거두어 두었다가 부득이할 때 용병한다는 뜻이다. 이는 『관자』「잡어」편 '금장'의 다음 대목과 궤를 같이하는 것이다.

"무릇 천하를 보유한 군주가 적국의 민정民情에 문제가 있다는 사실을 알고 토벌에 나서면 제업帝業, 적국의 국사國事에 문제가 있다는 사실을 알고 토벌에 나서면 왕업王業, 정사政事에 문제가 있다는 사실을 알고 토벌에 나서면 패업霸業을 이룰 수 있다."

여기의 '제업'이 바로 『도덕경』에서 말하는 '부득이용병'이다. 제자백가서를 박람博覽한 조조가 『손자약해』 서문에서 '집이시동'을 역설한 것은 『관자』「잡어」편 '금장'의 이 대목에서 힌트를 얻은 결과일지도 모른다. 주목할 것은 '금장'에서 병가가 최상의 전략으로 언급하고 있는 벌모伐謀의 계책을 상세히 언급해 놓은 점이다.

"계책을 써 적국을 제압하는 벌모伐謀의 계책은 모두 5가지이다. 첫째, 친총분위親寵分威이다. 적국의 군주가 총애하는 신하를 가까이하여 그의 권세를 깎아내림으로써 두 마음을 품게 하는 계책이다. 적국 군신의 친밀한 관계가 벌어져 충성하는 신하가 등용되지 못하면 적국은 이내 위기에 처하게 된다. 둘째, 친증후뢰親憎厚賂이다. 적국의 군주가 미워하는 대신을 찾아낸 뒤 은밀히 후한 뇌물로 매수해 적국의 내부 정황을 소상히 파악하는 계책이다. 적국 대신이 몸만 조정에 있을 뿐 마음은 밖에 두고 있는 만큼 적국 내부의 정황을 소상히 파악하는 게 가능하다. 셋째, 색내폐외塞內蔽外이다. 적국 군주가 음탕한 짓을 즐긴다는 얘기를 들으면 이를 조장하기 위해 곧 악대와 미희를 들여보내 궁 안에서 그의 이목을 막고, 아첨을 잘하는 자와 준마를 들여보내 궁 밖에서 그의 이목을 가리는 계책이다. 적국 군주의 이목이 안팎으로 막히고 가려지면 적국은 이내 패망케 된다. 넷째, 심친음도深親陰圖이다. 적국의 군주와 형제처럼 친밀히 지내면서 은밀히 잠입시킨 변사辯士를 받아들이게 만든 뒤 계책을 도모하고, 짐짓 투항한 용사를 받아들이게 만든 뒤 만용을 부추기는 계책이다. 이후 적국의 동맹국에 다시 사람을 들여보내 적국과 맺은 맹약을 파기하게 하고, 사자의 왕래를 끊게 하고, 적국과 적대토록 상황을 유도한다. 그러면 반드시 다투게 되고, 두 나라가 서로 적대하면 반드시 폐단이 나타나게 된다. 다섯째 심찰자적深察自賊이다. 깊이 잠입해 적국 군주의 계모를 알아내고, 충신을 삼가 존중하는 자세로 접근해 이간책으로 군신이 서로 불신한 나머지 마음이 떠나도록 만드는 계책이다. 마음이 떠나면 서로 합할 수 없는 까닭에 반드시 내분이 일어나 충신을 죽이게 된다. 충신이 이미 죽은 까닭에 적국의 정권을 쉽게 빼앗을 수 있다. 이 5가지가 벌모의 계책으로 공업을 이루는 방안이다."

이는 『손자병법』에도 나오지 않는 것이다. 『손자병법』은 단지 계책을 써 상대를 제압하는 '벌모'만을 언급해 놓았을 뿐이다. 여기에 나오는 5가지 '벌모' 계책인 친총분위親寵分威, 친증후뢰親憎厚賂, 색내폐외塞內蔽外, 심친음도深親陰圖, 심찰자적深察自賊 등은 21세기 군사전략에도 그대로 사용할 수 있는 것이다. 기본취지는 『손자병법』「모공謀攻」에서 역설했듯이 적을 착각에 빠뜨리는 궤도詭道의 일환으로 나온 것이다. '궤도'는 『손자병법』을 비롯한 모든 병서의 기본전략이기도 하다. 「모공」의 해당대목이다.

"백 번 싸워 백 번 이기는 백전백승百戰百勝은 결코 최상의 계책이 될 수 없다. 싸우지 않고도 굴복시키는 부전굴인不戰屈人이야말로 최상의 계책에 해당한다. 최상의 용병 계책은 지략으로 적을 굴복시키는 것이다. 차선의 계책은 외교수단으로 적을 굴복시키는 것이다. 차차선의 계책은 무력으로 적을 굴복시키는 것이다. 최하의 계책은 적의 성을 직접 공격하는 것이다."

「모공」의 본문에 나오는 상병벌모上兵伐謀의 '상병'은 최상의 용병, '벌모'는 계략을 이용한 진공을 뜻한다. 벌교伐交는 적의 동맹외교를 차단한다는 뜻이다. 적을 고립시켜 굴복시키는 것을 의미한다. 벌병伐兵은 무력을 동원해 굴복시킨다는 뜻이다. 공성攻城은 적의 도성을 포위 공격하는 식의 직접적인 타격을 의미한다. 『관자』「잡어」의 '금장'에 소개된 5가지 계책은 「모공」에 나오는 '벌모'의 계책을 다시 세분한 것에 해당한다. 일각에서 관중을 병가의 효시嚆矢로 간주하며 '관자병법'을 병법의 남상濫觴으로 보는 이유가 여기에 있다.

객관적으로 볼 때 원래 관중은 병가뿐만 아니라 제자백가의 사상적 효시에 해당한다. 그만큼 폭이 넓고 깊다. 실제로 『관자』「외언」의 '병법'은 그 내용이 『손자병법』을 방불케 한다. '병법'의 다음 구절을 보면 이를 쉽게 알 수 있다.

"용병을 원대하게 하면 반드시 승리할 수 있다. 적들로 하여금 마치 공허한 곳에 머물며 그림자와 싸우는 것처럼 만들 수 있고, 적이 대책을 세우지 못하고 아군의 자취를 추적하지 못하게 만들면 이기지 못하는 경우가 없다. 적이 아군의 형적을 추적하지 못하고 임의로 작전할 수 없게 만들면 이루지 못할 게 없다. 이를 일러 병도라고 한다. 사라졌으나 있는 것 같고, 뒤에 있으나 앞에 있는 것 같으니 병도의 위엄은 이루 형용할 수 없다."

『손자병법』과 비교할지라도 전혀 손색이 없다. 관중을 병가사상의 효시로 간주하는 이유다. 『관자』에 따르면 군사력의 강약에 의해 국가의 존망과 안위가 결정된다. 『관자』가 군비폐지론에 해당하는 송견宋鈃 등의 침병지설

寢兵之說과 묵자의 겸애지설兼愛之說을 반대하며 전쟁불가피론에 입각해 군비강화를 역설한 이유다. 고대 성왕들의 전성시대에도 군대가 있었다는 게 논거다.

이는 상가의 이론이 이념적인 지표에서는 유가와 제휴하고, 구체적인 실천 방안에서는 병가와 손을 잡게 되었음을 의미한다. 『관자』의 키워드인 부국강병의 궁극적인 목표가 예의염치를 아는 문화대국의 건설인 점을 감안하면 당연한 결과이기도 하다. 실제로 『관자』를 보면 『손자병법』을 방불케 하는 병가의 전략전술 이론이 매우 많다. 『관자』「외언」편 '병법'의 다음 대목이 이를 뒷받침한다.

"천지만물의 운행원리인 도를 밝히는 것이 황도皇道, 도를 살피는 것이 제도帝道, 덕을 통하는 것이 왕도王道, 전략을 세운 뒤 용병하여 승리를 거두는 것이 패도霸道이다. 용병을 두고 도를 갖추거나 덕이 지극한 것은 아니지만 제왕을 보좌해 패업을 이루는 계책이라고 말하는 이유다. 지금 시대의 용병은 그러하지 못하다. 용병의 경중을 알지 못하기 때문이다. 군사가 출병하는 날에 나라가 빈곤하면 결코 전쟁을 할 수 없고, 승리할지라도 사상자가 많게 되고, 땅을 얻을지라도 나라가 피폐하게 된다."

『손자병법』의 첫머리에 나오는 대목과 같다. 관중은 기본적으로 『손자병법』과 클라우제비츠의 『전쟁론』처럼 군사를 정치의 연장으로 간주했다. 정사가 제대로 이뤄지지 않는 한 전쟁에서 결코 승리할 수 없다고 역설한 이유다. 관중의 패업은 군사력을 동원해 이룩한 것이다. 이는 부민부국이 전제됐기에 가능했다. 부민부국은 정치의 영역이다. 그는 정치가 제대로 되지 않으면 패업은커녕 나라를 보전하는 일조차 불가능하다고 보았다. 이를 뒷받침하는 『관자』「내언」편 '패언'의 해당대목이다.

"옛날의 명군은 준마駿馬와 주옥珠玉을 가볍게 여기고 정사와 군사를 중시했다. 그러나 나라를 망친 군주들은 문인에게는 정사를 맡기지 않은 채 말을 타라고 하고, 무인에게는 군사를 맡기지 않은 채 주옥만을 주었다. 이들은 대궐을 꾸미는데 힘쓰고 나라의 방비를 소홀히 함으로써 결국 영토가 깎이고 말았다."

관중은 문인에게 정치를 맡겨야 하듯이 무인에게 군사를 맡겨야 나라를 제대로 보위할 수 있다고 본 것이다. 군사를 중시하는 중군重軍 사상에 해당한다. 확고한 무력을 구비하고 있어야만 천하의 제후들을 능히 제압할 수 있다고 판단한 결과다. 『관자』「경언」편 '이정'에 이를 뒷받침하는 해당대목이 나온다.

"무력을 가볍게 여기는 이론이 득세면 아무리 험난한 요새가 있을지라도 나라를 지킬 수 없다."

중군의 대전제는 말할 것도 없이 부민부국이다. 관중이 중상주의에 입각한 일련의 정책을 펼치면서 동시에 군사력 강화에 세심한 주의를 베푼 이유다. 『관자』「경언」편 '권수'의 해당대목이다.

"국토를 수비하는 바탕은 성城이고, 성을 지키는 바탕은 병력이고, 병력을 보유하는 바탕은 인간이고, 인간을 보전하는 바탕은 곡식이다. 땅이 제대로 개간되지 않아 곡식생산이 부진하면 국토수비의 바탕인 성도 결코 견고할 수 없다."

고금을 막론하고 경제력이 뒷받침되지 않는 군사력 강화는 이내 한계를 드러낼 수밖에 없다. 이를 통해 『관자』가 부국강병 방안을 매우 체계적으로 제시했음을 알 수 있다. 〈부민 → 부국 → 강병 → 승적勝敵 → 정천하正天下 → 문화대국 건설〉이 그것이다. '승적'의 이치는 싸우지 않고도 이기는 부전승不戰勝에 있다. 그는 자신의 주장을 뒷받침하기 위해 『손자병법』을 방불하는 구체적인 실천방안을 대거 제시했다. 『관자』「경언」편 '칠법'에 나오는 다음 대목이 그 증거다.

"주어진 형세에 맞는 법령과 문물제도가 갖춰져 있지 않으면 제대로 다스릴 수 없다. 백성들을 잘 다스릴지라도 용병의 술수를 모르면 나라를 지킬 수 없다. 군사력을 강화할 줄 알아도 적국과 싸워 이기는 이치를 모르면 역시 승리를 거둘 수 없다. 반드시 승리를 거둘지라도 천하를 바로잡아 다스리는 대의명분을 밝히지 못하면 대업을 이룰 수 없다."

치국治國은 법령과 문물제도의 완비에서 출발하고, 보국保國은 용병의 술수를 파악하는데서 출발하고, 무력을 배경으로 천하를 호령하는 패천하霸天下는 승적의 이치를 아는데서 출발하고, 천하인의 지지를 받는 문화대국을 건설키 위해서는 반드시 대의명분을 기치로 내건 데서 출발한다고 설파한 것이다. 단계별 목표를 이루기 위한 구체적인 방안을 제시한 셈이다. 이를 도식으로 정리하면 다음과 같다.

〈치민유기治民有器 즉 부민부국의 건설 → 위병유수爲兵有數 즉 강병강국의 완성 → 승적유리勝敵有理 즉 천하패권의 장악 → 정천하유분正天下有分 즉 예의염치를 아는 문화대국의 건설〉

『손자병법』이 막강한 무력을 배경으로 한 부전승을 최고의 병법으로 내세운 것과 맥을 같이한다. 병가의 강도强道가 유가의 왕도 및 법가의 패도와 마찬가지로 『도덕경』의 제도帝道를 최상의 치도로 삼고 있음을 보여준다. 병가의 '병도'와 상가의 부도富道가 접목하는 지점이 바로 여기에 있다.

관중이 제시한 이런 도식은 병가에서 말하는 일종의 전략에 해당한다. 관중은 『손자병법』과 마찬가지로 이들 단계별 전략목표를 실천하기 위한 전술목표도 단계별로 제시했다. 군사력 강화를 뜻하는 위병유수爲兵有數를 실현하기 위해 제시한 8가지 실천지침이 그 실례이다. 『관자』「경언」편 '칠법'의 해당대목이다.

"군사력을 강화하기 위해서는 다음 8가지 방안을 차례로 이뤄야 한다. 첫째, 먼저 군수물자를 풍족하게 모아야 한다. 둘째, 군사 기술자를 존중해야 한다. 셋째, 최신 병기를 만들어야 한다. 넷째, 용맹한 병사를 선발해야 한다. 다섯째, 기강을 바로 세워야 한다. 여섯째, 엄한 훈련으로 전투기술을 충분히 습득시켜야 한다. 일곱째, 천하의 흐름을 알아야 한다. 여덟째, 임기응변의 전술인 기수機數를 구사할 줄 알아야 한다."

관중은 이들 8가지 지침을 모두 충족시키면 전쟁을 하지 않고도 적을 제압하는 천하무적의 군사력을 보유할 수 있다고 주장했다. 주목할 것은 마지막으로 언급한 8번째 지침인 '기수'이다. 아무리 풍족한 군수물자와 용맹스런 정예병을 보유하고 있을지라도 지휘자가 임기응변의 전술을 구사할 줄 모르면 다음 단계인 승적유리勝敵有理 즉 '패천하'를 이룰 수 없다고 본 것이다. 용병을 물 흐르듯 구사할 것을 역설한 『손자병법』의 주장과 일치한다.

그렇다면 임기응변의 전술인 '기수'는 구체적으로 무엇을 말하는 것일까? 시세時勢와 운세運勢를 잘 파악해 이를 최대한 활용하는 게 그것이다. 관중은 『관자』「경언」편 '칠법'에서 이같이 풀이해 놓았다.

"시운時運이야말로 큰 것이라고 할 수 있다. 인위적으로 도모하는 것은 작은 계책에 지나지 않는다."

바로 천하대세의 도도한 흐름인 이른바 천시天時를 언급한 것이다. 나라든, 기업이든, 개인이든 천하대세에 올라타면 흥하고, 거스르면 패망한다. 온갖 유형의 흥망성쇠도 천하대세의 큰 흐름 속에 있기 때문이다. 『관자』「경언」편 '승마'의 다음 대목이 이를 뒷받침한다.

"농사철은 농사의 관건인 까닭에 지체하거나 정지시킬 수 없다. '오늘 힘써 일하지 않으면 내일 수확할 게 없고, 과거는 흘러간 까닭에 다시 돌아오지 않는다.'고 말하는 이유다."

전쟁터에서 용병을 하거나 들에서 농사를 짓거나 모든 일은 때가 있기 마련이다. 그 때를 놓치면 다시는 같은 기회가 두 번 다시 오지 않는다. 특히 군사작전에서 한번 놓친 기회는 다시 돌아오지 않을 뿐만 아니라 오히려 적국에 물실호기勿失好機로 작용할 수 있다. 좋은 실례가 남북관계이다.

객관적으로 볼 때 지난 1970년대 중반까지만 해도 북한이 남한보다 여러모로 앞섰다. 그러나 이후 상황이 변하기 시작했다. '수출입국'을 기치로 내건 남한이 강력한 중상주의를 추구한 결과다. 지난 1991년 사회주의 종주국인 소련과 동구권이 무너질 때 중국의 등소평은 한국의 중상주의 정책을 흉내 내 재빨리 개혁개방을 선언하며 천하대세에 올라탔다. 그 결과가 바로 30년 만에 G2로 나타났다. 당시 북한도 이웃 중국을 좇아 전면적인 개혁개방의 길로 나와야만 했다. 그러나 오히려 정반대의 길로 매진했다. 21세기에 들어와 붕괴 일보 직전으로 몰린 이유다.

구한말 당시 조선의 고루한 사대부들은 재빨리 개화해 부국강병에 나설 생각은 하지 않은 채 이웃 일본의 메이지유신을 두고 왜이倭夷가 양이洋夷를 흉내 내고 있다며 크게 비웃었다. 그 결과는 나라의 패망과 백성들의 노예화였다. 관중이 시운을 언급한 이유가 여기에 있다. 『관자』「경언」의 '칠법'은 이같이 경고하고 있다.

"천하의 형편을 두루 알면서 임기응변의 묘책을 잘 구사하기만 하면 능히 거침없이 행동하는 천하무적이 될 수 있다. 우방국에 대해서는 이득을 보도록 도와주고, 적국에 대해서는 손해를 입도록 압력을 가한다. 죄 있는 나라에 대해서는 벌을 내리고, 공을 세운 나라에 대해서는 상을 준다. 그러면 천하의 모든 나라가 기꺼이 따를 것이다."

이는 '패천하'의 방략을 논한 것이다. 적과 동지를 엄중히 가려 공평무사한 상벌을 시행하는 게 관건이다. 얼핏 사방으로 완력을 구사했던 과거 미국의 부시정부를 연상케 만드는 대목이다. 그러나 오히려 정반대로 보아야 한다. 「경언」편 '칠법'의 다음 대목이 이를 뒷받침한다.

"천하를 잘 다스리고 공을 이루고자 하면 반드시 예와 의를 좇아야 한다. 예를 따르지 않으면 천하에 군림할 수 없고, 의를 지키지 않으면 천하 만민을 다스릴 수 없다."

관중이 언급한 적국은 예의를 따르지 않은 나라를 말한다. 아편전쟁 당시의 대영제국과 그 뒤를 이은 '대미제국'이 본국의 이익을 기준으로 적과 동지를 나눈 것과 질적으로 다르다. 예의에 입각한 관중의 이런 강병승적强兵勝敵 방략은 바로 천시에 올라타 천하를 호령하는 '패천하'의 대전제에 해당한다.

관중은 '패천하'를 이루기 위해서는 단순히 천시에 올라타는 것만으로는 부족하다고 보았다. 주어진 상황에서 최상의 방안을 찾아내는 이른바 지리地利를 적극 활용할 줄 알아야 한다고 역설했다. 『관자』「칠법」에 나오는 관중의 해석이다.

"일단 군사계획을 수립한 뒤 유사시에 군사행동을 일으키기로 결정했으면 천시와 지리를 놓치거나 헛되게 만드는 일이 있어서는 안 된다."

그렇다면 그가 말한 '지리'는 구체적으로 무엇을 말하는 것일까? 그가 생각한 '지리'는 주어진 땅을 최대한 이용해 재원을 풍부히 확보하는데서 출발하고 있다. 이는 '천시'와 불가분의 관계를 맺고 있다. 이를 뒷받침하는 『관자』「경언」편 '목민'의 해당대목이다.

"계절의 변화를 좇아 농사를 짓는데 힘쓰지 않으면 나라의 재물이 늘지 않고, 땅의 이로움을 개발하는데 힘쓰지 않으면 국고를 채울 수 없다. 들판이 황무지로 방치되면 백성이 이내 탐욕스러워지고, 윗사람이 방탕하면 백성들은 이내 망령된 행위를 서슴지 않게 되고, 사치스런 장식을 금하지 않으면 백성들은 이내 문란해진다. 땅을 충분히 활용하는데 힘쓰지 않으면 국고를 채울 수 없다."

『관자』는 병서에서 천시天時만큼 중시하는 지리地利를 크게 2가지로 나눴다. 하나는 군수 차원에서 군량을 확보하는 것이고, 다른 하나는 전술 차원에서 지세의 이점을 적극 활용하는 것이다. 주어진 땅의 이점을 최대한 활용한다는 점에서 양자는 동일하다. 천시와 지리를 결합한 전략전술이 바로 관중이 역설한 필승지계必勝之計이다. 관중은 『관자』「칠법」에서 이같이 말했다.

"무릇 적국을 공벌하는 기본원칙은 반드시 먼저 사전에 작전계획을 국내에서 면밀히 검토해 결정한 뒤 비로소 국경 밖으로 군사를 내보내는 것이어야 한다. 사전에 작전계획을 세우지도 않은 채 병력을 출동시키면 설령 현장에서 임기응변으로 작전을 전개하며 군진을 펼칠지라도 제대로 싸울 수 없다. 성을 포위할지라도 함락시킬 수 없고, 적의 영토를 점령할지라도 지켜낼 수 없고, 마침내 최종적으로 패하는 결과를 낳을 것이다. 적국의 정사를 잘 알지 못하면 공격해서는 안 되고, 적국의 내부사정을 잘 알지 못하면 출병서약을 해서는 안 되고, 적국의 장수를 잘 알지 못하면 미리 군사를 움직여서는 안 되고, 적국의 병사를 잘 알지 못하면 미리 포진布陣해서는 안 된다고 말하는 이유다."

『손자병법』과 『오자병법』에 나오는 '필승지계'와 하등 다를 바가 없다. 그렇다면 관중은 보다 구체적으로 어떻게 해야만 군사력을 효과적으로 늘릴 수 있다고 본 것일까? 군사력 증강 방안 역시 '필승지계'를 기초로 한 것이다. 『관자』「경언」의 '칠법'에 이를 뒷받침하는 대목이 나온다.

"천하에서 가장 정선된 좋은 재료를 추려 모은 뒤 모든 군사 기술자를 동원해 우수한 무기를 만들어 놓아야 한다. 매년 춘추로 2번 대항전을 실시해 병사들을 훈련시키고, 정예부대를 선정해 크게 우대하며 높이 받들어야 한다. 또 만들어진 무기 가운데 규격에 맞지 않는 것은 사용하지 않고, 시험에 합격하지 못한 것은 보관하지 않는다. 마지막으로 용기와 의리가 넘치는 천하의 호걸을 모두 받아들이고, 지략이 넘치는 천하의 뛰어난 재사를 모두 그러모아야 한다."

관중은 이런 조건을 모두 충족시킬 때 비로소 천하를 능히 호령할 수 있다고 보았다. 이를 이른바 독출독입獨出獨入으로 표현해 놓았다. 아군의 병사가 적진을 마음대로 휘젓고 다니는 것을 의미한다. '독출독입'의 경지에 이르게 되면 비바람처럼 신속하게 쳐들어가는 돌격전突擊戰과 천둥번개처럼 전진에 맹타를 가하는 전격전電擊戰, 물과 불 등을 이용해 적의 군수지원을 원천적으로 차단하는 초토전焦土戰, 돈과 재물 등을 풀어 적진 안에 정보망을 설치하는 첩보전諜報戰, 위아래가 일치단결해 적을 무력화시키는 총력전總力戰 등에서 승리를 기할 수 있다. 『관자』「외언」의 '병법'에 이를 뒷받침하는 대목이 나온다.

"용병을 원대히 하면 반드시 승리할 수 있다. 훌륭한 장수가 군사를 지휘하면 적들로 하여금 마치 공허한 곳에 머물며 그림자와 싸우는 것처럼 만들 수 있다. 적이 대책을 세우지 못하고 우리의 형적形迹을 추적하지 못하게 만들면 이기지 못하는 경우가 없고, 적이 형적을 추적하지 못하고 임의로 작전할 수 없게 만들면 이루지 못하는 게 없다. 이를 일러 병도兵道라고 한다. 사라졌으나 있는 것 같고, 뒤에 있으나 앞에 있는 것 같으니 그 위엄은 형용할 수 없다."

병도를 이루기 위해서는 기본적으로 유능한 지휘관과 잘 훈련된 병사가 필요하다. 이런 장병을 보유할 수만 있다면 능히 천하를 호령할 수 있다. 이는 모든 병서가 역설하는 신상필벌信賞必罰의 원칙이 지켜져야만 가능한 것이다. 관중도 이를 통찰했다. 이를 뒷받침하는 일화가 『관자』「경중」의 '경중을'에 나온다. 이에 따르면 하루는 관중이 궁궐로 들어와 제환공에게 보고했다.

"올해의 전조田租 수입은 4만2천 금입니다. 청컨대 병사들에게 1번 포상토록 하십시오."

"잘 알겠소."

곧 하령하여 태주泰舟의 들판에 군사를 소집했다. 제환공이 단 위로 올라서자 관중을 위시해 영척과 포숙아, 습붕, 역아, 빈서무가 그 뒤에 나란히 섰다. 관중이 북채를 들고 장병에게 읍揖한 뒤 이같이 포고했다.

"누가 능히 적진을 함몰시키고 적군을 격파하는 함진파적陷陳破敵을 행할 수 있겠는가? 100금을 상으로 내리겠다."

관중이 3번이나 거듭 물었는데도 대답하는 병사가 없었다. 이때 어떤 병사가 칼을 든 채 앞으로 쑥 나서며 물었다.

"'함진파적'의 적군은 몇 명을 말하는 것입니까?"

관중이 대답했다.

"적군 1천 명을 말한다."

"전국 1천 명이라면 제가 능히 깨뜨릴 수 있습니다."

관중이 그에게 곧바로 100금을 주었다. 관중이 또 말했다.

"누가 능히 칼이 부딪치고 화살이 오가는 혼전의 와중에 적장을 포획할 수 있겠는가? 100금을 상으로 내리겠다."

어떤 병사가 물었다.

"적장은 몇 명의 부하를 거느린 장수를 말하는 것입니까."

"1천 명의 부하를 거느린 장수를 말한다."

"1천 명의 부하를 거느린 장수라면 제가 잡아올 수 있습니다."

관중이 그에게 곧바로 100금을 주었다. 관중이 또 말했다.

"누가 능히 정기旌旗의 지시를 좇아 적장의 목을 베어 올 수 있겠는가? 1천금을 상으로 주겠다."

능히 할 수 있다며 나서는 자가 수십 명이나 되었다. 곧바로 이들에게 1천금을 주었다. 그밖에도 적군의 머리를 베어 오겠다고 나선 자에게는 10금씩 주었다. 단 1번의 포상으로 전조 수입으로 거둔 4만2천 금이 단박에 사라졌다. 제환공이 크게 놀라 한숨을 내쉬며 탄식했다.

"내 어찌 이리 될 줄 알았겠는가!"

관중이 말했다.

"군주는 걱정할 필요가 없습니다. 이는 병사들로 하여금 밖으로는 향리에서 공명을 떨치고, 안으로는 부모에게 보답하며 집안의 처자에게 은덕을 베풀게 만드는 것입니다. 이같이 하면 병사들은 반드시 다퉈 공명을 세워 군주의 은덕에 보답하고, 달아날 생각을 하지 않을 것입니다. 군사를 동원해 출정하면서 적군을 격파하고 적지를 병탄하면 이는 결코 4만2천 금에 비할 바가 아닙니다."

영척 등 5인이 입을 모아 동조했다.

"옳은 말입니다."

제환공도 수긍했다.

"잘 알겠소."

관중이 곧바로 군중軍中의 대장에게 이같이 경계시켰다.

"백인장百人長의 장령將領을 대할 때는 반드시 예의를 갖추고, 천인장千人長의 장령을 대할 때는 반드시 2계단 아래에서 배송拜送토록 하시오. 그들의 부모가 생존해 있으면 반드시 술 4석石과 고기 4정鼎을 보내고, 없으면 그 처자에게 술 3석과 고기 3정을 반드시 보내도록 하시오."

정령을 시행한지 반년이 지나자 부모는 자식, 형은 아우, 아내는 남편을 이같이 격려했다.

"군주가 이토록 후대하고 있는데, 전장에서 목숨을 걸고 싸우지 않으면 무슨 면목으로 귀향할 수 있겠는가?"

제환공은 마침내 군사를 일으켜 내萊나라를 치고, 거莒나라의 필시리必市里에서 싸웠다. 내나라와 싸울 때 양측의 북과 깃발이 서로 보이지도 않고, 병력이 얼마나 되는지 서로 알 수도 없는 상황에서 겁에 질린 내나라 군사가 모두 황급히 달아났다. 이내 달아나는 내나라 군사를 쫓아가 대파하며 땅을 병탄하고 적장을 포획했다. 아직 땅을 나눠 분봉도 하지 않고 전폐를 내어 포상도 시행하지 않았는데, 적군을 격파해 그 땅을 병탄하고 군주까지 생포했다. 이것이 바로 미리 포상하는 소상素賞의 계책이다.

이를 통해 『관자』에 나오는 전략전술이 『손자병법』과 비교할지라도 전혀 손색이 없다는 사실을 쉽게 알 수 있다. 일각에서 그를 병가 사상의 효시로 보는 것도 이와 무관치 않다. 그러나 관중은 비단 병가뿐만 아니라 유가와 법가 등 제자백가의 시원에 해당한다. 예의염치의 문화대국은 유가, 엄법에 기초한 강병강국은 법가, 상공업 진흥을 통한 부민부국은 상가와 통한다. 문화대혁명 당시 법가를 극도로 높인 사인방은 관중을 법가의 효시로 간주했으나 그보다는 사상 최초로 중상주의에 입각해 상공업의 진흥을 역설한 점에 주목할 필요가 있다.

객관적으로 볼 때 강병강국과 문화대국 모두 그 출발을 부민부국에 두고 있는 만큼 상가의 효시로 규정하는 게 역사적 사실에 부합한다. 실제로 관중이 활약한 춘추시대 중기는 농업의 발전에 힘입어 상공업도 높은 수준에 이르던 시기였다. 법가와 유가가 중농억상重農抑商을 역설한 것과 달리 관중이 농상병중農商竝重을 지지한 것도 이와 무관할 수 없다. 이를 뒷받침하는 『관자』「단어」편 '치미'의 해당대목이다.

"상인은 결코 국가에 대해 아무것도 도움을 주지 않는 자가 아니다. 그들은 특정 지역을 가리지 않고 두루 거처하며, 군주를 가리지 않고 영업을 한다. 물건을 내다팔아 이익을 내면서 사들인 물건을 보존하지 않는다. 나라의 산림을 이용해 이익을 얻는 게 그렇다. 이들 덕분에 시장의 세수稅收가 2배 가까이 늘어난다. 상인으로 인한 혜택이 매우 많으니 먼저 국가에 대량 소비의 풍속을 조장해 생산과 소비의 순환을 원활하게 만들고, 군신이 서로 협력토록 조장해 친하게 만들고, 신하들이 재물을 사적으로 은닉하지 않게 만들고, 빈민들이 노동으로 먹고 살도록 만든다. 상인들로 하여금 도성과 시장 안에서 자유로이 오가며 영업을 할 수 있도록 해야 하는 이유이다. 이는 치국의 중요한 계책이다."

상업에 대해 개방적인 입장이 돋보이는 대목이다. 그를 제자백가의 시조인 동시에 나중에 사마천에 의해 이론적으로 집대성되는 상가의 효시로 간주하는 것도 바로 이 때문이다. 역사적으로 볼 때 나라의 부와 백성의 부 가운데 어느 쪽을 중시하는가 하는 문제는 유가와 법가를 가르는 주요 논점이었다. 통상 법가는 부국, 유가는 부민을 우선시했다고 평할 수 있다. 부민과 부국을 대립 내지 모순관계로 파악한 결과다.

주목할 것은 『관자』는 결코 양자를 모순관계로 보지 않고 있는 점이다. 부민을 통한 부국을 추구한 근본 배경이 바로 여기에 있다. 당초 관중은 일련의 부국강병책을 구사하면서 사농공상을 직업별로 각기 다른 구역에 나눠 살게 했다. 같은 업종에 종사하는 사람들끼리 함께 모여 살게 하면서 서로 돕는 가운데 전문성을 강화하고 정보를 교환해 경쟁력을 높이고자 한 것이다. 관중이 농업을 중시하며 다양한 농업 진흥 정책을 구사하는 한편 생산과 유통 및 소비의 조절을 뜻하는 경중輕重의 계책을 언급한 것도 이런 맥락에서 이해할 수 있다. 국가가 시장에 적극 개입해 수요와 공급을 조절하면서 가격조절을 통해 국가재정을 충실히 할 것을 역설한 게 그렇다. 국가경제를 안정시키고, 자연스런 세수증대로 국가재정을 튼튼히 하고자 한 것이다. 상공업의 중요성을 통찰한 결과로 해석할 수밖에 없다.

제2장 존양주의尊攘主義

관중의 존왕 행보

존양은 존왕양이尊王攘夷의 줄임말이다. 왕실을 높이고 사방의 이적夷狄을 물리친다는 뜻이다. 춘추시대의 패자는 반드시 '존왕양이'의 명분을 얻어야만 했다. 말할 것도 없이 춘추시대의 첫 패자인 제환공의 패업에서 비롯된 것이다. 이는 크게 존왕尊王과 양이攘夷로 나눠볼 수 있다. 왕명을 내걸고 제후들의 연합군을 구성한 뒤 무도한 나라를 토벌하는 것은 '존왕'에 속한다. 내부를 다스리는 일종의 안내安內 작업에 해당한다. 이에 반해 '양이'는 외부를 다스리는 것을 말한다. 일종의 평외平外 작업에 해당한다. 양자 모두 안팎을 평안하게 만든다는 점에서는 동일하나 '존왕'의 대상은 제후이나 '양이'의 대상은 사방의 오랑캐인 이적이라는 점에서 차이가 있다.

관중의 모든 패업 행보는 결과적으로 주왕실을 높였다는 점에서 '존왕' 행보로 해석할 수 있다. 그러나 가장 대표적인 것으로는 주왕실의 내분을 평정한 사례를 들 수 있다. 당초 주혜왕에게는 2명의 왕자가 있었다. 적장자인 태자 정鄭과 왕자 대帶가 그들이다. 주혜왕은 왕자 대를 총애한 나머지 태숙大叔이라고 불렀다. 그는 장차 정을 폐하고 왕자 대를 새 태자로 세울 심산이었다. 주왕실에 사자로 갔다 온 습붕을 통해 이 사실을 전해들은 제환공이 곧 관중을 불러 상의하자 관중이 말했다.

"장차 동궁이 위험해질 것입니다. 곧 주왕에게 상표해 모든 제후들이 동궁을 배견코자 한다고 하십시오. 그러면 주왕이 아무리 동궁을 폐하려 해도 뜻대로 하지는 못할 것입니다."

곧 제후들에게 태자 정을 배알키 위해 지금의 하남성 수현인 수지首止에 모일 것을 통보하면서 습붕을 왕실로 보내 이를 보고토록 했다. 기원전 655년 여름, 제환공이 노, 송, 진, 위, 정, 허, 조 등 7개국 군주와 함께 태자 정과 회동했다. 이날 밤 태자 정이 은밀히 사람을 시켜 제환공을 행궁으로 부른 뒤 이복동생인 태숙 대가 태자의 자리를 빼앗기 위해 간계를 꾸미고 있다는 사실을 일일이 고했다. 제환공이 태자 정을 안심시켰다.

"제가 제후들과 함께 태자를 반드시 추대할 터이니 너무 근심하지 마십시오."

태자 정이 3달 동안 행궁에 머물렀다. 주혜왕에 대한 무언의 압력이었다. 주혜왕이 왕실의 집정인 주공周公 재공宰孔을 시켜 정문공에게 의중을 전했다.

"그대는 곧 제나라를 떠나 초나라를 따르도록 하라. 과인이 곧 진晉나라로 하여금 그대를 돕게 할 것이다. 그러면 그대는 제나라의 침공 위협으로부터 벗어나 다소 나라를 안정시킬 수 있을 것이다."

정문공이 제환공의 노여움을 살까 두려워한 나머지 주저하다가 마침내 자신을 따라온 군대를 그대로 놓아둔 채 몸만 빼내 정나라로 돌아갔다. 보고를 받은 제환공이 대로했다. 관중이 간했다.

"정나라와 초나라는 서로 접경하고 있습니다. 이는 왕실의 사주가 있었기 때문입니다. 태자 정을 위한 결맹이 끝난 뒤 정나라를 쳐도 늦지 않을 것입니다."

제후들이 모두 수지의 단 위에서 삽혈하며 태자 정을 봉대키로 맹세한 뒤 군사를 이끌고 도중까지 태자 정을 호송했다.

기원전 653년 윤12월, 주혜왕이 붕어하고 마침내 태자 정이 주양왕周襄王에 즉위했다. 수지의 회맹이 효과를 본 것이다. 그러나 왕자 대는 끝까지 포기하지 않았다. 그는 최후의 수단으로 융인을 사주해 왕성을 치게 했다. 주양왕이 급히 사자를 각 제후국에 보내 도움을 청했다.

이듬해인 652년 봄, 제환공과 제후들이 지금의 산동 견성현인 도洮 땅에서 만났다. 제후들의 연합군이 왕성으로 몰려가자 융인들이 도주했다. 관중이 사자를 융주戎主에게 보내 질책하자 융주가 사람을 보내 사과했다.

"왕자 대가 권했기에 그런 것입니다."

왕자 대가 융인을 부추긴 사실이 드러나자 화가 난 주양왕이 군사를 보내 왕자 대를 치게 했다. 왕자 대가 망명했다.

이듬해인 기원전 651년 여름, 제환공이 왕실의 경사인 재공宰孔을 비롯해 송, 위, 정, 허, 조 등 5개국 군주와 규구葵丘에서 만났다. 이전의 동맹관계를 다지기 위한 모임이었다. 주양왕이 재공을 시켜 이같이 선언했다.

"백구伯舅에게 주문왕과 주무왕의 제사에 올린 '조胙'를 내린다."

명실상부한 패자로 승인한 것이다. '백구'는 천자가 이성제후를 지칭할 때의 호칭이다. 동성제후는 백부伯父 또는 숙부叔父로 칭했다. 제환공이 뜰 아래로 내려가 절하려고 하자 재공이 만류했다.

"천자가 또 명하기를, '백구는 질로耋老인 까닭에 그 관작을 한 등급 올려 주니 하배下拜하지 말라!'고 하셨습니다."

'질로'는 70세 이상의 노인을 말한다. '하배'는 섬돌 아래에서 무릎을 꿇고 절하는 것을 뜻한다. 제환공이 뜰 아래로 내려가려던 발걸음을 멈추고 그냥 서서 받으려고 하자 관중이 말했다.

"존경하는 예를 잃어서는 안 됩니다."

제환공이 그 뜻을 금세 알아차렸다.

"천자의 위엄이 지척咫尺에 있는데 저 소백이 감히 어찌 천자의 명을 그대로 좇아 하배치 않을 수 있겠습니까! 하배치 않으려 하다가는 아마도 뜰 아래로 굴러 떨어져 천자에게 누를 끼치게 될까 두렵습니다."

곧 하배한 뒤 다시 단 위로 올라가 '조'를 받았다. 규구회맹은 제환공이 행한 여러 회맹 중 가장 성대한 것이었다. 주왕실이 제사용 고기인 '조'를 내리며 '하배'의 예까지 생략토록 한 것은 파격이었다. 제환공이 우쭐했다. 무엄하게 천자만이 행할 수 있는 봉선封禪을 올리려고 시도한 게 그 증거다. 당시 그는 회맹이 끝난 뒤 왕실의 집정 재공에게 이같이 물었다.

"창업 초기에 봉선을 행했다고 하는데 그 의식이 어떤 것이오?"

"태산에서 제사 지내는 것을 봉封이라 하고, 태산의 줄기 중 제일 작은 양보산梁父山에서 제사 지내는 것을 선禪이라 합니다. '봉'은 하늘에 제사지내는 것이고 '선'은 땅에 제사지내는 것입니다. 하늘은 높기 때문에 태산 위에 흙을 높이 쌓고 지내고, 땅은 낮기 때문에 띠 자리 풀 등으로 자리를 만들어 제사를 지냅니다."

"지금 태산과 양보산 모두 과인이 다스리는 곳에 있소. 과인은 장차 천자의 명을 받아 봉선의 대례를 올리고자 하오."

"굳이 하겠다면 누가 반대하겠습니까?"

제환공이 곧 제후들 앞에서 '봉선'을 올릴 뜻을 밝혔다.

"과인은 남쪽을 정벌해 소릉에까지 이르러 웅산熊山을 바라보고, 북쪽으로 산융山戎·이지離枝·고죽孤竹을 정벌하고, 서쪽으로 대하大夏를 정벌해 유사流沙를 경유하고, 말발굽을 싸고 수레를 줄로 묶어 태항산太行山에 올라 비이산卑耳山에 이른 뒤 돌아왔소. 제후들 가운데 아무도 과인의 명을 거스르지 못하오. 과인은 이미 6번의 병거지회兵車之會와 3번의 승거지회乘車之會를 포함해 모두 9번 제후들을 규합해 일광천하一匡天下했소. 옛날 하·은·주 3대의 왕들이 천명을 받든 것과 이 일들이 무엇이 다르겠소. 과인도 옛날의 제왕들처럼 태산에서 하늘에 제사를 지내고, 양보산에서 땅에 제사를 지내고자 하오."

당시 제후들은 아무 말도 못했다. 이들이 각기 관사로 돌아가자 관중이 간했다.

"옛날에는 먼저 상서로운 조짐이 있고 난 연후에 물건을 갖춰 봉선했습니다. 그러나 지금은 봉황과 기린이 나타나기는커녕 모여드는 것이라고는 올빼미뿐입니다. 또 상서로운 곡식인 가화嘉禾가 생겨나기는커녕 번식하는 것이라고는 잡초와 쑥대뿐입니다. 이런 세상에 봉선을 하면 모든 나라의 안목 있는 사람들이 반드시 비웃을 것입니다."

제환공이 이내 봉선의 뜻을 접었으나 교심驕心을 버린 것은 아니었다. 귀국 후 공궁公宮을 왕궁에 준할 정도로 대규모로 개축하고, 가마와 시위侍衛 제도까지 왕실에 견줄 정도로 화려하게 꾸민 사실이 이를 뒷받침한다. 포숙아가 관중을 찾아와 이를 간하지 않는 것을 탓하자 관중이 말했다.

"군주는 지금까지 온갖 고난을 다 겪으면서 공업을 이루었기 때문에 한때의 쾌락을 추구하려 하는 것일 뿐이오. 지금 내가 예법으로 군주를 구속하면 군주는 매사에 게을러지고 타락하고 말 것이오. 내가 군주의 월권을 도우면 세인들의 비난을 분산시켜 군주를 지켜드릴 수 있소."

사마광은 『자치통감』에서 관중의 이런 행보를 두고 이같이 칭송했다.

"옛날 공자는 인仁을 매우 중시했다. 자로子路 등과 같은 고족제자高足弟子뿐만 아니라 초나라 영윤, 투자문 등과 같은 현명한 대부일지라도 모두 인이 부족했다고 지적하면서도 관중에 대해서만큼은 그의 '인'을 크게 칭송했다. 이는 그가 백성들을 크게 구했기 때문이다."

이는 공자가 『논어』에서 관중을 두고 '인'을 행한 사람으로 평가한 것과 맥락을 같이 하는 것이다.

이해 가을, 제환공이 재차 규구에서 제후들과 결맹했다. 이때는 희생犧牲 의식만 치르고 전래의 삽혈歃血 의식은 생략했다. 의식을 간소화한 것이다.

기원전 648년 겨울, 제환공이 관중을 보내 융인과 왕실을 화친케 하자 주양왕이 관중의 공을 높이 사 주연을 베풀었다. 관중을 상경上卿의 예로써 대접하려고 하자 관중이 사양했다.

"배신陪臣은 미천한 관원에 불과합니다. 신의 나라에는 천자가 임명한 두 분의 상경인 국씨國氏와 고씨高氏가 있습니다. 만일 봄가을로 찾아와 천자의 명을 받게 될 때는 장차 그들을 무슨 예로 대접하려는 것입니까? 배신은 감히 사양하겠습니다."

'배신'은 제후의 신하가 천자 앞에서 스스로를 낮춰 부르는 칭호이다. 제후의 신하는 크게 경卿과 대부大夫, 사士로 대별된다. 이들은 다시 상·중·하로 세분된 뒤 섬기는 제후의 작호에 따라 1-2개의 등급차가 난다. 예컨대 백국伯國의 상경은 공국公國 및 후국侯國의 중경에 해당한다. 관중은 후국의 중경 신분이니 주왕실의 입장에서 볼 때는 왕실의 하경 정도에 해당한다. 그런 그를 문득 3공 밑의 최고 관작인 상경으로 대우하려고 하자 위계질서가 무너질 것을 염려해 사양한 것이다. 주양왕 정이 관중을 크게 칭송했다.

"구씨舅氏여, 나는 그대의 공훈을 가상히 여기고 그대의 미덕을 깊이 간직하겠소. 가서 그대의 직분을 잘 이행해 과인의 명에 거스르는 일이 없도록 하시오."

제환공을 '백구'로 불렀기 때문에 그 신하를 '구씨'라고 한 것이다. 이에 관중은 마침내 하경의 예로 대접받고 돌아갔다. 이를 두고 『춘추좌전』은 이같이 평해 놓았다.

"관중이 오랜 세월에 걸쳐 제사를 받는 것은 당연하다. 사양하는 마음으로 윗사람의 존재를 잊지 않았기 때문이다."

제환공이 훗날 '춘추5패' 중 가장 뛰어난 인물로 평가받게 된 것도 바로 관중의 이런 겸양에서 비롯된 것이었다. 관중은 천자를 대신해 제후들을 호령키 위해서는 천자를 극진히 섬겨야 한다는 것을 잘 알고 있었다. '존왕양이'의 요체를 꿰고 있었던 것이다. 난세에 '존왕양이'를 제대로 하지 못한 채 천하를 거머쥐려고 하는 것은 매우 무모한 짓이다. 중국의 전 역사를 개관하면 창업주들은 거의 예외 없이 이전 왕조의 제왕을 옆에 끼고 천하를 호령한 뒤 보위를 찬탈하는 모습을 취했던 것이다. 명분을 잃지 않으려는 수법이었다. 그 뿌리가 바로 '존왕양이'에 있다.

관중의 양이 행보

제환공과 관중이 행한 최초의 '양이' 행보는 재위 23년인 기원전 663년에 행한 산융山戎 정벌이다. 이때 현재의 북경 인근에 도성을 두고 있는 연나라 사자가 제환공을 찾아와 산융의 침공 사실을 알리면서 급히 구원을 청했다. 원래 산융은 북쪽 이민족으로 매우 흉맹했다. 그들은 영지永支 땅에다 나라를 세웠다. 그 서쪽에 연나라, 동쪽과 남쪽에 각각 제나라와 노나라가 있었다.

영지는 연·제·노 3국의 중간에 위치한 전략적 요충지이다. 당시 산융은 지세가 험한 것만 믿고 중원을 자주 침공했다. 이들은 제희공 때 제나라 경계를 침공했다가 전투에 참여한 정나라 공자 홀에게 대패한 적이 있었다. 그러다가 이때에 이르러 제환공이 천하의 패권을 장악하려 한다는 얘기를 듣고 마침내 융병 1만 기騎를 이끌고 연나라로 쳐들어간 것이다. 이들이 연나라를 침공한 것은 제나라와 연나라의 통로를 끊어 장차 제나라가 산융을 도모하는 것을 미연에 방지코자 한 것이다. 산융의 강습强襲에 크게 놀란 연장공燕莊公이 사자를 제환공에게 보내 구원을 청하자 제환공이 관중에게 자문을 구했다. 관중이 대답했다.

"지금 제나라 남쪽에는 초나라, 북쪽에는 산융, 서쪽에는 적狄이 있습니다. 이는 모두 우리 중국의 우환입니다. 이야말로 제후들의 맹주인 군주가 이를 해결해야 합니다. 이번에 산융이 연나라를 침공하지 않았을지라도 오히려 그들을 응징해야 하는데 더구나 그들이 침공하여 연나라가 구원을 청하고 있으니 이 기회를 놓쳐서는 안 됩니다. 군주가 장차 초나라를 치려면 반드시 산융부터 평정해야 합니다. 산융에 대한 후고지우後顧之憂가 없어야만 전심으로 초나라를 도모할 수 있습니다."

제환공이 이를 좇았다. 이에 곧 사자를 노나라로 보내 군사지원을 청했다. 노장공이 이를 받아들였다. 얼마 후 제환공이 산융을 치는 문제를 논의키 위해 노장공과 제·노 경계인 제수濟水에서 만났다. 제환공이 산융을 치는 방안을 논의하자 노장공이 직접 출병코자 했다. 제환공이 만류했다.

"북방은 멀고도 험한 길이오. 과인은 군주를 고생시킬 수는 없소."

얼마 후 제환공이 친히 제·노 두 나라 군사를 이끌고 서북쪽을 향해 나아갔다. 산융은 제나라 군사가 구원 차 온다는 것을 알고 이내 포위를 풀고 달아났다. 제환공이 연나라 도성인 계성薊城의 관문에 이르자 연장공이 영접했다. 관중이 제환공에게 간했다.

"산융이 아무런 병력 손실도 없이 물러갔으니 우리가 물러나면 다시 연나라를 칠 것입니다. 그러니 이 기회에 그들을 무찔러 우환을 아주 덜어 버리는 것이 좋을 것입니다."

이에 제환공이 연나라 군사와 합세해 북진을 계속했다. 제환공이 이끄는 연합군이 드디어 산융의 본거지까지 나아가자 산융은 험준한 요충지를 굳게 지키며 강하게 저항했다. 제환공의 군사가 더 이상 전진치 못하고 있는 틈을 타 산융은 골짜기의 물길을 막아 제환공의 군사를 곤경에 빠뜨렸다. 제환공이 군중에 이같이 하령했다.

"산을 파서 물을 구하되 먼저 물을 구하는 자에게는 중상을 내리겠다."

대부 습붕隰朋이 말했다.

"신이 듣건대 개미구멍이 있으면 물이 있다고 합니다. 원래 개미는 겨울이면 따뜻한 곳을 좋아하기 때문에 볕 잘 드는 곳에 살고, 여름이면 시원한 곳을 좋아해 산그늘에 삽니다. 양지쪽을 살펴 땅을 파면 반드시 물을 얻을 수 있을 것입니다."

이에 군사들이 양지쪽의 개미구멍을 찾아 땅을 파자 과연 물이 솟아나왔다. 산융은 제나라 군사가 식수에 곤란을 받지 않는다는 소식을 듣고 크게 놀랐다. 결국 제나라 군사가 산융의 영채에 이르러 기습을 감행하자 산융의 병사들이 모두 사방으로 도주했다. 제환공이 산융의 백성들을 위무한 뒤 항복한 융인을 불러 물었다.

"융주戎主는 어디로 도망쳤는가?"

"우리나라는 고죽국孤竹國과 이웃이어서 원래부터 친합니다. 얼마 전에 사람을 보내 구원병을 청했으나 아직 그들이 오지 않았습니다. 반드시 고죽국으로 갔을 것입니다."

이에 제환공이 다시 군사들을 이끌고 고죽국을 향해 나아갔다. 제나라 군사는 고죽국 군사를 격파하고 뒤를 추격하다가 잘못하여 깊은 계곡으로 둘러싸여 있는 한해旱海까지 나아갔다. 결국 제나라 군사들은 방향을 잃고 말았다. 군사들이 크게 당황해하자 관중이 제환공에게 말했다.

"신이 듣건대 늙은 말은 길을 안다고 합니다. 무종無終과 산융山戎 접경 지대의 말은 거의 막북漠北에서 온 것입니다. 그러니 늙은 말 몇 필을 골라 그 말들이 가는 곳을 뒤따라가게 하십시오. 가히 길을 찾을 수 있을 것입니다."

제환공이 관중이 시키는 대로 늙은 말 몇 마리를 풀어 마음대로 가게 했다. 군사들이 모두 그 뒤를 따랐다. 한참 후에 제나라 군사들이 마침내 깊은 계곡을 빠져나올 수 있었다. 여기서 나온 성어가 '노마지지老馬之智'이다. 연륜이 깊으면 나름의 장점이 있다는 뜻이다. 『한비자』「설림 상」은 관중이 말한 '노마지지'와 습붕이 말한 '의양지수蟻壤之水' 일화를 특서해 놓았다.

"관중과 습붕은 자신들의 총명과 지혜로도 알지 못하는 지경에 이르면 늙은 말이나 개미를 스승으로 삼기를 거리끼지 않았다. 그런데 지금 사람들은 어리석은 마음을 가지고 있는데도 성인의 지혜를 스승으로 삼을 줄 모른다. 어찌 잘못 된 일이 아닌가?"

결국 제나라 군사는 고죽국까지 평정하여 이를 연장공이 다스리도록 조치한 뒤 회군했다. 이때 연장공은 제환공을 전송하다가 제나라의 경내 50

여 리까지 따라 들어가게 되었다. 제환공이 말했다.

"천자가 아니면 제후가 영토 밖까지 나가 전송치 않는 법이오. 이러다가는 과인이 무례한 사람이 되겠소. 나는 연나라에 대해 예의를 갖추지 않을 수 없소. 이제 따라온 이곳까지의 땅을 귀국에 드리도록 하겠소."

그리고는 도랑을 파 경계로 삼은 뒤 연장공이 전송 나온 곳까지의 땅을 연나라에 주었다. 이어 연나라 시조인 소공昭公 석奭의 덕정을 다시 펼 것과 주성왕周成王과 주강왕周康王 때처럼 주왕실에 공물을 성실히 바칠 것을 주문했다. 이로써 연나라는 서북쪽으로 5백 리의 땅을 넓히고 동쪽으로 제나라 땅 50여 리를 얻게 되었다. 열국의 제후들은 이 얘기를 듣고 크게 감복하여 제나라를 따랐다.

제환공이 제·노 경계인 강변에 이르자 미리 마중을 나온 노장공이 큰 잔치를 베풀어 승전을 축하했다. 제환공이 융인 포로를 비롯한 전리품의 반을 노장공에게 나눠주었다. 이를 두고 『춘추좌전』은 이같이 비판해 놓았다.

"이는 예가 아니다. 무릇 제후들이 사방의 이민족과 싸워 공이 있으면 왕실에 그 전리품을 바친다. 이는 천자가 사방의 이민족에게 경계警戒를 보내기 위한 것이다. 그러나 중국 내에서는 그렇게 하지 않는다. 제후들 사이에서는 서로 포로들을 보낼 수 없는 것이다."

당시 제환공은 왜 전리품을 주왕실에 바치지 않은 것일까? 제환공이 승리에 도취한 나머지 임의로 노장공에게 전리품을 하사했을 공산이 크다. 이때 제나라의 가장 믿음직한 맹방인 노나라의 공실 내에서 커다란 내분이 일어났다. 이로 인해 제나라의 초나라 공벌은 자연 미뤄질 수밖에 없었다. 노나라의 내분은 기본적으로 노장공과 그의 선군 노환공의 호색행각에서 비롯된 것이었다.

관중의 존망계절 행보

『사기』 등의 사서와 『논어』 등의 유가 경전에는 '존왕양이'와 유사한 의미로 이른바 '존망계절存亡繼絶'의 용어를 사용하고 있다. 패망 위기에 몰린 제후국을 존속시키고, 후사가 끊어진 제후국의 후사를 이어준다는 뜻이다. 이는 제후들의 맹주인 패자가 열국의 군사들을 이끌고 가 중원을 침공한 이적 및 불의한 제후국을 토벌하는 것으로 실현됐다.

『논어』「요왈」은 '흥멸국興滅國, 계절세繼絶世', 『예기』「중용」은 '계절세, 거폐국擧廢國', 『한서』「공신표서」는 '계절세, 입망국立亡國' 등으로 표현해 놓았다. '존망계절'에 대한 후대인의 평가가 얼마나 높았는지 짐작케 해준다. 이는 제환공이 처음으로 행한 것이다. 사가들이 패자를 평가하는 잣대로 '존왕양이'에 이어 '존망계절'을 동원한 이유가 여기에 있다.

제환공이 '존망계절'의 업적을 처음으로 세운 것은 재위 25년인 기원전 661년에 제후들의 군사를 이끌고 가 북적北狄의 침공을 받아 위기에 처한 형邢나라를 구한 일이다. 당시 형나라 사자가 급히 제환공을 찾아와 구원을 청하자 제환공은 곧 관중을 불러 대책을 상의했다. 관중이 건의했다.

"모든 제후들이 우리 제나라를 섬기며 존경하는 것은 우리 제나라가 천하의 재앙과 환난을 구제하기 때문입니다. 전번에 때맞춰 위나라를 돕지 않았는데, 이번마저 형나라를 돕지 않는다면 군주의 패업에 차질이 생길까 우려됩니다."

제환공이 관중의 건의를 좇아 곧 송·노·조·주邾 등에 격문을 보냈다. 제나라 군사가 형나라의 섭북聶北 땅에 당도했을 때 송·조 두 나라의 군사는 이미 와 있었다. 관중이 제환공에게 말했다.

"지금 형나라가 약간의 힘이 남아 있어 북적이 형나라를 이기게 되면 반드시 피로해질 것입니다. 그때를 기다려 형나라를 돕고 지친 북적을 치면 많은 공을 세울 수 있습니다."

과연 형나라 군사들이 북적의 공격을 견디지 못하고 이내 무너지자 형나라 백성들이 제후들의 군사가 있는 곳으로 남부여대男負女戴해 달아났다. 제환공이 이끄는 제후들의 연합군이 곧바로 적인들을 몰아내고 형나라를 수복했다. 기원전 659년 여름, 제환공이 형나라 백성들을 이의夷儀로 이주시킨 후 제후들의 군사에게 성을 쌓게 했다. 사서는 당시 군사들이 기물을 사사로이 취하지 않았다고 기록해 놓았다. 군기가 매우 엄정했던 것이다. 제환공은 이의 땅에 형나라의 조묘祖廟도 세워주고 소와 말, 곡식 등도 갖다 주었다. 제환공을 칭송하는 소리가 들끓었다. 『춘추좌전』은 이같이 평해 놓았다.

"무릇 패자는 외국의 환난을 구제하고, 재해를 분담하고, 허물 있는 자를 토벌하는 것이다. 이는 예에 맞는 일이다."

이듬해인 기원전 658년 봄, 제환공이 다시 제후들을 이끌고 가 초구楚丘에 성을 쌓고 그곳에 이적의 침공으로 패망한 위衛나라를 다시 세웠다. 사서는 제환공이 형나라를 구원한 뒤 이의에 새 도성을 쌓아 주고, 초구에 성을 쌓아 위나라의 사직을 다시 안정시킨 일을 특서해 놓았다. 후대 사가들은 이를 '존망계절'로 표현해 놓았다.

21세기 현재 G1을 자처한 미국이 유엔 안보리의 지지를 배경으로 세계경찰을 자임하는 것과 별반 다를 게 없다. 춘추시대는 초기부터 이미 권신들의 발호가 하나의 열병처럼 번져가고 있었다. 전쟁의 격화와 그에 따른 약소국의 멸망이 가장 큰 이유였다. 사서에 멸망 시기가 기록된 75개국 가운데 65개국이 막강한 무력을 배경으로 한 제환공의 첫 패업이 완성돼 가는 기원전 662년 이후에 멸망한 사실이 이를 뒷받침한다.

춘추시대에 들어오면서 주 왕실이 제후들에 대한 통제력을 급격히 상실하자 이를 보완키 위해 등장한 질서가 바로 패자를 구심점으로 하는 회맹체제이다. 패자의 무력을 기반으로 한 '잠정적인 평화유지체제'에 해당한다. 제환공이 이룩한 '존망계절'이 그 상징에 해당한다. 주변의 이적 침공으로 패망한 중원의 제후국을 부흥시키고 내분 등으로 인해 끊어진 후사를 잇게 해 약소국의 종묘사직을 존속시키는 게 목표다. 이는 주 왕실을 정점으로 한 봉건질서의 유지를 전제로 한 것이다.

문제는 양의 탈을 쓴 늑대가 출현하는 경우이다. 패자가 천자를 대신해 제후를 각지에 봉하는 이른바 전봉권專封權과 이적 및 불의한 제후 등에 대한 토벌을 명하는 이른바 전토권專討權을 행사한데 따른 필연적인 부작용에 해당한다. '전봉권'은 제후를 각지에 봉하는 천자의 독점적인 봉후권封侯權을 뜻하고, '전토권'은 왕실의 명을 따르지 않는 무도한 제후를 토벌하는 천자의 독점적인 발병권發兵權을 말한다. 회맹체제가 패자의 '전봉권'과 '전토권'을 합리화하기 위한 일시적인 평화유지 체제에 불과하다는 분석을 뒷받침하는 대목이다.

실제로 춘추시대의 패자는 너나 할 것 없이 겉으로는 '존망계절'을 내세웠지만 사실 막강한 무력을 배경으로 천자의 '전토권' 및 '전봉권'을 임의로 행사한 경우가 적지 않았다. 무력 면에서 상대가 되지 않는 왕실은 말할 것도 없고 여타 제후국들 역시 이를 견제할 수 있는 뾰족한 방법이 없었다.

주목할 점은 회맹체제가 '존망계절'의 논리 위에 서 있었음에도 사실은 열국 간의 혈연적 연대와 동일문화에 대한 공동의식 등에 기반하고 있었다는 점이다. 약소국이 비록 최강국인 패권국에 불경스런 일을 저질렀을지라도 패망의 지경까지는 이르지 않고 대략 굴욕적인 맹약을 맺는 선에서 종묘사직을 유지할 수 있었던 이유이다. 패자들 역시 춘추시대 중기까지만 하더라도 '존망계절'의 취지를 뛰어 넘는 단계는 전혀 생각지 않았다. 그런 점에서 제환공과 진문공, 초장왕 모두 같은 입장에 서 있었다.

후술하는 바와 같이 초장왕이 왕성인 낙읍으로 들어가 천자의 권위를 상징하는 구정九鼎의 무게를 물은 것만을 특별히 매도할 이유가 없다. 그럼에도 후대의 사서는 모두 이를 '불경'의 전형으로 간주해 신랄한 비판을 가했다. 초나라를 '남만'의 오랑캐로 간주한 춘추시대의 시각을 그대로 답습한 결과로 볼 수밖에 없다.

춘추시대 당시 '존망계절'은 곧 패업霸業을 의미했다. 패자는 원래 불의한 제후국의 능멸로부터 주 왕실을 비호하고 무도한 이적의 침입으로부터 주 왕실을 방어한다는 이른바 존왕양이尊王攘夷의 취지에서 나타난 것이다. 패업을 왕실의 시각에서 보면 '존왕양이', 제후들의 입장에서 보면 '존망계절'이 된다.

그러나 당초 '존왕양이' 내지 '존망계절'의 취지에서 출발한 패자는 점차 그 역할이 확대되면서 그 의미에 미묘한 변화가 일어났다. 그것은 바로 천자의 고유권한인 전봉권과 전토권을 행사한 데 따른 것이다. 천자를 옹호하기 위해 용인한 패자가 천자의 독점적인 권한을 행사하는 것은 분명 월권에 해당한다. 초기에 패자의 '전봉권' 및 '전토권' 행사에 대한 비판이 일어나게 된 배경이다. '존망계절'의 논리는 바로 패자의 '전봉권' 및 '전토권' 행사를 적극적으로 옹호하기 위한 것으로 『춘추』를 관통하는 기본 이념이기도 하다.

패자의 패업이 '존망계절'의 논리에 의해 적극적인 의미로 풀이될 경우 패자는 모든 제후국들을 오랑캐는 물론 이웃한 제후국의 침입으로부터 방어하는 도의적 책무를 떠안게 된다. 패업이 빛나면 빛날수록 '존망계절'을 보다 적극적으로 해석할 수밖에 없고, 그럴수록 패자는 곧 모든 면에서 천자와 별반 차이가 없게 된다. '존망계절'의 논리가 지니고 있는 모순이 여기에 있다. 이는 패자가 난세의 시기에 막강한 무력을 배경으로 성립한데 따른 불가피한 현상이기도 하다. 패자의 권한이 강화될수록 왕실은 더욱 무력해질 수밖에 없었다. 실제로 역사는 그러한 방향으로 진행되었다.

패자의 패업을 '존망계절'의 이론으로 뒷받침한 최초의 인물이 바로 관중이다. 『관자』「내언」의 '중광'에 따르면 관중은 패자의 임무를 묻는 제환공의 질문에 '존망계절'로 요약해 대답한 바 있다.

"안으로는 멀리 현인을 찾는 동시에 인민을 자애롭게 돌보고, 밖으로는 망한 나라를 존속시키고 끊어진 대를 잇게 하며 죽은 왕의 자손을 일으켜 세우는 것입니다!"

관중이 일찍부터 '존망계절'을 패업의 요체로 간주했음을 알 수 있다. 주목할 것은 관중의 '존망계절' 언급이 패자의 높은 도덕성을 전제로 했다는 점이다. 문제는 이를 담보할 길이 없다는데 있다. 만일 패자의 높은 도덕성이 담보하지 못할 경우 패자의 임의적인 '전토권' 및 '전봉권' 행사는 무차별적으로 이뤄질 가능성이 높아진다. 실제로 시간이 가면서 패자의 패업은 그런 식으로 전개됐다. 전국시대에 들어가 주 왕실이 존재하는데도 불구하고 수많은 제후국이 '왕'을 칭한 게 그 증거다. 주목할 것은 전국시대에도 열국의 제후들이 '왕'을 칭했음에도 '천자'를 칭한 적은 없다는 점이다. 빈껍데기만 남은 주나라 왕실이 전국시대 말기까지 그대로 유지된 이유가 여기에 있다.

'춘추3전' 중 제환공과 관중이 이룬 '존망계절'을 언젠가는 이뤄질 천하통일의 '대일통大一統' 사상에 입각해 높이 평가한 것은 『춘추공양전』이다. 「노희공 원년」조에 이런 대목이 나온다.

"위로는 천자가 없고 아래로는 방백方伯이 없었다. 천하의 제후들은 서로 싸워 멸망시키고자 했다. 제환공은 이를 구하지 못하는 것을 수치로 생각했다. 이런 상황에서 힘으로써 능히 구할 수 있다면 이를 구하는 것이 가할 것이다."

'존망계절'을 자신의 임무로 삼은 제환공을 칭송한 대목이다. 역사적 사실에 충실한 『춘추좌전』이 진문공에 관한 기사를 많이 수록한 데 반해 『춘추공양전』이 많은 지면을 할애해 제환공의 패업을 높이 평가하고 나선 이유다. 이는 춘추시대 초기에 국가질서의 붕괴와 이적의 침입으로 궤멸의 위기에 처한 중원 제후국들의 위기감을 반영한 것이기도 하다.

난세에는 막강한 무력을 지닌 패자에 의한 난세의 평정이 절실히 요구될 수밖에 없다. 『춘추공양전』은 바로 '대일통'이 요구되는 난세의 현실 상황을 그대로 반영한 것이다. 훗날 청대 말기에 '무술변법'을 주도하며 부국강병을 추구했던 강유위康有爲가 『춘추공양전』으로 상징되는 이른바 '금문파今文派'의 부활을 내걸고 '공양학파'를 자처한 것도 이와 무관치 않다. 중국은 삼국시대 이래 『춘추좌전』을 전면에 내세운 '고문파古文派'가 주류를 차지해 왔다. 강유위는 1600여 년 만에 『춘추공양전』에 대한 새로운 해석을 토대로 고문파에 역공을 가하고 나선 셈이다.

춘추전국시대의 사상가 중 관중의 패업을 가장 높이 평가한 사람은 전국시대 말기에 나타나 제자백가 사상을 집대성한 순자였다. 순자 역시 관중과 마찬가지로 패자의 기본임무를 '존망계절'에서 찾았다. 순자의 관중 및 제 환공에 대한 평가가 공자와 닮은 이유다. 『순자』「정론」에 이를 뒷받침하는 대목이 나온다.

"중원의 나라는 같은 옷과 같은 의례를 사용하고 있다. 오랑캐들은 같은 옷을 입을지언정 같은 의례를 사용하지 않는다."

공자와 마찬가지로 그 역시 중원문화에 대한 강한 자부심을 갖고 있었다. 관중의 패업을 '존망계절'의 공업으로 평가한 배경에는 바로 이런 화이관華夷觀이 작용했다. '화이관'에 관한 한 관중과 공자, 순자 모두 같은 입장에 서 있었던 셈이다.

제3장 패도주의覇道主義

관중의 패업과 비례非禮

관중보다 1백여 년 뒤에 태어난 공자는 『논어』에서 제자들과 함께 관중을 수시로 언급하며 '인仁'을 풀이했다. 난세를 평정한 관중의 뛰어난 업적에 공명한 결과다. 그러나 공자가 관중을 온통 칭찬한 것은 아니다. 『논어』「팔일」에 관중의 비례非禮를 크게 비판한 일화가 나온다. 이에 따르면 하루는 공자가 관중을 두고 이같이 평했다.

"관중은 그릇이 작구나!"

어떤 사람이 물었다.

"관중은 검소합니까?"

"관중은 여러 부인을 두었으니 어찌 검소할 수 있는가?"

어떤 사람이 다시 물었다.

"그러면 관중은 예를 알았습니까?"

공자가 대답했다.

"군주만이 색문塞門을 설치할 수 있는데도 그 또한 이를 두었다. 군주만이 반점反坫을 둘 수 있는데도 그 또한 이를 두었다. 그가 예를 안다면 누가 예를 알지 못한다고 하겠는가!"

'색문'은 안이 들여다보이지 않게 세우는 차단벽을 말하고, '반점'은 제후들이 친선을 도모할 때 술잔을 되돌려놓기 위한 설비를 뜻한다. 관중은 제후가 아니다. 주왕실의 입장에서 보면 제후의 신하일 뿐이다. 이를 배신陪臣이라고 한다. 쉽게 말해 신하의 신하에 불과하다. 배신은 '색문'과 '반점'을 설치할 수 없다. 주나라 왕실의 법질서에서 보면 일종의 월권이다. 공자는 관중의 직분에 어울리지 않는 사치를 통렬하게 지적한 셈이다. 그러나 공자는 관중이 이룬 업적을 극찬했다. 관중이 비록 사적으로는 '비례'를 저질렀으나 공적으로는 천하를 일거에 안정시키는 '대공'을 세웠다고 평가한 결과다. 『논어』「헌문」의 다음 일화가 이를 증명한다. 하루는 제자 자로가 스승인 공자에게 이같이 말했다.

"제환공이 공자 규糾를 죽였을 때 공자 규의 신하 소홀은 그를 위해 죽었으나 관중은 그를 위해 죽지 않았습니다. 그러니 관중을 어질지 못하다고 해야 할 것입니다."

공자가 말했다.

"제환공이 제후들을 규합하며 병거兵車를 동원하지 않은 것은 모두 관중의 공이다. 그 누가 그가 이룬 인仁을 넘을 수 있겠는가!"

극찬이다. 첫 패업을 이룬 제환공의 공은 전적으로 관중 덕분이라고 평한 결과다. 공자는 왜 관중을 이토록 칭송한 것일까? 같은 「헌문」에 이를 짐작케 해주는 일화가 나온다. 하루는 자공이 공자에게 말했다.

"관중은 어진 사람이 아닌 듯합니다. 제환공이 공자 규를 죽일 때 주군을 좇아 죽지 못하고 나아가 제환공을 섬겼으니 말입니다."

공자가 말했다.

"관중은 제환공을 도와 제후들을 단속하고, 일광천하一匡天下의 업적을 이뤘다. 덕분에 백성들이 지금까지 그 혜택을 받고 있는 것이다. 그가 없었다면 우리는 지금 머리를 풀고 옷깃을 왼편으로 여미는 오랑캐가 되었을 것이다. 어찌 그를 필부필부가 작은 절개를 위해 목숨을 끊는 것에 비유할 수 있겠는가."

공자는 바로 관중이 천하를 바로잡고 외적의 침입으로부터 중원의 역사문화를 수호한 점을 높이 산 것이다. 관중이 이룬 업적을 존왕양이 행보로 평가한 결과다.

공자가 관중의 비례非禮를 지적하면서도 그가 이룩한 공적을 높이 산 것을 두고 흔히 '일포일폄一褒一貶'이라고 한다. 공자의 관중에 대한 '일포일폄'은 폄貶보다는 포褒에 무게를 둔 것이다. 공자 규를 모시던 소홀이 주군을 좇아 죽은 것을 두고 '필부의 작은 절개'에 비유한 것은 관중의 '사치'와 '비례'는 시비를 걸 것도 없다는 취지를 드러낸 것이나 다름없다. 공자가 관중을 인자仁者에 비유한 구절이 이를 뒷받침한다.

훗날 순자와 한비자 역시 공자처럼 관중이 패업을 이룬 것을 높이 평가했다. 난세에는 치세와 전혀 다른 이치가 작동한다는 사실을 통찰한 결과다. 그럼에도 맹자만큼은 관중의 패업을 맹렬히 비판했다. 난세에도 오직 덕치를 통해서만 천하를 평정할 수 있다고 확신한 탓이다. 『맹자』「양혜왕 상」

을 보면 제환공의 공적을 묻는 제선왕의 질문에 이같이 일축한 내용이 나온다.

"공자의 제자들은 제환공과 진문공 같은 패자의 공적에 관해 말하는 사람이 없기 때문에 후대에 전술傳述된 것도 없습니다."

패업 자체를 인정할 수 없다는 신념에서 나온 것으로 해석할 수밖에 없다. 실제로 그는 왕도와 패도를 엄격히 분리한 뒤 왕도의 정당성을 역설했다. 열국의 제후들에게 자신이 주장하는 왕도가 정당하면서도 실현가능성이 가장 높다는 점을 강조하기 위해서였다. 『맹자』「공손추 상」에 이를 뒷받침하는 대목이 나온다.

"힘으로 '인'을 가장하는 자를 패자라 한다. 패자는 반드시 큰 영토를 가지고 있어야 한다. 덕으로 '인'을 행하는 자를 왕자라 한다. 왕자는 큰 나라를 보유하지 않아도 좋다."

그는 왕도가 정당성과 실현가능성 면에서 패도와 비교가 안 될 정도로 우월하다는 것을 이런 식으로 표현한 셈이다. 그가 볼 때 춘추5패 가운데 가장 혁혁한 공을 세운 제환공과 관중의 '패업'은 성왕이 이룬 '왕업'을 훼손시킨 것에 불과했다. 이를 뒷받침하는 일화가 「공손추 상」에 나온다. 이에 따르면 하루는 공손추公孫丑가 스승인 맹자에게 물었다.

"부자夫子는 제나라의 요직에 오르면 관중과 안영의 공적을 다시 일으킬 수 있겠습니까?"

맹자가 대답했다.

"그대는 오직 관중과 안자만 알고 있으니 실로 제나라 사람이다. 예전에 어떤 사람이 증자의 아들인 증서曾西에게 '그대와 자로子路 중 누가 더 현명한가?'라고 묻자 증서가 황송해하며 대답키를, '그 분은 우리 선친도 경외한 분이었소.'라고 했다. 그가 또 '그렇다면 그대와 관중은 누가 더 현명한가?'라고 묻자 증서가 발끈하며 불쾌한 표정으로 대답키를, '그대는 어찌 나를 관중에 비교하는 것인가? 관중은 군주를 섬기면서 저토록 군주의 신임을 독차지하고 국정을 전담하며 저토록 오래도록 재상의 자리에 있었지만 공적은 저토록 보잘 것이 없었다. 그대는 어찌하여 나를 관중에 비교하는 것인가?'라고 했다. 이처럼 관중은 증서조차 비교되기를 원치 않은 인물인데 그대는 나보고 관중처럼 되라고 하는 것인가?"

공손추가 반박했다.

"관중은 그 군주인 제환공을 패자로 만들었고, 안영은 그 군주인 제경공의 이름을 세상에 떨치게 만들었습니다. 그런데도 관중과 안자가 오히려 부족하다고 하는 것입니까?"

"제나라와 같이 큰 나라를 가지고 왕자를 만드는 것도 손바닥을 뒤집는 것처럼 쉬운 일인데 하물며 패자를 만든 것이야 말할 게 있겠는가?"

공손추가 말했다.

"그리 하니 제자인 제가 더욱 갈피를 잡기 어렵습니다. 주문왕의 덕으로도 1백년밖에 살지 못해 그 덕은 천하에 두루 미치지 못했습니다. 주무왕과 주공이 그 뜻을 이어받아 힘써 실천한 후에야 비로소 주나라를 세워 널리 덕을 펼 수 있었습니다. 지금 왕자가 되는 것이 그토록 쉬운 것처럼 말하면 주문왕도 본받기에 부족하다는 것입니까?"

"주문왕을 어찌 제나라의 군주와 같이 논할 수 있겠는가? 지금이 왕도를 행할 때이다. 하·은·주가 가장 번성한 때에도 사방 1천 리가 넘는 나라가 없었다. 그러나 제나라는 그만큼 넓은 땅을 갖고 있다. 제나라는 현재 도성에서 사방의 경계에 이르기까지 어디서든 닭 우는 소리와 개짖는 소리를 들을 수 있을 정도로 많은 백성들이 살고 있다. 그러니 땅을 더 넓힐 필요도 없고, 백성을 더 모을 필요도 없다. 이제 인정仁政을 베풀고 왕도를 행하기만 하면 그 누구도 제나라 군주가 왕자가 되는 것을 막을 수 없다. 그러나 훌륭한 왕자가 나타나지 않은 지가 요즘처럼 오래된 적이 없고, 백성들이 학정虐政에 시달려 초췌해진 것이 요즘처럼 심한 적이 없었다. 굶주린 자는 무엇이나 먹고, 목마른 자는 무엇이나 마시는 법이다. 공자가 이르기를,

'덕의 유행은 파발마를 두어 명령을 전하는 것보다 빠르다.'고 했다. 지금과 같은 때에 만승지국인 제나라가 '인정'을 펼치면 백성들은 크게 기뻐할 것이다. 일은 옛날 사람의 절반만 해도 그 공은 틀림없이 그 갑절이나 될 것이다. 지금이 바로 그러한 때이다."

맹자가 거론한 주문왕의 '인정'은 사실 후대인들이 미화해 놓은 것이다. 객관적으로 볼 때 주문왕과 주무왕은 무력을 동원해 주군의 나라인 은나라를 뒤엎었다. 고금동서를 통틀어 맹자가 말하는 식의 왕도로 새 나라를 건설한 적은 거의 없다고 해도 과언이 아니다. 그의 이런 극단적인 주장은 지나치게 원칙에 얽매인 나머지 공자까지 용인하고 나선 패업의 의미를 제대로 파악하지 못했다는 지적을 면키 어렵다.

맹자보다 1세대 뒤에 태어난 순자는 주어진 현실을 토대로 패도를 긍정적으로 수용했다. 이는 '치국평천하' 차원에서 관자의 패업을 높이 평가한 공자의 기본입장을 복원하는 작업이기도 했다. 『순자』「왕제」의 해당대목이다.

"관중은 밭과 들을 개간하고 창고를 충실하게 했다. 점차로 상을 줌으로써 인민을 선도하고 형벌을 엄격히 함으로써 인민들을 바로 잡았다."

관중이 실시한 부국강병의 통치술을 높이 평가한 것이다. 순자의 관자에 대한 평가는 공자의 평가보다 훨씬 긍정적이다. 그는 어제보다 오늘을 중시하는 현실주의자였다. 잘 알지도 못하는 옛 성왕의 왕도를 추구하기보다는 후대의 군주들로부터 치도의 전형을 찾아내는 편이 더 낫다는 게 그의 생각이었다. 그의 이런 생각은 곧 맹자에 대한 공격으로 이어졌다. 『순자』「비십이자」의 해당대목이다.

"옛 군주를 본받으면서도 그 정통을 알지 못하고 있다. 이는 곧 맹자의 죄이다."

이는 입만 열면 '성왕' 운운하는 맹자의 이상주의를 통렬히 비판한 것이다. 훗날 순자는 이 때문에 성리학자들에 의해 이단으로 몰리기도 했으나 맹자가 입으로만 성왕의 인의를 들먹일 뿐 그 기본취지를 제대로 이해하지 못하고 있는 점을 정확히 파악하고 있었다.

순자가 생각한 왕도의 요체는 예치禮治에 있었다. 이는 공자가 역설한 군자정치 이념과 맥을 같이 한다. 왕도가 바람직하기는 하나 현실적으로 불가능할 때에는 패도 또한 무방하다는 게 골자이다. 맹자가 일체의 패도를 '왕도'를 가장한 강도强道로 규정한 것과 극명한 대조를 이루고 있다. 공자사상이 맹자가 아니라 순자로 이어졌다는 주장을 뒷받침하는 대목이다.

순자의 이런 입장은 그의 제자인 한비자에게 그대로 이어졌다. 난세에는 도덕적인 왕도를 아예 포기하고 오직 무력과 법치에 기초한 패도를 관철시켜야만 '치국평천하'의 대업을 이룰 수 있다는 게 그의 주장이다. 맹자와 정반대되는 것이다. 결과적으로 그는 스승이 역설한 예치를 법치로 대치시킴으로써 도덕과 정치를 철저히 분리해낸 셈이다. 왕도와 패도, 덕치와 법치의 대립이 한비자에 이르러 극명한 대비를 이루게 된 배경이 여기에 있다.

일찍이 서양은 프랑스혁명을 전후해 '신 앞의 평등'을 '법 앞의 평등'으로 전환시킨 것을 계기로 증거주의에 입각한 명실상부한 법치를 구가했음에도 법과 도덕의 구분문제를 놓고 오랫동안 고심했다. 도덕이 요구하는 바를 전부 법으로 강제할 수 없기에 생긴 고민이었다. 이를 두고 예링은 이같이 탄식했다.

"법과 도덕의 관계는 법철학의 케이프 혼이다!"

법과 도덕의 간극을 끝까지 추적하다 보면 남미 최남단의 곶인 '케이프 혼'을 항행하는 배처럼 이내 좌초할 소지가 크다는 좌절감을 드러낸 것이다. 여기서 나온 것이 바로 '법은 최소한의 도덕이다.'라는 금언이다. 그러나 동양에서는 이미 수천 년 전에 이에 대한 해법을 찾아낸 바 있다. 『논어』「위정」에 나오는 공자의 언급이 그것이다.

"정형政刑으로 다스리고자 하면 백성들이 이를 면하려고만 하여 이내 부끄러움을 모르게 된다. 그러나 덕례德禮로 다스리고자 하면 부끄러움을 알고 선한 마음을 갖게 된다."

공자는 법치 위에 예치의 세계가 존재하고 있음을 통찰한 것이다. 그가 『논어』「계씨」에서 '예를 배우지 않으면 제대로 설 수 없다!'고 강조한 것도 같은 맥락에서 나온 것이다. 예치를 법치 위에 둘 경우 '케이프 혼' 운운의 탄식은 나올 수 없게 된다. 도덕의 세계를 무리하게 법의 세계로 끌어내리려는 시도를 할 필요가 없기 때문이다. 순자의 제자들이 완성시킨 『예기』는 「곡례 상」에서 예치와 법치의 적용례를 이같이 분류해 놓았다.

"예는 서인까지 내려가지 않고, 형은 대부에게 미치지 않는다."

지배층에 대해서는 법치보다 도덕적 수위가 높은 예치의 잣대를 적용해야 한다는 유가의 입장을 요약해 놓은 것이다. 동양의 '노블레스 오블리주' 전통은 바로 여기서 나왔다. 『관자』는 예치를 '예의염치'로 풀이해 놓았다. 위정자가 '예치'의 세계를 무시한 채 '법치'의 세계에 함몰돼 법리공방을 전개할 경우 자칫 순자가 경고한 위도危道 내지 망도亡道로 치달을 소지가 크다.

관중의 패도覇道와 부도富道

맹자가 볼 때 춘추5패 중 가장 혁혁한 공을 세운 제환공과 관중의 패업 역시 성왕의 덕을 훼손시킨 것에 불과했다. 그렇다면 그가 생각하는 '왕도'는 과연 무엇을 말하는 것일까? 그는 『맹자』「양혜왕 상」에서 이같이 말했다.

"백성들이 농사철을 놓치지 않게 하면 곡식은 이루 다 먹을 수 없을 정도로 넉넉해진다. 촘촘한 그물을 웅덩이와 못에 넣지 못하게 하면 물고기 또한 이루 다 먹을 수 없을 정도로 넉넉해진다. 시기를 가려 벌목케 하면 재목 역시 이루 다 쓸 수 없을 정도로 넉넉해진다. 곡식과 물고기가 이루 다 먹을 수 없을 정도로 넉넉해지고, 재목이 이루 다 쓸 수 없을 정도로 넉넉해지면 백성들로 하여금 산 사람을 봉양하고 죽은 사람을 장사지내는데 유감이 없도록 만들 수 있다. 그리 하는 것이 왕도의 시작이다."

백성들의 의식주 문제가 해결돼야만 비로소 왕도를 도모할 수 있다고 언급한 것이다. 나름 탁월한 지적이다. 문제는 현실이다. 약육강식의 정글법칙이 작동하는 전국시대에 과연 이런 식의 덕치를 통해 혼란을 바로잡을 수 있는 것일까?

순자가 맹자를 비판한 것은 바로 이 때문이다. 왕도만으로는 소기의 성과를 거둘 수 없다고 본 것이다. 왕도가 바람직하기는 하나 부득이한 경우에는 무력에 기초한 패도를 통해 천하통일을 성사시키는 것이 난세를 평정하는데 훨씬 효과적이라고 본 것이다. 그가 구체적인 방안으로 제시한 것이 바로 예치禮治이다. 현자를 존중하는 존현尊賢과 현자를 현자로 대우해 적극 활용하는 현현賢賢이 골자이다. '인의' 운운했지만 사실은 '의'에 방점을 찍은 맹자와 대비되는 대목이다. 그는 『순자』「의병」에서 예치를 이같이 설명했다.

"예란 다스림의 궁극이다. 군주가 예를 따르면 천하를 얻고 예를 따르지 않으면 나라를 망치게 된다."

이는 '예'와 '인'을 같은 개념으로 파악하며 극기복례克己復禮를 통해 '인'을 실현코자 한 『논어』의 취지와 맥을 같이 하는 것이다. 순자는 제자백가가 언급한 다양한 치도治道를 체계적으로 정리한 최초의 인물이다. 가장 널리 알려진 것이 왕도와 패도 및 위도危道의 '치란3분론'이다. 『순자』「대략」의 해당대목이다.

"예로 다스리고 어진 이를 등용하는 자가 곧 왕자이고, 법을 중시하고 인민을 사랑하는 자가 곧 패자이고, 이익을 좋아하고 속임수가 많은 자는 위자危者이다."

'위자'는 난정亂政을 행하는 자를 말한다. 주목할 점은 왕자가 행하는 왕도와 패자가 왕을 대신해 천하를 호령하는 패도가 별반 차이가 없는 점이다. 맹자는 〈왕도 ↔ 패도〉의 도식을 제시한데 반해 순자는 '위도'를 추가해 〈왕도, 패도 ↔ 위도〉의 도식을 제시한 셈이다. 『순자』「강국」에서 '위도'를 보다 세분화했다.

"군주가 예의를 숭상하고 현자를 존중하면 왕자, 법제를 중시하고 백성을 사랑하면 패자, 사리사욕을 탐하고 거짓을 행하면 위자, 권모술수를 써 남을 넘어뜨리고자 음험한 간계를 행하면 망자亡者가 된다."

〈왕도, 패도 ↔ 위도, 망도〉의 도식을 제시한 것이다. 이른바 '치란4분론'이다. 왕도 및 패도에 대한 맹자와 순자의 엇갈린 평가는 '3왕'과 '5패'에 대한 평가에 그대로 투영되고 있다. 맹자는 〈3왕 ↔ 5패〉의 입장에 선 데 반해 순자는 〈3왕 ≑ 5패〉의 입장을 견지했다. 묵가는 전설적인 하나라의 창업주인 우왕을 은나라를 세운 탕왕이나 주나라 창업주인 문왕·무왕보다 한 단계 더 높이 평가했다. 유가보다 더 우위에 서고자 한 것이다. 맹자는 여기서 한 발 더 나아가 우왕보다 더 이전의 성군인 요순을 들먹였다. 장자는 요순보다 더 앞선 황제黃帝를 거론했다. 이들이 순차적으로 더욱 극단적인 형이상의 이상론으로 치달은 것은 이 때문이다.

이와 달리 패도를 적극 수용한 순자는 맹자가 3왕을 평가의 잣대로 삼아 춘추5패를 폄하하는 행태를 크게 비판했다. 전설적인 성군인 요순 등을 평가의 잣대로 삼아 나름 대공을 세운 패자들을 일언지하에 깎아내리는 것을 잘못이라고 지적한 것이다. 그가 왕도를 앞세우면서도 부득이한 경우에는 패도를 통해 천하를 통일할 수 있다는 입장을 취한 이유가 여기에 있다. 이를 선왕후패先王後霸라고 한다. 이는 『논어』를 관통하는 기본입장이기도 하다. 구체적인 대안이 바로 예이다. 이는 덕과 법의 중간에 위치해 있다.

순자의 제자인 한비자가 예 대신 법을 택한 것도 결코 우연이 아니다. 난세의 정도가 더 심해진 탓이다. 덕과 법의 중간에 있는 예로는 결코 천하통일에 도움이 되지 않는다고 본 것이다. 그가 법가사상을 집대성하는 과정에서 법치를 역설하면서도 그 초점을 병가와 종횡가처럼 강도에 맞추지 않고 노자의 제도에 맞춘 것도 바로 이런 맥락에서 이해할 수 있다. 그는 『도덕경』에 사상 최초의 주석을 가한 장본인이다. 『한비자』의 「유로喩老」와 「해로解老」가 그것이다.

실제로 사사로움이 전혀 없는 무사법無私法을 역설한 한비자의 주장은 무위無爲를 통해 다스리지 않는 게 없다는 의미의 무불치無不治를 역설한 노자와 서로 통한다. 극과 극이 통하는 식이다. 상앙과 신불해 등이 말하는 법가사상은 그 내용상 병가와 종횡가의 강도에 가깝다. 그러나 한비자가 공평무사한 '무사법'을 역설함으로써 강도로 떨어지지 않고 스승이 말한 패도 수준으로 올라갈 수 있었다. 후대에 법가가 유가와 어깨를 나란히 하게 된 것은 전적으로 한비자의 공이라고 해도 과언이 아니다.

노자와 달리 장자는 인위적인 개입은 말할 것도 없고 통치 자체가 배제된 무치無治를 주장했다. 일종의 무정부주의와 같다. 그는 이를 자연自然으로 표현했다. 훗날 개인 해탈에 초점을 맞춘 불교사상이 장자의 이런 사상과 결합해 선불교로 나타났다. 사마천이 『사기』를 저술하면서 노자와 한비자를 하나로 묶어 「노자한비열전」을 편제한 것도 바로 이를 통찰한 결과로 볼 수 있다. 현재 학계에서는 노자와 장자를 구분하는 것은 상식에 속한다. 대표적인 인물이 프랑스의 대표적인 중국학자 안느 청Anne Cheng이다. 그는 『중국사상사』에서 이같이 말했다.

"『장자』와 『도덕경』은 전국시대 사상의 상이한 두 가지 단계를 표현하고 있다. 『장자』의 핵심은 명가나 유가의 맹자처럼 제1의 사조를 대표하고 있는데 반해, 『도덕경』은 유가의 순자나 법가와 더불어 제2의 사조를 대표하고 있다."

많은 사람들이 무위라는 말에 집착해 노자와 장자를 같은 부류로 생각하고 있으나 이는 잘못이다. 무위는 법가인 한비자와 병가인 손자도 언급한 것이다. 노자가 무위를 통해 궁극적으로 이루고자 한 것은 다스리지 않는 게 없는 '무불치'이다. 유가에서 말하는 유위지치有爲之治의 극치를 뜻한다. 단지 인의예지 등의 인위적인 덕목 대신 '무위'를 통해 지극한 통치를 이루고자 한 것만이 다를 뿐이다. 무위의 당사자가 군왕인 것은 말할 것도 없다. 장자가 세속적인 가치를 거부하며 천자자연과 더불어 살 것을 주장한 것과 대비된다. 장자에게 군왕은 천지만물의 자연스런 순환이치를 거스르는 자에 지나지 않았다.

그러나 노자가 말한 '무위지치無爲之治'는 이와 다르다. 군왕이 적극적으로 '무위'를 실천함으로써 천하 만민이 모두 평화로운 삶을 유지할 수 있기를 바랐다. 공자가 말한 '유위지치'를 한 단계 더 끌어올린 것이다. 그게 바로 '제도'이다. 『도덕경』을 『장자』가 아닌 『논어』의 자매편으로 보는 이유다. 한비자 역시 맹자가 말한 '인의'로는 위선적인 위정자만 양산할 뿐 지극한 통치를 이룰 수 없다고 생각한 점에서 노자와 일치한다. 공자의 '인'과 스승 순자가 말한 '예' 역시 어중간하기는 마찬가지이다. 그가 법의 존재이유인 당위當爲의 세계를 노자가 말한 '무위지치'의 세계와 일치시킨 이유다.

순자가 왕도와 패도를 분류한 관점에서 볼 때 왕도와 패도는 무슨 근원적인 차이가 있는 게 아니다. 맹자만이 이를 엄히 구분했을 뿐이다. 실제로 순자는 도가에서 역설하는 제도까지 수용해 제도와 왕도 및 패도는 종이 한 장 차이밖에 없다고 갈파했다. 『순자』「왕제」의 해당 대목이다.

"왕자는 사람을 얻고자 하고, 패자는 동맹국을 얻고자 하고, 강자는 땅을 얻고자 한다. 사람을 얻고자 하는 자는 제후를 신하로 삼고, 동맹국을 얻고자 하는 자는 제후를 벗으로 삼고, 땅을 얻고자 하는 자는 제후를 적으로 삼는다. 강자는 힘으로 승리를 거두는 까닭에 남의 백성이 날마다 나와 싸우려 들고, 나의 백성이 날마다 나를 위해 싸우려 들지 않게 되어 도리어 약해진다. 싸우지 않고도 승리하고, 공격하지 않고도 얻고, 무력동원을 하지 않고도 천하를 복종시키는 3가지 요건을 아는 자는 원하는 대로 왕자가 되고 싶으면 왕자, 패자가 되고 싶으면 패자, 강자가 되고 싶으면 강자가 될 수 있다."

원하는 대로 행할 수 있는 게 바로 노자가 말한 제도이다. 노자와 공자, 맹자, 순자, 한비자 모두 난세의 상황을 크게 우려한 점에서 취지를 같이 한다. 장자도 예외가 될 수 없다. 단지 방법론을 달리 했을 뿐이다. 『장자』「재유」의 다음 대목이 이를 뒷받침한다.

"지금 세상을 보면 처형당한 자들은 시체가 서로 베개를 베고 누워 있을 정도로 넘쳐나고, 차꼬를 차고 칼을 쓴 죄인들은 서로 밀칠 정도로 바글거리고, 형륙을 당한 자들은 서로 마주 바라볼 정도로 많다. 그런데도 유가와 묵가의 선생이라는 자들은 차꼬와 수갑을 찬 죄인들 사이를 뛰어다니며 팔을 걷어붙인 모습으로 '인의' 운운하고 있다. 아, 심하구나, 저들이 부끄럼 없이 수치를 모르는 것이! 참으로 심하다!"

맹자와 비슷한 시기에 산 장자가 볼 때 당시는 절망의 시대였다. 그는 이런 절망의 시대를 살아가는 힘없는 백성들을 위해 안빈낙도安貧樂道를 역설한 것이다. 문화대혁명 시절 현실에 굴복한 노예사상으로 매도된 이유가 여기에 있다. 그러나 공자를 보수반동의 괴수, 순자와 한비자 및 진시황 등을 진보주의자로 높이 평가하는 잘못을 저지른 것과 마찬가지로 이 또한 장자의 기본취지를 멋대로 왜곡한 것에 지나지 않는다. 『장자』「천하」에서 가장 바람직한 군왕의 모습을 내성외왕內聖外王으로 표현한 게 그 증거다. '무위지치'의 이치를 터득한 군왕을 의미한다.

이는 비록 후대 도가가 삽입시킨 것이기는 하나 장자사상에서 비롯된 것임은 말할 것도 없다. 당시 제자백가 모두 똑같은 고민을 했다. 서로 상통하는 이유다. 이들을 획일적인 잣대로 마구 쪼개는 것은 잘못이다. 『한비자』는 말할 것도 없고 『손자병법』 등의 병법서도 '도'에 입각해 싸우지 않고 승리를 거두는 부전이승不戰而勝을 최상의 전략으로 내세운 게 그 증거이다.

관자를 효시로 하여 사마천이 집대성한 상가의 이론도 예외가 될 수 없다. 「화식열전」에서 통치의 수준을 도가의 '도민', 상가의 '이민', 유가의 '교민', 법가의 '제민' 순으로 늘어놓은 것도 이런 맥락에서 이해할 수 있다. 이는 결코 자의적인 판단에 따른 게 아니다. 『관자』의 부민부국 이론을 충실히 좇은 결과로 보는 게 합당하다.

객관적으로 볼 때 사마천의 「화식열전」 편제는 한비자가 역대 법가사상을 집대성한 방대한 분량의 『한비자』를 저술한 것에 비유할 만하다. 사마천이 거만의 재산을 모은 공자의 수제자 자공子貢을 두고 공부하며 치부한 이른바 유상儒商의 효시로 칭송한 것도 이런 맥락에서 이해할 수 있다. 『관자』가 역설하는 필선부민必先富民의 이치를 실현한 인물이 바로 자공이었다.

법가와 도가, 유가, 상가 등이 무사무편無私無偏한 통치를 최상의 통치로 간주한 것도 같은 맥락이다. 애인애민愛人愛民 이념을 국가공동체의 존재이유로 파악한 결과다. 제자백가가 치국평천하 방략을 놓고 치열한 사상논쟁을 전개한 백가쟁명百家爭鳴도 따지고 보면 '애인애민'의 방법론을 둘러싼 논쟁에 지나지 않는다.

제자백가의 '애인애민' 방략을 둘러싼 논쟁은 21세기의 사회과학 용어로 풀이할 때 국가공동체의 존재이유 및 통치권력 발동의 정당성에 관한 논쟁에 해당한다. 학자들은 통상 이를 왕패지변王霸之辨이라고 한다. 당시 논쟁을 주도적으로 이끈 당사자는 왕도를 주장한 유가와 패도를 역설한 법가였다. 전국시대 말기에 공자사상을 집대성한 순자는 유가의 일원으로 활약했지만 법가사상을 적극 수용했다는 점에서 맹자와 구별된다. 그가 '왕패지변'을 가장 체계적으로 정리한 배경이다. 이를 뒷받침하는 『순자』「왕제」의 해당대목이다.

"예로써 다스리는 자는 왕자王者, 바른 정사를 행사는 자는 패자霸者, 민심을 얻는 자는 안자安者, 백성을 착취하는 자는 망자亡者가 된다. 왕자는 백성을 부유하게 만들고, 패자는 선비를 부유하게 만들고, 안자는 대부를 부유하게 만들고, 망자는 군주 개인의 창고를 부유하게 만든다."

여기의 '안자'는 일시 욕을 먹을지라도 부국강병을 꾀해 결국 백성들의 지지를 받는 자를 말한다. 『순자』는 '안자'를 다른 대목에서 강자彊者 또는 존자存者로 표현해 놓았다. 강疆은 강强과 같은 뜻이다. 순자는 맹자가 말하는 '왕자'보다 한 단계 위에 있는 제자帝者를 상정했다. '도치'를 실현하는 자를 말한다. 이를 뒷받침하는 「왕제」의 해당대목이다.

"왕자는 사람을 얻고자 하고, 패자는 동맹국을 얻고자 하고, 강자는 땅을 얻고자 한다. 사람을 얻고자 하는 자는 제후를 신하로 삼고, 동맹국을 얻고자 하는 자는 제후를 벗으로 삼고, 땅을 얻고자 하는 자는 제후를 적으로 삼는다. 그러나 싸우지 않고도 승리하고, 공격치 않고도 얻고, 무력동원의 수고를 하지 않고도 천하를 복종시키는 경우가 있다. 이들 3가지 이치를 아는 자는 원하는 바대로 취할 수 있으니 왕자가 되고 싶으면 왕자, 패자가 되고 싶으면 패자, 강자가 되고 싶으면 강자가 될 수 있다."

원하는 바대로 상황에 따라 왕자와 패자, 강자가 될 수 있다는 것은 가장 높은 단계의 치도인 제도帝道를 언급한 것이다. 제도와 왕도, 패도, 강도를 모두 인정하는 것을 이른바 '치도4분론'이라고 한다. 21세기에 들어와 새롭게 발견된 상가를 포함시키면 '치도5분론'이 된다. '치도논쟁'과 관련한 제자백가의 입장을 도표로 정리하면 다음과 같다.

〈치도 5분론에 따른 제자백가 분류〉

주효시기	치도	치자	효시	제자백가
성세聖世	제도帝道	제자帝者	노자	도가
성세盛世	왕도王道	왕자王者	공자	유가, 묵가
용세庸世	부도富道	소왕素王	관중	상가
위세危世	패도覇道	패자覇者	이회	법가
난세亂世	강도强道	강자强者	손무	병가, 종횡가

춘추전국시대에 제자백가가 벌인 백가쟁명百家爭鳴은 바로 치국평천하의 근본목적인 치도와 그 방법론인 치술治術을 둘러싼 논쟁에 해당한다. 치도

의 분석틀을 적용할 경우 춘추전국시대는 크게 왕도王道와 패도霸道의 대립으로 볼 수 있다. 왕자王者의 길과 패자霸者의 길을 말한다. 왕도는 주나라가 찬역을 혁명으로 둔갑시킬 때 써먹은 '천명론'에서 파생된 것이다. 백성에게 덕을 베풀어 민심을 얻는 덕치德治를 통해서만 천하를 하나로 만들 수 있다는 게 요지이다. 맹자가 처음으로 주장했다. 이와 정반대로 한비자는 법치法治를 기반으로 한 패도를 통해서만 난세를 평정할 수 있다고 주장했다. 진시황이 이를 채택해 천하통일에 성공했다. 한비자의 주장이 현실적으로 입증된 셈이다.

원래 패霸 자는 비에 가죽으로 만든 갑옷과 안장 등을 적신다는 뜻의 박䨣 자에 달빛을 좇아 야간에 행군한다는 취지의 월月 자를 결합시켜 만든 것이다. 우두머리를 뜻하는 백伯의 의미로 전용됨에 따라 음도 '박'에서 '패'로 바뀌었다. 춘추시대를 호령한 5명의 제후를 5패五霸 또는 5패五伯로 쓰는 이유다.

주나라는 건국 당시 천명을 내세우며 덕치를 표방했으나 낙양으로 천도하는 이른바 동천東遷을 행한 후 제후들이 막강한 위세를 떨치기 시작하면서 권위가 땅에 떨어지고 말았다. 덕치를 근간으로 한 왕도가 실종되고 힘을 배경으로 한 제후들의 패도가 횡행케 된 이유이다. 이후 7웅이 왕을 칭하는 상황에 이르러서는 패도마저 실종되고 말았다. 전국시대에 약육강식의 강도强道가 위세를 떨치게 배경이 여기에 있다. 전국시대 말기에 이르러 법가와 병가, 종횡가가 횡행한 것도 이런 맥락에서 이해할 수 있다.

주의할 것은 같은 학파라고 할지라도 주장하는 내용에 따라 전혀 다른 성격을 띠고 있는 점이다. 대표적인 예로 공자와 맹자를 들 수 있다. 맹자는 입으로만 공자의 사상적 후계자를 외쳤지만 사실은 묵가의 후계자에 해당한다. 묵가는 인격신에 가까운 천지天志를 상정했다. 묵가사상의 가장 큰 특징은 인격신인 하늘이 인간 세상에 적극 개입해 화복을 내리는 '천지'를 발동한다고 주장한데 있다. 하늘이 '천지'에 부합하는지 여부에 따라 인간 세상에 복을 내리기도 하고, 징벌을 가하기도 한다는 것이다. 기본 취지에서 선악논리에 입각한 서양의 기독교사상과 별반 차이가 없다.

묵가 역시 탄생시점인 전국시대 초기부터 소멸시점인 말기에 이르기까지 서양의 중세 수도승처럼 스스로 의식주를 해결하는 집단생활을 영위하며 평화운동인 비전非戰과 일종의 검약운동인 비악非樂을 역설했다. 열국의 백성들이 크게 호응한 덕분에 묵가는 맹자가 활약하는 전국시대 말기에 도가와 더불어 가장 큰 세력을 떨치는 제자백가가 되었다.

묵자는 원래 유가를 공부하다가 도중에 독립해 묵가를 완성한 인물이다. 공자의 '인'에 '의'를 접목시킨 것은 그의 독창적인 견해이다. '인의'가 『논어』에는 단 한 번도 나오지 않고 있는데 반해 『묵자』에 넘쳐나고 있는 게 그 증거다. 『논어』에 나오는 '의'는 '이利'와 대비된 개념이다. 군자는 소인과 달리 불의한 이익은 결코 취하지 않는다고 역설한 게 그 증거다. 그럼에도 맹자 등이 이를 이상하게 해석하는 바람에 격렬한 논쟁이 빚어졌다. 이를 이른바 의리지변義利之辨이라고 한다.

묵자가 '인의'라는 매우 독창적인 용어를 만들어낸 데에는 나름 속사정이 있다. 이들은 스스로 의식주를 해결하며 '비전'과 '비악'에 방점을 찍었지만 그 취지는 사뭇 다르다. 기본적으로 '비전'은 끊임없이 이어지는 전쟁으로 온갖 부세賦稅에 시달리는 백성의 염원을 반영한 것이다. 이에 반해 '비악'은 후장厚葬 관행을 포함한 관혼상제의 복잡한 예식에 관한 지식으로 먹고사는 속유俗儒들의 농간으로 인해 더욱 곤궁한 삶을 살 수밖에 없었던 서민들의 절망을 투사한 것이다.

'비전'이 정치외교 및 군사 분야에 관한 서민들의 이상론을 담고 있고, '비악'이 경제사회 및 문화 등에 관한 서민들의 현실개선 의지를 반영한 이유다. '비전' 즉 평화로 상징되는 서민들의 이상은 위정자들이 내세운 이상과 별반 다를 바가 없다. 열국의 모든 제후들이 백성들을 동원할 때 평화를 얻기 위해 전쟁을 한다고 떠벌였다. 힘이 곧 정의로 통하던 난세의 시기에 명분과 현실이 괴리된 대표적 사례다. 그러나 '평화'는 양두구육에 지나지 않았다. 고금동서의 역사를 볼지라도 '평화'를 기치로 내걸고 천하가 하나로 통일된 적이 없다. 춘추전국시대에 무력을 배경으로 한 패자가 횡행한 이유다. 난세의 시기에 평화는 말 그대로 하나의 이상에 지나지 않는다.

그러나 '비악'의 경우는 차원이 다르다. 위정자가 마음만 먹으면 얼마든지 실현할 수 있는 것이다. '비전'과 달리 정책 문제에 불과하다. 물론 여기에도 걸림돌은 있다. 많은 땅과 노비를 보유한 고관세족과 지방토호들의 반발이 그것이다. 그러나 이 또한 전혀 타개할 방법이 없는 것도 아니다. 군주가 솔선수범하며 발 벗고 나서면 결코 불가능한 것도 아니다. 서민을 대변한 묵가가 비록 '인의'를 역설했지만 '인'보다 '의'에 방점을 찍은 이유다.

그렇다고 묵가가 '인' 개념을 낮게 평가한 것은 아니다. 공평무사한 '하늘'은 천지만물에 고루 어질어야 논리적으로 들어맞는다. 이들은 '천지'를 거스르는 나라와 인간에게는 천화天禍를 내리는 반면 이를 좇는 정의로운 자에게는 천복天福을 내린다고 주장했다. 인간 세상에 적용되는 상과 벌의 효용을 최대한 활용한 셈이다. 학술단체라기보다는 일종의 교단敎團 성격을 띤 묵가는 '의'에 입각한 '천화'에 방점을 찍으면서도 반대급부의 보상원리인 '천복'을 설명하기 위해 '인' 개념을 적극 활용했다. 묵자가 '인'과 '의'를 하나로 묶은 '인의'를 천지의 작동원리로 제시한 배경이다.

실제로 묵자 스스로 종교적인 교단에 준하는 무리를 형성한 뒤 거자鋸子를 자칭하며 일사불란한 반전운동을 전개했다. 그는 약육강식이 횡행하는 전국시대 상황에서 자신의 '비전' 논리를 증명하기 위해 수비로 공격을 막아내는 여러 방안을 제시했다. 나름 일정한 성과를 거뒀다. 여기서 수비에 치중한다는 뜻의 묵수墨守라는 말이 나왔다. 후대에는 기존의 주장을 견지하는 의미로 전용됐다. 묵자가 만일 '묵수'가 아닌 영화 제목처럼 묵공墨攻으로 나아갔다면 만국 노동자의 총궐기를 외친 마르크스처럼 대혁명의 도화선이 됐을 것이다.

사상사적으로 볼 때 동서고금을 통틀어 사상 최초로 제기된 맹자의 폭군방벌론暴君放伐論이 바로 '묵공'에 해당한다. 묵자는 '천지'와 '인의'에 어긋난 제후들의 전쟁행위를 막기 위해 소극적인 방법인 '묵수'를 택했다. 그러나 맹자는 여기서 한 발 더 나아가 아예 무력을 동원해 보위에서 쫓아내거나 제거할 것을 주장했다. 비록 무력동원이 바람직한 일은 아니나 이런 자들을 제거할 때는 오히려 적극 동원할 필요가 있다는 식으로 주장했다.

실제로 묵가의 '천지'를 천도天道로 각색한 맹자는 천도와 인의에 어긋난 제후는 군주가 아닌 일개 사내에 불과한 까닭에 시해弑害가 아닌 방벌放伐의 대상에 불과하다고 주장했다. 매우 과격한 선동적인 언사가 아닐 수 없다. 소극적인 '묵수'를 적극적인 '묵공'으로 해석하면 바로 맹자의 '폭군방벌론'이 도출된다. 『맹자』가 유가의 경전인 사서四書의 일환으로 존숭된 이후 역대 왕조의 제왕들이 맹자의 '폭군방벌론'을 접할 때마다 전전긍긍한 이유가 여기에 있다. 명태조 주원장은 아예 해당 대목을 제거한 채 『맹자』를 발간토록 명했다.

원래 '폭군방벌론'은 공자의 주장과 정면으로 배치되는 것이다. 공자는 불인不仁한 군주를 만났을 때는 여러 차례 간하고, 그래도 군주가 받아들이지 않을 경우는 조용히 물러날 것을 권했다. 자신을 먹여주는 군주를 부모처럼 존중할 것을 적극 권장한 결과이다. 맹자의 '폭군방벌론'과는 하늘과 땅만큼의 차이가 있다.

맹자는 표면상 인의예지 등 4덕四德을 역설했지만 사실은 묵자처럼 '의'에 방점을 찍은 것에 지나지 않는다. '인'은 공자의 권위를 빌리기 위한 장식물에 불과하다. 맹자의 '인의'가 묵가의 '인의'보다 훨씬 강고하고 과격한 성격을 띠게 된 배경이 여기에 있다. 이와 정반대로 한비자는 설령 폭군을 만날지라도 무력을 동원해 방벌하는 식의 과격한 방법을 동원해서는 안 된다고 역설했다. 폭력이 폭력을 불러오듯이 더 큰 혼란을 초래하게 된다는 게 그 이유다. 이는 공자의 주장과 궤를 같이 하는 것이다. 공자와 순자, 한비자 등이 하나같이 춘추5패를 긍정적으로 평가한데 반해 오직 맹자만이 이들을 신랄하게 비판하며 '3왕王의 죄인'이라고 단죄한 것도 이런 맥락에서 이해할 수 있다.

주목할 것은 관중을 효시로 하는 상가의 치도이다. 사마천은 이익을 향해 무한 질주하는 인간의 호리지성好利之性에 주목해 이를 부도富道로 표현해 놓았다. 이는 기본적으로 관중이 최초로 언급한 부도를 몇 단계 위로 더 격상시킨 것이다. '부도'를 언급해 놓은 『관자』「경언」편 '유관'의 해당대목이다.

"텅 비고 고요한 허정虛靜한 자세를 견지하여 사람과 사물 모두 각자 있어야 할 곳에 처하면 곧 최상의 치도인 황도皇道를 이룰 수 있다. 현자를 높이고 덕이 있는 자에게 벼슬을 내리면 '황도'에 가까운 제도帝道를 이룰 수 있다. 몸소 인을 실천하고 의를 행하고, 충성을 행하며 신실한 자를 쓰면 인의예지 등의 덕목에 입각한 왕도王道를 이룰 수 있다. 계책을 살피며 예의를 드러내고, 용사를 선발하고 무기를 날카롭게 하면 공평무사한 무위에 기초한 패도霸道를 이룰 수 있다. 삶을 안정시키며 사자를 안장하고, 현자를 공경하여 높여주고 백성을 잘 대우하면 백성의 지지를 받는 중도衆道를 이룰 수 있다. 공을 세운 자에게 반드시 상을 내리며 처벌을 신중히 하고, 재능 있는 자에게 벼슬을 주고 능력 있는 자에게 녹봉을 주면 강력한 법규에 기초한 강도强道를 이룰 수 있다. 재정의 전체의 수입지출 예산을 맞추고, 농사에 힘쓰며 상공업을 조정하면 천하의 부를 기반으로 한 부도富道를 이룰 수 있다. 법을 밝히며 계책을 살피고, 기본 규율을 세우며 인재 영입을 서두르면 나라가 크게 다스려진다. 직무의 이동異同을 좇아 관직을 나누어 다스리면 나라가 크게 안정된다."

『관자』는 여기서 '제도'보다 한 단계 위에 있는 '황도'를 언급해 놓았다. 사상사적으로 볼 때 이는 『순자』「왕제」에서 말하는 '제도'를 달리 표현한 것이다. 『관자』는 '제도'를 '황도'보다 한 단계 아래의 치도로 규정해 놓은 셈이다.

대략 왕도 밑에 패도覇道를 상정한 것은 『순자』와 비슷하다. 다만 『순자』는 패도 밑에 안도安道와 강도强道 등을 언급하는데 그쳤으나 『관자』는 중도衆道를 '강도' 위에, 부도富道를 '강도' 밑에 배치하고 있다. 최상의 치도인 황도부터 차례로 정리하면 『관자』에서 말하는 치도는 〈황도 → 제도 → 왕도 → 패도 → 중도 → 강도 → 부도〉로 요약할 수 있다. 〈제도 → 왕도 → 패도 및 강도 → 안도〉로 요약된 『순자』 보다 훨씬 구체적이다. 이 대목이 『순자』「왕제」보다 훨씬 뒤에 나온 것임을 짐작할 수 있다. 관중을 효시로 하는 상가의 이론을 집대성한 사마천은 『사기』「화식열전」에서 '부도'를 왕도 위에 배치시켜 〈제도 → 부도 → 왕도 → 패도〉로 요약해 놓았다. 상가를 제자백가 가운데 노자사상을 뒤쫓는 최고의 위치로 끌어올린 것이다. 이를 뒷받침하는 「화식열전」의 해당대목이다.

"눈과 귀는 아름다운 소리나 모습을 끝까지 보고 들으려 하고, 입은 여러 맛있는 고기를 맛보려 하고, 몸은 편하고 즐거운 것에 머물려 하고, 마음은 권세와 재능이 가져다 준 영화를 자랑하고자 한다. 이런 풍속이 백성을 전염시킨 지 이미 오래 됐다. 설령 아무리 오묘한 이론으로 집집마다 들려줄지라도 끝내 교화할 길이 없다. 그래서 최상의 통치자는 백성을 천지자연의 도에 부합하도록 이끌고, 그 다음은 백성을 이롭게 하는 식으로 이끌고, 그 다음은 가르쳐 깨우치는 방법을 택하고, 그 다음은 백성을 가지런히 바로 잡는 식으로 다스린다."

제도와 부도, 왕도, 패도를 차례로 언급한 것이다. 원문에 따르면 제도는 백성을 천지자연의 도에 부합하도록 이끄는 인도因道, 부도는 백성을 이롭게 하는 식으로 이끄는 이민利民, 왕도는 가르쳐 깨우치는 교회敎誨, 패도는 백성을 가지런히 바로 잡는 정제整齊로 표현돼 있다. 이를 차례로 살펴보면 다음과 같다.

첫째, '인도'는 경제발전을 천지자연의 도에 부합하는 방향으로 이끄는 것을 말한다. 정부의 개입을 극소화한 가운데 민간 경제의 자율성을 최대한 보장하는 것을 의미한다. 여기의 인因은 천지자연의 도에 순응하는 것을 뜻한다. 상가의 이론을 집대성한 사마천은 도가에서 말하는 무위無爲에 방점을 찍고 있다. 이는 생산, 유통, 소비 등 경제흐름의 전 과정을 민간자율에 맡기는 것을 의미한다. 재화가 물 흐르듯 자연스럽게 흘러가는 것을 중시한 결과다. 아담 스미스가 『국부론』에서 말한 '보이지 않는 손'의 취지와 같다. 이를 선인론善因論이라고 한다. 사마천은 「평준서」에서 한문제와 한경제의 치세인 이른바 문경지치文景之治를 '인도'의 구체적인 예로 들었다.

"지금 천자가 즉위해 몇 년이 지났으니 한나라가 건립된 지 이미 70여 년이 지난 셈이다. 나라는 태평하고 홍수나 가뭄도 없고 백성 모두 자급자족이 가능하다. 각 군과 현의 곡식창고는 꽉 차 있고, 관고에도 많은 재화가 저장돼 있다. 도성의 창고에 보관되어 있는 돈은 쌓여 억만금에 달해 돈 꾸러미를 꿴 줄이 낡아 돈을 일일이 셀 수조차 없을 지경이다. 또 도성의 곡식창고인 태창太倉에 쌓아둔 식량은 묵은 곡식이 날로 늘어남에 따라 층층이 쌓을지라도 계속 넘쳐나고, 결국 노천에 모아두었다가 이내 썩어 먹지 못하는 상황이 됐다."

한나라는 문경지치 때 행한 부세賦稅 경감조치 및 여민휴식與民休息 정책으로 커다란 번영을 누렸다. 한문제 때 전조세田租稅를 완전 면제하고, 출병을 최대한 삼가고, 거기車騎와 의복 등의 휘장에 문양을 넣지 않도록 하는 등 사치를 억제하고, 지방의 특산 공물도 바치지 않도록 조치했다. 이게 문경지치의 성세를 가져왔다. 한무제의 대외원정도 이런 막강한 경제력 위에서 가능했다.

둘째, '이민'은 민간의 경제활동을 보장한다는 전제 하에 국가가 일정부분 개입하는 경우를 말한다. 이때 정부는 사람들이 특정 분야의 경제활동에 종사하도록 유도한다. 21세기에 들어와 정부가 앞장서 각종 지원책을 내놓으며 기업의 첨단산업 참여를 유도하는 게 이에 해당한다.

셋째, '교회'는 국가가 특정 분야의 경제활동을 적극 권장하거나 억제하는 정책을 말한다. 과거 동양의 역대 제왕이 유가의 중농주의에 입각해 백성에게 농업을 적극 장려하면서 상업을 강압적으로 억누른 게 이에 해당한다.

넷째, '정제'는 정부가 각종 강압수단을 동원해 민간의 경제활동에 적극 개입하는 것을 말한다. 강압적인 물가통제 및 경제명령 등이 이에 해당한다. 사마천이 상가의 이론을 집대성한 기본취지가 선명히 드러나는 대목이다.

제3편 관자사상의 전개

관중과 난세의 제왕학

관포지교管鮑之交와 반대되는 게 오집지교烏集之交이다. 까마귀들의 사귐이라는 뜻이다. 잇속으로 만난 이런 교제가 오래갈 리 없다. 처음에는 '관포지교'로 출발했다가 끝내 '오집지교'로 끝나는 게 바로 초한전 당시 진여陳餘와 장이張耳가 보여준 문경지교刎頸之交이다. 두 사람은 당초 목을 벨 정도의 위험에도 생사를 함께 할 정도의 우정을 자랑했으나 결정적인 순간에 문득 원수로 돌변했다. '문경지교' 성어의 배경이 된 춘추시대 말기 조나라의 염파와 인상여가 보여준 우정과는 천양지차가 있다.

진여와 장이가 보여준 '문경지교'는 애증愛憎이 같은 뿌리에서 나온 것임을 반증한다. 세상의 모든 이치가 그렇듯이 한쪽의 경향이 깊어지면 그와 반대되는 경향도 깊어질 수밖에 없다. 마치 산이 높으면 계곡 또한 깊어지는 이치와 같다. 진여와 장이의 '문경지교'는 우정의 강도가 높은 만큼 증오의 강도 또한 커질 수밖에 없다. 의협들의 우정이 바로 이와 같다. 비장한 맛은 있으나 상대적으로 그윽한 맛이 적다.

이와 달리 관중과 포숙아가 보여준 '관포지교'는 무부武夫보다는 문인의 색채가 짙다. 관중의 '재'와 포숙아의 '덕'이 유기적으로 얽혀 있기 때문이다. 만일 관중과 포숙아 모두 재덕을 겸비했다면 결코 '관포지교'가 만들어지지 않았을 것이다. 오히려 서로의 재덕이 충돌하며 다툼을 벌였을 공산이 크다. 이는 삼국시대의 인물들이 만들어낸 다양한 유형의 인간관계를 생각하면 쉽게 이해할 수 있다.

상식적으로 판단할 때 재주가 덕보다 뛰어난 재승덕才勝德의 조조가 만일 덕까지 갖췄을 경우 더 많은 인재들이 그의 휘하에 몰려들었을 것으로 생각키 쉽다. 그러나 현실은 오히려 정반대로 나타날 공산이 크다. 물이 지나치게 맑으면 고기가 모여들지 않듯이 재덕을 모두 겸비한 완전무결한 인간에게는 사람이 접근하지 않는다.

조조는 '재'가 '덕'을 압도한 까닭에 늘 공의公義를 전면에 내세웠다. 사정私情을 '공의' 앞에 태워버린 결과다. 그가 가혹한 군법을 적용한 것은 바로 이 때문이다. 개개인의 사정에 얽매였다가는 천하통일의 대업에 지장이 생길까 우려한 것이다. 조조 역시 필부의 '덕'과는 비교할 수 없을 정도의 관대한 면을 지니고 있었다. 원소의 무리를 평정했을 때 그의 묘를 찾아가 눈물을 흘리며 추모한 게 그 증거다.

그러나 그는 기본적으로 '재'가 너무 전면으로 튀어나와 있는 까닭에 '덕'이 상대적으로 부족해 보일 수밖에 없었다. 실제로 가차 없는 가혹한 형률의 적용은 각박한 이미지를 만들기에 족했다. 조조가 신하들과 맺은 '군신지교'는 '관포지교'보다는 공의를 전면에 내세운 '문경지교'에 가까웠다.

이와 대비되는 것이 유비가 신하들과 맺은 '군신지교'다. 도원에서 의형제를 맺은 관우 및 장비와의 관계는 비록 난세의 평정이라는 '공의'를 내세우기는 했으나 본질적으로 '사정'에 토대한 것이다. 훗날 관우와 장비가 잇달아 죽자 제갈량과 조자룡의 반대에도 불구하고 동오의 토벌에 나섰다가 참패한 게 그 증거다. '사정'이 '공의'보다 앞선 후과다.

유비는 기본적으로 학문 등을 열심히 닦지 않은 까닭에 '재'가 부족했다. 조조가 전장에서조차 손에서 책을 놓지 않은 것과 대비되는 대목이다. 뭘 알아야 전장에서도 책을 읽을 것이 아닌가! 그러나 유비는 오히려 이를 비록 연출된 것이기는 하나 '덕'으로 보완해 나름 제갈량과 같은 인재를 휘하에 그러모을 수 있었다. 이 또한 '공의'와는 거리가 먼 '사정'에 의한 것임은 말할 것도 없다. 유비가 신하들과 맺은 '군신지교'는 '문경지교'보다 '관포지교'에 가까웠다.

관중 사후 1백 년 뒤에 태어난 공자는 관중이 이룬 패업을 높이 평가했다. 이는 공자가 현실을 대대적으로 혁신코자 하는 개혁가의 길을 걸은 사실과 무관치 않다. 문화대혁명 당시 모택동의 절친한 친구이자 중국의 초대 사회과학원장을 지낸 곽말약은 공자를 개혁가의 차원을 뛰어넘는 혁명가로 평한 바 있다. 이는 공자가 신분세습의 봉건질서를 거부한데 주목한 결과다.

실제로 공자는 내심 혈통 하나만으로 무능한 자들이 집권층이 되어 백성들을 도탄으로 몰아넣는 부조리한 상황을 용인할 수 없었다. 다만 상나라 때부터 이어진 봉건질서를 일거에 무너뜨릴 수 없는 만큼 방법론적으로 혁명 대신 개혁의 노선을 택했을 뿐이다. 그가 같은 시기를 산 양호陽虎와 달리 혁명가의 길이 아닌 점진적인 개혁가의 길을 걸은 이유가 여기에 있다. 그의 이런 선택은 현명했다. 비록 시간이 걸릴지언정 그 효과는 혁명보다 훨씬 컸기 때문이다. 그가 자신을 찾아오는 사람을 모두 제자로 받아들여 군자君子가 될 것을 역설한 것은 바로 이 때문이다. 제자의 제자 등이 꾸준히 '군자'를 양성해 나갈 경우 혈통이 아닌 학덕學德을 연마한 '군자'가 언젠가는 실질적인 군주의 자리를 꿰차는 시기가 올 것을 예상한 것이다.

그런 점에서 문화대혁명 당시 공자가 주공 단을 성인으로 추앙한 것 등을 이유로 그를 보수반동의 표상으로 몰아간 것은 커다란 역사왜곡이었다. 공자가 주공 단을 높이 평가한 것은 봉건질서를 찬양코자 한데서 비롯된 게 아니라 각종 제도문물을 정비해 통치 질서를 구축한 사실을 평가한데 따른 것이다.

공자사상은 신분세습을 가장 큰 특징으로 하고 있는 봉건질서의 근간을 뒤흔드는 혁명적인 사고에 뿌리를 두고 있었다. 그 누구일지라도 학문과 덕성을 연마하면 현실적인 '군주'보다 훨씬 높은 수준의 바람직한 '군자'의 삶을 살 수 있다고 역설했기 때문이다. 그의 사후 백가쟁명의 양상이 나타나면서 제자백가의 각 사인士人들이 능력발휘의 수준에 따라 포의지사布衣之士에서 문득 일인지하一人之下의 정승 반열에 오르는 파격적인 상황이 빚어진 배경이 여기에 있다.

공자가 신분세습을 원천적으로 부인한 '군자'를 역설한 덕분이다. 그 대미를 장식한 사람이 바로 진시황이었다. 현실과 이상 간의 괴리를 메우기 위해 관중으로부터 진시황에 이르기까지 4백여 년의 세월이 걸린 셈이다. 이를 도표로 정리하면 다음과 같다.

〈군자와 천자 개념의 시기별 변화〉

시기	현실	이상모델	제창자	실권자
춘추 전기	왕	군자君子	주공	강자强者(정장공)
춘추 중기	왕	천자天子	관중	패자覇者(제환공 등)
춘추 말기	왕	군자君子	공자	패왕覇王(오왕, 월왕)
전국 초기	왕	군자君子	공자	패왕覇王(제위왕 등)
전국 중기	왕	군자君子	공자	서제西帝(진소양왕)
전국 말기	황제	천자天子	한비	황제皇帝(진시황)
전한 이후	황제	군자君子	공자	황제皇帝(한고조 등)

많은 사람들이 진시황을 한비자가 집대성한 법가사상에 매몰된 사람으로 생각하고 있으나 이는 오해다. 그가 천하를 순수巡狩하며 세운 비석에 유가의 덕치德治 이상이 빠짐없이 새겨진 사실이 이를 뒷받침한다. 그는 난세를 평정하고 천하를 하나로 통일하기 위해서는 일면 각박하기 그지없는 법가의 통치술이 유효하다는 사실을 통찰하고 있었던 것이다.

사상사적으로 관중과 공자, 진시황은 기존의 부조리한 통치 질서를 뒤집고자 한 점에서 서로 통하고 있다. 춘추시대 중기에 태어난 관중은 천자의 권력을 대행하는 '패자'를 등장시킴으로써 봉건질서를 허무는 단초를 열었다. 『관자』에서 말한 '패왕'은 '패자'가 명분을 더욱 축적할 경우 새로운 세상의 '왕'이 될 수 있음을 암시한 것이다.

그로부터 1백년 뒤에 태어난 공자는 이를 이론적으로 뒷받침하는 '군자' 개념을 제시함으로써 학덕을 제대로 연마하면 능히 천자가 될 수 있는 무대를 열었다. 진시황은 강력한 무력을 바탕으로 법가사상에 기초한 새로운 '제왕' 질서를 제시함으로써 혈통에 의해 자동적으로 통치자가 되는 낡은 봉건질서를 완전히 무너뜨리는데 성공했다. 진시황 사후 평민 출신인 유방이 황제의 자리에 오름으로써 이를 역사적 사실로 증명한 셈이다.

황제가 명분과 실력을 겸비해 '천자'인 동시에 '군자'의 표상이 된 이 도식은 청조 말까지 그대로 이어졌다. 제왕정이 등장한 이후에는 아무리 폭군일지라도 겉으로는 '군자'를 표방했다. 전설상의 폭군인 하나라 걸桀 및 은나라 주紂와 후대의 제왕정에서 출현한 폭군을 엄격히 구별해야 하는 이유가 여기에 있다.

중국의 위대한 역사가 전목錢穆이 역설했듯이 중국에 폭군은 존재했어도 서양과 같은 전제군주가 등장한 적이 없다. 하나라 걸과 은나라 주 등의 무지막지한 전제군주 행보는 후대인이 덧칠해 놓은 하나의 전설에 불과할 뿐이다. 이를 통해 진시황이 최초로 완성시킨 '제왕정'은 바로 5백여 년에 걸친 오랜 기간의 숙성과 제자백가들이 전개한 '백가쟁명'의 결과물이라는 사실을 대략 확인할 수 있다.

성리학의 충역忠逆 시비

관중은 포숙아의 천거가 없었다면 제환공에게 발탁될 리도 없고, 나아가 제환공을 도와 패업을 이룰 리도 없었을 것이다. 여기서 하나 검토하고 넘어갈 것은 소홀이 자진을 택할 때 왜 관중은 주군의 뒤를 좇아 자진하지 않았는가 하는 점이다. 이는 성리학이 최고의 통치이념으로 작동한 청대 말기에 이르기까지 수천 년 간에 걸쳐 무수한 논란을 낳았다. 『논어』「헌문」에 나오는 다음 일화가 논란의 단초를 제공했다. 하루는 자로가 공자 앞에서 이같이 말했다.

"제환공 소백이 공자 규를 죽이자 신하 소홀은 그를 위해 죽었고, 관중은 죽지 않았습니다. 그러니 관중을 '인仁'하지 않다고 할 것입니다."

공자가 말했다.

"제환공이 제후들을 9번 규합하며 병거兵車를 동원치 않은 것은 모두 관중의 공이다. 그 누가 그의 인만 하겠는가, 그 누가 그의 인만 하겠는가!"

자로는 직선적인 인물이다. 이런 인물은 매사를 선악의 잣대로 나눠보는데 익숙하다. '여차여차하지만, 그럼에도 여차여차하다.'는 식의 논리를 비겁하거나 속에 흑심을 가진 사람의 논리로 바라보기 십상이다. 목숨을 내놓고 충간하기를 좋아하는 직신直臣이 바로 이런 경우에 해당한다. 공자의 제자 중 자로처럼 이런 '직신'의 모습을 지닌 사람은 없었다. 전국시대 말기에 공자의 사상적 후계자를 자처한 맹자가 자로와 가장 많이 닮았다. 이들 모두 본질적으로 무협지에 나오는 '의협'의 성정을 지닌 자들이다. 자로 및 맹자처럼 '의협'의 성정을 지닌 유가를 통상 유협儒俠이라고 한다. 유가 사상으로 무장한 무인을 유장儒將으로 부르는 것과 같은 맥락이다.

당시 '유협'의 전형에 해당하는 자로가 관중을 비판적인 시각에서 바라본 것은 당연한 일이었다. 그가 볼 때 모시던 주군이 죽었는데도 함께 죽지 않은 관중은 아무리 좋게 봐도 결코 '인'한 사람이 될 수 없었다. 그러나 공자는 자로와 정반대의 입장에 서 있었다. '여차여차하지만, 그럼에도 여차여차하다.'는 논리에 익숙해 있었기 때문이다. 그가 자로와는 정반대로 관중을 높이 평가하며 '그 누가 그의 인만 하겠는가!'는 말을 거듭한 게 그 증거다.

이는 관중이 주군인 공자 규를 좇아 죽는 것을 소의小義와 소절小節에 지나지 않는다고 평한 결과다. 관중이 문득 주군을 바꾸고 새 주군인 제환공을 보필해 사상 첫 패업을 이룬 것을 두고 공자는 이것이야말로 대의大義와 대절大節에 부합한다고 본 것이다. 관중의 변명을 그대로 수용한 결과로 해석할 수 있다. 「관안열전」에 나오는 관중의 술회가 이를 뒷받침한다.

"공자 규가 죽고 소홀이 그를 좇아 죽었을 때 나는 함거에 갇혀 모욕을 받는 길을 택했다. 그런 나를 두고 포숙아는 치욕을 모르는 사람이라고 비난하지 않았다. 내가 '소절'을 지키지 못한 것을 부끄러워하지 않고, 천하에 공명을 밝게 드러내는 '대절'을 이루지 못하는 것을 부끄러워한다는 것을 알았기 때문이다."

관중이 포숙아를 두고 자신을 낳아준 부모인 '생아자生我者' 못지않은 '지아자知我者'라고 찬탄한 이유가 여기에 있다. 사람의 일생을 개관하면 크게 4가지 위대한 인연이 있다. 우선 '생아자'가 있다. 부모가 없으면 세상에 태어날 수 없기 때문이다. 삼국시대 당시 공융은 이를 부인하는 다음과 같은 얘기를 했다가 조조에게 목숨을 잃었다.

"자식에게 그 아비는 어떤 존재인가? 그 본래 뜻을 논하면 실로 자식은 그 부친의 정욕이 만들어낸 물건에 불과할 뿐이다. 자식은 그 어미에게 어떤 존재인가? 비유해 말하면 병 속에 물건을 넣어 두었다가 꺼내는 즉시 분리되는 것과 같은 것이다."

이런 방자한 얘기를 방치했다가는 끝내 천하를 소란스럽게 만들 것을 우려해 제거한 것이다. 조조는 유가에서 역설하는 '생아자'의 취지를 통찰하고 있었다. 비판적인 시각을 지닌 공융을 제거하기 위해 꼬투리를 잡은 것이라는 해석은 부분적으로만 타당할 뿐이다.

두 번째는 나를 벗으로 삼는 '붕아자朋我者'이다. 대표적인 실례가 바로 관중의 '대절'을 이해한 포숙아이다. 포숙아가 없었다면 관중도 없었을 것이라는 지적이 가능한 이유다. 대다수 사람들은 마치 관중과 포숙아가 그랬던 것처럼 이해타산이 개입되지 않는 젊은 학창시절에 '붕아자'를 만나는 계기를 갖는다. 그러나 진정한 교우의 인연을 맺기란 그리 쉬운 일이 아니다. '관포지교'가 드문 이유다. '관포지교'와 같은 교우를 맺을 수 있다면 이는 '붕아자'와 '지아자'를 동시에 만난 경우에 해당한다.

세 번째는 스승처럼 인간이 인간답게 사는 길을 가르치는 '교아자敎我者'에 해당한다. 평생을 살면서 존경하는 스승을 만나지 못한 삶은 불행하다. 뛰어난 스승을 만나는 인연은 곧 '지아자'와 '교아자'를 동시에 만난 것이나 다름없다.

네 번째는 주군처럼 나와 가족을 먹여주는 '사아자食我者'이다. 여기의 '사食'는 '밥을 먹이다'는 뜻의 사동사이다. 사飼와 뜻이 같다. 결혼을 해 자식을 낳고 부모를 봉양하며 사회인으로 살아나가기 위해서는 어떤 집단에 들어가든 해당 집단의 우두머리를 모시게 마련이다. 그가 바로 자신의 '주군'에 해당한다. 자신이 지닌 능력을 최대한 발휘토록 배려하며 전폭적인 지원을 아끼지 않는 '주군'을 만나기가 쉽지 않다. 제갈량이 유비를 만난 게 이 경우에 속한다. 제갈량에게 유비는 '사아자'인 동시에 '지아자'에 해당한다.

학창시절과 사회생활을 통틀어 '교아자'와 '붕아자', '사아자' 중 단 한 사람도 만나지 못한 사람은 매우 불행한 경우에 해당한다. 그렇다면 이들은 영원히 '지아자'를 얻지 못하는 것일까? 그렇지는 않다. 그들에게도 '지아자'가 있다. 바로 '생아자'인 부모를 비롯해 자신이 또 다른 '생아자'로 살게 만드는 처자식이 그들이다. 곁에서 늘 지켜본 까닭에 부모와 처자식이 자신을 가장 잘 아는 사람에 속한다. 그러나 부모와 처자식 등의 '지아자'가 내리는 평가는 상대적으로 객관성이 떨어져 그 효용이 한정돼 있다.

유가에서는 나를 기준으로 하여 '생아자'와 '붕아자', '사아자'와 맺는 4가지 인연을 3강5륜三綱五倫으로 표현해 놓았다. 군신君臣과 부부夫婦 및 친자親子 간의 3강은 '생아자'와 '사아자'를 언급한 것이다. 『맹자』에 뿌리를 둔

부자유친父子有親과 군신유의君臣有義, 부부유별夫婦有別, 장유유서長幼有序, 붕우유신朋友有信 등의 5륜은 '생아자'와 '사아자' 외에 '봉아자'까지 언급한 것이다.

그렇다면 3강5륜에 '교아자'에 관한 언급은 왜 없는 것일까? 맹자의 잘못이 크다. 당초 공자는 학문 연마를 덕성의 연마만큼이나 중시했다. 그러나 맹자는 덕성을 잘 연마하면 능히 성인이 될 수 있다고 주장했다.『맹자』 전편을 살펴볼지라도 학문의 연마에 대한 언급을 찾기 힘들다.「고자 상」의 다음 구절은 맹자의 학문에 대한 기본입장을 극명하게 보여주고 있다.

"인仁은 사람의 마음이고, 의義는 사람이 가야할 길이다. 그 길을 버린 채 따르지 않고, 마음을 잃은 채 찾을 줄 모르니 애처롭다. 사람들은 닭과 개를 잃어버리면 곧 찾을 줄 알면서도 마음을 잃은 채 찾을 줄 모른다. 학문을 하는 길은 다른 게 아니다. 그 마음을 찾는 것일 뿐이다."

그는 마치 불가의 선종처럼 마음을 다스리면 이내 '득도'할 수 있다고 설파한 것이다. 나름 일리가 있으나 한쪽을 지나치게 강조했다는 지적을 면키 어렵다. '학문'을 강조한 공자의 기본입장과 사뭇 다르다. 맹자에 의해 왜곡된 공자사상을 바로 세운 순자의 학문에 대한 기본입장을 보면 맹자의 얘기가 공자사상을 얼마나 왜곡한 것인지를 쉽게 알 수 있다.『순자』「권학」의 첫머리에 나오는 글이다.

"학문 연마는 평생 그치지 않아야 한다. 청색靑色은 남색藍色에서 취하나 남색보다 더 푸르다. 얼음은 물이 얼어 되는 것이나 물보다 더 차다. 학문을 하면 사람이 되고 학문을 버리면 짐승이 된다. 학문하는 방법으로 스승이 될 만한 사람을 가까이 하는 것보다 편한 것이 없다."

순자는 학문을 '심성의 도야'로 치부한 맹자의 잘못을 바로잡아 사람이 사람답게 살아가도록 가르치는 '교아자'의 중요성을 언급한 것이다. '교아자'의 중요성을 역설한 일화가『국어』「진어」에 수록돼 있다. 이에 따르면 기원전 709년, 진무공晉武公이 진나라의 수도인 지금의 산서성 익성翼城을 공격해 진애후晉哀侯를 죽인 뒤 진애후를 보필한 대부 난공자欒共子를 설득했다.

"만일 그대가 능히 주군을 위해 죽는 순군殉君만 하지 않으면 나는 그대를 천자에게 조현시킨 뒤 상경으로 삼아 진나라의 정사를 장악토록 하겠소."

난공자가 거절했다.

"저는 '사람은 군사부君師父에 의존해 세상에 존재하니 시종 정성을 다해 모셔야 한다.'고 들었습니다. 부친은 '생아자', 스승은 '교아자', 군주는 '사아자'입니다. 부친이 없으면 생명이 있을 수 없고, 군주가 내리는 의식衣食이 없으면 생존할 수 없고, 스승을 통해 교육을 받지 못하면 삶의 근원과 역사를 알 수 없습니다. 그래서 그들을 시종여일하게 모시는 것입니다. 그들이 원하면 가서 생명을 바쳐야 합니다. 목숨을 바쳐 양육한 은혜에 보답하고, 힘을 다해 상사賞賜한 은혜에 보답하는 것이 사람의 도리입니다. 만일 신이 개인적 이익으로 사람의 도리를 저버리면 그대는 무엇으로 신하들을 가르칠 것입니까?"

여기서 군사부일체君師父一體라는 말이 나왔다. 조선조의 이율곡은 『소학집주』에서 「진어」를 인용해 '군사부일체'의 의미를 이같이 풀이해 놓았다.

"임금과 스승과 부모는 일체이니 정성껏 받들어야 하며, 자기 생각대로 스승을 비난하는 것과 같은 행동은 좋지 못하다."

이율곡이 이런 얘기를 한 것은 당시에 이미 스승다운 스승이 적었음을 반증하는 것이다. 실제로 『중종실록』에 이를 질타하는 대목이 나온다.

"한 현에 훈도訓導를 칭하는 자가 100여 명에 이르고 있으나 이들 모두 무식한 자들이다."

성리학을 맹종한 조선은 외견상 '군사부일체'를 강조했지만 현실은 정반대였다. 한직 중의 한직인 교관이 되는 순간 출사길이 막혔다. 지방 향교의 학장은 아예 녹봉도 지급되지 않는 불안한 신분이었다. 제대로 된 스승이 존재키가 어려웠다. 조선조 후기에 들어와 몰락한 양반들이 대거 서당의 훈장으로 몰려들면서 스스로를 혀로 밭갈이하는 무리인 설경舌耕으로 자조한 이유다. 이들 중에는 민란 등에 가담한 자들이 적지 않았다. 맹자처럼 '교아자'의 의미를 간과한 후과로 볼 수 있다.

사람이 일생동안 살아가는 동안 맺게 되는 4가지 큰 인연은 '생아자'인 부모, '붕아자'인 붕우, '교아자'인 스승, '사아자'인 주군 등과 맺은 인연으로 요약할 수 있다. 이들 4가지 인연을 모두 자신을 알아주는 '지아자'의 관계로 연결시키기 위해서는 기본적으로 자기 자신의 부단한 노력이 전제돼야 한다. 스스로 노력하지 않는 한 4가지 인연 중 단 하나도 '지아자'의 관계로 승화시킬 수 없다.

그러나 살다보면 경우에 따라서는 본인의 부단한 노력에도 불구하고 단 한 명의 '지아자'를 갖지 못하는 경우도 있다. 뒤늦게 각성해 문을 걸어 잠그고 그 무엇인가를 위해 열심히 노력하는 경우 등을 생각하면 될 것이다. 도중에 꽃을 피워 세인의 주목을 받는 경우도 있지만 홀로 깨달음을 얻는 독각獨覺에 머물다가 생을 마감할 수도 있다. 무명의 인물이 어느 날 문득 입산수도해 참선 끝에 대각자大覺者가 된 경우를 상정하면 될 것이다. 이 경우는 '지아자'를 전혀 신경 쓰지 않는 경우에 속한다. 보다 정확히 말하면 '지아자'가 불필요한 경우다.

「관안열전」에 나오는 '관포지교' 일화는 관중이 포숙아라는 '지아자'를 통해 마침내 제환공이라는 '사아자'를 만나게 된 배경을 잘 보여주고 있다. 관중이 포숙아를 '생아자'에 버금하는 '지아자'로 칭송한 것은 일리가 있다. 다만 「관안열전」을 포함해 관중에 관한 무수한 일화를 수록해 놓은 『관자』를 샅샅이 뒤져볼지라도 관중의 '교아자'가 누구였는지는 알 길이 없다. 관중 역시 공자와 마찬가지로 여러 사람들로부터 두루 가르침을 받고 스스로 깨우치는 과정을 밟은 것으로 보인다.

『관자』는 비록 전국시대 후기에 편찬된 까닭에 후대인의 가필이 매우 많은 게 사실이나 사마천이 언급한 것처럼 관중 스스로 기록한 것으로 볼 만한 것 또한 적지 않다. 21세기 현재에 이르기까지 『관자』가 『논어』 및 『한비자』 등과 더불어 제왕학의 기본서로 꼽히는 것도 이와 무관치 않을 것이다. 관중에 관한 일화는 『관자』「내언」의 '대광'에 대거 실려 있다. 이에 따르면 제나라가 노장공에게 사람을 보내 관중과 소홀을 압송해 줄 것을 권하자 관중이 함거檻車에 들어가면서 소홀에게 물었다.

"무섭지 않은가?"

그러자 소홀이 이같이 대답했다.

"무엇이 무섭단 말인가? 내가 진작 죽지 않은 것은 시국이 안정되기를 기다렸기 때문이다. 그대가 좌상左相이 되면 나는 필시 우상右相이 될 것이다. 그러나 모시던 주군을 죽인 사람의 신하가 되는 것은 나를 다시 모욕하는 일이다. 그대는 살아남는 신하가 되라! 나는 죽음을 택하는 신하가 될 것이다. 내가 죽으면 공자 규는 죽음으로 따르는 신하를 가졌다는 칭송을 받게 된다. 그대는 살아서 패업을 이루도록 하라! 그러면 공자 규는 나라를 위해 살아남은 신하를 가진 것이 된다. 그대는 살아서 이름을 떨쳐라! 나는 죽어 의로운 행위를 지킬 것이다. 명예와 죽음은 양립할 수 없다. 그대는 부디 제나라를 위해 힘쓰도록 하라! 삶과 죽음을 선택하는 이치는 서로 다른 것이다."

이 일화는 오직 『관자』에만 나오고 있다. 후대인의 가필이 거의 확실하나 나름 역사적 사실을 담고 있다. 이 대목에서 주목할 것은 소홀이 '나는 죽음을 택하는 신하가 될 것이다.'라고 언급하면서 관중에게는 '그대는 살아서 패업을 이루도록 하라!'고 언급한 점이다. 그는 절의節義와 공업功業을 모두 구현코자 한 것이다. 그 또한 관중의 큰 재주를 아까워했던 것이다.

당시 관중은 소홀의 죽음을 지켜보면서 어떤 생각을 했을까? 『사기』「관안열전」에는 훗날 관중이 자신의 개절改節을 변명한 다음과 같은 구절이 나온다.

"나는 소절小節을 수치스럽게 생각지 않고, 공명을 천하에 드러내지 못하는 것을 수치스럽게 생각했다!"

관중이 말한 '소절'은 주군인 공자 규를 좇아 죽는 순군殉君을 말한다. 이는 소홀이 취한 길이다. 관중이 취하고자 했던 '대절大節'은 공명을 천하에 드러내는 것이다. 그러기 위해서는 우선 살아남아야 하고, 나아가 자신을 알아주는 군주를 만나 재능과 충성을 다 바쳐야 한다. 관중은 바로 이런 길로 나아가 천고에 그 이름을 남길 수 있었다.

그러나 성리학자들은 공자와 달리 이를 액면 그대로 받아들이지 않았다. '소절'을 버리고 '대절'을 취한 이른바 혁절革節이 아니라 '대절'을 버리고 사적인 안녕과 영달의 '소절'을 취하는 소위 변절變節로 해석한 게 그 증거다. 『논어』「헌문」에 나오는 자로의 입장을 그대로 취한 것이나 다름없다. 맹자가 바로 대표적인 인물이다.

맹자가 활약한 전국시대 말기는 관중이 활약한 춘추시대 중기보다 훨씬 인심이 각박한 때였다. 이런 시기에 맹자는 관중의 패업조차 부인하며 현실과 동떨어진 '왕도'를 주장한 것이다. 왕도에 대한 그의 강고한 신념은 거의 종교적 신념에 가까웠다.

그러나 왕도로 혼란스런 난세를 평정할 수 있는 것은 아니다. 아무리 이상이 높을지라도 현실과 괴리된 것은 관념의 유희에 불과할 뿐이다. 관중과 제환공이 이룬 패업의 역사적 의미가 여기에 있다. 군소 제후들이 서로 갈등하며 다투는 현실을 직시했기 때문이다. 사마광이 『자치통감』에서 관중이 이룬 패업의 가장 큰 의미를 백성을 구하는 '제민濟民'에서 찾은 것은 바로 이 때문이다. 이를 전제로 해야만 관중의 패업을 제대로 평가할 수 있다.

주목할 것은 맹자처럼 동기가 나쁘면 결과도 결코 좋게 평할 수 없다는 식의 극단적인 논리를 배제할지라도 자로처럼 설령 결과를 높이 평가할지라도 동기만큼은 인정할 수 없다는 주장이다. 이는 사실 반박키가 쉽지 않다. 공자의 경우는 관중이 이룬 패업을 높이 평가하는 식으로 얼버무렸으나 그 역시 동기의 순수성을 지적한 자로의 질문에 대해서는 구체적인 해답을 피했다. 관중의 비례非禮를 질타한 공자의 입장에서 이를 적극 변호키가 쉽지 않았을 것이다.

수천 년에 걸쳐 관중의 '변절' 여부를 놓고 숱한 논란이 지속된 배경이 여기에 있다. 21세기의 관점에서 볼 때 과연 관중은 '변절자'인가, 아니면 그가 주장한 것처럼 대절을 위해 소절을 버린 '혁절자'인가? 먼저 『관자』「내언」의 '대광'에 나오는 다음 평을 보자.

"소홀의 죽음은 살아남은 것보다 훌륭하고, 관중이 살아남은 것은 죽은 것보다 훌륭하다."

소홀이 죽기 전에 관중에게 당부한 내용과 부합하는 평가다. 관중이 과연 '변절'을 했는지 여부는 다른 시각에서 접근할 필요가 있다. 바로 '난세의 논리'다. 다스림이 존재하는 이유는 치세와 난세를 막론하고 다를 리가 없다. 경국제세經國濟世, 경세제민經世濟民, 국리민복國利民福, 국태민안國泰民安 등이 그것일 것이다. 비록 추상적인 용어로 이뤄지기는 했으나 기본취지만큼은 동일하다.

그러나 다스리는 이치는 치세와 난세가 다르다. 이는 붓과 칼의 효용을 생각하면 쉽게 이해할 수 있을 것이다. 상대방이 아예 귀를 닫았거나 엉뚱한 생각을 할 경우 대화로 설득코자 하는 것은 한계가 있을 수밖에 없다. 강제력이 동원되는 이유다. 국제정치의 경우는 더 말할 것도 없다. 고금동서를 막론하고 국제정치에서 궁극적으로 동원된 것은 결국 무력이다.

한비자가 난세의 정도가 극에 달한 전국시대 말기에 패도를 적극 수용한 스승 순자의 '예치' 주장조차 공허한 얘기에 지나지 않는다며 각박하기 짝이 없는 '법치'를 들고 나온 이유가 여기에 있다. 국제정치의 살벌한 현실을 통찰한 결과다. 그가 동기보다 결과에 초점을 맞춰 관중의 변명을 적극 수용한 것도 바로 이 때문이다. 『한비자』「난이」에 이를 뒷받침하는 대목이 나온다.

"관중은 제환공을 죽이려고 모의하다가 뜻을 이루지 못했다. 이후 공자 규가 죽자 제환공의 신하가 되었다. 관중의 취사선택은 주공 단旦과 다를 수밖에 없었다."

주공 단은 어린 조카 주성왕을 몰아내고 스스로 보위를 차지하거나, 아니면 신하의 도리를 다하거나 하는 선택의 여지가 있었다. 그러나 관중의 경우는 그러한 선택의 여지가 전혀 없었다. 주군인 공자 규를 좇아 자진하는 '소절'을 취하는 경우와 천하에 대공을 세우기 위해 변절의 비난을 무릅쓰고 '대절'을 취하는 경우가 그것이다. 그는 후자를 취한 것이다. 한비자가 주공 단과 관중을 동일한 잣대로 평가하는 것은 잘못이라고 지적한 것은 이를 수긍한 결과다.

당시 관중이 소홀처럼 '순군'의 노선을 취할 경우 사후에 충신이라는 소리를 들을 수 있을 것이다. 그러나 난세를 평정코자 하는 웅략을 포기해야만 한다. 관중과 같은 '기재'에게 이는 너무 가혹한 일이 아닐까? 나아가 소홀이 이미 충절의 모범을 보여준 마당에 천하를 가슴에 품은 관중까지 똑같은 길을 걸을 필요가 있을까? 무의미한 죽음이다. 설령 도덕적인 잣대를 들이대 '변절'로 평할지라도 그가 이룬 공업만큼은 액면 그대로 평하는 게 도리에 맞다.

관중의 변명에 관한 한 스승 순자도 한비자와 별반 차이가 없다. 그는 오히려 제자 한비자보다 관중의 '혁절'을 더 높이 평가했다. 이는 관중 스스로 패업을 이룸으로써 자신이 다짐한 '대절'의 약속을 지킨 점을 평가한 결과다. 그 역시 공자가 「헌문」에서 '관중이 없었다면 우리는 지금 오랑캐가 되었을 것이다.'라고 찬탄한 것과 같은 입장에 서 있었다. 순자의 관중에 대한 기본 입장은 『순자』「신도」의 다음과 같은 평에 잘 나타나 있다.

"신하의 길에는 대충大忠과 차충次忠, 하충下忠, 국적國賊이 있다. 덕으로 군주를 감싸며 감화시키는 것을 '대충', 덕으로 군주를 조절하며 보좌하는 것을 '차충', 옳은 말로 군주의 그릇됨을 간하여 군주를 노엽게 만드는 것을 '하충', 군주의 영욕榮辱과 나라의 흥망에 아랑곳하지 않고 군주에 영합하여 구차히 보신하며 자리를 지키고 무리를 키우는 것을 '국적'이라고 한다. 주성왕에 대한 주공 단과 같은 인물은 '대충', 제환공에 대한 관중과 같은 인물은 '차충', 오왕 부차에 대한 오자서伍子胥와 같은 인물은 '차충', 은나라 주紂에 대한 아첨꾼 조촉룡曹觸龍과 같은 인물은 '국적'으로 일컬을 만하다."

순자 역시 공자와 마찬가지로 제환공을 도와 춘추시대 최초로 '존왕양이'의 패업을 이룬 것을 높이 평가했다. 『순자』「대략」에는 공자의 입을 빌려 관중을 높이 평가한 대목이 나온다.

"노나라 대부 자가구子家駒는 세습한 대부인 까닭에 안영만 못하다. 안영은 실용을 강구한 신하인 까닭에 자산만 못하다. 자산은 백성을 애호한 은혜로운 사람이기는 하나 관중만 못하다. 그러나 관중은 공을 세우는 데에만 힘을 쓰고 의義에 힘쓰지 않고, 지知에만 힘을 쓰고 인仁에 힘쓰지 않았다. 그래서 천자의 대부가 될 수는 없다."

공자가 이런 말을 했다는 근거를 찾을 길이 없다. 후대인의 가필이다. 그럼에도 『논어』에 나오는 공자의 관중에 대한 기본입장과 상통하고 있다. 관중을 정나라의 현대부인 자산보다 더 높이 평가한 것은 사실 최상의 평가에 해당한다. 『논어』에 나오는 자산은 온통 칭송 일색이다. 자산을 공자의 사상적 스승으로 간주하는 이유다. 그럼에도 관중에 대한 평가는 시대에 따라 들쭉날쭉했다. 삼국시대 이후 부국강병에 대한 요구가 들끓는 청대 말기 이전까지 관중을 가장 높이 평가한 인물로 명대 말기의 학자 이탁오李卓吾를 들 수 있다. 그는 『분서焚書』「서답書答」에서 관중을 극찬해 놓았다.

"큰 재주를 지니고도 세상에 쓰이지 못한 경우가 매우 많았다. 기왕에 세상이 그 재주를 쓰지 못하니 스스로도 등용되기를 구하지 않았다. 물러나 재주 없는 자들과 한통속이 되어 그들의 의심을 사지 않고 재주 있는 자들이 질투하지 않도록 처신했다. 겉모습을 어리석은 듯이 내보이며 보물을 깊이 감춰 없는 듯이 보이게 하는 경우가 그것으로 노자가 바로 여기에 해당한다. 이에 반해 후한 광무제와 동문수학한 인물로 광무제의 부름에 응하지 않고 농사를 짓다 죽은 엄자릉嚴子陵 같은 이는 자신의 재주를 시험해 보고 싶어 안달했다. 그는 반드시 쓰이고자 하는 마음은 있되 반드시 쓰이게 될 형세가 없었던 까닭에 은자로 이름을 남겼다. 비록 은둔할 마음은 없었으나 그 행적만큼은 감출 수 있었고, 비록 재주가 쓰이지는 않았으나 자신이 은둔한 인재임은 드러내 보일 수 있었던 셈이다. 이밖에도 크게 쓰일 만한 재주를 지닌 데다 자신을 굽힐 수도 있어 반드시 등용되기를 구하는 경우가 있다. 이 경우는 반드시 명군과 충신이 존재하는 호시절이 아니어도 되고, 도道의 흥성 여부도 굳이 따질 필요가 없다. 세상과 더불어 부침하고, 시절에 따라 오르내리면서 쓰임이 늘 내게 있도록 하는 게 관건이다. 세상이 나를 버리고 쓰지 않으면 일이 성사되지 않도록 만든다. 관중이 바로 그런 경우에 속한다. 이는 가장 높은 경지라고 해야 할 것이다."

그럼에도 관중의 뛰어난 재주와 방략 및 사상은 성리학의 등장을 계기로 이내 묻히고 말았다. 성리학을 집대성한 주희가 관중의 패업을 깎아내린 탓이다. 원래 주희는 맹자를 높이며 순자를 이단시했다. 맹자처럼 패도를 혐오하며 관중의 패업을 일거에 폄하한 이유다. 이를 뒷받침하는 『논어집주』의 해당대목이다.

"관중이 비록 제후를 규합해 천하를 바로 잡았다고 할지라도 그 그릇은 칭송할 만한 것이 못 된다. 도학이 밝지 못해 왕도와 패도의 선택을 뒤섞어 버렸기 때문이다."

주희는 맹자처럼 치세와 난세를 불문하고 반드시 왕도를 펴야만 천하를 평안하게 만들 수 있다고 본 것이다. 난세의 현실을 무시한 공리공담의 폐해가 이처럼 크다. 그러나 역사는 거꾸로 흘러갔다. 성리학의 만연으로 인해 주희의 이런 해석이 무비판적으로 받아들여진 게 그렇다. 『관자』를 이단서로 간주하는 풍조가 나타난 배경이다. 『관자』에 대한 주석 작업이 미미했던 것도 바로 이 때문이다. 『관자』에 대한 열기는 아편전쟁 직후인 청대 말기에 이르러 비로소 증폭되기 시작했다. 부국강병의 방략에 대한 필요성이 그만큼 거셌던 것이다. 그러나 이는 때늦은 후회에 지나지 않았다. 청조가 이내 패망하고 열강의 반半식민지 상태로 전락한 사실이 이를 웅변한다. 자세한 내용은 『관자』의 역대 주석을 분석한 다음 대목에서 다루기로 한다.

[제2권]

『관자』는 무엇인가?

제1부 『관자』는 어떻게 나왔을까?

제2부 『관자』는 어떻게 읽어야 할까?

사상 최초의 정치경제학서

고 전 에 서

배 우 는

경 제 활 성 화 와

국 가 경 영 전 략

국내
최초
완역판

사상

최초의

정치

경제

학서

『관자』에 관한 역대 주석을 총망라한 주석서 국내 최초 출간

정치와 경제를 하나로 녹인 『관자』에서 경세제민과 부국강병 원리를 찾아라!

자금성의 수뇌부는 『관자』를 『논어』보다 열심히 읽으며 G1을 꿈꾸고 있다

고 전 에 서

배 우 는

경 제 활 성 화 와

국 가 경 영 전 략

|제1부| 『관자』는 어떻게 나왔을까?

지난 세기 죽간竹簡과 백서帛書의 대대적인 출토 덕분에 『관자』의 가치가 더욱 높아졌다. 산동성 은작산銀雀山 한묘漢墓 죽간에서 『관자』의 일부 내용이 나온 것은 전한 초기에 『관자』가 널리 애독된 사실을 뒷받침한다. 학자들의 연구 결과 호남성 마왕퇴馬王堆 한묘 백서의 『황제서黃帝書』와 『춘추사어春秋事語』 등이 『관자』를 거의 베낀 것이라는 사실이 밝혀진 것도 커다란 수확이다. 예컨대 『황제서』의 내용은 『관자』「단어」편의 '심술 상', '심술 하', '백심' 등과 거의 흡사하다. 또 『춘추사어』 제7장의 '제환공과 채부인의 배를 탄 일화'를 비롯해 16장의 '노환공과 문강이 제나라 제양공을 만나 즐긴 일화' 등은 『관자』「내언」편의 '대광'과 별반 다를 게 없다. 어느 것이 먼저 편제되었는지는 단정키가 쉽지 않으나 전국시대는 물론 진한시대에도 『관자』가 부국강병의 방략을 담은 고전으로 널리 읽혀졌다는 사실만큼은 확실하다.

그렇다면 과연 『관자』는 언제 누구에 의해 편제된 것일까? 우선 저자와 관련해 살펴보기로 하자. 현재는 크게 관중 자신, 관중의 문인 또는 제자, 제나라 도성인 임치에 설치된 직하학궁稷下學宮의 학자 등이 대립하고 있다. 『관자』의 내용과 논조가 복합적이어서 획일적으로 말하기가 어려운 게 사실이나 이를 종합적으로 살펴볼 필요가 있다.

내용 면에서 볼 때 『관자』에는 관중이 실시한 정책이나 관중의 정치사상과 부합하는 대목이 존재하는가 하면 전혀 그렇지 않은 대목도 있다. 일부

대목은 관중의 평소 언행과 사상을 그의 제자나 문인이 기술한 것으로 추정되는가 하면 후대인이 끼워 넣은 게 확실시되는 대목도 존재한다.

여기서 하나 짚고 넘어갈 것은 스승의 언행을 직계 제자 내지 문인이 기록했을 경우 이를 스승의 저서로 볼 수 있는가 하는 점이다. 대표적인 사례가 바로 『논어』이다. 객관적으로 볼 때 『논어』는 전적으로 제자들의 작품이다. 그럼에도 우리 모두 『논어』를 공자의 저술로 간주한다. 사서의 기록에 비춰볼 때 관중은 제자를 두지 못했다. 『관자』의 내용 가운데 관중 자신이 쓴 것으로 보이는 대목이 없을 경우 관중을 저자로 볼 수는 없는 일이다.

그러나 사마천을 비롯한 역대 사가들은 『관자』의 내용 가운데 「경언」편의 '목민', '형세', '권수' 등을 관중의 유저로 보았다. 객관적으로 볼지라도 사서의 기록과 일치하는 내용이 매우 많다. 비록 관중을 추종하는 후대인의 가필이 있을지라도 종합적으로 판단할 때 관중의 저서로 보는 게 합리적이다.

그렇다면 현재의 『관자』와 유사한 모습을 갖추게 된 시기는 대략 언제쯤 될까? 오랫동안 이에 대한 논의가 지속돼 왔지만 아직까지 뚜렷한 결론을 내지 못한 상태이다. 크게 전국시대 중기로 보는 '전국설'과 전한시대로 보는 '전한설'이 대립하고 있다. '전국설'의 지지자는 용조조容肇祖, 호기창胡寄窗, 무보삼巫寶三 등이다. '전국설'의 논거는 대략 다음과 같다.

첫째, 『관자』의 내용 가운데 전국시대 제齊나라를 언급한 대목이 매우 많은 점을 든다. 「경중」편의 '경중 갑'에 나오는 '제나라에는 크게 펼쳐진 염전이 있어 남쪽의 양, 조, 송, 위 등으로 운송할 수 있다.'는 대목 등이 그렇다. 일각에서는 『관자』의 「경언」을 두고 부국강병에 성공한 제위왕齊威王의 업적을 반영한 것으로 본다. 둘째, 『관자』에 칼 모양의 화폐인 도포刀布가 언급된 점을 든다. 『관자』는 옛날 칼 모양의 돈이 화폐를 대표한다고 여러 차례 언급하고 있다. 진한시대는 도포를 쓰지 않고 수전銖錢을 사용했다. '전한설'을 고집할 경우 이를 설명할 수 없다는 것이다. 셋째, 기원전 93년에 완성된 사마천의 『사기』「관안열전」에 『관자』「경언」편의 '목민' 등이 언급된 점을 든다. '전한설'을 주장할 경우 이를 제대로 설명키 어렵다는 것이다.

이에 대해 왕국유王國維와 나근택羅根澤, 곽말약郭沫若 등은 '전한설'을 주장하며 몇 가지 이유를 들었다. 첫째, 『관자』「단어」편의 '치미'에서 아녀자가 정치를 한다는 뜻의 부인위정婦人爲政 표현을 사용한 점이다. 한고조 유방의 부인 여후呂后가 사실상 대권을 쥔 것을 표현했다는 것이다. 곽말약은 '치미'를 순자 밑에서 한비자와 함께 수학한 이사李斯의 문객 내지 제자의 작품으로 보았다. 둘째, '치미'에 나오는 만세지국萬世之國의 표현이다. 섭세창葉世昌은 1978년에 펴낸 『중국경제사상간사中國經濟思想簡史』에서 진시황의 천하통일 이후를 반영한 것으로 파악했다. 셋째, 「구부」편의 '국축'에서 빈 곳이 가득 찼다는 뜻의 영허盈虛 대신 만허滿虛 표현을 사용한 점이다. 곽말약은 『관자집교管子集校』에서 한혜제漢惠帝 유영劉盈의 이름을 기휘한 것으로 보았다. 넷째, 「경중」편이 갑甲, 을乙, 병丙 등의 십간十干으로 편제된 점이다. 곽말약은 한인漢人의 습관적인 용법으로 파악했다. 「경중」편을 한비자를 추종하는 자들이 쓴 것으로 보는 견해도 같은 맥락이다.

현재 다수설은 전국시대 중기인 기원전 4세기 전후로 보는 '전국설'이다. 기본 뼈대는 관중 또는 그의 문하생이나 추종자들에 의해 춘추시대에 저술된 것으로 간주하면서도 나머지 대부분의 내용은 전국시대 중기 이후의 작품으로 보는 것이다. 역사적으로 볼 때 여기에는 직하학궁에 소속된 직하학파稷下學派의 공이 컸다. 지금의 산동성 치박시淄博市인 제나라 수도 임치에 설립된 직하학궁은 전국시대 당시 학문의 중심지 역할을 수행했다.

직하稷下는 직문稷門의 밑이라는 뜻이다. 직문을 두고 임치성의 서문西門이라는 주장과 남문南門 이라는 주장이 맞서 있다. 원래 직하학궁을 최초로 세운 인물은 제위왕齊威王이다. 그는 전국시대의 제나라 군주 가운데 최고의 명군으로 손꼽히는 인물이다. 강력한 부국강병 계책을 추구해 제나라를 위기에서 구한 것은 물론 서쪽의 진나라와 어깨를 나란히 할 정도의 강대국으로 만든 덕분이다.

당초 그의 증조부 전화田和는 강씨姜氏의 제나라를 찬탈키 위한 전초 작업으로 스스로 태공太公을 칭했다. 원래 '태공'은 강씨의 제나라를 세운 강태공姜太公을 지칭한다. 그럼에도 이를 멋대로 끌어다 쓴 것이다. 기원전 386년, 전화가 강씨 제나라의 마지막 군주인 제강공齊康公 강대姜貸를 도성인 임치성에서 내쫓았다. 동쪽 바다 근처에 있는 조그마한 마을로 가 살면서 강씨 선조들의 제사를 받들게 한 것이다.

이듬해인 기원전 385년, 전화가 태공을 칭한 지 얼마 안 된 시점에 병사했다. 기원전 384년, 전화의 아들 전오田午가 부친의 뒤를 이어 즉위했다. 그는 춘추시대 첫 패업을 이룬 제환공과 똑같이 환桓이라는 시호를 받았다. 춘추전국시대를 통틀어 국호를 같이 하는 나라에서 동일한 시호를 갖게 된 것은 이것이 유일한 사례이다. 기원전 379년, 제환공 전오가 죽고 아들 전인제田因齊가 뒤를 이어 보위에 올랐다. 그가 바로 전국시대 중기에 천하를 호령한 제위왕이다. 공교롭게도 이해에 바다 근처의 마을로 쫓겨난 제강공이 죽었다. 미리 제거했을 공산이 크다. 이로써 강씨의 제나라는 역사무대에서 완전히 사라지고 말았다.

강씨의 제나라가 전씨의 제나라로 바뀐 것은 역성혁명에 해당한다. 그럼에도 국호는 여전히 제齊였다. 매우 희귀한 사례에 해당한다. 국호가 바뀌지 않은 가장 큰 이유는 산동 일대를 중심으로 한 '제' 땅을 그대로 물려받은 데 있다. 이 때문인지는 몰라도 제나라 도성인 임치가 있던 현재의 산동성 치박시 주변에는 강씨와 전씨의 제나라 역대 군주 6명의 무덤이 나란히 조성돼 있다. 사람들은 이를 통틀어 제릉齊陵이라고 부른다.

가장 유명한 것은 이왕총二王冢과 사왕총四王冢이다. 정족산鼎足山 동쪽 기슭에 위치한 이왕총은 춘추시대의 명군인 강씨 제나라의 제환공과 제경공齊景公의 능이다. 산을 묘로 조성한 이왕총은 높이가 20미터, 둘레가 120미터에 달한다. 치하촌淄河村 남쪽에 위치한 사왕총은 전국시대의 명군인 전씨 제나라의 제위왕과 그의 아들 제선왕齊宣王, 손자인 제민왕齊閔王, 증손자인 제양왕齊襄王의 능이다.

제위왕의 행보를 보면 여러모로 춘추시대의 초장왕과 닮았다. 사서는 초장왕이 즉위 직후 3년 동안 주색에 빠져 있었던 것처럼, 그 역시 즉위 이래 9년 동안 주색에 빠져 정사를 돌보지 않았다고 기록하고 있다. 그러다가 제나라가 패망의 위기에 몰리자 문득 심기일전의 자세로 정사에 전념함으로써 제나라를 천하제일의 강국으로 만들었다는 것이다. 3년 만에 각성한 초장왕이 제환공 및 진문공에 뒤이어 세 번째 패업을 이룰 때와 꼭 같다. 후대인이 살을 붙여 미화해 놓았을 가능성을 배제할 수 없다. 제위왕 스스로 초장왕의 고사를 흉내 냈을지도 모를 일이다.

그가 즉위할 당시 안팎의 사정이 매우 좋지 못했다. 북쪽의 연나라가 중원의 패권경쟁에 뛰어들며 이웃한 제나라를 압박한 게 중요한 배경으로 작용했다. 그가 보위에 오른 지 7년째 되는 기원전 373년, 연나라가 제나라를 침공한 게 그렇다. 연나라 군사가 접경지대인 임호林狐에서 제나라 군사를 격파했다. 이웃한 약소국 노나라는 연나라가 제나라 군사를 임호에서 격파할 당시 협공을 펼치며 지금의 산동성 태안현인 제나라의 양관陽關을 함락시켰다. 엎친 데 덮친 격으로 위魏나라까지 가세해 산동성 치평현인 박릉博陵까지 진공했다.

이후 연나라는 지속적으로 남진을 추구했으나 큰 성과를 거두지는 못했다. 동진하려는 진秦나라가 북진하려는 초나라와 손을 잡고, 서진하려는 제나라가 연나라의 남진을 방지하려는 위魏와 한韓 및 조趙 등 중원의 3진三晋과 손을 잡은 결과다. 당시 제위왕은 내치에 힘쓰며 관기를 엄정히 한 후 천하의 인재를 모으는데 심혈을 기울였다. 부국강병을 적극 추진한 것이다. 소문을 듣고 수많은 인재들이 제나라로 몰려들었다. 대표적인 인물이 추기鄒忌와 순우곤淳于髡이다.

제위왕이 이처럼 인재를 거둬 천하를 도모코자 할 때 이를 질시의 눈으로 지켜보며 대응책을 서두른 군주가 있었다. 그는 바로 『맹자』의 첫 편인 「양혜왕」에 등장하는 위혜왕魏惠王이다. 위나라는 서쪽 진나라의 압박으로 도성을 지금의 하남성 개봉인 양梁 땅으로 옮긴 뒤 양나라로 불렸다. 경사서에 따라 위혜왕을 양혜왕으로 표현한 이유다. 『맹자』도 그 가운데 하나에 속한다. 진나라의 압박으로 부득불 도성을 동쪽으로 옮긴 위혜왕도 이후 제위왕을 흉내 내 대대적인 인재확보 경쟁에 나섰다. 맹자는 바로 이런 시기에 위나라를 찾아간 것이다.

제위왕이 본격적으로 정사에 참여하는 초기만 해도 두 나라의 실력은 엇비슷했다. 두 사람이 자주 사자를 교환하며 친목을 다진 배경이다. 『자치통감』과 『사기』「전경중완세가」의 일화에 따르면 기원전 355년, 제위왕과 위혜왕이 함께 교외에서 수렵을 하게 되었다. 위혜왕이 제위왕에게 물었다.

"귀국 역시 진보珍寶가 있겠지요?"

"없습니다!"

위혜왕이 물었다.

"과인의 나라는 비록 작지만 직경이 1촌寸이나 되는 구슬이 있습니다. 이것으로 수레를 비추면 앞뒤로 12승乘이나 비출 수 있는데 그런 것이 10개나 됩니다. 그런데 어찌 제나라처럼 큰 나라에 보배가 없단 말입니까?"

제위왕이 대답했다.

"과인의 생각은 군왕과 다릅니다. 과인의 신하 중 단자檀子라는 사람이 있습니다. 그에게 남성南城을 지키게 하자 초나라 군사가 감히 노략질을 못하고, 사수泗水 일대에 사는 12명의 제후들이 모두 우리 제나라에 조현을 왔습니다. 또 과인의 신하 중 반자盼子라는 사람이 있습니다. 그에게 고당高唐을 지키게 하자 조나라 사람들이 감히 동쪽으로 내려와 황하에서 고기잡이를 못했습니다. 과인의 관원 가운데 검부黔夫라는 사람이 있습니다. 그에게 서주徐州를 지키게 하자 연나라 사람들이 북문北門에 와 제사를 올리고, 조나라 사람들은 서문西門에 와 제사를 올렸습니다. 두 나라에서 서주로 이사와 살겠다고 한 사람이 7천여 호나 되었습니다. 이밖에도 과인의 신하 중 종수種首라는 사람이 있습니다. 그에게 도적을 막게 했더니 길에 떨어진 물건을 줍는 사람이 없어졌습니다. 이 네 사람의 능력은 1천 리나 비출 수 있습니다. 그러니 어찌 겨우 수레 12승만 비출 뿐이겠습니까!"

사서는 위혜왕이 제위왕의 이런 얘기를 듣고 크게 부끄러워했다고 기록해 놓았다. 제위왕이 위혜왕 앞에서 이런 자랑을 펼 수 있었던 것은 바로 직하학궁 덕분이었다. 전국시대 말까지 직하학궁을 거쳐 간 인물이 매우 많다. 순자荀子, 한비자韓非子, 공손룡公孫龍, 굴원屈原 등이 대표적이다. 이들 모두 제자백가의 핵심적인 인물에 해당한다. 이들을 뭉뚱그려 통상 '직하학파'로 부른다. 이들 '직하학파' 덕분에 제나라는 기원전 4세기 중엽부터 진시황에게 패망하는 기원전 221년까지 약 150년 동안 학문의 중심지 역할을 했다.

당시 지식인들은 자신의 사상을 세상에 펼치기 위해 열국을 돌아다니며 군주와 대부들을 설득했다. 중용되면 자신의 의도대로 나라를 경영했고 뜻이 맞지 않으면 아무런 미련 없이 다른 나라로 훌쩍 떠났다. 맹자가 위혜왕 사후 직하학궁에 머물며 제선왕의 예우를 받은 것도 이런 맥락에서 이해할 수 있다. 당시 제나라는 이들을 위해 상대부上大夫에 해당하는 객경客卿의 칭호를 내리고 토론과 집필에 몰두할 수 있도록 배려했다. 나름 일가견을 가진 학자들이 의식衣食과 관련해 아무런 걱정 없이 다양한 토론을 전개하며 학문을 닦을 수 있었던 배경이다. 『관자』가 직하학궁의 직하학파에 의해 첨삭이 이뤄진 것은 자연스런 일이었다. 전국시대 당시 『관자』에 대한 수요는 대단했다. 『한비자』「오두」에 나오는 다음 대목이 이를 뒷받침한다.

"지금 나라 안의 백성 모두 정치를 말하고, 『상군서商君書』와 『관자』의 법가 서적을 집집마다 소장하고 있지만 나라가 더욱 가난해지는 것은 무슨 까닭인가? 입으로 농사짓는 자만 많을 뿐 정작 손에 쟁기나 호미를 잡고 농사를 짓는 자는 적기 때문이다. 나라 안의 백성 모두 군사를 말하고, 『손자병법』과 『오자병법』의 병가 서적을 집집마다 소장하고 있지만 군사가 더욱 약해지는 것은 무슨 까닭인가? 입으로 용병하는 자만 많을 뿐 정작 갑옷을 입고 전쟁터로 나가 싸우는 자는 적기 때문이다."

상앙의 저서 『상군서』는 부국강병의 책략을 언급한 대표적인 고전에 해당한다. 『관자』를 『상군서』와 함께 거론한 것은 전국시대 말기에 이르러 『관자』가 『상군서』와 더불어 부국강병 책략의 보고로 간주됐음을 암시한다. 『관자』가 시간이 지나면서 잡박雜駁해진 것도 이런 맥락에서 이해할 수 있다. 사마천은 『사기』「관안열전」에서 이같이 말했다.

"나는 일찍이 관중이 쓴 『목민牧民』과 『산고山高』, 『승마乘馬』, 『경중輕重』, 『구부九府』를 읽어보았다. 그 내용이 매우 상세했다. 저서를 읽고 나니 그의 행적을 알고 싶어 전기를 쓰기로 했다."

이는 사마천이 활약하는 전한 초기에 이미 『관자』의 내용이 매우 잡박해졌음을 반증한다. '산고'를 제외한 모든 편명이 현존 『관자』에 그래도 나온다. '산고'는 「경언」편의 '형세形勢'로 그 명칭이 바뀌어 수록돼 있다. 또 독립된 책으로 존재했던 『승마』와 『구부』 역시 「경중」편의 일부로 삽입됐다. 다만 『승마』에 수록돼 있다고 추정되는 4편의 글 가운데 '승마'는 현존 『관자』의 「경언」에 편제됐고, 나머지 3편인 '거승마'와 '승마수' 및 '문승마'는 「경중」편의 일부로 편제됐다. '문승마'는 도중에 사라지고 현재는 '거승마'와 '승마수'만 남아 있다. 본서는 사마천이 관중의 저서를 처음 보았을 당시의 상황을 되살리기 위해 「경중」편에 억지로 삽입된 「승마」와 「구부」를 따로 떼어내 제8편과 제9편으로 독립시켰다.

당초 사마천은 원래 독립적인 책으로 구성돼 있던 『목민』과 『승마』 및 『구부』 등을 읽으면서 관중이 직접 썼다는 확신을 갖게 된 듯하다. '내용이 매우 상세했다.'는 표현이 이를 뒷받침한다. 그러나 이후 시간이 지날수록 온갖 잡문이 대거 끼어들게 됐다. 마침내는 『관자』의 원형이 어떤 것인지 헷갈릴 정도로 난해한 모습을 띠게 된 배경이다. 이것이 많은 학자들이 『관자』의 최종 편집시기를 두고 춘추시대에 시작해 전한까지 무려 8백여 년의 기나긴 세월을 거쳐 여러 사람의 손에 의해 만들어진 것으로 보는 이유다.

이처럼 잡박해진 것을 현존 『관자』의 체제로 정비한 인물은 전한 말기의 대학자 유향劉向이다. 그는 『관자』를 비롯한 제자백가서를 새롭게 정비할 때마다 「서록敘錄」을 남겼다. 편제 과정과 배경을 간략히 서술해 놓은 것이다. 덕분에 『관자』가 어떤 모습을 하고 있었는지 대략 짐작할 수 있다. 그는 「관자서록」에 이같이 기록해 놓았다.

"호좌도수사护左都水使 광록대부光禄大夫 신臣 항向은 교수校雠 과정을 다음과 같이 밝힙니다. 신이 교수를 위해 모은 『관자』는 총 389편으로 되어 있습니다. 이밖에도 태중대부大中大夫 복규卜圭로부터 27편, 대신 부참富参으로부터 41편, 사성교위射声校尉 립立으로부터 11편, 태사太史로부터 96편을 더 얻었습니다. 안팎으로 모은 편수는 총 564편입니다. 교수하는 과정에서 내용이 중복되는 484편을 제거하고 나니 총 86편이 남았습니다. 이제 교수한 내용을 토대로 말끔히 정리한 정본定本을 펴내게 되었습니다."

이를 통해 유향이 교수하기 전까지만 해도 『관자』가 얼마나 잡박하게 변해 있었는지 대략 짐작할 수 있다. 유향은 『관자』를 총 86편으로 새롭게 편제하면서 크게 8개 부류로 나눴다. 「경언經言」과 「외언外言」, 「내언內言」, 「단어短語」, 「구언區言」, 「잡어雜語」, 「해언解言」, 「경중輕重」 등이 그것이다. 여기에 수록된 86편 가운데 수나라 때 들어와 이미 10편이 사라졌다. 송나라 때 다시 「내언」에 편제된 '왕언王言'이 사라졌다. 송대 이후 11개편은 제목만 있고 본문은 사라진 채 총 75편만 21세기 현재까지 전해지게 됐다. 송대에 11개편이 제목만 남은 것은 『관자』에 대한 관심이 크게 줄어들었음을 반증한다. 현재 많은 학자들은 망실된 11개편 가운데 상당 부분은 완전히 없어진 게 아니라 현재 전해지고 있는 75개편에 삽입된 것이 많은 까닭에 완전히 망실된 것은 그리 많지 않은 것으로 보고 있다.

원래의 편제를 보면 총 24권卷 8류類 86편篇으로 되어 있다. 제1권은 1편에서 5편까지, 제2권은 7편까지, 제3권은 10편까지, 제4권은 12편까지, 제5권은 15편까지, 제6권은 17편까지, 제7권은 18편까지, 제8권은 21편까지, 제9권은 25편까지, 제10권은 30편까지, 제11권은 34편까지, 제12권은 35편까지, 제13권은 38편까지, 제14권은 41편까지, 제15권은 48편까지, 제16권은 51편까지, 제17권은 53편까지, 제18권은 57편까지, 제19권은 63편까지, 제20권은 64편까지, 제21권은 69편까지, 제22권은 76편까지, 제23권은 80편까지, 제24권은 마지막 장인 86편까지 담고 있다. 현재 출간되고 있는 『관자』는 원본을 좇아 권별로 나누기도 하나 대개는 내용을 좇아 크게 8가지 '류'로 나누고 있다. 현존 76편은 '경언' 9편, '외언' 8편, '내언' 7편, '단어' 17편, '구언' 5편, '잡어' 10편, '해언' 4편, '경중' 16편이다. 본서는 서술의 일관성을 위해 류類를 '편', '편'을 장章으로 바꿔 표기했다. 이를 차례로 일별하면 다음과 같다.

제1편 「경언」편은 총 9장이다. 목민牧民, 형세形勢, 권수權脩, 이정立政, 승마乘馬, 칠법七法, 판법版法, 유관幼官, 유관도幼官圖 등이다. 여기의 '승마'는 원래 유향에 의해 「경중」에 편제된 거승마巨乘馬, 승마수乘馬數, 문승마問乘馬와 함께 있던 것이다. 유향이 임의로 쪼개 '승마'를 「경언」에 끼워 넣었다. 본서는 일단 '승마'를 유향의 편제를 좇아 「경언」에 그대로 두었다. 다만 독자들은 뒤에 나오는 '거승마' 등과 함께 읽을 필요가 있다.

제2편 「외언」편은 총 8장이다. '외언'을 대다수 서적이 통상 '외편外篇'으로 표기하고 있으나 문맥상 '외언'으로 보는 게 타당하다. 오보五輔, 주합宙合, 추언樞言, 팔관八觀, 법금法禁, 중령重令, 법법法法, 병법兵法 등이 그것이다.

제3편 「내언」편은 총 9장이다. 대광大匡, 중광中匡, 소광小匡, 왕언王言, 패형霸形, 패언霸言, 문問, 모실謀失, 계戒로 구성돼 있다. '왕언'과 '모실'은 도중에 원문이 사라지고 제목만 남았다.

제4편 「단어」편은 총 18장이다. 지도地圖, 참환參患, 제분制分, 군신君臣 상하上下, 소칭小稱, 사칭四稱, 정언正言, 치미侈靡, 심술心術 상하上下, 백심白心, 수

지水地, 사시四時, 오행五行, 세勢, 정正, 구변九變 등이다. '정언'은 도중에 사라졌다.

제5편 「구언」편은 총 5장이다. 임법任法, 명법明法, 정세正世, 치국治國, 내업內業 등이다.

제6편 「잡어」편은 총 13장이다. 통상 '잡편雜篇'으로 표기하고 있으나 문맥상 '잡어'로 표기하는 게 낫다. 봉선封禪, 소문小問, 칠신칠주七臣七主, 금장禁藏, 입국入國, 구수九守, 환공문桓公問, 탁지度地, 지원地員, 제자직弟子職, 언소言昭, 수신脩身, 문패問覇 등으로 구성돼 있다. '언소'와 '수신', '문패'는 원문이 도중에 사라졌다.

제7편 「해언」편은 총 5장이다. 통상 '관자해편管子解篇'으로 표기하고 있으나 「경언」편에 대한 해석이므로 「해언」편으로 표기하는 게 더 낫다. 목민해牧民解, 형세해形勢解, 이정구패해立政九敗解, 판법해版法解, 명법해明法解 등이다. '명법해'를 빼고는 모두 「경언」에 나오는 것들이다. '명법해'는 「구언」편 '명법'에 대한 해설이다. '목민해'는 도중에 사라졌다.

제8편 「승마」편과 제9편 「구부」편 및 제10편 「경중」편은 유향의 분류에 따르면 모두 「경중」으로 통합돼 있는 것이다. 거승마巨乘馬, 승마수乘馬數, 문승마問乘馬, 사어事語, 해왕海王, 국축國蓄, 산국궤山國軌, 산권수山權數, 산지수山至數, 지수地數, 규탁揆度, 국준國准, 경중輕重 갑을병정무기경甲乙丙丁戊己庚이 그것이다. '문승마'와 '경중 병', '경중 경'은 도중에 원문이 사라졌다.

앞서 언급했듯이 '거승마', '승마수'는 「경언」에 분류된 '승마'와 함께 읽는 게 옳다. 본서는 비록 유향이 분류한 체제를 좇아 '승마'를 「경언」에 그대로 놓아두기는 했으나 유향의 분류와 달리 '거승마'와 '승마수'를 하나로 묶어 「승마」편을 따로 편제했다. '사어'에서 '국준'에 이르는 9개장 역시 원래 「승마」와 마찬가지로 독립된 책인 「구부」에 있던 것이다. 「승마」와 마찬가지로 유향이 임의로 「경중」에 끼워 넣은 것이다. 본서는 원래의 모습을 복원하기 위해 유향의 분류와 달리 「구부」편을 따로 편제했다. 사실 그게 사마천이 『사기』를 저술할 때 보았던 원래의 모습이다. 현존 『관자』의 「경중」에 우겨다짐 격으로 편제된 「승마」와 「구부」, 「경중」 모두 원래는 별개의 독립된 책으로 존재했던 점을 반드시 염두에 둘 필요가 있다.

유향의 분류에 따를 경우 현존 『관자』의 8편 76장의 체제와 내용은 유향이 나름 대대적인 손질을 했음에도 적잖은 문제가 있다. 중복되는 내용이 적지 않고, 구성이 난삽한 게 그렇다. 특히 이체자異體字와 벽자僻字가 매우 많아 사람을 당혹케 만든다. 게다가 후대인의 주석으로 보이는 것도 원문에 섞여 있다.

현재 「경언」편의 9개장은 문장의 흐름이나 『사기』의 기록 등에 비춰 관중의 작품으로 보는 게 학계의 통설이다. 많은 사람이 『관자』의 저자를 관중 자신의 것으로 간주할지라도 크게 틀리지 않다고 보는 이유다. 일부는 관중을 추종하는 문인門人 및 그들을 계승한 관자학파에서 지은 게 확실하다. 그러나 큰 틀에서 보면 『관자』의 저자를 관중으로 보는 게 타당하다. 『논어』를 공자의 저서로 간주하는 것과 같은 논리다.

현존 『관자』에는 관중의 언행과 사상을 담은 내용이 매우 많다. 전한 때로 추정되는 것을 포함해 잡다한 내용이 다수 포함돼 있는 게 사실이나 그 뼈대만큼은 관중의 경세이념과 계책을 계승한 것이다. 모두 현대의 경제학파에 해당하는 상가商家의 경세사상이 중심을 이루고 있다. '상가'는 그 효시인 관자를 포함해 상가 이론을 집대성한 사마천에 이르기까지 하나로 뭉뚱그려 대략 관자학파로 분류할 수 있다.

실제로 『관자』의 내용 가운데 가장 눈에 띄는 것은 「승마」와 「구부」 및 「경중」편을 포함해 정치경제 문제를 다루고 있는 이른바 '관자경제학'으로, 『관자』 전체의 3분의 2에 달하는 매우 방대한 분량이다. 본서의 편제에 따르면 제8편 「승마」와 제9편 「구부」 및 제10편 「경중」이 그 정수에 해당한다. 최근 중국 학계의 연구도 이 부분에 치중돼 있다. 대표적인 저술로 감내광甘乃光의 『선진경제사상사先秦經濟思想史』, 당경증唐慶增의 『중국경제사상사中國經濟思想史』, 웅몽熊夢의 『만주제자경제사상사晩周諸子經濟思想史』, 황한黃漢의 『관자경제사상管子經濟思想』, 마비백馬非百의 『관자경중신전管子輕重新詮』 등을 들 수 있다. 논문으로는 1965년의 『경제연구經濟硏究』에 실린 섭세창葉世昌의 「논관자경중論管子輕重」이 대표적이다.

『관자』는 21세기 G2시대의 관점에서 볼 때 일견 그 내용이 잡박하고 논리체계가 부족한 것처럼 보이는 게 사실이다. 그러나 기본취지 면에서 보면 『관자』는 치국평천하라는 큰 목적을 위해 정치와 경제, 행정, 법률, 외교, 군사 등 모든 분야에서 요구되는 지식을 집대성해 놓은 것으로 볼 수 있다. 하나같이 경제논리에 입각한 치국평천하 관련 내용들이다.

많은 사람들이 『관자』를 동서고금을 통틀어 사상 최초의 정치경제학 서적으로 간주하는 것도 이 때문이다. 「승마」와 「구부」 및 「경중」이 차지하고 있는 커다란 비중에 주목한 결과다. 대표적인 인물이 바로 지난 2010년 『부국책』을 펴낸 베이징대의 연구원 자이위중이다. 실제로 그는 『관자』를 서양에서 '경제학의 아버지'로 부르는 애덤 스미스의 『국부론』보다 훨씬 깊이가 있는 정치경제학서로 간주했다. 본서가 관중을 상가의 효시로 꼽은 것도 같은 맥락이다.

객관적으로 보아도 21세기 G2시대에는 개인의 경제행위에 초점을 맞춘 애덤 스미스의 『국부론』보다 정치와 경제를 하나로 녹인 『관자』의 내용이 훨씬 피부에 와 닿는다. 사실 그게 경제학의 원래 용어인 '정치경제학'의 의미에 부합된다. 『관자』를 깊이 탐사해야 하는 이유다. 현재 학자들은 유향이 정리한 현존 『관자』의 판본을 크게 3가지 계통으로 분류하고 있다.

첫째, 가장 오래된 판본으로 목판본인 송대의 양침본楊忱本 계통이다. 전한 말기 유향이 교수한 원본에 가장 가깝다고 할 수 있다. 청대 말기의 여상봉黎翔鳳은 『관자교주』에서 양침본을 저본으로 삼았다고 밝혔으나 일부 내용은 양침본과 다른 것으로 밝혀졌다. 양침본 계통에는 청나라 광서제 때 판각된 장영張瑛의 영각본影刻本을 비롯해 『사부총간四部叢刊』에 수록된 사부총간 영인본 및 중화서국에서 펴낸 중화재조선본中華再造善本 등이 있다.

원래 송나라 때 판각된 송본宋本에는 양침본 이외에도 남송 채잠도蔡潛道의 묵보당본墨寶堂本이 있었다. 왕사종汪士種의 예운서사藝芸書社와 요성聊城 양씨楊氏의 해원각海源閣에 수장돼 있다가 민국 초기 대련도서관에 수장됐으나 이후 행방이 묘연해졌다. 다만 상해도서관이 수장하고 있는 청대 학자 진환陳奐의 집안에서 초록한 초본抄本 『관자』가 묵보당본을 저본으로 삼은 것이어서 양침본과 대조가 가능하다.

둘째, 유적劉績의 『관자보주管子補注』를 기초로 한 유적본 계통이다. 유적본 계통은 양침본 계통과 비교할 때 본문의 글자에서 적잖은 차이를 보인다. 여기에는 명나라 때 판각된 주석이 없는 고본古本을 비롯해 안정서당安正書堂에서 중간한 판본과 주동광朱東光이 펴낸 『중도사자中都四子』를 토대로 한 중도사자본이 있다. 민국 때 출간된 『호북선생유서湖北先生遺書』에 수록된 『관자』도 이 계통에 속한다.

셋째, 『관자』와 『한비자』를 함께 펴낸 조용현趙用賢의 『관한합각管韓合刻』을 토대로 한 조용현본 계통이다. 이는 명나라 만력 연간에 양침본과 유적본을 토대로 새롭게 펴낸 판본에 속한다. 명나라 말기 이래 21세기 현재까지 가장 널리 퍼진 판본이다. 여기에는 명대 오면학吳勉學의 『이십자二十子』에 수록된 판본을 토대로 한 이십자본과 주장춘朱長春의 『관자각管子榷』을 뜻하는 관자각본, 명대 매사향梅士享의 『전서관자성서詮叙管子成書』를 지칭하는 관자성서본, 능여형凌汝亨의 주묵투인본朱墨套印本, 심정신沈鼎新의 화재본花齋本, 능등가凌登嘉의 『관자치략의언管子治略寱言』을 뜻하는 치략의언본 등이 있다. 청대 말기와 민국 초기에 걸쳐 출간된 절강서국浙江書局의 『이십이자二十二子』본과 숭문서국崇文書局의 『제자집성諸子集成』본, 중화서국의 『사부비요四部備要』본, 세계서국의 『제자집성』본 등도 이 계통에 속한다.

|제2부| 『관자』는 어떻게 읽어야 할까?

『관자』는 앞서 살펴본 바와 같이 잡다한 내용 등으로 인해 오랫동안 법가나 잡가로 분류됐다. 잡가로 분류하는 것은 나름 이해할 수 있으나 법가로 분류하는 것은 적잖은 문제가 있다. 『관자』에는 법가뿐만 아니라 유가와 도가, 병가, 음양가 등의 사상이 두루 반영돼 있기 때문이다.

원래 관중이 살던 시기는 제자백가가 등장하기 이전의 시대였다. 나라를 다스리는데 특정한 사상만을 고집할 이유가 없었다. 치국평천하에 도움이 되는 것이라면 모든 방법을 동원할 만했다. 실제로 관중은 그런 모습을 보였다. 실용주의에 입각한 부국강병의 계책이 『관자』를 관통하는 키워드로 나오는 근본배경이다.

당시에도 가장 효과적으로 부국강병을 달성하기 위해서는 법가가 역설한 변법을 과감히 시행해야 했다. 그러나 오래도록 유지된 관행과 도덕도 소홀히 할 수는 없는 일이었다. 나아가 공평한 정사를 펼치기 위해서는 허정虛靜과 무위無爲에 입각한 도가적 접근이 요구되기도 했다. 불가피한 전쟁에 대비하기 위해서는 병가의 궤도詭道 원리도 중시하지 않을 수 없다. 『관자』가 제자백가의 다양한 사상을 내포한 것도 이런 시대적 상황과 무관할 수 없다. 맹자의 명분론을 극도로 중시한 송대의 주희가 『관자』에 대해 비판적인 입장을 취한 것도 이런 맥락에서 이해할 수 있다. 그는 『논어집주』에서 이같이 비판했다.

"『관자』는 여러 사람의 글을 주워 모은 것에 지나지 않는다. 실제로 관중은 제나라의 정사를 떠맡아 일이 매우 많았던 까닭에 한가한 때가 드물었다. 게다가 그는 사치에 빠져 결코 한가하게 공부하며 책을 지을 사람이 못되었다."

말할 것도 없이 이는 성리학을 제창한 주희의 도학적인 입장에서 나온 것이다. 이에 반해 사마천은 『관자』의 원형에 해당하는 「목민」과 「산고」 및 「경중」 등을 읽은 사실을 거론하며 그 내용이 매우 상세했다고 호평했다. 관중의 저서로 파악한 것이다. 후대인들 가운데 주희의 입장을 좇은 사람은 그리 많지 않았다. 최소한 『관자』의 내용 가운데 「경언」 9장에 대해서는 관중이 직접 쓴 것으로 수긍한 게 그렇다.

실제로 「경언」 9장은 후대인의 작품으로 간주되는 「외언」 내지 「내언」 등과 달리 춘추시대의 사실史實을 배경으로 하고 있다. 후대의 많은 사람들이 『관자』를 『상군서』 및 『한비자』 등의 법가사상서와 더불어 부국강병 책략의 보고로 여긴 이유다.

그럼에도 남송 때 성리학이 등장한 이래 『관자』를 폄하하는 분위기가 만연하게 됐다. 특히 성리학을 금과옥조로 여긴 조선조는 아예 사문난적斯文亂賊으로 간주했다. 『관자』에 관한 주석서가 전무했던 것도 이와 무관할 수 없다. 이웃 일본에서 많은 주석서가 쉬지 않고 출간된 것과 대비된다.

객관적으로 볼 때 제자백가서 가운데 『관자』는 『묵자』와 더불어 가장 난해한 고전에 속한다. 현재 사용하지 않는 고자古字와 벽자僻字가 매우 많은 데다 착간錯簡 또한 심하기 때문이다. 당나라 전기만 해도 『관자』는 크게 중시됐다. 비록 현존하지는 않지만 개국공신인 위징魏徵이 『관자치요管子治要』, 중엽의 역사가 두우杜佑가 『관자지략管子指略』을 펴낸 게 그렇다. 현재는 당나라 초기에 조정대신을 지낸 윤지장尹知章의 『관자주管子注』 30권만이 전해지고 있다. 그의 주석서는 오랫동안 『관자』의 주석서 가운데 가장 정밀하다는 평을 받았다.

윤지장은 지금의 산서성 익성현翼城縣 출신으로 어렸을 때부터 총명했다.

『관자』를 비롯해 『효경』과 『도덕경』, 『장자』, 『한비자』, 『귀곡자』 등에 대해서도 주석을 단 게 그렇다. 당시 많은 사람들이 그를 찾아와 학문을 배운데서 알 수 있듯이 그는 제자백가서에 정통했다. 평생 청렴하게 살면서 희로의 속마음을 얼굴에 전혀 드러내지 않은 것도 이와 무관할 수 없다. 그에 관한 일화가 제법 많다. 한번은 그의 아들이 땔나무와 나무를 시장에 내다 팔아 명절 때 가용으로 쓰자고 청하자 이같이 힐난한 바 있다.

"만일 네 말대로 하면 백성은 장차 무엇을 먹고 살라는 것인가? 나는 다행히 녹봉食祿을 받고 있으니 응당 백성의 이익을 빼앗아서는 안 될 것이다."

윤지장은 개원開元 6년(718)에 향년 50여세로 숨을 거뒀다. 그의 문인인 손계량孫季良 등이 낙양의 국자감國子監 문밖에 그의 공을 기리는 비석을 세웠다. 『관자』에 대한 주석이 결코 간단히 이뤄진 게 아님을 알 수 있다.

송대에 특별히 거론할 만한 주석서가 나오지 않은 것도 윤지장의 존재와 무관치 않을 것이다. 송대에 장얼張嵲의 『독관자讀管子』을 비롯해 정도丁度의 『관자요략管子要略』과 섭적葉适의 『독관자잡기讀管子雜記』, 황진黃震의 『독제자讀諸子』, 왕응린王應麟의 『곤학기문困學紀聞』 등이 나왔으나 윤지장의 주석을 보완하는 수준에 그쳤다. 여기에는 성리학에 함몰된 사대부들이 『관자』의 부국강병 책략을 경시한 게 결정적인 배경으로 작용했다. 윤지장의 주석을 뛰어넘는 주석서를 펴내는 게 쉽지 않았던 정황도 적잖이 작용한 것으로 보인다.

『관자』에 대한 본격적인 연구는 명청대에 들어와 시작됐다. 명대에는 유적劉績의 『관자보주管子補注』를 비롯해 주장춘朱長春의 『관자각管子榷』, 장등운張登雲의 『관자보주管子補注』, 매사형梅士亨의 『전서관자성서 詮敘管子成書』, 능여형淩汝亨의 『管子』, 장빈왕張賓王의 『관자선管子選』, 주양화朱養和의 『관자평주管子評注』 등이 나왔다. 가장 볼 만한 주석서로는 유적이 펴낸 『관자보주』이다.

청대에는 말기에 들어와 당대 최고의 석학이 모두 『관자』의 주석 작업에 뛰어들었다고 해도 과언이 아니다. 왕념손王念孫과 왕인지王引之 부자의 『독서잡지讀書雜志』와 대망戴望의 『관자교정管子校正』을 비롯해 송상봉宋翔鳳의 『관자식오管子識誤』와 유월兪樾의 『제자평의諸子平議』, 홍이훤洪頤煊의 『관자의증管子義證』, 장문호張文虎의 『서예실수필舒藝室隨筆』, 곽숭도郭嵩燾의 『독관찰기讀管札記』, 오여륜吳汝綸의 『점감관자독본點勘管子讀本』, 손이양孫詒讓의 『찰이劄迻』, 장패륜張佩綸의 『관자학管子學』, 도홍경陶鴻慶의 『독관자차기讀管子劄記』 등이 대표적이다. 이들 모두 당대의 석학들이다. 『관자』 주석서가 쏟아져 나온 것은 청대 말기에 들어와 서구 열강의 침략이 가속화하자 국가 패망의 위기의식을 절감한 탓이다. 왕인지의 제자 진환陳奐과 태평천국의 난을 진압한 증국번의 막료로 활약한 장문호張文虎, 청불전쟁에 참여한 이홍장의 사위 장패륜 등이 대표적인 인물이다.

이들의 노력 덕분에 일반인도 난해하기 짝이 없는 『관자』를 보다 쉽게 접근할 수 있었다. 양계초梁啟超는 관중의 삶과 사상을 널리 알릴 필요가 있다는 판단 아래 『관자전管子傳』을 펴내기도 했다. 청조가 무너지고 민국이 들어선 이후에도 『관자』의 주석 작업은 면면히 이어졌다. 대표적인 예로 요영개姚永概의 『신의헌필기愼宜軒筆記』를 위시해 유사배劉師培의 『관자곡보管子斛補』, 장병린章炳麟의 『관자여의管子餘義』, 김정계金廷桂의 『관자참해管子參解』, 전문패錢文霈의 『관자지수편석管子地數篇釋』, 윤동양尹桐陽의 『관자신석管子新釋』, 이철명李哲明의 『관자교의管子校義』, 방수전龐樹典의 『관자보주소의管子補注疏義』, 황공黃鞏의 『관자편주管子編注』, 석일참石一參의 『관자금전管子今詮』, 안창요顏昌嶢의 『관자교석管子校釋』, 나근택羅根澤의 『관자탐원管子探源』, 우성오于省吾의 『관자신증管子新證』, 우창于鬯의 『향초속교서香草續校書』 등을 들 수 있다.

특히 민국시대에 들어와 여러 판본의 글자 및 주석서의 내용을 비교 검토하는 교석校釋 작업이 활발히 전개됐다. 곽말약郭沫若이 허유휼許維遹과 문일다聞一多 등과 함께 항일전쟁의 와중에 중경의 서남연합대학에서 역대 주석을 총망라한 『관자집교管子集校』를 펴낸 게 대표적이다. 이들은 '신 중화제국'이 들어선 지 얼마 안 되는 1956년 송나라와 명나라 판본 17종을 구입한 뒤 역대 주석가의 저서 40여 종을 모아 마침내 『관자집교』를 펴냈다. 『관자집교』의 편찬은 주석의 차원을 뛰어넘는 교석 작업의 결정판에 해당한다. 전국 단위에 걸쳐 『관자』의 주석서를 모두 수집한 뒤 엄밀한 비교분석을 거친 덕분이다.

『관자집교』에는 당시 아직 출간되지 않은 원고도 포함돼 있다. 하여장何如璋의 『관자석의管子析疑』를 비롯해 왕선겸王先謙의 『관자집해管子集解』, 왕소란王紹蘭의 『관자설管子說』과 주열양周悅讓의 『관자통管子通』, 안창요顔昌嶢의 『관자교석管子校析』, 마원재馬元材의 『관자경중편신증管子輕重篇新詮』 등이 그것이다. 21세기 현재에 이르기까지 『관자집교』가 학계에서 극히 중시되는 이유다. 말할 것도 없이 풍부한 자료를 집대성한 덕분이다.

그럼에도 불구하고 『관자집교』에는 중요한 주석서가 일부 누락돼 있었다. 정사함丁士涵의 『관자교의管子校議』와 『관자안管子案』이 대표적이다. 정사함은 자가 영지咏之로 청대의 저명한 학자인 진환의 수제자이다. 그는 생전에 『관자』에 관한 저서를 여러 편 펴냈다. 그의 저작은 천하가 어지러운 탓에 사방으로 흩어져 현재 잔고殘稿만 남아 있다. 곽말약은 『관자집교』를 펴낸 후 비로소 정사함의 잔고를 보고는 찬탄을 금치 못하며 수록하지 못한 것을 크게 애석해 했다. 현재 『관자교의』 잔고는 남경도서관, 『관자안』 잔고는 상해도서관, 여타 초본抄本은 길림도서관에 보관돼 있다.

주목할 것은 청대 말기에 활약한 여상봉黎翔鳳의 『관자교주』에 정사함의 주석이 나오고 있는 점이다. 중화서국은 지난 2004년 이를 정리해 펴낸 바 있다. 덕분에 현재 『관자』를 연구하는 많은 학자들이 이를 적극 활용하고 있다. 다만 『관자교주』 역시 왕인준王仁俊의 『관자고증管子考證』과 『관자집주管子集注』 등을 수록하지 못해 아쉬움을 남기고 있다. 나아가 역대 주석가와 달리 원문의 자구를 지나치게 고수한 탓에 번다한 인용이 많고, 이로 인해 아전인수의 주석이 적지 않다는 지적을 받고 있다.

많은 사람들이 아직도 『관자교주』보다 『관자집교』를 더 높이 평가하는 이유다. 그러나 『관자집교』도 약점을 안고 있다. 우창의 『향초속교서』를 비롯해 왕인준의 『관자고증』과 『관자집주』, 심질민沈瓞民의 『독관자억단讀管子臆斷』, 굴강屈疆의 『독관자소언讀管子小言』과 『관자운어교정管子韻語校正』 등이 빠져 있기 때문이다. 우창은 호가 향초香草로 일찍이 장문호 밑에서 수학한 바 있다. 제자백가서에 대한 교서 작업을 망라한 『향초교서香草校書』 내에 『관자』를 교주한 『향초속교서』가 포함돼 있다. 원고를 손녀사위가 보전하고 있다가 죽기 전에 강소성과 상해 인민정부에 기증하면서 비로소 세상에 얼굴을 드러냈다. 중화서국이 1963년에 『향초속교서』를 출간한 바 있다.

왕인준은 호가 주허籀許로 경사대학당 교수를 지냈다. 『관자집주』는 현재 『속수사고전서續修四庫全書』에 수록돼 있다. 상해고적출판사가 영인본을 펴낸 바 있다. 일본 와세다대 출신인 심질민은 가학家學으로 전해져 온 『주역』 이론을 토대로 주석을 시도한 게 특징이다. 『관자』 「경언」의 '유관'과 「잡어」의 '지원', 「단어」의 '사시'와 '오행' 등에 대한 주석에 창견이 많은 것으로 유명하다. 굴강은 원래 이름이 굴희屈爔이고 호는 탄산彈山이다. 『굴탄산전집屈彈山全集』 내에 『속관자소언』과 『관자운어교정』을 통칭한 『굴탄산관학양종屈彈山管學兩種』이 수록돼 있다. 이 주석서는 「잡어」의 '제자직'에 관한 풍부한 주석으로 유명하다.

그럼에도 곽말약이 주도하여 편찬한 『관자집교』가 후대에 끼친 영향은 지대하다. 20세기 후반 이래 세상에 등장한 수많은 『관자』 주석서가 하나같이 이를 토대로 하여 출간된 사실이 이를 뒷받침한다. 대표적인 예로 유여영劉如瑛의 『관자잔교상보管子箋校商補』를 들 수 있다. 『한어대사전漢語大辭典』의 집필에 참여한 바 있는 그는 오랫동안 선진시대 제자백가를 깊이 연구한 것으로 유명하다. 『관자전교상보』는 『제자전교상보諸子箋校商補』에 수록돼 있다. 이 책은 글자 및 문장 구조의 분석으로 명성이 높다.

중국의 『관자』에 대한 열기는 21세기 현재에 이르기까지 면면히 이어지고 있다. 지난 1980년대에 『관자』에 대한 전국 규모의 학술대회가 열린 이래 날로 규모를 키워 세계적인 학술대회가 정기적으로 개최되고 있는 현실이 그렇다. 1987년 창간된 전문학술지 『관자학간管子學刊』은 소장학자들의 최근 연구 성과를 쉬지 않고 게재해 이른바 '관학管學'의 중심지 역할을 하고 있다.

일본의 사정도 비슷하다. 『관자』에 대한 연구는 오히려 일본이 중국보다 훨씬 앞서 있었다. 에도시대 때 이미 수준 높은 주석서가 대거 쏟아져 나온 사실이 이를 뒷받침한다. 대표적인 인물로 에도시대 중후기에 지금의 교토 일대에서 활약한 유학자 이카이 요시히로猪飼彦博를 들 수 있다. 그는 『관자보정管子補正』에서 매우 독창적인 견해를 제시했다. 이카이보다 한 세대 뒤에 등장한 야스이 히라나라安井衡는 『관자찬고고와管子纂詁考譌』에서 정밀한 주석을 가했다. 호가 속켄息軒인 그는 에도시대 유학을 집대성해 일본의 근대 한학漢學을 다졌다는 평을 받고 있다. 그의 문하에서 2천 명의 제자가 배출됐다. 이들의 주석서는 21세기 현재까지 명성이 높다. 많은 중국학자들이 이들의 주석을 대거 인용하고 있는 현실이 그렇다.

아쉽게도 우리나라는 20세기 말까지 '관학'을 제대로 연구한 사람이 거의 없었다고 해도 과언이 아니다. 필자가 지난 1998년 박사학위로 제출한 논문이 사실상 최초의 본격적인 '관학' 연구에 해당한다. 지난 2006년 『관자』의 한글 완역본이 최초로 출간됐으나 여러 사람이 공역한 탓에 적잖은 문제를 노정하고 있다. 용어의 일관성이 부족한 게 대표적이다. 오역 또한 적지 않다. 나아가 대만 학자인 탕효순湯孝純의 『관자술평管子述評』과 이면李勉의 『관자금주금역管子今注今譯』 주석에 지나치게 의존한 측면이 크다. 본서는 중국학자의 최근 성과를 충실히 반영했다. 본서가 난세 리더십의 보고에 해당하는 '관학'의 연구에 나름 도움이 됐으면 하는 바람이다.

일러두기

1. 본서는 3종의 주석서를 저본으로 삼았다. 첫째, 곽말약郭沫若과 문일다聞一多 및 허유휼許維遹 등이 함께 주석한 『관자집교管子集校』(科學出版社, 1956)이다. 지난 1982년 인민문학출판사에서 펴낸 〈곽말약전집郭沫若全集〉의 역사 편에 수록돼 있는 것을 활용했다. 둘째, 청대 말기에 활약한 여상봉黎翔鳳이 송본宋本을 저본으로 삼아 주석한 『관자교주管子校注』(中華書局, 2004)이다. 셋째, 사호범謝浩範과 주영평朱迎平이 조용현본趙用賢本을 저본으로 삼아 주석한 『관자전역管子全譯』(貴州出版社, 1993)이다. 이밖에도 『제자집성諸子集成』(중화서국, 1986)에 수록된 대망戴望의 『관자교정管子校正』도 필요한 대목마다 참조했다. 크게 보면 4종의 주석서를 저본으로 삼은 셈이다. 이들 주석서 모두 나름 역대 주석을 총망라해 놓은 것으로 정평定評이 나 있다.

2. 본서의 주석은 3종의 저본을 면밀히 대조하면서 글자 하나하나의 의미를 정밀하게 천착하는 것은 물론 문장 전체의 의미를 종합적으로 파악하는 축자해석逐字解釋 방식으로 이뤄진 것이다. 3종의 저본에 나온 주석을 주요 대목마다 일일이 거론한 뒤 필자의 창견創見을 제시한 이유다. 말할 것도 없이 문맥에 가장 부합하는 최상의 주석을 찾아내기 위한 노력의 일환이다. 결과적으로 본서는 한국을 포함한 동아3국의 『관자』 주석을 총망라해 놓은 셈이다.

3. 본서의 편제는 원문을 앞에 배치한 뒤 번역문을 싣고, 마지막으로 원문의 글자를 하나씩 쫓아가며 해석하는 방식으로 되어 있다. 『관자』 연구를 전문으로 하는 학자들을 염두에 둔 것이다. 나아가 일반 독자를 위해 번역문은 되도록이면 쉬운 말로 표현하기 위해 애썼다. 원문의 글자와 문장 의미를 보다 자세히 설명할 필요가 있다고 판단된 경우는 주석에서 그 배경 등을 상세히 밝혀 놓았다.

4. 관학의 전개과정과 관련한 내용은 호가총胡家聰의 『관자신탐管子新探』(中國社會科學出版社, 2003)과 가나야 오사무金谷治의 『管子の研究 – 中國古代思想史の一面』(岩波書店, 1987)을 크게 참조한 것이다. 두 사람 모두 중국과 일본 내에서 관학의 태두로 인정받고 있다. 필자도 지난 1998년 관자의 정치사상을 중심으로 유가와 법가의 통치사상을 비교한 『선진유법가先秦儒法家의 치도관治道觀과 치본관治本觀 비교연구』를 학위논문으로 제출한 바 있다. 학위논문 제출 당시 제대로 반영하지 못한 기존의 연구 성과 등을 본서에 모두 담아내기 위해 노력했다.

5. 본서의 원문은 『관자교주』가 채택한 최고最古의 고본인 송본宋本의 원문을 그대로 옮긴 것이다. 고자古字와 벽자僻字 및 괴자壞字 등도 원문 그대로 실은 이유다. 다만 『관자교주』가 침묵하거나 송본의 원문이라고 주장한 것 가운데 그렇지 못한 것도 있는 까닭에 『관자집교』와 『관자전역』 등을 참조해 송본의 원문을 찾아내는데 애썼다. 송본의 원문으로 판단되는 글자를 본서의 원문에 반영한 뒤 주석에서 해당 글자 및 여타 판본에 나오는 글자를 모두 소개해 놓았다. 독자들이 『관자』의 원래 취지를 보다 정확히 아는데 도움을 주고자 한 것이다.

6. 학술적으로 볼 때 관학을 종합적으로 이해하기 위해서는 『관자』에 관한 통상적인 주석서 이외에도 『사기』와 『춘추좌전』, 『국어』, 『논어』, 『맹자』, 『순자』, 『한비자』 등 여러 경서와 사서를 두루 참조해야 한다. 본서는 필요한 대목마다 이들 사서와 제자백가서의 관련 대목을 두루 인용해 놓았다. 독자들의 관학에 대한 체계적이면서도 총체적인 이해에 나름 도움을 주고자 한 것이다.

국내
최초
완역판

사상

최초의

정치

경제

학서

『관자』에 관한 역대 주석을 총망라한 주석서 국내 최초 출간

정치와 경제를 하나로 녹인 『관자』에서 경세제민과 부국강병 원리를 찾아라!

자금성의 수뇌부는 『관자』를 『논어』보다 열심히 읽으며 G1을 꿈꾸고 있다

고 전 에 서

배 우 는

경 제 활 성 화 와

국 가 경 영 전 략

제1편「경언經言」

제1장 목민(牧民)

'목민'은 곧 백성을 다스린다는 뜻의 치민治民을 의미한다. 원래 목牧은 가축을 기른다는 뜻으로 사용되는 것이나 여기서는 위정자를 목자牧者에 비유한 것이다. 이 장은 국송國頌과 4유維, 4순順, 11경經, 6친親5법法 등 5개 절로 구성되어 있다. '목민'은『관자』의 총론에 해당한다. 치국평천하에 관한 관자의 사상이 망라돼 있다.『관자』의 키워드에 해당하는 실창지례實倉知禮와 예의염치禮義廉恥가 이를 상징한다.

1-1

凡有地牧民者, 務在四時, 守在倉廩. 國多財則遠者來, 地辟擧則民留處, 倉廩實則知禮節, 衣食足則知榮辱, 上服度則六親固, 四維張則君令行. 故省刑之要, 在禁文巧. 守國之度, 在飾四維. 順民之經, 在明鬼神·祗山川·敬宗廟·恭祖舊. 不務天時則財不生, 不務地利則倉廩不盈, 野蕪曠則民乃菅, 上無量則民乃妄, 文巧不禁則民乃淫, 不璋兩原則刑乃繁, 不明鬼神則陋民不悟, 不祗山川則威令不聞, 不敬宗廟則民乃上校, 不恭祖舊則孝悌不備. 四維不張, 國乃滅亡. 右國頌.

무릇 영지를 보유하고 백성을 다스리는 군주는 반드시 사계절에 맞춰 농경에 힘쓰고, 곡물을 비축해 놓은 창고를 잘 지켜야 한다. 국가의 재부財富가 풍족하면 먼 곳의 사람도 찾아오고, 땅이 모두 개간되면 백성이 안정된 생업에 종사하며 머물 곳을 찾게 된다. 창고가 풍족해야 백성이 예절禮節을 알고, 의식衣食이 족해야 영욕榮辱을 알게 된다. 군주가 예법을 잘 지키면 육친이 굳게 단결하고, 예의염치禮義廉恥의 4유維를 널리 베풀면 군주의 명령이 잘 시행된다. 형법을 간소화하는 요체는 사치를 금하는 데 있고, 국가를 보존하는 법도는 4유를 밝히는 데 있고, 백성을 교화하는 원칙은 귀신을 떠받들며 산천을 제사지내고 조상을 숭경하며 친구를 존중하는데 있다. 천시天時를 중시하지 않으면 나라의 재부가 늘지 않고, 지리地利를 중시하지 않으면 곡물창고가 차지 않고, 전야田野가 황폐해지면 백성이 나태해진다. 군주가 무절제하면 백성은 망동하고, 사치를 금하지 않으면 백성은 문란해진다. 무절제와 사치의 2가지 근원을 막지 못하면 형벌이 번다해지고, 귀신을 떠받들지 않으면 소민小民이 깨닫지 못하게 되고, 산천을 제사지내지 않으면 군주의 위령威令이 널리 퍼지지 않고, 조상을 숭경하지 않으면 백성이 범상犯上하며 작란作亂하고, 친구를 존중하지 않으면 효제孝悌의 덕이 갖춰지지 않는다. 예의염치 4유를 펴지 않으면 국가는 이내 패망하고 만다. 이상이 국송國頌이다.

목민자牧民者는 백성을 양육하는 군주를 뜻한다. 창름倉廩의 '창'은 곡식을 갈무리하는 곳, '름'은 쌀을 갈무리하는 곳을 말한다. '창름'은 국고의 재물을 상징한다. 원자遠者는 먼 곳에 사는 자로 곧 다른 제후국 사람을 지칭한다. 지벽거地辟擧의 '벽'은 개간을 뜻하는 말로 벽闢과 같다. '거'를 윤지장尹知章은 『관자주管子注』에서 다할 진盡으로 새겼다. 예절禮節은 예의와 절도를 의미한다. 영욕榮辱은 영광과 치욕을 뜻하는 말로 체면體面을 달리 표현한 것이다. 상복도上服度는 윗사람이 예법을 잘 지킨다는 뜻이다. '복'

을 윤지장은 행례行禮로 새겼다. '도'는 법도法度를 말한다. 6친親은 부모父母와 처자妻子, 형제兄弟를 지칭한다. 4유維의 '유'는 원래 굵은 밧줄을 뜻한다. '4유'를 이카이 요시히로猪飼彦博는 『관자보정管子補正』에서 나라의 운명을 좌우하는 관건인 4각角으로 새겼다. 여기서는 나라를 유지하는 예의염치禮義廉恥를 가리킨다. 군령君令은 군주의 명령으로, 군주가 친정親征에 나서면 '군령'이 곧 군령軍令이 된다.

문교文巧는 화려한 복식과 정교한 완물玩物을 통칭한 말이다. 순민지경順民之經의 '순'은 순복順服케 만든다는 뜻의 사동사로 사용된 것이다. 유월兪樾은 '순'을 교민敎民의 뜻을 지닌 훈訓으로 새겼다. 명귀신明鬼神의 '명'은 받든다는 뜻이다. '귀'는 인귀人鬼, '신'은 천신天神을 의미한다. 『관자』에서 말하는 '귀신'은 인격신에 가까운 천지天志를 언급한 『묵자』의 '귀신'과 다르다. 지산천祇山川의 '지'는 공경한다는 의미이다. 공조구恭祖舊를 두고 청대 말기 안창요顔昌嶢는 『관자교석管子校釋』에서 '조'를 조상, '구'를 옛 사람을 뜻하는 선인先人의 의미로 새겼다. 선현先賢을 뜻한다.

야무광즉민내관野蕪曠則民乃菅의 '야무광'은 전야를 황무지로 방치한다는 의미이다. 관菅에 대한 해석이 분분하다. 이카이는 나태하다는 뜻의 황荒의 오자, 야스이 히라나라安井衡는 『관자찬고고와管子纂詁考譌』에서 탐貪의 뜻을 지닌 영營의 오자, 이철명李哲明은 『관자교의管子校義』에서 탕蕩의 오자로 보았다. 대망戴望과 장패륜張佩綸은 이카이의 해석을 좇았다.

부장양원不璋兩原의 '장'을 매사향梅士享은 『전서관자성서詮叙管子成書』에서 막힐 장障과 통하는 장墇의 잘못이라고 했다. 유월도 이를 좇았다. '양원'을 윤지장은 망지원妄之原인 군주의 무절제와 음지원淫之原인 사치로 풀이했다. '원'은 원源과 같다. 누민불오陋民不悟의 '누민'은 어리석은 백성으로 '누'는 소小와 통한다. '오'를 이카이는 신信의 잘못으로 보았다. 민내상교民乃上校의 '상교'는 백성이 군주와 시비를 다투는 것을 뜻한다. 안창요는 '교'를 저항抵抗의 뜻을 지닌 항亢으로 새겼다. 효제불비孝悌不備의 '효제'는 효도와 우애를 말한다. 효제孝弟로도 쓴다. 우국송右國頌의 '우'는 과거 모든 서책이 오른쪽에서 왼쪽으로 읽도록 편제된 데서 나온 말로 왼쪽에서 오른쪽으로 읽도록 편제된 현대의 관점에서 보면 '이상'으로 풀이하는 게 옳다. '국송'은 나라를 다스리는 법을 뜻하는 것으로 '송'은 법法의 뜻을 지닌 용容과 통한다.

1-2

國有四維, 一維絶則傾, 二維絶則危, 三維絶則覆, 4維絶則滅. 傾可正也, 危可安也, 覆可起也, 滅不可復錯也. 何謂'四維'? 一曰'禮', 二曰'義', 三曰'廉', 四曰'恥'. 禮不踰節, 義不自進, 廉不蔽惡, 恥不從枉. 故不踰節則上位安, 不自進則民無巧詐, 不蔽惡則行自全, 不從枉則邪事不生. 右四維.

나라에는 4유가 있다. 4유 가운데 단절되는 것이 1가지면 나라가 기울고, 2가지면 위태로워지고, 3가지면 뒤집어지고, 4가지면 패망한다. 기우는 것은 바로잡을 수 있고, 위태로운 것은 안정시킬 수 있고, 뒤집어지는 것은 회복시킬 수 있다. 그러나 패망한 것은 다시 회복시킬 수 없다. 무엇을 4유라고 하는가? 예禮, 의義, 염廉, 치恥가 그것이다. '예'는 절도를 넘지 않고, '의'는 벼슬청탁을 행하지 않고, '염'은 잘못을 은폐하지 않고, '치'는 그릇된 것을 좇지 않는 것을 뜻한다. 절도를 넘지 않으면 군주의 자리가 평안해지고, 벼슬청탁 풍조가 없으면 백성에게 교사巧詐가 없게 되고, 잘못을 은폐하지 않으면 행실이 절로 단정해지고, 그릇된 것을 좇지 않으면 삿된 일이 빚어지지 않는다. 이상이 4유이다.

복조復錯의 '조'를 장문호張文虎는 『서예실수필舒藝室隨筆』에서 연자衍字로 보았다. '복'은 원래 상태를 되찾는 회복回復 내지 회복恢復의 뜻이다. 자진自進을 윤지장은 천거를 바라지 않는 것으로 새겼다. '진'은 벼슬길에 오르는 진사進仕의 의미이다. '자진'은 곧 청탁을 하여 벼슬길에 오르거나 권신에게 빌붙어 사리를 추구하는 찬영鑽營을 뜻한다. 불폐악不蔽惡의 '악'은 과오過誤의 의미이다. 부종왕不從枉와 '왕'은 그릇되고 굽어 있다는 뜻으로 곡왕曲枉과 같다. 교사巧詐는 교활한 속임수를 뜻한다. 행자전行自全의 '전'을 장문호는 단정端正하다는 뜻의 정正의 잘못으로 보았다. 사사邪事는 사악邪惡 내지 사곡邪曲된 일을 뜻한다.

1-3

政之所興, 在順民心. 政之所廢, 在逆民心. 民惡憂勞, 我佚樂之. 民惡貧賤, 我富貴之. 民惡危墜, 我存安之. 民惡滅絶, 我生育之. 能佚樂之, 則民爲之憂勞. 能富貴之, 則民爲之貧賤. 能存安之, 則民爲之危墜. 能生育之, 則民爲之滅絶. 故刑罰不足以畏其意, 殺戮不足以服其心. 故刑罰繁而意不恐, 則令不行矣. 殺戮衆而心不服, 則上位危矣. 故從其四欲, 則遠者自親, 行其四惡, 則近者叛之. 故知予之爲取者, 政之寶也. 右四順.

정치가 흥하는 것은 민심民心을 따르는데 있고, 폐해지는 것은 민심을 거스르는데 있다. 백성은 근심과 노고를 싫어하는 까닭에 군주는 그들을 평안하고 즐겁게 만들어야 하고, 빈천을 싫어하는 까닭에 군주는 그들을 부귀하게 만들어야 하고, 위험에 빠지는 것을 싫어하는 까닭에 군주는 그들을 잘 보호하여 안전하게 만들어야 하고, 후사가 끊어지는 것을 싫어하는 까닭에 군주는 그들을 잘 길러야 한다. 백성을 평안하고 즐겁게 만들면 백성은 군주를 위해 근심과 노고를 감수하고, 부귀하게 만들면 군주를 위해 빈천을 감수하고, 잘 보호해 안전하게 만들면 군주를 위해 위험에 빠지는 것을 감수하고, 잘 기르면 군주를 위해 후사가 끊어지는 것을 감수한다. 형벌은 민의民意를 두렵게 만들기에 부족하고, 살육은 민심을 복종토록 만들기에 부족하다. 형벌이 번다할지라도 민의가 이를 두려워하지 않게 되면 군주의 명령이 시행되지 않고, 많은 사람을 살육할지라도 민심이 이에 복종치 않으면 군주의 자리가 위태롭게 된다. 백성이 바라는 4가지 욕망을 따르면 먼 곳의 사람도 절로 다가와 친해지고, 백성이 싫어하는 4가지 혐오를 행하면 좌우에 있는 사람조차 배반케 된다. 그래서 '주는 것이 곧 얻는 것임을 아는 것이 다스림의 요체이다.'라고 말하는 것이다. 이상이 4순四順이다.

정지소흥政之所興의 '흥'을 손성연孫星衍은 『군서치요群書治要』와 『예문유취藝文類聚』의 해당 인용문을 근거로 추진할 행行으로 해석했다. 사호범謝浩範 등이 함께 주석한 『관자전역管子全譯』이 이를 좇았으나 원문 그대로 해석하는 게 낫다. 존안存安은 잘 보호하여 안전케 한다는 뜻이다. 멸절滅絶은 후사가 끊어진다는 의미이다. 생육生育은 잘 낳아서 기른다는 뜻이다. 4욕四欲은 백성이 바라는 일락, 부귀, 존안, 생육을 말한다. 4오惡는 백성이 싫어하는 우로憂勞, 빈천貧賤, 위추危墜, 멸절滅絶을 지칭한다. '지여지위취자知予之爲取者, 정지보야政之寶也' 구절의 '지'는 주는 것이 곧 얻는 것이라는 뜻의 여지위취予之爲取를 목적어로 하는 동사이고, '자'는 '지여지위취'를 주어절로 만드는 조사로 사용됐다. '보'는 관건關鍵 내지 요체要諦를 의미한다. 주는 것이 곧 얻는 것이라는 취지의 이 구절은 『도덕경』 제36장에서 따온 것이다. 해당대목이다.

"상대를 가까이 끌어 들이고자 하면 반드시 먼저 그의 날개를 펴주고, 상대를 약하게 만들고자 하면 반드시 먼저 그를 강하게 해주고, 상대를 폐하고자 하면 반드시 먼저 그를 흥하게 해주고, 상대방을 빼앗고자 하면 반드시 먼저 그에게 내주어야 한다."

『관자』과 도가의 기본서인 『도덕경』과 맥을 같이하는 결정적인 대목이 바로 여기에 있다. 이를 통상 취여지도取予之道라고 한다. '취여지도'는 『관자』를 관통하는 키워드 가운데 하나이다.

1-4

錯國於不傾之地, 積於不涸之倉, 藏於不竭之府, 下令於流水之原, 使民於不爭之官, 明必死之路, 開必得之門, 不爲不可成, 不求不可得, 不處不可久, 不行不可復. 錯國於不傾之地者, 授有德也. 積於不涸之倉者, 務五穀也. 藏於不竭之府者, 養桑麻·育六畜也. 下令於流水之原者, 令順民心也. 使民於不爭之官者, 使各爲其所長也. 明必死之路者, 嚴刑罰也. 開必得之門者, 信慶賞也. 不爲不可成者, 量民力也. 不求不可得者, 不彊民以其所惡也. 不處不可久者, 不偷取一世也. 不行不可復者, 不欺其民也. 故授有德則國安. 務五穀則食足. 養桑麻·育六畜則民富. 令順民心則威令行. 使民各爲其所長則用備. 嚴刑罰則民遠邪. 信慶賞則民輕難. 量民力則事無不成. 不彊民以其所惡則詐僞不生. 不偷取一世則民無怨心. 不欺其民則下親其上. 右士經.

첫째 나라를 기울지 않는 땅에 세우고, 둘째 식량을 마르지 않는 창고에 쌓고, 셋째 재부를 다함이 없는 창고에 저장하고, 넷째 정령을 민심에 부응토록 하여 물 흐르듯 시행되게 만들고, 다섯째 백성에게 쟁론의 여지가 없는 관직을 맡기고, 여섯째 거역하면 반드시 죽는 길을 밝히고, 일곱째 반드시 이익을 얻는 문을 열어두고, 여덟째 불가능한 일을 하지 않고, 아홉째 얻을 수 없는 일을 구하지 않고, 열째 오래 지속할 수 없는 일을 하지 않고, 열한째 복구할 수 없는 일을 하지 않아야 한다. 나라를 기울지 않는 땅에 세우는 것은 덕이 있는 자에게 정사를 맡기는 것이다. 곡식을 고갈되지 않는 창고에 쌓는 것은 오곡의 생산에 힘쓰는 것이다. 무진장한 창고에서 갈무리하는 것은 뽕과 삼을 기르고, 육축六畜을 양육하는 것이다. 명령을 물 흐르듯 내리는 것은 명령이 민심에 부응하는 것이다. 백성에게 쟁론의 여지가 없는 관직을 맡기는 것은 각기 능력에 따라 적재적소에 배치하는 것이다. 거역하면 반드시 죽는 길을 밝히는 것은 형벌을 엄하게 하는 것이다. 반드시 이익을 얻는 문을 열어 두는 것은 공을 세우면 반드시 상을 주는 것이다. 불가능한 일을 하지 않는 것은 민력民力을 헤아리는 것이다. 얻을 수 없는 일을 구하지 않는 것은 백성이 싫어하는 것을 강요하지 않는 것이다. 오래 지속할 수 없는 일을 하지 않는 것은 구차하게 잠시 가능한 것을 꾀하지 않는 것이다. 복구할 수 없는 일을 하지 않는 것은 백성을 속이지 않는 것이다. 유덕자에게 정치를 맡기면 나라가 평안하고, 오곡의 생산에 힘쓰면 음식이 풍족하고, 뽕과 삼 및 육축을 양육하면 백성이 부유해지고, 명령이 민심을 따르면 위령威令이 행해지고, 백성에게 각기 능력에 따라 관직을 맡기면 나라에 필요한 인재가 완비되고, 형벌을 엄히 하면 백성이 사악한 짓을 멀리하고, 공을 세울 때 반드시 상을 내리면 백성이 어려운 일도 가볍게 여기고, 민력을 헤아리면 일이 이뤄지지 않는 경우가 없고, 백성이 싫어하는 것을 강요하지 않으면 속임과 거짓이 일어나지 않고, 구차하게 잠시 가능한 것을 꾀하지 않으면 백성에게 원망하는 마음이 없게 되고, 백성을 속이지 않으면 아랫사람이 윗사람을 친근하게 여긴다. 이상이 11경十一經이다.

조국錯國은 나라를 세운다는 뜻이다. '조'는 조措와 통한다. '적어불학지창積於不涸之倉, 장어불갈지부藏於不竭之府' 구절을 두고 곽말약은 '적' 밑에 식食, '장' 밑에 부富가 생략됐다고 했다. 하령유수지원下令流水之原은 정령이 민심에 부응하는 것을 의미한다. 부쟁지관不爭之官은 쟁론의 여지가 없는 관직을 뜻하는 말로 공명정대한 관원 임명을 의미한다. 오곡穀은 벼, 메기장, 찰기장, 보리, 콩을 말한다. 육축六畜은 말, 소, 양, 돼지, 개, 닭을 지칭한다. 경상慶賞은 경하하여 상을 내리는 것을 말한다. 투취일세偸取一世의 '세'를 하여장何如璋은 일시를 뜻하는 시時의 잘못으로 보았다. 사경士經의 '사'를 대망 등은 사事와 통하는 것으로 보았으나 고광기顧廣圻는 11가지 일을 언급한 점에 주목해 십일十一의 잘못으로 보고, 치국에 필요한 11가지 상도常道로 풀이했다. '경'을 윤지장은 상常으로 해석했다.

1-5

以家爲鄕, 鄕不可爲也. 以鄕爲國, 國不可爲也. 以國爲天下, 天下不可爲也. 以家爲家, 以鄕爲鄕, 以國爲國, 以天下爲天下. 毋曰'不同生', 遠者不聽. 毋曰'不同鄕', 遠者不行. 毋曰'不同國', 遠者不從. 如地如天, 何私何親? 如月如日, 唯君之節. 御民之轡, 在上之所貴. 道民之門, 在上之所先. 召民之路, 在上之所好惡. 故君求之則臣得之, 君嗜之則臣食之, 君好之則臣服之, 君惡之則臣匿之. 毋蔽汝惡, 毋異汝度, 賢者將不汝助. 言室滿室, 言堂滿堂, 是謂'聖王'. 城郭溝渠不足以固守. 兵甲彊力不足以應敵. 博地多財不足以有衆. 唯有道者能備患於未形也, 故禍不萌. 天下不患無臣, 患無君以使之. 天下不患無財, 患無人以分之. 故知時者可立以爲長, 無私者可置以爲政. 審於時而察於用而能備官者, 可奉以爲君也. 緩者後於事, 吝於財者失所親, 信小人者失士. 右六親五法.

가정의 법도로 향리鄕里를 다스리고자 하면 향리가 다스려지지 않고, 향리의 법도로 나라를 다스리고자 하면 나라가 다스려지지 않고, 나라의 법도로 천하를 다스리고자 하면 천하가 다스려지지 않는다. 이를 토대로 군주가 늘 가까이해야 할 6친親을 말하면 첫째, 가정은 가정의 법도로 다스려야 한다. 둘째, 향리는 향리의 법도로 다스려야 한다. 셋째, 나라는 나라의 법도로 다스려야 한다. 넷째, 천하는 천하의 법도로 다스려야 한다. 향리를 다스릴 때 동생同生이 아니라고 차별해서는 안 되니 다른 혈족이 명을 듣지 않기 때문이고, 나라를 다스릴 때 동향同鄕이 아니라고 차별해서는 안 되니 다른 향리의 백성이 명을 행하지 않기 때문이고, 천하를 다스릴 때 동국同國이 아니라고 차별해서는 안 되니 다른 나라 백성이 명을 좇지 않기 때문이다. 다섯째, 천지처럼 공평무사하게 정령을 행해야 한다. 그러면 어찌 사사로움과 편애가 있을 수 있겠는가? 여섯째, 일월처럼 천하 만민을 두루 고르게 대해야 한다. 오직 군자만이 그런 절도를 보일 수 있다. 이를 토대로 군주가 명심해야 할 5가지 원칙인 5법五法을 말하면 첫째, 군주는 백성을 다루는 어민御民의 고삐는 군주가 생각하는 귀천貴賤, 백성을 이끄는 도민道民의 문은 군주가 내세우는 선후先後, 백성을 부르는 소민召民의 길은 군주가 드러내는 호오好惡에 달려 있다는 점을 명심해야 한다. 군주가 뭔가를 구하면 신하는 미리 이를 찾아내 손에 넣고자 하고, 군주가 즐겨 먹으면 신하는 이를 먹고자 하고, 군주가 좋아하는 자가 있으면 신하는 그에게 복종코자 하고, 군주가 싫어하면 신하는 이를 감추고자 한다. 잘못을 덮어두어도 안 되고, 제도를 멋대로 고치서도 안 된다. 그러면 현자가 군주를 돕지 않는다. 둘째, 군주는 정령을 발할 때 방에서 말하면 방안의 모든 사람이 듣고, 집에서 말하면 집 안의 모든 사람이 듣고 실천할 수 있도록 공개적이면서도 명확히 선포해야 한다. 이런 사람을 일컬어 성왕聖王이라고 한다. 셋째, 성곽과 해자만으로는 굳건히 지키는데 부족하고, 강력한 무력만으로는 적과 맞서 싸우는데 부족하고, 넓은 땅과 많은 재물만으로는 많은 백성의 마음을 얻는데 부족하다는 사실을 명심해야 한다. 오직 치도治道에 입각해 사태가 빚어지기 전에 환난을 대비할 수 있어야 한다. 그래야 화근이 싹트지 않는다. 넷째, 천하는 양신良臣이 없는 것을 걱정하지 않고 오직 그들을 써줄 명군明君이 없는 것을 걱정하며, 재용財用이 부족한 것을 걱정하지 않고 오직 재물을 공평히 나눌 인재人才가 없는 것을 걱정한다는 사실을 명심해야 한다. 때를 아는 자는 가히 우두머리가 될 만하고, 사사로움이 없는 자는 가히 정사를 맡을 만하고, 시기時機를 깊이 헤아리며 재용을 명확히 파악하고 임관任官을 제대로 할 수 있는 자는 가히 군주로 받들 만하다. 다섯째, 군주는 일처리가 늦으면 형세形勢의 파악에 둔하고, 재물에 인색하면 주변의 친신親信을 잃고, 소인을 신임하면 현사賢士의 지지를 잃는다는 점을 명심해야 한다. 이상이 6친親5법法이다.

이가위가以家爲家과 이향위향以鄕爲鄕, 이국위국以國爲國, 이천하위천하以天下爲天下 등의 '위'를 이카이는 치治로 새겼다. 유적劉績은 『관자보주管子補注』에서 향리를 다스리는 이치로는 나라를 다스릴 수 없고, 나라를 다스리는 이치로는 천하를 다스릴 수 없다는 식으로 새겼다. 어민지비御民之轡의 '비'는 고삐로 여기서는 관건 내지 요체의 의미로 사용됐다. 도민지문道民之門의 '도'는 도導와 통한다. '문' 역시 관건 내지 요체의 뜻이다. 소민지로召民之路의 '소'는 초인招引의 뜻이다. '로' 역시 '비' 내지 '문'과 같은 의미로 사용된 것이다. 언실만실言室滿室의 '만'을 문일다聞一多는 방안에서 말하면 방안에 있는 사람이 모두 들을 수 있도록 그 목소리가 방안에 가득 찬다는 의미의 만성滿聲으로 새겼다. 언당만당言堂滿堂의 '만' 역시 그같이 새겼다. 군령君令과 시정施政 방침은 널리 공포해야 한다는 취지로 새긴 것이다. 환무인이분지患無人以分之의 '분'은 공평한 배분을 뜻한다.

6친親5법法을 두고 본문 자체를 '6친'과 '5법'으로 나눠야 한다는 주장과 본문에 구체적인 내용이 없어 이를 좇을 수 없다는 주장이 맞서 있다. 정사함丁士涵은 송본 등이 6친과 5법이 내용이 분장分章돼 있다며 이를 둘로 나눌 것을 주장했다. 대망도 이를 지지했다. 이에 대해 허유휼許維遹은 묵보당본墨寶堂本을 비롯해 다른 송본에 6친과 5법을 하나로 묶어 놓았다며 이를 반박했다. 하여장은 본문에 6친과 5법에 대한 구체적인 내용이 없는데도 구주舊注를 근거로 이를 주장하는 것은 무리라고 했다. 현재 6친5법의 구체적인 내용에 대한 해석이 분분하다. 6친과 관련해 『관자』를 86편으로 정리한 바 있는 전한 말기의 유향劉向은 주석에서 이가위가以家爲家를 1친一親, 이향위향以鄕爲鄕을 2친, 이국위국以國爲國을 3친, 이천하위천하以天下爲天下를 4친, 무불동생無不同生과 무불동향無不同鄕과 무불동국無不同國으로 표현되는 여지여천如地如天의 무사무친無私無親을 5친, 여월여일如月如日의 군지절君之節을 6친으로 보았다. 5법과 관련해 여상봉은 『관자교주管子校注』에서 치신治身, 치가治家, 치향治鄕, 치국治國, 치천하治天下, 치법부동治法不同을 5법으로 들면서 6친은 5법 내에 있다고 했다. 그보다는 문맥에 비춰 어민지비

御民之轡와 도민지문道民之門 및 소민지로召民之路를 1법法, 언실만실言室滿室과 언당만당言堂滿堂을 2법法, 성곽구거城郭溝渠와 병갑강력兵甲彊力과 박지다재博地多財의 유도자有道者를 3법法, 심시審時와 찰용察用 및 비관備官에 능한 자를 위정자로 삼는 것을 4법法, 완자緩者와 인재자吝財者 및 신소인자信小人者와 정반대되는 행보를 5법法으로 보는 게 합리적이다.

제2장 형세(形勢)

'형세'는 사물의 존재 형태와 발전의 추세를 뜻하는 말이다. 원래 형形은 사물의 외부 형태, 세勢는 사물이 발전하는 내부 추세를 뜻한다.『사기집해』는 유향의 별록別祿을 인용해 "'형세'는 일명 '산고山高'라고도 한다."고 풀이해 놓았다. 사마천이『사기』「관안열전」에서 별개의 책으로 존재했던「목민」과「승마」및「경중」등과 함께 읽었다는「산고」가 유향이 새롭게 편제한 현존『관자』에는「경언」편의 '형세'로 변용돼 수록된 셈이다. 원래 '산고'의 편명은 '형세'의 첫 구절에 나오는 단어에서 따온 것이다. 이 장에서는 천도天道와 군도君道를 집중 논하고 있다.『회남자』및『여씨춘추』와 겹치는 대목이 많다. 후대인의 작품으로 보는 견해도 있으나 그보다는 관중이 직접 저술한 것으로 보는 견해가 일반적이다.

2-1

山高而不崩, 則祈羊至矣. 淵深而不涸, 則沉玉極矣. 天不變其常, 地不易其則, 春秋冬夏不更其節, 古今一也. 蛟龍得水而神可立也, 虎豹託幽而威可載也, 風雨無鄕而怨怒不及也. 貴有以行令, 賤有以忘卑, 壽夭貧富無徒歸也.

산이 높고 무너지지 않으면 사람들이 양을 희생으로 바치며 산신山神에게 제사를 올리고, 연못이 깊고 고갈되지 않으면 사람들이 옥을 빠뜨리며 수신水神에게 제사를 올린다. 하늘은 상도常道를 바꾸지 않고, 땅은 법칙法則을 바꾸지 않고, 사계절은 절기節氣를 바꾸지 않는다. 이는 예나 지금이나 한결같다. 교룡蛟龍은 물을 얻어야 신령한 위엄을 세울 수 있고, 호표虎豹는 심산유곡에 머물러야 위엄을 떨칠 수 있다. 풍우風雨는 정해진 방향이 없는 까닭에 사람들이 원망과 노여움을 품지 않는다. 군주가 정령을 시행하고, 백성이 비천한 신분을 잊은 채 정령을 좇고, 사람마다 수요壽夭와 빈부貧富의 차이가 나는 것은 결코 아무 이유 없이 그런 게 아니다.

기양祈羊을 윤지장은 양을 희생으로 바쳐 지내는 제사로 풀이했다. '기'는 원래 금수의 피를 그릇에 받아 산천에 제사지내는 것을 뜻한다. 침옥극의沉玉極矣의 '침옥'은 수신水神에게 옥을 빠뜨리며 올리는 제사를 의미한다. '침'은 침沈과 같고, '극'은 지至와 통한다. 「해언」의 '형세해'에는 '지'로 되어 있다. 신가립야神可立也의 '신'은 신령한 위엄을 뜻하는 신위神威의 의미이다. 호표탁유虎豹託幽는 범과 표범이 심산유곡에 머물러야 한다는 뜻이다. '탁'이 송본과 「해언」편 '형세해'에는 '탁'으로 되어 있으나 다른 판본에는 득得으로 나온다. '유'는 깊고 그윽한 산림을 의미한다. 위가재야威可載也의 '재'를 야스이는 존숭할 대戴로 새겼다. 풍우무향風雨無鄕의 '향'은 방향을 뜻하는 향向과 통한다. 원노불급怨怒不及은 사람들로부터 원망을 듣거나 노여움의 대상이 되지 않는다는 뜻이다. 귀유이행령貴有以行令의 '귀'는 존귀尊貴의 뜻으로 곧 군주를 지칭한다. 천유이망비賤有以忘卑의 '천'은 비천卑賤의 뜻으로 곧 백성을 지칭한다. 수요빈부壽夭貧富는 장수와 요절, 빈천과 부유를 의미한다.

2-2

銜命者, 君之尊也. 受辭者, 名之運也. 上無事則民自試, 抱蜀不言而廟堂旣脩. 鴻鵠鏘鏘, 唯民歌之. 濟濟多士, 殷民化之, 紂之失也. 飛蓬之閒, 不在所賓. 燕雀之集, 道行不顧. 犧牷圭璧不足以享鬼神. 主功有素, 寶幣奚爲? 羿之道非射也, 造父之術非馭也, 奚仲之巧非斲削也. 召遠者使無爲焉, 親近者言無事焉, 唯夜行者獨有也.

백성이 군명君命을 봉행하는 것은 군주가 덕이 있어 존경할 만하기 때문이고, 군주의 말을 듣고 일을 행하는 것은 군주의 덕망과 명성이 높기 때문이다. 윗사람이 백성을 강압하거나 수탈하지 않으면 백성은 스스로 발전을 추구할 것이다. 군주가 종묘사직의 제사를 잘 받들면 아무런 말을 하지 않아도 조정이 잘 다스려질 것이다. 홍혹鴻鵠이 높이 날 때 백성은 그 아름다운 모습을 노래한다. 주나라 문왕 밑에 뛰어난 선비가 대거 모이는 제제다사濟濟多士로 인해 은나라 백성이 감화됐다. 이는 은나라 주紂의 실정失政 탓이다. 바람에 흩날리는 다북쑥처럼 근거 없이 떠도는 소문은 받아들일 필요가 없다. 소인배 같은 참새와 제비가 아무리 많이 모여 있을지라도 길가는 행인의 주의를 끌 수 없고, 이치에 맞지 않으면 희생犧牲과 규벽圭璧으로 제사지내며 기도할지라도 귀신을 흠향歆饗케 만들 수 없다. 부강을 이룬 군주의 공업功業이 확실한 근거가 있으면 진귀한 예물이 무슨 소용이 있겠는가? 전설적인 명궁인 예羿의 재주는 활 쏘는 기술에만 있는 게 아니고, 전설적인 마부인 조보造父의 재주도 말고삐를 잡는 기술에만 있는 게 아니고, 수레를 발명한 해중奚仲의 재주도 나무를 쪼개고 깎는 기술에만 있는 게 아니다. 먼 곳에 있는 인재를 불러들이려는 군주는 사자만 보낸다고 그리할 수 있는 게 아니고, 가까이 있는 백성과 친하게 지내고자 하는 군주 또한 좋은 말만 가지고 그리할 수 있는 게 아니다. 오직 성심誠心을 지니고 대도를 걷는 군주만이 그리 할 수 있다.

함명銜命의 '함'을 이카이는 받들어 지키는 봉수奉守로 새겼다. '함명'이 「해언」의 '형세해'에는 함령銜令으로 되어 있다. 수사자受辭者의 '사'는 군주의 지시를 뜻한다. 명지운名之運의 '명'은 명성, '운'은 운행을 의미한다. '상무사즉민자시上無事則民自試, 포촉불언이묘당기수抱蜀不言而廟堂旣脩' 구절을 곽말약은 도가에서 말하는 무위이치無爲而治로 보았다. 자시自試는 스스로 발전해 나가는 것을 의미한다. 포촉抱蜀은 종묘제사를 행한다는 뜻으로 여기의 '촉'은 제기祭器를 상징한다. 묘당廟堂은 원래 군주가 조상을 제사지내는 종묘와 군주가 조회를 받는 정전正殿인 명당明堂을 통칭하는 말이다. 여기서는 국가를 지칭한다.

장장홍혹鏘鏘鴻鵠의 '장장'은 높이 나는 것을 형상한 말이다. '홍혹'은 큰 기러기와 고니를 뜻한다. 포부가 원대하고 큰 인물을 상징한다. 흔히 '홍곡'으로 읽으나 이는 잘못이다. '곡'으로 읽으면 과녁을 뜻하게 된다. 제제다사濟濟多士는 『시경』「대아, 문왕」에 나오는 말로 주 문왕 밑에 많은 현신이 모인 것을 의미한다. '제제'는 많은 사람이 모여 있는 것을 형상한 말이다.

비봉지간飛蓬之閒에 대한 해석이 분분하다. '비봉'은 흩날리는 쑥을 말한다. 문일다는 『광아廣雅』「석고釋詁」를 인용해 경輕으로 새겼다. '간'과 관련해 청대 말기의 문헌학자 정사함은 대다수 판본에 문問으로 되어 있으나 송본宋本에 간閒으로 되어 있다며 문聞의 잘못으로 보았다. 장병린章炳麟 등은 문問으로 해석하는 게 옳다고 했으나 허유휼許維遹은 『관자집교管子集校』에서 '간'으로 파악하면서 간언할 간諫과 통하는 것으로 간주했다. 은나라 마지막 왕 주紂의 이복형인 미자微子의 간언을 상징하는 것으로 본 것이다. 『사기』「송세가」에 따르면 미자는 자신의 간언이 받아들여지지 않자 이내 주 곁을 떠나 목숨을 건졌다. 미자와 더불어 은나라의 현인으로 알려진 기자箕子가 종이 되고, 비간比干이 죽임을 당한 것과 대비된다. 그러나 「해언」의 '형세해'에 문問으로 되어 있고, '형세해'의 내용에 비춰볼 때 장병린의 해석을 좇아 근거 없이 떠도는 소문으로 풀이하는 게 옳다. 『시경』「위풍爲風, 백혜伯兮」에 수여비봉首如飛蓬 표현이 나온다. 『상군서商君書』「금사禁使」는 '비봉'이 바람을 만나면 1천 리를 날아간다고 했다. 근거 없는 소문을

'비봉'에 비유한 것이다.

주재소빈不在所賓은 들어주지 않는다는 뜻으로 은나라 주紂의 불청不聽을 상징한다. '빈'을 장병린은 청聽으로 새겼으나 문일다는 예로써 영접하는 것으로 해석했다. 연작지집燕雀之集은 제비와 참새같이 무리지은 소인배들을 지칭한다. 도행불고道行不顧의 '도행'을 문일다는 행도行道의 잘못으로 보았다. 희전규벽犧牷圭璧의 '희전'은 희생犧牲과 같은 말로 종묘제사 때 바치는 순수한 색깔의 소와 양, 돼지를 말한다. 「해언」의 '형세해'에는 '희생'으로 되어 있다. '규벽'은 제사 때 사용하는 둥근 옥을 지칭한다. 주공유소主功有素의 '주공'은 군주의 공업功業을 말한다. '소'는 근본을 뜻한다. 보폐寶幣는 진귀한 예물을 의미한다.

예羿는 전설상의 명궁이다. 『산해경』과 『회남자』 등에 따르면 요임금 때 10개의 태양이 멋대로 떠오르자 산천초목이 타기 시작했다. 이들 태양은 동방의 천제天帝 제준帝俊과 태양의 여신인 희화羲和 사이에 난 자식들이었다. 태양은 본디 세발 달린 까마귀 즉 삼족오三足烏였다. 요임금이 동방의 천제 제준에게 도움을 청하자 제준은 동방의 명궁 예를 지상세계에 내려보냈다. 예가 태양을 하나씩 명중시키자 떨어지는 태양이 삼족오로 변했다. 하나 남은 태양이 비로소 정상운행을 하여 지상세계를 비추게 됐다.

조보造父는 주목왕의 전설적인 마부이다. 해중奚仲은 수레를 발명해 거정車正의 벼슬을 지낸 우왕 때의 신하로 탕왕湯王 때 건국공신인 중훼仲虺의 선조이다. 소원자召遠者는 원지遠地에 사는 백성을 부른다는 뜻으로 '소'는 초招와 같다. 친근자親近者는 친근히 대하는 신변의 백성을 뜻하는 말로 곧 자국의 백성을 지칭한다. 착斲은 나무를 쪼개고 깎는다는 뜻이다. 유야행자독유야唯夜行者獨有也가 「해언」의 '형세해'에는 유야행자독유지호唯夜行者獨有之乎로 되어 있다. '야행'은 밤길을 걷는 것을 뜻하나 여기서는 성심으로 대도를 걷는 군주를 의미한다. 음행陰行과 같다.

2-3

平原之隰, 奚有於高? 大山之隈, 奚有於深? 訾讆之人, 勿與任大. 譕臣者, 可以遠舉. 顧憂者, 可與致道. 其計也速而憂在近者, 往而勿召也. 擧長者, 可遠見也. 裁大者, 衆之所比也. 美人之懷, 定服而勿厭也.

평원의 낮은 소택지에 있는 작은 봉분인 소봉小封을 두고 어찌 높다고 말할 수 있겠는가? 큰 산에 있는 작은 구덩이인 소외小隈를 두고 어찌 깊다고 말할 수 있겠는가? 현자를 헐뜯고 불초자를 기리는 자위訾讆를 일삼는 자에게 대임을 맡겨서는 안 된다. 일을 크게 꾀하는 자만이 가히 원대한 일을 도모할 수 있고, 후환을 고려하는 자만이 가히 더불어 대도를 구현할 수 있다. 일을 졸속으로 꾸며 우환을 불러들이는 자는 멀리 내보내고 다시 불러들여서는 안 된다. 현자를 천거해야 백성이 비로소 이익을 얻을 수 있고, 군주의 자질이 뛰어나야 백성이 비로소 믿고 따른다. 남을 귀순시키고자 하면 반드시 덕정을 펴야 하고, 이를 굳게 견지하며 싫증을 내서는 안 된다.

평원지습平原之隰을 왕념손은 평습지봉平隰之封의 잘못으로 보았다. '습'은 저습지低濕地, '봉'은 작은 봉분 즉 소봉小封을 뜻한다. 해유어고奚有於高의 '해유'는 하고何故의 의미이다. 대산지외大山之隈의 '외'를 사호범은 큰 산에 있는 작은 구덩이인 소외小隈로 새겼다. 자위지인訾讆之人의 '자'를 윤지장은 현자를 헐뜯는 훼현毁賢, '위'를 못난 자를 기리는 예악譽惡으로 풀이했다. 무신자譕臣者의 '무'는 다다른다는 뜻의 척蹠과 통한다. '무'를 이카이는 꾀할 모謨의 고자古字로 보았다. 대망과 이카이 모두 '신'을 거巨의 잘못으로 보았다.

가이원거可以遠擧의 '이'가 「해언」의 '형세해'에는 여與로 되어 있다. '원거'를 두고 이카이는 모려謀慮가 커야만 원대한 일을 이룰 수 있다는 의미로 새겼다. 고우자顧憂者는 우환을 고려하는 자를 말한다. 치도致道는 치도治道

를 구현한다는 뜻이다. 계속우근자計速憂近者는 졸속한 꾸밈으로 우환을 불러일으킬 소인배를 지칭한다. 왕이물소往而勿召의 '소'는 소환召還의 의미이다. '거장자擧長者, 가원견야可遠見也' 구절을 두고 윤지장은 '거장'을 천하를 위해 이익을 도모하는 현자, '원견'을 긴 안목으로 백성을 이롭게 하는 것으로 풀이했다. 재대자裁大者의 '재'를 손성연은 고대에 재材와 서로 통했다고 했다. 미인지회美人之懷의 '미'를 유월은 「해언」의 '형세해'를 근거로 욕인지회欲人之懷의 잘못으로 보았다. '회'는 귀순의 뜻이다. 정복물염定服勿厭의 '복'은 덕정의 봉행을 의미한다.

2-4

必得之事, 不足賴也. 必諾之言, 不足信也. 小謹者不大立, 訾食者不肥體. 有無棄之言者, 必參於天地也. 墜岸三仞, 人之所大難也, 而猿猱飮焉. 故曰 '伐矜好專', 擧事之禍也. 不行其野, 不違其馬, 能予而無取者, 天地之配也.

수단방법을 가리지 않고 성사시킨 일은 신뢰키에 부족하고, 매사를 무턱대고 승낙하는 말은 신뢰키에 부족하고, 작은 일과 사소한 절조節操에 얽매이는 자는 대업을 이룰 수 없고, 음식투정을 하는 자는 몸에 살이 붙지 않는다. 이치에 맞아 버릴 수 없는 말은 천지의 공평무사한 이치와 짝할 수 있다. 3인三仞의 높은 낭떠러지에서 뛰어내려 물을 마시는 것은 사람에게 매우 힘겨운 일이지만, 원숭이는 쉽게 내려가 물을 마신다. 스스로 잘난 체하며 독력獨力과 독지獨知만 쓰는 것은 일을 망치는 화근이다. 전야戰野를 내달릴 일이 없을지라도 평소 전마戰馬의 훈련을 게을리 해서는 안 된다. 군주가 능히 먼저 베풀면서 보답을 구하지 않아야 가히 천지의 음덕과 짝할 수 있다.

필득지사必得之事는 수단방법을 가리지 않고 무조건 얻고자 하는 것을 말한다. 필락지언必諾之言는 매사를 모두 좋다고 승낙하는 말을 뜻한다. 소근자小謹者는 사소한 일이나 절조에 얽매이는 자를 지칭한다. '근'을 하여장은 신愼으로 새겼다. 자식자訾食者의 '자'는 원래 배불리 먹어 음식이 물리는 것을 의미한다. 「해언」의 '형세해'에는 자訾로 되어 있다. 무기지언자無棄之言者는 버릴 말이 없이 모두 이치에 맞는 사람을 뜻한다. 참천지參天地는 천지의 이치에 동참한다는 의미로 여기서는 공평무사한 이치에 부합한다는 의미로 사용됐다.

추안삼인墜岸三仞의 '인'은 사람의 키에 해당하는 길이 단위를 말한다. 고대에는 7척尺 내지 8척을 1인으로 보았다. 우리말의 '길'과 같다. 원노猿猱는 원숭이를 뜻한다. '노'는 노玃와 같다. 「해언」의 '형세해'에는 유원蝚蝯으로 되어 있다. 벌긍호전伐矜好專은 잘난 체하며 자신의 힘과 지혜만을 사용한다는 뜻이다. 『한비자』는 독력獨力과 독지獨知로 표현해 놓았다. 유적은 '호전'을 연자로 보았으나 문맥상 그대로 두고 해석해도 가하다. 불위기마不違其馬의 '위'는 포기를 뜻한다. 능여무취能予無取는 능히 베풀면서 보답을 구하지 않는 것을 말한다.

2-5

怠倦者不及, 無廣者疑神. 神者在內, 不及者在門. 在內者將假, 在門者將待. 曙戒勿怠, 後稚逢殃. 朝忘其事, 夕失其功. 邪氣入內, 正色乃衰. 君不君則臣不臣, 父不父則子不子. 上失其位, 則下逾其節. 上下不和, 令乃不行. 衣冠不正, 則賓者不肅. 進退無儀, 則政令不行. 且懷且威, 則君道備矣. 莫樂之則莫哀之, 莫生之則莫死之. 往者不至, 來者不極.

게으르고 일을 대강대강 하는 자는 성공하지 못하나, 빈틈없이 일을 꾸미는 자가 이룬 성과는 마치 신령이 도와준 것처럼 눈부시다. 신령에 견줄 만한 경지는 은밀히 쌓은 역량에서 비롯된 것이다. 게을러서 아무 일도 이루지 못하는 자는 매사에 남의 도움을 필요로 한다. 자신의 내부에 역량을 비축한 자는 여유롭게 일을 처리하나, 남의 도움을 필요로 하는 자는 늘 수고롭게 바깥의 도움을 기다린다. 아침마다 경각심을 일으켜 태만해지는 일이 없도록 해야 한다. 게을러서 우물쭈물하면 결국 재앙을 초래하게 된다. 아침에 해야 할 일을 잊으면 저녁에 그 공효功效를 잃게 된다. 사기邪氣가 몸 안으로 들어오면 단아한 기색도 이내 쇠해진다. 군주가 군주답지 못하면 신하 또한 신하답지 못하게 되고, 아비가 아비답지 못하면 자식 또한 자식답지 못하게 되고, 군주가 제자리를 지키지 못하면 신하 또한 분수나 절도를 어기고, 상하가 화목하지 못하면 군주의 정령이 시행되지 않고, 군주가 의관을 단정히 하지 않으면 빈례賓禮 담당 관원도 경숙敬肅하지 못하고, 정령의 폐치廢置가 의례儀禮에 부합하지 않으면 실행되지 않는다. 백성이 군은君恩을 가슴에 새기고 군주가 군위君威를 유지하면 군도君道가 갖춰지고, 군주가 백성의 안거낙업安居樂業을 보장하지 못하면 백성도 군주의 우환을 걱정하지 않고, 백성의 이용후생利用厚生을 보장하지 못하면 백성도 사력을 다해 싸우려 하지 않고, 가는 정이 없으면 오는 정도 없게 된다.

태권자怠倦者는 게으른 자를 말한다. 권태자倦怠者와 같다. 불급不及은 미치지 못한다는 뜻으로 여기서는 일을 이루지 못한다는 의미로 사용됐다. 무광자의신無廣者疑神의 '광'을 이카이는 빈틈을 뜻하는 광曠으로 새겼다. '의신'은 신에 비긴다는 뜻이다. '의'는 성成의 뜻인 응凝과 통한다. 신자재내神者在內는 자신 내부에 축적된 역량을 뜻한다. 이카이는 '신' 위에 의疑가 생략됐다고 했다. 불급자재문不及者在門의 '재문'은 다른 사람의 도움을 필요로 한다는 뜻으로 곧 재문외在門外와 같다. 재내자장가在內者將假의 '가'를 문일다는 가暇로 새겼다. 서계曙戒는 아침을 일깨우는 계단戒旦을 뜻한다. 문일다는 아침을 알리는 북소리로 풀이했다. 후치後稚는 게을러 우물쭈물한다는 의미이다. 문일다는 '치'를 늦을 모暮와 통하는 지遲로 새겼다.

사기입내邪氣入內의 '입'이 「해언」의 '형세해'에는 습襲으로 되어 있다. 군불군君不君은 군주가 군주답지 못하고, 신불신臣不臣은 신하가 신하 노릇을 다하지 않는다는 뜻이다. '의관부정衣冠不正, 즉빈자불숙則賓者不肅' 구절을 두고 유월은 '빈'을 빈객을 인도하는 빈擯으로 새겼다. '숙'은 숙연히 공경스런 모습을 취하는 경숙敬肅의 의미이다. 진퇴무의進退無儀의 '진퇴'는 행동거지와 같다. 차회차위且懷且威는 은덕으로 백성을 보듬고 위엄 있는 태도로 임한다는 의미이다. 막락지莫樂之의 '락'은 백성이 평안히 지내며 즐거이 생업에 종사하는 안거낙업安居樂業을 뜻한다. 막애지莫哀之는 백성이 군주의 우환을 함께 나누려하지 않는다는 의미이다. 왕자부지往者不至는 가는 정이 없다는 뜻으로 '왕자'는 군주의 은덕을 상징한다. 내자불극來者不極은 오는 정도 없다는 의미로 '내자'는 백성의 보답을 의미한다. 극極은 지至와 통한다.

2-6

道之所言者一也, 而用之者異. 有聞道而好爲家者, 一家之人也. 有聞道而好爲鄕者, 一鄕之人也. 有聞道而好爲國者, 一國之人也. 有聞道而好爲天下者, 天下之人也. 有聞道而好定萬物者, 天下之配也. 道往者其人莫來, 道來者其人莫往. 道之所設, 身之化也. 持滿者與天, 安危者與人. 失天之度, 雖滿必涸. 上下不和, 雖安必危. 欲王天下而失天之道, 天下不可得而王也. 得天之道, 其事若自然. 失天之道, 雖立不安. 其道旣得, 莫知其爲之. 其功旣成, 莫知其釋之. 藏之無形, 天之道也. 疑今者察之古, 不知來者視之往. 萬事之生也, 異趣而同歸, 古今一也.

도가 말하는 바는 하나이나 쓰임새는 다양하다. 도를 듣고 집안을 잘 다스리는 자는 일가一家를 호령할 만하고, 도를 듣고 향리를 잘 다스리는 자는 일향一鄕을 호령할 만하고, 도를 듣고 나라를 잘 다스리는 자는 일국一國

을 호령할 만하고, 도를 듣고 천하를 잘 다스리는 자는 천하를 호령할 만하고, 도를 듣고 온갖 만물을 잘 다스리는 자는 천지와 짝할 만하다. 군주가 무도無道하면 백성이 오지 않고, 군주가 유도有道하면 백성이 떠나지 않는다. 도를 터득하면 언행이 도와 하나가 된다. 나라의 부강을 유지하려면 천도를 좇아야 하고, 나라의 위난을 안정시키려면 인심을 좇아야 한다. 하늘의 법도法度를 잃으면 일시 가득찰지라도 이내 반드시 고갈되고, 군주와 신민이 불화하면 일시 안정될지라도 이내 반드시 위태롭게 된다. 천하를 호령코자 하면서 천도를 잃으면 천하를 손에 넣어 호령하는 일이 불가능해진다. 천도를 얻으면 만사가 자연스럽게 이뤄지고, 잃으면 일시 성공할지라도 불안하다. 사람들은 천도를 얻어도 그것이 나온 배경을 모르고, 사업에 성공해도 그것이 떠나는 이유를 모른다. 모습을 은밀히 감춘 채 밖으로 드러내지 않는 것이 바로 천도이다. 금사今事를 의심하면 고사古事를 고찰하고, 미래를 모르면 과거를 돌아본다. 만사와 만물의 생성발전은 극히 다양하지만 근본이치는 동일하다. 고금이 한결같다.

문도호위가聞道好爲家는 도를 듣고 집안을 잘 다스리는 자를 뜻한다. 일가지인一家之人은 곧 한 집안의 가장을 의미한다. 천하지배天地之配를 왕념손王念孫은 천지지배天地之配의 잘못으로 보았다. 천지와 짝하는 도인을 말한다. 도왕道往을 이카이는 실도失道, 도래道來를 득도得道로 새겼다. 신지화야身之化也를 허유휼은 신여지화야身與之化也의 잘못으로 보았다. 지만자持滿者는 충만한 상태를 유지한다는 뜻으로 곧 강성한 상태의 유지를 뜻한다. 안위자安危者는 나라의 위태로움을 안정시킨다는 뜻이다. 왕천하王天下는 천하를 호령하는 제왕으로 군림한다는 뜻이다. 장지무형藏之無形은 공덕을 속에 숨기고 드러내 보이지 않는다는 의미이다. 의금자疑今者는 오늘의 일을 잘 몰라 의심하다는 뜻이고, 부지래자不知來者는 앞으로 올 일을 정확히 파악치 못한다는 뜻이다. 이취동귀異趣同歸는 비롯된 취지는 다르지만 결국 같은 곳으로 귀결된다는 뜻이다. 고금일야古今一也는 고금이 똑같다는 뜻으로 고금여일古今如一과 같다.

2-7

生棟覆屋, 怨怒不及. 弱子下瓦, 慈母操箠. 天道之極, 遠者自親. 人事之起, 近親造怨. 萬物之於人也, 無私近也, 無私遠也. 巧者有餘, 而拙者不足. 其功順天者天助之, 其功逆天者天圍之. 天之所助, 雖小必大. 天之所圍, 雖成必敗. 順天者有其功, 逆天者懷其凶, 不可復振也.

굽은 생목生木을 대들보로 썼다가 집이 무너지면 사람들은 원망하거나 노하지 않고 스스로를 책망하나, 아이가 집을 향해 기와조각을 던지면 자모慈母도 회초리를 든다. 천도를 좇아 공평무사하게 일을 처리하면 먼 곳에 사는 자도 스스로 친근하게 여겨 모여들고, 사사롭게 일을 처리하면 주변에 있는 자도 원망을 품게 된다. 만물은 사람에게 공평무사하게 쓰이므로 사적으로 가깝거나 먼 것이 없다. 천도는 영교靈巧한 자가 쓰면 남는 바가 있고, 졸렬拙劣한 자가 쓰면 모자라게 된다. 공업功業이 천도를 따르면 하늘이 도와주나, 거스르면 하늘이 가로막는다. 하늘이 도우면 일시 작게 보이나 결국 크게 되고, 하늘이 막으면 비록 일시 성공한 듯이 보이나 결국 패망하고 만다. 천도를 좇는 자는 공업을 이루나, 거스르는 자는 화를 불러들여 다시는 구제받을 수 없게 된다.

생동복옥生棟覆屋의 '생동'을 이카이는 갓 베어 아직 마르지 않은 나무를 대들보로 삼는다는 뜻으로 풀이했다. '복옥'은 집이 뒤집힌다는 의미이다. 윤지장은 '생동복옥'의 경우 남을 탓할 수 없게 된다고 했다. 약자하와弱子下瓦의 '약자'는 어린아이를 뜻한다. 자모조추慈母操箠를 윤지장은 사소한 손해에도 자모가 화를 내며 회초리를 들어 어린자식을 꾸짖는 것으로 풀이했다. 천도지극天道之極은 천도를 좇은 공평무사한 정사로 원근이 하나로 합쳐진다는 뜻이다. 사근私近과 사원私遠은 사적으로 가깝거나 멀어진다는 의미이다. 교자유여巧者有餘의 '교'는 신령스럽고 교묘한 영교靈巧의 뜻이고, 졸자부족拙者不足의 '졸'은 이와 정반대인 졸렬拙劣의 의미이다. 천위지天圍之의 '위'를 왕념손은 송본 이외에는 거스를 위違로 되어 있다고 지적하면서 가차로 보았다. 「해언」의 '형세해'에는 위違로 나온다. 이철명은 원래 금지할 어圉로 되어 있던 것이 송본이 잘못하여 위圍로 고쳤고, 이것이 다시 위違로 바뀌었다고 했다. 여상봉도 유사한 해석을 했다. 회기흉懷其凶의 '회'를 윤동양尹桐陽은 『관자신석管子新釋』에서 초치할 치致로 새겼다.

2-8

烏鳥之狡, 雖善不親. 不重之結, 雖固必解. 道之用也, 貴其重也. 毋與不可, 毋彊不能, 毋告不知. 與不可, 彊不能, 告不知, 謂之'勞而無功'. 見與之交, 幾於不親. 見哀之役, 幾於不結. 見施之德, 幾於不報. 四方所歸, 心行者也. 獨王之國, 勞而多禍. 獨國之君, 卑而不威. 自媒之女, 醜而不信. 未之見而親焉, 可以往矣. 久而不忘焉, 可以來矣.

까마귀의 교유交遊인 오조지교烏鳥之交는 겉으로만 시끄러울 뿐 결코 친밀하지 않다. 신중하지 못한 결교結交는 일시 굳게 맺을지라도 반드시 풀리고 만다. 도의 운용은 신중한 행보를 귀하게 여긴다. 불초자와 함께 일하지 말아야 하고, 불가능한 일을 억지로 시키지 말아야 하고, 도리를 모르는 자에게는 일러주지 말아야 한다. 불초자와 함께 일하거나, 불가능한 일을 억지로 시키거나, 도리를 모르는 자에게 일러주는 것을 일컬어 고생스럽기만 하고 보람이 없는 노이무공勞而無功이라고 한다. 겉으로 드러내는 교호交好와 교우交友 및 시덕施德은 대략 친근하지 않은 불친不親과 굳게 교결하지 못하는 불결不結 및 보답이 없는 불보不報와 거의 같다. 진심으로 성의를 다해 대도를 행하는 군주만이 사방의 백성을 귀부歸附시킬 수 있다. 군주가 독선적으로 이끄는 독임지국獨任之國은 공효도 없이 벌여놓은 일만 많아 고생스럽고 재앙 또한 많다. 고립무원에 빠진 '독임지국'의 군주인 독국지군獨國之君은 지위도 낮을 뿐만 아니라 위세도 없다. 여인이 스스로를 중매하고 나서면 추하게 보일 뿐만 아니라 불신을 사게 된다. 본 적이 없는데도 친근감을 느끼게 하는 군주는 가히 달려가 귀의할 만하고, 오래도록 그 은덕을 잊지 않도록 만드는 군주는 가히 천하의 백성을 귀의시킬 만하다.

오조지교烏鳥之狡는 새와 까마귀의 교유를 말한다. '교'가 「해언」의 '형세해'에는 교交로 되어 있다. 부중지결不重之結의 '결'은 서로 사귄다는 뜻으로 결교結交와 같다. 현여지교見與之交는 겉으로만 함께 하는 사귐을 뜻한다. 「해언」의 '형세해'에는 '교'가 우友로 되어 있다. 현애지역見哀之役의 '애'가 「해언」의 '형세해'에는 애愛로 되어 있다. 불결不結은 굳게 결교結交하지 못하는 것을 말한다. 독왕지국獨王之國의 '왕'이 「해언」의 '형세해'에는 임任으로 되어 있다. 군주가 독선적으로 나라를 운영하는 것을 뜻한다. 독국지군獨國之君은 '독임지국'의 군주로 곧 제대로 보필하는 사람이 없어 고립무원孤立無援에 처한 군주를 의미한다. 비이불위卑而不威는 지위가 낮고 위엄도 없다는 뜻이다. 자매지녀自媒之女는 스스로 중매하고 나서는 여자를 의미한다. 가이래의可以來矣의 '래'는 오게 만든다는 사역동사로 백성이 믿고 의탁하는 것을 뜻한다.

2-9

日月不明, 天不易也. 山高而不見, 地不易也. 言而不可復者, 君不言也. 行而不可再者, 君不行也. 凡言而不可復·行而不可再者, 有國者之大禁也.

일월이 명량明亮하지 못한 것은 하늘이 구름 등을 제거하지 못한 탓이고,

산이 높은데도 볼 수 없는 것은 땅이 고르지 못한 탓이다. 두 번 다시 해서는 안 될 말과 행동을 명군은 하지 않는다. 무릇 두 번 다시 해서는 안 될 언행은 나라를 다스리는 군주가 가장 꺼리는 사항이다.

'일월불명日月不明, 천불역야天不易也' 구절을 두고 윤지장은 풀이키를, "해와 달은 밝지 않을 수 없다. 밝지 못한 것은 구름 등에 가려 있는데도 하늘이 이를 바꾸지 않기 때문이다."라고 했다. 역易을 바꾼다는 의미로 풀이한 결과다. 또 '산고불견山高不見, 지불이야地不易也' 구절에 대해 그는 풀이키를, "산이 높은데도 잘 보이지 않는 것은 땅이 평이平易하지 않기 때문이다."라고 했다. 여기의 이易는 평탄하다는 의미로 사용됐다. 언이불가복자言而不可復者는 두 번 다시 하지 못할 후회스런 말을 뜻한다. 여기의 복復은 '다시 말하다.'의 의미이다. 유국자有國者는 나라를 다스리는 군주를 지칭한다. 대금大禁은 가장 꺼리는 금기로 곧 커다란 금기사항을 뜻하는 대기大忌와 같다.

제3장 권수(權脩)

'권수'는 국가의 통치 권력을 공고히 한다는 뜻의 수권修權을 의미한다. 이 장에서는 군주가 권력을 다지기 위해 갖춰야 할 여러 계책을 제시하고 있다. 농업의 장려, 노동력과 재정의 절제와 절약, 법치의 엄격한 실행, 원칙에 입각한 인재 등용, 백성에 대한 교육 등이 주요 내용을 이루고 있다.

3-1

萬乘之國, 兵不可以無主. 土地博大, 野不可以無吏. 百姓殷衆, 官不可以無長. 操民之命, 朝不可以無政.

병거兵車 1만 승乘을 보유한 만승지국萬乘之國의 대국은 병사를 통솔하는 장수가 없으면 안 되고, 영토가 광대한 나라는 영토를 관할하는 관원이 없으면 안 되고, 백성이 많은 나라는 관원을 지휘하는 재상이 없으면 안 되고, 백성의 운명을 좌우하는 나라는 조정에 정령의 집행권한이 없으면 안 된다.

만승지국萬乘之國은 싸움에 동원되는 병거兵車 1만 승乘을 보유한 나라로 곧 대국을 지칭한다. 원래는 천자의 나라를 지칭하는 말이었다. 이보다 작은 나라는 병거 1천 승을 보유한 천승지국千乘之國이다. 중국中國에 해당한다. 백성은중百姓殷衆은 백성이 아주 많다는 의미이다. '은'과 '중'은 서로 통한다. 조민지명操民之命은 백성의 생사를 장악하고 있다는 뜻이다.

3-2

地博而國貧者, 野不辟也. 民衆而兵弱者, 民無取也. 故末産不禁則野不辟, 賞罰不信則民無取. 野不辟, 民無取, 外不可以應敵, 內不可以固守. 故曰, "有萬乘之號, 而無千乘之用, 而求權之無輕, 不可得也."

영토가 넓은데도 나라가 가난한 것은 들이 개간되지 않았기 때문이고, 백성이 많은데도 군사력이 취약한 것은 백성을 독려하지 않았기 때문이다. 상공업을 억제하지 않으면 들이 개간되지 않고, 상벌이 공정하지 않으면 백성을 독려할 수 없다. 들이 개간되지 않고, 백성을 독려하지 않으면 밖으로 외적에 대응할 수 없고, 안으로 나라를 굳게 지킬 수 없다. "만승지국萬乘之國의 명칭만 있고 천승지국千乘之國의 실력도 없으면 군주의 권세가 가볍지 않기를 바랄지라도 이는 불가능하다."고 말하는 이유다.

야불벽野不辟은 들이 개간되지 않았다는 뜻으로 '벽'은 열 벽闢과 통한다. 민무취民無取는 백성을 독려하지 않았다는 뜻이다. 하여장은 '취'를 취趣와 통하는 것으로 보았다. 말산불금末産不禁의 '말산'은 말업末業인 상공업을 뜻한다. 본산本産 내지 본업本業은 농업을 말한다. 상벌불신賞罰不信은 상벌이 멋대로 자행되는 것을 말한다. '신'은 반드시 행해진다는 뜻의 필必과 통한다. 천승지용千乘之用은 천승의 나라에 해당하는 중급 규모의 국력을 의미한다.

3-3

地辟而國貧者, 舟輿飾·臺榭廣也. 賞罰信而兵弱者, 輕用衆·使民勞也. 舟車飾·臺榭廣, 則賦斂厚矣. 輕用衆·使民勞, 則民力竭矣. 賦斂厚, 則下怨上矣. 民力竭, 則令不行矣. 下怨上, 令不行, 而求敵之勿謀己, 不可得也.

땅이 개간됐는데도 나라가 가난한 것은 배와 수레를 화려하게 꾸미고, 누각을 크게 지었기 때문이다. 상벌이 공정히 행해지는데도 군사력이 약한 것은 백성을 함부로 동원하며, 크게 지치게 만들었기 때문이다. 배와 수레를 화려하게 꾸미고 누각을 크게 지으면 거둬들이는 세금이 무거워지고, 백성을 함부로 동원하며 크게 지치게 만들면 민력民力이 고갈된다. 거둬들이는 세금이 무거워지면 아랫사람이 윗사람을 원망하고, 민력이 고갈되면 군주의 명령이 시행되지 않는다. "아랫사람이 윗사람을 원망하고 군주의 명령이 시행되지 않으면 외적이 자신을 도모하지 않기를 바랄지라도 이는 불가능하다."고 말하는 이유다.

주여식舟輿飾은 배와 수레를 화려하게 꾸민다는 뜻이다. 대사臺榭는 누대와 전각을 통칭한 말이다. '사'는 원래 무술을 익히는 도장이나 전각을 뜻한다. 경용중輕用衆의 '경'은 경솔輕率 내지 경이輕易의 의미이다. 부렴賦斂은 세금 따위를 매겨 거두는 일을 지칭한다. 부세賦稅와 같다.

3-4

欲爲天下者, 必重用其國. 欲爲其國者, 必重用其民. 欲爲其民者, 必重盡其民力. 無以畜之, 則往而不可止也. 無以牧之, 則處而不可使也. 遠人至而不去, 則有以畜之也. 民衆而可一, 則有以牧之也.

천하를 다스리고자 하는 자는 반드시 그 국력을 신중히 사용해야 하고, 나라를 다스리고자 하는 자는 반드시 그 백성을 신중히 동원해야 하고, 백성을 다스리고자 하는 자는 반드시 민력의 사용을 신중히 해야 한다. 백성을 보살펴 양육하지 않으면 백성이 떠나는 것을 막을 수 없고, 백성을 보살펴 관리하지 않으면 백성이 머물러 있어도 부릴 수 없다. 먼 곳에 사는 자가 찾아와 떠나지 않는 것은 그들을 잘 보살펴 양육했기 때문이고, 백성의 숫자가 많아도 하나같이 다스릴 수 있는 것은 그들을 잘 보살피며 거두었기 때문이다.

중용기국重用其國의 '중'은 신중愼重, '국'은 국력國力의 뜻이다. 무이휵민無以畜民의 '휵'은 양육하거나 용납한다는 뜻이다. 가축 내지 비축한다는 뜻으로 사용될 때는 '축'으로 읽는다. 백성가일民衆可一은 백성의 숫자가 많아도 하나같이 다스릴 수 있다는 뜻이다.

3-5

見其可也, 喜之有徵. 見其不可也, 惡之有刑. 賞罰信於其所見, 雖其所不見, 其敢爲之乎? 見其可也, 喜之無徵. 見其不可也, 惡之無刑. 賞罰不信於其所見, 而求其所不見之爲之化, 不可得也. 厚愛利足以親之, 明智禮足以敎之, 上身服以先之, 審度量以閑之, 鄕置師以說道之. 然後申之以憲令, 勸之以慶賞, 振之以刑罰. 故百姓皆說爲善, 則暴亂之行無由至矣.

군주는 정령에 부합한 것을 보면 기뻐하며 곧바로 포상해 권장하고, 그렇지 못한 것을 보면 미워하며 곧바로 처벌해 경계시킨다. 상벌이 분명히 시행되는 것을 보고도 신민이 어찌 보이지 않는 곳이라고 해서 감히 함부로 행동할 수 있겠는가? 군주가 정령의 시행에 부합하는 것을 보고도 적시에 상을 내려 권장하지 않거나, 그렇지 못한 것을 보고도 적시에 처벌하여 경계하지 않으면 군주는 상벌을 공평히 시행하지 않는 게 된다. 그러고도 보이지 않는 곳에서 신민이 감화되기를 바라면 이는 불가능한 일이다. 군주가 백성에게 은혜를 베풀면 백성을 가까이 다가오게 할 수 있고, 시비와 예절을 밝히면 백성을 교화할 수 있다. 군주는 몸소 실천하여 선도하고, 각종 제도의 기준을 엄격히 정비해 범법을 예방하고, 각 향鄕에 향사鄕師를 두어 백성을 이끌도록 해야 한다. 연후에 기본이 되는 법령인 헌령憲令을 반포해 이를 거듭 밝혀 삼가 경계토록 하고, 포상으로 선정善政을 권장하고, 형벌로 악행을 제거한다. 이같이 하여 백성이 모두 즐거워하는 것을 선정의 기준으로 삼으면 모반을 꾀하는 자들이 백성을 선동해 포학한 난을 일으킬 이유가 없게 된다.

견기가見其可는 정령의 시행에 부합한 행동을 본다는 뜻이다. 희지유징喜之有徵의 '징'을 여상봉은 험驗으로 새겼다. 어떤 징조를 경험하는 징험徵驗을 의미한다. 오지유형惡之有刑의 '형'을 이카이는 『한비자』를 인용해 드러낼 형形으로 새겼으나 그대로 두고 풀이하는 게 낫다. 위지화爲之化의 '화'를 두고 곽말약은 감화感化로 새겼다. 후애리厚愛利는 군주가 백성을 사랑하고 이롭게 하는 애민愛民과 이민利民의 행보를 두터이 하는 것을 뜻한다. 『관자』는 치국평천하의 요체를 '애민'과 '이민'에서 찾고 있다.

지례智禮는 시비是非와 예절禮節을 뜻한다. 심도량이한지審度量以閑之의 '심도량'은 각종 제도의 정비를 의미한다. '한'은 규범을 세워 교화하는 방범防範의 뜻이다. '방범'을 두고 전한 말기의 대학자 양웅揚雄은 『법언法言』「오백五百」에서 '천유방川有防, 기유범器有範'이라고 했다. 이를 두고 서진西晉의 이궤李軌는 주석키를, "냇물이 넘치는 것을 방지하기 위해 둑을 쌓고, 기물의 모양을 바로잡기 위해 틀을 만든다. '방범'은 예로써 사람을 교화하는 것을 비유한 것이다."라고 했다. 범죄를 예방하는 방범防犯과 구분해야 한다. 향치사이설도지鄕置師以說道之의 '설'을 허유휼은 연자로 보았다. 신지이헌령申之以憲令의 '신'은 밝혀 경계한다는 뜻의 신칙申飭과 같다. '헌령'은 나라를 다스리는 기본 법령을 지칭한다. 헌법憲法과 통한다. 진지이형벌振之以刑罰의 '진'을 문일다는 위엄을 내보인다는 뜻의 진震으로 새겼다. 백성개열위선百姓

皆說爲善의 '열'은 열悅과 같다. 포란지행暴亂之行은 포학한 난이 일어나는 행동을 지칭한다.

3-6

地之生財有時, 民之用力有倦, 而人君之欲無窮, 以有時與有倦, 養無窮之君, 而度量不生於其間, 則上下相疾也. 是以臣有殺其君, 子有殺其父者矣. 故取於民有度, 用之有止, 國雖小必安. 取於民無度, 用之不止, 國雖大必危.

땅의 생산물은 계절의 제한이 있고, 백성의 노동력은 체력의 한계가 있으나 군주의 욕심은 끝이 없다. 한정된 재화와 민력으로 군주의 끝없는 욕심을 뒷받침하고자 할 경우 도중에 일정한 제한이 없게 되면 군주와 백성이 서로 원수처럼 질시하게 된다. 신하가 군주를 죽이고 자식이 어버이를 죽이는 일이 빚어지는 이유다. 백성으로부터 거둬들이는 것을 적절히 하고 백성 동원을 삼가면 나라가 비록 작을지라도 반드시 평안케 된다. 그러나 백성으로부터 거둬들이는 것에 제한이 없고, 백성 동원을 삼가지 않으면 나라가 비록 강대할지라도 반드시 위태롭게 된다.

유시有時는 계절의 제한이 있다는 뜻이고, 유권有倦은 체력이 바닥나 노동력 제공에 한계가 있다는 의미이다. 도량度量은 원래 재거나 되거나 하여 사물의 양을 헤아린다는 뜻이나 여기서는 일정한 정도를 헤아린다는 의미로 사용됐다. 상하상질上下相疾의 '상질'은 서로 원수처럼 바라본다는 의미이다. 살기군殺其君과 살기부殺其父는 곧 시군시부弑君弑父를 뜻한다. 용지유지用之有止의 '지'는 적당한 수준에서 멈추는 것을 말한다.

3-7

地之不辟者, 非吾地也. 民之不牧者, 非吾民也. 凡牧民者, 以其所積者食之, 不可不審也. 其積多者其食多, 其積寡者其食寡, 無積者不食. 或有積而不食者, 則民離上. 有積多而食寡者, 則民不力. 有積寡而食多者, 則民多詐. 有無積而徒食者, 則民偸幸. 故離上·不力·多詐·偸幸, 擧事不成, 應敵不用. 故曰, "察能授官, 班祿賜予, 使民之機也."

개간되지 않은 땅은 나의 땅이 아니고, 보살펴 기르지 않은 백성은 나의 백성이 아니다. 무릇 백성을 다스리는 자는 공적에 따라 녹봉食祿을 받는 것이니 신중히 살피지 않을 수 없다. 공적이 많은 자는 많은 녹봉을 주고, 적은 자는 적은 녹봉을 주어야 한다. 없는 자는 아예 주지 말아야 한다. 만일 공적이 있는데도 녹봉을 주지 않으면 백성이 군주를 이반하고, 공적이 많은데도 적게 주면 백성이 힘써 노력을 다하지 않게 된다. 공적이 적은데도 많은 녹봉을 주면 백성이 사술詐術을 일삼고, 공적이 없는데도 받아먹는 자가 있으면 백성은 요행만 바라게 된다. 백성이 군주를 이반하고, 힘써 노력하지 않고, 사술을 일삼고, 요행을 바라게 되면 무슨 일을 행할지라도 성공할 수 없고, 막상 적과 싸워야 할 때 전혀 부릴 수 없게 된다. "능력에 따라 관직을 내리고, 등급을 나눠 녹봉을 내리는 것이 백성을 부리는 요체이다."라고 말하는 이유다.

목민자牧民者는 백성을 거두는 자로 곧 위정자를 말한다. 소적자사지所積者食之의 '적'은 공적功績의 의미이다. '사'는 녹봉을 내린다는 뜻으로 사賜와 통한다. 이상離上의 '이'는 이반離反 내지 이반離叛의 뜻이다. 반反은 항거, 반叛은 외적과 합세해 항거한다는 뜻이다. 불력不力은 힘써 노력하지 않는다는 의미이다. 찰능수관察能授官은 능력에 따라 관직을 내려준다는 뜻이다. 반록사여班祿賜予는 공적에 따라 관직의 등급에 나눠 하사하고 녹봉을 내린다는 의미이다. 사민지기使民之機의 '기'는 핵심 내지 요체를 뜻하는 말로 보寶 또는 요要와 같다.

3-8

野與市爭民, 家與府爭貨, 金與粟爭貴, 鄕與朝爭治. 故野不積草, 農事先也. 府不積貨, 藏於民也. 市不成肆, 家用足也. 朝不合衆, 鄕分治也. 故野不積草, 府不積貨, 市不成肆, 朝不合衆, 治之至也.

전야田野와 시장市場이 일꾼을 다투고, 민가民家와 관부官府가 재화를 다투고, 황금과 곡식이 귀천貴賤을 다투고, 지방과 조정의 관원이 선정善政을 다투는 경우가 있다. 전야에 잡초가 쌓이지 않는 것은 농사에 힘썼기 때문이고, 관부에 재화가 쌓이지 않는 것은 민가에 저장되어 있기 때문이고, 시장에 점포가 늘어서지 않는 것은 민가에 필요한 물자가 풍족하기 때문이고, 조정에 많은 관원을 두지 않는 것은 지방 단위로 잘 다스려지기 때문이다. "들녘에 잡초가 쌓이지 않고, 관부에 재화가 쌓이지 않고, 시장에 점포가 늘어서지 않고, 조정에 많은 관원을 두지 않는 것이야말로 지극한 다스림이다."라고 말하는 이유다.

야시쟁민野市爭民을 두고 윤지장은 풀이키를, "백성이 본업인 농사에 힘쓰는 까닭에 농촌과 시장이 일꾼을 놓고 다툰다고 한 것이다."라고 했다. 또 그는 가부쟁화家府爭貨는 백성이 곡식의 저장에 힘쓰는 까닭에 민가와 관부가 재화를 다투고, 금속쟁귀金粟爭貴는 사람들이 곡식을 중시한 까닭에 황금과 곡식이 귀중함을 다투고, 향조쟁치鄕朝爭治는 관원이 각자 맡은 바 업무에 충실한 까닭에 지방과 조정의 관원이 선정을 다투는 것을 뜻한다고 풀이했다. 시불성사市不成肆는 시장에 점포가 형성되지 않는다는 뜻이다. '사'는 상품을 늘어놓고 파는 것을 의미한다. 향분치鄕分治는 지방 단위로 나뉘어 잘 다스려진다는 뜻이다. 치지지治之至는 지극한 다스림으로 곧 지치至治를 의미한다.

3-9

人情不二, 故民情可得而御也. 審其所好惡, 則其長短可知也. 觀其交游, 則其賢不肖可察也. 二者不失, 則民能可得而官也.

인정人情은 2가지 모습으로 나타나는 게 아니다. 민정民情을 파악하면 잘 다스릴 수 있게 된다. 그들의 호오好惡 상황을 살피면 장점과 단점을 정확히 파악할 수 있고, 교유交游 상황을 살피면 현불초賢不肖를 정확히 파악할 수 있기 때문이다. 이 2가지 사항을 놓치지 않으면 능히 백성의 능력을 정확히 파악해 적절히 부릴 수 있다.

인정불이人情不二는 사람의 정리情理는 그대로 드러나는 만큼 2가지 모습으로 나타나는 게 아니라는 뜻이다. 민정民情은 백성 개개인의 인정을 합친 것이다. 불초不肖는 아버지를 닮지 않았다는 뜻으로 곧 못나고 어리석은 자를 지칭한다. 민능가득이관民能可得而官의 '민능'은 백성의 능력, '득'은 이해한다는 뜻의 요해了解, '관'은 부릴 사使의 의미이다.

3-10

地之守在城, 城之守在兵, 兵之守在人, 人之守在粟. 故地不辟則城不固. 有身不治, 奚待於人? 有人不治, 奚待於家? 有家不治, 奚待於鄉? 有鄉不治, 奚待於國? 有國不治, 奚待於天下? 天下者, 國之本也. 國者, 鄉之本也. 鄉者, 家之本也, 家者, 人之本也. 人者, 身之本也. 身者, 治之本也. 故上不好本事, 則末産不禁. 末産不禁, 則民緩於時事而輕地利. 輕地利而求田野之辟·倉廩之實, 不可得也.

영토 보존의 관건은 성곽, 성곽 보존의 관건은 무기, 무기 사용의 관건은 사람, 사람 육성의 관건은 식량에 달려 있다. 땅을 개간하지 못하면 성곽도 견고하지 못하다. 자신도 잘 다스리지 못하면서 어찌 다른 사람을 다스릴 수 있겠는가? 다른 사람도 다스리지 못하면서 어찌 집안을 다스릴 수 있겠는가? 자기 집안도 다스리지 못하면서 어찌 한 고을을 다스릴 수 있겠는가? 한 고을도 다스리지 못하면서 어찌 한 나라를 다스릴 수 있겠는가? 한 나라를 다스리지 못하면서 어찌 천하를 다스릴 수 있겠는가? 천하는 나라를 근본으로 삼고, 나라는 지역을 근본으로 삼고, 지역은 가정을 근본으로 삼고, 가정은 사람을 근본으로 삼고, 사람은 자신을 근본으로 삼고, 자신은 치리治理를 근본으로 삼는다. 군주가 본업인 농사를 중시하지 않으면 말업末業인 상공업을 금할 수 없고, 상공업을 금할 수 없으면 백성은 농사에 힘쓰지 않으면서 식량증산에 따른 수익을 경시한다. 이런 상황에서 전야가 개간되고 창고가 가득 차기를 바란다면 이는 불가능한 일이다.

병지수兵之守의 '병'은 병기兵器를 뜻한다. 인지수재속人之守在粟의 '속'은 원래 오곡의 '조'를 뜻하는 말이나 『관자』에서는 곡식을 총칭하는 말로 사용되고 있다. '유신불치有身不治, 해대어인奚待於人' 구절에 대해 허유휼은 풀이키를, "자신도 제대로 다스리지 못하는데 어찌 남을 다스릴 수 있는가?"라고 했다. '천하자天下者, 국지본야國之本也' 구절에 대해 유정섭兪正燮은 풀이키를, "천하는 국가를 기본단위로 하여 성립한다."고 했다.

상불호본사上不好本事의 '본사'는 농사를 지칭한다. 말산불금末産不禁의 '말산'은 상공업을 뜻한다. '말산불금'은 상가의 효시인 관중이 농업과 상공업을 동시에 중시한 이른바 농상병중農商竝重의 기본입장과 어긋난다. 전국시대 중엽에 활약한 법가사상가인 상앙商鞅은 본업인 농사를 중시하면서 말산인 상공업을 억제하는 중농억상重農抑商의 입장을 취했다. 여기의 '중농억상' 대목은 『관자』가 만들어지는 과정에서 법가를 추종하는 자가 끼워넣었을 공산이 크다. 수천 년에 걸쳐 관중의 정치사상 및 『관자』의 성격을 두고 많은 논란이 빚어진 것도 이런 맥락에서 이해할 수 있다. 민완어시사民

緩於時事의 '시사'는 계절에 따른 일로 곧 농사를 지칭한다. 경지리輕地利의 '지리'는 농사에 따른 땅의 이익으로 곧 농산물 수익을 의미한다.

3-11

商賈在朝, 則貨財上流. 婦言人事, 則賞罰不信. 男女無別, 則民無廉恥. 貨財上流, 賞罰不信, 民無廉恥, 而求百姓之安難, 兵士之死節, 不可得也. 朝廷不肅, 貴賤不明, 長幼不分, 度量不審, 衣服無等, 上下凌節, 而求百姓之尊主政令, 不可得也. 上好詐謀間欺, 臣下賦斂競得, 使民偸壹, 則百姓疾怨, 而求下之親上, 不可得也. 有地不務本事, 君國不能壹民, 而求宗廟社稷之無危, 不可得也. 上恃龜筮, 好用巫醫, 則鬼神驟祟. 故功之不立, 名之不章, 爲之患者三. 有獨王者, 有貧賤者, 有日不足者.

상인이 조정에 있으면 재화가 위로만 흘러넘치고, 부인들의 발언권이 강해져 정사를 논하게 되면 상벌이 멋대로 행해지고, 남녀의 구분이 사라지면 백성이 염치를 잃게 된다. 재화가 위로만 흘러넘치고, 상벌이 멋대로 행해지고, 백성이 염치를 잃은 상황에서 백성이 위난危難 속에서 편히 생업에 종사하고 병사가 나라를 위해 죽기로 싸울 것을 바란다면 이는 불가능한 일이다. 조정이 엄숙하지 않고, 신분의 귀천이 명확하지 않고, 노소장유가 구분되지 않고, 도량의 기준이 분명하지 않고, 의복에 차등이 없고, 상하가 규범을 무시하는 상황에서 백성이 군주의 정치와 법령을 존중하기를 바란다면 이는 불가능한 일이다. 군주가 술수와 이간질을 좋아하고, 신하가 온갖 세금을 앞 다퉈 거둬들이고, 백성으로 하여금 일시적인 요행을 바라도록 만들면 백성이 서로 미워하며 원망을 품게 된다. 이런 상황에서 백성이 군주와 친해지기를 바란다면 이는 불가능한 일이다. 땅이 있어도 농사를 중시하지 않고, 군주가 나라를 다스리면서 능히 백성을 하나로 단합시키지 못한 상황에서 종묘사직이 위태롭지 않기를 바란다면 이는 불가능한 일이다.

군주가 거북점과 시초蓍草로 치는 점을 믿으면서 무당의 푸닥거리를 좋아하면 온갖 귀신이 모여들어 무수한 빌미가 생겨난다. 공이 세워지지 않고, 명성이 드러나지 않고, 다음과 같은 3가지 우환이 생기는 이유다. 첫째 군주가 독선에 빠져 전횡하고, 둘째 나라가 궁핍해지면서 군주 또한 지위가 비천해지고, 셋째 날로 상황이 악화돼 수습할 길이 없게 되는 것이 바로 그것이다.

상고재조商賈在朝의 '상고'는 상인을 총칭하는 말이다. '상'은 돌아다니며 물건을 파는 행상行商, '고'는 앉아서 장사를 하는 좌상坐商을 뜻한다. 화재상류貨財上流는 재화가 위로만 흘러넘친다는 의미이다. 부언인사婦言人事는 부인들의 발언권이 강해져 정사에 끼어드는 것을 말한다. 병사지사절兵士之死節의 '사절'은 죽음으로써 충절忠節을 지킨다는 뜻으로 순절殉節과 같다. 도량불심度量不審은 법과 제도의 기준이 분명하지 않다는 뜻이다. 상하능절上下凌節의 '능절'은 규범을 멋대로 무시하는 것을 말한다. '능'은 능멸凌蔑의 뜻으로 능陵과 통한다. 사모간기詐謀間欺는 간사한 계책과 이간질의 기만술을 뜻한다. 부렴경득賦斂競得은 온갖 구실을 붙여 세금을 무겁게 거둬들이는 것을 말한다.

사민투일使民偷壹의 '사'를 이카이는 일을 시킬 역役으로 새겼다. '투일'을 윤지장은 일시적인 쾌락을 투취偷取하는 것으로 풀이했다. 군국君國은 군주가 나라에 군림하는 것을 말한다. '군'은 군림한다는 뜻의 동사로 사용된 것이다. 일민壹民은 백성을 하나로 단합시킨다는 뜻이다. '일'은 일一과 같다. 하나로 통합한다는 뜻의 동사이다. 상시구서上恃龜筮의 '구'는 거북의 등을 지져 갈라지는 모습을 보고 길흉을 점치는 거북점, '서'는 점대를 뽑아 길흉을 점치는 시초점蓍草占를 말한다. 호용무의好用巫醫의 '무의'는 무당을 말한다. 고대에는 무당이 의업醫業도 겸했다. 귀신취수鬼神驟祟는 귀신이 모여들어 온갖 빌미가 만들어진다는 뜻이다. '수'는 재앙이나 탈이 생기는 이유를 말한다. 독왕자獨王者는 독선에 빠져 전횡하는 군주를 지칭한다. '독왕'이 다스리는 나라가 바로 독국獨國이다. 일부족자日不足者는 혼란을 수습하느라 날로 시간이 부족해진다는 의미이다.

3-12

一年之計, 莫如樹穀. 十年之計, 莫如樹木. 終身之計, 莫如樹人. 一樹一穫者, 穀也. 一樹十穫者, 木也. 一樹百穫者, 人也. 我苟種之, 如神用之, 擧事如神, 唯王之門.

1년의 계책으로 곡식을 심는 것보다 나은 게 없고, 10년의 계책으로 과목果木을 심는 것보다 나은 게 없고, 평생의 계획으로 인재를 육성하는 것보다 나은 게 없다. 한 번 심어서 한 번 수확하는 것은 곡식이고, 한 번 심어 10번 수확하는 것은 과목이고, 한 번 키워 100번 수확할 수 있는 것은 인재이다. 내가 정성을 다해 인재를 키우면 그 교묘함이 마치 귀신이 인재를 부리는 것과 같게 된다. 대업을 이루고자 할 때 인재를 귀신처럼 부릴 수 있는 자만이 왕자王者의 문 안으로 들어갈 수 있다.

수목樹木은 과일 나무를 심는다는 뜻이다. 종신지계終身之計는 일생을 두고 추진할 계획의 뜻으로 사용됐다. 수인樹人은 곧 인재를 키우는 양재養才의 뜻이다. 일수일확一樹一穫은 한 번 심어서 한 번 거둔다는 의미이다. 일수십확一樹十穫의 '십'을 10배의 이익으로 해석하는 견해가 있으나 10번의 수확으로 해석하는 게 더 낫다. 과목은 10년 후 서서히 고사하기 때문이다. 일수백확一樹百穫도 마찬가지다. 사람은 수명이 100세에 달하고, 설령 일찍 죽을지라도 그 후손들이 존재하는 까닭에 100번 수확한다고 새기는 게 낫다. 아구종지我苟種之의 '구'는 가정법 조사로 사용된 것이다. '종'은 육성의 뜻이다. 여신용지如神用之은 귀신같이 인재를 부린다는 뜻이고, 거사

여신擧事如神은 귀신같이 거행한다는 의미이다. 왕지문王之門은 천하를 호령하는 제왕이 되기 위해 반드시 거쳐야 하는 관문을 뜻한다.

3-13

凡牧民者, 使士無邪行, 女無淫事. 士無邪行, 敎也. 女無淫事, 訓也. 敎訓成俗而刑罰省, 數也. 凡牧民者, 欲民之正也, 欲民之正, 則微邪不可不禁也. 微邪者, 大邪之所生也, 微邪不禁, 而求大邪之無傷國, 不可得也. 凡牧民者, 欲民之有禮也, 欲民之有禮, 則小禮不可不謹也. 小禮不謹於國, 而求百姓之行大禮, 不可得也. 凡牧民者, 欲民之有義也, 欲民之有義, 則小義不可不行. 小義不行於國, 而求百姓之行大義, 不可得也. 凡牧民者, 欲民之有廉也, 欲民之有廉, 則小廉不可不脩也. 小廉不脩於國, 而求百姓之行大廉, 不可得也. 凡牧民者, 欲民之有恥也, 欲民之有恥, 則小恥不可不飾也. 小恥不飾於國, 而求百姓之行大恥, 不可得也. 凡牧民者, 欲民之脩小禮·行小義·飾小廉·謹小恥·禁微邪, 此厲民之道也. 民之脩小禮·行小義·飾小廉·謹小恥·禁微邪, 治之本也.

무릇 백성을 다스릴 때는 남자로 하여금 사악한 행동이 없도록 하고, 여자로 하여금 음란한 일이 없게 해야 한다. 남자에게 사악한 행동이 없도록 하는 것이 교육이고, 소녀에게 음사가 없도록 하는 것이 훈계이다. 교육과 훈계인 교훈敎訓으로 좋은 풍속을 만들어 형벌을 줄이는 것이 바로 천지의 도인 자연의 규율에 부합한다. 무릇 백성을 다스릴 때는 백성이 정도를 걷도록 만들어야 한다. 그리하려면 작은 악행도 금하지 않으면 안 된다. 작은 악행은 큰 악행의 시작이다. 작은 악행을 금하지 않으면서 큰 악행이 나라를 손상시키는 일이 없기를 바란다면 이는 불가능한 일이다. 무릇 백성을 다스릴 때는 백성이 예절을 행하도록 만들어야 한다. 그리하려면 작은 예절부터 삼가 행하지 않으면 안 된다. 작은 예절조차 나라에서 삼가 행해지지 않는데 백성이 큰 예절을 행하기를 바란다면 이는 불가능한 일이다. 무릇 백성을 다스릴 때는 백성이 의리를 지키도록 만들어야 한다. 그리하려면 작은 의리부터 지키지 않으면 안 된다. 작은 의리조차 지켜지지 않는데 백성이 큰 의리를 행하기를 바란다면 이는 불가능한 일이다. 무릇 백성을 다스릴 때는 백성이 청렴한 삶을 살도록 만들어야 한다. 그리하려면 작은 청렴부터 실천하지 않으면 안 된다. 작은 청렴이 나라에서 실천되지 않는데 백성이 큰 청렴을 행하기를 바란다면 이는 불가능한 일이다. 무릇 백성을 다스릴 때는 백성이 수치를 알도록 만들어야 한다. 그리하려면 작은 수치부터 삼가지 않으면 안 된다. 작은 수치조차 나라에서 삼가지 않는데 백성이 큰 수치를 삼가기를 바란다면 이는 불가능한 일이다. 무릇 백성을 다스리면서 백성으로 하여금 작은 예부터 닦고, 작은 의리부터 행하고, 작은 청렴부터 실천하고, 작은 수치부터 삼가고, 작은 악행부터 금하도록 하는 것이 바로 백성을 교훈으로 이끄는 길이다. 백성이 이런 작은 예의염치부터 실천하며 작은 악행조차 멀리하는 것이 바로 다스림의 근본인 치본治本이다.

목민자牧民者를 위정자로 새길 수도 있으나 문맥상 백성을 다스리는 일로 새기는 게 낫다. 사사무사행使無邪行의 '사士'는 여기서 남자를 지칭하는 용어로 사용됐다. '사행'은 사악하고 치우친 행동을 말한다. 이와 대비되는 음사淫事는 여인의 음란한 짓을 지칭한다. 수야數也의 '수'는 천지의 도에 부합하는 자연의 규율을 뜻한다. 치술治術로 해석해도 뜻이 통한다. 미사微邪는 작은 악행을 뜻한다. 불가불칙不可不飭의 '칙'은 삼갈 칙飭의 가차이다. 정칙整飭과 같다. 여민지도厲民之道는 백성을 단련시키는 계책을 뜻한다.

치지본治之本은 다스림의 근본을 의미하는 치본治本의 뜻이다. '치본'은 다스림의 방도를 뜻하는 왕도王道와 패도覇道 등의 치도治道와 구별된다. '치본'은 크게 덕으로 다스리는 덕치德治와 엄격한 법으로 다스리는 법치法治로 나뉜다. '덕치'는 왕도, '법치'는 패도를 상징한다. 『관자』에서 말하는 '치본'은 덕치와 법치를 섞은 것으로 이른바 덕법상보德法相輔의 입장에 서 있다. 상황에 따라 왕도와 패도를 섞어 사용하는 왕패병용王霸竝用과 취지를 같이한다. 선진先秦 시대에 활약한 제자백가가운데 '덕법상보' 및 '왕패병용'의 입장을 가장 선명하게 드러낸 인물이 바로 관자이다. 이는 그가 사상 최초의 정치경제학을 제창하면서 농업과 상공업을 똑같이 중시한 농상병중農商竝重을 언급한 것과 궤를 같이하는 것이다. 많은 사람이 『관자』의 가장 큰 특징을 「승마」와 「구부」 및 「경중」에서 찾는 것도 바로 이 때문이다. '수소례脩小禮 · 행소의行小義 · 칙소렴飾小廉 · 근소치謹小恥'를 두고 사호범은 앞의 문장에 비춰볼 때 '근소례謹小禮 · 행소의行小義 · 수소렴修小廉 · 칙소치飾小恥'가 돼야 한다고 했다. 여민지도厲民之道의 '려'를 사호범은 힘쓸 려勵로 새겼다. 학문이나 품성 따위를 갈고닦는 지려砥礪의 의미로 풀이한 것이다

3-14

凡牧民者, 欲民之可御也, 欲民之可御, 則法不可不審. 法者, 將立朝廷者也, 將立朝廷者, 則爵服不可不貴也. 爵服加於不義, 則民賤其爵服. 民賤其爵服, 則人主不尊. 人主不尊, 則令不行矣. 法者, 將用民力者也, 將用民力者, 則祿賞不可不重也. 祿賞加於無功, 則民輕其祿賞. 民輕其祿賞, 則上無以勸民. 上無以勸民, 則令不行矣. 法者, 將用民能者也, 將用民能者, 則授官不可不審也. 授官不審, 則民閒其治. 民閒其治, 則理不上通. 理不上通, 則下怨其上. 下怨其上, 則令不行矣. 法者, 將用民之死命者也, 用民之死命者, 則刑罰不可不審. 刑罰不審, 則有辟就. 有辟就, 則殺不辜而赦有罪. 殺不辜而赦有罪, 則國不免於賊臣矣. 故夫爵服賤·祿賞輕·民閒其治·賊臣首難, 此謂'敗國之教'也.

무릇 백성을 다스릴 때는 백성이 치도治道에 잘 복종하도록 만들어야 한다. 그리하려면 법을 중시하지 않으면 안 된다. 법은 조정의 권위를 세우는

요체이다. 조정의 권위를 세우기 위해서는 작록爵祿과 복식服飾을 귀하게 여기지 않으면 안 된다. 작록과 복식이 불의한 자에게 부여되면 백성이 이를 천시하게 되고, 백성이 이를 천시하면 군주는 위엄을 잃고, 군주가 위엄을 잃으면 군주의 명령이 시행되지 않는다. 법은 민력을 사용하는 것이다. 민력을 사용하려면 녹봉과 포상을 신중히 해야 한다. 녹봉과 포상이 공로가 없는 자에게 더해지면 백성이 이를 경시하고, 백성이 이를 경시하면 군주는 백성을 권장할 길이 없게 되고, 군주가 백성을 권장할 길이 없으면 군주의 명령이 시행되지 않는다. 법은 백성의 능력을 사용하는 것이다. 그런 까닭에 관직의 수여를 신중히 하지 않을 수 없다. 신중히 하지 않으면 백성이 정사를 비난하고, 백성이 정사를 비난하면 치리가 위로 통하지 않게 된다. 치리가 위로 통하지 않으면 백성이 군주를 원망하고, 백성이 군주를 원망하면 군주의 명령이 시행되지 않는다. 법은 백성의 죽고 사는 운명을 사용하는 것이다. 그런 까닭에 형벌을 신중히 하지 않을 수 없다. 신중히 하지 않으면 회피하거나 억지로 얽어 넣는 일이 생기고, 그러면 죄 없는 자를 죽이거나 죄 지은 자를 놓아주는 일이 빚어진다. 죄 없는 자를 죽이거나 죄 지은 자를 놓아주면 나라는 모반을 일으켜 보위 찬탈을 꾀하는 적신賊臣을 피할 길이 없다. 작록과 복식이 천시되고, 복록과 포상이 경시되고, 백정이 정사를 비난하고, 적신이 수괴가 되어 모반을 일으키는 일이 빚어진다. 이를 일컬어 '국가패망의 교훈'이라고 한다.

법불가불심法不可不審의 '심'을 사호범은 『북당초서北堂書鈔』와 『태평어람』을 인용해 중시할 중重으로 보았다. 녹상가어무공祿賞加於無功의 '녹상'은 작록과 포상을 통칭한 말이다. 민능民能은 백성의 능력을 뜻한다. 민간기치民閒其治의 '간'을 여상봉은 『방언方言』과 『소이아小爾雅』「광언廣言」 등을 인용해 비난할 비非로 새겼다. 여기의 '간'은 간언諫言한다는 뜻을 지닌 간間과 통한다. 피취辟就를 이카이는 형벌을 피하고 무고한 자를 죽이는 것으로 풀이하면서 '피'를 피避와 같은 글자로 새겼다. 불고不辜는 죄가 없는 것으로 무고無辜와 같다. 적신賊臣은 모반을 일으켜 보위를 찬탈코자 하는 신하를 지칭한다. 적신수난賊臣首難은 적신이 반란의 우두머리가 되어 모반하는 것을 뜻한다. 패국지교敗國之敎의 '교'는 훈訓과 같다.

제4장 이정(立政)

'이정'은 정사에 임한다는 뜻이다. 야스이 히라나라安井衡는 군주가 자립한다는 뜻의 입정立政으로 풀이했으나 문일다聞一多 등은 정사에 임한다는 뜻의 이정莅政으로 새겼다. 리莅는 임할 림臨의 뜻으로 리涖 및 리蒞와 같다. 이 장에서는 군주가 정무에 임해 정치를 잘하기 위해서는 살펴야 할 9가지 사항을 기술하고 있다. 삼본三本, 사고四固, 오사五事, 수헌首憲, 수사首事, 생관省官, 복제服制, 구패九敗, 칠관七觀 등이 그것이다.

4-1

國之所以治亂者三, 殺戮刑罰, 不足用也. 國之所以安危者四, 城郭險阻, 不足守也. 國之所以富貧者五, 輕稅租, 薄賦斂, 不足恃也. 治國有三本, 而安國有四固, 而富國有五事. 五事五經也.

군주가 나라의 어지러움을 다스리는 데는 3가지 자세히 살펴야 할 일이 있다. 살육과 형벌은 족히 쓸 만한 것이 못 된다. 나라의 위태로움을 안정시키는 데는 4가지 신중히 해야 할 일이 있다. 성곽과 험준한 지형은 족히 지킬 만한 것이 못 된다. 나라를 부유하게 만드는 데는 5가지 힘써야 할 일이 있다. 토지세를 가볍게 하고 각종 세금을 줄이는 것은 족히 의지할 만한 것이 못 된다. 나라를 다스리는 치국治國에는 3가지 자세히 살펴야 할 일이 있고, 나라를 안정시키는 안국安國에는 4가지 단단히 해야 할 일이 있고, 나라를 부유하게 하는 부국富國에는 5가지 힘써야 할 일이 있다. 이들 3가지 사항이 곧 치국의 3가지 기본강령인 3경三經이다.

치란자삼治亂者三의 '치란'은 어지러움을 다스린다는 뜻으로 여기서는 3본本을 지칭한다. 안위安危는 위태로움을 안정시킨다는 의미로 4가지 단단히 해야 할 일인 4고固를 뜻한다. 부빈富貧은 빈곤을 벗어나 부유하게 만든다는 뜻으로 5가지 힘써야 할 일인 5사事를 의미한다.

경세조輕稅租의 '세조'는 조세租稅를 말한다. 조租를 두고 후한 때 허신許愼이 만든 자전인 『설문해자說文解字』의 「화부禾部」는 고대의 토지세인 전부田賦로 풀이해 놓았다. 후대에는 통상 세금의 의미로 사용됐다. 전한 때 사유史游가 쓴 아동용 교습서인 『급취편急就篇』은 재물을 거둬들이는 것을 부賦, 곡식을 거둬들이는 것을 세稅, 전답에 부과하는 세금을 조租로 구분해 놓았다. 박부렴薄賦斂의 '부렴'은 크게 2가지 뜻이 있다. 첫째, 전답을 보유한 자에게 부과한 토지세인 전부田賦를 뜻한다. 『춘추좌전』「노성공 18년」조 나오는 박부렴薄賦斂 구절이 대표적인 경우다. 둘째, 전부를 비롯해 그 밖의 각종 세금을 총칭하는 부세賦稅의 의미이다. 『사기』「골계열전滑稽列傳」에 나오는 부렴백성賦斂百姓 구절이 대표적인 예이다. 여기서는 후자의 의미로 사용됐다.

오사오경五事五經을 두고 담계보譚戒甫는 풀이키를, "치국과 안국, 부국을 동시에 중시한 것이다. 부국에 관한 5사만을 5경이라고 했을 리 없다. 원래의 문장은 '삼자삼경三者三經'으로 되어 있었던 것으로 보인다."고 했다.

4-2

君之所審者三. 一曰'德不當其位', 二曰'功不當其祿', 三曰'能不當其官'. 此三本者, 治亂之原也. 故國有德義未明於朝者, 則不可加於尊位. 功力未見於國者, 則不可授以重祿. 臨事不信於民者, 則不可使任大官. 故德厚而位卑者謂之'過', 德薄而位尊者謂之'失'. 寧過於君子, 而毋失於小人. 過於君子, 其爲怨淺. 失於小人, 其爲禍深. 是故國有德義未明於朝而處尊位者, 則良臣不進. 有功力未見於國而有重祿者, 則勞臣不勸. 有臨事不信於民而任大官者, 則材臣不用. 三本者審, 則下不敢求. 三本者不審, 則邪臣上通. 而便辟制威. 如此則明塞於上, 而治壅於下, 正道捐棄, 而邪事日長. 三本者審, 則便辟無威於國, 道途無行禽, 疏遠無蔽獄, 孤寡無隱治. 故曰, "刑省治寡, 朝不合衆." 右三本.

군주가 자세히 살펴야 할 것은 3가지이다. 첫째, 대신의 덕이 그 지위에 맞는가 하는 덕당기위德當其位 여부이다. 둘째, 공적이 그 녹봉에 맞는가 하는 공당기록功當其祿 여부이다. 셋째, 능력이 그 관직에 맞는가 하는 능당기관能當其官 여부이다. 이들 3가지 근본인 이른바 3본三本은 어지러움을 다스리는 근원이다. 군주는 덕과 의리가 조정에 아직 드러나지 않은 자에게 높은 작위를 주면 안 되고, 공로나 능력이 나라에 아직 드러나지 않은 자에게 두터운 녹봉을 주면 안 되고, 일을 맡아 백성에게 아직 신임을 받지 못한 자에게 큰 관직을 맡겨서는 안 된다. 덕은 높은데 지위가 낮은 것을 일컬어 인사를 잘못한 과오過誤, 덕은 낮은데 지위가 높은 것을 일컬어 타당함을 잃은 실당失當이라고 한다. 차라리 군자를 낮은 곳에 배치하는 '과오'를 범할지언정 소인을 높은 자리에 앉히는 '실당'을 범해서는 안 된다. 군자를 잘못 배치하는 '과오'는 원망이 적으나, 소인을 잘못 기용하는 '실당'은 그 재앙이 매우 깊다. 나라에서 덕과 의리가 조정에 아직 드러나지 않은 사람이 높은 작위를 받으면 현량한 신하가 천거 받지 못한다. 공로와 능력이 나라에 아직 드러나지 않은 사람이 두터운 녹봉을 받으면 근면히 노력하는 신하가 애써 일하지 않는다. 일을 맡아 백성에게 아직 신임을 받지 못한 사람이 큰 관직을 맡게 되면 재능 있는 신하가 중용되지 못한다. 3본을 살피면 아랫사람이 감히 벼슬을 구하지 않고, 3본을 살피지 않으면 사악한 신하가 조정과 내통하거나 편벽된 자가 위엄을 부리게 된다. 이와 같으면 군주의 명철함은 위에서 막히고, 다스림은 아래에서 막히고, 바른 도가 폐기돼 사악한 일이 날로 늘어날 것이다. 3본을 잘 살피면 아첨하는 자가 나라에서 위엄을 부릴 일이 없고, 길에는 압송되는 죄수가 없고, 힘없는 자가 억울한 옥살이를 하는 일이 없고, 고아와 과부가 억울한 송사에 휘말리는 일이 없게 된다. "형벌이 줄고 정무는 간결해지며, 조정에 많은 관원이 모일 필요가 없다."라고 말하는 이유다. 이상이 '3본'이다.

군지소심자삼君之所審者三의 '심'은 주의한다는 뜻의 심신審愼과 같다. 덕부당기위德不當其位의 '부'를 황공黃鞏은 『관자편주管子編注』에서 필必의 오자라고 했다. 위지과謂之過의 '과'는 잘못을 저지르는 과오過誤, 위지실謂之失의 '실'은 타당성을 잃은 실당失當의 뜻이다. 양신良臣의 '양'은 현량賢良, 노신勞臣의 '노'는 성실히 노력하는 근분勤奮 내지 근로勤勞의 의미이다. 사신상통邪臣上通은 사악한 신하가 조정과 내통하고, 편벽제위便辟制威의 '편벽'은 남의 비위를 잘 맞춰 아첨하는 것을 말한다. 군주의 총애를 입는 총신寵臣과 통하는 편폐便嬖와 의미가 비슷하다. 한쪽으로 치우쳤다는 의미로 사용되는 편벽偏僻 내지 편벽偏辟과 구분해야 한다.

연기捐棄는 폐기廢棄와 같다. 사사일장邪事日長은 사악한 일이 날로 늘어난다는 뜻이다. 도도무행금道途無行禽의 '행금'은 압송되는 죄수를 뜻하는 말로 유월은 '금'을 수囚로 새겼다. 소원무폐옥疏遠無蔽獄의 '폐옥'은 억울한 옥살이를 뜻하는 말로 원옥冤獄과 같다. 고과무은치孤寡無隱治의 '고과'는 고아와 과부를 뜻한다. 홀아비와 자식 없는 노인까지 포함해 환과고독鰥寡孤獨으로 표현한다. '은치'는 억울한 송사를 말한다. 유월은 '치'를 소송할 송訟으로 풀이했다. 형생치과刑省治寡는 형벌은 줄고 정무는 간결해진다는 뜻이다. 조불합중朝不合衆은 조정에 많은 관원이 모일 필요가 없다는 의미이다.

4-3

君之所愼者四. 一曰'大德不至仁, 不可以授國柄'. 二曰'見賢不能讓, 不可與尊位'. 三曰'罰避親貴, 不可使主兵'. 四曰'不好本事, 不務地利, 而輕賦斂, 不可與都邑'. 此四務者, 安危之本也. 故曰卿相不得衆, 國之危也. 大臣不和同, 國之危也. 兵主不足畏, 國之危也. 民不懷其產, 國之危也. 故大德至仁, 則操國得衆. 見賢能讓, 則大臣和同. 罰不避親貴, 則威行於鄰敵. 好本事, 務地利, 重賦斂, 則民懷其產. 右四固.

군주가 신중히 할 것은 4가지이다. 첫째, 높은 신분으로 인仁을 행하지 않는 자에게 권력을 넘겨줘서는 안 되는 불가수병不可授柄이다. 둘째, 현자를 보고도 양보하지 않는 자에게 높은 작위를 주면 안 되는 불가여위不可與位이다. 셋째, 형벌을 행하면서 군주와 가까운 귀척貴戚을 피하는 자에게 병권을 행사케 해서는 안 되는 불가주병不可主兵이다. 넷째, 농사를 꺼려하며 식량증산에 힘쓰지 않은 채 각종 세금을 임의로 줄이는 자에게 읍리邑里나 향당鄕黨을 맡기면 안 되는 불가여읍不可與邑이다. 이들 4가지 힘써야 할 이른바 4무務는 위태로움을 안정시키는 근본이다. "조정대신인 경상卿相이 백성의 마음을 얻지 못하거나, 대신이 서로 협력하지 않거나, 병권을 행사하는 자가 병사들에게 위엄을 보이기에 부족하거나, 백성이 식량증산에 뜻을 두지 않거나 하면 나라가 위태로워진다."고 말하는 이유다. 높은 신분으로 어진 정사를 베풀면 나라를 잘 이끌면서 민심을 얻을 수 있고, 현자를 보고 능히 양보하면 대신이 서로 협력하게 되고, 형벌을 실시하면서 군주와 가까운 귀척을 피하지 않으면 위엄이 인접한 적국에까지 통하게 된다. 농사짓기를 좋아하고, 식량증산에 힘쓰고, 세금 등을 신중히 거두면 백성이 생산에만 뜻을 두게 된다. 이상이 군주가 굳건히 다져야 할 사항인 이른바 4고四固이다.

대덕부지인大德不至仁을 두고 곽말약은 '대'를 덕을 키운다는 뜻의 동사로 간주해 풀이키를, "한낱 덕을 키운다고 하면서 인仁에 이르지 못하면 위군자僞君子일 뿐이다."라고 했다. 여기의 '대덕'은 공경公卿 등을 지칭한다. '지'는 이를 치致와 통한다. 국병國柄은 군주의 대권을 지칭한다. 벌피친귀罰避親貴의 '친귀'는 군주와 가까운 귀한 신분의 인척인 귀척貴戚을 의미한다. 주병主兵은 병권을 주장하는 것을 말한다. 불가여도읍不可與都邑의 '여'는 맡긴다는 뜻으로 사용됐다. '도읍'은 행정구역의 명칭으로 도都는 4개 향鄕이 모인 구역을 말하고, 읍邑은 현縣의 별칭이다. 4무務를 사호범은 4고四固의 잘못으로 보았다. 조국득중操國得衆은 나라를 잘 이끌면서 민심을 얻는다는 뜻이다. 중부렴重賦斂의 '중'을 사호범은 신중愼重으로 새겼다.

4-4

君之所務者五. 一曰'山澤不救於火, 草木不得成', 國之貧也. 二曰'溝瀆不遂於隘, 障水不安其藏', 國之貧也. 三曰'桑麻不植於野, 五穀不宜其地', 國之貧也. 四曰'六畜不育於家, 瓜瓠葷菜百果不備具', 國之貧也. 五曰'工事競於刻鏤, 女事繁於文章', 國之貧也. 故曰, "'山澤救於火, 草木殖成', 國之富也. '溝瀆遂於隘, 鄣水安其藏', 國之富也. '桑麻殖於野, 五穀宜其地', 國之富也. '六畜育於家, 瓜瓠葷菜百果備具', 國之富也. '工事無刻鏤, 女事無文章', 國之富也." 右五事.

군주가 힘써야 할 것은 5가지이다. 첫째, 산택山澤의 불을 막지 않거나 초목을 심어 기르지 않는 불구불식不救不殖이다. 그러면 나라가 가난해진다. 둘째, 물길이 궁벽한 곳까지 이르지 않거나 물을 막아 저수지를 채우지 않는 불수불안不遂不安이다. 그러면 나라는 가난해진다. 셋째, 뽕나무와 삼을 들에 심지 않거나 오곡을 성질에 맞는 땅에 심지 않는 불식불의不植不宜이다. 그러면 나라는 가난해진다. 넷째, 집에서 가축을 키우지 않거나 오이와 호박 및 나물과 여러 과일을 두루 기르지 않는 불육불비不育不備이다. 그러면 나라는 가난해진다. 다섯째, 공인工人이 다퉈 나무나 쇠붙이에 사치스럽게 조각하거나 여인이 길쌈과 자수 등을 하면서 무늬 내기에 급급해하는 경각번문競刻繁文이다. 그러면 나라는 가난해진다. 그래서 이같이 말할 수 있다.

"첫째, 산택의 불을 막고 초목을 심어 기르는 구화식성救火殖成을 해야 한다. 그러면 나라는 부유해진다. 둘째, 물길이 궁벽한 곳까지 이르고 물을 막아 저수지를 채우는 수애안장遂隘安藏을 해야 한다. 그러면 나라는 부유해진다. 셋째, 뽕나무와 삼을 들에 심고 오곡을 성질에 맞는 땅에 심는 식야의지殖野宜地를 해야 한다. 그러면 나라는 부유해진다. 넷째, 집에서 가축을 키우고, 오이와 호박 및 나물과 여러 과일을 두루 기르는 육축비구育畜果備具를 해야 한다. 그러면 나라는 부유해진다. 다섯째, 공인은 다투어 나무나 쇠붙이에 사치스럽게 조각하지 않고 여인은 길쌈과 자수 등을 하면서 무늬 내기에 급급해하지 않는 무각무문無刻無繁을 해야 한다. 그러면 나라는 부유해진다."

이상이 군주가 힘써 해야 할 사항인 5사五事이다.

구어화救於火의 '구'를 허유휼은 『설문해자』와 『주례』의 주를 인용해 지止 내지 금禁으로 새겼다. 초목불득성草木不得成의 '득'이 송본 이외의 다른 판본에 식植으로 나온다. 사호범은 번식할 식殖으로 새겼다. 여상봉은 '득'을 그대로 둔 채 '성'을 무성할 성盛으로 풀이했다. 구독불수어애溝瀆不遂於隘의 '구독'은 관개용 물이 통하는 도랑 즉 수로를 말한다. 장수불안기장障水不安其藏의 '장수'는 물을 막는다는 의미로 곧 저수지를 의미한다. '장'은 장鄣과 같다. '불안기장'은 물이 넘치는 것을 뜻한다.

과호瓜瓠는 오이와 호박 등의 박을 말한다. '호'는 오이 내지 조롱박을 뜻하는 박瓟 내지 바가지를 뜻하는 포匏와 통한다. 학자들은 우리말의 호박과 대박의 어원을 알 수 없다고 하고 있으나 호박胡瓟 내지 대박大瓟에서 나온 말일 공산이 크다. 훈채葷菜는 고추 및 마늘 같이 향신료로 사용하는 나물을 지칭한다. 공사工事는 여러 기술을 가진 장인匠人 내지 공인工人을 말한다. 각루刻鏤는 나무나 금속에 사치스럽게 조각하는 것을 뜻한다. 여사女事는 여인의 길쌈과 자수 등을 지칭한다. 문장文章은 화려한 무늬로 문채文彩를 내는 것을 뜻하는 말로 문식文飾과 같다.

4-5

分國以爲五鄕, 鄕爲之師. 分鄕以爲五州, 州爲之長. 分州以爲十里, 里爲之尉. 分里以爲十游, 游爲之宗. 十家爲什, 五家爲伍, 什伍皆有長焉. 築障塞匿, 一道路, 博出入. 審閭閈, 愼筦鍵, 筦藏於里尉. 置閭有司, 以時開閉. 閭有司觀出入者, 以復于里尉. 凡出入不時, 衣服不中, 圈屬羣徒不順於常者, 閭有司見之, 復無時. 若在長家子弟·臣妾·屬役·賓客, 則里尉以譙于游宗, 游宗以譙于什伍, 什伍以譙于長家, 譙敬而勿復. 一再則宥, 三則不赦. 凡孝悌·忠信·賢良·儁材, 若在長家子弟·臣妾·屬役·賓客, 則什伍以復于游宗, 游宗以復于里尉, 里尉以復于州長, 州長以計于鄕師, 鄕師以著于士師. 凡過黨, 其在家屬, 及于長家. 其在長家, 及于什伍之長. 其在什伍之長, 及于游宗. 其在游宗, 及于里尉. 其在里尉, 及于州長. 其在州長, 及于鄕師. 其在鄕師, 及于士師. 三月一復, 六月一計, 十二月一著. 凡上賢不過等, 使能不兼官, 罰有罪不獨及, 賞有功不專與.

국도國都를 5향鄕으로 나눠 각 향마다 향사鄕師를 두고, 각 향을 5주州르 나눠 각 주마다 주장州長을 두고, 주를 10리里로 나눠 각 리마다 이위里尉를 두고, 리를 10유游로 나눠 각 유마다 유종游宗을 둔다. 10가家는 십什, 5가는 오伍가 된다. '십'과 '오'에는 각각 십장什長과 오장伍長이 있다. 담을 쌓고 틈새 길을 막아 도로를 하나만 두고, 드나드는 자를 전담하여 통제한다.

향리의 출입문을 잘 살피고 자물쇠와 열쇠를 신중히 관리하며 자물쇠를 이위里尉가 보관케 한다. 향리의 출입문을 관장하는 하급관원인 여유사閭有司를 두고 때에 따라 문을 여닫게 한다. '여유사'는 향리의 출입문을 출입하는 자를 관찰해 이위에게 보고한다. 불시에 출입하고, 의복이 예법에 맞지 않고, 여러 무리가 통상적인 규례를 좇지 않을 경우 '여유사'가 이를 잘 살펴본 뒤 수시로 보고한다. 만일 각 집안의 자제子弟와 신첩臣妾, 속역屬役, 빈객賓客 등에게 문제가 있으면 이위는 유종, 유종은 십장과 오장, 십장과 오장은 대호大戶의 가장인 장가長家를 차례대로 꾸짖는다. 다시는 잘못을 범하지 않도록 꾸짖어 경계하되 두 번까지는 용서하지만 세 번째는 결코 용서하지 않는다. 무릇 효제孝悌, 충신忠信, 현량賢良, 준재儁材 등에 관한 일이 각 집안의 자제와 신첩, 속역, 빈객에게 있으면 십장과 오장은 유종, 유종은 이위, 이위는 주장에게 보고한다. 주장은 향사에게 통계를 내어 보고하고, 향사는 사사士師에게 기록을 통해 상벌을 주청한다. 무릇 죄를 저지른 도당이 각 집안의 가속家屬이면 대호의 가장인 장가, 장가이면 십장과 오장, 십장과 오장이면 유종, 유종이면 이위, 이위이면 주장, 주장이면 향사, 향사면 사사에 연좌시킨다. 3달에 한 번 보고하고 6달에 한 번 통계를 내어 보고하고, 1년에 한 번 기록을 통해 상벌을 주청한다. 무릇 현명한 인재를 발탁하되 타당한 등급을 넘는 일이 없게 하고, 능력 있는 자를 부리되 관직을 겸임하는 일이 없게 하고, 죄인을 벌주되 연좌하여 본인에게만 미치는 일이 없게 하고, 공을 포상하되 함께 포상하여 본인에게만 그치는 일이 없게 한다.

분국이위5향分國以爲五鄕의 '국'은 도읍都邑 내지 도성都城을 뜻하는 국도國都와 주변의 교외郊外 지역을 총칭한 말이다. 나머지는 야野 내지 비鄙로 칭했다. 언행이 거칠고 천하다는 뜻의 야비野鄙 내지 야비野卑 용어는 여기서 나왔다. '향'은 '국'의 바로 아래 단계에 있는 행정단위로 향사鄕師가 우두머리이다. '향' 밑에 주州, 리里, 유游, 십什, 오伍 등이 있었다. 축장색닉築

障塞匿은 담을 쌓고 틈새 길을 막는다는 뜻이다. '닉'을 손성연은 연자로 보았다. '일도로一道路, 박출입博出入' 구절의 '박'을 이카이는 전專의 뜻을 지닌 단摶의 잘못으로 새겼다. 문을 하나만 두고 전념하여 통제한다는 뜻이다. 심여한審閭閈은 향리의 출입문을 자세히 살핀다는 의미이다. '한'은 관문關門을 뜻한다. 신관건愼筦鍵은 자물쇠와 열쇠를 신중히 관리하는 것을 말한다. '관'은 관關과 같다. 여유사閭有司는 향리의 출입문을 관장하는 하급관원을 지칭한다. 이복우리위以復于里尉의 '복'은 보고報告의 뜻이다. '우'는 어於와 같다. 권속군도圈屬羣徒는 향리 안에 거주하는 자들과 외부에서 오는 자를 총칭한 말이다.

자제子弟는 '권속', 집안의 남녀 노복인 신첩臣妾과 복역을 하는 노복인 속역屬役과 외부 인사인 빈객賓客 등은 '군도'에 속한다. 초경물복譙敬勿復은 다시는 잘못을 범하지 못하도록 꾸짖어 경계한다는 뜻이다. '초'는 꾸짖을 초誚와 같다. '경'은 경계할 경儆과 통한다. 일재즉유一再則宥의 '유'는 양해諒解의 뜻이다. 준재雋材의 '준'은 준俊과 같다. 주장이계우향사州長以計于鄉師의 '계'는 통계의 의미이다. 향사이저우사사鄉師以著于士師의 '저'는 장부에 기록해 놓는다는 뜻으로 저록著錄과 같다. '사사'는 상벌을 담당한 조정관원을 지칭한다. 과당過黨은 연좌로 얽힌 무리를 뜻한다. 장가長家는 가세가 큰 대호大戶를 말한다. 좌급坐及은 연좌하여 죄를 묻는다는 뜻이다. 상현불과등上賢不過等은 현명한 인재를 발탁하되 타당한 등급을 넘지 않는다는 의미이다. 문일다는 '상'을 상尙으로 새겼다. 벌유죄부독급罰有罪不獨及의 '부독급'은 처벌이 범죄자 본인에 그치지 않게 한다는 뜻이다. 상공부전여賞功不專與의 '부전여'는 본인에게만 상이 내려지는 일이 없게 하라는 의미이다.

4-6

孟春之朝, 君自聽朝, 論爵賞·校官, 終五日. 季冬之夕, 君自聽朝, 論罰罪·刑殺, 亦終五日. 正月之朔, 百吏在朝, 君乃出令布憲于國. 五鄉之師·五屬大夫,皆受憲于太史. 大朝之日, 五鄕之師·五屬大夫, 皆身習憲于君前. 太史旣布憲, 入籍于太府, 憲籍分于君前. 五鄕之師出朝, 遂于鄕官, 致于鄕屬, 及于游宗, 皆受憲. 憲旣布, 乃反致令焉, 然後敢就舍. 憲未布, 令未致, 不敢就舍, 就舍謂之'留令', 罪死不赦. 五屬大夫, 皆以行車朝, 出朝不敢就舍, 遂行. 至都之日, 遂於廟, 致屬吏, 皆受憲. 憲旣布, 乃發使者, 致令以布憲之日, 蚤晏之時. 憲旣布, 使者以發, 然後敢就舍. 憲未布, 使者未發, 不敢就舍, 就舍謂之'留令', 罪死不赦. 憲旣布, 有不行憲者, 謂之'不從令', 罪死不赦. 考憲而有不合于太府之籍者, 曰'侈專制', 不足曰'虧令', 罪死不赦. 首憲旣布, 然後可以布憲. 右首憲.

음력 1월 초에는 군주가 직접 조회를 보면서 벼슬을 새로 내리거나 높여주어 포상하고 근무 실적을 검토하는 것과 관련된 논의를 5일 안에 마친다. 12월 말에는 군주가 직접 조회를 보면서 죄를 벌하고 사형을 내리는 것과 관련한 논의를 또한 5일 안에 마친다. 정월 초하룻날에는 백관이 조정에 모이면 군주가 이내 명을 내려 나라에 법령을 반포한다. 5향의 향사와 교외 이외의 지역을 관장하는 5속대부五屬大夫 모두 태사太史에게 법령을 받는다. 조회가 있는 날에는 5향의 향사와 오속대부 모두 직접 군주 앞에서 법령을 익힌다. 태사는 법령을 반포한 뒤 법령의 간책簡冊을 군주 앞에서 향사와 대부에게 나눠준 뒤 저본底本을 태부太府에 보관한다. 5향의 향사는 조회에 나와 집무실에 이르면 해당 향의 관원을 불러 유종에 이르기까지 모두 법령을 받게 한다. 법령이 이미 반포됐으면 이내 조정으로 돌아와 복명復命한 뒤 귀가한다. 법령이 아직 반포되지 않고, 영이 아직 이르지 않았으면 감히 귀가하지 못한다. 이때 멋대로 귀가하는 것을 일컬어 영을 지체시킨다는 뜻의 유령留令이라고 한다. 이는 죽을죄로 다스려 결코 용서하지 않는다. 5속대부는 모두 여행용 수레를 이용해 조회에 참석한다. 조회에 나오면 감히 귀가하지 않고 일을 한다. 5속대부는 자신이 다스리는 성읍에 이르면 사당으로 가 소속 관원을 불러 모두 법령을 받게 한다. 법령이 반포된 뒤에는 이내 사자를 보내 복명하면서 법령을 반포한 날의 정해진 시각에 영을 시행한다. 법령이 반포되고 사자가 출발한 뒤에야 귀가한다. 법령이 아직 반포되지 않고 사자가 출발하지 않았으면 감히 귀가하지 못한다. 이때 멋대로 귀가하는 것을 일컬어 유령留令이라고 한다. 이는 죽을죄로 다스려 결코 용서하지 않는다. 법령을 이미 반포했는데도 법령을 시행하지 않는 것을 일컬어 영을 따르지 않는 부종령不從令이라고 한다. 이 또한 죽을죄로 다스려 결코 용서하지 않는다. 시행된 법령을 살펴본 결과 태부에 보관된 법령을 어긴 자가 있을 경우 초과해 어긴 것을 두고 군왕의 명을 멋대로 고친 전제專制, 부족하게 어긴 것을 두고 명령을 훼손한 휴령虧令이라고 한다. 이 또한 죽을죄로 다스려 결코 용서하지 않는다. 군주가 연초에 반포하는 법령이 반포된 후에야 비로소 이를 기준으로 삼아 집행에 들어간다. 이상이 연초에 반포하는 법령인 수헌首憲에 관한 내용이다.

맹춘지조孟春之朝는 음력 1월 초를 뜻한다. 청조聽朝는 조회를 본다는 뜻으로 임조臨朝와 같다. 작상爵賞은 벼슬을 새로 내리거나 높여주어 포상하는 일을 말한다. 교관校官은 관원의 공무집행 평가를 뜻한다. 계동지석季冬之夕은 12월 말을 뜻한다. 정월지삭正月之朔은 정월 초하룻날이다. 백리百吏는 백관百官과 같은 말이다. 포헌布憲은 기본 법령인 헌령憲令의 반포를 뜻한다. 5속대부五屬大夫는 국도 이외의 지역인 야野를 관장하는 대부를 말한다. 당시 국도 이외의 광대한 지역인 '야'를 5속屬으로 나눈 뒤 각 '속'마다 1명의 대부를 두었다. 그가 바로 '5속대부'이다. 국도를 5향鄕으로 나누고 각 향마다 1명의 향사를 두는 것과 같다. 5속대부와 향사 모두 지방행정의 최고 책임자에 속한다. 큰 조회인 대조大朝가 있는 날에는 5향의 향사와 5속대부 모두 직접 군주 앞에서 법령을 익혔다. 태사太史는 전적典籍 및 역사기록을 담당하는 관원을 지칭한다. 수헌受憲은 헌령을 받는 것을 뜻한다. 태부太府는 전적을 수장하는 곳을 말한다. 입적入籍은 기록으로 남긴다는 뜻이다. '적'은 법령의 자료를 뜻하는 말로 간책簡冊을 지칭한다. 출조出朝는 조회에 나오는 것을 말한다.

수우향관遂于鄕官의 '수'는 도착했다는 의미이다. '우'를 왕인지는 연자로 보고, '향관'을 향사가 집무하는 관청으로 풀이했다. 치우향속致于鄕屬의 '치'를 왕인지는 연자로 간주했다. '향속'은 각 향 소속의 하급 관원을 말한다. 치령致令은 명을 받은 자가 일을 집행한 뒤 보고하는 복명復命의 뜻이다. 취사就舍는 귀가歸家와 같다. 유령留令은 영을 지체시킨다는 뜻이다. 행거行車는 여행용 수레를 말한다. 지도지일至都之日의 '도'는 행정의 중심지를 말한다. '도'와 관련해 『춘추좌전』「노장공 28년」조는 "무릇 고을이란 종묘가 있거나 선군의 신주를 모신 곳을 도都, 없는 곳을 읍邑이라고 한다. 읍에 성을 쌓는 것을 축築이라 하고 도에 성을 쌓는 것을 성城이라고 한다."고 했다. 조안지시蚤晏之時는 이르거나 늦거나 미리 정한 시각을 말한다. '조안'은 조만早晩과 같다. 고헌考憲을 안창요는 연말에 1년간의 성적을 품평하는 것으로 새겼다. 여기서는 법령의 집행현황을 살피는 것을 말한다.

전제專制는 신하가 자기 멋대로 군왕의 명을 고쳐 권력을 휘두르는 것을 말한다. 치전제侈專制의 '치'는 넘친다는 뜻으로 초출超出과 같다. '전제'는 독단적인 전횡을 뜻하는 전단專斷과 같다. 제制는 제왕의 명을 의미한다. 『관자』에서 말하는 '전제'는 『한비자』와 취지를 같이한다. 『한비자』는 군주의 '전제'에 관해서는 단 한마디도 언급하지 않은 채 권신의 전제를 뜻하는 대신전제大臣專制와 이와 유사한 의미의 '전제'만 모두 5차례에 걸쳐 언급하고 있다. '대신전제'는 대신이 권력을 멋대로 휘두르며 독단하는 것을 말한다. 이는 한비자가 군주를 관원들로부터 백성의 권익을 지키는 최후의 보루로 간주한 결과다. 『한비자』「외저설 우하」에서 '성인과 명군은 관원을 다스릴 뿐 백성을 다스리지 않는다.'고 거듭 역설한 것은 바로 이 때문이다. 이른바 '치리불치민治吏不治民'이다. 이는 한비자의 통치사상을 한마디로 집약시켜 놓은 키워드에 해당한다. 『관자』에서 언급하고 있는 '전제'가 『한비자』에 나오는 '전제'와 같은 의미로 사용되고 있는 점에 주목해 관중을 법가 사상의 효시로 보는 견해도 있다. 그러나 『관자』는 제자백가 사상의 연원淵源에 해당한다. 키워드는 오히려 사상 최초로 정치경제학을 논한 『관자』의 「승마」와 「구부」 및 「경중」에 있다. 본서가 관자를 상가商家로 규정한 이유다. 휴령虧令은 명령을 훼손시켰다는 뜻이다. 수헌首憲은 군주가 연초에 반포하는 법령을 말한다. 포헌布憲을 정사함은 행헌行憲의 잘못으로 보았다.

4-7

凡將擧事, 令必先出. 曰事將爲, 其賞罰之數, 必先明之. 立事者謹守令以行賞罰, 計事致令, 復賞罰之所加. 有不合於令之所謂者, 雖有功利, 則謂之'專制', 罪死不赦. 首事旣布, 然後可以擧事. 右首事.

무릇 일을 거행하려면 반드시 먼저 군령君令이 내려져야만 한다. 이는 장차 사업을 집행할 뜻을 밝히고, 상벌의 세칙을 만들고, 반드시 공정한 상벌을 시행하는데서 시작한다. 일의 집행을 떠맡은 관원은 삼가 헌령을 지켜 상벌을 집행하고, 일을 헤아려 헌령을 집행하고, 복명할 때는 상벌 시행 내용을 보고해야 한다. 이때 법령이 밝힌 바에 합치되지 않으면 설령 공리功利가 있을지라도 멋대로 군령을 바꾼 '전제'를 행한 것으로 치부한다. 죽을죄로 다스려 결코 용서하지 않는다. 연초에 헌령이 반포된 연후에 가히 일을 거행할 수 있다. 이상이 수헌首憲과 관련한 수사首事의 내용이다.

왈사장위曰事將爲의 '왈'은 문장의 흐름을 부드럽게 하기 위해 끼워 넣은 어기조사語氣助詞에 지나지 않는다. 이사자立事者는 일의 집행을 떠맡은 지방 관원을 지칭한다. 여기의 '이'는 「경언」편 '이정'의 명칭과 마찬가지로 이蒞 내지 이莅의 가차이다. 입법立法의 경우처럼 뒤에 나오는 글자를 목적어로 사용하는 '입'으로 해석할 경우 이는 조정에서 군령 즉 헌령憲令을 만드는 군주 및 공경대신의 입헌立憲 행위를 지칭하는 게 된다. 여상봉과 사호범 모두 그같이 풀이했다. 계사치령計事致令은 일을 헤아려 헌령을 시행하는 것을 말한다. 공리功利는 공적을 세우고 이익을 낸 것을 지칭한다. 수사기포首事既布의 '수사'는 수헌首憲, 우수사右首事의 '수사'는 '수헌 관련 사항'의 의미로 사용된 것이다.

4-8

脩火憲, 敬山澤林藪積草. 夫財之所出, 以時禁發焉, 使民於宮室之用·薪蒸之所積, 虞師之事也. 決水潦, 通溝瀆, 修障防, 安水藏, 使時水雖過度, 無害于五穀, 歲雖凶旱, 有所秎穫, 司空之事也. 相高下, 視肥墝, 觀地宜, 明詔期前後, 農夫以時均脩焉, 使五穀桑麻皆安其處, 由田之事也. 行鄉里, 視宮室, 觀樹蓺, 簡六畜, 以時鈞脩焉, 勸勉百姓, 使力作毋偷, 懷樂家室, 重去鄉里, 鄉師之事也. 論百工, 審時事, 辯功苦, 上完利, 監壹五鄉, 以時鈞脩焉, 使刻鏤文采, 毋敢造於鄉, 工師之事也. 右省官.

산불 등을 방지하기 위한 법규를 마련하고, 산택과 임야에 쌓인 풀을 신중히 관리해야 한다. 무릇 자연에서 나는 재화의 반출을 때에 따라 금하거나 개방하고, 민간 가옥의 건축 및 개축 사용에 대비하고, 땔감을 미리 비축하는 것은 산택을 관장하는 우사虞師의 직책이다. 웅덩이를 트고, 물길을 소통시키고, 제방을 보수하고, 저장된 물을 안정적으로 관리하고, 장마철 큰비로 인한 오곡의 피해가 없도록 하고, 흉년과 가뭄이 들지라도 손에 넣는 수확을 가능케 하는 것은 수리水利 및 토목을 담당한 사공司空의 직책이다. 땅의 높낮이를 살펴 비옥하거나 척박한 정도를 살피고, 땅의 마땅한 용도를 관찰하고, 부역을 위해 백성을 동원할 것을 가늠해 농부들이 때에 맞춰 농사를 짓도록 시기 등을 조절하고, 오곡과 뽕나무 및 삼이 모두 그 땅에서 안정적으로 산출되도록 하는 것은 농사를 담당한 사전司田의 직책이다. 향리를 돌아다니며 집을 살피고, 심은 작물 등을 관찰하고, 육축六畜을 살피고, 때에 맞춰 두루 강구하게 하고, 백성을 격려해 힘써 일하며 게으름을 피우지 않도록 하고, 부모처자가 있는 집을 그리워하며 향리를 떠나지 않도록 권하는 것은 교화를 담당한 향사鄕師의 직책이다. 백공百工과 온갖 것을 논의하고, 때에 맞는 일을 살피고, 생산되는 재화의 우열을 구별하고, 견고하고 실용적인 제품을 만들게 하고, 5향鄕의 제조업을 감독하며 제품을 통일시키고, 계절에 맞춰 수급을 조절하고, 화려한 조각 등을 새겨 넣은 사치품을 만들지 못하게 하는 것은 백공을 관장하는 공사工師의 직책이다. 이상이 직책별로 그 임무를 살피는 성관省官의 내용이다.

수화헌脩火憲은 화재 방지 법규의 제정을 말한다. 경산택림수적초敬山澤林藪積草의 '경'을 조용현趙用賢은 『관한합각管韓合刻』에서 경계할 경儆으로 새겼다. 을산택림수적초山澤林藪積草는 산택과 임야에 쌓인 풀을 의미한다. '수'는 덤불이나 늪지대를 뜻한다. 부재지소출夫財之所出의 '부재'를 정사함은 천연자원을 뜻하는 천재天財의 잘못으로 보았다. 사민어궁실지용使民於宮室之用 구절을 두고 대망은 '민' 밑에 족足이 빠졌다고 했다. '궁실'은 통상적인 집을 뜻한다. 고대에는 평민의 집을 궁宮으로 지칭했다. 궁궐의 의미로 사용된 것은 진시황의 천하통일 이후이다. 1인칭인 짐朕이 황제 전용어로 사용된 것과 같다.

신증지소적薪蒸之所積의 '신증'은 땔감을 말한다. '소'를 대망은 연자로 보았다. 우사虞師는 산택山澤을 관장하는 관원을 지칭한다. 수료水潦는 물이 괴어 있는 웅덩이를 뜻한다. 장방障防은 물길을 막았다는 뜻으로 제방을 의미한다. 시수時水는 장마철의 큰비를 뜻한다. 흉한凶旱은 흉년과 가뭄을 의미한다. 분확秎穫은 수확收穫과 같다. '분'을 청대의 왕소란王紹蘭은 『설문해자』에 나오지 않는 점을 근거로 손으로 잡을 분扮의 잘못으로 보고 손으로 벼를 잡고 수확하는 악화이예握禾而刈로 풀이했다. 사공지사司空之事의 '사공'은 사공司工과 같다. 수리와 토목공사를 총괄하는 관원을 말한다. 비요肥墝는 비옥함과 척박함을 뜻한다. '요'는 메마른 척토瘠土를 뜻하는 말로 자갈 땅을 의미하는 교硗와 같다. 지의地宜는 땅의 마땅한 용도를 말한다. 명조기明詔期의 '조'는 소召와 통한다. 장패륜은 부역 등에 동원하는 것을 뜻하는 징소徵召로 풀이했다. 이시균수以時鈞脩의 '균수'는 일을 조절한다는 뜻으로 균수均修와 같다.

유전由田을 두고 손성연은 사전司田의 오자, 유사배劉師培는 사전司田의 뜻을 지닌 신전申田의 잘못으로 보았다. 수예樹蓺의 '예'는 '수'와 마찬가지로 심는다는 뜻이다. 종식種植과 같다. 회요가실懷樂家室의 '회요'는 가슴 속에서 좋아한다는 의미이다. 중거향리重去鄕里의 '중'은 신중히 한다는 뜻이다. 공고功苦는 생산품의 우열을 의미한다. 『순자』「왕제王制」에 대한 양령楊倞의 주는 '공'을 정미한 제품, '고'를 조악한 제품으로 새겼다. 완리完利는 견고하고 실용적인 것을 말한다. 감일監壹은 감독하여 한결같게 한다는 뜻이다. 각루문채刻鏤文采는 나무나 쇠붙이 등에 화려한 문양을 새겨 넣는 것을 말한다. 공사지사工師之事의 '공사'는 수공업을 총괄하는 관원을 말한다.

4-9

度爵而制服, 量祿而用財. 飮食有量, 衣服有制, 宮室有度, 六畜人徒有數, 舟車陳器有禁. 脩生則有軒冕·服位·穀祿·田宅之分, 死則有棺槨·絞衾·壙壟之度. 雖有賢身貴體, 毋其爵不敢服其服. 雖有富家多資, 毋其祿不敢用其財. 天子服文有章, 而夫人不敢以燕以饗廟, 將軍大夫以朝, 官吏以命, 士止于帶緣. 散民不敢服雜采, 百工商賈不得服長鬈貂. 刑餘戮民不敢服絻, 不敢畜連乘車. 右服制.

작위의 고하를 헤아려 의복을 다르게 정하고, 녹봉의 다소를 따져 사용할 재화를 규정한다. 음식에도 작록에 따른 제한이 있고, 의복에도 법제가 있고, 궁실에도 법도가 있다. 육축六畜과 노비에 정해진 숫자가 있고, 배와 수레 및 연회 때 진설陳設하는 기물 등에도 일정한 제한이 있다. 살아서는 수레와 관冠을 비롯해 복장, 녹봉, 전택田宅 등에 신분별 차등이 있다. 죽어서는 관곽棺槨을 비롯해 수의壽衣, 무덤의 깊이와 봉분 등에 신분별 차등이 있다. 비록 현명하고 귀한 신분일지라도 작위가 없으면 감히 해당 작위의 옷을 입지 못하고, 아무리 부유하고 재산이 많을지라도 벼슬하지 못하면 감히 해당 작위의 재화를 사용하지 못한다. 천자의 옷은 무늬가 있으나 부인은 감히 연회용 복식을 한 채 사당에 제사를 올리지 못한다. 장군과 대부는 조례 때 입는 관복을 입고, 관원은 관작의 등급에 따른 복장을 하고, 선비는 띠와 가선을 두르는데 그친다. 일반 백성은 감히 여러 무늬가 있는 옷을 입지 못하고, 공인과 상인은 새끼 양 가죽과 담비 가죽 옷을 착용할 수 없다. 형벌을 받았거나 복역 중인 자는 감히 상복을 입거나, 사람이 끌거나 말이 끄는 수레를 탈 수 없다. 이상이 신분에 따른 복제服制의 내용이다.

탁작제복度爵制服은 작위의 고하를 헤아려 의복을 다르게 정하는 것을 말한다. 양록용재量祿用財는 녹봉의 다소를 따져 사용할 재화를 규정한다는 뜻이다. 인도人徒는 노복奴僕과 같다. 주거진기舟車陳器는 사용하는 배와 수레 및 진열하는 기물을 뜻한다. 수생즉유헌면脩生則有軒冕의 '수'를 왕념손은 연자로 보았다. 헌면의 '헌'은 끌채 위가 굽고 양쪽에 덮개가 있는 대부용 수레, '면'은 대부용 관冠을 지칭한다. 곡록穀祿은 벼슬아치에게 녹봉으로 내리는 곡식인 녹봉食祿을 말한다. 관곽棺槨의 '관'은 내관內棺, '곽'은 외곽外槨을 뜻한다. 교금絞衾의 '교'는 시체를 묶는 끈, '금'은 시체를 덮는 이불을 의미한다. 광롱壙壟의 '광'은 무덤구덩이, '농'은 봉분을 지칭한다.

현신귀체賢身貴體는 현명하고 귀한 신분을 뜻한다. 부가다자富家多資는 부유하고 재산이 많다는 의미이다. 연복燕服은 연회용 복식으로 '연'은 주연

酒宴을 뜻하는 연讌과 통한다. 향묘饗廟는 사당에 제사를 올리는 것을 말한다. 조복朝服은 조례 때 입는 관복, 명복命服은 관작의 등급에 따른 복장을 뜻한다. 대연帶緣은 허리띠와 가선을 말한다. '가선'은 옷 따위의 가장자리를 다른 헝겊으로 가늘게 싸서 돌리는 것을 의미한다. 산민散民은 각 지역에 흩어져 사는 일반 백성을 뜻한다. 백공상고百工商賈는 모든 상공인을 뜻하는 말이다. 장권초長鬈貂의 '장권'은 새끼 양 가죽인 고피羔皮, '초'는 담비 가죽인 초피貂皮를 뜻한다. 형여육민刑餘戮民은 복역을 마쳤거나 복역 중인 자를 말한다. 복문服絻은 상복을 착용하는 것을 뜻한다. 일부 판본에는 '문'이 사絲로 되어 있다. 축련승거畜連乘車의 '축련'은 사람이 끄는 수레를 비치하는 축련蓄輦의 뜻이고, '승거'는 말이 끄는 수레를 탄다는 의미이다.

4-10

寢兵之說勝, 則險阻不守. 兼愛之說勝, 則士卒不戰. 全生之說勝, 則廉恥不立. 私議自貴之說勝, 則上令不行. 羣徒比周之說勝, 則賢不肖不分. 金玉貨財之說勝, 則爵服下流. 觀樂玩好之說勝, 則姦民在上位. 請謁任擧之說勝, 則繩墨不正. 諂諛飾過之說勝, 則巧佞者用. 右九敗.

첫째, 군비를 폐지하자는 침병지설寢兵之說이 우세하면 험요險要한 진지가 지켜지지 않는다. 둘째, 모든 사람을 두루 사랑하자는 겸애지설兼愛之說이 우세하면 병사들이 싸우려 들지 않는다. 셋째, 생명을 온전히 보존하자는 전생지설全生之說이 우세하면 예의염치가 바로 서지 않는다. 넷째, 근거 없는 사론私論으로 우쭐대는 자귀지설自貴之說이 우세하면 군주의 정령이 시행되지 않는다. 다섯째, 소인배 무리가 붕당을 만들어 사리를 꾀하는 비주지설比周之說이 우세하면 현불초가 구분되지 않는다. 여섯째, 금옥과 재화를 중시하는 화재지설貨財之說이 우세하면 작록과 복식服飾이 미천한 자에게까지 미친다. 일곱째, 구경거리와 오락을 중시하는 완호지설玩好之說이 우세하면 간사한 자가 윗자리에 앉는다. 여덟째, 청탁과 알현을 통해 천거하는 청알지설請謁之說이 우세하면 인재등용의 기준이 바르지 않게 된다. 아홉째, 아첨으로 군주의 허물을 가리는 식과지설飾過之說이 우세하면 교설巧舌을 농하는 간녕奸佞한 자가 중용된다. 이상이 나라를 패망케 하는 9패九敗의 내용이다.

침병寢兵은 군비의 폐지로 곧 비전非戰을 뜻한다. 식병息兵과 같다. 맹자의 반전론 내지 묵자의 비전론을 지칭한다. 험조險阻는 지형이 험한 곳을 지칭한다. 전생全生은 적군의 생명까지 온전히 보존하는 것을 말한다. 사의자귀私議自貴는 사사로운 논의로 자신을 높인다는 뜻이다. 상령上令은 군주의 정령政令을 뜻한다. 군도비주羣徒比周의 '군도'는 작은 조직의 결성, '비주'는 결탁을 의미한다. 하류下流는 신분이 천한 자에게까지 미친다는 뜻이다.

관락완호觀樂玩好는 향락을 뜻한다. '관락'은 오락을 즐기는 것을 의미하고, '완호'는 노리개나 장난을 즐기는 것을 말한다. 청알임거請謁任擧의 '청알'은 청탁과 알현, '임거'는 천거된 자의 임용을 뜻한다. 승묵繩墨은 우리말의 먹줄로 곧 등용의 기준을 상징한다. 첨유식과諂諛飾過의 '첨유'는 아첨, '식과'는 허물을 교묘히 덮는 것을 뜻한다. 교녕자巧佞者는 교묘한 말재주를 부리는 자를 지칭한다. 결국 침병지설寢兵之說, 겸애지설兼愛之說, 전생지설全生之說, 사의자귀지설私議自貴之說, 군도비주지설羣徒比周之說, 금옥화재지설金玉貨財之說, 관락완호지설觀樂玩好之說, 청알임거지설請謁任擧之說, 첨유식과지설諂諛飾過之說 등은 나라를 패망케 만드는 '9패지설九敗之說'에 해당한다고 주장한 셈이다.

4-11

期而致, 使而往, 百姓舍己, 以上爲心者, 敎之所期也. 始於不足見, 終於不可及, 一人服之, 萬人從之, 訓之所期也. 未之令而爲, 未之使而往, 上不加勉而民自盡竭, 俗之所期也. 好惡形於心, 百姓化于下, 罰未行而民畏恐, 賞未加而民勸勉, 誠信之所期也. 爲而無害, 成而不議, 得而莫之能爭, 天道之所期也. 爲之而成, 求之而得, 上之所欲, 小大必擧, 事之所期也. 令則行, 禁則止, 憲之所及, 俗之所被, 如百體之從心, 政之所期也. 右七觀.

징소徵召하면 곧바로 응소應召하고, 보내면 가고, 백성이 자신을 버리고 군주의 뜻을 자신의 마음으로 삼도록 하는 것은 교화敎化가 기대하는 효과이다. 처음에는 보기에 미흡해도 끝내 만족스런 결과를 가져오고, 군주가 몸소 역행力行하면 만민이 따르도록 하는 것은 훈계訓戒가 기대하는 효과이다. 명령하지 않아도 스스로 행하고, 보내지 않아도 스스로 가고, 위에서 격려하지 않아도 백성이 스스로 최선을 다하는 것은 풍속風俗이 기대하는 효과이다. 군주가 마음속으로만 좋아하거나 싫어하는 것을 드러내도 백성이 아래에서 절로 교화되고, 형벌을 전혀 시행하지 않을지라도 백성이 스스로 두려워하고, 상을 주지 않아도 백성이 서로 격려하는 것은 성신誠信이 기대하는 효과이다. 일을 해도 아무런 해가 없고, 일이 이뤄진 뒤 이의를 제기하는 게 없고, 일의 진행 과정에 누구도 시비를 걸지 않는 것은 대도大道가 기대하는 효과이다. 행하면 이뤄지고, 구하면 얻고, 군주가 원하면 크고 작은 것을 막론하고 반드시 거행되는 것은 행사行事가 기대하는 효과이다. 명령하면 시행되고, 금하면 중지되고, 법령이 미치고 풍속이 영향을 끼치는 영토 내에서 백성이 군주에게 복종하는 것이 마치 몸이 각 부분 마음을 따르듯 하는 것은 시정施政이 기대하는 효과이다. 이상이 정치의 7가지 볼 만한 사항을 논한 7관七觀의 내용이다.

기이치期而致의 '기'는 징소徵召의 뜻이다. '치'는 응소應召를 의미한다. 이상위심以上爲心은 군주의 뜻을 자신의 마음으로 삼는다는 뜻이다. 소기所期는 기대하는 효과를 말한다. 1인복지一人服之의 '1인'은 군주를 지칭한다. '복'은 힘써 일하는 역행力行의 뜻이다. 진갈盡竭은 자신의 모든 역량을 기울여 최선을 다한다는 의미이다. 속지소기俗之所期의 '속'은 세속의 풍속을 미풍양속으로 바꾸는 역속易俗을 뜻한다. 외공畏恐은 두려워한다는 뜻으로 외포畏怖와 같다. 불의不議는 이의를 제기하지 않는다는 뜻이다. 막지능쟁莫之能爭은 시비를 걸 자가 없다는 의미이다. 천도지소기天道之所期의 '천'을 곽말약은 대大의 오자로 보았다. 백체종심百體從心은 몸의 각 부분이 마음을 따른다는 뜻이다.

7관觀은 정사를 펼칠 때 7가지 볼 만한 사항을 의미한다. 이를 두고 『주역』「관괘觀卦」는 육사六四 효사爻辭에서 '관국지광觀國之光, 빈우왕賓于王'으로 풀이해 놓았다. 명군의 덕정을 살피고 그의 빈객이 되어 출사出仕한다는 뜻이다. 관광觀光 용어가 여기서 나왔다. '7관'을 두고 정사함은 내용상 7가지 바람직한 치국 성과를 언급한 것이라며 7기七期의 잘못이라고 했다.

제5장 승마(乘馬)

'승마'는 원래 토지세제 가운데 군사상의 세금이나 부역을 뜻하는 군부軍賦를 의미한다. '승'은 4마리 말이 이끄는 병거兵車를 뜻한다. 중국에서는 '승마'와 '승객'의 경우는 2성의 '청chéng', 병거의 의미로 사용될 때는 4성의 '성shèng'으로 나눠 읽는다. 유향은 본서의 제8편 「승마」와 제9편 「구부」를 제10편 「경중」 속에 포함시켰다. 원래 「승마」에 나오는 거승마巨乘馬, 승마수乘馬數, 문승마問乘馬 모두 「경언」에 편제된 '승마'와 함께 『승마』라는 명칭의 독립된 책으로 존재했던 것이다. 유향이 관중의 저서를 총망라해 현존 『관자』를 펴내는 과정에서 『승마』의 내용을 임의로 쪼개 '승마'는 「경언」, '거승마'와 '승마수' 및 '문승마'는 「경중」편에 끼워 넣은 것이다. 나름 일리가 있으나 '승마'를 '거승마' 등과 구분한 것은 잘못된 분류이다. 본서는 '승마'를 비록 유향의 원래 편제를 좇아 「경언」에 그대로 두기는 했으나 읽을 때는 뒤에 나오는 '거승마' 등과 함께 읽을 필요가 있다. 여기의 '승마'에는 21세기 경제논리에 그대로 적용할 수 있는 내용이 매우 많다. 개별적인 생산단위의 생산 양식인 균지분력均地分力과 고른 분배를 뜻하는 여민분화與民分貨 등의 이치가 그렇다.

5-1

凡立國都, 非於大山之下, 必於廣川之上. 高毋近旱而水用足, 下毋近水而溝防省. 因天材, 就地利, 故城郭不必中規矩, 道路不必中準繩. 右立國.

무릇 국도國都를 세울 때는 큰 산 아래가 아니면 반드시 큰 내 부근을 택해야 한다. 지대가 높으면 물이 부족한 곳을 피해야 물을 충분히 쓸 수 있고, 지대가 낮으면 큰 물 근처를 피해야 도랑과 제방 축조의 수고를 덜 수 있다. 풍족한 자원을 좇아 농업생산에 유리한 곳을 택해야 한다. 성곽이 반드시 그림쇠와 곱자에 들어맞거나, 도로가 반드시 먹줄과 수준기水準器에 들어맞을 필요가 없는 이유다. 이상이 국도 건립을 언급한 입국立國이다.

국도國都는 도성都城 내지 도시都市와 같다. 태산大山의 '태'는 태太와 통한다. 근한近旱은 물이 부족한 곳을 지칭한다. 근수近水는 큰 물 근처를 뜻한다. 구방溝防은 도랑과 제방을 총칭한 말이다. 천재天材는 풍족한 천연자원을 지칭한다. 중규구中規矩의 '중'은 들어맞는다는 뜻이다. '규'는 그림쇠, '구'는 곱자를 말한다. 여기서 '규구'는 원형과 방형을 지칭하는 뜻으로 사용됐다. 중준승中準繩의 '준승'은 평평한 정도를 재기 위해 치는 먹줄과 수준기水準器를 뜻하는 말로 여기서는 평탄하고 곧다는 의미로 사용됐다.

5-2

無爲者帝, 爲而無以爲者王, 爲而不貴者覇. 不自以爲所貴, 則君道也. 貴而不過度, 則臣道也. 右大數.

천도天道를 좇아 인위적으로 다스리지 않는 자는 황제, 인도人道를 행하되 억지로 다스리지 않는 자는 왕, 인도를 행하되 스스로를 존귀하게 여기지 않는 자는 패자覇者가 될 수 있다. 스스로를 존귀하다고 여기지 않는 것은 군주의 길, 신분이 귀해도 법도를 어기지 않는 것은 신하의 길이다. 이상이 큰 위정爲政의 기본원칙을 언급한 대수大數이다.

무위자제無爲者帝의 '무위자'는 무위無爲의 천도天道를 좇아 인위적으로 다스리지 않는 자를 말한다. '제'는 황제의 차원에서 성취하는 대업大業 내지 치도治道로 곧 제업帝業 또는 제도帝道를 지칭한다. 위이무이위자왕爲而無以爲者王의 '위이무위자'는 인위적인 유위有爲의 인도人道를 행하되 억지로 다스리지 않는 자를 말한다. '왕'은 왕업王業 내지 왕도王道를 의미한다. 위이불귀자패爲而不貴者覇의 '위이불귀자'는 인도를 행하되 스스로를 존귀하게 여기지 않는 자를 말한다. '패'는 패업覇業 내지 패도覇道를 뜻한다. 군도君道는 군주의 치도 내지 나아갈 길을 의미한다. 신도臣道와 대비된다. 불과도不過度의 '도'는 등급과 명분 등을 뜻하는 법도法度의 의미이다. 대수大數의 '수'는 통상 계책을 뜻하나 여기서는 원칙 내지 방침의 뜻으로 사용된 말이다.

5-3

地者, 政之本也. 朝者, 義之理也. 市者, 貨之準也. 黃金者, 用之量也. 諸侯之地, 千乘之國者, 器之制也. 五者, 其理可知也, 爲之有道.

토지土地는 국정의 근본이고, 조정朝廷은 의리가 행해지는 중심이고, 시장市場은 재화 유통의 기준이고, 황금黃金은 재정을 가늠하는 척도이고, 제후의 영토와 천승千乘의 병력은 군부軍賦의 기본이다. 이들 5가지는 누구라도 그 이치를 쉽게 알 수 있다. 이를 시행하는 데는 법도가 있다.

정지본政之本은 국정의 근본이라는 뜻으로 곧 국정은 땅의 생산물을 토대로 한다는 의미이다. 의지리義之理는 의義의 이치를 뜻하는 말로 의가 조정에서 일어난다는 취지이다. 화지준貨之準은 재화유통의 기준을 뜻하는 말로 재화의 경중輕重이 판별된다는 의미이다. 용지량用之量은 재정 측량의 척도를 말한다. 기지제器之制는 병역兵役과 군용물자를 총칭한 말로 곧 군부

軍賦를 뜻한다.

5-4

地者, 政之本也. 是故地可以正政也. 地不平均和調, 則政不可正也, 政不正, 則事不可理也. 春秋冬夏, 陰陽之推移也. 時之短長, 陰陽之利用也. 日夜之易, 陰陽之化也. 然則陰陽正矣, 雖不正, 有餘不可損, 不足不可益也, 天地, 莫之能損益也. 然則可以正政者, 地也, 故不可不正也. 正地者, 其實必正, 長亦正, 短亦正, 小亦正, 大亦正, 長短小大盡正. 正不正則官不理, 官不理則事不治, 事不治則貨不多. 是故, "何以知貨之多也?" 曰, "事治." "何以知事之治也?" 曰, "貨多." 貨多事治, 則所求於天下者寡矣, 爲之有道. 右陰陽.

토지는 국정의 근본이다. 국정을 바르게 할 수 있는 이유다. 토지 제도가 공평하고 조화롭지 못하면 정사를 바르게 할 수 없다. 정사가 바르지 못하면 농업 등의 각종 생산 활동을 제어할 수 없다. 춘하추동 사계절은 음양의 변화과정이고, 밤과 낮이 길고 짧은 것은 음양의 작용이고, 밤낮의 변환은 음양의 변화이다. 덕분에 음양이 바르게 된다. 설령 음양이 바르지 않을지라도 남는 것을 덜어낼 수 없고, 모자라는 것을 더할 수도 없다. 하늘도 이를 능히 덜어내거나 더할 수 없다. 정사를 바르게 할 수 있는 것은 땅 덕분이니, 땅을 바르게 구획해 관리하지 않을 수 없다. 땅을 바르게 구획해 관리하려면 먼저 반드시 땅의 실제 상황부터 바르게 해야 한다. 땅이 길거나, 짧거나, 작거나, 크거나 모두 바르게 구획해야 한다. 장단대소長短大小를 모두 바르게 구획하는 게 그것이다. 땅이 바르게 구획되지 못하면 관부도 이를 제대로 다스릴 수 없고, 관부가 이를 제대로 다스리지 못하면 생산도 잘 이뤄지지 않고, 생산이 잘 이뤄지지 않으면 재화가 부족하게 된다. 이를 두고 이같이 물을 수 있을 것이다.

"어떻게 재화가 많은지 알 수 있는가?"

"생산이 잘 이뤄지기 때문이다."

또 이같이 물을 수 있을 것이다.

"어떻게 그것을 알 수 있는가?"

"재화가 많기 때문이다."

재화가 많고 생산이 잘 이뤄지면 세상에 더 이상 바랄 게 별로 없다. 이를 시행하는 데는 법도가 있다. 이상이 재화의 생산을 언급한 음양陰陽이다.

가이정정可以正政의 정正은 정돈整頓 내지 정치整治의 뜻이다. 평균화조平均和調는 공평하고 조화롭다는 뜻이다. 사불가리事不可理의 '사'는 농업 등의 각종 생산 활동을 말한다. 시지단장時之短長의 '시'는 낮과 밤을 지칭한다. 음양지이용陰陽之利用의 '이용'은 작용作用과 같다. 음양정의陰陽正矣의 '정'은 정상正常을 뜻한다. '천지天地, 막지능손익야莫之能損益也' 구절을 두고 곽말약은 '천지'를 천야天也의 잘못으로 보았다. 기실필정其實必正의 '실'은 토지의 실제 수익을 뜻하는 말로 곧 납세 제도를 지칭한다. 사불치事不治의 '사'는 농업생산을 의미한다. 정부정正不正을 이카이는 지부정地不正의 잘못으로 보았다. 우음양右陰陽의 '음양'을 두고 장문호는 본문의 취지에 부합하지 않는다고 지적했다.

5-5

朝者, 義之理也. 是故爵位正而民不怨, 民不怨則不亂, 然後義可理. 理不正則不可以治, 而不可不理也. 故一國之人, 不可以皆貴, 皆貴則事不成而國不利也. 爲事之不成·國之不利也, 使無貴者則民不能自理也. 是故辨於爵列之尊卑, 則知先後之序·貴賤之義矣, 爲之有道. 右爵位.

조정은 의리가 행해지는 중심이다. 조정의 작위가 바르면 백성이 원망하지 않고, 백성이 원망하지 않아야 나라도 어지럽지 않게 된다. 연후에 등급에 따른 명분도 이치에 맞게 된다. 작위 제도가 바르지 않으면 나라를 바르게 다스릴 수 없고, 등급에 따른 명분도 이치에 어긋나게 된다. 한 나라의 백성이 모두 귀한 신분이 될 수는 없는 일이다. 모두 귀한 신분이 되면 일이 이뤄지지 않아 나라에 불리하다. 일이 이뤄지지 않고 나라에 불리하다는 이유로 귀한 신분을 모두 없앨 수도 없다. 그러면 백성은 스스로 다스려 나갈 길이 없게 된다. 작위의 존비尊卑를 분별하는 이유다. 그리하면 선후의 차례와 귀천의 의리를 알 수 있다. 이를 행하는 데는 법도가 있다. 이상이 조정의 의리를 언급한 작위爵位이다.

작위爵位는 관직의 등급과 명분 제도를 총칭한 말이다. '리부정즉불가이치理不正則不可以治, 이불가불리야而不可不理也' 구절을 두고 정사함은 풀이키를, "여기의 부정不正은 작록이 바르지 않은 것을 지적한 것으로 앞에 나온 작위정爵位正에 대응한 것이다. '이불가불리야'는 마땅히 이불가리야而不可理也로 바뀌어야 한다. 그래야 앞에 나온 의가리義可理에 대응하게 된다."고 했다. 해석에서 이를 좇아 '이불가리야'를 '등급에 따른 명분도 이치에 어긋나게 된다.'고 번역했다. 작렬爵列은 작위의 존비尊卑를 분별하는 것을 말한다. 귀천지의貴賤之義는 귀천의 의리를 의미한다.

5-6

市者, 貨之準也. 是故百貨賤則百利不得, 百利不得則百事治, 百事治則百用節矣. 是故事者生於慮, 成於務, 失於傲. 不慮則不生, 不務則不成, 不傲則不失. 故曰, "市者可以知治亂, 可以知多寡, 而不能爲多寡." 爲之有道. 右務市事.

시장은 재화 유통의 기준이다. 모든 재화가 저렴하면 과도한 이윤이 생기지 않고, 그러면 모든 생산 활동이 발전하고, 그래야만 재화의 수급에 평형을 이루게 된다. 시장의 일은 깊이 생각하는데서 시작하고, 실질을 숭상하는 자세에서 마침내 성취된다. 오만한 자세로 임하면 실패한다. 깊이 생각하지 않으면 생산이 이뤄지지 않고, 실질을 숭상하지 않으면 성공을 거둘 수 없다. 오만한 자세로 시장의 흐름을 방치하지 않아야 실패하지 않는다. "시장을 통해 그 나라의 치란治亂과 재화의 많고 적음을 알 수 있으나 시장 자체가 많고 적은 재화를 생산하는 곳은 아니다."라고 말하는 이유다. 이를 시행하는 데는 법도가 있다. 이상이 시장에 유통되는 재화를 언급한 무시사務市事이다.

화준貨準은 재화유통의 기준을 뜻한다. 백화百貨는 갖가지 재화를 총칭한 말이다. 백리부득百利不得에 대한 해석이 대립한다. '백리'를 두고 곽말약은 『관자집교』에서 고리高利로 새기며 풀이키를, "가격이 저렴하면 초과이윤을 얻을 수 없다. 그래야 시장이 안정되고 백성도 평안히 생업에 종사할 수 있다."고 풀이했다. 탕효순湯孝純도 『신역관자독본新譯管子讀本』에서 '고리'로 새겼다. 『태평어람太平御覽』의 인용구절에는 부不가 없다. 손성연은 이익을 얻게 해야 생산 활동이 활발해진다며 '다양한 이익'으로 풀이했다. 이면李勉은 『관자금주금역管子今注今譯』에서 '부'를 연자衍字로 간주하며 손성연의 해석을 좇았다. 『관자』의 기본 취지에 비춰 곽말약과 탕효순의 지적이 타당하다.

백사치百事治는 모든 생산 활동이 활발히 전개된다는 뜻이고, 백용절百用節은 모든 수급에 균형을 이루게 된다는 의미이다. 시사市事는 재화의 교환이 이뤄지는 시장의 기본 기능을 언급한 것이다. 무실務實은 실질을 숭상하는 자세, 오만傲慢은 시장의 흐름을 무시하는 교만하고 나태한 자세를 가리킨다.

5-7

黃金者, 用之量也. 辨於黃金之理則知侈儉, 知侈儉則百用節矣. 故儉則傷事, 侈則傷貨. 儉則金賤, 金賤則事不成, 故傷事. 侈則金貴, 金貴則貨賤, 故傷貨. 貨盡而後知不足, 是不知量也. 事已而後知貨之有餘, 是不知節也. 不知量, 不知節, 不可, 謂之'有道'.

황금은 재정을 가늠하는 척도이다. 황금의 이런 이치를 잘 분별하면 나라 재정이 사치하거나 검소한지 여부를 알고, 이를 알면 재화의 수급도 균형을 이루게 된다. 검소에 치우치면 생산이 억제되고, 사치에 치우치면 물자의 낭비가 빚어진다. 검소에 치우치면 금값이 떨어지고, 그리되면 생산의 발전에 불리해져 결국 생산의 억제 현상이 나타난다. 사치에 치우치면 금값이 귀해지고, 그리되면 물건 값이 떨어져 결국 물자의 낭비 현상이 나타난다. 물자를 소진한 후 그 모자란 것을 알면 이는 재화의 수요량을 헤아리지 못한 탓이고, 생산이 이뤄진 뒤 재화가 남아도는 것을 알면 이는 필요한 물자의 규모를 조절하지 못한 탓이다. 모두 허락해서는 안 된다. 이같이 해야 치국의 원칙을 파악했다고 할 수 있다.

치검侈儉은 사치와 검소를 말한다. 상사傷事는 생산의 차질, 상화傷貨는 물자의 낭비를 뜻한다. 금천金賤은 금이 천해진다는 뜻으로 곧 화폐가치가 떨어지는 것을 의미한다. 반대되는 것이 금귀金貴이다. 부지량不知量은 재화의 수요량을 헤아리지 못했다는 뜻이고, 부지절不知節은 물자의 조절에 실패했다는 의미이다. '불가, 위지유도不可, 謂之有道'를 하나로 묶어 '불가위지유도'로 해석해도 가하다. 이 경우 "이를 모두 치국의 원칙이 존재한다고 말할 수 없다."는 뜻이 된다.

5-8

天下乘馬服牛, 而任之輕重有制. 有壹宿之行, 道之遠近有數矣. 是知諸侯之地, 千乘之國者, 所以知地之小大也, 所以知任之輕重也. 重而後損之, 是不知任也. 輕而後益之, 是不知器也. 不知任, 不知器, 不可, 謂之'有道'.

천하의 모든 우마차는 짐을 싣는 데 일정한 한도가 있다. 하룻밤에 갈 수 있는 거리가 있으니 이를 기준으로 도로의 원근을 대략 계산할 수 있다. 마찬가지로 제후가 보유하고 있는 병거兵車 등을 토대로 무기의 규모와 군비 부담의 경중을 대략 계산할 수 있다. 군비 부담을 가중시킨 이후 다시 줄이는 것은 백성의 부담 능력을 정확히 알지 못한 탓이고, 군비 부담을 줄인 이후 다시 가중하는 것은 군비 수요를 정확히 알지 못한 탓이다. 모두 허락해서는 안 된다. 이같이 해야 치국의 원칙을 파악했다고 할 수 있다.

이면은 비록 고본古本에는 나오지 않으나 문장의 첫머리에 앞서 나온 '제후지지諸侯之地, 천승지국자千乘之國者, 기지제야器之制也' 구절이 생략된 것으로 파악했다. 승마복우乘馬服牛는 말을 타고 소를 부린다는 뜻이다. 일숙지행壹宿之行은 하룻밤에 갈 수 있는 거리를 의미한다. 『주례』「지관地官」에 따르면 30리마다 역참驛站을 두었다. '일숙지행'을 대략 30리 정도로 간주하는 이유다. 지지소대地之小大는 땅의 크기를 말하나 왕념손王念孫은 지地를 기器의 잘못으로 보았다. 임지경중任之輕重의 '임'은 백성의 군비 부담을 뜻한다.

5-9

地之不可食者, 山之無木者, 百而當一. 涸澤, 百而當一. 地之無草木者, 百而當一. 樊棘雜處, 民不得入焉, 百而當一. 藪, 鎌纆得入焉, 九而當一. 蔓山, 其木可以爲材, 可以爲軸, 斤斧得入焉, 九而當一. 汎山, 其木可以爲棺, 可以爲車, 斤斧得入焉, 十而當一. 流水, 網罟得入焉, 五而當一. 林, 其木可以爲棺, 可以爲車, 斤斧得入焉, 五而當一. 澤, 網罟得入焉, 五而當一. 命之曰'地均以實數'.

식량을 생산할 수 없는 땅과 수목이 자랄 수 없는 산지는 일반 토지의 100분의 1로 환산한다. 물이 마른 연못도 100분의 1로 환산한다. 초목이 자라지 않는 땅도 100분의 1로 환산한다. 가시나무로 뒤덮인 곳처럼 사람이 들어갈 수 없는 곳도 100분의 1로 환산한다. 갈대 등의 수초가 있는 늪처럼 낫과 새끼줄을 갖고 들어가 벌채할 수 있는 곳은 10분의 1로 환산한다. 향리의 뒷산처럼 목재나 차축으로 쓸 수 있는 나무를 도끼를 갖고 들어가 벌채할 수 있는 곳은 10분의 1로 환산한다. 구불구불 올라가는 심산처럼 관곽이나 수레를 만들 수 있는 나무를 도끼를 갖고 들어가 벌채할 수 있는 곳은 10분의 1로 환산한다. 강하의 수면처럼 그물을 갖고 들어갈 수 있는 곳은 5분의 1로 환산한다. 산림山林처럼 관곽이나 수레를 만들 수 있는 나무를 도끼를 갖고 들어가 벌채할 수 있는 곳도 5분의 1로 환산한다. 연못처럼 그물을 갖고 들어갈 수 있는 곳도 5분의 1로 환산한다. 이를 일컬어 산림과 하택河澤의 면적을 생산물의 가액을 토대로 농경지의 면적으로 환산하는 지균이실수地均以實數라고 한다.

지지불가식地之不可食의 '불가식'은 오곡이 익지 않는 것을 의미한다. 학택涸澤은 물이 마른 연못, 번극잡처樊棘雜處는 가시나무로 뒤덮인 곳을 말한다. '번'을 왕인지는 가시나무 형荊과 통하는 초楚의 잘못으로 보았다. 수藪는 갈대 등의 수초가 있는 늪지대를 말한다. 겸묵鎌纆을 두고 유적은 '겸'을 낫과 같은 예리한 기구, '묵'을 새끼줄로 해석했다. 왕념손은 다른 판본의 전纏 모두 송본을 좇아 묵纆으로 바꿔야 한다고 했다. 9이당1九而當一의 '9'를 정사함은 10十의 잘못이라고 했다. 이를 좇았다. 만산蔓山은 구릉산지를 의미한다. 근부斤斧는 크고 작은 도끼를 총칭한 것이다. 범산汎山은 고산을 뜻한다. '범'을 고문자학자인 우성오于省吾는 똬리를 틀었다는 뜻을 지닌 반盤의 옛 글자 주洀와 통하는 것으로 보았다.

'유수流水, 망고득입언網罟得入焉, 오이당일五而當一' 구절을 두고 장문호는 산림을 언급한 것은 같이 묶어야 한다며 '림林, 기목가이위관其木可以爲棺, 근부득입언斤斧得入焉, 오이당일五而當一' 구절 아래로 와야 한다고 했다. 유수流水는 강하江河를 지칭한다. 망고網罟는 그물을 총칭한 말이다. 지균이실수地均以實數는 생산되는 각종 토지 생산물을 토대로 산림과 하택을 경지면적으로 환산하는 것을 말한다.

5-10

方六里命之曰'暴', 五暴命之曰'部', 五部命之曰'聚'. 聚者有市, 無市則民乏. 五聚命之曰'某鄕', 四鄕命之曰'方', 官制也, 官成而立邑. 五家而伍, 十家而連, 五連而暴, 五暴而長, 命之曰某鄕, 四鄕命之曰都, 邑制也. 邑成而制事. 四聚爲一離, 五離爲一制, 五制爲一田, 二田爲一夫, 三夫爲一家, 事制也. 事成而制器. 方六里爲一乘之地也. 一乘者, 四馬也. 一馬, 其甲七, 其蔽五. 四乘, 其甲二十八, 其蔽二十, 白徒三十人奉車兩, 器制也.

사방 6리를 폭暴, 5폭을 부部, 5부를 취聚라고 한다. '취'에는 시장이 있다. 시장이 없으면 백성의 일용품 공급이 부족해진다. 5취를 1향鄕, 4향을 1방方이라고 한다. 이것이 관제官制이다. 관제가 정해지면 읍邑을 세운다. 5가家를 1오伍, 10가를 1연連, 5연을 1폭暴, 5폭을 1장長이라고 한다. 이를 두고 모향某鄕이라고 부른다. 4향을 1도都라고 한다. 이것이 읍제邑制이다. 읍제가 정해지면 생산 활동을 확립한다. 4취聚를 1리離, 5리를 1제制, 5제를 1전田, 2전을 1부夫, 3부를 1가家라고 한다. 이것이 생산 조직 제도인 사제事制이다. 사제가 정해지면 군비제도를 확립한다. 사방 6리는 1승의 병거가 나오는 땅이다. 1승은 4필의 말이 필요하다. 말 1필에 갑사甲士 7인과 방패를 든 병사 5인이 따른다. 결국 1승은 갑사 28인과 방패를 든 병사 20명 이외에도 병거를 따르며 잡역에 종사하는 인부 30인으로 구성된다. 이것이 군비제도인 기제器制이다.

여기서 말하는 폭暴과 부部, 취聚, 향鄕, 방方 등은 가구단위와 행정구역 및 토지제도의 단위를 말한다. 이를 종합해 보면 먼저 행정구역에서 1방은 4향, 1향은 5취, 1취는 5폭, 5폭은 사방 6리에 해당한다. 가구단위에서 1부는 4향, 1향은 5폭, 1폭은 5연, 1연은 10가家에 해당한다. 토지제도에서 1가는 3부夫, 1부는 2전田, 1전은 5제制, 1제는 5리, 1리는 4취聚에 해당한다. 민지民之의 '지'를 허유휼은 궁핍할 폄乏의 깨진 글자인 괴자壞字로 보았다. 제사制事는 생산 활동의 확립, 제기制器는 군비제도의 확립을 뜻한다. 갑7甲七의 '갑'은 갑옷으로 무장한 갑사甲士를 의미한다. 폐오蔽五의 '폐'는 방패를 들고 병거兵車의 안전을 담당하는 병사를 지칭한다. '폐'는 원래 엄호掩護를 뜻한다. 4승乘을 정사함은 1승乘의 오자로 보았다. 백도白徒는 잡역에 종사하는 인부를 말한다.

5-11

方六里, 一乘之地也. 方一里, 九夫之田也. 黃金一鎰, 百乘一宿之盡也. 無金則用其絹, 季絹三十三制當一鎰. 無絹則用其布, 經暴布百兩當一鎰, 一鎰之金, 食百乘之一宿, 則所市之地六步一㪷, 命之曰'中歲'.

사방 6리는 1승의 병거가 나오는 땅이고, 사방 1리는 9명의 농부가 경작하는 땅이다. 황금 1일鎰은 100승 병거의 하루 숙박비용에 해당한다. 황금이 없으면 명주로 대체한다. 가는 명주 33제制는 황금 1일에 해당한다. 명주가 없으면 베로 대체한다. 거친 베 100필疋은 황금 1일에 해당한다. 1일의 황금은 100승의 병거가 하루 동안 먹을 것에 해당한다. 이는 군비를 부담하는 지역의 사방 6보步 농지에서 1두斗의 곡물을 내는 것과 같다. 이를 일컬어 수확량이 중등인 해에 내는 세율인 중세中歲라고 한다.

황금일일黃金一鎰의 '일'은 24냥兩에 해당한다. 일숙지진一宿之盡은 하루 숙박비용을 뜻한다. '진'을 이카이는 노자 등을 뜻하는 신贐과 통한다고 했다. 계견季絹은 가는 명주를 말한다. '계'를 문일다는 『설문해자』를 근거로 가늘고 설피게 짠 베를 뜻하는 세繐의 뜻이라고 했다. 삼십삼제三十三制의 '제'는 피륙 등의 길이 단위로 1장丈 8척尺에 해당한다. 경폭포經暴布의 '경'을 문일다는 갈포葛布를 뜻하는 전絟의 잘못으로 보았다. 육보일두六步一斞의 '보'는 주나라 때의 길이 단위로 '6보'는 1척尺에 해당한다. '두'는 곡식의 부피 등을 재는 도량형으로 말 두斗의 속자이다. 중세中歲는 수확량이 중등인 해에 내는 세율을 말한다.

5-12

有市, 無市則民不乏矣. 方六里名之曰'社', 有邑焉, 名之曰'央'. 亦關市之賦. 黃金百鎰爲一篋, 其貨一穀籠爲十篋. 其商苟在市者三十人, 其正月·十二月黃金一鎰, 命之曰'正分'. 春曰'書比', 立夏曰'月程', 秋曰'大稽', 與民數得亡.

사방 6리의 지역을 사社라고 하고, 그 가운데 사람이 모여 사는 곳을 앙央이라고 한다. '앙'에 사람이 모여 재화를 교역하는 시市가 있다. '시'가 없으면 일상생활에 필요한 물품을 공급할 길이 없어 백성이 궁핍해진다. 시장을 만들면 통행세인 관세關稅와 영업세인 시장세를 매긴다. 황금 100일을 1협篋, 재화 1곡롱穀籠을 10협이라고 한다. 시장에 상인 30명이 모이면 1월과 12월에 세를 거둔다. 이때 황금 1일을 거두는 것을 일컬어 정분征分이라고 한다. 봄에 세율을 공포하는 것을 서비書比, 여름에 조사하는 것을 월정月程,

가을에 재정통계를 내는 것을 대계大稽라고 한다. 이때 시장의 교역에 참여한 사람의 숫자를 기록한다.

'유시有市, 무시즉민불핍의無市則民不乏矣' 구절을 두고 야스이는 왈앙曰央 밑에 와야 한다고 하면서, 불不을 연자로 보았다. 해석에서 이를 좇았다. 역관시지부亦關市之賦의 '역'을 곽말약은 립立의 잘못으로 보았다. '관시지부'는 통행세와 영업세의 부과를 의미한다. 1협一篋의 '협'은 세금징수 단위로 작은 광주리를 뜻한다. 일곡롱一穀籠의 '곡롱'은 물품의 계량단위로 곡물을 저장하는 큰 바구니를 의미한다. 정분正分은 세율에 따른 징세를 뜻하는 말로 여기의 '정'은 세금의 징수를 뜻하는 정征과 통한다. 서비書比는 세율의 공포를 뜻한다. 입하왈월정立夏曰月程 구절을 두고 손이양은 '입'을 연자로 보았다. '월정'은 달마다 조사해 계산한다는 뜻이다. 대계大稽는 점수 또는 통계를 내는 것을 의미한다. 득망得亡은 득실得失과 같다. 증감을 의미한다. 거민수득망與民數得亡의 '거'를 유월은 기록한다는 뜻으로 거擧의 의미로 읽어야 한다고 했다. '민수'는 시장의 교역에 참여한 사람의 숫자를 말한다.

5-13

三歲脩封, 五歲脩界, 十歲更制, 經正也. 十仞見水不大潦, 五尺見水不大旱. 十一仞見水, 輕征, 十分去二三, 二則去三四, 四則去四, 五則去半, 比之於山. 五尺見水, 十分去一, 四則去三, 三則去二, 二則去一, 三尺而見水, 比之於澤.

3년마다 제방을 정비하고, 5년마다 농지의 경계를 정비하고, 10년마다 농지의 구획을 조정한다. 이것이 정례적인 정책인 경정經正이다. 1길의 깊이를 파서 물이 나오면 홍수가 쉽게 나지 않고, 5자의 깊이를 파서 물이 나오면 큰 가뭄이 쉽게 오지 않는다. 1길의 깊이를 파서 물이 나오는 곳은 10분의 1, 2길을 파서 물이 나오는 곳은 10분의 2, 3길을 파서 물이 나오는 곳은 10분의 3, 4길을 파서 물이 나오는 곳은 10분의 4, 5길을 파서 물이 나오는 곳은 절반을 감면한다. 산간 지역도 동일한 비율로 감면한다. 5자를 파서 물이 나오는 곳은 10분의 1, 4자를 파서 물이 나오는 곳은 10분의 2, 3자를 파서 물이 나오는 곳은 10분의 3, 2자를 파서 물이 나오는 곳은 10분의 4를 감면한다. 1자를 파서 물이 나오는 곳은 늪지대와 같은 비율로 징수한다.

수봉脩封은 제방의 정비, 수계脩界는 농지 경계의 정비를 뜻한다. 경제更制는 농지 구획을 조정한다는 의미이다. 경정經正의 '정'을 우성오는 정政으로 새겼다. 정례적인 정책을 말한다. 경정輕征은 세금을 감면한다는 뜻이다. '정'은 세금을 거둔다는 뜻이다.

십인견수十仞見水의 '10'을 두고 유월은 풀이키를, "여기의 10인仞은 1인으로 바꿔야 한다. 1인을 파서 물이 나올 경우 그 땅은 비교적 고지에 속한다. 그래서 홍수가 나지 않는다고 한 것이다. 5척尺을 파서 물이 나올 경우 그 땅은 비교적 저지에 속한다. 그래서 가뭄이 들지 않는다고 한 것이다. 10인이라고 할 경우 매우 높은 게 된다."고 했다. '십일인견수十一仞見水' 이하의 5개 구절에 대해 왕인지는 풀이키를, "오즉거반五則去半을 언급한 취지에 비춰볼 때 '11인'은 응당 '1인'으로 바꿔야 한다. 마찬가지로 십분거이삼十分去二三은 십분거일十分去一, 이즉거삼사二則去三四는 이즉거이二則去二로 바꿔야 한다."고 했다. '오척견수五尺見水' 이하의 7개 구절에 대해 유월은 앞서 얘기한 관점에서 풀이키를, "사즉거삼四則去三은 사즉거일四則去一, 삼즉거이三則去二는 삼즉거삼三則去三, 이즉거일二則去一은 이즉거이二則去二, 삼척이견수三尺而見水는 일척이견수一尺而見水로 바꿔야 한다."고 했다. 유월과 왕인지의 해석을 좇았다.

5-14

距國門以外, 窮四竟之內, 丈夫二犂, 童五尺一犂, 以爲三日之功. 正月令農始作, 服于公田, 農耕. 及雪釋, 耕始焉, 芸卒焉. 士聞見·博學·意察, 而不爲君臣者, 與功而不與分焉. 賈知賈之貴賤, 日至於市, 而不爲官賈者, 與功而不與分焉. 工治容貌功能·日至於市, 而不爲官工者, 與功而不與分焉. 不可使而爲工, 則視貸離之實而出夫粟.

도성의 문밖에서 사방의 변경에 이르기까지 성인 남자는 하루 동안 2리犂, 미성년 남자는 1리를 기준으로 하여 3일 동안 무상으로 노역勞役을 제공한다. 정월에 농사를 시작한 뒤 적당한 때 공전公田을 경작케 한다. 눈이 녹으면 씨를 뿌리기 시작해 여름에 김매는 것으로 마친다. 선비 가운데 식견이 깊고, 학문이 넓고, 사물에 정통한 자로서 아직 벼슬을 살지 않고 있는 자도 무상으로 3일 동안 노역을 제공한다. 상인 가운데 물가의 흐름을 알고 날마다 시장에 나와 교역을 하면서 관영 상인이 아닌 자도 무상으로 3일 동안 노역을 짊어진다. 공인工人 가운데 물품의 모양이나 쓸모를 연구하고 날마다 시장에 나와 물품을 교역하면서 관영 공인이 아닌 자 또한 무상으로 3일 동안 노역을 제공한다. 3일 간의 노역을 채우지 못할 경우 빠진 날짜의 차액만큼 곡식을 대납토록 한다.

거국문距國門의 '거'는 사물의 출발지점을 뜻하는 조사 종從과 같다. '국문'은 도성의 문밖인 교외를 뜻한다. 사경지내四竟之內는 사방의 변경을 지칭한다. '경'은 경境과 같다. 장부이리丈夫二犂의 '장부'는 성인 남자, '리'는 농기구인 쟁기 또는 가래를 뜻한다. 여기서는 하루 동안 일하는 경지 넓이를 의미한다. 동오척童五尺은 5척 크기의 미성년 남자를 뜻한다. 삼일지공三日之功은 3일 동안의 노역勞役을 말한다. 경시耕始는 쟁기질 또는 파종을 시작한다는 뜻이다. 운졸芸卒은 김매는 것을 끝낸다는 의미로 '운'은 운耘과 같다.

문견박학의찰聞見博學意察의 '문'을 손이양孫詒讓은 익숙하게 익힌다는 뜻의 한嫺 내지 한嫻의 뜻을 지닌 한閒의 가차로 보았다. '문견'을 통상적인 의미의 견문見聞으로 해석해도 가하다. '박학'은 두루 넓게 공부했다는 의미이다. '의찰'은 사물의 이치를 꿰뚫어 보고 정확히 판단한다는 뜻이다. 불위군신不爲君臣은 벼슬길에 나서지 않은 자를 가리킨다. 여기의 '군신'은 관직이 있는 군주의 신하를 의미한다. 여공불여분與功不與分을 손이양은 백성과 함께 공을 세웠지만 그 대가를 받을 수 없다는 뜻으로 새겼다. 곧 무상으로 노역을 떠맡는 것을 의미한다.

가지귀천賈之貴賤은 물가의 높고 낮음을 말한 것이다. '가'는 가價와 통한다. 관고官賈는 관영상인을 뜻한다. 공치용모공능工治容貌功能의 '치'는 강구한다는 의미이다. '용모공능'은 물품의 모양이나 쓸모 등을 말한다. 관공官工은 관영공인을 지칭한다. 대리지실貸離之實은 빠진 노역일의 임금에 해당하는 차액을 뜻한다. 진환陳奐은 '대리'를 차액을 뜻하는 차대差貸로 새겼다.

5-15

是故智者知之, 愚者不知, 不可以敎民. 巧者能之, 拙者不能, 不可以敎民. 非一令而民服之也, 不可以爲大善. 非夫人能之也, 不可以爲大功. 是故非誠賈不得食于賈, 非誠工不得食于工, 非誠農不得食于農, 非信士不得立于朝. 是故官虛而莫敢爲之請, 君有珍車珍甲而莫之敢有, 君擧事臣不敢誣其所不能. 君知臣, 臣亦知君知己也. 故臣莫敢不竭力, 俱操其誠以來.

총명한 자만 알고 어리석은 자는 모르는 방법으로 백성을 교화할 수 없고, 재능 있는 자만 할 수 있고 재능 없는 자는 할 수 없는 방법으로도 백성을 교화할 수 없다. 한 번 명을 내렸을 때 백성이 기꺼이 복종하지 않는 정책으로는 나라를 크게 다스릴 수 없다. 백성이 각자 자신의 능력을 마음껏 발휘토록 만들지 못하는 군주는 큰 공을 세울 수 없다. 성실한 상인이 아니면 장사로 먹고 살 수 없고, 성실한 공인이 아니면 기술로 먹고 살 수 없고, 성실한 농부가 아니면 농사로 먹고 살 수 없고, 믿을 만한 선비가 아니면 조정에 설 수 없다. 자리가 비어 있어도 신하가 감히 스스로 그 자리를 요구하지 못하고, 군주가 진귀한 수레와 갑옷을 갖고 있어도 신하가 감히 이를 갖지 못하고, 군주가 사업을 시작할 때 신하가 감히 자신이 할 수 없는 일을 할 수 있다고 속이지 못하는 이유다. 군주가 신하를 정확히 파악하고 있으면 신하 또한 군주가 자신을 소상히 알고 있다는 사실을 알게 된다. 신하가 감히 자신의 모든 힘을 기울여 일하지 않을 수 없고, 모두 성실한 자세로 군주를 위해 애쓰는 이유가 여기에 있다.

대선大善은 큰 정치로 '선'은 치治와 통한다. 비부인능지非夫人能之의 '부인'을 허유휼은 중인衆人으로 새기면서 앞에 나오는 1령一令과 대비되는 것으로 풀이했다. 식우고食于賈는 장사로 먹고 산다는 의미이다. 신사信士는 믿을 만한 선비를 말한다. 관허官虛는 관직에 결원이 생긴다는 뜻이다. 무기소불능誣其所不能의 '무'는 거짓 보고를 지칭한다. 조성이래操誠以來는 성실히 군주를 위해 애쓴다는 의미이다.

5-16

道曰, "均地分力, 使民知時也." 民乃知時日之蚤晏, 日月之不足, 飢寒之至于身也. 是故夜寢蚤起, 父子兄弟不忘其功, 爲而不倦, 民不憚勞苦. 故不均之爲惡也, 地利不可竭, 民力不可殫. 不告之以時而民不知, 不道之以事而民不爲. 與之分貨, 則民知得正矣, 審其分, 則民盡力矣. 是故不使而父子兄弟不忘其功. 右士農工商.

속담에 이르기를, "땅을 고르게 나눠주어 각자 경작토록 함으로써 백성으로 하여금 농사철을 잃지 않게 한다."고 했다. 그래야 백성은 계절의 빠르고 늦은 변화, 시간의 귀중함, 춥고 배고픈 설움 등을 절실히 깨닫는다. 백성이 밤에 늦게 자며 새벽에 일찍 일어나고, 부자형제가 농사짓는 일을 잠시도 잊지 않고, 매년 똑같은 농사를 지으면서도 권태롭게 여기지 않고, 힘들고 괴로운 일도 마다하지 않는 이유다. 땅을 고르게 나눠주는 일을 소홀히 해 상황을 악화시키면 식량증산의 수익도 충분히 거둘 수 없을 뿐만 아니라, 백성 또한 노력勞力을 다할 길이 없게 된다. 농사지을 시기를 제때 알려주지 않으면 백성은 긴장하지 않고, 농사짓는 방법 등을 제대로 지도하지 않으면 백성은 성과를 거두기 어렵다. 세금 등을 통해 국가가 백성과 함께 생산된 재화를 공정히 나누고자 하면 먼저 세금을 적절히 안배해 징수함으로써 백성이 자신의 수익과 납세액을 정확히 알 수 있도록 해야 한다. 공정한 분배를 세심히 행하면 백성은 있는 힘을 다한다. 백성을 특별히 독려하지 않을지라도 부자형제가 서로를 권하며 열심히 생산에 애쓰는 이유가 여기에 있다. 이상이 사농공상士農工商이다.

도왈道曰의 '도'를 놓고 해석이 분분하다. '도'를 치治와 통하는 것으로 보아 관리경험이 있는 자로 해석하는가 하면 이면처럼 앞 문장과 연결시켜 고故의 잘못으로 보기도 한다. 곽말약은 '도왈'을 '속담에 이르기를'의 뜻을 지닌 어왈語曰로 풀이했다. 균지분력均地分力의 '균지'는 모든 농부에게 땅을 고루 분배한 뒤 농사를 짓게 하는 것이고, '분력'은 각 호당 독자적으로 농산물을 생산토록 하는 조치를 뜻한다. 경자유전耕者有田의 원칙에 부합한다. 공자도 『논어』「계씨」에서 "군주와 경대부는 재물이 적은 것을 근심하지 않고 고르지 못한 것을 걱정한다."고 언급한 바 있다. 이 또한 '경자유전' 원칙을 통해 천하 만민을 부유하게 만들고자 한 것이다. 조안蚤晏는 빠르고 늦음을 뜻하는 말로 조만早晩과 같다. 일월지부족日月之不足은 해와 달이 짧은 것을 절감한다는 뜻으로 시간이 귀중하다는 사실을 깨닫는다는 의미이다. 기한飢寒은 배고픔과 추위를 통칭한 말이다.

야침조기夜寢蚤起는 밤에 늦게 자고 새벽에 일찍 일어난다는 뜻으로 숙흥야매夙興夜寐와 같다. 불망기공不忘其功은 농사짓는 사실을 잊지 않는다는 뜻으로 곧 열심히 농사짓는다는 의미이다. 불탄노고不憚勞苦는 힘들고 괴로운 일을 마다하지 않는다는 뜻이다. 지리地利는 땅이 주는 이익으로 곧 농산물 수확을 지칭한다. 불가갈不可竭은 메마르지 않는다는 의미로 여기서는 충분히 거두지 못한다는 의미로 사용됐다. 불가탄不可殫은 다함이 없다는 뜻이다. 여기서는 충분히 발휘할 길이 없다는 의미로 사용됐다.

부도지이사不道之以事의 '도'는 고지告知, '사'는 농사를 뜻한다. 여지분화與之分貨는 농부와 함께 농산품을 나눈다는 뜻으로 곧 국가의 징세를 의미한다. 민지득정民知得正의 '득'은 손에 거머쥐는 가처분소득, '정'은 내야할 세금을 지칭한다. 심기분審其分의 '분'은 생산물 분배의 기준을 뜻하는 말로 여기서는 백성의 가처분소득과 납세액을 의미한다. 우사농공상右士農工商은 사민四民에 관한 언급을 뜻하나 본문에는 이에 관한 내용이 별로 없다.

5-17

聖人之所以爲聖人者, 善分民也. 聖人不能分民, 則猶百姓也. 於己不足, 安得名聖? 是故有事則用, 無事則歸之於民, 唯聖人爲善託業於民. 民之生也, 辟則愚, 閉則類. 上爲一, 下爲二. 右聖人.

성인聖人이 성인인 이유는 백성에게 재화를 잘 나눠주기 때문이다. 성인이 백성에게 재화를 잘 나눠주지 못하면 일반 백성과 하등 다를 바가 없게 된다. 자신도 부족하면서 어떻게 성인이라는 명성을 얻을 수 있겠는가? 그래서 나라에 일이 있으면 백성을 동원하지만, 일이 없으면 살던 곳으로 돌아가 머물게 한다. 오직 성인만이 백성에게 산업을 제대로 맡길 줄 안다. 백성의 본성은 그대로 방치하면 나쁜 길로 빠지지만 외부의 헛된 욕망이 들어오지 못하게 차단하면 바른 길로 나아간다. 윗사람이 옳은 일을 한 번 하면 아랫사람은 이를 본받아 선행을 2배로 열심히 하게 된다. 이상이 성인聖人이다.

선분민善分民의 '분민'을 이카이는 백성에게 이익을 고루 나눠주는 것으로 풀이했다. 유사즉용有事則用의 '용'은 백성을 동원하는 징용徵用 내지 징발徵發을 뜻하는 정용征用의 의미로 사용됐다. 탁업어민託業於民은 생산업을 백성에게 맡긴다는 뜻이다. 민지성民之生의 '성'을 왕념손은 성性과 같다고 했다. 벽즉우辟則愚의 '벽'은 편벽됐다는 뜻으로 벽僻과 통한다. '우'는 혼란에 빠져 나쁜 길로 나아가는 어리석음을 뜻한다. 폐즉류閉則類는 외부의 사악한 기운이 들어오지 못하게 단속하면 선하게 된다는 의미이다. 왕념손은 '폐'를 정正으로 새긴 『광아』와 선善으로 새긴 『이아爾雅』를 근거로 '바르게 이끌면 선해진다.'고 풀이했다.

5-18

時之處事精矣, 不可藏而舍也. 故曰, "今日不爲, 明日亡貨, 昔之日已往而不來矣." 右失時.

농사철은 농사가 관건인 까닭에 지체하거나 정지시킬 수 없다. "오늘 힘써 일하지 않으면 내일 수확할 게 없고, 과거는 흘러간 까닭에 다시 돌아오지 않는다."고 말하는 이유다. 이상이 실시失時이다.

시지처사정時之處事精의 '시'는 농사철을 뜻하는 농시農時, '정'은 보寶의 뜻이다. 장이사藏而舍는 지체하거나 정지한다는 의미이다. '사'는 지止와 통한다. 망화亡貨를 장패륜은 망시亡時의 잘못으로 보았고, 야스이는 '망'을 실失로 새겼으나 대망은 '망'을 무無로 새기면서 '화'를 자資의 오자로 보았다. 이왕불래已往不來의 '이왕'은 과거를 뜻하는 말로 기왕既往과 같다.

5-19

上地方八十里, 萬室之國一, 千室之都四. 中地方百里, 萬室之國一, 千室之都四. 下地方百二十里, 萬室之國一, 千室之都4. 以上地方八十里, 與下地方百二十里, 通於中地方百里. 右地里.

상등의 땅인 상지上地는 사방 80리 되는 곳에 1만 호의 도시 또는 1천 호의 도시 4개를 세울 수 있다. 중지中地는 사방 100리 되는 곳에 1만 호의 도시 또는 1천 호의 도시 4개를 세울 수 있다. 하지下地는 사방 120리 되는 곳에 1만 호의 도시 또는 1천 호의 도시 4개를 세울 수 있다. 상지 80리와 하지 120리 모두 중지 100리에 상당한다. 이상이 일정 구역을 뜻하는 지리地里이다.

만실지국萬室之國은 1만 호 규모의 도시를 뜻한다. '국'은 큰 규모의 도시를 뜻하는 말로 도都와 같다. 천실지도千室之都는 1천 호의 도시를 말한다. '실'은 가호家戶를 의미한다. 통어중지通於中地의 '통'은 상당相當의 뜻이다. 지리地里를 두고 여상봉은 『주례』의 주를 인용해 일정한 구역으로 풀이했다. 『주례』에 따르면 4정井이 읍邑이 되고, '읍'은 사방 2리里에 달한다. 또 4현縣이 도都가 되고, '도'는 사방 20리에 달한다.

제6장 칠법(七法)

'칠법'은 치국治國과 치군治軍에 관한 7가지 기본원칙을 뜻한다. 첫째 규율을 탐구하는 칙則, 둘째 정황을 이해하는 상象, 셋째 기준을 확립하는 법法, 넷째 교화의 시행인 화化, 다섯째 트거나 막는 식으로 균형을 조절하는 결색決塞, 여섯째 속마음을 파악하는 심술心術, 일곱째 정밀한 전략적 판단인 계수計數가 그것이다. 이 장에서는 군사문제가 정치경제와 불가분의 관계를 맺고 있다는 점을 역설하고 있다. 부국강병의 '강병'에 관한 관중의 기본입장이 선명히 드러나는 대목이다. 「경언」편 '칠법'을 「외언」편 '병법' 등과 더불어 '관자병법'의 핵심 내용으로 간주하는 이유다. 여기에 나오는 병도兵道와 전략전술은 21세기인 오늘날에도 그대로 유효하다. '관자병법'을 『손자병법』을 비롯한 모든 병서의 효시로 보는 것은 바로 이 때문이다.

6-1

言是而不能立, 言非而不能廢, 有功而不能賞, 有罪而不能誅. 若是而能治民者, 未之有也. 是必立, 非必廢, 有功必賞, 有罪必誅. 若是安治矣? 未也. 是何也? 曰, "形勢·器械未具, 猶之不治也." 形勢·器械具, 四者備, 治矣. 不能治其民, 而能彊其兵者, 未之有也. 能治其民矣, 而不明于爲兵之數, 猶之不可. 不能彊其兵, 而能必勝敵國者, 未之有也. 能彊其兵, 而不明于勝敵國之理, 猶之不勝也. 兵不必勝敵國, 而能正天下者, 未之有也. 兵必勝敵國矣, 而不明正天下之分, 猶之不可. 故曰, "治民有器, 爲兵有數, 勝敵國有理, 正天下有分."

건의가 옳은데도 받아들이지 않고, 건의가 그른데도 폐하지 않고, 공이 있는데도 상을 주지 않고, 죄가 있는데도 벌하지 않는 경우가 있다. 이리하고도 능히 백성을 제대로 다스린 자는 일찍이 존재한 적이 없다. 건의가 옳으면 반드시 받아들이고, 건의가 그르면 반드시 폐하고, 공이 있으면 반드시 상을 주고, 죄가 있으면 반드시 벌을 주어야 한다. 이리하면 곧 다스려지는 것일까? 그렇지 않다. 그 이유는 무엇인가? "객관적인 형세와 구체적인 계책이 아직 갖춰지지 않아 여전히 다스려지지 않는 것과 같다."고 말할 수 있다. 객관적인 형세와 구체적인 계책 이외에도 앞서 언급한 것처럼 옳은 건의를 반드시 받아들이는 입시立是, 그른 건의를 반드시 폐하는 폐비廢非, 공을 세우면 반드시 포상하는 상공賞功, 죄를 지으면 반드시 벌하는 주벌誅罰 등의 4가지 조건을 갖춰야만 한다. 그러면 제대로 다스릴 수 있다. 백성을 다스리지 못하면서 능히 군사를 강하게 하는데 성공한 경우는 일찍이 존재한 적이 없다. 능히 백성을 다스릴지라도 군사운영의 책략에 밝지 못하면 역시 그리할 수 없다. 군사를 강하게 하지 못하는데도 반드시 적국을 이긴 경우는 일찍이 존재한 적이 없다. 군사를 강하게 할지라도 적국을 이기는 책략에 밝지 못하면 역시 적국을 이기지 못한다. 군사력을 동원해 반드시 적국을 이기지 못하는데도 능히 천하를 바로잡은 경우는 일찍이 존재한 적이 없다. 군사력으로 반드시 적국을 이긴다 할지라도 천하를 바로잡는 명분을 분명히 하지 않으면 역시 그리 할 수 없다. "백성을 다스리는 데는 객관적인 형세 등의 조건, 용병에는 책략, 적국을 이기는 데는 도리, 천하를 통일하는 데는 명분이 있어야 한다."고 말하는 이유다.

치민治民은 백성을 다스린다는 뜻으로 치국治國과 같다. 약시안치若

是安治는 이리할 경우 곧바로 다스려진다는 뜻이다. '안'을 허유휼은 즉則과 통한다고 했다. 형세形勢는 백성을 다스리는데 필요한 주변의 여러 객관적인 정황을 뜻한다. 기계器械는 백성을 다스리기 위한 구체적인 도구로 곧 공구工具와 같다. 유지불치猶之不治는 다스려지지 않는 것과 같다는 뜻으로 여기의 '불치'는 다스릴 능력이 없다는 의미이다. 사자비四者備의 '사자'를 두고 윤지장은 입시立是, 폐비廢非, 상공賞功, 주벌誅罰을 지칭한다고 했다. 강병彊兵은 군사를 강하게 한다는 뜻이다. '강'은 강强과 같다. 위병지수爲兵之數는 군사운영의 책략을 말한다. 승적지리勝敵之理는 적국을 이기는 이치로 곧 제승방략制勝方略과 같다.

정천하正天下는 천하를 바로잡는다는 뜻으로 천하를 평정해 하나로 통일하는 평천하平天下 내지 일통천하一統天下와 취지를 같이한다. 치민유기治民有器는 백성을 다스릴 때 군비를 갖춰야 한다는 의미이다. 정천하유분正天下有分의 '유분'은 명분 축적을 뜻한다. 여기서 말하는 무기의 기器, 전략전술의 수數, 승리방략의 리理, 전쟁명분의 분分 등 4가지가 뒤에서 자세히 설명하는 이른바 칠법七法의 요체에 해당한다.

6-2

則·象·法·化·決塞·心術·計數, 根天地之氣, 寒暑之和, 水土之性. 人民·鳥獸·草木之生物, 雖不甚多, 皆均有焉, 而未嘗變也, 謂之'則'. 義也·名也·時也·似也·類也·比也·狀也, 謂之'象'. 尺寸也·繩墨也·規矩也·衡石也·斗斛也·角量也, 謂之'法'. 漸也·順也·靡也·久也·服也·習也, 謂之'化'. 予奪也·險易也·利害也·難易也·開閉也·殺生也, 謂之'決塞'. 實也·誠也·厚也·施也·度也·恕也, 謂之'心術'. 剛柔也·輕重也·大小也·實虛也·遠近也·多少也, 謂之'計數'.

칠법七法은 다음과 같다. 첫째 규율을 탐구하는 칙則, 둘째 정황을 이해하는 상象, 셋째 기준을 확립하는 법法, 넷째 교화의 시행인 화化, 다섯째 트거나 막는 식으로 균형을 조절하는 결색決塞, 여섯째 속마음을 파악하는 심술心術, 일곱째 정밀한 전략적 판단인 계수計數 등이 그것이다. 이들 모두 천지의 기운과 변화를 탐구해야 제대로 파악할 수 있다. 인류와 조수와 초목 등의 생물은 비록 그 숫자가 많기는 하나 변하지 않는 공통의 규율이 있다. 이를 일컬어 '칙'이라고 한다. 사물의 외형外形, 명칭名稱, 시간時間, 유사類似, 유별類別, 병렬竝, 상모狀貌 등을 일컬어 '상'이라고 한다. 길이를 재는 도량형의 척촌尺寸, 먹줄인 승묵繩墨, 곱자와 그림쇠인 규구規矩, 저울과 저울추인 형석衡石, 말과 10말들이 도량형인 두곡斗斛, 말이나 되의 곡식을 평평하게 밀어 고르게 하는 평미레인 각량角量 등을 일컬어 '법'이라고 한다. 점차 앞으로 나아가는 점진漸進, 주변 환경에 적응하는 순응順應, 스스로 갈고 닦는 탁마琢磨, 좋은 감화를 주거나 받는 훈염薰染, 길이 들어 좇고 복종하는 순복馴服, 되풀이하여 익힌 습관習慣 등을 일컬어 교화를 뜻하는 '화'라고 한다. 주거나 빼앗는 여탈予奪, 험난하거나 평탄한 험이險易, 이롭거나 해로운 이해利害, 어렵거나 쉬운 난이難易, 열고 닫는 개폐開閉, 죽이거나 살리는 살생殺生 등을 일컬어 '결색'이라고 한다. 충직하게 임하는 충실忠實, 정성스럽고 믿음직한 성신誠信, 크게 너그러운 관후寬厚, 널리 베푸는 박시博施, 큰 도량인 대도大度, 감싸주는 용서容恕 등을 일컬어 '심술'이라고 한다. 강하거나 부드러운 강유剛柔, 가볍거나 무거운 경중輕重, 크고 작은 대소大小, 차거나 빈 실허實虛, 멀거나 가까운 원근遠近, 많거나 적은 다소多少 등을 일컬어 '계수'라고 한다.

결색決塞은 막힌 것을 뚫는다는 뜻이다. 뚫리면 나아가고 막히면 멈춘다는 뜻의 '결즉행決則行, 색즉지塞則止'로 풀이키도 한다. 이는 곧 사물에 대한 판별을 의미한다. 심술心術은 마음속의 판단을 뜻한다. 근천지지기根天地之氣의 '근'은 근원을 탐구한다는 뜻이다. '천지지기'는 천지의 기운으로 곧 한서寒暑의 조화 및 수화水火의 성질 등을 지칭한다. '수불심다雖不甚多,

개균유언皆均有焉' 구절과 관련해 허유휼은 '불'을 연자衍字로 보고, '균유'를 유균有均으로 바꿔야 한다고 했다. 각량角量은 말이나 되에 곡식을 담고 그 위를 평평하게 밀어 고르게 하는 데 쓰는 방망이 모양의 기구인 평미레를 뜻한다. '각'을 정사함은 각斠의 가차라고 했다. 미야靡也의 '미'는 갈고 닦는 탁마琢磨의 뜻을 지닌 절미切靡와 같다. 구야久也의 '구'를 이카이는 구을 구灸의 잘못으로 보았다.

6-3

不明於則, 而欲出號令, 猶立朝夕於運均之上, 檐竿而欲定其末. 不明於象, 而欲論材審用, 猶絶長以爲短, 續短以爲長. 不明於法, 而欲治民一衆, 猶左書而右息之. 不明於化, 而欲變俗易敎, 猶朝揉輪而夕欲乘車. 不明於決塞, 而欲歐衆移民, 猶使水逆流. 不明於心術, 而欲行令於人, 猶倍招而必拘之. 不明於計數, 而欲擧大事, 猶無舟檝而欲經於水險也. 故曰, "錯儀畫制, 不知則不可. 論材審用, 不知象不可. 和民一衆, 不知法不可. 變俗易敎, 不知化不可. 歐衆移民, 不知決塞不可. 布令必行, 不知心術不可. 擧事必成, 不知計數不可." 右四傷.

'칙則'에 밝지 못하면서 법령과 제도를 만들고자 하는 것은 마치 도자기를 빚을 때 돌아가는 녹로轆轤 위에서 동서방향을 바로잡고, 흔들리는 장대를 들어 올리면서 장대 끝을 안정시키려는 것과 같다. '상象'에 밝지 못하면서 인재를 논하며 적재적소에 배치코자 하는 것은 마치 긴 것을 잘라서 짧게 만들며 짧은 것을 다시 이어 길게 하는 것과 같다. '법法'에 밝지 못하면서 백성을 하나로 묶고자 하는 것은 마치 왼손으로 글을 쓰면서 왼손 대신 오른 손을 쉬게 하는 것과 같다. '화化'에 밝지 못하면서 풍속과 교육을 바꾸고자 하는 것은 마치 아침에 나무를 구워 바퀴를 만든 뒤 저녁에 수레에 오르려는 것과 같다. '결색決塞'에 밝지 못하면서 백성을 원하는 곳으로 이끌고자 하는 것은 마치 강물을 역류시키려는 것과 같다. '심술心術'에 밝지 못하면서 다른 사람에게 영을 내리고자 하는 것은 마치 표적을 등 뒤에 놓고 반드시 활을 쏘아 맞추고자 하는 것과 같다. '계수計數'에 밝지 못하면서 큰일을 도모코자 하는 것은 마치 배의 노도 없이 물살이 급한 곳을 건너려는 것과 같다. "법령제도를 만들고자 하면서 '칙'을 모르면 안 되고, 인재를 논하고 적재적소에 배치코자 하면서 '상'을 모르면 안 되고, 백성을 이끌어 하나로 묶고자 하면서 '법'을 모르면 안 되고, 풍속과 교육을 바꾸고자 하면서 '화'를 모르면 안 되고, 백성을 원하는 곳으로 이끌고자 하면서 '결색'을 모르면 안 되고, 법령을 반포해 반드시 시행코자 하면서 '심술'을 모르면 안 되고, 추진하는 일을 반드시 이루고자 하면서 '계수'를 모르면 안 된다."고 말하는 이유다. 이상이 군주가 지켜야 할 7가지 원칙을 언급한 칠법七法이다.

'이욕출호령而欲出號令'을 정사함은 뒤에 나오는 구절인 '이욕조의획제而欲錯儀畫制'의 잘못으로 보았다. '조의획제'는 법과 제도를 뜻하는 의제儀制를 세운다는 뜻이다. '조'는 조措와 통한다. 입조석어운균지상立朝夕於運均之上을 두고 윤지장은 '조석'을 해 그림자를 보고 아침저녁을 판단하는 것으로 풀이했다. 곧 동서의 방향을 바로잡는다는 뜻이다. 또 '균'을 도자기를 만들 때 사용하는 돌림판인 녹로轆轤로 보았다. '운'은 전轉, '균'은 수輪의 뜻이다. 첨간檐竿은 흔들리는 장대를 들어 올린다는 뜻이다. '첨'을 왕인지는 요搖의 옛 글자 인搖의 잘못으로 보았다.

논재심용論材審用은 인재를 논하고 쓰임을 따진다는 의미이다. 득인得人과 용인用人을 언급한 것이다. 절장위단絶長爲短은 긴 것을 잘라서 짧게 만들고, 속단위장續短爲長은 짧은 것을 다시 이어 길게 하는 것을 말한다. 뛰어난 것 뒤에 보잘 것 없는 것이 뒤따르는 의미로 사용되는 구미속초狗尾續貂 성어와 취지를 같이한다. 치민일중治民一衆은 백성을 다스려 뜻을 같이하는 무리로 만든다는 의미이다. '일'은 하나로 묶는 일통一統의 뜻으로 사용됐다. 좌서우식左書右息은 왼손으로 글을 쓰면서 왼손 대신 오른손을 쉬게 한다는 뜻이다. 유륜揉輪은 나무를 구워 바퀴를 만든다는 의미이다. '유'는 불에 구워 바로잡는다는 뜻의 유煣와 통한다. 구중이민敺衆移民은 백성을 원하는 곳으로 몰아간다는 의미이다. '구'를 여상봉은 구毆의 가차로 보았다.

배초이필구倍招而必拘를 두고 왕인지는 '배'를 배背와 같다고 보고, '초'를 표적標的으로 새기면서 '구'를 사射의 오자로 보았다. 주즙舟楫은 배의 노를 지칭한다. 경어수험經於水險은 물살이 급한 곳을 건넌다는 의미이다. 화민일중和民一衆의 '화'를 도홍경陶鴻慶은 치治의 잘못으로 보았다. 우사상右四傷의 '4상'을 여상봉은 지침을 뜻하는 잠箴으로 보았다. 소흥본紹興本에는 '우4상'으로 되어 있으나 조본趙本과 능본凌本, 화재본花齋本, 찬고본纂詁本 등은 '우칠법右七法'으로 되어 있다. '칠법'을 원문으로 간주했다.

6-4

百匿傷上威, 姦吏傷官法, 姦民傷俗教, 賊盜傷國衆. 威傷則重在下. 法傷則貨上流. 教傷則從令者不輯. 衆傷則百姓不安其居. 重在下, 則令不行, 貨上流, 則官徒毁. 從令者不輯, 則百事無功. 百姓不安其居, 則輕民處而重民散. 輕民處重民散, 則地不辟. 地不辟, 則六畜不育. 六畜不育, 則國貧而用不足. 國貧而用不足, 則兵弱而士不厲. 兵弱而士不厲, 則戰不勝而守不固. 戰不勝而守不固, 則國不安矣. 故曰, "常令不審則百匿勝. 官爵不審則姦吏勝. 符籍不審則姦民勝. 刑法不審則盜賊勝." 國之四經敗, 人君泄見危. 人君泄, 則言實之士不進. 言實之士不進, 則國之情僞不竭于上.

온갖 해악을 저지르는 조정의 간신姦臣은 군위君威, 간사한 관리인 간리姦吏는 국령國令, 간특한 백성인 간민姦民은 풍교風敎, 절도와 강도짓을 벌이는 도적盜賊은 민리民利를 해친다. 군위가 상하면 권력의 중심이 신하에게 있게 되고, 국령이 상하면 재화가 뇌물로 고위직에 상납되어 위로 몰려들고, 풍교가 상하면 명을 따르는 백성이 화목하지 않게 되고, 민리가 상하면 백성이 편히 거처하지 못하게 된다. 권력의 중심이 신하에게 있게 되면 법령이 시행되지 않고, 재화가 위로 몰려들면 관부官府의 기강이 훼손되고, 명을 따르는 백성이 화목하지 않게 되면 매사에 공을 세울 수 없게 되고, 백성이 편히 거처하지 못하게 되면 상공업에 종사하며 치부하는 백성만 늘어나고 땀 흘려 일하는 농부는 사방으로 흩어지고 만다. 그리되면 땅이 개간되지 않고, 땅이 개간되지 않으면 육축六畜이 사육되지 않고, 육축이 사육되지 않으면 나라가 가난해져 재용財用이 부족해진다. 나라가 가난해져 재용이 부족해지면 군사력은 약화되고 병사들은 용맹을 떨치지 못하게 된다. 군사력이 약화되고 병사들이 용맹을 떨치지 못하면 전쟁에서 승리할 길이 없고 수비도 허술해진다. 전쟁에서 승리할 길이 없고 수비도 허술해지면 나라가 불안해진다. "기본 법령인 상령常令을 잘 살피지 않으면 백관들의 비리 은폐가 기승을 부리고, 관작官爵을 잘 살피지 않으면 간리가 기승을 부리고, 공문서 기록인 부적符籍을 잘 살피지 않으면 간민이 기승을 부리고, 형법을 잘 살피지 않으면 도적이 기승을 부린다."고 말하는 이유다. 상령과 관작, 부적, 형법 등 나라의 4경四經이 무너지면 군주의 대권이 분산돼 이내 자리가 위험해진다. 그러면 바른 말을 하는 선비는 나타나지 않게 되고, 바른 말을 하는 선비가 나타나지 않으면 나라의 정황이 온통 거짓으로 꾸며져 그 실정實情이 군주에게 정확히 보고되지 않게 된다.

백특상상위百匿傷上威의 '특'을 왕념손은 간특할 특慝과 같다고 보았다. '백특'은 곧 온갖 간특한 일을 지칭한다. '상위'는 군주의 권위를 뜻한다. 간리상관법姦吏傷官法의 '관법'은 국가의 법령을 지칭한다. 도적상국중賊盜傷國衆의 '국중'은 나라의 백성으로 여기서는 백성의 이익인 민리民利를 의미한다. 화상류貨上流를 이카이는 뇌물의 상납으로 풀이했다. 종령자從令者는 신민臣民을 지칭한다. 관도官徒의 '도'를 곽말약은 덕德의 잘못으로 보았다. 경민輕民은 상공업에 종사하며 부를 쌓은 유한계층을 뜻하고, 중민重民은 땀 흘려 일하는 농부를 지칭한다. 사불려士不厲는 병사들이 용맹하지 못하다는 뜻이다.

부적불심符籍不審의 '부적'은 각종 증명서와 등기부를 총칭한 말이다. 공문서를 달리 표현한 것이다. 인군설현위人君泄見危의 '설'을 여상봉은 비리가 이곳저곳에서 터져 나온다는 뜻으로 새기면서 『맹자』「이루 상」의 '비리가 여러 곳에서 흘러나오고 있으니 이는 의심하며 고치지 않는 것과 같다.'는 뜻의 설설유답답泄泄猶沓沓 구절과 취지를 같이한다고 했다. 이에 대해 왕념손은 '현'을 즉則의 잘못으로 보고 권력이 분산된다는 의미로 풀이했다. 이를 좇았다. 실사實士는 바른 말을 하는 성실한 선비를 지칭한다. 국지정위불갈우상國之情僞不竭于上의 '정위'는 진가眞假와 같다. 나라의 실정을 뜻한다. '갈'은 빠짐없이 보고된다는 뜻으로 진盡과 통한다.

6-5

世主所貴者寶也, 所親者戚也, 所愛者民也, 所重者爵祿也. 亡君則不然, 致所貴非寶也, 致所親非戚也, 致所愛非民也, 致所重非爵祿也. 故不爲重寶虧其命, 故曰, "令貴於寶." 不爲愛親危其社稷, 故曰, "社稷戚於親." 不爲愛人枉其法, 故曰, "法愛於人." 不爲重爵祿分其威, 故曰, "威重於爵祿." 不通此四者, 則反於無有. 故曰, "治人如治水潦, 養人如養六畜, 用人如用草木." 居身論道行理, 則群臣服敎, 百吏嚴斷, 莫敢開私焉. 論功計勞, 未嘗失法律也. 便辟·左右·大族·尊貴大臣, 不得增其功焉. 疏遠·卑賤·隱不知之人, 不忘其勞. 故有罪者不怨上, 愛賞者無貪心, 則列陳之士, 皆輕其死而安難, 以要上事, 本兵之極也. 右百匿.

세상의 통상적인 군주가 귀하게 여기는 것은 보물, 친하게 지내는 것은 친인척, 아끼는 것은 백성, 소중히 여기는 것은 작록이다. 그러나 명군은 이와 다르다. 그가 극히 귀하게 여기는 것은 보물이 아니고, 극히 친하게 지내는 것은 친인척이 아니고, 극히 아끼는 것은 백성이 아니고, 극히 소중히 여기는 것은 작록이 아니다. 명군은 보물을 중히 여겨 명령을 어그러지게 하지 않는다. "법령이 보물보다 더 귀하다."고 말하는 이유다. 군주는 친인척을 가까이하여 사직을 위태롭게 하지 않는다. "사직이 친인척보다 더 친근하다."고 말하는 이유다. 군주는 백성을 애호하여 법을 그르치지 않는다. "법을 백성보다 더 애호한다."고 말하는 이유다. 군주는 작록을 중히 여겨 군주의 권위를 분산시키지 않는다. "권위를 작록보다 중시한다."고 말하는 이유다. 군주가 이들 4가지 이치에 통달하지 않으면 나라를 제대로 다스릴 수 없다. "백성을 다스리는 것을 마치 제방을 높여 큰물을 다스리듯 하고, 백성을 양육하는 것을 마치 고삐 등을 단단히 하여 육축을 기르듯 하고, 백성을 부리는 것을 마치 때에 맞춰 입산하여 초목을 베듯 한다."고 말하는 이유다. 군주가 자신을 치리治理의 기본원칙으로 삼으면 신하들은 군주의 명령과 가르침에 복종하고, 엄격히 법을 집행하면 백관은 사사롭게 법을 왜곡하지 못한다. 공평히 공적을 논하고 노고를 평가하고도 일찍이 법의 권위를 잃은 적은 없다. 군주는 총애하는 신하와 애첩, 주변의 가까운 신하, 명문거족, 존귀한 대신일지라도 실제 이상으로 그 공을 평가하면 안 된다. 군주는 인연이 먼 자와 신분이 비천한 자, 은거하여 일반인이 알지 못하는 자일지라도 그들의 노고를 잊지 말아야 한다. 그리하면 죄를 지은 자도 윗사람을 원망하지 않고, 공을 세워 상을 받으려는 자도 지나친 욕심을 내지 않는다. 전쟁에 참여한 병사 또한 죽음을 가볍게 여기며 어려움을 평시처럼 견뎌내고, 공을 세우는 일에 전념하고, 전력으로 나라를 위해 공을 세워 포상을 받고자 한다. 이상이 나라를 다스리는데 해를 끼치는 4가지 정황을 언급한 4상四傷이다.

세주소귀자실야世主所貴者實也의 '세주'는 당대의 통상적인 군주를 뜻한다. '실'을 대다수 주석가들은 보寶의 잘못으로 보았다. 망군즉불연亡君則不然의 '망군'을 두고 야스이는 명明이 고어에서는 망芒과 같은 소리가 난 까닭에 '망'으로 오사誤寫됐다고 보았다. 하여장도 유사한 견해를 피력했다. 이에 대해 여상봉은 불위중보故不爲重寶 이하의 구절이 '망군'과 아무 관련이 없는 점 등을 들어 '대를 이어 나라를 망하게 하지 않는 군주'로 풀이했다. 야스이의 견해를 좇았다.

중보휴명重寶虧命은 보물을 중히 여겨 명령을 어그러지게 한다는 뜻이다. 불위애친不爲愛親의 '애친'을 정사함은 친척을 가까이한다는 뜻의 친척親戚의 잘못이라고 했다. 여기의 '친'은 가까이한다는 뜻의 동사로 사용된 것이다. 치수료治水潦는 제방을 높여 큰물을 다스린다는 의미이다. 용초목用草木은 때에 맞춰 산으로 들어가 초목을 벤다는 뜻이다. 거신론도행리居身論道行理의 '거'를 정사함은 군君의 오자로 보았다. 『설문해자』는 신身을 친親으로 새겼다. '논도행리'는 군주 자신이 치리治理의 원칙으로 삼는 것을 말한다. 논공계로論功計勞는 공평히 공적을 논하고 노고를 평가한다는 뜻이다.

편폐便辟는 총애하는 신하와 애첩을 말한다. '폐'는 폐嬖의 가차이다. 좌우左右는 군주 주변의 근신近臣을 말한다. 은부지지인隱不知之人은 도인처럼 은거하여 세인들이 알지 못하는 자를 뜻한다. 열진지사列陳之士는 전투대열에 참여한 병사를 지칭한다. '진'은 진陣과 같다. 경사안난輕死安難은 죽음을 가볍게 여기며 어려움을 평시처럼 견뎌낸다는 뜻이다. 이요상사以要上事는 공을 세우는 일에 전념토록 하는 것을 말한다. '요'는 요구, '상'은 상尙, '사'는 공업功業을 의미한다. 본병지극本兵之極의 '본'을 『관자집교』에 인용된 손촉승孫蜀丞의 주석은 주主로 새겼다. '극'은 핵심을 뜻하는 극요極要의 의미이다. 사상백익四傷百匿의 '백익'을 이카이는 연자로 보았다.

6-6

爲兵之數. 存乎聚財而財無敵. 存乎論工而工無敵. 存乎制器而器無敵. 存乎選士而士無敵. 存乎政敎而政敎無敵. 存乎服習而服習無敵. 存乎徧知天下而徧知天下無敵. 存乎明於機數而明於機數無敵. 故兵未出境, 而無敵者八. 是以欲正天下, 財不蓋天下, 不能正天下. 財蓋天下, 而工不蓋天下, 不能正天下. 工蓋天下, 而器不蓋天下, 不能正天下. 器蓋天下, 而士不蓋天下, 不能正天下. 士蓋天下, 而敎不蓋天下, 不能正天下. 敎蓋天下, 而習不蓋天下, 不能正天下. 習蓋天下, 而不徧知天下, 不能正天下. 徧知天下, 而不明於機數, 不能正天下. 故明於機數者, 用兵之勢也, 大者時也, 小者計也.

군사운용의 책략인 위병지수爲兵之數를 논하면 다음과 같다. 첫째, 재부財富를 쌓아야 하고, 그 재부가 천하무적이어야 한다. 둘째, 기술이 뛰어난 공인을 선발해야 하고, 그 기술이 천하무적이어야 한다. 셋째, 날카로운 무기를 제작해야 하고, 그 무기가 천하무적이어야 한다. 넷째, 정예병을 선발해야 하고, 그 용맹이 천하무적이어야 한다. 다섯째, 정령에 의한 교육을 강화해야 하고, 그 수준이 천하무적이어야 한다. 여섯째, 군사 훈련을 강화해야 하고, 그 훈련의 수준은 천하무적이어야 한다. 일곱째, 천하의 실정을 두루 알아야 하고, 그 정보의 수준은 천하무적이어야 한다. 여덟째, 시기를 잘 포착하고 책략에 밝아야 하고, 그 운용이 천하무적이어야 한다. 군사가 국경 밖으로 출병하기 전에 이들 8가지 사항에서 천하무적을 이룬 연후에 비로소 천하를 바로잡을 수 있다. 예컨대 천하를 바로잡고자 할 경우 먼저 튼튼한 재정이 천하를 압도하지 않으면 불가능하고, 튼튼한 재정이 천하를 압도할지라도 공인의 기술이 천하를 압도하지 못하면 불가능하고, 공인의 기술이 천하를 압도할지라도 무기가 천하를 압도하지 못하면 불가능하고, 무기가 천하를 압도할지라도 정예병이 천하를 압도하지 못하면 불가능하고, 정예병이 천하를 압도할지라도 정교政敎가 천하를 압도하지 못하면 불가능하고, 정교가 천하를 압도할지라도 군사훈련이 천하를 압도하지 못하면 불가능하고, 군사훈련이 천하를 압도할지라도 천하의 실정을 두루 알지 못하면 불가능하고, 천하의 실정을 두루 알지라도 시기를 잘 포착하고 책략에 밝지 못하면 불가능하다. 시기를 잘 포착하고 책략에 밝은 것이 용병의 대세를 결정하는 이유가 여기에 있다. 큰 공은 천시天時, 작은 공은 계모計謀에 달려 있다.

위병지수爲兵之數는 군사운용의 책략을 말한다. 취재이재무적聚財而財無敵의 '취재'는 재부財富를 쌓는다는 뜻으로 재정의 확보를 의미한다. '재무적'은 재부에서 천하에 당할 자가 없다는 뜻이다. 논공論工은 뛰어난 공인의 선발을 뜻한다. 복습服習은 군사훈련을 지칭한다. 편지천하遍知天下는 열국의 실정을 두루 꿴다는 뜻이다. 명어기수明於機數의 '기수'는 시기時機와 책략策略을 지칭한다. '고병미출경故兵未出境, 이무적자팔而無敵者八'을 두고 임포林圃는 "『통전』 148권에 인용된 글에는 '차팔자개수무적此八者皆須無敵, 고병미출경이무적자팔실비故兵未出境而無敵者八悉備, 연후능정천하然後能正天下'로 되어 있다."고 지적했다. 이를 좇았다. 정천하正天下는 천하를 바로잡는다는 뜻으로 곧 천하평정을 의미한다. 시야時也는 천시天時 내지 시기, 계야計也는 계모計謀 내지 책략을 지칭한다.

6-7

王道非廢也, 而天下莫敢窺者, 王者之正也. 衡庫者, 天子之禮也.

왕도王道는 잠시도 폐해질 수 없는 것이다. 천하에 그 누구도 감히 이를 엿보지 못하는 것은 왕자王者가 천하의 정의에 응하기 때문이다.

이 구절을 대망은 문맥상 맞지 않는다는 이유로 착간錯簡으로 간주했다. 이에 대해 여상봉은 착간은 없다고 했다. 형고衡庫를 두고 장병린은 천상天象의 하나로 파악했다. 여상봉은 전후문맥에 비춰 군기軍器로 해석하는 게 타당하다고 주장했다. 이 구절을 두고 윤지장은 풀이키를, "형고의 '형'은 저울처럼 사물의 경중을 비교한다는 뜻이고, '고'는 보물을 보관하는 곳을 말한다. 외부 사람들이 이를 알면 안 된다. 왕자는 늘 천하 평정을 꾀하면서, 사안의 경중을 분명히 알고, 마음을 세심히 써야 한다. 이 대목은 다른 사람들이 이런 일을 알게 해서는 안 된다는 취지이다. 이것이 천자가 지켜야 할 기본 예이다."라고 했다.

6-8

是故器成卒選, 則士知勝矣. 偏知天下, 審御機數, 則獨行而無敵矣. 所愛之國而獨利之. 所惡之國而獨害之, 則令行禁止. 是以聖王貴之, 勝一而服百, 則天下畏之矣. 立少而觀多, 則天下懷之矣. 罰有罪, 賞有功, 則天下從之矣. 故聚天下之精財, 論百工之銳器, 春秋角試, 以練精銳爲右. 成器不課不用, 不試不臧. 收天下之豪傑, 有天下之駿雄, 故擧之如飛鳥, 動之如雷電, 發之如風雨, 莫當其前, 莫害其後, 獨出獨入, 莫敢禁圉. 成功立事, 必順於理義. 故不理不勝天下, 不義不勝人. 故賢知之君必立於勝地, 故正天下而莫之敢御也. 右爲兵之數.

군기軍器는 늘 천자가 지켜야 할 기본 예禮이다. 무기를 갖추고 병사를 선발하면 사관士官은 미리 승리를 알게 된다. 천하의 실정을 두루 알고, 시기의 포착과 책략을 잘 살펴 행하면 홀로 전쟁을 수행할지라도 맞설 자가 없게 된다. 우호국에 특별한 혜택을 주고, 적대국에 특별한 불이익을 주면 군령이 곧바로 행해지거나 금지가 곧바로 시행된다. 성왕이 이를 귀하게 여긴 이유다. 한 나라에 승리해 여타 나라를 모두 복종시키니 천하가 두려워하고, 몇 나라를 도와 여러 나라에 본보기를 세우니 천하가 이를 가슴에 품는다. 죄가 있으면 벌을 주고, 공이 있으면 상을 주니 천하가 따라온다. 천하의 뛰어난 무기 재료를 확보하고, 백공百工으로 하여금 뛰어난 무기를 개발케 하고, 봄가을로 공인들을 비교검토를 해 가장 정예한 것을 상등품으로 삼는다. 이같이 만든 무기는 시험을 거치지 않으면 사용하지 않고, 시험이 끝나지 않으면 무기고에 수장하지 않는다. 천하의 호걸을 거두어 천하의 맹장을 확보한다. 그같이 하여 거병하면 마치 나는 새와 같고, 움직이면 마치 번개와 같고, 출병하면 마치 비바람과 같다. 그 앞에서 당할 것도 없고, 그 뒤에서 해될 것도 없다. 전진과 후진을 임의로 행해도 감히 금하거나 통제하는 자가 없다. 공을 이루고 일을 세우는 것이 반드시 이치와 의리에 부합한다. 이치에 합당치 않으면 천하를 이길 수 없고, 의리에 합당치 않으면 다른 자를 이길 수 없다. 현명하고 슬기로운 군주는 반드시 승리하는 위치에 서는 이유다. 그가 천하 통일을 행할 때 감히 그 누구도 가로막지 못하는 것도 바로 이 때문이다. 이상이 군사운용의 책략을 언급한 위병지수爲兵之數이다.

기성졸선器成卒選은 무기를 갖추고 병사를 선발한다는 뜻이다. 심어기수審御機數는 시기의 포착과 책략을 잘 살펴 행한다는 의미이다. 독리獨利와 독해獨害는 특별한 이익과 불이익을 뜻한다. 승일복백勝一服百은 한 나라에 승리해 여타 나라를 복종시킨다는 뜻이다. '백'을 숫자 '100'으로 해석해서는 안 된다. 입소관다立少觀多는 몇 나라를 도와 여러 나라에 본보기를 세운다는 의미이다. 정재精財의 '재'를 왕념손은 재材의 잘못이라고 했다. 위우爲右는 으뜸으로 삼는다는 뜻이다. '우'는 상上과 통한다. 불과불용不課不用은 시험을 거치지 않으면 사용하지 않고, 불시부장不試不藏은 시험이 끝나지 않으면 무기고에 수장하지 않는 것을 말한다. 준웅駿雄은 맹장猛將과 같다. 현지지군賢知之君은 현명하고 슬기로운 군주를 뜻한다. '지'는 지智와 같다. 승지勝地는 승리하는 위치를 말한다.

6-9

若夫曲制時擧, 不失天時, 毋壙地利, 其數多少, 其要必出於計數. 故凡攻伐之爲道也, 計必先定于內, 然後兵出乎境, 計未定於內, 而兵出乎境, 是則戰之自勝, 攻之自毁也. 是故張軍而不能戰, 圍邑而不能攻, 得地而不能實, 三者見一焉, 則可破毁也. 故不明于敵人之政, 不能加也. 不明于敵人之情, 不可約也. 不明于敵人之將, 不先軍也. 不明于敵人之士, 不先陣也. 是故以衆擊寡, 以治擊亂, 以富擊貧, 以能擊不能, 以敎卒練士擊敺衆白徒, 故十戰十勝, 百戰百勝.

무릇 군사를 때에 맞춰 움직이고자 할 때는 천시天時를 잃지 않도록 해야 하고, 지형 등의 이점인 지리地利를 헛되이 써먹지 않도록 해야 한다. 병력과 물자의 다소多少는 반드시 전략적 판단인 계수計數 차원에서 나와야 한다. 무릇 공벌攻伐의 대원칙은 반드시 안에서 계책을 미리 정한 연후에 출정하는데 있다. 안에서 계책을 정하기 전에 군사가 출정하면 이는 싸움에서 스스로 패배를 부르는 것으로, 공격을 개시할 경우 스스로를 망치게 된다. 계책이 없으면 진세陣勢를 펼치고도 싸울 수 없고, 성읍을 포위하고도 공격할 수 없고, 땅을 얻고도 지킬 수 없게 된다. 이들 3가지 가운데 1가지라도 나타나면 파멸하게 된다. 적국의 정세에 밝지 못하면 군사를 증원할 수 없고, 적군의 정황에 밝지 못하면 병사와 서약할 수 없고, 적장에 대한 정보에 밝지 못하면 군사를 먼저 움직일 수 없고, 적군의 사기에 밝지 못하면 먼저 진을 칠 수 없다. 많은 병력으로 적은 병력을 공격하고, 기강이 잡힌 군사로 기강이 없는 군사를 공격하고, 군사물자가 풍부한 군사로 군사물자가 모자란 군사를 공격하고, 전투능력이 뛰어난 군사로 전투능력이 부족한 군사를 공격하고, 훈련이 잘 된 병사로 오합지졸의 무리를 공격해 몰아낸다. 싸울 때마다 십전십승十戰十勝, 백전백승百戰百勝을 거두는 이유다.

곡제시거曲制時擧의 '곡제'를 하여장은 군사편제를 뜻하는 부곡部曲의 제도로 풀이했다. 무광지리毋壙地利의 '광'은 헛되이 할 광曠과 같다. 기요필출어계수其要必出於計數의 '계수'는 강유剛柔와 경중輕重, 대소大小, 실허實虛, 원근遠近, 병력과 물자의 많고 적은 것을 뜻하는 다소多少를 정확히 헤아리는 것을 말한다. 문맥상 '수'는 군사행동 때 필요한 병력의 숫자와 장비 및 군수품 등을 총칭한 말이나 정사함은 연자로 보았다. 시즉전지자승是則戰之自勝의 '시'를 정사함은 연자, '승'을 패敗의 오자로 보았다.

장군부전張軍不戰의 '장군'은 진세陣勢를 펼치는 것을 말한다. 득지부실得地不實은 땅을 얻고도 지킬 수 없다는 뜻이다. '실'은 유有와 같다. 선군先軍은 먼저 군사를 움직이는 것, 선진先陣은 먼저 진을 치는 것을 의미한다. 이중격과以衆擊寡는 많은 병력으로 적은 병력을 공격하고, 이치격란以治擊亂은 기강이 잡힌 군사로 기강이 없는 군사를 공격하고, 이부격빈以富擊貧은 군수물자가 풍부한 군사로 모자란 군사를 공격하고, 이능격불以能擊不은 전투능력이 뛰어난 군사로 전투능력이 부족한 군사를 공격하고, 이련격백以練擊白은 훈련이 잘 된 병사로 오합지졸의 백도白徒 무리를 격파하는 것을 뜻한다.

6-10

故事無備, 兵無主, 則不蚤知. 野不辟, 地無吏, 則無蓄積. 官無常, 下怨上, 而器械不功. 朝無政, 則賞罰不明. 賞罰不明, 則民幸生. 故蚤知敵人如獨行, 有蓄積則久而不匱, 器械功則伐而不費, 賞罰明則人不幸, 人不幸則勇士勸之. 故兵也者, 審於地圖, 謀十官日, 量蓄積, 齊勇士, 偏知天下, 審於機數, 兵主之事也.

일에 준비가 없거나 총사령관인 주수主帥가 없으면 적의 실정을 미리 파악할 수 없다. 전야를 개간하지 않고, 땅을 관할하는 관원이 없으면 군량 등을 미리 쌓아둘 수 없다. 관원이 일관되게 제도를 시행하지 않고, 아랫사람이 윗사람을 원망하면 무기가 정밀하지 못하게 된다. 조정이 정령을 제대로 발하지 못하면 상벌이 불분명해지고, 백성은 요행히 살아남는 행생幸生을 바라게 된다. 적의 실정을 미리 알면 임의로 천하를 종횡할 수 있고, 비축해 놓은 군량 등이 풍부하면 장기전에도 물자의 부족이 없게 되고, 무기가 정밀하면 적을 공격해도 결코 소모되지 않고, 상벌이 밝으면 백성이 '행생'을 꾀하지 않게 된다. 백성이 '행생'을 꾀하지 않아야 용사들의 분발을 적극 권장할 수 있다. 용병할 때는 먼저 적국의 험하고 평탄한 지형 등을 자세히 살피고, 반복하여 천문과 기상 등을 깊이 관찰하고, 소비할 식량을 헤아려 미리 넉넉히 비축하고, 용사를 잘 훈련시켜 가지런히 해 놓고, 천하의 정보를 두루 파악하고, 시기의 포착과 책략을 잘 살핀 뒤 움직여야 한다. 이는 총사령관이 해야 할 일이다.

병무주兵無主의 '주'는 군사를 총지휘하는 주수主帥를 말한다. 즉부조지則不蚤知를 두고 정사함은 '지' 밑에 적정敵情을 뜻하는 적敵 자가 빠졌다고 했다. 이기계불공而器械不功의 '이'를 이카이는 즉則의 잘못이라고 했으나 그대로 두고 해석해도 가하다. '공'은 정량精良을 뜻하는 공工과 통한다. 조무정朝無政은 조정의 정령이 제대로 시행되지 않는 것을 지칭한다. 즉상벌불명則賞罰不明을 이카이는 연문衍文으로 보았다. 해석에서 이를 좇았다.

즉민행생則民幸生의 '행생'은 요행히 살아남기를 바란다는 뜻이다. 고조지적인여독행故蚤知敵人如獨行을 정사함은 조지적즉독행蚤知敵則獨行의 잘못으로 보았다. 이를 좇았다. '독행'은 천하를 임의로 종횡한다는 뜻이다. 벌이불비伐而不費의 '비'는 손괴損壞의 의미이다. 상벌명즉인불행賞罰明則人不幸의 '불행'을 야스이는 '행생'을 바라지 않는 불행생不幸生으로 새겼다. 이미 앞에 '행생'이 나온 까닭에 글자를 줄이는 생문省文을 했다는 것이다. 용사권지勇士勸之의 '지'를 문일다는 의矣의 초서체를 오사誤寫한 괴자壞字라고 했다. 심어지도審於地圖의 '지도'는 적국의 험이險易한 지형을 말한다. '도'는 도圖

의 옛 글자이다.

모십관일謀十官日을 두고 유사배와 여상봉 등은 '십'을 칠七의 잘못으로 보면서 '일'을 뒤의 구절에 붙는 것으로 해석했다. 그러나 하여장은 바로 앞에 나오는 '심어지도'와 대구를 이루는 모우일관謀于日官의 잘못으로 보았다. '모우일관'은 천문과 기상 등을 자세히 살핀다는 뜻이다. 하여장의 해석을 좇았다. 양축적量蓄積은 식량의 소비량을 헤아려 미리 군량을 비축하는 것을 말한다. 제용사齊勇士는 용사를 가지런히 한다는 뜻으로 곧 훈련을 의미한다. 병주兵主는 총사령관인 주수主帥를 지칭한다.

6-11

故有風雨之行, 故能不遠道里矣. 有飛鳥之擧, 故能不險山河矣. 有雷電之戰, 故能獨行而無敵矣. 有水旱之功, 故能攻國救邑. 有金城之守, 故能定宗廟·育男女矣. 有一體之治, 故能出號令·明憲法矣. 風雨之行者, 速也. 飛鳥之擧者, 輕也. 雷電之戰者, 士不齊也. 水旱之功者, 野不收·耕不穫也. 金城之守者, 用貨財·設耳目也. 一體之治者, 去奇說·禁雕俗也. 不遠道里, 故能威絶域之民. 不險山河, 故能服恃固之國. 獨行無敵, 故令行而禁止. 故攻國救邑, 不恃權與之國, 故所指必聽. 定宗廟·育男女, 天下莫之能傷, 然後可以有國. 制儀法, 出號令, 莫不嚮應, 然後可以治民一衆矣. 右選陳.

비바람처럼 빠른 행군을 하면서 능히 먼 길을 멀다고 여기지 않을 수 있고, 나는 새처럼 재빠르게 출동하면서 산하의 험한 지형을 험하다고 여기지 않고, 번개처럼 빠른 전격전을 행하면서 능히 홀로 나아가 싸울지라도 맞설 자가 없도록 해야 한다. 홍수와 가뭄에 버금하는 파괴력으로 능히 적국을 공격하거나 성읍城邑을 함락시킬 수 있고, 철옹성 같이 굳은 방어로 능히 종묘사직을 안정시키며 대를 잇게 할 수 있고, 한 몸처럼 협동함으로써 능히 호령을 발하거나 헌장과 법령을 밝힐 수 있다. 비바람처럼 빠른 행군은 쾌속질주를 뜻하고, 나는 새처럼 재빠른 출동은 경쾌한 몸놀림을 뜻하고, 번개처럼 빠른 진격은 적이 진세를 갖출 겨를을 주지 않는 것을 뜻한다. 홍수와 가뭄에 버금하는 파괴력은 전야를 황폐하게 만들어 적이 경작을 해도 수확하지 못하게 하는 것을 말하고, 철옹성처럼 굳게 지키는 것은 재화를 뿌려 첩자를 적극 활용하는 것을 말하고, 한 몸처럼 협동하는 것은 유언비어를 차단하고 사치와 낭비를 금지하는 것을 말한다. 먼 길을 멀다고 여기지 않아야 능히 위엄이 멀리 떨어진 곳의 백성에게까지 미치고, 산하의 험한 지형을 험하다고 여기지 않아야 능히 견고한 성채를 믿는 적을 굴복시킬 수 있고, 홀로 나아가 싸울지라도 맞서 싸울 자가 없어야 능히 명령이 곧바로 행해지고 금령이 지켜질 수 있다. 적국을 공격하거나 성을 함락시키고자 할 때 동맹국에 의지하지 않아야 가는 곳마다 적국의 백성으로 하여금 명을 좇게 만들 수 있다. 종묘사직을 안정시키고 대를 잇게 하는 과정에서 감히 이를 해치려 드는 자가 없어야 비로소 가히 나라를 보유할 수 있고, 법령과 제도의 제정과 호령의 발동 과정에서 명을 따르지 않는 경우가 없어야 비로소 가히 백성을 한 뜻으로 뭉치게 해 천하를 통일할 수 있다. 이상이 엄선된 병법을 언급한 선진選陳이다.

고유풍우지행故有風雨之行의 '고'를 장문호는 연자로 보았다. 수한지공水旱之功은 수재水災와 한재旱災의 파괴력을 뜻하는 말로 '공'은 공攻과 통한다. 고능공국구읍故能攻國救邑의 '구'를 이카이는 공략할 발拔의 잘못이라고 했다. '읍'은 성읍城邑의 뜻이다. 대망은 '읍' 밑에 의矣가 빠졌다고 했다. 금성지수金城之守는 금성탕지金城湯池의 수비를 뜻하는 말로 곧 철옹성처럼 굳건한 방어를 뜻한다. 육남녀育男女는 자녀를 편히 양육한다는 뜻으로 곧 대를 잇게 한다는 의미이다. 명헌법明憲法은 헌장憲章과 법령法令을 밝힌다는 뜻으로 '헌법'은 헌령憲令과 같다.

야불수野不收는 들판을 황폐하게 만들어 수확하지 못하게 만드는 것을 말한다. 용재화설이목用貨財設耳目을 이카이는 재화를 뿌려 첩자를 활용하는 것으로 풀이했다. 거기설去奇說은 유언비어의 차단을 뜻한다. 금조속禁雕俗은 사치와 낭비의 금지를 의미한다. 절역지민絶域之民은 멀리 떨어진 곳의 백성을 지칭한다. 고공국구읍故攻國救邑의 '고'를 이카이는 연자, '구'를 발拔의 오자로 보았다. 불시권여지국不恃權與之國의 '권여지국'은 동맹국을 말한다. 왕념손은 '시'를 대待의 오자, 하여장은 '지국'을 연자로 보았다. 막불향응莫不嚮應은 명을 따르지 않는 경우가 없다는 뜻이다. 치민일중治民一衆은 백성을 다스려 한 뜻으로 뭉치게 한다는 뜻으로 곧 천하통일을 의미한다.

제7장 판법(版法)

'판법'은 목판木版 위에 새긴 상법常法이라는 뜻이다. 윤지장은 풀이키를, "정요政要를 뽑아 목판 위에 새기고 상법으로 삼았다."고 했다. 이 장에서는 군주가 정사에 임하면서 반드시 지켜야 할 기본원칙을 언급하고 있다. 사사로움이 없는 무사無私, 때를 어기지 않는 무위無違, 민심에 부합하는 합덕合德 등이 그것이다.

7-1

凡將立事, 正彼天植, 風雨無違, 遠近高下, 各得其嗣. 三經既飭, 君乃有國. 喜無以賞, 怒無以殺. 喜以賞, 怒以殺, 怨乃起, 令乃廢. 驟令不行, 民心乃外. 外之有徒, 禍乃始牙. 衆之所忿, 置不能圖. 擧所美必觀其所終, 廢所惡必計其所窮. 慶勉敦敬以顯之, 富祿有功以勸之, 爵貴有名以休之. 兼愛無遺, 謂'君心'. 必先順教, 萬民鄉風, 旦暮利之, 衆乃勝任.

무릇 군주는 국사에 임할 때 첫째 심지心志를 단정히 해야 하고, 둘째 동력動力과 수분水分을 제공하는 풍우風雨처럼 천지자연의 규율에 어긋나지 않는 고른 정사를 펼쳐야 하고, 셋째 친소원근 및 고하귀천을 막론하고 모든 사람이 각자 자신이 얻을 바를 얻도록 해야 한다. 이 3가지 법도가 신중히 시행돼야 비로소 군주도 나라를 보유할 수 있다. 군주는 한때의 기쁨으로 마구 포상해도 안 되고, 한때의 노여움으로 마구 주살해도 안 된다. 일희일로一喜一怒로 상벌을 시행하면 이내 민원民怨이 일어나고 정령 또한 폐해진다. 여러 차례 명을 내려도 시행되지 않으면 이내 민심이 이반해 다른 곳으로 향하고, 이반한 자들이 무리를 짓는데서 화난이 싹트기 시작한다. 백성이 분노와 원한을 폭발시키면 뒤늦게 이를 막고자 해도 대처가 불가능하다. 좋아하는 사업을 추진할 때는 반드시 예상되는 수익 등 그 결과를 고려해야 하고, 싫어하는 사업을 폐기할 때는 반드시 예상되는 반발 등 그 후과를 헤아려야 한다. 돈독하고 공경스런 자는 포상으로 치하하며 널리 드러내고, 공을 세운 자는 녹봉으로 부를 더해주며 격려하고, 이름을 떨친 자는 작위로 명성을 더해주며 칭송한다. 군주가 백성을 두루 다독이며 빠진 자가 없도록 하는 것을 일컬어 군주의 어진 마음인 군심君心이라고 한다. 반드시 먼저 백성을 가르쳐 교화를 따르도록 만들고, 늘 이롭게 해주어야 한다. 그래야 백성이 비로소 맡은 바 임무를 감당하게 된다.

이사立事가 여기서는 군주가 정사政事에 임한다는 뜻으로 사용된 것이다. 「경언」편 '이정立政'의 '이'처럼 읽어야 한다. 곧 이莅 내지 이蒞와 같다. 그러나 「경언」편 '칠법'의 성공입사成功立事처럼 공을 이루고 일을 세운다는 뜻으로 사용될 때는 '입사'로 읽어야 한다. 정피천식正彼天植의 '천식'은 군주의 심지心志를 뜻한다. 풍우무위風雨無違는 비바람처럼 규율에 어긋남이 없도록 한다는 의미이다. 각득기사各得其嗣의 '사'를 우성오는 치治의 옛 글자의 오사誤寫로 보았다. 삼경기칙三經旣飭의 '3경'을 윤지장은 천식天植, 풍우風雨, 고하高下로 새겼다. 취령불행驟令不行은 여러 번 명을 내려도 시행되지 않는다는 뜻이다. 시아始牙는 싹트기 시작한다는 의미로 '아'는 맹아萌芽의 아芽와 같다.

치불능도置不能圖의 '치'가 「해언」편 '판법해'에는 과寡로 되어 있다. 소종所終은 예상되는 최종 상황, 소궁所窮은 궁지에 몰렸을 때 터져 나올 반격을 의미한다. 경면돈경慶勉敦敬의 '경'을 이카이는 상賞으로 새겼다. '돈경'은 돈후敦厚와 공경恭敬을 통칭한 말이다. 부록유공富祿有功의 '부록'을 정사함은 작상爵賞과 대비시키기 위해 녹부祿富로 바꿔야 한다고 했다. 작귀유명이휴지爵貴有名以休之의 '휴'를 이카이는 미美로 새겼다. 필선순교必先順敎의 '순교'를 유사배는 교순敎順의 잘못으로 보았다. '순'은 훈訓과 통한다. 향풍鄕風은 교화를 좇는다는 의미로 '향'은 향向과 같다. 단모리지旦暮利之의 '단모'는 조만早晩과 같은 말로 여기서는 경상經常의 뜻으로 사용됐다.

7-2

取人以己, 成事以質. 審用財, 愼施報, 察稱量. 故用財不可以嗇, 用力不可以苦. 用財嗇則費, 用力苦則勞. 民不足, 令乃辱. 民苦殃, 令不行. 施報不得, 禍乃始昌. 禍昌不寤, 民乃自啚. 正法直度, 罪殺不赦, 殺僇必信, 民畏而懼. 武威旣明, 令不再行. 頓卒怠倦以辱之, 罰罪有過以懲之, 殺僇犯禁以振之. 植固不動, 倚邪乃恐. 倚革邪化, 令往民移. 法天合德, 象地無親. 參於日月, 佐於四時. 悅在施有, 衆在廢私, 召遠在修近, 閉禍在除怨. 修長在乎任賢, 高安在乎同利.

사람을 쓰고자 할 때는 먼저 자신을 돌아보고, 일을 이루고자 할 때는 먼저 기준을 정해야 한다. 재물을 풀어 사람을 쓰고 일을 추진할 때는 시혜施惠의 범위와 보수 등을 신중히 고려하고, 반복하여 사안의 경중과 이해관계 등을 저울질해야 한다. 재물을 풀 때 인색하면 안 되고, 민력民力을 쓸 때 무리하면 안 된다. 재물을 풀 때 인색하면 패역悖逆을 야기하고, 민력을 쓸 때 무리하면 백성이 쉽게 피로해진다. 백성이 풍족하지 못해 빈곤해지면 생존이 급급한 탓에 정령이 이내 번문욕례繁文縟禮로 취급당하고, 가뭄과 홍수 등의 재앙으로 고통을 받으면 아예 시행되지 않는다. 군주가 베푸는 시혜와 보수가 아래로 전해지지 못하면 화란이 일어나기 시작한다. 화란이 크게 일어났는데도 그 이유를 깨닫지 못하면 백성은 스스로 살 길을 찾아 나선다. 법령은 공정하고, 제도는 평등해야 한다. 사죄死罪를 범한 자를 사면하지 않고 반드시 주살하면 백성이 반드시 신용을 지키며 두려워한다. 무위武威가 이미 밝게 확립돼 있으면 법령을 거듭 반포하지 않아도 된다. 태만한 자는 따끔한 질책으로 치욕을 가하고, 잘못을 범한 자는 처벌로 징계하고, 금령을 범한 자는 가차 없이 주살해 군주의 위엄을 떨친다. 군주의 심지가 확고해 흔들리지 않아야 간사하고 편벽된 자가 두려워한다. 간사하고 편벽된 자가 새롭게 개조되면 법령이 널리 시달돼 백성이 명을 좇아 움직이게 된다. 군주는 하늘을 본받아 대덕大德과 합치고, 땅을 본받아 사친私親이 없어야 한다. 천지운행의 이치를 좇는 군주는 일월과 더불어 셋이 되고, 사계절과 더불어 다섯이 된다. 백성을 기쁘게 만드는 관건은 인애와 이익을 동시에 베푸는데 있고, 백성의 마음을 얻는 관건은 사심私心을 버리는데 있고, 멀리 있는 자를 귀의시키는 관건은 내부의 예제를 바르게 정립하는데 있고, 화란을 미연에 막는 관건은 백성이 원한을 품지 않도록 만드는데 있고, 장구히 다스리는 관건은 현신을 임용하는데 있고, 보위를 안정시키는 관건은 천하의 백성과 더불어 이익을 향유하는데 있다.

'취인이기取人以己, 성사이질成事以質' 구절을 두고 윤지장은 풀이키를, "사람을 부리기 위해서는 먼저 자신의 재주와 지략을 헤아리고, 일을 이루고자 할 때는 먼저 기준을 세워 일이 기준을 어긋나지 않게 해야 한다."고 했다. '질'을 이카이는 질실質實로 풀이했으나 여상봉은 비교하며 헤아리는 기준으로 풀이했다. 시보施報는 베푸는 은혜와 보답을 의미한다. 심용재인즉비審用財嗇則費의 '비'를 정사함은 패悖의 잘못으로 보았다. 재화의 사용에 인색하면 패역을 부른다는 뜻으로 풀이한 것이다. 그러나 그대로 두고 해석해도 가하다. 영내욕令乃辱의 '욕'은 번거롭고 까다로운 규칙과 예절인 번문욕례繁文縟禮를 말한다. 문일다는 '욕'을 번욕繁縟을 뜻하는 욕縟으로 새겼다.

화내시창禍乃始昌의 '창'을 문일다는 『광아』「석고釋詁」를 인용해 시始로 새겼다. 자도自啚는 스스로 살 길을 도모한다는 뜻으로 '도'는 도圖의 옛 글자이다. 살육殺僇의 '육'은 륙戮과 통한다.

돈졸頓卒을 이카이는 좌절시키고 꾸짖는다는 뜻의 돈쵀頓啐로 읽어야 한다고 했다. '쵀'는 줄탁동기啐啄同機처럼 쪼는 소리를 뜻할 때는 '줄'로 읽는다. 벌죄유과罰罪宥過는 죄를 지은 자는 벌한다는 뜻이다. '유'가 「해언」편 '판법해'에는 유有로 되어 있다. 살육범금이진지殺僇犯禁以振之의 '진'을 문일다는 군주의 위엄을 떨치는 진震으로 새겼다. 식고부동植固不動의 '식'을 이카이는 군주의 심지를 뜻하는 천식天植으로 풀이했다. 의사내공倚邪乃恐의 '의'를 이카이는 사벽邪僻의 뜻인 기奇로 새겼다. '사'는 편벽되고 사악한 자를 지칭한다. 의혁사화倚革邪化는 편벽되고 사악한 자가 크게 교화된다는 의미이다.

상지무친象地無親의 '지'가 일부 판본에는 법法으로 되어 있으나 「해언」편 '판법해'에는 '지'로 나온다. 윤지장은 '상지무친'을 "땅의 자생資生을 본받아 사사롭게 친한 게 없다."고 풀이했다. 삼어일월參於日月은 일월처럼 무사無私해야만 일월과 어깨를 나란히 하는 세 번째 주인공이 된다는 뜻이다. 좌어사시佐於四時의 '좌'를 왕념손은 「해언」편 '판법해'를 좇아 오伍로 바꾸어야 한다고 했다. '오어사시'는 사계절과 더불어 다섯이 된다는 뜻이다. 수장재호임현修長在乎任賢의 '수장'을 왕념손은 비장備長으로 바꿔야 한다고 했다. 「해언」편 '판법해'에는 '비장'으로 되어 있다. 먼 훗날을 대비한다는 의미이다. 고안재호동리高安在乎同利의 '고안'을 왕념손은 안고安高의 잘못이라고 했다. 「해언」편 '판법해'에는 '안고'로 되어 있다. 지존의 보위를 안정되게 만든다는 뜻이다. '동리'는 백성과 이익을 함께 하는 것을 말한다.

제8장 유관(幼官)

'유관'을 하여장과 문일다 및 곽말약는 『관자집교』에서 천자가 정교를 펼치는 장소인 현궁玄宮 즉 명당明堂의 잘못으로 보았다. 이들은 『회남자』「본경훈本經訓」에 대한 고유高誘의 주를 논거로 들었다. 이 장은 음양오행의 이치를 정치와 군사 문제에 그대로 적용해 놓은 게 특징이다. 주목할 것은 싸우지 않고 적을 굴복시킬 것을 주문한 지선부전至善不戰 대목이다. 이는 『손자병법』이 최상의 전략으로 언급한 부전굴인不戰屈人과 취지를 같이하는 것이다. 일각에서 「경언」편 '유관'을 같은 「경언」의 '칠법'과 「외언」의 '병법', 「잡어」의 '금장', 「단어」의 '지도' 등과 더불어 '관자병법'의 주요 내용으로 간주하는 이유다.

8-1

若因.「夜虛守靜, 人物人物, 則皇.」五和時節, 君服黃色, 味甘味, 聽宮聲, 治和氣, 用五數, 飮於黃后之井, 以倮獸之火爨. 藏溫儒, 行歐養, 坦氣修通. 凡物開靜, 形生理.

천자가 정교를 펼치는 현궁玄宮의 모습은 오른쪽 그림과 같다. 늦여름에 군주는 황색 옷을 입고, 단맛을 맛보고, 궁조宮調 소리를 듣고, 화목한 기운을 다스리고, 늦여름의 규칙을 살피고, 중앙의 샘물을 마시고, 중앙의 불로 밥을 지어 먹는다. 온화한 마음을 감싸고, 짐승을 내쫓아 곡물을 보살펴 키우면 너그러운 기운이 닦이고 통한다. 만물이 서로 두루 통해 안정安靜되고, 형체가 절로 만들어져 이치에 부합하면 늘 장수하게 된다.

약인若因의 해석이 분분하다. 유사배는 약도若圖, 곽말약은 우도右圖의 뜻을 지닌 우인右因의 잘못으로 보았다. 유사배의 해석을 좇았다. '야허수정夜虛守靜, 인물인물人物人物, 즉황則皇' 구절을 두고 정사함은 아래 대목의 첫머리에 나오는 상지명常至命 뒤에 나와야 한다고 했다. 해석에서 이를 좇았다. 오화시절五和時節은 늦여름인 계하季夏를 지칭한다. '5화'는 5행五行 및 5방五方의 한가운데를 뜻한다. 중앙은 황색黃色, 감미甘味, 궁성宮聲, 화기和氣로 상징된다. 윤지장은 풀이키를, "토土의 숫자는 5이다. 토기土氣가 화순하면 군주는 이를 좇아 정사를 펼친다."고 했다. 용오수用五數의 '5수'는 늦여름의 규칙을 말한다. 황후지정黃后之井을 윤지장은 중앙에 있는 샘으로 풀이했다. 나수지화倮獸之火爨의 '나수'는 호표처럼 털이 짧은 야수를 말한다. '나수지화'는 곧 중앙의 불을 말한다. '찬'은 불을 때거나 밥을 짓는다는 의미이다. 장온유藏溫儒의 '온유'는 온화하고 완만한 마음을 뜻한다. 행구양行歐養의 '구양'은 짐승을 내쫓아 곡물을 보살펴 키운다는 뜻이다. '구'는 때릴 구毆 내지 몰아낼 구驅와 통한다. 탄기수통坦氣修通은 너그러운 기운이 두루 통한다는 뜻이다. 문일다는 '수'를 순循의 잘못으로 보았다. 범물개정凡物開靜은 만물이 서로 개통되어 안정安靜하다는 의미이다. 형생리形生理는 형체가 절로 만들어져 이치에 부합하는 것을 말한다.

8-2

「夜虛守靜, 人物人物, 則皇.」常至命, 尊賢授德, 則帝. 身仁行義·服忠用信, 則王. 審謀章禮·選士利械, 則霸. 定生處死·謹賢修伍, 則衆. 信賞審罰·爵材祿能, 則强. 計凡付終·務本飭末, 則富. 明法審數·立常備能, 則治. 同異分官,則安.

텅 비고 고요한 허정虛靜한 자세를 견지하여 사람과 사물 모두 각자 있어야 할 곳에 처하면 곧 최상의 치도인 황도皇道를 이룰 수 있다. 천지자연의 상도常道를 좇아 현자를 높이고 덕이 있는 자에게 벼슬을 내리면 '황도'에 가까운 제도帝道를 이룰 수 있다. 몸소 인을 실천하고 의를 행하고, 충신忠信한 자를 발탁해 쓰면 인의예지 등의 덕목에 입각한 왕도王道를 이룰 수 있다. 계책을 살피며 예의를 드러내고, 용사를 선발하고 무기를 날카롭게 하면 공평무사한 무위에 기초한 패도霸道를 이룰 수 있다. 삶을 안정시키며 사자를 안장하고, 현자를 공경하여 높여주고 백성을 잘 대우하면 백성의 지지를 받는 중도衆道를 이룰 수 있다. 공을 세운 자에게 반드시 상을 내리며 처벌을 신중히 하고, 재능 있는 자에게 벼슬을 주고 능력 있는 자에게 녹봉을 주면 강력한 법규에 기초한 강도强道를 이룰 수 있다. 재정 전체의 수입지출 예산을 맞추고, 농사에 힘쓰며 상공업을 조정하면 천하의 부를 기반으로 한 부도富道를 이룰 수 있다. 법을 밝히며 계책을 살피고, 기본 규율을 세우며 인재 영입을 서두르면 나라가 크게 다스려진다. 직무의 이동異同에 따라 관직을 나누어 다스리면 나라가 크게 안정된다.

'야허수정夜虛守靜, 인물인물人物人物, 즉황則皇' 구절의 '인물인물'을 곽말약은 사람과 사물 모두 제자리를 찾아간다는 뜻의 인인물물人人物物이 돼야 한다고 했다. '야허수정'이 「경언」의 '유관도'에는 처허수정處虛守靜으로 되어 있다. '황'을 한가할 황가皇暇로 해석하는 견해도 있으나 문맥상 황도皇道로 풀이하는 게 낫다. '상지명常至命, 존현수덕尊賢授德, 즉제則帝'의 '상지명'은 천지자연의 상도常道를 뜻하는 말로, 장패륜은 위에 순循의 뜻을 지닌 솔率 자가 생략됐다고 했다. '제'는 황도皇道 아래에 있는 제도帝道를 뜻한다.
신인행의身仁行義의 '신'과 '행'은 인의를 몸소 실천하는 궁행躬行을 뜻한다. 복충용신服忠用信의 '복'은 용用의 뜻이다. 심모창례審謀章禮는 계책을 살피고 예의를 드러낸다는 의미이다. '창'은 창彰과 같다. 선사리계選士利械는 용사를 선발하고 무기를 날카롭게 한다는 뜻이다. 정생처사定生處死의 '정'과 '처'를 문일다는 같은 뜻으로 파악하면서 '처'를 안장安葬의 의미로 새겼다. 근현수오謹賢修伍는 현자를 공경해 높여주고 일반백성을 잘 대우한다는 의미이다. '오'는 원래 민간조직의 최저단위인 5가家를 뜻하나 여기서는 일반백성을 지칭한다.

신상심벌信賞審罰은 포상을 믿음 있게 하고 처벌을 신중히 한다는 의미로 신상필벌信賞必罰과 같다. 작재녹능爵材祿能은 재능 있는 자에게 벼슬을 주고 능력 있는 자에게 녹봉을 내린다는 뜻이다. 계범부종計凡付終은 전체 예산을 맞춘다는 의미로 '계범'은 총체적인 계산, '부종'은 월말과 연말의 국고지출 균형을 지칭한다. 무본칙말務本飭末은 농사에 힘쓰고 상공업을 조절한다는 뜻이다. 입상비능立常備能의 '상'을 이카이는 통상적인 규범인 전상典常으로 새겼다. 즉치則治의 '치'는 법法과도 통한다. 동이분관同異分官을 두고 이카이와 정사함은 탈문脫文이 있다고 보았으나 여상봉은 그대로 두고 해석했다. 윤지장은 직무의 이동異同을 좇아 관직을 나누는 것으로 풀이했다.

8-3

通之以道, 畜之以惠, 親之以仁, 養之以義, 報之以德, 結之以信, 接之以禮, 和之以樂, 期之以事, 攻之以官, 發之以力, 威之以誠. 一舉而上下得終, 再舉而民無不從, 三舉而地辟散成, 四舉而農佚粟十, 五舉而務輕金九, 六舉而絜知事變, 七舉而外內爲用, 八舉而勝行威立, 九舉而帝事成形.

군주는 신민臣民에 대해 도道로 이끌고, 혜惠로 양육하고, 인仁으로 가까이하고, 의義로 배양하고, 덕德으로 보답하고, 신信으로 결합하고, 예禮로 접대하고, 악樂으로 기쁘게 하고, 사事로 판단하고, 언言으로 살피고, 위력威力

으로 분발케 하고, 훈계訓誡로 경계토록 만든다. 이런 식으로 시정施政하여 1년이 되면 군주와 신민이 모두 결실을 거두고, 2년이 되면 따르지 않는 신민이 없게 되고, 3년이 되면 땅이 개간되며 오곡이 무르익고, 4년이면 농부들이 즐거이 일하며 곡식이 풍성해지고, 5년이면 부역이 줄어 국고가 충실해지고, 6년이면 군주가 일의 변화를 두루 알게 되고, 7년이면 외교와 내정이 바라는 바대로 이뤄지고, 8년이면 군주의 우세가 분명해져 위엄이 서고, 9년이면 제왕의 대업이 이뤄진다.

통지이도通之以道는 도리를 내세워 신민을 이끄는 것을 말한다. 휵지이혜畜之以惠의 '휵'은 양육, '지'는 신민臣民을 뜻한다. 공지이관攻之以官의 '공'을 이카이는 고考, '관'을 언言의 잘못으로 보았다. 발지이력發之以力의 '력'은 위력威力을 뜻한다. 위지이성威之以誠의 '성'을 야스이는 훈계할 계誡의 잘못으로 보았다. '계'는 계戒와 같다. 일거이상하득종一擧而上下得終의 '거'를 하여장은 정사를 펼친 지 1년이 되는 해로 새겼다. '득종'은 결실을 거둔다는 뜻이다. 지벽산성地辟散成의 '산'을 장패륜은 곡穀의 잘못이라고 했다. '지벽곡성'은 땅이 개간되고 곡식이 익는다는 뜻이다.

농일속십農佚粟十의 '십'을 곽말약은 풍豊의 괴자壞字로 보았다. 무경금구務輕金九의 '구'를 곽말약은 충充의 오자로 보았다. 혈지사변絜知事變의 '혈'을 윤지장은 수량 등을 헤아리는 위도圍度로 새겼다. 외내위용外內爲用은 내치와 외치를 모두 뜻하는 바대로 행하는 것을 말한다. 승행위립勝行威立은 군주의 우위가 분명해져 위엄이 선다는 의미이다. 제사성형帝事成形의 '형'을 곽말약은 공功의 잘못으로 보았다.

8-4

九本搏大, 人主之守也. 八分有職, 卿相之守也. 十官飾勝備威, 將軍之守也. 六紀審密, 賢人之守也. 五紀不解, 庶人之守也. 動而無不從, 靜而無不同. 治亂之本三, 卑尊之交四, 富貧之終五, 盛衰之紀六, 安危之機七, 强弱之應八, 存亡之數九. 練之以散群僻署, 凡數財署. 殺僇以聚財, 勸勉以選衆. 使二分具本, 發善必審於密, 執威必明於中. 此居圖方中.

「잡어」의 '구수九守'에 나오는 9가지 근본원칙인 9본本은 그 내용이 넓고 크니 군주가 반드시 지켜야 할 원칙이다. 「외언」의 '오보五輔'에 나오는 8가지 직분인 8분分은 직분이 있으니 조정대신이 지켜야 할 원칙이다. 「외언」의 '추언樞言'에 나오는 7가지 승리 계책인 7관官은 승리를 드러내고 군대의 위엄을 갖출 수 있으니 장군이 지켜야 할 원칙이다. 「외언」의 '오보'에 나오는 6가지 요강인 6기紀는 매우 자세하니 현명한 선비들이 지켜야 할 원칙이다. 「경언」의 '입정立政'에 나오는 5가지 경제사안인 5기紀는 게을리 할 수 없으니 서민들이 지켜야 할 원칙이다. 「경언」의 '이정'에 나오는 치란의 3가지 근본인 3본本, 「경언」의 '이정'에 나오는 안위의 4가지 기틀인 4기機, 「경언」의 '이정'에 나오는 빈부의 5가지 원인인 5종終, 「경언」의 '목민'에 나오는 성쇠의 벼리인 6가지 원칙인 6기紀, 「경언」의 '칠법'에 나오는 존비의 7가지 교제방식인 7교交, 「외언」의 '팔관'에 나오는 강약 호응의 8가지 원칙인 8응應, 「경언」의 '이정'에 나오는 존망의 9가지 계책인 9수數가 그것이다. 요약해 말하면 붕당을 해체해 상하가 합심토록 하고, 풍속 교화의 변화를 대대적으로 추진해야 한다. 나라를 위태롭게 하는 무리와 붕당이 해체하지 않으면 그 무리를 살육해 재산을 몰수하고, 백성에게 선행을 권장하는 식으로 풍속을 바꿔야 한다. 나라를 다스릴 때는 다음 2가지 일을 할 경우 모두 원문을 구비해 두어야 한다. 첫째, 포상할 때는 반드시 세밀히 살핀다. 둘째, 처벌할 때는 반드시 한쪽으로 치우치지 않도록 공정하게 집행한다. 이상은 천자의 명당 모습을 그린 현궁도玄宮圖 안에 있는 것이다.

구본박대九本搏大의 '9본'을 하여장은 「잡어」의 '구수九守'에 나오는 주위主位와 주명主明, 주청主聽, 주상主賞, 주문主問, 주인主因, 주주主周, 주참主參, 족명督名의 9가지 근본원칙으로 보았다. '박'을 이카이는 굉박관대宏博寬大를 뜻하는 박博의 잘못으로 파악했다. 팔분유직八分有職의 '8분'을 하여장은 「단어」의 '군신 상'에 나오는 8규揆로 보았으나 장패륜은 「외언」의 '오보'에서 언급한 상上, 하下, 귀貴, 천賤, 장長, 유幼, 빈貧, 부富의 8가지 직분으로 간주했다.

십관식승비위十官飾勝備威의 '십'을 장패륜은 7七의 오자, '관식'을 연자로 보고 칠승비위七勝備威로 해석해야 한다고 했다. 「외언」의 '추언'에 나오는 중승과衆勝寡, 질승서疾勝徐, 용승겁勇勝怯, 지승우智勝愚, 선승악善勝惡, 유의승무의有義勝無義, 유천도승무천도有天道勝無天道의 7가지 승리 계책이 그것이다. 6기六紀는 「외언」의 '오보'에 나오는 후생厚生, 윤재輪財, 유리遺利, 관정寬政, 광급匡急, 진궁振窮 등 6가지 요강을 말한다. 곽말약은 아래 구절에 나오는 성쇠지기육盛衰之紀六으로 보았다. 오기불해五紀不解의 '5기'를 곽말약은 5종終의 잘못이고, '해'는 해懈로 바꿔야 한다고 했다. '5기'는 「경언」의 '이정'에 나오는 산림山林, 천택川澤, 전야田野, 축목畜牧, 공사工事 등 5가지 국가경제 핵심 사안을 지칭한다.

'동이무부종動而無不從, 정이무부동靜而無不同' 구절을 두고 이카이는 '동방방외東方方外'에 거듭 나오고 있는 점을 근거로 연문으로 보았다. 이를 좇았다. 치란지본3治亂之本三은 치란의 근본으로 「경언」편 '이정'의 덕德, 공功, 능能을 지칭한다. 비존지교사卑尊之交四를 두고 장패륜은 「경언」편 '이정'의 안위지본安危之本이 4고固를 언급한 점을 감안할 때 안위지기安危之機로 바꾸는 게 타당하다고 했다. 부빈지종오富貧之終五는 빈부의 일반원칙으로 「경언」의 '이정'에서 국가의 빈부 발생 원인을 논한 5사五事를 말한다. '종'은 상경常經의 뜻이다. 성쇠지기육盛衰之紀六은 성쇠의 벼리로 「경언」편 '목민'의 국다재國多財, 지벽거地辟擧, 창름실倉廩實, 의식족衣食足, 상복도上服道, 사유장四維張 등 6가지 원칙을 말한다.

안위지기7安危之機七을 장패륜은 존비의 교제방식을 뜻하는 비존지교卑尊之交로 바꾸는 게 타당하다며 '교'를 효效로 풀이했다. 「경언」편 '칠법'에 나오는 칙則, 상象, 법法, 화化, 결색決塞, 심술心術, 계수計數 등 칠법이 이에 해당한다. 강약지응팔强弱之應八을 장패륜은 강약의 호응으로 「외언」편 '팔관'에 나오는 관국이지기기포觀國而知其饑飽, 빈부貧富, 치검侈儉, 허실虛失, 치란治亂, 강약强弱, 흥폐興廢, 존망存亡 등 8가지 원칙으로 파악했다. 존망지수구存亡之數九를 장패륜은 「경언」의 '이정'에 나오는 침병지설寢兵之說, 겸애지설兼愛之說, 전생지설全生之說, 사의자귀지설私議自貴之說, 군도비주지설羣徒比周之說, 금옥화재지설金玉貨財之說, 관악완호지설觀樂玩好之說, 청알임거지설請謁任擧之說, 첨유식과지설諂諛飾過之說 등 9가지 패망원인인 9패敗로 보았다.

연지이산군붕서練之以散群傰署의 '연'을 곽말약은 요약해 말한다는 뜻의 간이언지簡而言之를 뜻하는 간簡의 잘못으로, '지이'를 하여장은 사졸士卒의 잘못으로 보았다. '산군붕서'를 두고 문일다는 '붕'을 무너뜨릴 붕崩, '서'를 무리를 이룬 서사書社로 풀이했다. 서사는 1사社 당 25호戶의 토지와 인민으로 구성된 촌사村社를 말한다. 문일다에 따르면 대부 이하가 무리를 이뤄 사社를 세우는 것을 치사置社라고 하고, 이 '치사'를 '서사'로 칭했다고 한다. 범수재서凡數財署를 곽말약은 풍속교화의 효과가 현저하다는 뜻의 풍교즉저風教則著의 잘못으로 보았다. 살육취재殺僇聚財는 무리를 살육한 뒤 재산을 몰수한다는 의미이다. 윤지장은 망국 내지 멸문滅門으로 인한 적몰籍沒로 풀이했다.

권면선중勸勉選衆의 '선'을 곽말약은 천遷의 잘못으로 보았다. 사이분구본使二分具本은 포상과 처벌 모두 본문을 구비해 두어야 한다는 뜻이다. 발선필심어밀發善必審於密의 '발선'을 윤지장은 행상行賞으로 풀이했다. 집위필명어중執威必明於中의 '집위'를 윤지장은 행형行刑으로 해석했다. 차거도방중此居啚方中을 두고 곽말약은 기록한 사람의 주注가 혼입된 것으로 간주해 원문이 아니라고 주장했다. 그러나 여상봉은 그림과 글자가 함께 있는 하도河圖에 대한 정현鄭玄의 주석을 근거로 원문의 일부로 간주하면서 풀이키를, "이 글은 중앙과 사방을 나타낸 그림 가운데에 있다."고 했다.

8-5

春行冬政肅, 行秋政雷, 行夏政閹. 十二地氣發, 戒春事. 十二小卯, 出耕. 十二天氣下, 賜與. 十二義氣至, 修門閭. 十二淸明, 發禁. 十二始毋, 合男女. 十二中卯, 十二下卯, 三卯同事. 八擧時節, 君服靑色, 味酸味, 聽角聲, 治燥氣, 用八數, 飮於靑后之井, 以羽獸之火爨. 藏不忍, 行歐養, 坦氣修通. 凡物開靜, 形生理.

봄에 겨울의 정사를 펼치면 초목을 말려 죽이는 숙살肅殺의 기운, 가을의 정사를 펼치면 사나운 추상秋霜의 기운, 여름의 정사를 펼치면 가려서 덮는 엄폐掩蔽의 기운이 닥친다. 입춘으로부터 12일 후 땅의 기운이 올라오는 지기발地氣發에는 봄 농사를 명하고, 12일 후 소묘小卯에는 밖으로 나가 밭을 갈고, 12일 후 천기天氣가 내려올 때는 농사행사에 참여한 신하들에게 술을 하사해 위로하고, 12일 후 화기和氣가 이를 때는 향리의 대문을 수리하고, 12일 후 청명淸明에는 모든 금령을 해제한다. 12일 후 시관始毌에는 남녀를 결합시키고, 12일 후 중묘中卯와 그 12일 후의 하묘下卯의 행사 역시 소묘小卯 때처럼 행한다. 입춘이 오면 군주는 청색 옷을 입고 신맛을 맛보고, 각조角調의 음악을 듣고, 마른 기운을 다스리고, 봄의 정령을 활용하고, 동쪽 샘물을 마시고, 남방의 불로 밥을 짓는다. 잔인한 것을 보지 못하는 불인不忍의 마음을 지니고, 몸의 양육을 행하고, 너그러운 기운을 닦아 통하게 한다. 무릇 만물이 한가로이 안정되면 몸이 생장하고 다스려진다.

춘행동정숙春行冬政肅 구절을 두고 허유휼은 『예기』「월령月令」을 예로 들어 '동정'을 겨울의 정사, '숙'을 냉랭하고 살벌한 숙살肅殺의 의미로 풀이했다. 행추정뢰行秋政雷의 '뢰'를 정사함은 상霜의 오자로 보았다. 행하정엄行夏政閹의 '하정'은 여름의 정사를 뜻한다. '엄'을 윤지장은 양기가 지나치게 강한 까닭에 가려서 덮어야 한다며 엄폐掩蔽의 의미로 해석했다. 십이지기발十二地氣發은 12일 단위로 바뀌는 30여 절기의 하나를 말한다. 뒤에 나오는 소묘小卯와 천기하天氣下, 의기지義氣至, 청명淸明, 시묘始卯, 중묘中卯, 하묘下卯 모두 절기를 뜻한다. '소묘'의 '묘'를 혜동惠棟은 『설문해자』를 근거로 땅을 뚫고 나올 모지冒地로 새겼다.

계춘사戒春事는 봄 농사를 명한다는 의미이다. 사여賜與는 농사행사에 참여한 신하들에게 술을 하사해 위로한다는 뜻이다. 십이의기지十二義氣至의 '의'를 정사함은 화和의 잘못으로 보았다. 수문려修門閭는 향리의 대문을 수리한다는 의미이다. 발금發禁은 모든 금령을 해제한다는 뜻이다. 십이시무十二始毋의 '무'가 송본 이외의 여타 판본에는 묘卯로 되어 있다. 진환은 '무'를 란卵과 같은 발음이었던 관貫의 옛 글자인 관毌의 잘못으로 보았다. 곧 '시관'은 새가 교미하여 산란을 시작한다는 뜻이 된다. 이를 좇았다.

삼묘동사三卯同事의 3묘는 소묘, 중묘, 하묘를 말한다. '동사'는 3묘의 행사를 모두 소묘 때처럼 한다는 의미이다. 팔거시절八擧時節의 '8거'를 두고 윤지장은 봄을 상징하는 오행의 목木은 숫자로 8에 해당한다고 풀이했다. 치조기治燥氣를 윤지장은 봄에는 바람이 많고 건조한 까닭에 '조기'를 치료해야 한다고 풀이했다. 용팔수用八數의 '8수'는 봄의 정령政令을 뜻한다. 청후지정靑后之井을 윤지장은 동쪽 샘물로 해석했다. '청후'는 동방의 창룡蒼龍을 상징한다.

우수지화羽獸之火를 윤지장은 남방의 불로 풀이했다. '우수'는 주작朱雀을 상징한다. 봄에 남방의 불을 사용하는 것은 여름의 기운을 영입한다는 의미이다. 장불인藏不忍은 잔인한 것을 보지 못하는 불인不忍의 마음을 지닌다는 뜻이다. 행구양行歐養은 몸을 양육하는 방안을 강구한다는 의미이다.

'구'는 몸 구軀와 통한다. 탄기수통坦氣修通은 너그러운 기운을 닦아 통하게 한다는 뜻이다. 물개정物開靜은 만물이 한가로이 안정되는 것을 말한다. 형생리形生理는 몸이 생장하고 다스려진다는 뜻이다.

8-6

合內空周外, 强國爲圈, 弱國爲屬. 動而無不從, 靜而無不同. 擧發以禮, 時禮必得. 和好不基, 貴賤無司, 事變日至. 此居於圖東方方外.

천지 사방의 안팎을 총괄해 강국은 만국을 두루 감싸는 보호국이 되고, 약국은 그 속번屬藩이 된다. 이에 강국이 움직이면 약국 가운데 복종치 않는 나라가 없게 되고, 고요하면 동화하지 않는 나라가 없게 된다. 강국이 예로써 거사하거나 출동하면 하는 일이 모두 예에 맞게 된다. 군신이 서로 화목하여 모해謀害하지 않고, 귀천이 서로 엿보며 다투지 않으면 변란이 날로 막혀 종식된다. 이 글은 '현궁도'의 동쪽 밖에 있다.

내공주외內空周外를 두고 대망은 '공'을 내內의 오자 내지 연자로 보았다. 이에 대해 여상봉은 풀이키를, "여기의 '공'은 크다는 뜻의 궁穹과 통한다. '내'는 천자가 다스리는 지역을 뜻하는 우내宇內, '공주'는 사주四周 밖의 외국을 지칭한다."고 했다. 대망의 해석을 좇았다. 강국위권强國爲圈의 '권'은 보호국을 뜻한다. '권'을 이카이는 돌본다는 뜻의 권眷의 잘못이라고 했다. 약국위속弱國爲屬의 '속'은 피보호국인 번국藩國을 뜻한다. 시례필득時禮必得의 '시'를 허유휼은 처사處事의 의미로 새겼다. 화호불기和好不基를 두고 윤동양은 '기'를 해칠 기惎, 귀천무사貴賤無司의 '사'를 엿볼 사伺, 사변일지事變日至의 '지'를 질식할 질窒과 통한다고 보았다.

8-7

夏行春政風, 行冬政落, 重則雨雹, 行秋政水. 十二小郢, 至德. 十二絶氣下, 下爵賞. 十二中郢, 賜與. 十二中絶, 收聚. 十二大暑至, 盡善. 十二中暑, 十二小暑終, 三暑同事. 七舉時節, 君服赤色, 味苦味, 聽羽聲, 用7數, 飮於赤后之井, 以毛獸之火爨. 藏薄純, 行篤厚, 坦氣修通. 凡物開靜, 形生理.

여름에 봄의 정사를 펼치면 풍재風災가 많고, 겨울의 정사를 펼치면 만물이 시들어 떨어져 심할 경우 우박雨雹이 내리고, 가을의 정사를 행하면 수재水災가 난다. 입하로부터 12일 후 소영小盈에는 유덕한 인재를 초치하고, 12일 후 천기의 성장이 끊어지는 절기하絶氣下에는 벼슬과 상을 내리고, 12일 후 중영中盈에는 상을 내려 위로하고, 12일 후 중절中絶에는 적절히 세금을 거둬들인다. 12일 후 비가 많이 내리는 소서지小暑至에는 수선에 만전을 기하니 12일 후 중서中暑와 그 12일 후의 대서종大暑終의 행사 역시 소서 때처럼 행한다. 입하가 오면 군주는 적색 옷을 입고, 쓴맛을 맛보고, 우조성羽調聲의 음악을 듣고, 여름의 정령을 활용하고, 남쪽 샘물을 마시고, 서방의 불로 밥을 짓는다. 순박한 마음을 지니고, 돈독히 실행하고, 너그러운 기운을 닦아 통하게 한다. 무릇 만물이 한가로이 안정되면 몸이 생장하고 다스려진다.

행동정락行冬政落의 '락'은 시들어 떨어지는 조락凋落을 뜻한다. 십이소영十二小郢의 '영'을 하여장은 영盈의 오자로 보았다. 치덕至德은 유덕한 인재를 초치한다는 뜻이다. '치'는 초치할 치致와 통한다. 절기하絶氣下는 천기天氣의 성장이 끊어지는 시기를 말한다. 하작상下爵賞의 '하'를 정사함은 연자로 간주했다. 수취收聚는 관청의 물자를 거둬들인다는 뜻이다. 진선盡善은 수선에 만전을 기한다는 의미로 '선'은 수선할 선繕과 통한다.

십이대서지十二大暑至와 십이소서종十二小暑終의 '대'와 '소'를 두고 『관자전역』에 인용된 오지충吳志忠은 서로 위치가 바뀌었다고 했다. 칠거시절七擧時節의 '7거'는 입하를 말한다. 윤지장은 여름을 상징하는 오행의 화火가 숫자로 7에 해당한다고 했다. 모수지화毛獸之火를 윤지장은 서방의 불로 풀이했다. '모수'는 백호白虎를 상징한다. 서방의 불을 사용하는 것은 가을의 기운을 영입한다는 의미이다. 장박순藏薄純을 윤지장은 순박한 마음을 지니는 것으로 해석했다. '박'은 박樸의 가차이다. 행독후行篤厚의 '독후'를 윤지장은 양기陽氣의 성정이 관후한 결과로 보았다.

8-8

定府官, 明名分, 而審責於群臣有司, 則下不乘上, 賤不乘貴. 法立數得, 而無比周之民, 則上尊而下卑, 遠近不乖. 此居於圖南方方外.

관제를 정하고, 명분을 밝히고, 여러 신하와 담당 관원에게 맡은 일을 살펴 책임지도록 하면 아랫사람이 윗사람을 능멸하지 않고, 천인賤人이 귀인貴人을 능멸하지 않는다. 법도가 서고 계책을 얻어 사적인 이익을 위해 무리를 짓는 백성이 없으면 존귀한 자가 위에 서고 비천한 자가 아래에 처하게 된다. 원근 각지에서 법을 어기지 않는 것도 이 때문이다. 이 글은 '현궁도'의 남쪽 밖에 있다.

정부관定府官의 '부관'은 정부의 관직을 지칭한다. 심책審責은 맡은 일을 살펴 책임지도록 하는 것을 말한다. 하불승상下不乘上의 '승상'은 범상犯上과 같다. 법립수득法立數得은 법도가 서고 계책을 얻는다는 뜻이다. 비주지민比周之民은 사사로운 이익을 얻기 위해 무리를 짓는 백성을 지칭한다. 원근불괴遠近不乖의 '괴'는 어긋나고 착오가 나는 괴착乖錯의 뜻이다.

8-9

秋行夏政葉, 行春政華, 行冬政秏. 十二期風至, 戒秋事. 十二小卯, 薄百爵. 十二白露下, 收聚. 十二復理, 賜與. 十二始節, 賦事. 十二始卯, 合男女. 十二中卯, 十二下卯, 三卯同事. 九和時節, 君服白色, 味辛味, 聽商聲, 治濕氣, 用九數, 飮於白后之井, 以介蟲之火爨. 藏恭敬, 行搏銳, 坦氣修通. 凡物開靜, 形生理.

가을에 여름의 정사를 펼치면 웃자라기만 하고 꽃과 결실이 없게 되고, 봄의 정사를 펼치면 꽃만 피고, 겨울의 정사를 펼치면 숙살의 기운으로 인해 헛되이 힘만 들게 된다. 입추로부터 12일 후 기풍지期風至에는 추수를 준비하고, 12일 후 보유小酉에는 백관을 격려하고, 12일 후 백로하白露下에는 적절히 세금을 거둬들이고, 12일 후 복리復理에는 상을 내려 위로하고, 12일 후 시절始節에는 군사훈련을 행한다. 12일 후 시묘始卯에는 남녀를 결합시키고, 12일 후 중묘中卯와 12일 후 하묘下卯에도 시묘 때처럼 행한다. 입추가 오면 군주는 백색 옷을 입고, 매운맛을 맛보고, 상조商調의 음악을 듣고, 가을의 정령을 활용하고, 서쪽 샘물을 마시고, 북방의 불로 밥을 짓는다. 공경한 마음을 지니고, 용병을 행하고, 너그러운 기운을 닦아 통하게 한다. 무릇 만물이 서로 통해 안정安靜되면 형체가 생성되고, 천리天理에 부합하게 된다.

추행하정엽秋行夏政葉의 '엽'을 정사함은 수水의 잘못으로 보았으나, 유월은 아무 뜻이 없는 것으로 해석했다. 곽말약은 꽃과 결실도 없이 잎만 무성한 것으로 풀이했다. 행동정모行冬政秏의 '모'를 윤지장은 쓸데없이 소모하는 허모虛耗로 새겼다. 계추사戒秋事는 추수할 것을 준비한다는 뜻이다. 소묘小卯의 '묘'를 야스이는 유酉의 오자로 보았다. 박백작薄百爵의 '박'을 야스이는 면려勉勵의 뜻으로 새겼다. 이에 대해 장패륜은 '박'을 박搏, '작'을 작雀과 통하는 것으로 보고 잡새들을 쫓아낸다고 새겼다. 야스이의 해석을 좇았다.

수취收聚는 세금 등을 거둬들이는 것을 말한다. 부사賦事는 군사훈련의 시행을 의미한다. 구화시절九和時節의 '9화'를 윤지장은 가을을 상징하는 금金의 숫자가 9이고, 금기金氣가 화기를 띠고 있는 까닭에 군주는 이를 좇아 정령을 발하는 것으로 풀이했다. 개충지화介蟲之火를 윤지장은 북방의 상징인 현무玄武는 거북으로 개수介獸 또는 개충介蟲으로 칭하는 까닭에 '개충지화'로 표현됐다고 했다. 행박예行搏銳의 '박'을 곽말약은 박博으로 새기면서 '예'를 열悅의 잘못으로 보았다. '행박열'은 마음이 관후하며 기뻐한다는 뜻이다.

8-10

開男女之畜, 修鄉閭之什伍, 量委積之多寡, 定府官之計數, 養老弱而勿通, 信利周而無私. 此居於圖西方方外.

남녀의 생활을 살피고, 향리의 기본조직인 십오什伍의 편제를 정비하고, 쌓아둔 식량의 다과多寡를 헤아리고, 정해진 규정에 따라 관부의 수지收支를 결정하고, 노약자를 돌보면서 방치하지 않고, 백성의 이해를 살펴 공평히 조치하여 사사로움이 없게 한다. 이 글은 '현궁도'의 서쪽 밖에 있다.

한남녀지축開男女之畜의 '한'을 정사함은 살필 열閱의 뜻을 지닌 간簡과 통한다고 했다. '축'은 생활하는 상황을 뜻하는 축양畜養의 의미이다. 향려지십오鄉閭之什伍를 두고 윤지장은 풀이키를, "살기殺氣가 이른 까닭에 가히 출정에 나설 수 있다. 그래서 '대오'를 정비한다고 한 것이다."라고 했다. 위적委積은 비축한 식량을 말한다. 계수計數는 수입과 지출을 뜻한다. 양노약이물통養老弱而勿通의 '통'을 오지충은 유기할 유遺의 잘못으로 보았다. 여상봉은 노소를 나눠 부양하는 연비連比의 의미로 새겼다. 신리주이무사信利周而無私의 '신'은 빙거憑據 또는 의거依據의 뜻이다. '주'를 왕념손은 해害의 예서체가 전사傳寫 과정에서 잘못된 것으로 보았다. 「경언」의 '유관도'에는 해害로 되어 있다. 신이해信利害는 백성의 이해를 살펴 공평히 조치한다는 의미이다.

8-11

冬行秋政霧, 行夏政雷, 行春政烝泄. 十二始寒, 盡刑, 十二小楡, 賜與. 十二中寒, 收聚. 十二中楡, 大收. 十二寒, 至靜. 十二大寒之陰, 十二大寒終, 三寒同事. 六行時節, 君服黑色, 味鹹味, 聽徵聲, 治陰氣, 用六數, 飮於黑后之井, 以鱗獸之火爨. 藏慈厚, 行薄純, 坦氣修通. 凡物開靜, 形生理.

겨울에 가을의 정사를 펼치면 음울한 안개가 가득 차고, 여름의 정사를 펼치면 뇌성처럼 사납게 되고, 봄의 정사를 펼치면 땅의 기운이 새어 나간다. 입동으로부터 12일 후 시한始寒에는 형벌을 그치고, 12일 후 소유小楡에는 상을 내려 격려하고, 12일 후 중한中寒에는 세금을 거두고, 12일 후 중유中楡에는 대거 수장收藏한다. 12일 후 대한大寒에는 일을 쉬면서 안정하고, 12일 후 대한지음大寒之陰과 12일 후 대한종大寒終에도 한지 때처럼 행한다. 입동이 오면 군주는 흑색 옷을 입고, 짠맛을 맛보고, 치조徵調의 음악을 듣고, 음기를 다스린다. 겨울의 정령을 활용하고, 북쪽 샘물을 마시고, 동방의 불로 밥을 짓는다. 자애롭고 두터운 마음을 지니고, 순박한 행동을 하고, 너그러운 기운을 닦아 통하게 한다. 무릇 만물이 한가로이 안정되면 몸이 생장하고 다스려진다.

동행추정무冬行秋政霧의 '무'는 음울한 안개인 음무陰霧를 지칭한다. 증설烝泄의 '증'을 허유휼은 주注에 있던 글자가 본문에 삽입된 연자로 보았다. 진형盡刑은 형벌을 그친다는 뜻으로 '진'은 지止와 통한다. '십이한十二寒, 지정至靜'을 정사함은 '십이대한지정十二大寒至靜'으로 바꿔야 한다고 했다. 육행시절六行時節의 '6행'을 윤지장은 겨울을 뜻하는 오행 수水의 성수成數가 6이라고 했다. 치성徵聲은 치조徵調의 음악을 말한다. 『예기』「월령」에는 우성羽聲을 듣지 않고 치성을 듣는 것은 곧 음기를 억제하기 위한 것이라고 했다. 인수지화鱗獸之火의 '인수'를 윤지장은 동방을 뜻하는 청룡靑龍을 상징한다고 했다.

8-12

器成於僇, 教行於鈔, 動靜不記, 行止無量. 戒審四時以別息, 異出入以兩易, 明養生以解固, 審取予以總之. 一會諸侯, 令曰, "非玄帝之命, 毋有一日之師役." 再會諸侯, 令曰, "養孤老, 食常疾, 收孤寡." 三會諸侯, 令曰, "田租百取五, 市賦百取二, 關賦百取一, 毋乏耕織之器." 四會諸侯, 令曰, "修道路, 偕度量, 一稱數, 藪澤以時禁發之." 五會諸侯, 令曰, "修春秋冬夏之常祭, 食天壤山川之故祀必以時." 六會諸侯, 令曰, "以爾壤生物共玄官, 請四輔, 將以禮上帝." 七會諸侯, 令曰, "官處四體而無禮者, 流之焉莠命." 八會諸侯, 令曰, "立四義而毋議者, 尙之于玄官, 聽于三公." 九會諸侯, 令曰, "以爾封內之財物, 國之所有爲幣." 九會, 大命焉出, 常至. 千里之外, 二千里之內, 諸侯三年而朝, 習命. 二年, 三卿使四輔. 一年, 正月朔日, 令大夫來修, 受命三公. 二千里之外, 三千里之內, 諸侯五年而會至, 習命. 三年, 名卿請事. 二年, 大夫通吉凶. 十年, 重適入, 正禮義. 五年, 大夫請受變. 三千里之外, 諸侯世一至, 置大夫以爲廷安, 入共受命焉. 此居於圖北方方外.

물건은 정밀하게 제작됨으로써 완성되고, 교화는 세밀하게 다듬어짐으로써 실행된다. 움직임이 기강을 잃으면 나아가고 멈추는 것에 절도가 없게 된다. 사계절을 신중히 살펴 계절별로 각 생물을 구별하고, 세출세입에 대한 구분으로 세입세출의 균형을 맞추고, 양생養生의 이치를 밝혀 재화災禍를 미연에 막고, 들어오고 나가는 것을 정밀히 살펴 모자란 점을 종합 점검한다. 제후들과 1차 회맹會盟할 때 명하기를, "겨울을 관장하는 북방의 신 현제玄帝의 명이 아니면 하루라도 전쟁을 하지 말라."고 한다. 제후들과 2차 회맹할 때 명하기를, "자손이 없는 노인을 돌보고, 병자를 거둬 먹이고, 홀아비와 과부를 거두라."고 한다. 제후들과 3차 회맹할 때 명하기를, "토지세는 100분의 5를 거두고, 시장의 세금은 100분의 2를 거두고, 관문의 세금은 100분의 1을 거두고, 농기구나 베 짜는 기계를 부족하지 않게 하라."고 한다. 제후들과 4차 회맹할 때 명하기를, "도로를 보수하고, 길이와 양을 재는 도량형을 통일하고, 무게를 다는 수치를 하나로 하고, 늪지대와 연못은 때에 따라 출입을 통제하라."고 한다. 제후들과 5차 회맹할 때 명하기를, "사계절의 정기적인 제사음식을 마련하고, 하늘과 땅과 산천의 제사를 때에 맞춰 하라."고 한다. 제후들과 6차 회맹할 때 명하기를, "제후의 영토에서 생산되는 토산물을 현궁玄宮에 공물로 바치고, 조정대신인 4보輔에게 보고하고, 예를 다해 상제上帝를 제사지내라."고 한다. 제후들과 7차 회맹할 때 명하기를, "시청언동視聽言動에서 무례한 모습을 보이는 자는 명을 어지럽힌 죄목으로 유배시키라."고 한다. 제후들과 8차 회맹할 때 명하기를, "시청언동에서 모범이 될 만한 모습을 보인 제후에 대해서는 현궁에서 포상을 논의하고, 3공公이 결정케 하라."고 한다. 제후들과 9차 회맹할 때 명하기를, "제후의 영토 안에 있는 재물과 특산물을 공물로 삼아 조정에 진공하라."고 한다. 9차례 회동으로 대명大命이 여기에서 나오니 각국의 제후들이 늘 와서 명을 받는다. 1천 리 밖부터 2천 리 안에 있는 제후는 3년마다 내조來朝하여 명을 받고, 2년마다 제후국의 3경卿이 와서 천자의 4보輔에게 명을 받고, 해마다 정월 초하루에 대부에게 명하여 3공의 명을 받게 한다. 2천 리 밖부터 3천 리 안에 있는 제후는 5년마다 회맹하여 명을 받고, 3년마다 천자로부터 직접 임명을 받아 제후 밑에 가 있는 명경命卿이 와서 일을 청하고, 2년마다 대부가 와서 나라의 실정을 보고한다. 3천리 밖의 제후들은 30년의 1세一世 때마다 한 번씩 조회하고, 10년마다 세자를 입조시켜 예를 표하고, 5년마다 대부가 와서 교령敎令에 대한 변경사항의 수령을 청한다. 대부에게 조정에 머문 채 벼슬을 살도록 하면서 공물을 수납하고 명을 접수하는 역할을 수행케 한다. 이 글은 '현궁도'의 북쪽 밖에 있다.

기성어륙器成於僇은 기물이 조략粗略한 것에서 정치精緻한 것으로 진행되며 완성된다는 뜻이다. '륙'을 장패륜은 거친 것을 뜻하는 료聊와 통하는 것으로 보았고, 정사함은 정靜의 뜻을 지닌 목穆의 잘못이라고 했고, 곽말약은 주도周到의 뜻을 지닌 무繆와 같다고 했다. 곽말약의 주장을 좇았다. 교행어초敎行於鈔의 '초'를 하여장은 묘妙와 통하는 묘眇의 가차라고 했고, 대망은 가차라고 했다. 윤지장은 심원深遠으로 새겼다. 동정불기動靜不記의 '기'를 곽말약은 기강을 뜻하는 기紀의 잘못이라고 했다. 계심사시이별식戒審四時以別息의 '심'을 정사함은 연자로 보았다. '식'을 여상봉은 생生으로 새겼다. 이출입이양역異出入以兩易의 '출입'을 곽말약은 출납出納으로 새겼다. '양역'은 출입의 균형을 맞춘다는 뜻이다. '양'을 여상봉은 짝을 뜻하는 우耦와 통한다고 했다.

명양생이해고明養生以解固의 '고'를 여상봉은 아낀다는 뜻의 린悋과 통한다고 했으나 장패륜은 재난을 뜻하는 고故로 새겼다. 심취여이총지審取予以總之의 '지'를 대망은 핍乏의 잘못으로 보았다. '비현제지명非玄帝之命, 무유일일지사역毋有一日之師役'을 윤지장은 제환공이 첫 회맹 때 제후들에게 내린 명으로 해석했다. '현제'는 겨울을 관장하는 북방의 신이다. 봄, 여름, 가을에는 농사일로 인해 전쟁을 못하기에 겨울에만 전쟁이 가능하다고 생각한 결과다.

사상질食常疾은 병자를 거둬 먹인다는 뜻이다. '사'는 사飼와 통한다. 수고과收孤寡의 '고과'를 대망은 환과鰥寡의 잘못이라고 했다. 시부백취이市賦百取

二의 '시부'는 시장의 상행위에 대한 과세를 뜻한다. 해도량偕度量은 길이와 양을 재는 단위를 통일한다는 의미로 '해'를 윤지장은 동同과 같다고 했다. 식천양산천지고食天壤山川之故의 '식'을 유월은 칙飭의 괴자壞字라고 했다. 상제식常祭食은 정기적인 제사음식을 말한다. 현관玄官을 장패륜은 현궁玄宮의 잘못으로 보았다. 해석에서 이를 좇았다. 사보四輔를 이면은 춘하추동 사관四官을 보좌하는 부관副官으로 새겼으나 윤지장은 제례祭禮를 보좌하는 삼공三公으로 풀이했다.

관처사체官處四體에 대한 해석이 분분하다. 곽말약은 '4체'를 시청언동視聽言動을 담당하는 관원에 관한 언급으로 간주하면서, '관'을 고주古注의 체體가 연자로 끼어든 것으로 보았다. 이에 대해 이면은 '4체'를 4지四肢의 행동거지로 간주하면서 '관'을 동서남북과 중앙의 오방을 관장하는 오관五官으로 풀이했다. 탕효순은 제후 등의 대신이 사람 몸의 4지와 마찬가지로 천자의 곁에서 보필하는 것으로 풀이했다. 곽말약의 해석을 좇았다.

유지언유명流之焉莠命의 '유명'을 윤지장은 명을 어지럽히는 것을 더러운 싹인 예묘穢苗에 비유한 것이라고 했다. 입사의이무의자立四義而毋議者의 의義를 곽말약은 의儀의 잘못으로 간주해 '4의'를 시청언동視聽言動으로 파악했다. 또 의議를 유월은 기울어질 아俄의 잘못으로 보았다. 상이우현관尙之于玄官의 '상'을 곽말약은 賞으로 새겼다. '관'은 궁宮의 잘못이다. 청어삼공聽于三公의 '3공'은 사마司馬, 사도司徒, 사공司空을 말한다. 태사太師, 태부太傅, 태보太保로 풀이키도 한다. 국지소유위폐國之所有爲幣의 '폐'는 진공하는 예물을 말한다. '대명언출大命焉出, 상지常至' 구절의 '언'을 이카이는 어차於此의 줄임말로 보았다. 이면은 출언出焉이 뒤바뀐 것으로 보았다.

영대부내수令大夫來修의 '영대부'를 정사함은 명대부命大夫로 새겼다. 제후오년이회지諸侯五年而會至의 '지'를 정사함은 연자로 보았다. 명경청사名卿請事의 '명경'을 장병린은 천자로부터 직접 임명을 받은 제후 휘하의 공경을 뜻하는 명경命卿으로 새겼다. '십년十年, 중적입重適入, 오년五年, 대부청수변大夫

請受變’ 구절을 두고 유월은 제후세일지諸侯世一至 구절 아래로 와야 한다고 했다. 이를 좇았다.

중적重適을 윤지장은 제후의 자리를 이을 승중자承重者 즉 세자로 해석했다. ‘적’은 세자를 뜻하는 적嫡과 통한다. 변變을 정사함은 『설문해자』를 근거로 다스리는 이치를 지시하는 치언治言 즉 변辯으로 새겼다. 세일지世一至의 ‘세’는 30년을 말한다. 치대부이위정안置大夫以爲廷安의 ‘안’을 곽말약은 관官의 잘못으로 해석했다. ‘정관’은 천자의 조정에 머물며 벼슬을 하는 신하를 말한다. 일종의 인질에 해당한다. 입공수명入共受命의 ‘공’을 곽말약은 공貢과 통하는 것으로 보았다.

8-13

必得文威武, 官習勝之務. 時因勝之終, 無方勝之幾, 行義勝之理, 名實勝之急, 時分勝之事, 察伐勝之行, 備具勝之原, 無象勝之本. 定獨威勝, 定計財勝, 定聞知勝, 定選士勝, 定制祿勝, 定方用勝, 定綸理勝, 定死生勝, 定成敗勝, 定依奇勝, 定實虛勝, 定盛衰勝. 擧機誠要, 則敵不量. 用利至誠, 則敵不校. 明名章實, 則士死節. 奇擧發不意, 則士歡用. 交物因方, 則械器備. 因能利備, 則求必得. 執務明本, 則士不偸. 備具無常, 無方應也.

군주는 반드시 문덕文德과 무위武威를 지니고 있어야 한다. 모든 관원은 적을 이기는 승적술勝敵術을 습득해야 한다. 시기時機를 파악하는 것은 승적의 요강要綱, 변화무쌍한 계책은 승적의 징조, 정의를 실천하는 것은 승적의 이치, 장병의 공적을 내세우는 것은 승적의 급사急事, 분초를 다투는 것은 승적의 대사大事, 공격할 곳을 밝게 살피는 것은 승적의 동력, 공격용 무기를 완비하는 것은 승적의 원인이고, 진군의 형적을 감추는 것은 승적의 근본이다. 용병의 위엄을 떨치는 것을 먼저 세심히 살펴 결정하는 심정審定을 행하거나, 군비의 계모計謀를 먼저 심정하거나, 적의 동정을 먼저 심정하거나, 정예병 선별을 먼저 심정하거나, 공에 따른 포상 내용을 먼저 심정하거나, 무기제조 및 사용 방안을 먼저 심정하거나, 용병의 이치와 순서를 먼저 심정하거나, 장병의 생사 여부를 먼저 심정하거나, 공격의 성패를 먼저 심정하거나, 정병술正兵術과 기병술奇兵術의 활용을 먼저 심정하거나, 허실을 먼저 심정하거나, 병세兵勢의 성쇠를 먼저 심정한 자가 승리한다. 시기를 정확히 파악해 적의 급소인 요해처要害處를 치면 적은 이를 전혀 헤아릴 길이 없다. 유리한 전세에 올라타 용병하는 것이 지극하면 적이 감히 대항하지 못한다. 명성을 선양하고 공적을 표창하면 병사들이 죽기로 싸운다. 기병奇兵을 구사하면 병사들이 기책의 활용을 즐거워한다. 장비의 성능을 비교하여 그 활용법을 강구하면 군사장비가 완비된다. 적재적소의 배치로 유사시를 대비하면 인재는 원하는 것을 반드시 얻게 된다. 업무를 확실히 장악하고 근본 전략을 밝히면 병사들이 구차해지지 않는다. 군사 장비를 더할 나위 없이 완비하면 적이 대항할 길이 없게 된다.

필득문위무必得文威武의 '필'을 하여장은 덕德의 잘못이라고 했으나 '덕'과 뜻이 통하는 것으로 보는 게 옳다. 고대에는 '덕'과 '득'이 서로 통용됐다. 관습승지무官習勝之務 구절을 두고 왕념손은 풀이키를, "여기의 '습승'은 적을 이기는 기술을 익히는 것을 말한다. '지'는 불필요하게 덧붙여져 있다."고 했다. 시인승지종時因勝之終을 두고 장패륜은 '시인'을 인시因時의 오자, '종'을 기紀의 오자로 보았다. 그 경우 '인시승지기'는 시기에 맞춰 움직이는 것은 승리의 기강紀綱이 된다는 뜻이 된다.

무방승지기無方勝之幾의 '무방'은 고정된 법도가 없다는 뜻이다. 변화무쌍變化無雙을 의미한다. '기'는 징조를 뜻하는 기미幾微의 뜻이다. 명실名實의 '명'은 장병의 공적을 선양한다는 뜻의 동사로 사용된 것이다. 승지급勝之急의 '급'은 급사急事를 뜻한다. 시분時分은 분초를 다툰다는 뜻으로 사용됐다. 찰벌察伐은 공격할 곳을 밝게 살핀다는 의미이다. 비구備具는 공격용 무기를 완비했다는 뜻이다. 무상無象은 진격의 형적을 남기지 않는다는 의미로 은밀한 행군을 말한다. 정독위자定獨威者의 '정'은 자세히 살펴 결정하는 심정審定을 의미한다. '독위'는 독보적인 위험을 말한다.

정계재자定計財者를 두고 하여장은 풀이키를, "계모計謀와 군비軍費를 먼저 '심정'하는 자가 승리한다는 뜻이다."라고 했다. 정방용승定方用勝의 '방용'은 무기제조 및 사용 방안을 의미한다. 정윤리승定綸理勝의 '윤리'를 왕념손은 윤리倫理로 새겼다. 용병의 이치와 순서를 의미한다. 정의기승定依奇勝의 '의'를 하여장은 정正의 잘못으로 보았다. '정기'는 정병술正兵術과 기병술奇兵術을 통칭한 말이다. '거기성요擧機誠要, 즉적불량則敵不量' 구절을 두고 윤지장은 풀이키를, "거병이 시기時機에 부응하고, 적의 요해처를 타격하면 적은 이를 측량할 수조차 없다."고 했다. 즉적불교則敵不校의 '교'를 사호범은 저항할 항抗으로 풀이했다. 기거발불의奇擧發不意의 '거발'을 곽말약은 고주古注가 본문에 끼어든 것으로 보았다. 교물인방交物因方의 '교'를 유월은 비교할 교校로 새겼다. '집무명본執務明本, 즉사불투則士不偸' 구절을 두고 윤지장은 풀이키를, "다루는 업무를 확실히 장악하고 하는 일의 근본 전략을 명확히 밝히면 병사들이 구차해지지 않는다는 의미이다."라고 했다. 비구무상備具無常의 '상'을 곽말약은 상尙으로 새기면서 뒤이어지는 무방응야無方應也를 적이 대항할 길이 없다는 뜻으로 풀이했다.

8-14

聽於鈔故能聞未極, 視於新故能見未形, 思於濬故能知未始, 發於驚故能至無量, 動於昌故能得其寶, 立於謀故能實不可故也. 器成敎守, 則不遠道里. 號審敎施, 則不險山河. 博一純固, 則獨行而無敵. 愼號審章, 則其攻不待權與. 明必勝則慈者勇, 器無方則愚者智, 攻不守則拙者巧, 數也. 動愼十號, 明審九章, 飾習十器, 善習五官, 謹修三官. 必設常主, 計必先定. 求天下之精材, 論百工之銳器, 器成角試否臧. 收天下之豪傑, 有天下之稱材, 說行若風雨, 發如雷電. 此居於圖方中.

미세한 것을 들을 수 있으면 능히 지극히 멀리 떨어진 곳의 소리도 들을 수 있고, 싹을 볼 수 있으면 능히 아직 모습이 드러나지 않는 것도 볼 수 있고, 깊이 생각할 수 있으면 능히 아직 시작되지 않은 것도 알 수 있고, 돌연히 출동하면 적이 이를 헤아릴 길이 없고, 모험을 감행하면 능히 적의 군기軍器를 빼앗을 수 있고, 계책을 잘 세우고 갑옷 등을 튼튼히 하면 적이 감히 공격해 오지 못한다. 무기가 완비되고 군령이 지켜지면 장거리 행군을 멀다고 여기지 않고, 군령과 교령을 잘 심사해 실시하면 산과 하천을 험하게 여기지 않고, 덕이 넓으면서도 통일되고 행동이 순수해 견고하면 홀로 가도 상대할 적이 없게 되고, 호령을 신중히 하고 기장旗章의 구분을 명확히 하면 어떤 나라를 공격할지라도 맹방의 도움을 기다릴 필요도 없이 승리할 수 있다. 뛰어난 계책으로 필승이 명확해지면 성품이 인자한 자자慈者도 용맹해지고, 장병의 재능을 한계를 두지 않고 두루 활용하면 우자愚者도 지혜로워지고, 아군의 공격에 적이 지키지 못하면 재주가 서툰 졸자拙者도 재주를 발휘한다. 이것이 전쟁의 이치이다. 병사를 움직일 때는 10가지 군령인 10호號를 신중히 발하고, 9종의 깃발인 9장章을 밝게 살피고, 9종의 무기인 9기器를 열심히 익히고, 5가지 판단에 관한 5교教를 잘 훈련하고, 진퇴를 알리는 북과 징 및 깃발 등의 3관官을 삼가 닦고, 군중軍中에는 주수主帥를 반드시 세워 빠뜨리는 일이 없게 하고, 군사전략은 반드시 먼저 수립해야 한다. 천하의 뛰어난 인재를 징집하고, 공인들은 뛰어난 무기를 연구하고, 무기 제조 후에는 성능의 우열을 비교한다. 천하의 영웅호걸을 모으고, 천하의 호수好手를 휘하에 둔 뒤 일단 출동하면 휘몰아치는 게 마치 폭풍우와 같고, 폭발하는 힘이 마치 번개와 같아야 한다. 이 글은 '현궁도'의 사방 안에 있다.

청어초고능문미극聽於鈔故能聞未極의 '초'를 하여장은 미세하다는 뜻을 지닌 묘眇의 오자로 간주하면서 '미극'을 지극히 멀리 떨어진 무극無極으로 해석했다. 시어신고능견미형視於新故能見未形을 두고 야스이는 풀이키를, "신新은 시초를 말한다. 사물의 시초를 본다는 뜻이다. 그래서 능히 사물이 모습을 갖추기 전에 미리 알 수 있는 것이다."라고 했다. 사어준思於濬의 '준'은 심원深遠의 뜻이다. 발어경고능지무량發於驚故能至無量의 '발'을 윤지장은 출동을 뜻하는 발거發擧로 풀이하고, '지무량'을 적이 전혀 눈치 채지 못한다는 의미로 해석했다. 동어창고능득기보動於昌故能得其寶의 '창'을 대망은 모冒, '보'를 군기軍器를 뜻하는 실實의 오자로 보았다.

입어모고능실불가고立於謀故能實不可故의 '입어모'를 대망은 병갑을 견실하게 하는 것으로 풀이하면서 '불가고'를 불가공不可攻의 오자로 보았다. 불원도리不遠道里의 '도리'는 원정遠征을 뜻한다. 박일순고博一純固의 '박'을 왕념손은 전專의 뜻을 지닌 단摶의 잘못으로 보았다. 권여權與를 왕념손은 동맹국인 여국與國으로 풀이했다. 동신십호動愼十號의 '동'을 곽말약은 근勤의 잘못으로 보았다. '10호'는 「외언」의 '병법'에 나온다. 명심구장明審九章의 '9장'은 「외언」의 '병법'에 나오는 일日, 월月, 용龍, 호虎, 조鳥, 사蛇, 작鵲, 랑狼, 도장韜章 등 9종의 군기軍旗를 지칭한다. 칙습십기飾習十器의 '칙'은 칙飭과 같다. '10기'가 「외언」의 '병법'에는 '9기'로 나온다. 궁弓, 시矢, 도刀, 모矛, 검劍, 극戟, 갑甲, 주冑, 순盾 등이 그것이다. 선습오관善習五官의 '5관'을 홍이훤洪頤煊은 「외언」의 '병법'에 나오는 오교五教의 잘못으로 보았다. 근수삼관謹修三官의 '3관'은 「외언」의 '병법'에 나오는 고鼓, 금金, 기旗를 의미한다.

필설상주必設常主를 정사함은 주필상설主必常設의 잘못이라고 했다. 각시부장角試否臧은 우열을 비교한다는 뜻이다. '장'은 우선優善의 뜻이다. 천하지칭재天下之稱材의 '칭재'를 곽말약은 한 방면에 기예와 능력이 뛰어난 장병인 호수好手로 풀이했다. '칭'은 호好와 통한다. 탈행약풍우說行若風雨의 '탈'을 두고 곽말약은 고대에 서로 통용됐다며 급하게 모여들 탈脫로 읽어야 한다고 했다. 또 '행'은 연자라고 했다. 이에 대해 정사함은 예리할 예銳, 야스이는 버릴 사舍의 뜻으로 새겼다. 곽말약의 견해를 좇았다.

8-15

旗物尙青, 兵尙矛, 刑則交寒害釱. 器成不守, 經不知, 教習不著, 發不意. 經不知, 故莫之能圉. 發不意, 故莫之能應. 莫之能應, 故全勝而無害. 莫之能害, 故必勝而無敵. 四機不明, 不過九日而游兵驚軍. 障塞不審, 不過八日而外賊得閒. 由守不愼, 不過七日而內有讒謀. 詭禁不脩, 不過六日而竊盜者起. 死亡不食, 不過四日而軍財在敵. 此居於圖東方方外.

동쪽 기물旗物은 청색을 숭상한다. 무기로는 기다란 나무 손잡이로 된 모矛를 숭상하고, 형벌은 나무로 된 칼을 씌우거나 차꼬를 채우는 식의 목형木刑을 쓴다. 무기의 완비는 적경敵境을 넘어설 때 적이 눈치 채지 못하도록 하는 것보다 나은 게 없고, 훈련의 완성은 적이 전혀 예측치 못하는 불의不意의 시기에 움직이는 것보다 나은 게 없다. 적이 눈치 채지 못하게 적경을 넘어서야 적이 이를 막을 길이 없고, 출격할 때 적이 전혀 예측치 못하는 불의의 시기에 움직여야 적이 대응할 길이 없게 된다. 적은 용병의 이치를 알지 못해 방어할 수 없고, 불의에 거병하면 응전할 수 없다. 적이 응전할 수 없기에 싸우면 아군은 완승을 거둬 손실이 없고, 적이 아군의 진공을 막을 길이 없기에 싸우면 반드시 승리를 거둬 이후 천하무적이 된다. 「외언」의 '병법'에서 말하는 적정敵情, 적정敵政, 적장敵將, 적사敵士 등 4가지 기무사항에 밝지 못하면 9일이 지나지 않아 병사들을 흐트러뜨리고 두려워하게 만들고, 방어요새가 치밀하지 못하면 8일이 지나지 않아 외적이 틈을 노려 침입하고, 거듭 삼가며 수비를 강화하지 못하면 7일이 지나지 않아 내부에서 참소와 음모가 생기고, 거짓과 사기를 금하지 못하면 6일이 지나지 않아 도적질하는 자가 나타나고, 결사대인 감사지사敢死之士를 배불리 먹이지 않으면 4일이 지나지 않아 재부財富가 적의 수중으로 넘어간다. 이 글은 '현궁도'의 동쪽 밖에 있다.

기물상청旗物尙靑의 '기물'은 깃발을 포함한 군용장비를 말한다. 윤지장은 동쪽을 상징하는 목木을 위주로 하는 까닭에 청색을 숭상하게 된 것이라고 했다. 병상모兵尙矛의 '모'는 자루가 긴 창으로 봄에 등장하는 만물의 망예芒銳를 상징한다. 교한할체交寒害釱는 칼을 씌우거나 차꼬를 채운다는 뜻이다. 허유휼은 '교'를 교校의 생략형으로 보면서 '한'을 솥을 들어 올리는 막대인 건鍵, '해'는 비녀장을 뜻하는 할轄로 새겨야 한다고 했다. '기성불수器成不守, 경부지經不知'의 '수'를 장패륜은 약若의 잘못으로 보아 기성불약경부지器成不若經不知로 새겼다. '경'을 왕념손은 적이 모르게 적경敵境을 넘어서는 과過로 풀이했다. '교습부저敎習不著, 발불의發不意'의 '저'를 장패륜은 약若의 잘못으로 해석했다. '불의'는 상대가 전혀 예측하지 못하는 것을 말한다.

막지능해莫之能害의 '해'를 두고 대망은 원본元本에 어圉로 되어 있다며 '어'의 잘못이라고 했다. 야스이는 모든 판본이 '해'로 되어 있다며 고본古本을 좇아 '어'로 고쳐야 한다고 했다. 사기불명四機不明의 '4기'를 하여장은 「외언」의 '병법'에 나오는 적의 형편인 적정敵情, 적국의 정치상황인 적정敵政, 적의 장수인 적장敵將, 적의 병사인 적사敵士 등 4가지 기무사항으로 풀이했다. 유병경군游兵驚軍은 병사들을 흐트러뜨리고 두려워하게 만든다는 뜻이다. 장색불심障塞不審의 '장색'을 윤지장은 수비할 때의 요로要路로 풀이했다. 유수불신由守不愼의 '유수'를 유월은 거듭 수비를 강화하는 신수申守의 잘못으로 보았다. 내유참모內有讒謀의 '참모'는 참소와 음모를 통칭한 말이다. 궤금불수詭禁不脩의 '궤금'을 윤지장은 거짓과 사기 행위의 금지로 풀이했다. 사망불식死亡不食의 '망'을 왕인지는 결사대를 뜻하는 감사지사敢死之士의 사士의 잘못으로 보고, '식'을 향饗으로 새겼다. 군재軍財는 군사상의 재부財富를 말한다.

8-16

旗物尙赤, 兵尙戟, 刑則燒交疆郊. 必明其一, 必明其將, 必明其政, 必明其士. 四者備, 則以治擊亂, 以成擊敗. 數戰則士疲, 數勝則君驕. 驕君使疲民則國危. 至善不戰, 其次一之. 大勝者積衆勝, 無非義者, 焉可以爲大勝. 大勝, 無不勝也. 此居於圖南方方外.

남쪽의 기물은 적색을 숭상한다. 무기로는 극戟을 숭상하고, 형벌은 불을 사용하는 화형火刑을 쓴다. 반드시 적정敵情을 알고, 적장敵將을 알고, 적정敵政을 알고, 적병敵兵을 알아야 한다. 이 4가지가 갖춰지면 잘 정비된 군사로 혼란한 적을 치고, 이기는 군사로 패주하는 군사를 치는 것과 같다. 전쟁이 잦으면 병사들이 피로하고, 승리가 잦으면 군주는 교만해진다. 교만한 군주가 피로한 백성을 부리면 나라는 위태로워진다. 가장 좋은 것은 싸우지 않고 이기는 것으로 이를 지선부전至善不戰이라고 한다. 그 다음은 단 한 번 싸워 이기는 일전이승一戰而勝이다. 대승大勝은 여러 번 이기는 것을 모은 것이나 의로운 전쟁이 아닌 게 없어야 가히 대승이라고 이를 수 있다. 대승은 이기지 않은 적이 없는 경우를 말한다. 이 글은 '현궁도'의 남쪽 밖에 있다.

병상극兵尙戟의 '극'은 끝이 두 가닥으로 갈린 창을 말한다. 소교강교燒交疆郊의 교交를 장병린은 나무를 교차하여 태우는 교烄의 가차로 보았다. 허유휼은 '강교'를 뻣뻣하게 말리는 강고僵槁로 새겼다. 곧 화형火刑을 뜻한다. 필명기일必明其一의 '1'을 하여장은 적정敵情을 뜻하는 정情의 잘못으로 보았다. 이치격란以治擊亂은 잘 정비된 군사로 혼란한 적을 친다는 뜻이다. 이성격패以成擊敗는 이기는 군사로 패주하는 군사를 친다는 의미이다.

삭전數戰과 삭승數勝은 전쟁과 승리가 잦다는 뜻이다. 지선부전至善不戰의 '부전'은 『손자병법』에서 싸우지 않고 적을 굴복시키는 부전굴인不戰屈人과 취지를 같이 한다. 곧 부전이승不戰而勝을 뜻한다. 중승衆勝은 여러 번 이긴다는 뜻이다. 언가이위焉可以爲는 이내 가히 이를 수 있다는 의미이다. '언'은 내乃와 통한다.

8-17

旗物尚白, 兵尚劒, 刑則詔昧斷絕. 始乎無端, 卒乎無窮. 始乎無端, 道也. 卒乎無窮, 德也. 道不可量, 德不可數. 不可量則衆强不能圖. 不可數則爲詐不敢鄕. 兩者備施, 動靜有功. 畜之以道, 養之以德. 畜之以道則民和, 養之以德則民合. 故能習, 習故能偕, 偕習以悉, 莫能傷也. 此居於圖西方方外.

서쪽의 기물은 백색을 숭상한다. 무기로는 검劒을 숭상하고, 형벌은 칼로 베어 몸을 끊는 식의 금형金刑을 쓴다. 출병할 때는 싸움을 시작하는 단서를 노출시키지 않고, 철병할 때는 싸움을 끝내는 배경을 보이지 않는다. 출병할 때 단서를 보이지 않는 것이 도道이고, 철병할 때 배경을 보이지 않는 것이 덕德이다. 적으로 하여금 도는 측량치 못하고, 덕은 계산치 못하게 한다. 적이 출병을 측량치 못하면 아무리 막강한 적일지라도 대비할 겨를이 없고, 철병을 계산하지 못하면 아무리 뛰어난 궤계詭計를 구사하는 자일지라도 감히 대적할 길이 없게 된다. 이 양자가 갖춰지면 출병과 철병 모두 성공할 수 있다. 백성을 먹여 살리는 휵민畜民은 '도', 백성을 기르는 양민養民은 '덕'으로 한다. 휵민을 도로 하면 백성이 화목해지고, 양민을 덕으로 하면 백성이 하나로 합친다. 백성이 화목하여 하나로 합치면 힘을 결집시킬 수 있고, 힘을 결집시키면 서로 협조하게 되고, 서로 협조하면 모든 사람의 마음이 하나가 되고, 그리되면 마침내 그 누구도 해를 끼칠 수 없게 된다. 이 글은 '현궁도'의 서쪽 밖에 있다.

병상검兵尙劒의 '검'은 검劍과 같다. 조매단절詔昧斷絶의 '조'를 손이양은 명각본에 소紹로 되어 있다며 '소매'를 액매扼昧의 잘못으로 보았다. '매'는 나눌 할割과 통한다. 장병린은 '소'를 단斷의 뜻인 도刀의 가차로 보았다. 허유휼은 금형金刑으로 풀이했다. 무단無端은 전단戰端의 단서를 노출시키지 않고, 무궁無窮은 종전終戰의 배경을 보이지 않는다는 뜻이다. 위사불감향爲詐不敢鄕의 '위사'는 거짓된 계책을 쓰는 자를 말한다. 손성연은 '위'를 거짓 위僞, 유적은 '향'을 향向으로 새겼다. 동정動靜은 출병과 철병을 의미한다. 습고능해習故能偕의 '습'을 정사함은 협조할 집輯의 가차로 보면서, '해'를 화和로 새겼다.

8-18

旗物尙黑, 兵尙脅盾, 刑則游仰灌流. 察數而知治, 審器而識勝, 明謀而適勝, 通德而天下定. 定宗廟, 育男女, 官四分, 則可以立威行德. 制法儀, 出號令. 至善之爲兵也, 非地是求也, 罰人是君. 立義而加之以勝, 至威而實之以德, 守之而後脩, 勝心焚海內. 民之所利立之, 所害除之, 則民人從. 立爲六千里之侯, 則大人從. 使國君得其治, 則人君從. 會請命於天, 地知氣和, 則生物從. 計緩急之事, 則危危而無難. 明於器械之利, 則涉難而不變. 察於先後之理, 則兵出而不困. 通於出入之度, 則深入而不危. 審於動靜之務, 則功得而無害也. 著於取與之分, 則得地而不執. 愼於號令之官, 則擧事而有功. 此居於圖北方方外.

북쪽의 기물은 흑색을 숭상한다. 무기로는 겨드랑이에 끼는 방패를 숭상하고, 형벌은 흘러들어가는 관류灌流에 빠뜨리는 식의 수형水刑을 쓴다. 병략兵略을 살펴야 군사를 다스릴 수 있고, 무기의 성능을 살펴야 적을 이길 수 있는지 알고, 전략에 밝아야 승리를 거둘 수 있고, 덕을 널리 베풀어야 천하를 안정시킬 수 있다. 종묘를 안정시키고, 자녀를 잘 기르고, 4민民을 잘 관리해야 한다. 위엄을 세우며 덕정을 펼 수 있다. 법도와 예의를 제정하고 호령을 발해야만 군대를 통일하고, 백성을 잘 다스릴 수 있다. 용병의 최종 목표는 타국을 점령해 그 나라 백성 위에 군림하는데 있지 않다. 정의를 세우기 위해 전쟁에서 승리함으로써 전력을 강화하고, 위엄을 세우기 위해 덕정을 펼쳐 정사를 충실히 하는데 있다. 문교文敎와 덕화德化로 승리의 성과를 유지할 수 있어야 완전한 승리를 거두는 게 된다. 그래야만 능히 천하를 평정하고 한 울타리처럼 만들 수 있다. 백성이 이롭게 여기는 바를 들어주고, 백성이 해롭게 여기는 바를 제거하면 백성이 순종한다. 현명한 자를 6천리 범위 내의 제후로 봉하면 천자의 조정에 있는 대신이 복종한다. 또 동맹을 맺은 나라의 제후들로 하여금 그 나라를 잘 다스리게 하면 나머지 제후들도 이내 복종할 것이다. 하늘에 제사를 올려 질병과 재앙이 없기를 청하고, 땅이 물과 어울리면 만물이 감응해 따를 것이다. 전사戰事의 완급을 가릴 줄 알면 위험이 급하게 닥쳐도 어려움이 없다. 각종 무기의 사용에 밝으면 어려움을 능히 헤쳐 나갈 수 있고, 자세 또한 조금도 변치 않게 된다. 선발先發과 후발後發의 이치를 통찰하면 출병 시기의 조만早晩과 무관하게 조금도 곤란을 겪지 않는다. 군사가 진퇴하는 법도를 알면 깊숙이 진공해도 위험에 빠지지 않는다. 진격과 수비의 이치를 명확히 알면 반드시 공을 이루고, 전혀 피해가 없다. 취하고 나눠주는 취여取與의 일을 밝게 분별할 줄 알면 영토를 얻게 되고, 우려할 일 또한 없다. 호령을 발하는 일을 신중히 하면 작전을 전개하는 즉시 공을 세운다. 이 글은 '현궁도' 북쪽 밖에 있다.

병상협순兵尙脅盾의 '협순'은 겨드랑이에 끼는 방패를 뜻한다. 유앙관류游仰灌流는 흘러들어가는 물에 빠뜨리는 형벌을 말한다. 허유휼은 『설문해자』를 근거로 '앙'을 몰닉沒溺의 뜻을 지닌 닉休의 오자로 보았다. 이는 법法의 원래 글자인 법灋이 만들어진 취지와 같다. '법'은 물 수水와 해치獬豸를 뜻하는 치廌, 없앨 거去의 결합으로 되어 있다. '해치'는 시비곡직을 판단하는 상상의 동물로 송사에서 거짓된 자를 뿔로 받아 흐르는 물에 빠뜨린다고 한다. 치豸 내지 치廌를 속음으로 '채' 내지 '태'로 읽기도 한다. 찰수이지치察數而知治는 병략兵略을 살펴야 군사를 다스리는 이치를 알 수 있다는 뜻이다. 심기이식승審器而識勝은 무기의 성능을 살펴야 적을 이길 수 있는지를 안다는 의미이다. 명모이적승明謀而適勝의 '적'은 적敵과 같다. '적승'을 왕념손은 승적勝適의 잘못으로 보았다. 지선지위병至善之爲兵의 '위병'은 용병用兵과 같다.

관사분官四分의 '관'을 곽말약은 관管, '4분'을 4민民으로 새겼다. 출호령出號令을 두고 허유휼은 「외언」편 '병법'의 해당 구절을 근거로 밑에 '즉가이일중치민則可以一衆治民' 7자가 생략됐다고 보았다. 이를 좇았다. 벌인시군罰人是君의 '벌'을 장패륜은 비非의 잘못으로 보았다. '군'은 군림君臨의 뜻이다. 지위이실지이덕至威而實之以德의 '지'를 유사배는 치致의 생략형으로 새겼다. 수지이후수守之而後脩의 수脩를 곽말약은 완비한다는 뜻의 비備의 오자로 보았다. 승심분해내勝心焚海內의 '심분'을 이카이는 필번必樊의 잘못으로 간주해 풀이키를, "인의와 위덕威德을 지키며 거병해야 능히 승리를 거두고 이내 해내도 평정할 수 있다. 그리되면 마치 울타리인 번리樊籬의 안에 있는 것과 같다."고 했다. 이를 좇았다.

대인종大人從의 '대인'을 윤지장은 천자의 3공公과 4보輔로 새겼다. 사국군득기치使國君得其治의 '국군'을 윤지장은 동맹을 한 제후로 풀이했다. 회청명會請命은 제사를 올려 질병과 재앙이 없기를 청한다는 의미이다. '회'는 푸닥거리 회禬와 통한다. '회청명어천會請命於天, 지지기화地知氣和' 구절을 두고 윤동양은 '회'를 제후들이 재화를 모아 질병을 제거하고 이재민을 돕는 회禬, '지'를 수토水土가 서로 조화를 이루는 지滀로 풀이했다. 계완급지사計緩急之事의 '사'는 전쟁에 관한 일로 전사戰事를 뜻한다. 섭난불변涉難不變은 어려움을 헤쳐 나가며 안색이 조금도 변치 않는 것을 말한다. 득지이부집得地而不執의 '집'을 유월은 『설문해자』「심부心部」를 인용해 두려워할 포怖의 뜻인 집慹으로 새겼다. 취여지분取與之分의 '여'는 여予와 같다. 「경언」의 '목민'에 나오는 취여지도取予之道와 취지를 같이한다. 호령지관號令之官은 명령을 내리는 일을 말한다. '관'은 발發과 같다. 고음古音이 같았던 까닭에 통용된 것이다.

제9장 유관도(幼官圖)

'유관도'는 「경언」의 '유관'과 내용상 차이가 없다. 원래 도판圖版으로 꾸며졌다가 도중에 도판은 유실되고 편명을 살려두기 위해 해설문만 남은 결과다. 곽말약 등은 '현궁도玄宮圖'의 잘못이라고 했다. 실제로 그는 『관자집교』에 「현궁도」를 다시 만들어 붙이면서 고본古本과 유본劉本, 주본朱本의 배열순서가 모두 송본宋本과 같다며 서방본도, 서방부도, 남방본도, 중앙본도, 북방본도, 남방부도, 중앙부도, 북방부도, 동방본도, 동방부도의 순으로 나열했다. 본서도 이를 좇았다. 원문이 「경언」의 '유관'과 완전히 일치하고 있다. 번역문을 모두 생략한 이유다. 단지 글자가 다른 경우만 주석에서 이를 밝혀 놓았다.

9-1

秋行夏政葉, 行春政華, 行冬政秏. 十二期風至, 戒秋事. 十二小卯, 薄百爵. 十二白露下, 收聚. 十二復理, 賜與. 十二始前節, 第賦事. 十二始卯, 合男女. 十二中卯, 十二下卯, 三卯同事. 九和時節, 君服白色, 味辛味, 聽商聲, 治濕氣, 用九數, 飮於白后之井, 以介蟲之火爨. 藏恭敬, 行搏銳, 坦氣修通. 凡物開靜, 形生理, 閒男女之畜, 修鄕閭之什伍, 量委積之多寡, 定府官之計數, 養老弱而勿通, 信利周而無私. 此居於圖西方方外. 右西方本圖.

시전절始前節이 「경언」의 '유관'에는 시절始節로 되어 있다. 제부사第賦事가 「경언」의 '유관'에는 '제'가 빠져 있다. 마지막에 '이상이 서족의 기본 그림이다.'라는 뜻의 우서방본도右西方本圖 구절이 덧붙여져 있다. 뒤 대목의 마지막 구절에도 '본도' 또는 '부차적인 그림'을 뜻하는 부도副圖 등의 구절이 덧붙여져 있다. 모두 그림이 포함돼 있는데 따른 것이다.

9-2

旗物尙白, 兵尙劒, 刑則詔昧斷絶. 始乎無端, 卒乎無窮. 始乎無端, 道也. 卒乎無窮, 德也. 道不可量, 德不可數. 不可量則衆强不能圖. 不可數則爲詐不敢鄕. 兩者備施, 動靜有功. 畜之以道, 養之以德. 畜之以道則民和, 養之以德則民合. 故能習, 習故能偕, 偕習以悉, 莫之能傷也. 此居於圖西方方外. 右西方副圖.

막지능상야莫之能傷也가 「경언」의 '유관'에는 '지'가 빠져 있다. 우서방부도右西方副圖 구절이 덧붙여져 있다.

9-3

夏行春政風, 行冬政落, 重則雨雹, 行秋政水. 十二小郢, 至德. 十二絶氣下, 下爵賞. 十二中郢, 賜與. 十二中絶, 收聚. 十二大暑至, 盡善. 十二中暑, 十二大暑終, 三暑同事. 七擧時節, 君服赤色, 味苦味, 聽羽聲, 用7數, 飮於赤后之井, 以毛獸之火爨. 藏薄純, 行篤厚, 坦氣修通. 凡物開靜, 形生理, 定府官, 明名分, 而審責於群臣有司, 則下不乘上, 賤不乘貴. 法立數得, 而無比周之民, 則上尊而下卑, 遠近不乖. 此居於圖南方方外. 右南方本圖.

우남방본도右南方本圖 구절이 덧붙여져 있다.

9-4

若因, 夜虛守靜, 人物則皇. 五和時節, 君服黃色, 味甘味, 聽宮聲, 治和氣, 用五數, 飮於黃后之井, 以倮獸之火爨. 藏溫儒, 行敺養, 坦氣修通. 凡物開靜, 形生理, 常至命. 尊賢授德, 則帝. 身仁行義·服忠用信, 則王. 審謀章禮·選士利械, 則霸. 定生處死·謹賢修伍, 則衆. 信賞審罰·爵材祿能, 則强. 計凡付終·務本飾末, 則富. 明法審數·立常備能, 則治. 同異分官, 則安. 通之以道, 畜之以惠, 親之以仁, 養之以義, 報之以德, 結之以信, 接之以禮, 和之以樂, 期之以事, 攻之以官, 發之以力, 威之以誠. 一擧而上下得終, 再擧而民無不從, 三擧而地辟散成, 四擧而農佚粟十, 五擧而務輕金九, 六擧而絜知事變, 七擧而內外爲用, 八擧而勝行威立, 九擧而帝事成形. 九本搏大, 人主之守也. 八分有職, 卿相之守也. 十官飾勝備威, 將軍之守也. 六紀審密, 賢人之守也. 五紀不解, 庶人之守也. 動而無不從, 靜而無不同. 治亂之本三, 卑尊之交四, 富貧之終五, 盛衰之紀六, 安危之機七, 强弱之應八, 存亡之數九. 練之以散群傰署, 凡數財署. 殺僇以聚財, 勸勉以選衆. 使二分具本, 發善必審於密, 執威必明於中. 此居圖方中. 右中方本圖.

인물즉황人物則皇이 「경언」의 '유관'에는 '인물인물人物人物, 즉황則皇'으로 되어 있다. 식말飾末이 「경언」의 '유관'에는 칙말飭末로 되어 있다. 공지이언攻之以言이 「경언」의 '유관'에는 공지이관攻之以官으로 되어 있다. 야스이는 '공'이 고攷의 잘못이라고 했다. 내외위용內外爲用의 '내외'가 「유관」에는 외내外內로 되어 있다. 칠관식승七官飾勝이 「경언」의 '유관'에는 십관식승十官飾勝으로 되어 있다. 우중방본도右中方本圖 구절이 덧붙여져 있다.

9-5

冬行秋政霧, 行夏政雷, 行春政烝泄. 十二始寒, 盡刑, 十二小楡, 賜與. 十二中寒, 收聚. 十二中楡, 大收. 十二寒至, 靜. 十二大寒之陰, 十二大寒終,三寒同事. 六行時節, 君服黑色, 味鹹味, 聽徵聲, 治陰氣, 用六數, 飮於黑后之井, 以鱗獸之火爨. 藏慈厚, 行薄純, 坦氣修通. 凡物開靜, 形生理. 器成於僇, 教行於鈔, 動靜不記, 行止無量. 戒審四時以別息, 異出入以兩易, 明養生以解固, 審取予以總之. 一會諸侯, 令曰, "非玄帝之命, 毋有一日之師役." 再會諸侯, 令曰, "養孤老, 食常疾, 收孤寡." 三會諸侯, 令曰, "田租百取五, 市賦百取二, 關賦百取一, 毋乏耕織之器." 四會諸侯, 令曰, "修道路, 偕度量, 一稱數, 毋征藪澤以時禁發之." 五會諸侯, 令曰, "修春秋冬夏之常祭食, 天壤山川之故祀必以時." 六會諸侯, 令曰, "以爾壤生物共玄官, 請四輔, 將以祀上帝." 七會諸侯, 令曰, "官處四體而無禮者, 流之焉莠命." 八會諸侯, 令曰, "立四義而無議者, 尙之于玄官, 聽于三公." 九會諸侯, 令曰, "以爾封內之財物, 國之所有爲幣." 九會, 大命焉出, 常至. 千里之外, 二千里之內, 諸侯三年而朝, 習命. 二年, 三卿使四輔. 一年, 正月朔日, 令大夫來修, 受命三公. 二千里之外, 三千里之內, 諸侯五年而會至, 習命. 三年, 名卿請事. 二年, 大夫通吉凶. 七年, 重適入, 正禮義. 五年, 大夫請受變. 三千里之外, 諸侯世一至, 置大夫以爲廷安, 入共受命焉. 此居於圖北方方外. 右北方本圖.

무정수택毋征藪澤이 「경언」의 '유관'에는 '무정' 글자가 빠져 있다. 장이사상제將以祀上帝의 '사'가 「유관」에는 례禮로 되어 있다. 립사의이무의자立四義而無議者의 '무'가 「경언」의 '유관'에는 무毋로 되어 있다. 칠년七年이 「경언」의 '유관'에는 십년十年으로 되어 있다. 우북방본도右北方本圖 구절이 덧붙여져 있다.

9-6

旗物尙赤, 兵尙戟, 刑則燒交疆郊. 必明其一, 必明其將, 必明其政, 必明其士. 四者備, 則以治擊亂, 以成擊敗. 數戰則士疲, 數勝則君驕. 驕君使疲民則國危. 至善不戰, 其次一之. 大勝者積衆勝而無非義者, 焉可以爲大勝. 大勝,

無不勝也. 此居於圖南方方外. 右南方副圖

위국危國이 「경언」의 '유관'에는 국위國危로 되어 있다. 적중승이무비의자積衆勝而無非義者가 「경언」의 '유관'에는 '이'가 빠져 있다. 우남방부도右南方副圖 구절이 덧붙여져 있다.

9-7

必得文威武, 官習勝之務. 時因勝之終, 無方勝之幾, 行義勝之理, 名實勝之急, 時分勝之事, 察伐勝之行, 備具勝之原, 無象勝之本. 定獨威勝, 定計財勝, 定聞知勝, 定選士勝, 定制祿勝, 定方用勝, 定綸理勝, 定死生勝, 定成敗勝, 定依奇勝, 定實虛勝, 定盛衰勝. 擧機誠要, 則敵不量. 用利至誠, 則敵不校. 明名章實, 則士死節. 奇擧發不意, 則士歡用. 交物因方, 則械器備. 因能利備, 則求必得. 執務明本, 則士不偷. 備具無常, 無方應也. 聽於鈔故能聞未極, 視於新故能見未形, 思於濬故能知未始, 發於驚故能至無量, 動於昌故能得其寶, 立於謀故能實不可故也. 器成敎守, 則不遠道里. 號審敎施, 則不險山河. 博一純固, 則獨行而無敵. 愼號審章, 則其攻不待權與. 明必勝則慈者勇, 器無方則愚者智, 攻不守則拙者巧, 數也. 動愼十號, 明審九章, 飾習十器, 善習五官, 謹修三官. 必設常主, 計必先定. 求天下之精材, 論百工之銳器, 器成角試否臧. 收天下之豪傑, 有天下之稱材, 說行若風雨, 發如雷電. 此居於圖方中. 右中方副圖.

맨 마지막에 우중방부도右中方副圖 구절이 덧붙여져 있다.

9-8

旗物尙黑, 兵尙脅盾, 刑則游仰灌流. 察數而知治, 審器而識勝, 明謀而適勝, 通德而天下定. 定宗廟, 育男女, 官四分, 則可以立威行德, 制法儀, 出號令. 至善之爲兵也, 非地是求也, 罰人是君. 立義而加之以勝, 至威而實之以德, 守之而後脩, 勝心焚海內. 民之所利立之, 所害除之, 則民人從. 立爲六千里之侯, 則大人從. 使國君得其治, 則人君從. 會請命於天, 地知氣和, 則生物從. 計緩急之事, 則危危而無難. 明於器械之利, 則涉難而不變. 察於先後之理, 則兵出而不困. 通於出入之度, 則深入而不危. 審於動靜之務, 則功得而無害也. 著於取與之分, 則得地而不執. 愼於號令之官, 則擧事而有功. 此居於圖北方方外. 右北方副圖.

우북방부도右北方副圖 구절이 덧붙여져 있다.

9-9

春行冬政肅, 行秋政雷, 行夏則政閹. 十二地氣發, 戒春事. 十二小卯, 出耕. 十二天氣下, 賜與. 十二義氣至, 修門閭. 十二淸明, 發禁. 十二始卯, 合男女. 十二中卯, 十二下卯, 三卯同事. 八擧時節, 君服靑色, 味酸味, 聽角聲, 治燥氣, 用八數, 飮於靑后之井, 以羽獸之火爨. 藏不忍, 行歐養, 坦氣修通. 凡物開靜, 形生理. 合內空周外, 强國爲圈, 弱國爲屬. 動而無不從, 靜而無不同. 擧發以禮, 時禮必得. 和好不基, 貴賤無司, 事變日至. 此居於圖東方方外. 右東方本圖.

행하즉정엄行夏則政閹이 「경언」의 '유관'에는 '즉'이 빠져 있다. 우동방본도右東方本圖 구절이 덧붙여져 있다.

9-10

旗物尙靑, 兵尙矛, 刑則交寒害釱. 器成不守, 經不知, 敎習不著, 發不意. 經不知, 故莫之能圉. 發不意, 故莫之能應. 莫之能應, 故全勝而無害. 莫之能害, 故必勝而無敵. 四機不明, 不過九日而游兵驚軍. 障塞不審, 不過八日而外賊得閒. 由守不愼, 不過七日而內有讒謀. 詭禁不脩, 不過六日而竊盜者起. 死亡不食, 不過四日而軍財在敵. 此居於圖東方方外. 右東方副圖.

우동방부도右東方副圖 구절이 덧붙여져 있다.

제2편 「외언外言」

제10장 오보(五輔)

'오보'의 보輔는 포布의 가차이다. 곧 5가지 조치 내용의 뜻이 된다. 이 장은 치국의 5가지 조치인 덕德, 의義, 예禮, 법法, 권權을 설명하고 있다. '덕'은 6흥興, '의'는 7체體, '예'는 8경經, '법'은 5무務, '권'은 3도度가 있다는 게 골자이다. 이들 5가지 조치는 모두 부국강병을 이루기 위한 것이다. 폐풍을 일소해 농업생산을 독려하고, 현자를 등용하라고 주문한 게 그렇다. 관중의 부국강병 이념이 선명히 드러나는 대목이다.

10-1

古之聖王, 所以取明名廣譽, 厚功大業, 顯於天下, 不忘於後世, 非得人者, 未之嘗聞. 暴王之所以失國家, 危社稷, 覆宗廟, 滅於天下, 非失人者, 未之嘗聞. 今有土之君, 皆處欲安, 動欲威, 戰欲勝, 守欲固, 大者欲王天下, 小者欲霸諸侯, 而不務得人. 是以小者兵挫而地削, 大者身死而國亡. 故曰, "人不可不務也, 此天下之極也."

옛 성왕은 성대한 명성과 널리 알려진 명예, 풍성하고 위대한 공업功業을 성취해 그 이름을 천하에 휘날리고 후대에 길이 잊히지 않았다. 모두 민심을 얻은 덕분으로 그렇지 않은 경우는 일찍이 단 한 번도 존재한 적이 없다. 포학한 왕들은 나라를 잃고, 사직을 위태롭게 하고, 종묘를 전복시키고, 마침내 그 이름이 천하에 사라지고 말았다. 모두 민심을 잃은 탓으로 그렇지 않은 경우는 일찍이 단 한 번도 존재한 적이 없다. 지금 영토를 보유한 군주들 모두 거처를 평안히 하려 애쓰고, 거동을 위엄 있게 보이려 애쓰고, 전쟁을 벌이면 반드시 승리를 거두려 애쓰고, 수비를 더욱 견고히 하려고 애쓰고, 크게는 천하를 호령하는 왕자王者가 되려고 애쓰고, 작게는 제후를 호령하는 패자霸者가 되려고 애쓴다. 그러면서도 민심을 얻는 일에 힘쓰지 않는다. 작게는 전쟁에 패해 영토가 줄고, 크게는 자신이 죽고 나라마저 패망하는 이유다. "민심을 얻는 일에 힘쓰지 않으면 안 된다. 이는 천하의 여러 사안 가운데 가장 중요한 문제이다."라고 말하는 것도 이 때문이다.

취명명광예取明名廣譽의 '명명'은 성명盛名과 같다. 『회남자』「설림훈」의 주는 명明을 성盛으로 새겼다. '광예'는 널리 알려진 명예로 고예高譽와 통한다. 멸어천하滅於天下의 '멸'은 흔적을 남기지 않는 멸절滅絶을 뜻한다. 천하지극天下之極의 '극'은 최고의 자리를 뜻하는 말로 여기서는 최중요最重要의 뜻으로 사용됐다.

10-2

曰, "然則得人之道, 莫如利之. 利之之道, 莫如敎之以政. 故善爲政者, 田疇墾而國邑實, 朝廷閒而官府治, 公法行而私曲止, 倉廩實而囹圄空, 賢人進而姦民退. 其君子, 上中正而下諂諛. 其士民, 貴武勇而賤得利. 其庶人, 好耕農而惡飮食, 於是財用足而飮食薪菜饒. 是故上必寬裕而有解舍, 下必聽從而不疾怨, 上下和同而有禮義. 故處安而動威, 戰勝而守固, 是以一戰而正諸侯. 不能爲政者, 田疇荒而國邑虛, 朝廷兇而官府亂, 公法廢而私曲行, 倉廩虛而囹圄實, 賢人退而姦民進. 其君子, 上諂諛而下中正. 其士民, 貴得利而賤武勇. 其庶人, 好飮食而惡耕農, 於是財用匱而食飮薪菜乏. 上彌殘苟而無解舍, 下愈覆鷙而不聽從, 上下交引而不和同. 故處不安而動不威, 戰不勝而守不固. 是以小者兵挫而地削, 大者身死而國亡. 故以此觀之, 則政不可不愼也."

흔히 이같이 말한다.

"득민得民의 방법으로 백성을 이롭게 하는 이민利民보다 나은 게 없다."

누군가 물을 것이다.

"그것을 어찌 알 수 있는가?"

대답은 이렇다.

"민심을 얻는 계책으로 백성을 이롭게 해주는 것보다 나은 것은 없고, 백성을 이롭게 해주는 계책으로 백성을 가르치는 것보다 나은 게 없다. 정사를 잘 펼치는 자는 밭을 개간해 나라를 알차게 하고, 조정을 안정시켜 관부를 다스리고, 법을 공정하게 집행해 사적으로 왜곡하는 일을 금하고, 창고를 가득 채우며 감옥을 텅 비게 하고, 현자를 등용해 간사한 자를 물러나게 한다. 군주는 중정中正을 높이며 아첨을 낮추고, 선비는 무용武勇을 중시하며 이익을 탐내는 것을 천시하고, 서민은 농경農耕을 좋아하며 음식 치레를 싫어한다. 재용이 풍족해 음식과 땔나무, 채소가 넉넉한 이유다. 덕분에 위정자는 반드시 관대하고 온유해 부역을 감하거나 면제해 주고, 백성은 반드시 순종하여 미워하거나 원망하지 않는다. 상하가 화합해 예의를 지킨 덕분에 거처가 평안하며 거동이 위엄스럽고, 전쟁이 나면 반드시 이기고 수비가 견고하다. 한 번의 전쟁으로 제후들을 바로잡는 이유다. 정사를 잘 펼치지 못하면 밭이 황폐해져 나라가 텅 비고, 조정이 소란스러우며 관부가 어지러워지고, 공정한 법집행이 폐기돼 사사롭게 왜곡하는 일이 빚어지고, 창고는 텅 빈 가운데 감옥은 가득 차고, 현자는 물러나는데 간사한 자가 벼슬하는 일이 빚어진다. 군주는 아첨을 높이며 중정을 낮추고, 선비는 이익을 탐하며 무용을 천시하고, 서민은 음식치레를 좋아하며 농사를 싫어하는 이유다. 재용이 고갈돼 음식과 땔나무, 채소가 부족해지는 것도 이 때문이다. 위정자가 더욱 잔혹해져 부역을 풀어주거나 면제하는 일이 없고, 백성도 더욱 흉악해져 순종하지 않고, 상하가 서로 이익을 놓고 다투게 된다. 거처가 평안하지 못하고, 거동에 위엄이 없고, 전쟁이 나면 반드시 패하고 수비가 견고하지 못한 이유다. 작게는 전쟁에 패하여 영토가 줄어들고, 크게는 자신이 죽고 나라가 패망하는 것은 이 때문이다. 이로써 보건대 정사는 신중히 펼치지 않으면 안 된다."

'왈曰, 연즉막여리지然則莫如利之' 구절을 두고 허유휼은 '왈' 앞에 하이지기연야何以知其然也 구절이 생략됐고, '연즉'은 연자라고 했다. 뒤에 나오는 대답이 사람을 이롭게 하는 것보다 더 나은 득인得人의 계책이 없다는 내용으로 요약할 수 있는 만큼 일리가 있다. 그러나 뒤에 나오는 문장 구조를 감안할 때 여기서 한 발 더 나아가 '하이지기연야' 앞에 '왈曰, 득인지도得人之道, 막여리지莫如利之' 구절이 생략된 것으로 보는 게 타당하다. 막여교지이정莫如敎之以政의 '이정'을 두고 손성연은 『치평요람』을 근거로 연자로 보았고, 곽말약도 이를 좇았다. 공법행이사곡지公法行而私曲止의 '사곡'은 공법을 왜곡해 사적인 논의를 정당화하는 것을 말한다. 「외언」의 '법법'에 '공법'과 대비되는 말로 인용돼 있다. 상중정이하첨유上中正而下諂諛의 '상'은 숭상할 상尙과 통한다. '하'는 폄하貶下 내지 비시鄙視의 뜻이다. 천득리賤得利를 윤지장은 천박하고 구차하게 얻은 이익으로 풀이했다. 유해사有解舍의 '해'를 윤지장은 방放, '사'를 면免으로 풀이했다. 느슨하게 하여 관대히 부역을 면제한다는 뜻으로 곧 이사弛舍와 같다. 불능위정자不能爲政者의 '능'을 『순자』「권학」의 주는 선善으로 새겼다. 조정흉이관부란朝廷兇而官府亂의 '흉'은 소란스러울 흉訩의 뜻이다.

상미잔구上彌殘苟의 '잔구'를 유적은 잔가殘苛의 잘못으로 보았다. 하유퍅지下愈覆鷙의 '퍅지'는 흉하고 패려궂을 흉한凶狠의 뜻이다. '퍅'은 퍅愎의 뜻이다. 『광아』는 '퍅'을 흉맹한 새인 맹금 내지 독수리를 뜻하는 지鷙로 새겼다. 『한서』「흉노전」에 나오는 '천성분지天性忿鷙'에 대한 안사고顔師古 주는 '지'를 패려궂을 흔很으로 새겼다. 상하교인이불화동上下交引而不和同은 위아래가 서로 이익을 두고 다툰다는 뜻이다. 윤지장은 풀이키를, "군주는 신하에게 베푸는 식으로 이끌고, 신하는 군주에게 보은의 방식으로 덮어주는 모습을 보여주어야 한다. 그러지 못하면 화동和同하지 못하게 된다."고 했다.

10-3

"德有六興, 義有七體, 禮有八經, 法有五務, 權有三度!"

흔히 이같이 말한다.

"덕에는 6가지 흥성하는 이치인 육흥六興이 있고, 의에는 7가지 실체인 칠체七體가 있고, 예에는 8가지 준칙인 팔경八經이 있고, 법에는 5가지 힘쓸 일인 오무五務가 있고, 판단기준에는 3가지 법도인 삼도三度가 있다!"

권유삼도權有三度의 '권'은 저울인 권형權衡을 뜻한다.

10-4

"所謂'六興者'何?" 曰, "辟田疇, 利壇宅, 修樹蓺, 勸士民, 勉稼穡, 修牆屋, 此謂'厚其生'. 發伏利, 輸墆積, 修道途, 便關市, 愼將宿, 此謂'輸之以財'. 導水潦, 利陂溝, 決潘渚, 潰泥滯, 通鬱閉, 愼津梁, 此謂'遺之以利'. 薄徵斂, 輕征賦, 弛刑罰, 赦罪戾, 宥小過, 此謂'寬其政'. 養長老, 慈幼孤, 恤鰥寡, 問疾病, 弔禍喪, 此謂匡其急. 衣凍寒, 食飢渴, 匡貧窶, 賑罷露, 資乏絶, 此謂'賑其窮'. 凡此六者, 德之興也. 六者旣布, 則民之所欲, 無不得矣. 夫民必得其所欲, 然後聽上. 聽上然後政可善爲也. 故曰, '德不可不興也.'"

누군가 물을 것이다.

"이른바 6흥은 무엇인가?"

대답은 이렇다.

"첫째, 밭을 개간하고, 민가를 건설하고, 재배를 강구하고, 사민을 권장하고, 농사를 면려하고, 담장과 지붕을 수리하는 것이다. 이를 일컬어 백성의 생활물자를 풍부하게 하는 후생厚生이라고 한다. 둘째, 잠재된 이익인 미개발 자원을 개발하고, 적체된 물건을 수송하고, 도로를 닦고, 관문과 시장을 편리하게 하고, 객상客商의 송영送迎을 신중히 하는 것이다. 이를 일컬어 백성을 위해 재화를 수송하는 수재輸財라고 한다. 셋째, 고인 물을 터서 통하게 하고, 막혀 있는 도랑의 물을 트고, 범람하는 홍수를 막기 위해 제방을 터 흐르게 하고, 쌓여 있는 진흙을 준설하고, 막혀 있는 운하의 물을 소통시키고, 나루터의 다리를 수축修築한다. 이를 일컬어 백성에게 편리를 제공하는 유리遺利라고 한다. 넷째, 징세를 줄이고, 부역을 가볍게 하고, 형벌을 느슨히 하고, 이미 범한 죄를 사면하고, 작은 과실을 용서하는 것이다. 이를 일컬어 정사를 관대히 하는 관정寬政이라고 한다. 다섯째, 어른과 노인을 봉양하고, 어린이와 고아를 자애롭게 대하고, 홀아비와 과부를 긍휼히 여기고, 병든 자를 문안하고, 재난과 초상을 당한 이를 위로하는 것이다. 이를 일컬어 백성의 위급상황을 구제하는 광급匡急이라고 한다. 여섯째, 얼고 추운 자를 입혀주고, 주리고 목마른 이를 먹이고, 빈한한 자를 구제하고, 피폐해진 자를 진휼하고, 막다른 길에 이른 자를 도와주는 것이다. 이를 일컬어 곤궁한 처지에 놓인 백성을 구하는 진궁賑窮이라 한다. 무릇 이 6가지는 덕이 흥성하는 길이다. 이들 6가지 덕을 베풀면 백성은 바라는 것을 얻지 못하는 경우가 없게 된다. 무릇 백성은 반드시 자신들이 바라는 것을 얻은 뒤에야 군주를 따른다. 백성이 군주를 따른 뒤에야 비로소 정사도 잘 펼칠 수 있다. '덕을 일으키지 않을 수 없다.'고 말하는 이유다."

이전택利壇宅의 '이'를 왕념손은 건조할 제制의 잘못으로 보고, '전'은 『설문해자』「엄부广部」에 대한 단옥재段玉裁의 주를 인용해 사람들이 사는 지역인 전廛으로 읽어야 한다고 했다. 면가색勉稼穡의 '가색'은 파종과 수확 등의 곡식농사를 총칭한 말이다. 발복리發伏利의 '복리'를 윤지장은 개발되지 않은 이익으로 풀이했다. 잠재된 자원을 지칭한다. 수체적輸墆積의 '체'를 윤지장은 저축貯蓄을 뜻하는 저적貯積으로 새겼다. 체滯와 통한다. 신장숙愼將宿의 '장숙'을 두고 김정계金廷桂는 『관자참해管子參解』에서 『이아』「석언釋言」을 인용해 '장'을 송送, 『의례』「사관례」의 주를 인용해 '숙'을 초청을 뜻하는 속速과 통하는 진進으로 새겼다. 결국 '장숙'은 보내고 맞이하는 송영送迎의 의미가 된다.

결번저決潘渚의 '번'을 윤지장은 일溢, '저'를 수중의 육지로 새겼다. '번저'는 곧 홍수의 범람을 뜻한다. 순진량愼津梁의 '순'을 홍이훤은 '신'이 아닌 수축修築을 뜻하는 순順으로 읽었다. 유소과宥小過의 '유'는 널리 용서하는 관유寬宥의 뜻으로 서恕와 같다. 광빈구匡貧窶의 '빈구'는 빈한貧寒의 뜻이다. 『시경』「패풍邶風, 북문北門」에 구차빈窶且貧 표현이 나온다. 진피로賑罷露의 '진'은 구휼한다는 뜻으로 본래 글자는 진振이다. 일부 판본에는 진振으로 되어 있다. '피'는 피疲의 뜻이다. '로'를 『방언方言』은 패괴敗壞 내지 쇠패衰敗로 새겼다.

10-5

曰, "民知德矣, 而未知義, 然後明行以導之義, 義有七體!" "七體者何?" 曰, "孝悌慈惠以養親戚. 恭敬忠信以事君上. 中正比宜以行禮節. 整齊撙詘以辟刑僇. 纖嗇省用以備飢饉. 敦懞純固以備禍亂. 和協輯睦以備冠戎. 凡此7者, 義之體也. 夫民必知義然後中正, 中正然後和調, 和調乃能處安, 處安然後動威, 動威乃可以戰勝而守固. 故曰, '義不可不行也.'"

흔히 이같이 말한다.

"백성이 덕을 알되 아직 의를 알지 못하면 공개적으로 의를 실천해 백성을 이끈다. 의에는 7가지 실체가 있다!"

누군가 물을 것이다.

"이른바 7체는 무엇인가?"

대답은 이렇다.

"첫째, 효도와 공경, 자애, 은혜로 부모를 봉양하는 것이다. 둘째, 공손과 경건, 성실, 신의로 군주를 섬기는 것이다. 셋째, 중립과 정직, 친애, 화순으로 예절을 행하는 것이다. 넷째, 엄정과 겸손으로 형벌을 피하는 것이다. 다섯째, 세심한 절약으로 용도를 아껴 기근을 대비하는 것이다. 여섯째, 순박하고 전일한 마음으로 화란禍亂을 대비하는 것이다. 일곱째, 협조와 화목으로 도적을 대비하는 것이다. 무릇 이 7가지가 의의 실체이다. 무릇 백성은 반드시 의를 안 뒤에야 중정中正을 행하고, 중정을 행한 뒤에야 비로소 조화로워진다. 조화로워야 거처가 평안해지고, 거처가 평안해야 행동에 위세가 있고, 행동에 위세가 있어야 전쟁에서 이기고 수비를 견고히 할 수 있다. '의를 행하지 않을 수 없다.'고 말하는 이유다."

명행이도지의明行以導之義의 '행'을 윤지장은 7의義로 새겼다. 양친척養親戚의 '친척'은 부모형제를 뜻한다. 중정비의中正比宜의 '비의'는 적합適合 내지 합의合宜의 뜻이다. 정제준굴整齊撙詘의 '정제'는 엄정을 뜻한다. '준'을 윤지장은 절제를 뜻하는 절節로 새겼다. '굴'은 겸양을 뜻하는 굴屈과 통한다. 이피형륙以辟刑僇의 '피'는 피면避免의 피避, '륙'은 살육殺戮의 륙戮과 통한다. 섬색纖嗇의 '섬'을 윤지장은 세細, '색'을 인색할 린悋으로 새겼다. 사호범은 일부 판본에 섬색孅嗇으로 나온다고 했다. 돈몽순고敦懞純固는 돈후하고 소박하며 하나의 일에 전념하는 것을 말한다. '몽'을 윤지장은 후厚로 새겼다. '순'을 『국어』「주어周語」의 위소韋昭 주는 전專으로 풀이했다. 화협집목

和協輯睦의 '화협'은 협화協和, '집목'은 화목和睦과 같다.

10-6

曰, "民知義矣, 而未知禮, 然後飾八經以導之禮!" "所謂'八經者'何?" 曰, "上下有義, 貴賤有分, 長幼有等, 貧富有道. 凡此八者, 禮之經也. 故上下無義則亂, 貴賤無分則爭, 長幼無等則倍, 貧富無度則失. 上下亂, 貴賤爭, 長幼倍, 貧富失, 而國不亂者, 未之嘗聞也. 是故聖王飭此八禮, 以導其民. 八者各得其義, 則爲人君者中正而無私, 爲人臣者忠信而不黨, 爲人父者慈惠以敎, 爲人子者孝悌以肅, 爲人兄者寬裕以誨, 爲人弟者比順以敬, 爲人夫者敦懞以固, 爲人妻者勸勉以貞. 夫然, 則下不倍上, 臣不殺君, 賤不踰貴, 少不陵長, 遠不閒親, 新不閒舊, 小不加大, 淫不破義. 凡此八者, 禮之經也. 夫人必知禮然後恭敬, 恭敬然後尊讓, 尊讓然後少長貴賤不相踰越, 少長貴賤不相踰越, 故亂不生而患不作. 故曰, '禮不可不謹也.'"

흔히 이같이 말한다.

"백성이 의를 알되 아직 예를 알지 못하면 8가지 준칙을 정비해 예로 이끈다!"

누군가 물을 것이다.

"이른바 8경은 무엇인가?"

대답은 이렇다.

"첫째, 상하上下 사이에 예의가 있는 것이다. 둘째, 귀천貴賤 사이에 본분이 있는 것이다. 셋째, 장유長幼 사이에 차등이 있는 것이다. 넷째, 빈부貧富 사이에 한도가 있는 것이다. 무릇 이 8가지는 예의 준칙이다. 상하 사이에 예의가 없으면 어지러워지고, 귀천 사이에 본분이 없으면 서로 다투고, 장유 사이에 차등이 없으면 배반하고, 빈부 사이에 한도가 없으면 절제를 잃게 된다. 상하가 어지럽고, 귀천이 다투고, 장유가 배반하고, 빈부가 절제를 그르치고도 나라가 어려워지지 않은 경우를 아직 들은 적이 없다. 성왕이 8경을 정비해 백성을 이끄는 이유다. 이들 8가지 준칙이 각각 그 뜻을 얻으면 군주는 정용의 중정中正을 지켜 사사로움이 없게 되고, 신하는 충성과 믿음인 충신忠信을 지켜 편벽되지 않고, 아비는 자애롭고 은혜로운 자혜慈惠로 자식을 가르치고, 자식은 효도와 공경인 효제孝悌를 다해 엄숙하고, 형장兄長은 너그럽고 온유한 관유寬裕의 자세로 제매弟妹를 훈계하고, 제매는 화목하고 순종하는 비순比順의 자세로 형장을 공경하고, 남편은 순박하고 전일한 돈몽敦懞의 마음을 견지하고, 아내는 스스로 다독이며 힘쓰는 권면勸勉의 마음으로 정절을 지킨다. 아랫사람이 윗사람을 배반하지 않고, 신하가 군주를 시해하지 않고, 신분이 천한 자가 귀한 이를 넘보지 않고, 젊은이가 노인을 능멸하지 않고, 소원한 자가 친근한 자를 이간하지 않고, 새로 사귄 자가 옛 친구를 이간하지 않고, 작은 것이 큰 것을 업신여기지 않고, 방탕이 의로움을 파괴하지 않는 이유다. 무릇 이 8가지는 예의 준칙이다. 무릇 사람은 반드시 예를 안 뒤에야 공경하고, 공경한 뒤에야 존경하고 양보하는 자세를 지니고, 존경하고 양보하는 자세를 지닌 뒤에야 노소귀천老少貴賤이 서로 넘나들지 않게 된다. 노소귀천이 서로 넘나들지 않는 까닭에 어지러워지지 않고, 환란도 일어나지 않는다. '예는 삼가지 않을 수 없다.'고 말하는 이유다."

상하유의上下有義의 '의'는 의례를 뜻하는 의儀의 옛 글자이다. 장유무등즉배長幼無等則倍의 '배'는 등질 배背의 뜻이다. 빈부무도즉실貧富無度則失의 '실'을 윤지장은 실절失節로 풀이했다. 비순이경比順以敬의 '비순'을 윤지장은 화순和順으로 새겼다. 신불살군臣不殺君의 '살'이 고본에는 시弑로 되어 있다. 소불릉장少不陵長의 '릉'은 업신여길 기모欺侮 내지 능멸陵蔑의 뜻이다. 능陵은 능凌과 같다. 소불가대小不加大의 '가'는 뛰어넘을 능가凌駕의 뜻이다.

10-7

曰, "民知禮矣, 而未知務, 然後布法以任力. 任力有五務!" "五務者何?" 曰, "君擇臣而任官, 大夫任官辯事, 官長任事守職, 士修身功材, 庶人耕農樹藝." 君擇臣而任官, 則事不煩亂. 大夫任官辯事, 則擧措時. 官長任事守職, 則動作和. 士修身功材, 則賢良發. 庶人耕農樹藝, 則財用足. 故曰, "凡此五者, 力之務也." 夫民必知務, 然後心一, 心一然後意專, 心一而意專, 然後功足觀也. 故曰, '力不可不務也.'"

흔히 이같이 말한다.

"백성이 예를 알되 아직 법을 알지 못하면 법령을 반포하고 능력을 토대로 임용한다. 능력을 토대로 임용할 때는 5가지 힘쓸 일이 있다!"

누군가 물을 것이다.

"이른바 5무는 무엇인가?"

대답은 이렇다.

"첫째, 군주가 신하의 능력을 가려서 자리를 맡기는 것이다. 둘째, 공경대부가 관직을 맡아 정무에 애쓰는 것이다. 셋째, 관장官長이 일을 처리하며 직분을 지키는 것이다. 넷째, 선비가 자신을 수련하며 학예를 연마하는 것이다. 다섯째, 서민이 농사를 열심히 지으며 생산에 힘쓰는 것이다. 군주가 신하의 능력을 가려 자리를 맡기면 일이 번잡하지 않고, 공경대부가 관직을 맡아 정무에 애쓰면 조치하는 것이 때에 맞고, 관장이 일을 처리하며 직분을 지키면 그 움직임이 조화롭고, 선비가 자신을 수련하며 학예를 연마하면 현량賢良한 재주를 발휘케 되고, 서민이 농사를 열심히 지으며 생산에 힘쓰면 재용이 풍족해진다. '무릇 이 5가지는 법이 힘써야 할 사항이다.'라고 말하는 이유다. 무릇 백성은 반드시 힘써야 할 일을 안 뒤에야 생각을 하나로 하게 되고, 생각을 하나로 하게 된 뒤에야 비로소 뜻을 전일專一하게 할 수 있다. 생각을 하나로 하여 뜻을 전일하게 한 뒤에야 비로소 볼만한 공적을 이루게 된다. '법은 중시하지 않을 수 없다.'고 말하는 이유다."

미지무未知務의 '무'를 정사함은 법法의 잘못으로 보았다. 임관변사任官辯事의 '변'을 『춘추좌전』「노소공 원년」조의 두예杜預 주는 치治로 새겼다. 사수신공재士修身功材의 '공재'는 재예才藝의 학습을 뜻한다. '공'은 종사할 공工과 통한다. '재'는 재才와 같다. 경농수예耕農樹埶의 '예'는 곡식이나 나무 따위를 심어 가꾸는 것을 뜻하는 말로 예藝와 같은 말이다. 현량발賢良發의 '발'을 야스이는 흥興으로 새겼다. 역지무야力之務也의 '역'을 장패륜은 법法의 잘못으로 보았다. 역불가불무力不可不務의 '역'을 정사함 역시 법法의 오자로 보았다.

10-8

曰, "民知務矣, 而未知權, 然後考三度以動之!" "所謂'三度'者何?" 曰, "上度之天祥, 下度之地宜, 中度之人順. 此所謂'三度'. 故曰, '天時不祥, 則有水旱. 地道不宜, 則有飢饉. 人道不順, 則有禍亂.' 此三者之來也, 政召之. 曰, '審時以擧事, 以事動民, 以民動國, 以國動天下, 天下動, 然後功名可成也.' 故民必知權, 然後擧錯得, 擧錯得則民和輯, 民和輯則功名立矣. 故曰, '權不可不度也.'"

흔히 이같이 말한다.

"백성이 법을 알되 아직 그 판단의 기준을 알지 못하면 3가지 기준인 3도度를 통해 백성을 동원해야 한다!"

누군가 물을 것이다.

"이른바 3도는 무엇인가?"

대답은 이렇다.

"첫째, 위로는 천시天時를 헤아리는 것이다. 둘째, 아래로는 지리地利를 헤아리는 것이다. 셋째, 중간으로는 인화人和를 헤아리는 것이다. 이것이 이른 바 3도이다. '천시가 상서롭지 못하면 홍수와 가뭄이 있고, 지리가 마땅하지 않으면 기근이 있고, 인화가 불순하면 화란이 있다.'고 말하는 이유다. 이 3가지는 정사로 인한 것이다. '적당한 시기時機를 살펴 일을 거행하고, 일을 거행하는 명분을 살려 백성을 동원하고, 백성 동원으로 나라를 움직이고, 나라를 움직이는 힘으로 천하를 진동시킨다. 천하가 진동한 뒤에야 가히 공명을 이룰 수 있다.'고 말하는 것도 이 때문이다. 백성은 반드시 판단의 기준을 안 뒤에야 그 움직임이 타당하게 되고, 그 움직임이 타당해야 백성이 화합하고, 백성이 화합해야 공명을 세우게 된다. '판단의 기준을 헤아리지 않을 수 없다.'고 말하는 이유다."

민지무의民知務矣의 '무'를 정사함은 법法의 잘못으로 보았다. 정소지政召之의 '소'는 초치招致의 뜻이다. 심시이거사審時以擧事의 '시'를 윤지장은 천상天祥과 지의地宜 및 인순人順의 시기時機로 풀이했다.

10-9

故曰, "五經既布, 然後逐姦民, 詰詐僞, 屛讒慝, 而毋聽淫辭, 毋作淫巧. 若民有淫行邪性, 樹爲淫辭, 作爲淫巧, 以上諂君上, 而下惑百姓, 移國動衆, 以害民務者, 其刑死流. 故曰, '凡人君之所以內失百姓, 外失諸侯, 兵挫而地削, 名卑而國虧, 社稷滅覆, 身體危殆, 非生於諂淫者, 未之嘗聞也.' 何以知其然也? 曰, '淫聲諂耳, 淫觀諂目. 耳目之所好諂心, 心之所好傷民, 民傷而身不危者, 未之嘗聞也.' 曰, '實壙虛, 墾田疇, 修牆屋, 則國家富. 節飮食, 撙衣服, 則財用足. 擧賢良, 務功勞, 布德惠, 則賢人進. 逐姦人, 詰詐僞, 去讒慝, 則姦人止. 修飢饉, 救災害, 賑罷露, 則國家定.'"

이같이 요약할 수 있다.

"6흥興과 7체體, 8경經, 5무務, 3탁度 등의 5가지 조치를 반포한 뒤 간악한 백성을 내쫓고, 사위詐僞를 행한 자를 추적해 처벌하고, 간특한 자를 내치고, 황당한 말을 듣지 않고, 사치한 물건을 만들지 말아야 한다. 만일 백성 가운데 행동이 방탕하고 사악한 성정을 지닌 자가 있어 황당한 말을 지어내거나 사치한 물건을 만들어 위로 군주에게 아첨하고, 아래로 백성을 미혹해 풍속을 해치고 민심을 동요케 만들면 사형과 유배형에 처한다. '무릇 군주가 안으로 백성을 잃고, 밖으로 제후를 잃고, 전쟁에 패해 영토가 줄어들고, 명성이 땅에 떨어져 국위國威가 훼손되고, 사직이 무너져 패망하고, 몸이 위태로워지는 것은 모두 황당한 말에 미혹된 결과다. 그렇지 않다는 얘기를 아직 들어본 적이 없다.'고 말하는 이유다. 무엇으로 그것을 알 수 있는가? 대답키를, '방탕한 음악은 귀를 미혹케 만들고, 방탕한 관람은 눈을 미혹케 만들고, 귀와 눈이 좋아하는 것은 마음을 미혹케 만들고, 마음이 좋아하는 것은 백성을 해친다. 백성에게 해로우면서 군주를 위태롭게 하지 않는 것은 아직 들어본 적이 없다.'고 할 수 있다. 덧붙여 대답키를, '변경으로 백성을 보내 채우고, 전답을 개간하고, 담장과 지붕을 수리하면 나라가 부유해진다. 음식을 절제하고, 의복을 검소하게 하면 재용이 풍족해진다. 현량한 자를 등용하고, 공로를 중시하고, 덕혜德惠를 베풀면 현인이 조정에 진출한다. 간악한 자를 내쫓고, 속이거나 거짓된 자를 힐책하고, 간특한 자를 물리치면 간사한 자의 진출이 저지된다. 기근을 대비하고, 재해를 구제하고, 피폐한 자를 구휼하면 나라가 안정된다.'고 할 수 있다."

'고왈故曰, 오경기포五經既布'의 '고왈'을 손성연은 연자로 보았다. '5경'은 곧 덕유육흥德有六興, 의유칠체義有七體, 예유팔경禮有八經, 법유오무法有五務, 권유삼도權有三度를 지칭한 것이다. 힐사위詰詐僞의 '힐'은 추적하여 처벌하는 것을 말한다. 무청음사毋聽淫辭의 '음사'는 과장되고 비현실적인 언사言辭를 뜻한다. 기형사류其刑死流의 '사류'는 사형死刑과 유형流刑을 통칭한 말이다. 도음諂淫을 사호범은 주본朱本을 좇아 의혹을 뜻하는 음도淫諂로 바꿔야 한다고 했다. 존의복撙衣服의 '존'을 허유휼은 『설문해자』를 인용해 끊거나 줄인다는 뜻의 준劕과 같다고 했다. 수기근修飢饉의 '수'를 유월은 비備의 오자라고 했다.

10-10

明王之務, 在於强本事, 去無用, 然後民可使富. 論賢人, 用有能, 而民可使治. 薄稅斂, 毋苟於民, 待以忠愛, 而民可使親. 三者, 霸王之事也. 事有本, 而仁義其要也. 今工以巧矣, 而民不足於備用者, 其悅在玩好. 農以勞矣, 而天下飢者, 其悅在珍怪, 方丈陳於前. 女以巧矣, 而天下寒者, 其悅在文繡. 是故博帶梨, 大袂列. 文繡染, 刻鏤削, 彫琢采. 關幾而不征, 市鄽而不稅. 古之良工, 不勞其知巧以爲玩好. 是故無用之物, 守法者不失.

명군의 임무는 크게 3가지이다. 첫째, 농업생산을 강화하며 쓸모없는 사치품을 제작하는 말작末作을 없애는데 힘쓴다. 그래야 백성을 부유하게 만들 수 있기 때문이다. 둘째, 현량한 자를 선발하고, 능력 있는 자를 등용한다. 그래야 백성을 다스릴 수 있기 때문이다. 셋째, 세금을 줄이고, 백성에게 가혹하게 굴지 않고, 성실하고 애호하는 자세로 대한다. 그래야 백성을 가까이 다가오게 만들 수 있기 때문이다. 이 3가지는 패왕霸王이 해야 할 일이다. 일에는 근본이 있다. 인의仁義가 그 핵심이다. 지금 공장工匠의 재주가 매우 정교한데도 백성의 일상용품이 부족한 것은 군주가 곁에 두고 즐기는 노리개 등의 완호玩好에 빠져있기 때문이다. 농부들이 애써 농사를 짓는데도 천하의 백성이 굶주리는 것은 군주가 진귀하고 괴이한 식품인 진괴珍怪에 빠져있기 때문이다. 베를 짜는 여인의 재주가 매우 정교한데도 천하의 백성들이 추위에 떠는 것은 군주가 화려한 자수인 문수文繡에 빠져있기 때문이다. 그래서 넓은 띠를 좁게 하고, 큰 소매를 작게 하고, 화려한 자수를 소박하게 물들이고, 웅장한 조각을 깎아내고, 조각된 문양을 밀어서 평평하게 만들어야 하는 이유다. 관문關門의 경우는 조사만 한 채 통행세를 받지 않아야 하고, 시전市廛의 경우는 전방에만 세금을 걷고 물건에는 세금을 걷지 않아야 한다. 옛날의 훌륭한 공인은 그 총명과 정교한 재주를 이용해 군주를 위한 정교한 사치품을 만들지 않았다. 쓸데없는 사치품을 수법자守法者가 생산하지 않은 이유다.

강본사强本事의 '본사'를 윤지장은 농상農桑으로 새기면서, 거무용去無用의 '무용'을 사치품을 제조하는 말작末作으로 풀이했다. 논현인論賢人의 '논'을 허유휼은 『설문해자』를 인용해 택擇의 뜻을 지닌 윤掄과 통한다고 했다. 무구어민毋苟於民의 '구'를 이카이는 가苛의 잘못이라고 했다. 공이교의工以巧矣의 '이'는 이已와 같다. 방장진어전方丈陳於前을 정사함은 연문衍文으로 보았다. 박대리博帶梨는 넓은 띠를 좁게 한다는 의미이다. '리'를 정사함은 할割의 뜻인 리剺와 통한다고 했다. 대메열大袂列은 큰 소매를 갈라 작게 만든다는 뜻이다. '열'을 정사함은 열裂의 고자古字라고 했다. 『설문해자』「의부衣部」는 분해分解로 새겼다. 조탁채彫琢采의 '채'를 왕인지는 평平의 잘못이라고 했다.

관기이부정關幾而不征은 관문을 관장하는 관원이 지나가는 사람에게 통행세를 받지 않는다는 의미이다. '기'를 여상봉은 사찰査察의 의미로 새겼다. 기譏로 나오는 판본도 있다. '정'은 세금을 거두는 정부征賦의 뜻이다. 징부徵賦, 부세賦稅, 정수征收 모두 같은 의미이다. 시전이불세市鄽而不稅는 물건을 늘어놓고 파는 가게인 전방廛房에만 세금을 걷고 물건에는 세금을 걷지 않는다는 뜻이다. '전'은 전廛과 통한다. 『예기』「왕제王制」에는 세금을 가게에만 부과하고 상품에는 부과하지 않는다는 뜻의 전이불세廛而不稅 표현이 나온다. 수법자부실守法者不失의 '실'을 곽말약은 생生의 잘못이라고 했다.

제11장 주합(宙合)

'주합'의 주宙를 『회남자』「제속훈齊俗訓」은 과거부터 현재까지의 시간으로 풀이했다. 합合을 『장자』「제물론齊物論」은 천지사방을 뜻하는 육합六合으로 새겼다. 상, 하, 전, 후, 좌, 우의 육방六方이 그것으로 우宇로 표현키도 한다. '주합'은 곧 우주宇宙를 뜻한다. 여기서는 위로 하늘과 통하고, 아래로 땅속에 이르고, 밖으로 사해의 끝까지 도달해 마침내 천지와 하나를 이룬다는 취지로 사용된 것이다. 시공을 뛰어넘는 치국평천하 원리를 상징한다.

11-1

左操五音, 右執五味.

군주가 명을 내리는 것은 5음五音을 조절하는 것과 같고, 신하가 능력을 다하는 것은 5미味를 조절하는 것과 같다.

5음音은 궁조宮調, 상조商調, 각조角調, 치조徵調, 우조羽調의 5가지 음계를 말한다. 군도君道를 상징한다. 5미味는 달 감甘, 실 산酸, 쓸 고苦, 매울 신辛, 짤 함鹹의 5가지 맛을 지칭한다. 신도臣道를 상징한다.

11-2

懷繩與准鉤, 多備規軸, 減溜大成, 是唯時德之節.

군주는 먹줄과 수평기 및 그림쇠에 해당하는 여러 규범과 제도를 두루 갖춘 뒤 널리 덕을 베푸는 방법으로 큰 성공을 거두고자 한다. 이것이 완벽한 성공을 얻으려면 오직 시기時機와 덕행德行이 마치 부절符節처럼 하나로 합쳐지는 때를 기다려야만 한다.

승繩은 먹줄을 말한다. 준구准鉤는 수평기와 곡척曲尺을 뜻한다. 그림쇠, 자, 수준기, 먹줄을 통틀어 흔히 규구준승規矩準繩으로 표현한다. 일상생활에서 지켜야 할 법도를 지칭키도 한다. 여기서는 나라의 법도를 상징하는 말로 사용됐다. 감류대성減溜大成의 '감'은 진盡, '류'는 발發의 뜻이다. '규구준승'의 작용을 뜻한다. 시덕지절時德之節을 윤지장은 시기時機와 덕망德望의 부합符合으로 풀이했다.

11-3

春采生, 秋采蓏, 夏處陰, 冬處陽. 大賢之德長.

봄에는 새로 나온 싹과 잎을 먹고, 가을에는 땅에서 나는 과실을 먹고, 여름에는 서늘한 곳에 살고, 겨울에는 따뜻한 곳에 머문다. 위대한 현인의 덕이 오래가는 이유다.

춘채생春采生의 '생'은 처음으로 돋아나기 시작한 싹과 잎 등을 지칭한다. 시기에 맞춰 움직이는 것을 상징한다. 추채라秋采蓏의 '라'는 오이와 유사한 종류의 과실을 총칭한 것이다. 나무에 나는 과실을 과果, 땅에서 나는 것을 '라'라고 한다. 대현지덕장大賢之德長은 대현의 덕행만이 장구하게 유전

流傳된다는 뜻이다.

11-4

明乃哲, 哲乃明, 奮乃苓, 明哲乃大行.

명지明智가 현철賢哲이고, 현철이 명지이다. 흥성한 뒤 쇠락하니, 명지와 현철은 인간이 행할 수 있는 최고의 행위인 대행大行의 근본이다.

분내령奮乃苓의 '분'은 성盛, '령'은 락落을 뜻한다. 극성한 뒤 쇠락하지 않는 경우가 없다는 의미이다. '령'은 영락零落을 뜻하는 영零의 가차이다. 명철내대행明哲乃大行의 '명철'은 명지와 현철을 통칭한 말이다. '대행'은 위대한 행위를 뜻한다. 『순자』「자도子道」는 도를 좇으면서 군주를 따르지 않는 종도부종군從道不從君과 의를 따르면서 부친을 따르지 않는 종의부종부從義不從父를 '대행'으로 보았다. 해당대목이다.

"집에 들어가서는 부모에게 효도하고 밖으로 나와서는 형장兄長을 존중하는 것은 소행小行, 위로 군부君父에 순종하고 아래로 아랫사람에게 독실한 것은 중행中行, 도를 따르면서 군주를 따르지 않고 의를 따르면서 부친을 따르지 않는 것은 '대행'이다."

11-5

毒而無怒, 怨而無言, 欲而無謀.

한스러울지라도 노여워해서는 안 되고, 노여울지라도 비난하는 말을 입 밖으로 내서는 안 되고, 계책을 지니고 있을지라도 이를 남과 상의해서는 안 된다.

독이무노毒而無怒의 '독'은 통한痛恨의 의미이다. 『후한서』「풍연전馮衍傳」에 '독종횡지패속毒縱橫之敗俗' 표현이 나온다. '무'는 무毋와 통한다. 욕이무모欲而無謀의 '무모'는 계모計謀를 낼 때 남과 상의해 누설해서는 안 된다는 뜻이다.

11-6

大揆度儀, 若覺臥, 若晦明, 若敖之在堯也.

주의 깊게 사려하는 모습이 마치 자면서도 눈을 뜬 듯하고, 어둠 속에서도 밝게 보는 듯하고, 요임금의 오만한 아들 단주丹朱가 부왕인 요임금의 가르침을 받는 듯하다.

대규탁의大揆度儀의 '규탁'은 도량度量의 뜻이다. '의'는 의태儀態를 의미한다. 각와覺臥는 눈을 뜬 채 자는 것을 말한다. 회명晦明을 윤지장은 어둠 속에서 명찰明察한다는 뜻으로 새겼다. 오지재요敖之在堯의 '오'는 전설상의 요임금 아들로 오傲로 표현키도 한다. 원래 이름은 주朱로 단수丹水 부근에 산 까닭에 흔히 단주丹朱로 불렸다. 윤지장은 단주가 오만불손한 모습을 보인 까닭에 '오'라는 이름을 얻게 됐다고 했다. 요임금은 아들 단주를 엄격하게 훈육했다고 한다.

11-7

毋訪于佞, 毋蓄于諂, 毋育于凶, 毋監于讒! 不正, 廣其荒.

간녕奸佞한 자를 찾지 말고, 아첨하는 자를 기르지 말고, 흉포한 짓을 벌이지 말고, 참언讒言하는 자를 믿지 마라! 치국의 방침이 단정치 못하면 나라가 아무리 클지라도 이내 황량해지고 말 것이다.

무방우녕毋訪于佞의 '녕'은 아첨을 잘하고 간사한 영인佞人을 지칭한다. 무축우첨毋蓄于諂의 '축'은 축양畜養의 뜻이다. 무육우흉毋育于凶은 폭력을 행사해 백성을 해치지 말라는 취지이다. 무감우참毋監于讒의 '감'은 감鑑과 같다. 참고할 차감借鑑의 뜻이다. '참'은 남을 헐뜯거나 무함하는 참언讒言을 말한다. 광기황廣其荒의 '황'은 공空과 통한다. 『국어』「오어吳語」에 구두 상으로만 강화를 받아들이고 삽혈歃血을 통한 결맹은 하지 않는 황성불맹荒城不盟 표현이 나온다.

11-8

不用其區區. 鳥飛准繩.

허정虛靜한 자세를 취하지 마라. 성인이 천지변화에 관계하는 모습은 마치 새가 일직선으로 높이 날아오르는 듯하다.

구구區區를 두고 진환은 풀이키를, "두 글자 가운데 하나는 연자衍字인 듯하다. '구'는 빌 허虛의 뜻이다."라고 했다. 허공虛空 내지 허정虛靜의 의미로 풀이한 셈이다. 비조준승鳥飛准繩을 두고 오여륜吳汝綸은 『점감관자독본點勘管子讀本』에서 풀이키를, "뒤에 나오는 해석에 따르면 이는 성인참예천지聖人參預天地 6자가 앞에 나와야 한다."고 했다. '참예'는 어떤 일에 끼어들어 관계하는 것을 말한다.

11-9

諛充末衡, 易政利民.

마음이 충실하고 이목이 단정해야 정사가 안정돼 백성을 이롭게 할 수 있다.

현충말형諠充末衡의 '현충'은 마음이 충실한 것을 뜻한다. 곽말약은 '현'을 흉胸을 뜻하는 흉滑의 오자로 보았다. '충'은 실實의 뜻이다. '말형'의 '말'은 이목耳目, '형'은 평정平正을 뜻한다. 이정이민易政利民의 '이정'은 정사가 안정됐다는 뜻으로 험정險政과 대비된 말이다.

11-10

毋犯其凶, 毋邇其求, 而遠其憂. 高爲其居, 危顚莫之救.

흉악한 일을 범하지 말고, 눈앞의 향락을 추구하는 대신 먼 앞날을 염려하라. 높은 자리에 있다가 추락하면 구해줄 사람도 없게 된다.

무이기구毋邇其求의 '이'는 근近의 뜻이다. 위전막지구危顚莫之救의 '위전'은 전복顚覆과 같다. '막지구'는 필패必敗의 의미이다.

11-11

可淺可深, 可浮可沉, 可曲可直, 可言可默. 天不一時, 地不一利, 人不一事.

얕거나 깊을 수 있고, 뜨거나 가라앉을 수 있고, 굽거나 곧을 수 있고, 말하거나 침묵할 수 있다. 천시天時는 1가지 시기에만 존재하는 게 아니고, 지리地利 또한 1가지 이로움에만 그치는 게 아니고, 인사人事 또한 1가지 일에만 국한되는 게 아니다.

가부가침可浮可沉의 '침'은 침沈과 같다. 천불일시天不一時는 천시불일시天時不一時, 지불일리地不一利는 지리불일리地利不一利, 인불일사人不一事는 인사불일사人事不一事의 같은 글자의 반복을 피하기 위한 생략형이다.

11-12

可正而視, 定而履, 深而迹.

자신의 견해를 바르게 하고, 처리방법을 확고히 하고, 행적을 깊게 하라.

가정이시可正而視의 '이'는 2인칭으로 이爾와 통한다. '시'는 관점 내지 견해를 뜻한다. 정이리定而履의 '리'는 처리방법을 의미한다. 심이적深而迹의 '적'은 적蹟과 같은 말로 사적事迹 내지 행적行迹을 뜻한다.

11-13

夫天地一險一易, 若鼓之有楟, 擿擋則擊.

무릇 천지 사이에는 험지險地와 평지平地가 있어 마치 북에 북채가 있어 북채로 치면 '적'과 '당' 소리가 나는 것과 같다.

일험일이一險一易는 험한 곳과 평탄한 곳이 있다는 뜻이다. 고지유정鼓之有楟의 '정'을 홍이훤은 북채를 뜻하는 부桴의 오자로 보았다. 적당즉격擿擋則擊의 '적당'은 우리말 '둥둥'에 해당하는 북소리의 의성어로 현대 중국어에서는 정당丁當으로 표현한다. '적'은 북의 둘레를 칠 때 나는 소리, '당'은 북의 한가운데를 칠 때 나는 소리이다.

11-14

天地萬物之橐, 宙合有橐天地.

천지는 만물의 주머니이고, 주합宙合은 천지를 감싸는 주머니이다.

만물지탁萬物之橐의 '탁'은 곡식 등을 담는 커다란 자루를 말한다. 주합유탁천지宙合有橐天地의 '유'는 우又의 뜻이다.

11-15

'左操五音, 右執五味.' 此言君臣之分也. 君出令佚, 故立于左. 臣任力勞, 故立于右. 夫五音不同聲而能調, 此言君之所出令無妄也, 而無所不順, 順而令行政成. 五味不同物而能和, 此言臣之所任力無妄也, 而無所不得, 得而力務財多. 故君出令, 正其國而無齊其欲, 一其愛而無獨與是, 王施而無私, 則海內來賓矣. 臣任力, 同其忠而無爭其利, 不失其事而無有其名, 分敬而無妬, 則夫婦和勉矣. 君實音則風律必流, 流則亂敗. 臣離味則百姓不養, 百姓不養則衆散亡. 君臣各能其分, 則國寧矣. 故名之曰'不德'.

앞서 언급한 '좌조오음左操五音, 우집오미右執五味'는 군주와 신하의 직분을 말한 것이다. 정령政令을 발하는 군주는 평안하기에 왼쪽, 이를 집행하는 신하들은 힘써 일하기에 오른쪽에 자리한다. '5음'은 소리가 다르지만 서로 조화를 이룬다. 이는 군주가 발하는 정령에 어긋난 게 없고, 덕분에 불순不順한 게 없고, 이에 정령이 잘 시행돼 일이 성취되는 것을 의미한다. '5미'는 다른 사물이지만 서로 조화를 이룬다. 이는 신하가 맡은 일에 어긋난 게 없고, 덕분에 이루지 못하는 게 없고, 마침내 힘써 일한 덕분에 재화가 풍성해지는 것을 의미한다. 군주가 정령을 발하는 것은 나라의 정책을 바르게 하려는 것이지 백성의 욕망을 획일화하려는 게 아니다. 애오愛惡의 정情은 한 가지로 나타날 수 있지만 이를 만족시키는 방법은 매우 다양하다. 공정하게 시혜施惠하며 사사로움이 없으면 천하의 백성이 모여든다. 신하가 맡은 일에 힘쓰는 것은 백성과 더불어 환난을 같이 하려는 것이지 사사롭게 이익을 다투려는 게 아니고, 백성의 일이 잘못되지 않게 하려는 것이지 자신의 명성을 도모하려는 게 아니다. 서로 존경하며 시기하지 않으면 천하의 모든 부부는 서로 화합해 맡은 일에 힘쓸 것이다. 군주가 정령을 발하면서 조화를 이루지 못하면 반드시 효력을 잃게 되고, 그러면 나라가 크게 어지러워진다. 신하가 일을 하면서 조화를 이루지 못하면 백성은 살아나갈 길이 없고, 그러면 백성은 사방으로 흩어져 달아날 것이다. 군주와 신하가 각기 직분을 다하면 나라는 이내 안녕해질 것이다. 이를 두고 위대한 덕행인 비덕丕德이라고 부르는 이유다.

군신지분君臣之分의 '분'은 직분職分을 뜻한다. 군출령일君出令佚의 '일'은 숨어들어 편히 쉰다는 뜻의 일逸과 통한다. 무망無妄의 '망'은 망령된 행동을 의미한다. 『춘추좌전』「노애공 25년」조의 두예 주는 불법不法으로 새겼다. 일기애이무독여시一其愛而無獨與是의 '여'를 장패륜은 기其, '시'를 곽말약은 족足의 잘못으로 보았다. 이같이 볼 경우 애오愛惡의 정情은 같은 것이나 이를 만족시키는 길은 다양하다는 의미가 된다. 왕시이무사王施而無私의 '왕'을 왕념손은 정正의 잘못으로 보았다. 동기충이무쟁기리同其忠而無爭其利의 '충'을 이철명은 리利와 대비되는 환患의 잘못으로 보았다. 분경이무투分敬而無妬의 '분'을 야스이는 서로 존경하는 교交의 의미로 새겼다. 풍률필류風律必流의 '풍률'은 음률音律의 뜻이다. 『회남자』「원도훈」의 고유高誘 주는 유풍遺風을 여성餘聲으로 풀이했다. 비덕不德의 '비'는 크다는 뜻의 비丕와 통한다.

11-16

'懷繩與准鉤, 多備規軸, 減溜大成, 是唯時德之節.' 夫繩, 扶撥以爲正. 准壞險以爲平. 鉤入枉而出直. 此言聖君賢佐之制擧也. 博而不失, 因以備能而無遺. 國猶是國也, 民猶是民也, 桀紂以亂亡, 湯武以治昌. 章道以敎, 明法以期, 民之興善也如化, 湯武之功是也. 多備規軸者, 成軸也. 夫成軸之多也, 其處大也不究, 其入小也不塞, 猶迹求履之憲也, 夫焉有不適善? 適善, 備也, 僊也, 是以無乏. 故諭教者取辟焉. 天淯陽, 無計量. 地化生, 無法崖. 所謂'是而無非', 非而無是, 是非有, 必交來. 苟信是, 以有不可先規之, 必有不可識慮之, 然將卒而不戒. 故聖人博聞多見, 畜道以待物, 物至而對, 形曲均存矣. 減, 盡也. 溜, 發也. 言偏環畢, 莫不備得. 故曰, '減溜大成.' 成功之術, 必有巨獲, 必周於德, 審於時. 時德之遇, 事之會也, 若合符然. 故曰, '是唯時德之節.'

'회승여준구懷繩與准鉤, 다비규축多備規軸, 감류대성減溜大成, 시유시덕지절是唯時德之節'의 준승准繩은 치우치거나 곧지 못한 것을 바르게 잡는 도구, 준기准器는 울퉁불퉁한 것을 평평하게 만드는 도구, 구鉤는 둥근 원 속에서 지름의 길이 등을 찾아낼 때 사용하는 도구를 말한다. 성군聖君과 현상賢相의 건전한 법제운영을 상징한다. 법제가 완벽히 갖춰져 빠뜨린 게 없고, 철저히 대비한 덕분에 법망에서 빠져나가는 게 없다. 나라도 똑같고 백성도 똑같았는데도 걸桀과 주紂는 잘못 다스려 패망했지만 은나라 탕왕湯王과 주나라 무왕武王은 잘 다스려 창성했다. 이들은 치도治道를 선양해 백성을 교화하고, 법제를 밝혀 공평히 처리함으로써 백성이 선행을 하는 것을 하나의 풍속으로 만들었다. 탕왕과 무왕의 공이 이러했다. '다비규축자多備規軸者'는 나라를 다스리는 법제를 완벽하게 마련했다는 뜻이다. 법제가 다각도로 완비됐다는 것은 곧 커다란 사안에 대해서도 빈틈이 없고, 작은 사안에 대해서도 막히는 게 없다는 얘기다. 마치 신발을 신발제작의 목제 모형에 따라 만드는 것과 같다. 어찌 맞지 않을 리 있겠는가? 크기에 잘 맞고 모든 게 갖춰져 있으니 선택해 사용할지라도 모자랄 게 없다. 사례를 통해 선전하고 가르치는 자가 비유를 잘하는 이유다. 하늘이 양기로 만물을 기르는 것은 측량할 길이 없고, 땅이 음기로 만물을 양육하는 것은 그 끝이 없다. 이른바 시是는 비非가 없다는 의미이고, '비'는 '시'가 없다는 뜻이다. 그러나 시비是非를 논할 경우 양자는 반드시 함께 섞여서 나온다. 실로 '시비'가 이처럼 복잡한 모습을 띠고 있다면 어떤 것이 옳고 그른지 미리 알아채는 일이 불가능하다. 상황이 이런 까닭에 문득 어떤 일에 관해 '시비'가 불거질 경우 사람들은 아무런 대비도 못하게 된다. 성인이 평소 널리 듣고 많이 보는 박문다견博聞多見을 통해 미리 '시비'를 가릴 수 있는 여러 식견을 축적하고, '시비' 문제가 불거졌을 때 그간의 식견에 비춰 '시비'를 판정하는 이유다. 시비곡직是非曲直이 곧바로 가려지는 배경이 여기에 있다. 감류대성減溜大成의 '감'은 극진히 한다는 뜻이고, '류'는 펼친다는 것이다. 기왕에 지니고 있던 모든 도구가 좋은 쪽으로 상호작용을 일으켜 크게 성공한다는 의미를 담고 있다. 군주가 여러 규범과 제도를 두루 갖춘 뒤 널리 덕을 베푸는 방법으로 큰 성공을 거두고자 하는 '감류대성'을 언급한 이유가 여기에 있다. 성공을 거두는 비술은 반드시 일정한 준칙 위에 서 있고, 그 시작은 반드시 두루 덕을 베푸는데 있다. 객관적인 시기時機를 세밀히 살펴야 하는 이유다. 좋은 시기와 덕행의 결합은 일이 성사되는데 반드시 필요한 기회機會이다. 마치 부절符節을 하나로 합치는 것과 같다. '시유시덕지절是唯時德之節'을 언급한 이유다.

부발이위정扶撥以爲正의 '발'은 부정不正의 뜻이다. 제거制擧의 '제'는 법제, '거'는 건전健全을 의미한다. 박이부실博而不失의 '박'은 전면全面을 뜻한다. 창도이교章道以敎의 '창'은 창彰과 통한다. 명법이기明法以期의 '기'는 필必의 뜻으로 『춘추좌전』「노애공 16년」조에 '기사期死, 비용야非勇也' 표현이 나온다. '기사'는 필사必死와 같다. 민지흥선야여화民之興善也如化의 '여화'를 두고 왕념손은 송본 이외의 여타 판본에 나오는 여차如此 모두 '여화'로 바꿔야 한다고 주장했다. 기처대야불구其處大也不究의 '구'를 왕념손은 조窕의 잘못이라고 했다. 부조不窕는 가득 차지 않은 것을 뜻한다. 유적구리지헌猶迹求履之憲의 '적'은 족적足跡을 말한다. '헌'은 고대에 신발제작의 목제 모형인 우리말의 신골을 뜻하는 훤楦과 통했다. 선야僊也의 '선'을 곽말약은 선選의 잘못이라고 했다. 취비언取辟焉의 '비'는 비유할 비譬의 뜻이다. 천육양天

淯陽의 '육'은 육育과 같다. '양'을 정사함은 양養의 가차로 보았다.

법애法崖를 왕인지는 끝이 없다는 뜻의 반애泮崖의 잘못이라고 했다. 반泮과 반畔, 애涯 모두 물가를 뜻한다. 구신시苟信是의 '신'은 필必의 뜻이고, '시'는 지시대명사 차此의 의미이다. 이유불가선규지以有不可先規之의 '이'를 정사함은 필必의 오자라고 했다. '규'는 엿볼 규窺와 통한다. 식려지識慮之의 '식려'는 정확히 분별해 세심히 사려한다는 뜻이다. 장졸이불계將卒而不戒의 '졸'은 돌연의 뜻인 졸猝과 같다. 형곡균존形曲均存의 '곡균'을 곽말약은 시비곡직是非曲直으로 풀이했다. 언편환필言偏環畢의 '편'이 조본에는 편徧으로 나온다. '필'을 유사배는 우寓의 오자로 보았다. 환우環寓는 천자가 다스리는 세상인 환우寰宇와 같다. 거획巨獲의 '거'는 구矩의 옛 글자이다. 야스이는 '획'을 확矱의 잘못으로 보았다. 왕념손도 '거획'을 법도를 뜻하는 구확榘矱으로 풀이했다.

11-17

'春采生, 秋采蓏, 夏處陰, 冬處陽.' 此言聖人之動靜·開闔·詘信·浧儒·取與之必因於時也. 時則動, 不時則靜, 是以古之士有意而未可陽也. 故愁其治, 言含愁而藏之也. 賢人之處亂世也, 知道之不可行, 則沉抑以辟罰, 靜黙以侔免. 辟之也, 猶夏之就凊, 冬之就溫焉, 可以無反於寒暑之菑矣, 非爲畏死而不忠也. 夫强言以爲僇, 而功澤不加, 進傷爲人君嚴之義, 退害爲人臣者之生, 其爲不利彌甚. 故退身不舍端, 脩業不息版, 以待淸明. 故微子不與於紂之難, 而封於宋, 以爲殷主, 先祖不滅, 後世不絶. 故曰, '大賢之德長.'

'춘채생春采生, 추채라秋采蓏, 하처음夏處陰, 동처양冬處陽'은 성인의 동정動靜과 열고 닫는 개폐開閉, 굽히고 펴는 굴신屈伸, 나아가고 물러나는 진퇴進退, 주고받는 취여取與 모두 반드시 시기를 따른다는 취지에서 나온 것이다. 시기에 맞으면 움직이고, 맞지 않으면 고요히 머문다. 옛날의 현사賢士들이 뜻을 안으로 감추고 밖으로 드러내지 않은 이유다. 그들은 치국의 방략을 흉중에 묻어 두는 식으로 떠벌이지 않고 은밀히 숨겼다. 현자는 난세가 닥치면 도가 행해질 수 없다는 사실을 잘 아는 까닭에 초야에 몸을 숨기며 겸손히 낮추는 식으로 형벌을 피하고, 고요히 침묵하는 식으로 화를 면한다. 피하는 모습이 마치 여름에 그늘에 나아가는 것과 같고, 겨울에 따뜻한 곳에 나아가는 것과 같다. 추위와 더위에 따른 재난이 몸에 미치지 않는 이유다. 이는 죽음을 두려워하거나 충성스럽지 못한 탓이 아니다. 강력한 진언으로 인해 죽임을 당하면 공훈과 은택이 미치지 못할 뿐만 아니라 위로는 군주의 존엄을 훼손하고, 아래로는 여타 신하들의 생존 기회마저 해치는 등 그 불이익이 매우 크다. 몸을 숨길지라도 조정과 척을 지지 않고, 관직을 떠나 있을지라도 공문서를 멀리하지 않은 이유다. 천하가 청명해지기를 기다린 것이다. 은나라 마지막 왕인 주紂의 서형인 미자微子는 주의 폭정에 참여하지 않은 덕분에 주나라 무왕에 의해 송나라 땅에 봉해져 은나라 유민의 군주가 됐다. 은나라 선조의 종묘가 훼손되지 않고 후대까지 끊이지 않은 이유다. 위대한 현인의 덕이 오래간다는 뜻의 '대현지덕장大賢之德長'을 언급한 것은 바로 이 때문이다.

개합開闔은 개합開合, 굴신詘信은 굴신屈伸과 같다. 영유浧儒를 사호범은 영축盈縮과 같은 뜻의 영연盈偄과 통하는 영연逞偄의 잘못으로 보았다. 미가양未可陽의 '양'을 후한 말기 유희劉熙가 쓴 『석명釋名』은 선양할 양揚으로 새겼다. 수치愁治는 치국의 방략을 거둬들인다는 뜻이다. '수'는 수렴한다는 뜻의 추揫와 통한다. 함수이장含愁而藏의 '함'을 왕념손은 감출 음陰의 오자로 보았다. 정묵이모면靜默以侔免의 '모'를 윤지장은 취取의 뜻인 모牟로 새겼다. 하지취청夏之就清의 '청'은 서늘할 량涼과 같다. 가이무반어한서지재可以無反於寒暑之菑의 '반'이 일부 판본에 급及으로 되어 있다. 곽말약은 범犯으로 새겼다. '재'는 재災와 같다.

퇴해위인신자지생退害爲人臣者之生의 '자'를 허유휼은 투偸의 잘못으로 보았다. 불사단不舍端은 조정과 등을 지지 않는다는 뜻이다. '단'을 대망은『설문해자』가 육촌부六寸簿로 풀이한 전專의 가차로 보았다. 단옥재段玉裁는 '6촌부'를 조정대신이 조회 때 지참하는 필기용 홀笏로 보았다. 수업불식판修業不息版의 '수업'을 곽말약은 휴업休業의 오자로 보았다. '판'을 윤지장은 문서를 뜻하는 독牘으로 새겼다. 공문서를 의미한다. 대청명待淸明의 '청명'은 맑고 깨끗한 정사를 뜻한다. 미자微子는 은나라 마지막 왕 주紂의 서형으로 이름은 계啓이고, 지금의 산동성 양산梁山 서북쪽의 미微 땅에 봉해진 까닭에 '미자'로 불리게 됐다. 주무왕이 은나라를 멸한 뒤 그를 송宋 땅에 봉하면서 전국시대 말기까지 존속한 송나라의 시조가 됐다.

11-18

'明乃哲, 哲乃明, 奮乃苓, 明哲乃大行.' 此言擅美主盛自奮也. 以琅湯凌轢人, 人之敗也常自此. 是故聖人著之簡筴, 傳以告後進曰, '奮盛苓落也.' 盛而不落者, 未之有也. 故有道者不平其稱, 不滿其量, 不依其樂, 不致其度. 爵尊卽肅士, 祿豐則務施, 功大而不伐, 業明而不矜. 夫名實之相怨久矣, 是故絶而無交, 惠者知其不可兩守, 乃取一焉, 故安而無憂.

'명내철明乃哲, 철내명哲乃明, 구내령奮乃苓, 명철내대행明哲乃大行'은 천하의 아름다운 장점을 독점하면서 성대함을 과시하고 자만하는 것을 경계하는 취지에서 나온 것이다. 늘 방자한 모습으로 남을 업신여기니 사람의 실패는 반드시 여기서 비롯된다. 성인이 서책書冊을 써 후대에 전하면서 "크게 흥성하면 이내 쇠락한다."고 말한 이유다. 크게 흥성했는데도 쇠락하지 않은 적은 한 번도 없다. 수양을 쌓은 자는 저울추를 멋대로 움직이는 식으로 자만하지 않고, 현재의 성공에 안주하지 않고, 큰 목소리로 떠들며 즐기는 일을 하지 않고, 남 앞에서 자신을 기준으로 내세우지 않는다. 이들은 오히려 높은 자리에 있을 때 인재를 존중하고, 녹봉이 많을 때 힘써 베풀고, 큰 공적을 세울 때 스스로 떠벌이지 않고, 크게 성취했을 때 교만한 모습을 보이지 않는다. 명망과 실질을 뜻하는 명실名實이 서로 부합하지 않은지 이미 오래됐다. 명실이 서로 배척하여 하나로 결합하지 못하는 배경이다. 지혜로운 자는 명실을 모두 지닐 수 없다는 사실을 알고 있는 까닭에 명망을 버리고 실질을 취한다. 늘 평안하고 근심이 없는 이유다.

천미주성자분擅美主盛自奮은 교오驕傲한 모습으로 자만自滿하는 것을 뜻한다. '천'은 독선獨善, '분'은 발양發揚을 뜻한다. 낭탕릉력인琅湯凌轢人의 '낭탕'을 정사함은 방탕의 뜻인 낭탕浪湯으로 새겼다. '릉'과 '력' 모두 업신여긴다는 뜻이다. 간책簡筴은 종이 대신 글씨를 쓰던 대쪽 내지 그것으로 엮어 맨 책인 간책簡冊을 뜻한다. 책筴은 옆에 낀다는 뜻으로 사용될 때는 '협'으로 읽으나 서적을 뜻할 때는 '책'으로 읽는다. 책策 및 책冊과 같다. 불평기칭不平其稱의 '칭'은 저울을 뜻한다. 칭秤은 속자이다.

불의기악不依其樂의 '의'를 유월은 『설문해자』를 인용해 음악이 성대한 은殷의 오자로 새겼다. 불치기도不致其度의 '도'는 길이를 재는 장척丈尺을 말한다. 작존즉숙사爵尊卽肅士의 '숙'을 『서경』「홍범洪範」은 공恭으로 새겼다. 녹풍즉무시祿豊則務施의 '풍'은 넉넉하다는 뜻으로 풍豊의 옛 글자이다. 업명이불긍業明而不矜의 '명'을 『회남자』「설림훈」의 고유 주는 성盛으로 풀이했다. 상원구의相怨久矣의 '원'은 위반違反을 뜻한다. 혜자지기불가양수惠者知其不可兩守의 '혜'는 총명할 혜慧와 통한다. 내취일언乃取一焉은 명분을 버리고 실리를 취하는 사명취실捨名取實을 뜻한다.

11-19

'毒而無怒.' 此言止忿速, 濟沒法也. '怨而無言.' 言不可不愼也. 言不周密, 反傷其身. 故曰, '欲而無謀.' 言謀不可以泄, 謀泄菑極. 夫行忿速遂, 沒法賊

發, 言輕謀泄, 菑必及於身. 故曰, '毒而無怒, 怨而無言, 欲而無謀.'

'독이무노毒而無怒'는 분노를 억제하면 일을 속히 이룰 수 있다는 뜻이다. '원이무언怨而無言' 구절은 삼가지 않을 수 없다는 의미이다. 주밀周密하지 않으면 오히려 그 몸을 상하게 할 수 있다는 취지이다. '욕이무모欲而無謀'는 일을 꾸밀 때 기밀이 누설돼도 안 되고, 일을 도모할 때 기밀이 누설되면 재앙에 이른다는 뜻이다. 무릇 분노를 터뜨리면서 일을 속히 이루고자 하거나, 『몰명법沒命法』 같은 법을 제정해 도적을 잡으려 하거나, 말을 경솔히 해 기밀을 누설하거나 하면 반드시 재앙이 몸에 미친다. '독이무노毒而無怒, 원이무언怨而無言, 욕이무모欲而無謀'를 언급한 이유다.

'차언지분속此言止忿速, 제몰법야濟沒法也' 구절을 두고 장병린은 '몰법'을 연자로 보았다. '고왈故曰, 욕이무모欲而無謀'의 '고왈'을 왕념손은 연자로 보았다. 모설재극謀泄菑極의 '극'은 빠를 극亟과 통한다. 행분속수行忿速遂의 '수'는 성공成功의 뜻이다. 『예기』「월령」의 백사내수百事乃遂가 그 실례이다. 몰법적발沒法賊發은 도적을 은닉한 자를 사형에 처하는 법인 '몰명법沒命法'을 적용해 도적을 적발한다는 뜻이다. 『한서』「혹리전」에 '침명법沉命法'의 명칭이 나온다. 후한 말기의 학자 응소應劭는 주에서 '침'을 몰沒로 새겼다. 장병린은 이 구절을 '몰법발적沒法發賊'의 착오로 간주했다.

11-20

'大揆度儀, 若覺臥, 若晦明.' 言淵色以自詰也, 靜默以審慮. 依賢可, 用也仁良, 旣明通於可不利害之理, 循發蒙也. 故曰, '若覺臥, 若晦明, 若敖之在堯也.'

'대규탁의大揆度儀, 약각와若覺臥, 약회명若晦明'은 성실하고 사려 깊은 자세로 자신을 돌이켜 보라는 말이다. 고요하고 침묵하는 태도로 심사숙고하는 것을 말한다. 현자의 지혜를 지닌 자에게 의지하고, 어질고 선량한 의견을 채택하고, 시비와 손익의 이치에 이미 밝게 통한 후에 비로소 몽매함을 깨우치는 것과 같다. '약각와若覺臥, 약회명若晦明, 약오지재요야若敖之在堯也'를 언급한 이유다.

연색이자힐淵色以自詰의 '연색'을 장패륜은 연색淵塞 내지 색연塞淵의 잘못으로 보았다. 성실하고 사려 깊은 자세로 반성한다는 뜻이다. 원굉袁宏의 『삼국명신서三國名臣序』에 연색淵塞 표현이 나온다. 정묵이심려靜默以審慮를 두고 장패륜은 '려' 밑에 나와야 할 야也가 잘못하여 뒤에 나오는 용야用也의 '용' 자 뒤에 나왔다고 했다. 의현가依賢可의 '가'를 장패륜은 재才의 잘못이라고 했다. 가부이해지리可不利害之理의 '부'는 부否와 같다. 순발몽야循發蒙也의 '순'을 완념손은 유猶의 잘못이라고 했다. '발몽'은 몽매함을 깨친다는 뜻이다.

11-21

'毋訪于佞.' 言毋用佞人也, 用佞人則私多行. '毋蓄于諂.' 言毋聽諂, 聽諂則欺上. '毋育于凶.' 言毋使暴, 使暴則傷民. '毋監于讒.' 言毋聽讒, 聽讒則失士. 夫行私·欺上·傷民·失士, 此四者用, 所以害君義失正也. 夫爲君上者旣失其義正, 而倚以爲名譽. 爲臣者不忠而邪, 以趨爵祿, 亂俗敗世, 以偸安懷樂. 雖廣其威, 可損也. 故曰, '不正廣其荒.' 是以古之人阻其路, 塞其遂, 守而物修. 故著之簡筴, 傳以告後世人曰, '其爲怨也深, 是以威盡焉.'

'무방우녕毋訪于佞'은 간녕한 자를 쓰지 말라는 뜻이다. 간녕한 자를 쓰면 사사로운 일을 무수히 저지르게 된다. '무축우첨毋蓄于諂'은 아양 떠는 자의 말을 듣지 말라는 의미이다. 아양 떠는 자의 말을 들으면 군주가 기만을 당한다. '무육우흉毋育于凶'은 흉포한 짓을 벌이지 말라는 뜻이다. 흉포한 짓을 벌이면 백성이 상하게 된다. '무감우참毋監于讒'은 참언을 듣지 말라는 말이다. 참언을 믿으면 현사賢士를 잃는다. 이들 4가지 폐단이 나타나면 군주의 법도가 해를 입고, 공정한 판단의 기준을 잃게 된다. 군주가 법도와 공정한 판단의 기준을 잃으면 명성에 기대려 한다. 신하가 불충한 마음으로 사악한 짓을 하고, 오직 벼슬과 녹봉만 좇고, 세상의 풍속을 어지럽고 부패하게 만들고, 구차하게 안일과 향락만 탐닉하는 이유가 여기에 있다. 이리하면 나라의 위세가 아무리 높을지라도 이내 패하고 만다. '부정광기황不正廣其荒'을 언급한 이유다. 옛 사람이 이들 4가지 폐단이 나타나는 단초를 봉쇄하고, 폐단의 지나는 길을 틀어막고, 법도와 공정한 판단의 기준을 고수하며 방심하지 않은 이유다. 이들이 이를 글로 써 후대인에게 전하면서 '원한이 깊으면 장차 나라의 위세가 바닥나게 된다.'고 언급한 것도 이 때문이다.

사다행私多行을 도홍경은 행사行私의 잘못으로 보았다. 해군의실정害君義失正의 '군'을 장문호는 연자로 보았다. '의'는 의儀와 통한다. '정'은 공정公正의 뜻이다. 난속패세亂俗敗世는 세상의 풍속을 어지럽힌다는 의미이다. 가손야可損也의 '손'이 송본에는 수須로 되어 있다. 정사함은 기울 경傾과 통하는 경頃의 잘못으로 보았다. 색기수塞其遂의 '수'를 『사기』「소진열전」에 대한 사마정司馬貞의 『사기색은』 주는 도道로 풀이했다. 수이물수守而物修의 '물'을 곽말약은 물勿의 오자로 보았다.

11-22

'不用其區區'者, 虛也. 人而無良焉, 故曰'虛'也. 凡堅解而不動, 陼隄而不行, 其於時必失, 失則廢而不濟. 失植之正而不謬, 不可賢也. 植而無能, 不可善也. 所賢美於聖人者, 以其與變隨化也. 淵泉而不盡, 微約而流施, 是以德之流, 潤澤均加于萬物. 故曰, '聖人參于天地.' '鳥飛准繩', 此言大人之義也.

夫鳥之飛也，必還山集谷．不還山則困，不集谷則死．山與曲之處也，不必正直，而還山集谷，曲則曲矣，而名繩焉．以爲鳥起於北，意南而至于南．起於南，意北而至于北．苟大意得，不以小缺爲傷．故聖人美而著之曰，'千里之路，不可扶以繩．萬家之都，不可平以准.' 言大人之行，不必以先帝常，義立之謂'賢'．故爲上者之論其下也，不可以失此術也．

'불용기구구不用其區區'는 허정虛靜을 주문하기 위해 언급한 것이다. 사람의 일은 오랫동안 지속되지 않는다. 허정을 주문한 이유다. 무릇 굳고 정체된 관점에서 사물의 변혁을 방해하고 발전을 가로막으면 반드시 때를 잃게 된다. 때를 잃으면 모든 일이 무너져 성공할 수 없다. 마음이 바르고 오류가 없어도 현미賢美하다고 할 수 없으니, 설령 바를지라도 재능이 없으면 현미하다고 할 수 없다. 성인이 어질고 훌륭한 것은 사물의 변화에 순응하기 때문이다. 마치 깊은 샘물과 같이 마르지 않으며 가늘고 고요히 흘러 이어지는 것과 같다. 덕이 흘러 만물을 고루 윤택하게 하는 이유다. '성인참우천지聖人參于天地'를 언급한 것도 바로 이 때문이다. '조비준승鳥飛准繩'은 위인의 준칙을 언급한 것이다. 새는 하늘로 치솟아 날아오른 뒤 산 위로 이르렀다가 골짜기에 모인다. 산 위에 이르지 않으면 곤경에 처하고, 골짜기에 모이지 않으면 죽게 된다. 산과 골짜기에 머물 때는 반드시 곧바로 오는 것은 아니다. 그러나 산을 돌아 골짜기에 모일 때 부득불 돌고 돌지만 큰 틀에서 보면 곧바로 오는 셈이다. 새가 북쪽에서 날아올라 남쪽으로 가고자 할 경우 이내 남쪽에 이르고, 반대로 남쪽에서 날아올라 북쪽으로 가고자 할 경우 이내 북쪽에 이르는 이유다. 대개 큰 방향이 바르면 작은 흠결은 문제가 되지 않는다. 그래서 성인이 이를 찬미하며 책에 쓰기를, "1천 리의 먼 길은 먹줄을 사용해 곧게 할 수 없고, 1만호의 큰 도읍은 수준기를 사용해 평평하게 할 수 없다."고 한 것이다. 위인은 행동할 때 반드시 선조의 자취를 상법常法으로 삼지는 않는다. 오직 당시의 상황에 부합하는 기준을 확립하는 것만이 현명하다고 말할 수 있다. 군주는 신하의 재능을 논할 때 이 계책을 잊어서는 안 된다.

인이무량人而無良의 '량'은 양구良久의 뜻으로 장長과 같다. 견해이부동堅解而不動의 '해'를 이철명은 결結의 잘못으로 보았다. 견결堅結은 굳고 단단한 견경堅硬의 뜻이다. 저제이불행陼隄而不行의 '저'를 이철명은 막을 도堵로 새겼다. '제'는 제방 제堤와 같다. 실식지정失植之正의 '실'을 허유휼은 천天의 잘못으로 보았다. 천식天植은 천지天志의 뜻이다. 식이무능植而無能의 '식'을 곽말약은 직直의 잘못으로 보았다. 불가선야不可善也의 '선'을 미美의 오자로 파악했다. 이기여변수화以其與變隨化의 '여'는 참여參與 내지 참예參預의 뜻이다. 미약이유시微約而流施의 '약'은 새끼줄로 여기서는 가늘고 긴 것을 상징한다.

덕지류윤택德之流潤澤의 '류'를 정사함은 연자로 보았다. 미이저지美而著之의 '저'를 윤지장은 간책簡策에 기록을 남기는 저술로 풀이했다. '천리지로千里之路, 불가부이승不可扶以繩' 구절은 1천 리의 먼 길은 먹줄을 사용해 곧게 할 수 없다는 뜻이고, '만가지도萬家之都, 불가평이준不可平以准' 구절은 1만호의 큰 도읍은 수준기로 평평하게 만들 수 없다는 의미이다. 불필이선제상不必以先帝常의 '제'를 왕념손은 상常의 오자로, 연자라고 했다.

11-23

'讂充.' 言心也, 心欲忠. '末衡.' 言耳目也, 耳目欲端. 中正者, 治之本也. 耳司聽, 聽必順聞, 聞審謂之'聰'. 目司視, 視必順見, 見察謂之明. 心司慮, 慮必順言, 言得謂之'知', 聰明以知則博, 博而不惛, 所以易政也. 政易民利, 利乃勸, 勸則告. 聽不愼不審不聰, 不審不聰則繆. 視不察不明, 不察不明則過. 慮不得不知, 不得不知則昏. 繆過以惛則憂, 憂則所以伎苛, 伎苛所以險政. 政險民害, 害乃怨, 怨則凶. 故曰, '讂充末衡, 言易政利民也.'

'현충讂充'은 마음을 언급한 것이다. 마음은 충실해야 한다. '말형末衡'은 이목이 단정한 것을 언급한 것이다. 이목은 단정해야 한다. 충정忠正은 치국의 근본이다. 귀는 듣는 것을 관장한다. 들을 때는 반드시 있는 그대로 들어야 한다. 듣는 것이 상세한 것을 두고 귀가 밝은 이총耳聰이라고 한다. 눈은 보는 것을 관장한다. 볼 때는 반드시 있는 그대로 보아야 한다. 보는 것이 자세한 것을 두고 눈이 밝은 목명目明이라고 한다. 마음은 생각을 관장한다. 생각은 반드시 이치에 부합하는 말로 표현돼야 한다. 말이 이치에 부합하는 것을 지혜智慧라고 한다. 귀와 눈의 총명 위에 지혜를 덧붙이면 한 가지 일에 매진하는 전일專一을 이룰 수 있고, 전일하여 어둡지 않으면 나라를 잘 다스릴 수 있다. 나라를 잘 다스리면 백성이 이롭게 되고, 백성이 이로우면 조정의 명을 잘 좇고, 백성이 잘 좇으면 나라의 앞날이 길하게 된다. 들을 때 있는 그대로 자세히 듣지 않으면 귀가 밝지 못한 것이다. 자세히 듣지 않아 귀가 밝지 않으면 오류를 범한다. 보는 것을 자세히 살피지 않으면 눈이 밝지 못한 것이다. 자세히 살피지 않아 눈이 밝지 않으면 과오를 저지른다. 생각하는 것이 이치에 부합하지 않으면 지혜롭지 못한 것이다. 이치에 부합하지 않아 지혜롭지 못하면 혼란에 빠진다. 오류와 과오를 범해 혼란에 빠지면 근심하게 되고, 근심하면 독선에 빠져 자신의 견해만 고집하며 남을 가혹하게 대하고, 고집하며 남을 가혹하게 대하면 나라의 정사가 험악하게 된다. 정사가 험악해지면 백성이 해를 입고, 백성이 해를 입으면 원망이 생겨나고, 원망이 생기면 나라의 앞날이 흉하게 된다. "마음이 충실하고 이목이 단정한 것은 정사가 안정돼 백성을 이롭게 하는 것을 언급한 것이다."라고 말하는 이유다.

중정자中正者의 '중정'은 충정忠正의 뜻이다. 총명이지즉박聰明以知則博의 '박'을 허유휼은 전일專一의 뜻인 단摶의 잘못으로 보았다. 불혼不惛의 '혼'은 어리석다는 뜻으로 혼惽과 같다. 권즉고勸則告의 '고'를 유적은 길吉의 잘못으로 보았다. 불심불총즉무不審不聽則繆의 '무'는 오류를 뜻하는 류謬와 통한다. 우즉소이기가憂則所以伎苛의 '소이'를 이철명은 연자로 보았다. '기'는 독선에 빠져 자기주장만을 고집하는 기忮의 뜻이다. 『장자』「제물론」에 대용불기大勇不忮 표현이 나온다. 언이정이민言易政利民의 '언'을 왕념손은 연자로 보았다.

11-24

'毋犯其凶', 言中正以蓄愼也. '毋邇其求', 言上之敗, 常貪於金玉馬女, 而悉愛於粟米貨財也, 厚藉斂于百姓, 則萬民懟怨. '遠其憂', 言上之亡其國也, 常邇其樂立優美, 而外淫于馳騁田獵, 內縱于美色淫聲, 下乃解怠惰失, 百吏皆失其端, 則煩亂以亡其國家矣. '高爲其居, 危顚莫之救.' 此言尊高滿大, 而好矜人以麗, 主盛處賢而自予雄也. 故盛必失而雄必敗. 夫上既主盛處賢以操士民, 國家煩亂, 萬民心怨, 此其必亡也. 猶自萬仞之山, 播而入深淵, 其死而不振也必矣. 故曰, '毋邇其求, 而遠其憂. 高爲其居, 危顚莫之救也.'

'무범기흉毋犯其凶'은 충정忠正하게 처신하며 삼가라는 뜻이다. '무이기구毋邇其求'는 군주의 패망이 늘 금옥金玉과 준마 및 미색을 탐하고, 식량과 재화를 나눠주는 것에 인색한 나머지 백성으로부터 마구 거둬들이는데서 비롯된다는 취지이다. 백성으로부터 마구 거둬들이면 천하 만민이 원망한다. '원기우遠其憂'는 군주의 망국이 늘 음락淫樂에 빠져 어릿광대를 곁에 두고, 밖으로 말을 타고 내달리며 사냥에 취하고, 안으로 미녀의 음탕한 교태에 빠지는데 있다는 뜻이다. 군주가 그러하면 신하도 나태하고 안일해진다. 여타 관원들 또한 바른 도리를 잃어 정사가 어지러워지고, 마침내 나라가 패망케 된다. '고위기거高爲其居, 위전막지구危顚莫之救'는 군주가 지존의 자리에서 자고자대自高自大하며 자신이 잘난 것을 자랑하고, 강성한 기세를 내세워 스스로 현명하다고 여기며, 자신을 영웅으로 여기는 것을 경계한 것이다. 기세가 성하면 반드시 쇠망하고, 영웅은 반드시 패배하게 마련이다. 무릇 군주가 강성한 기세로 현군을 자처하며 신민臣民을 조종코자 하면 나라는 이내 크게 번잡하고 어지러워지고, 천하 만민이 반드시 원망하게 된다. 군주와 나라 모두 틀림없이 패망하고 말 것이다. 높은 산에서 몸을 내던져 깊은 연못에 빠질 경우 구할 수 없는 것은 필연이다. '무이기구毋邇其求, 이원기우而遠其憂. 고위기거高爲其居, 위전막지구야危顚莫之救也'를 언급한 이유가 여기에 있다.

중정이축신中正以蓄慎의 '축'을 장패륜은 심審의 오자로 보았다. 인애恡愛의 '인'은 인색하다는 뜻으로 린吝, 린悋, 린恪 모두 같은 글자이다. 만민대원萬民懟怨의 '대'는 원한의 뜻이다. 우미優美를 장패륜은 어릿광대의 웃음인 우소優笑의 오자로 보았다. 해태타일解怠惰失의 '해'는 게으를 해懈, '일'은 안일의 일佚과 통한다. 자여웅自予雄은 영웅을 자처한다는 뜻으로 '여'를 윤지장은 허許로 새겼다. 만인지산萬仞之山은 높이가 1만 인仞에 달할 정도로 매우 높은 산을 뜻한다. 파이입심연播而入深淵의 '파'는 내던지는 포기抛棄의 뜻이다. 스스로를 해치며 함부로 군다는 뜻을 지닌 『맹자』「이루 상」의 자포자기自暴自棄의 포기暴棄와 구분해야 한다. 부진야필의不振也必矣의 '진'을 『예기』「월령」의 정현鄭玄 주는 구救로 새겼다.

11-25

'可淺可深, 可沉可浮, 可曲可直, 可言可黙.' 此言指意要功之謂也. 天不一時, 地不一利, 人不一事. 是以著業不得不多, 人之名位不得不殊. 方明者察于事, 故不官于物, 而旁通于道. 道也者, 通乎無上, 詳乎無窮, 運乎諸生. 是故辯于一言, 察于一治, 攻于一事者, 可以曲說, 而不可以廣擧. 聖人由此知言之不可兼也, 故博爲之治而計其意. 知事之不可兼也, 故名爲之說, 而況其功. 歲有春秋冬夏, 月有上下中旬, 日有朝暮, 夜有昏晨, 半星辰序, 各有其司. 故曰,

'天不一時.' 山陵岑巖, 淵泉閎流, 泉踰瀷而不盡, 薄承瀷而不滿, 高下肥墝, 物有所宜. 故曰, '地不一利.' 鄕有俗, 國有法, 食飮不同味, 衣服異采, 世用器械, 規矩繩准, 稱量數度, 品有所成. 故曰, '人不一事.' 此各事之儀, 其詳不可盡也.

'가천가심可淺可深, 가침가부可沉可浮, 가곡가직可曲可直, 가언가묵可言可黙'은 매사에 의도意圖와 공효功效를 깊이 헤아려 움직이라는 취지이다. 천시天時는 1가지 시기에만 존재하는 게 아니고, 지리地利 또한 1가지 이로움에만 그치는 게 아니고, 인사人事 또한 1가지 일에만 국한되는 게 아니다. 사업의 종류와 명위名位 모두 다양할 수밖에 없는 이유다. 현자는 이를 통찰한 까닭에 하나의 사물에 구애되지 않고, 사물의 기본원리인 도道를 꿰고 있다. '도'는 무상無上의 높은 곳까지 통하고, 무궁無窮한 먼 곳까지 상세한 까닭에 모든 사물에 적용된다. 겨우 한 가지 설법說法에만 능통하고, 한 가지 언사言辭에만 밝고, 한 가지 사정事情만 깊이 파고든 자는 한쪽 이론에 치우치기 쉽고 전체를 폭넓게 바라보지 못한다. 이에 성인은 하나의 언사로는 다양한 뜻을 포괄할 수 없음을 알고 여러 언사를 동원해 그 뜻을 밝혔고, 한 가지 일만으로는 다양한 사례를 포괄할 수 없음을 알고 여러 설법을 강구해 공효를 비교했다. 1년에는 춘하추동春夏秋冬, 1달에는 상중하순上中下旬, 1일에는 조석朝夕, 1야夜에는 황혼과 새벽을 뜻하는 혼신昏晨, 중성中星에는 12개 시진時辰의 순서가 있으니 각각의 역할이 다르다. '천불일시天不一時'를 언급한 이유다. 크고 작은 산은 흙산과 돌산 등으로 이뤄져 있고, 깊은 연못은 큰 강물의 근원이 되고, 샘물은 넘쳐흘러 고갈되지 않고, 호수는 작은 물줄기를 받아들여 넘치지 않는다. 땅은 이처럼 높거나 낮고, 비옥하거나 척박한 까닭에 사물마다 맞는 곳이 따로 있다. '지불일리地不一利'를 언급한 이유다. 향리마다 서로 다른 풍속이 있고, 나라마다 서로 다른 법도가 있다. 음식은 각기 맛이 다르고, 의복은 각기 색과 문양이 다르다. 세인들은 곱자와 그림쇠 및 먹줄과 수준기 등의 규구승준規矩繩准의 도량형을 통해 사물의 수량을 재고 헤아림으로써 그 기준을 제시한다. '인불일사人不一事'를 언급한 이유다. 하늘과 땅과 사람 사이에 존재하는 모든 일은 각기 마땅한 바가 있어 그 자세한 내용을 모두 상세히 설명할 수 없다는 의미이다.

지의요공지위야指意要功之謂也의 '지'를 우성오는 헤아릴 계稽의 뜻으로 새겼다. '요'는 계計의 뜻이다. 부득부다不得不多의 '다'를 허유휼은 다단多端의 잘못으로 보았다. 인지명위人之名位의 '인지'를 정사함은 『회남자』「태족훈泰族訓」의 해당구절을 근거로 연자로 파악했다. 불관우물不官于物의 '관'은 국한局限의 뜻이다. 방통우도旁通于道의 '방통'은 널리 통한다는 뜻으로 광통廣通과 같다. 운호제생運乎諸生의 '제생'을 윤지장은 천지만물이 도에 의해 생겨나는 것으로 풀이했다. 찰우일치察于一治의 '치'를 여상봉은 사辭와 통하는 것으로 보았다. 고대에는 치治와 사辭가 한 글자로 사용됐다. 『회남자』「태족훈」에는 '사'로 나온다. 가이곡설可以曲說의 '곡설'은 언론이 한쪽으로 치우친 것을 말한다. 『장자』「천하」는 편벽된 주장을 하는 선비를 일곡지사一曲之士로 표현해 놓았다. 명위지설名爲之說의 '명'을 정사함은 다多의 잘못으로 보았다. 『회남자』「요략훈要略訓」은 '다'로 되어 있다.

이황기공而況其功의 '황'을 윤지장은 비교하여 대조하는 비황比況으로 새겼다. 반성진서半星辰序의 '반성'은 28수宿 가운데 하나로 하늘의 중간에 자리하는 중성中星을 지칭한다. 『옥편玉篇』은 '반'을 중中으로 새겼다. '진서'는 별의 차례로 12개 시진時辰의 순서와 같다. 산릉잠암山陵岑巖의 '잠'은 크기가 작은데도 높은 산을 말한다. '암'은 산의 가파른 낭떠러지를 말한다. 연천굉류淵泉閎流의 '굉'은 원래 대궐문을 뜻하는 말이나 여기서는 굉대할 굉宏의 뜻으로 사용됐다. 천유익泉踰瀷의 '익'은 규모가 작은데도 물길이 합치는 등의 이유로 급하게 흐르는 냇물을 말한다. 윤지장은 주루湊漏로 새겼다. 『회남자』「남명훈覽冥訓」에 택수익澤受瀷 표현이 나온다. 박승익薄承瀷의 '박'

을 유월은 얕은 물을 뜻하는 박泊의 가차로 보았다. 고하비요高下肥墝의 '요'는 토양이 척박하다는 뜻으로 요磽와 같다.『맹자』「고자 상」에 지유비요地有肥磽 표현이 나온다. 각사지의各事之儀의 '의'를 야스이는 의宜와 통한다고 했다.

11-26

'可正而視.' 言察美惡, 審別良苦, 不可以不審. 操分不雜, 故政治不悔. '定而履.' 言處其位, 行其路, 爲其事, 則民守其職而不亂, 故葆統而好終. '深而迹.' 言明墨章書, 道德有常, 則後世人人修理而不迷. 故名聲不息.

'가정이시可正而視'는 시비를 구분하고, 우열을 변별하는 일을 자세히 살피지 않을 수 없다는 뜻이다. 기준을 정한 뒤 시비와 우열을 나누면 혼잡하지 않고, 정사를 펼쳐도 후회할 일이 없게 된다. '정이리定而履'는 자신이 서 있는 위치에서 바른 길을 걷고, 맡은 바 업무를 바르게 처리하라는 뜻이다. 그러면 백성 모두 각기 자신의 직분을 지켜 어지럽지 않게 되고, 덕분에 정통을 바로 지켜 좋은 결과를 볼 수 있다. '심이적深而迹'은 법도와 기준을 밝히고, 상규常規의 도덕을 내세우면 후대인이 그 이치를 좇고 미혹되지 않는다는 뜻이다. 명성이 후대까지 이어지며 사라지지 않는 이유다.

'언찰미악言察美惡, 심별양고審別良苦' 구절을 두고 왕념손은 '별' 자 위의 '심' 자를 연자로 보았다. '미악'은 미추美醜 내지 시비是非의 뜻이다. 여기서는 '시비'의 의미로 사용됐다. '양고'는 우열優劣을 뜻하는 말로『주례』「천관」에 변기양고辨其良苦 표현이 나온다. 여기의 '고'는 조잡하고 열등하다는 의미이다. 조분부잡操分不雜의 '조'는 장악掌握 내지 파악把握의 뜻이다. 보통이호종葆統而好終의 '보'는 보지保持를 뜻한다. 묵장서墨章書의 '서'를 왕념손은 획畫의 오자로 보았다.『초사楚辭』「구장九章」에 대한 왕일王逸의 주는 규획規劃으로 새겼다. 수리이불미修理而不迷의 '수'를 왕념손은 순循의 잘못으로 보았다.

11-27

'夫天地一險一易, 若鼓之有桴, 擿擋則擊.' 言苟有唱之, 必有和之, 和之不差, 因以盡天地之道. 景不爲曲物直, 響不爲惡聲美, 是以聖人明乎物之性者, 必以其類來也. 故君子繩繩乎愼其所先.

'부천지일험일이夫天地一險一易, 약고지유정若鼓之有桴, 적당즉격擿擋則擊'은 누가 먼저 선창하면 반드시 화답이 있고, 선창과 화답이 어그러지지 않으면 곧 천지의 도와 부합한다는 뜻이다. 그림자는 사물의 굽은 모습을 바르게 펼 수 없고, 메아리는 악성惡聲을 미성美聲으로 바꿀 수 없다. 성인이 사물의 성질을 밝히면서 같은 무리끼리 모은 이유다. 군자가 거듭 경계하고 삼가며 일을 선도하는 것도 이 때문이다.

영불위곡물직景不爲曲物直의 '영'은 그림자 영影과 같다. 물지성物之性의 '성'을 야스이는 왕往의 잘못으로 보았다. 윤지장은 풀이키를, "악성惡聲이 가면 '악성'이 돌아오게 마련이다."라고 했다. 승승호繩繩乎는 신중을 기하는 모습을 형용한 의태어이다. 신기소선愼其所先의 '선'은 선도先導의 뜻이다. 승승호繩繩乎는 행동하기에 앞서 경계하고 삼가며 선도한다는 의미이다.

11-28

'天地萬物之橐也, 宙合有橐天地.' 天地苴萬物. 故曰, '萬物之橐.' 宙合之意, 上通於天之上, 下泉於地之下, 外出於四海之外, 合絡天地以爲一裹. 散之至于無閒, 不可名而山. 是大之無外, 小之無內, 故曰, '有橐天地.' 其義不傳, 一典品之, 不極一薄, 然而典品無治也. 多內則富, 時出則當. 而聖人之道, 貴富以當. 奚謂當? 本乎無妄之治, 運乎無方之事, 應變不失之, 謂'當'. 變無不至, 無有應當, 本錯不敢忿, 故言而名之曰'宙合'.

'천지만물지탁야天地萬物之橐也, 주합유탁천지宙合有橐天地'는 천지가 만물을 포용하는 것을 말한다. 만물의 주머니라는 뜻의 '만물지탁'을 언급한 이유다. '주합'은 위로 하늘 위까지 통하고, 아래로 땅 속 깊은 곳까지 다다르고, 밖으로 사해 밖까지 뻗쳐 천지를 감싸는 하나의 큰 주머니를 이룬다는 의미이다. 이를 흩뜨리면 가히 간극이 없는 곳까지 이르게 되고, 이름조차 존재하지 않는 곳에서 비로소 멈춘다. 이처럼 주합은 크게는 우주의 끝까지 뻗어나가지 않는 곳이 없고, 작게는 한없이 작은 사물의 끝까지 파고들어가지 않는 곳이 없다. 천지를 포용하는 주머니라는 뜻의 '유탁천지'를 언급한 이유다. '주합'의 이치는 지금 제대로 전해지지 않은 까닭에 정리해 책으로 펴내고자 할지라도 한 권을 채우기도 힘들다. 이를 정리해 펴내려는 자가 아직 없는 이유다. 담을 게 많으면 그 내용이 알차고, 때맞춰 출간하면 시의에 부합한다. 성인이 행한 도가 내용도 알차고, 이치에 비춰도 타당한 이유다. 무엇을 타당하다고 말하는 것인가? 망령되지 않은 이론에 근거하고, 해결할 길이 없는 사안에도 적용되고, 변화에 응해 차질이 없는 것을 뜻한다. 사물의 변화는 끝이 없지만 변화에 따른 응변應變 또한 이치에 부합하지 않는 게 없다. 이를 일컬어 '타당'이라고 한다. 모든 사물의 시작과 끝은 '타당'의 이치에서 벗어날 수 없다. 이런 이론을 두고 우주만물을 하나로 통합했다는 뜻의 '주합'으로 칭하는 이유다.

만물지탁야萬物之橐也의 '야'가 앞의 경문經文에는 없고 이를 풀이한 이곳 전문傳文에만 나오고 있다. 천지저만물天地苴萬物의 '저'를 『순자』「대략大略」에 대한 양경楊倞의 주는 포장을 뜻하는 포저苞苴로 새겼다. 하천어지지하下泉於地之下의 '천'을 왕인지는 다다를 기曁의 옛 글자인 기臮의 잘못으로 보았다. 불가명이산不可名而山의 '산'을 지止의 오자로 파악했다.

'일전품지一典品之, 불극일박不極一薄' 구절을 두고 곽말약은 풀이키를, "'주합'의 경문經文 글자는 얼마 되지 않는다. 연문衍文을 제거하면 겨우 210자에 불과하다. 이를 하나의 부簿에 정리하기에도 부족하다. 여기의 '1부'는 일방一方 또는 1판版으로 바꿔야 한다. '일전품지'의 '일'은 일단一旦의 뜻으로 여如와 같다. '전품'은 정리整理의 뜻이다. '부'는 고대에 박薄과 통용됐다."고 했다.

전품무치典品無治의 '치'는 관리한다는 의미이다. 다내즉부多內則富를 곽말약은 풀이키를, "말은 간략해도 뜻이 모두 갖춰져 있고, 내용 또한 풍부하다는 뜻이다."라고 했다. 시출즉당時出則當은 지금 출간하는 것이 타당하다는 뜻이다. 귀부이당貴富以當이 고본에는 부귀이당富貴以當으로 되어 있다. 곽말약은 풀이키를, "부富는 귀貴로 나아가는데 부족한 바가 있다. '귀'는 '부'의 씀씀이가 타당성을 얻어야 가능하다."고 했다.

무망지치無妄之治의 '치'를 곽말약은 사辭로 새겼다. '변무부지變無不至, 무유응당無有應當' 구절을 두고 야스이는 '무유'의 '무' 아래에 불不 자가 빠졌다고 했다. 본조불감분本錯不敢忿의 '본조'를 곽말약은 시말始末을 뜻하는 『장자』「경상초庚桑楚」의 본표本剽와 통하는 본표本鏢의 잘못이라고 했다. 또한 '분'은 중심에서 떨어져 나갔다는 뜻의 분심分心 2자가 잘못하여 하나로 합쳐진 것으로 보았다.

제12장 추언(樞言)

'추언'의 추樞는 문의 지도리를 뜻하는 말로 곧 관건關鍵을 의미한다. '추언'은 치국평천하 이치의 핵심이 되는 말이라는 뜻을 담고 있다. 이 장에서 거듭 치도治道를 의미하는 '도'를 언급한 것도 이런 맥락에서 이해할 수 있다. 도와 일치하지 않으면 어떤 계책도 결코 성공할 수 없다고 강조한 게 그렇다. 마지막 구절에 나오는 '나이가 60세를 넘어서면서 말이 어눌해진 이유다.'라고 언급한 당사자를 놓고 곽말약은 송경宋牼으로 파악했다. 송경은 제나라 직하학궁의 원로로 맹자는 그를 '선생先生', 순자는 '자송자子宋子'로 높인 바 있다.

12-1

管子曰, "道之在天者, 日也. 其在人者, 心也." 故曰, "有氣則生, 無氣則死, 生者以其氣. 有名則治, 無名則亂, 治者以其名."

관자가 말했다.

"도가 하늘에 나타난 것이 바로 태양이고, 도가 사람에게 나타난 것이 바로 심장이다."

그래서 이같이 말할 수 있다.

"기氣가 모이면 살고, 흩어지면 죽는 이유다. 생명은 기에 의존하기 때문이다. 명분이 있으면 다스려지고, 없으면 어지러워진다. 다스림은 명분에 달려 있기 때문이다."

유기즉생有氣則生 이하의 구절을 두고 윤지장은 풀이키를, "태양과 심장은 생성돼야 공을 이루고, 이는 '기'를 위주로 삼기에 가능한 일이다. '기'를 도道의 용用으로 언급한 것이다."라고 했다. 유명즉치有名則治의 '명'은 명분名分을 말한다.

12-2

樞言曰, "愛之, 利之, 益之, 安之. 四者道之出, 帝王者用之而天下治矣." 帝王者審所先所後, 先民與地則得矣, 先貴與驕則失矣. 是故先王愼貴在所先所後.

'추언樞言'에서 말했다.

"백성에게 사랑을 베풀고, 이익을 주고, 재산을 늘려 주고, 평안히 해줘야 한다. 이 4가지는 모두 도에서 나온다. 제왕의 사업을 이루고자 하는 군주는 이들 4가지를 잘 운용해야 천하가 바로 다스려진다."

제왕은 먼저 할 일과 나중에 할 일을 잘 살펴야 한다. 백성과 땅을 우선하면 능히 천하를 얻고, 존귀함과 교만을 우선하면 천하를 잃는다. 선왕이 먼저 할 일과 나중에 할 일의 순서를 신중히 살핀 이유다.

추언樞言을 여상봉은 옛날부터 전해 내려오는 고어古語로 풀이했다. '애지愛之, 이지利之, 익지益之, 안지安之' 구절을 두고 장패륜은 『관자학管子學』에서 「경언」의 '목민'에 나오는 4욕欲을 언급한 것으로 풀이했다. 귀재소선소후貴在所先所後의 '귀재'를 왕념손은 연자로 보았다.

12-3

人主不可以不愼貴, 不可以不愼民, 不可以不愼富. 愼貴在擧賢, 愼民在置官, 愼富在務地. 故人主之卑尊輕重, 在此三者, 不可不愼.

군주는 고위직의 배분과 민생의 안정, 부의 축적 문제를 신중히 다루지 않으면 안 된다. 고위직의 배분은 현자의 등용, 민생의 안정은 관원의 임용, 부의 축적은 농업의 중시에 달려 있다. 군위君位의 존비와 군권君權의 경중은 이 3가지에 달려 있는 까닭에 신중히 다루지 않을 수 없다.

신귀愼貴의 '귀'는 귀하게 만들어준다는 뜻의 동사로 사용된 것이다. 신민愼民의 '민'은 백성의 안정을 의미한다. 신부愼富의 '부' 역시 백성을 부유하게 만들어준다는 뜻의 동사로 사용된 것이다. 부재무지富在務地의 '무지'는 농업을 중시한다는 뜻이다.

12-4

國有寶, 有器, 有用. 城郭·險阻·蓄藏, 寶也. 聖智, 器也. 珠玉, 末用也. 先王重其寶器而輕其用, 故能爲天下.

나라에는 보물寶物, 기구器具, 재용財用 등 3가지가 있다. 안팎의 성벽, 산천의 험한 지형, 비축한 곡식은 나라의 보물이다. 뛰어난 지혜를 지닌 인재는 나라의 기구이다. 주옥은 상공업을 일으키기 위한 재용이다. 선왕은 나라의 보물과 기구를 중시하면서 주옥 등을 가벼이 여겼다. 천하를 잘 다스린 이유다.

성곽城郭은 안팎의 성벽을 지칭한다. 험조險阻는 산천의 험한 지형을 의미한다. 축장蓄藏은 곡물의 저장을 뜻한다. '성지聖智, 기야器也'를 두고 윤지장은 풀이키를, "성왕은 통하지 않는 게 없고, 지자智者는 쓰지 않고 남겨두는 계책이 없다. 양자가 결합해 일을 성사시킨다. 그래서 기器라고 한 것이다."라고 했다. '성'은 원래 무소불통無所不通을 뜻한다. '주옥珠玉, 미용야末用也' 구절을 두고 윤지장은 풀이키를, "주옥은 배고플 때 먹을 수도 없고, 추울 때 입을 수도 없다. 낭비에 많이 쓰일 뿐 이로운 게 적다. 그래서 '미용'이라고 한 것이다."라고 풀이했다. 선왕先王은 요순 등의 선대의 성왕을 뜻한다.

12-5

生而不死者二, 立而不立者四. 喜也者, 怒也者, 惡也者, 欲也者, 天下之敗也, 而賢者寶之.

군주가 보위를 지키면서 패망하지 않게 하는 요소로 기氣와 명분名分 2가지를 들 수 있다. 군주를 패망케 만들어 나라를 바로세우지 못하게 하는 요소로 희로오욕喜怒惡欲 4가지를 들 수 있다. 이는 천하를 패망케 만드는 것이다. 현군이 이런 잘못을 거의 범하지 않는 이유다.

생이불사자이生而不死者二의 '2'를 곽말약은 아래 문장에 나오는 기氣와 명名으로 풀이했다. 입이불사자사立而不立者四의 '입'을 곽말약은 망亡의 오자로 보면서, '4'를 희喜, 노怒, 오惡, 욕欲으로 해석했다. 현자보지賢者寶之의 '보'를 곽말약은 드믈게 할 과寡의 오자로 보았다.

12-6

爲善者, 非善也. 故善無以爲也. 故先王貴善.

위선僞善은 선이 아니다. 선은 가식이 없어야 한다. 선왕이 선을 귀하게 여긴 이유다.

위선자爲善者의 '위'는 가식을 뜻하는 위僞의 가차이다. 선무이위善無以爲의 '위' 역시 위僞의 가차로 사용된 것이다.

12-7

王主積于民, 覇主積于將戰士, 衰主積于貴人, 亡主積于婦女珠玉. 故先王愼其所積.

왕업을 이루는 군주는 백성, 패업을 이루는 군주는 장병, 위업危業을 행하는 군주는 관원, 망업亡業을 행하는 군주는 부녀자와 주옥을 그러모으고 확충하는데 애쓴다. 선왕이 그러모으고 확충하는 일에 신중했던 이유다.

왕주적우민王主積于民의 '적'은 그러모아 쌓는다는 뜻이다. 이를 적덕積德의 의미로 풀이해도 뜻이 통한다. 이 경우 "왕업을 이루는 군주는 덕을 백성, 패업을 이루는 군주는 장병, 위업危業을 행하는 군주는 대관, 망업亡業을 행하는 군주는 부녀자의 주옥에 쌓는다. 선왕이 적덕積德에 신중했던 이유다."라는 의미가 된다. '왕주'는 왕업王業을 뜻하고 뒤에 나오는 패주覇主는 패업覇業, 쇠주衰主는 위업危業, 망주亡主는 망업亡業을 행하는 군주를 말한다.

통상 왕업은 왕도王道, 패업은 패도覇道, 위업은 위도危道, 망업은 망도亡道로 표현한다. 왕주는 왕자王者, 패주는 패자覇者, 쇠주는 위자危者, 망주는 망자亡者로 표현키도 한다. 이 구절은 『순자』「신도臣道」에 나오는 "군주가 성신聖臣을 등용하면 왕자, 공신功臣을 등용하면 강자彊者, 찬신簒臣을 등용하면 위자, 태신態臣을 등용하면 망자가 된다."는 구절과 취지를 같이한다. 여기의 '강자'는 패자를 뜻한다. 「신도」에 따르면 성신은 군주를 성실히 섬기며 백성을 다독여 백성으로 하여금 자연스레 정령교화政令敎化를 본받게 만드는 신하를 말한다. 공신은 백성을 통합해 재난을 막고, 군주에게 충성하며 백성을 사랑하는 신하를 지칭한다. 찬신은 군주에게 불충을 행하면서 백성의 칭송을 받고, 무리를 이뤄 사리를 꾀하는 자들이다. 태신은 백성을 통일시키지 못해 내우외환의 재난을 막지 못하고, 간사한 아첨으로 군주의 총애를 얻는 자들을 말한다. 장전사將戰士는 장병을 뜻한다. 고본에는 '전'이 없다. 적우귀인積于貴人은 관원을 확대한다는 의미이다.

12-8

疾之疾之, 萬物之師也. 爲之爲之, 萬物之時也. 强之强之, 萬物之脂也.

'빨리 하라'고 독려하는 것은 다뤄야 할 세상만사가 매우 많기 때문이다. '할 때 하라'고 독려하는 것은 세상만사 모두 시기時機가 있기 때문이다. '힘써 하라'고 독려하는 것은 세상만사 모두 나름 깊은 뜻을 지니고 있기 때문이다.

질지疾之의 '질'은 쾌속快速을 뜻한다. 만물지사萬物之師의 '사'를 곽말약은 중다衆多의 의미로 새겼다. 강지强之의 '강'은 『예기』「학기學記」는 학업의 면려勉勵 의미로 사용했다. 만물지지萬物之脂의 '지'는 의도를 뜻하는 의지意旨의 지旨를 뜻한다. 지旨는 지脂의 본자本字이다. 여상봉은 후대인이 송본에 나오는 지脂의 의미를 제대로 파악하지 못해 일부 판본에서 『장자』와 『공손룡자』 등을 근거로 지指로 바꿨다고 지적했다. 의지意旨는 의지意志, 의지意指, 의지意恉와 같은 의미이다.

12-9

凡國有三制. 有制人者, 有爲人之所制者, 有不能制人·人亦不能制者. 何以知其然? 德盛義尊而不好加名於人. 人衆兵强而不以其國造難生患. 天下有大事而好以其國後. 如此者, 制人者也. 德不盛, 義不尊, 而好加名于人. 人不衆, 兵不强, 而好以其國造難生患. 恃與國, 幸名利. 如此者, 人之所制也. 人進亦進, 人退亦退, 人勞亦勞, 人佚亦佚, 進退勞佚, 與人相胥, 如此者, 不能制人, 人亦不能制也.

무릇 나라 사이에는 3가지 통제 유형이 있다. 타국을 통제하는 나라, 타국에 통제되는 나라, 타국을 통제하지도 못하고 타국에 통제되지도 않는 나라가 그것이다. 무엇으로 이를 아는가? 덕이 성대하고, 도의가 고상하고, 자국의 명분을 타국에 강요하는 것을 좋아하지 않고, 나아가 백성의 숫자가 많아 군사가 강성한데도 국력만 믿고 환난을 만드는 식의 사단을 벌이지 않고, 천하에 큰 사단이 일어났을 때조차 앞장서지 않으면서 뒤에 서는 나라는 타국을 통제한다. 덕이 성대하거나 도의가 고상하지도 않은데도 타국에 자국의 명분을 즐겨 강요하고, 백성의 숫자가 많지 않아 군사가 강성하지도 않은데 국력을 기울여 환난을 즐겨 일으키고, 동맹국만 믿고 명성과 이익을 탐하는 나라는 타국에 통제된다. 타국이 나아가면 같이 나아가고, 물러나면 같이 물러나고, 수고하면 같이 수고하고, 휴식하면 같이 휴식하는 식으로 진퇴노일進退勞佚을 타국과 함께 하는 나라는 타국을 통제하지도 못하고 타국에 통제되지도 않는다.

시여국恃與國의 '여국'은 동맹국을 뜻한다. 행명리幸名利의 '행'은 환희를 뜻한다. 여인상서與人相胥의 '상서'는 상종相從의 의미이다.

12-10

愛人甚, 而不能利也. 憎人甚, 而不能害也. 故先王貴當貴周. 周者不出于口, 不見于色, 一龍一蛇, 一日五化之謂'周'. 故先王不以一過二, 先王不獨擧,不擅功.

사람을 극히 좋아할지라도 사사로이 이롭게 할 수 없고, 극히 미워할지라도 사사로이 해롭게 할 수 없다. 선왕이 타당성과 기밀 유지를 중시한 이유다. 기밀은 입으로 누설되는 것도 아니고, 안색으로 표현되는 것도 아니다. 용이 됐다가 뱀이 되는 것처럼 변화무쌍해 하루에도 5번씩 바뀔 수 있는 것을 일컬어 기밀유지를 뜻하는 주밀周密이라고 한다. 선왕이 하나를 갖고 둘을 얘기하는 식으로 침소봉대하지 않고, 모든 일을 혼자 행하거나 공을 독차지하거나 하지 않은 이유다.

선왕귀당귀주先王貴當貴周의 '주'를 윤지장은 기밀機密을 깊숙이 감춰 남이 알지 못하게 하는 심밀불측深密不測으로 풀이했다. 일룡일사一龍一蛇는 한 번 용이 되고 한 번 뱀이 된다는 뜻으로 변화무쌍한 은현隱現을 말한다. 이일과이以一過二는 하나를 가지고 둘을 구하지 않는다는 뜻으로 곧 과장하지 않고 분수를 지키는 것을 의미한다. 선왕부독거先王不獨擧의 '독거'는 독자적인 행동을 지칭한다. 불천공不擅功의 '천공'은 공을 독차지한다는 의미이다.

12-11

先王不約束, 不結紐. 約束則解, 結紐則絶. 故親不在約束結紐. 先王不貨交, 不列地, 以爲天下. 天下不可改也, 而可以鞭箠使也. 時也, 利也, 出爲之也. 餘目不明, 餘耳不聰, 是以能繼天子之容. 官職亦然, 時者得天, 義者得人. 旣時且義, 故能得天與人.

선왕은 타국과 약속하거나 동맹을 맺거나 하지 않았다. 약속이 틀어지거나, 동맹이 깨질 때가 있기 때문이다. 가까울수록 서로 약속이나 동맹을 맺지 않은 이유다. 선왕은 재화를 주고받거나 영토를 쪼개는 식으로 외교를 맺지 않고도 열국과 우호관계를 유지했다. 국제관계는 단순히 믿고 의지하는 관계가 아니라, 오히려 채찍과 무력을 사용해야만 뜻을 관철할 수 있는 관계이다. 그러나 천시와 도의에 부합해야만 임기응변하여 무슨 일이든 성사시킬 수 있다. 선왕이 눈과 귀로 보고 듣는 총명을 모두 사용하지 않고도 능히 천자의 위용偉容과 명성을 유지한 이유다. 관원의 직분도 이와 같다. 천시에 부합하면 천조天助, 도의에 부합하면 민심民心을 얻을 수 있다. 선왕이 천시와 도의에 부합해 천조와 민심을 동시에 얻은 이유다.

약속約束은 여기서 결당結黨의 의미로 사용됐다. '약'은 새끼줄로 묶는 전곤纏捆의 뜻이다. 결뉴結紐는 끈과 띠를 뜻하는 유대紐帶를 맺는다는 뜻으로 '약속'과 같은 의미이다. 선왕불화교先王不貨交의 '화교'는 재화를 교역하며 외교를 맺는다는 뜻이다. 불열지不列地의 '열지'는 땅을 할양해 교호交好하는 것을 말한다. '열'은 열裂과 같다. 불가개不可改의 '개'를 곽말약은 빌린다는 뜻인 가假와 통하는 가叚의 오자로 보았다. 편추鞭箠는 채찍을 말한다. 무력을 상징한다.

'시야時也, 리야利也, 출위지야出爲之也' 구절을 두고 요영개姚永概는 아래에 나오는 '시자득천時者得天, 의자득인義者得人' 구절에 비춰볼 때 문맥상 리利는 의義의 잘못이라고 했다. 출出에 대한 해석이 분분하다. 정사함은 사士, 허유휼은 임기응변하여 일을 성사시키는 곡성曲成의 뜻인 굴詘의 오자로 보았다. 여상봉은 진進 내지 추推의 의미라고 했다. 허유휼의 해석을 좇았다. 여목불명餘目不明의 '여목'과 여이불총餘耳不聰의 '여이'를 윤지장은 여유 있는 시력과 청력으로 풀이했다. 천자지용天子之容의 '용'을 곽말약은 칭송과 명성을 뜻하는 송성頌聲으로 새겼다.

12-12

先王不以勇猛爲邊竟則邊竟安. 邊竟安則鄰國親. 鄰國親則擧當矣.

선왕은 용맹勇猛으로 변경문제를 처리하지 않은 덕분에 변경을 안정시킬 수 있었다. 변경이 안정돼야 주변국과 화친할 수 있고, 주변국과 화친해야 외교정책 또한 타당성을 얻게 된다.

변경邊竟의 '경'은 경境과 같다. 거당擧當의 '거'는 거조擧措를 뜻하는 말로 여기서는 정책의 의미로 사용됐다.

12-13

人故相憎也, 人之心悍, 故爲之凡. 法出于禮, 禮出于治, 治禮, 道也. 萬物待治禮而後定.

사람은 본래 서로 미워하고, 인심은 본래 사납다. 법이 필요한 이유다. 법은 예제禮制, 예제는 사물의 명칭을 분별하는 언사言辭에서 나온다. 예제와 언사 모두 도의 구현이다. 세상만사 모두 언사와 예제가 갖춰진 뒤 비로소 확정될 수 있다.

인고상증야人故相憎也의 '고'는 본래本來의 의미를 지닌 고固와 통한다. 인지심한人之心悍의 '한'은 성급하고 사나운 흉한凶悍의 의미이다. 예출우치禮出于治의 '치'를 곽말약은 사물을 분별하는 명칭을 뜻하는 사辭와 통한다고 했다.

12-14

凡萬物陰陽兩生而參視, 先王因其參而愼所入所出. 以卑爲卑, 卑不可得.

以尊爲尊, 尊不可得. 桀舜是也. 先王之所以最重也,

무릇 만물은 음陰과 양陽 양자가 서로 뒤섞여 새로이 만들어낸 제3의 사물이다. 선왕은 이 원리에 입각해 들어오고 나가는 정면正面과 반면反面의 양면을 신중히 고려해 일을 처리했다. 비천한 것을 기준으로 비천한 것을 헤아리거나, 존귀한 것을 기준으로 존귀한 것을 헤아리면 그 의미를 제대로 파악할 수 없다. 폭군인 하夏나라의 걸桀과 성군인 우虞나라의 순舜을 비교하는 이유다. 선왕이 정면과 반면의 양면을 모두 중시한 배경이 바로 여기에 있다.

삼시參視의 '삼'은 원래 뒤섞이거나 관여한다는 뜻으로 사용될 때는 '참'으로 읽는다. 참叅 내지 참叄과 같은 글자이다. 윤동양은 음陰을 1, 양陽을 2, 음양이 교합해 만들어진 만물萬物은 3에 해당한다며 '참'이 아닌 '삼'으로 읽어야 한다고 했다. 곽말약도 같은 입장이다. '시'를 정사함은 사死로 새겼고, 오여륜은 『도덕경』에 나오는 장생구시長生久視의 '구시'로 파악했다. 윤동양은 활活로 풀이했다. 윤동양의 해석을 좇았다.

인기삼이신소입소출因其參而愼所入所出 구절을 두고 곽말약은 서양의 헤겔이 말한 변증법의 정반합正反合 이론으로 풀이했다. 그는 풀이키를, "출입出入은 정면과 반면을 뜻하는 정반正反으로, 곧 이비위비以卑爲卑와 이존위존以尊爲尊의 입장에서 접근하는 것이다. 이런 접근은 사물의 실체를 정확히 파악할 수 없는 까닭에 신중을 기해야 한다. 원래 존비尊卑는 상대적인 것이다. 비천을 드러내지 않는 존귀가 없고, 존귀를 드러내지 않는 비천이 없는 법이다. 비자卑者가 위로 올라가면 상대적으로 낮아진 비자가 굴복하고, 존자尊者가 스스로 낮추면 더욱 드러나는 이치가 그렇다. 만물을 상징하는 '삼'에 늘 일승일강一升一降이 존재하는 이유다. 소입소출所入所出의 의미가 여기에 있다."라고 했다.

12-15

得之必生, 失之必死者, 何也? 唯無. 得之, 堯舜禹湯文武孝己斯待以成, 天下必待以生. 故先王重之.

얻으면 반드시 살고, 잃으면 반드시 죽게 만드는 근원은 무엇인가? 오직 기氣일 뿐이다. '기'를 얻은 요, 순, 우왕, 탕왕, 문왕, 무왕, 노자老子 모두 '기'에 의거해 공업을 이룬 게 그렇다. 천하는 반드시 '기'를 갖춰야만 살아남을 수 있다. 선왕이 '기'를 중시한 이유다.

유무唯無의 '무'를 정사함은 어기조사語氣助詞로 보았다. 윤동양도 『묵자』에 같은 뜻의 유무惟毋 내지 유물惟勿이 대거 출현하고 있는 점에 주목해 같은 입장을 보였다. 곽말약은 기氣와 같은 뜻인 기무炁가 무無와 같은 글자인 무无로 오사誤寫됐다고 해석했다. '유무'를 기氣가 존재하면 살고, 존재하지 않으면 죽는다는 뜻으로 풀이한 이유다. 효기孝己를 곽말약은 노자老子의 잘못으로 보았다. 후대의 도가들이 「외언」의 '추언'에 손을 댄 결과로 본 것이다. 사호범이 이를 좇았다. 그러나 이면은 글자 그대로 해석했다. 『제왕세기帝王世紀』에 따르면 효기는 은나라 중흥조인 고종高宗의 아들로 어려서 모친을 여의었으나 계모에게 효성을 다했다. 효기가 죽자 천하가 슬퍼했다고 한다. 문맥상 곽말약의 해석이 타당하다.

12-16

一日不食比歲歉, 三日不食比歲飢, 五日不食比歲荒, 七日不食無國土, 十日不食無疇類, 盡死矣.

1일 동안 굶는 것은 흉작을 거두는 흉년凶年, 3일 동안 굶는 것은 기근이 드는 기년饑年, 5일 동안 굶는 것은 논밭이 황폐해지는 황년荒年, 7일 동안 굶는 것은 뛰어난 선비가 없는 무국사無國士, 10일 동안 굶으면 짝이 없는 무주無疇와 같다. '무주'는 모든 사람이 죽는 것을 뜻한다.

비세겸比歲歉의 '비'를 『사기』「천관서」에 대한 장수절張守節의 『사기정의』 주는 같을 류類로 풀이했다. 무국토無國土의 '토'를 허유휼은 사士의 오자로 보았다. 국사國士는 나라의 뛰어난 선비를 말한다. 주류疇類의 '주'는 짝을 뜻하는 주儔와 통한다. 『순자』「권학」의 양경 주는 동류를 뜻하는 류類로 새겼다.

12-17

先王貴誠信. 誠信者, 天下之結也. 賢大夫不恃宗室, 士不恃外權. 坦坦之利不以功, 坦坦之備不爲用. 故存國家, 定社稷, 在卒謀之閒耳.

선왕은 성신誠信을 귀하게 여겼다. '성신'은 천하를 하나로 묶는 것이다. 현명한 대부는 종족의 문벌에 기대지 않고, 뛰어난 선비는 나라 밖의 권세에 기대지 않는다. 통상적인 작은 이익은 큰 공로로 여길 수 없고, 통상적인 비축은 유사시 크게 쓸 수 없다. 나라의 존속과 사직의 안정은 문득 경각지간頃刻之間의 계책에 달려 있을 뿐이다.

천하지결天下之結의 '결'은 교유관계를 맺는 결교結交의 뜻이다. 탄탄지리坦坦之利는 통상적인 이익을 말한다. '탄탄'을 윤지장은 평평平平으로 새겼다. 탄탄지비坦坦之備는 통상적인 비축을 의미한다. 졸모지간卒謀之閒은 극히 짧은 시간을 말한다. '졸'은 돌연의 졸猝과 같다. 『구오대사舊五代史』「주서周书, 태조기太祖记」에 이 표현이 나온다. '경각'으로 줄여 쓰기도 한다. 편각片刻과 같다.

12-18

聖人用其心, 沌沌乎博而圜, 豚豚乎莫得其門, 紛紛乎若亂絲, 遺遺乎若有從治. 故曰, "欲知者知之, 欲利者利之, 欲勇者勇之, 欲貴者貴之. 彼欲貴, 我貴之, 人謂我'有禮'. 彼欲勇, 我勇之, 人謂我'恭'. 彼欲利, 我利之, 人謂我'仁'. 彼欲知, 我知之, 人謂我'慭'. 戒之戒之, 微而異之, 動作必思之, 無令人識之, 卒來者必備之. 信之者仁也, 不可欺者智也. 既智且仁, 是謂'成人'."

성인은 마음을 쓸 때 매우 혼혼渾渾하여 둥글둥글하고, 매우 은은隱隱하여 그 마음의 문을 찾기 어렵고, 매우 분분紛紛하여 마치 엉킨 실타래 같다. 그러나 조리가 있는 것이 마치 두서頭緖가 있는 듯하다. 알고자 하는 자에게는 알고자 하는 것을 일러주고, 이익을 얻고자 하는 자에게는 이익을 주고, 용기를 내고자 하는 자에게는 용기를 주고, 고귀한 것을 바라는 자에게는 고귀한 것을 내주는 이유다. 사람들은 이같이 말한다.

"고귀한 것을 바라는 자에게 고귀한 것을 주면 '예절이 있다.'고 하고, 용기를 내고자 하는 자에게 용기를 주면 '공경스럽다.'고 하고, 이익을 얻고자 하는 자에게 이익을 주면 '어질다.'고 하고, 알고자 하는 자에게 알고자 하는 것을 일러주면 '총민하다.'고 한다. 경계하고, 경계하라! 남과 달리 행보할 수는 없는 일이다. 행동할 때 먼저 심사숙고해야 한다. 남이 이를 모두 알게 할 필요는 없고, 뜻하지 않게 닥쳐올 일은 반드시 미리 대비해야 한다. 사람들은 신의를 지키면 인애하다고 하고, 기만하지 않으면 총명하다고 한다. 인애하고 총명한 사람을 일컬어 완전한 사람이라는 뜻의 '성인成人'이라고 부른다."

돈돈호박이환沌沌乎博而圜의 '돈돈'은 모든 것이 하나로 뒤엉켜 있어 구분이 되지 않는 혼돈渾沌 내지 혼돈混沌을 형용한 말이다. '박이환'의 '박'을 정사함은 둥글게 할 단摶의 잘못으로 보았다. '환'은 원圓과 같다. 돈돈호

막득기문豚豚乎莫得其門의 '돈'을 정사함은 달아날 돈遯으로 새겼다. '둔'으로 읽기도 한다. 『광아廣雅』는 둔遯을 은隱으로 풀이했다. 유유호약유종치遺遺乎若有從治의 '유유'를 곽말약은 차례로 뒤따르는 모습을 형용한 순순循循 내지 열을 지어 퇴각하는 모습인 준준逡逡의 잘못으로 보았다. 해석에서 '순순'으로 풀이했다. 인위아민人謂我慜의 '민'은 총민聰敏할 민敏과 같다. 미이이지微而異之의 '미이'는 미능靡能과 같다. 고대에 이而와 능能은 서로 통용됐다.

12-19

賤固事貴, 不肖固事賢. 貴之所以能成其貴者, 以其貴而事賤也. 賢之所以能成其賢者, 以其賢而事不肖也. 惡者, 美之充也. 卑者, 尊之充也. 賤者, 貴之充也. 故先王貴之.

본래 미천微賤한 자는 고귀高貴한 자, 불초不肖한 자는 현량賢良한 자를 섬기기 마련이다. 고귀한 자가 고귀할 수 있는 것은 고귀한 신분으로 미천한 자를 섬기기 때문이고, 현량한 자가 현량할 수 있는 것은 현량한 자세로 불초자를 섬기기 때문이다. 누추陋醜는 우미優美, 비하卑下는 존숭尊崇, 미천은 고귀를 가능케 해주는 바탕이다. 선왕이 이것들을 귀하게 여긴 이유다.

천고사귀賤固事貴의 '고'는 본래부터 그러하다는 뜻의 고연固然을 의미한다. 미지통야美之充也의 '통'을 허유휼은 통統의 가차로 보았다. '통'을 두고 『주역』「건괘」에 대한 정현의 주는 근본을 뜻하는 본本으로 새겼다.

12-20

天以時使, 地以材使, 人以德使, 鬼神以祥使, 禽獸以力使. 所謂'德'者, 先之之謂也. 故德莫如先, 應適莫如後.

하늘은 시령時令으로 작용하고, 땅은 재물材物로 작용하고, 사람은 덕행德行으로 작용하고, 귀신은 길흉吉凶으로 작용하고, 금수는 역량力量으로 작용한다. 이른바 '덕행'은 앞장서 행하는 것을 말한다. 덕행은 솔선수범率先垂範, 응적應敵은 후발제인後發制人보다 나은 게 없다.

천이시사天以時使의 '시사'는 계절 내지 절기를 뜻하는 시령時令과 같다. 지이재사地以材使의 '재'는 사물을 만드는 재료인 재물材物을 뜻한다. 『상군서商君书』「내민徕民」에 대천지재물大川之材物 표현이 나온다. 응적막여후應適莫如後의 '응적'은 적에 대응한다는 뜻으로 '적'을 야스이는 적敵과 통한다고 했다. 여기서 '후'는 기선제압을 뜻하는 선발제인先發制人과는 정반대로 후발後發을 통해 적을 제압하는 후발제인後發制人의 계책을 뜻한다.

12-21

先王用一陰二陽者霸, 盡以陽者王. 以一陽二陰者削, 盡以陰者亡. 量之不以少多, 稱之不以輕重, 度之不以短長, 不審此三者, 不可擧大事. 能戒乎? 能勑乎? 能隱而伏乎? 能而稷乎? 能而麥乎? 春不生而夏無得乎? 「衆人之用其心也. 愛者, 憎之始也. 德者, 怨之本也. 唯賢者不然.」先王事以合交, 德以合人. 二者不合, 則無成矣, 無親矣.

불리한 음陰과 유리한 양陽의 조건이 공존할 때 '양'이 '음'을 누르는 일음이양一陰二陽의 상황에서는 패업霸業을 이루고, 모든 게 유리한 진양盡陽의 상황에서는 왕업王業을 이루고, '음'이 '양'을 누르는 '1양2음'의 상황에서는 영토가 줄어들고, 모든 게 불리한 진음盡陰의 상황에서는 패망한다. 수량을 따지는 계량計量 후 다소多少의 차이를 대비하지 않고, 무게를 재는 칭량稱量 후 경중輕重의 차이를 대비하지 않고, 길이를 재는 탁량度量 후 장단長短의 차이를 대비하지 않는다. 이런 3가지 방식으로 사안을 자세히 살피지 않으면 결코 대업을 이룰 수 없다. 능히 경계하는가? 능히 근신하는가? 능히 몸을 숨겨 매복하고 있는가? 능히 그대의 기장을 심고 있는가? 능히 그대의 보리를 심고 있는가? 봄에 싹이 나지 않으면 여름에 수확하지 못하는 사실을 알고 있는가? 선왕은 사업을 통해 주변국과 교호하고, 덕행으로 백성을 단결시켰다. 주변국과 교호하고 백성을 단결시키는 2가지 일을 제대로 하지 못하면 결코 성공을 기할 수 없고, 가까이 다가오는 자도 없을 것이다.

선왕용일음이양先王用一陰二陽의 '선왕'을 야스이는 연자로 보았다. '1음2양'에 대한 해석이 분분하다. 1번 물러나고 2번 나아가는 1보 후퇴와 2보 전진으로 풀이키도 하나, 1가지 불리한 점과 2가지 유리한 점으로 새기는 게 타당할 듯하다. 곽말약이 그같이 새겼다. '음'을 마이너스 요소인 부負, '양'을 플러스 요소인 정正으로 새긴 게 그렇다. 능칙호能勑乎의 '칙'은 신칙申飭할 칙飭과 같다. 능이직호能而稷乎의 '이'는 2인칭 이爾와 같다. '직'은 오곡의 하나인 기장을 말한다. 중인지용기심야衆人之用其心也에서 유현자불현唯賢者不然에 이르는 6개 구절을 두고 왕념손은 모두 아래 대목에 나오는 글이 끼어든 연문에 해당한다고 했다. 해석에서 이를 좇았다.

12-22

凡國之亡也, 以其長者也. 人之自失也, 以其所長者也. 故善游者死于梁也, 善射者死于中野.

무릇 나라의 패망은 그 나라의 장점에서 비롯되고, 사람의 실패 또한 그의 장점에서 비롯된다. 수영을 잘하는 자가 다리 밑의 못에서 노닐다가 빠져 죽고, 사냥을 잘하는 자가 황야에서 사냥하다가 사냥감에 받쳐 죽는 이유다.

∽ 이기장자야以其長者也 구절을 두고 야스이는 '장' 위에 소所 자가 빠졌다고 했으나, 그대로 두고 해석해도 통한다. 사우양야死于梁也의 '양'을 왕념손은 거渠의 잘못이라고 했으나 하여장은 글자 그대로 교량으로 풀이해야 한다고 했고, 여상봉은 장수障水의 둑으로 보고 '야'를 지池의 잘못이라고 했다. 중야中野는 황야지중荒野之中의 줄임말이다.

12-23

命屬于食, 治屬于事. 無善事而有善治者, 自古及今未嘗之有也.

명운命運은 식량, 언사言辭는 사실 여부에 달려 있다. 일처리를 잘하지 못하면서도 언사를 잘 구사하는 자는 예로부터 지금까지 존재한 적이 없다.

∽ 치속우사治屬于事의 '치'를 곽말약은 사辭의 가차로 보았다. 미상지유未嘗之有를 왕인지는 미지상유未之嘗有의 잘못으로 보았다.

12-24

衆勝寡, 疾勝徐, 勇勝怯, 智勝愚, 善勝惡, 有義勝無義, 有天道勝無天道. 凡此七勝者貴衆, 用之終身者衆矣.

다수가 소수, 쾌속이 완만, 용기가 비겁, 지혜가 우매, 선량이 사악, 정의가 불의, 천도가 무도無道를 이긴다. 이들 7가지 승인勝因은 모두 구비하는 게 바람직하다. 종신토록 이들 승인을 구사하는 자가 매우 많다.

∽ 차칠승자귀중此七勝者貴衆의 '중'을 곽말약은 취聚의 오자로 보았다.

12-25

人主好佚欲, 亡其身失其國者, 殆. 其德不足以懷其民者, 殆. 明其刑而賤其士者, 殆. 諸侯假之威, 久而不知極已者, 殆. 身彌老, 不知敬其適子者, 殆. 蓄藏積陳朽腐, 不以與人者, 殆.

군주가 안일과 방탕을 좋아해 몸과 나라를 잊으면 매우 위태롭다. 덕행이 모자란 데도 백성으로 하여금 감사히 여기도록 하면 매우 위태롭다. 형벌을 무겁게 하면서 선비를 멋대로 해치면 매우 위태롭다. 열국 제후의 위세에 기대면서 오랫동안 그 위험을 알지 못하면 매우 위태롭다. 자신이 이미 늙었는데도 태자를 존중할 줄 모르면 매우 위태롭다. 많은 곡식과 재물을 쌓아 두고도 썩어나갈 때까지 백성에게 베풀지 않으면 매우 위태롭다.

망기신실기국자亡其身失其國者의 '망'을 요영개는 망忘으로 새기고, '실'은 급及의 오자라고 했다. 천기사자賤其士者의 '천'이 고본에는 잔殘으로 되어 있다. 부지극이자不知極已者의 '극'을 여상봉은 급할 극亟의 뜻으로 새겼다. 부지경기적자不知敬其適子의 '경'은 경계하여 삼간다는 뜻으로 계신戒愼과 같다. '적자'는 태자를 뜻하는 말로 '적'은 적嫡과 통한다.

12-26

凡人之名三. 有治也者, 有恥也者, 有事也者. 事之名二. 正之, 察之. 五者而天下治矣. 名正則治, 名倚則亂, 無名則死, 故先王貴名.

무릇 사람이 취하는 명분은 3가지다. 잘 다스리는 관리管理, 법을 공정히 집행하는 집법執法, 맡은 바 일에 힘쓰는 종사從事가 그것이다. 일의 명분은 2가지다. 바른 명분인 정명正名과 상세히 살피는 심찰審察이 그것이다. 이들 5가지 명분이 갖춰지면 능히 천하가 안정된다. 명분이 바르면 안정되고, 한쪽으로 치우쳐 바르지 못하면 어지러워지고, 아예 없으면 이내 패망하고 만다. 선왕이 명분을 중시한 이유다.

유치야자有恥也者의 '치'는 사람에게 치욕을 안긴다는 뜻으로 곧 법을 집행하는 집법執을 의미한다. 오자이천하치의五者而天下治矣의 '이'를 곽말약은 능能으로 해석했다. 명의즉란名倚則亂의 '의'는 한쪽에 치우친다는 뜻이다. 무명즉사無名則死의 '무명'에 대해 주석가들 가운데 아무도 언급치 않았으나 이 또한 앞서 나온 명정名正 및 명의名倚에 비춰볼 때 명무名無의 잘못으로 보는 게 옳다.

12-27

先王取天下, 遠者以禮, 近者以體. 體禮者, 所以取天下. 遠近者, 所以殊天下之際.

선왕은 천하를 쟁취할 때 먼 나라는 예절, 가까운 나라는 친근함으로 대했다. 이들 2가지는 천하를 얻는 계책이고, 원근은 친소를 구별하기 위한 기준이다.

근자이체近者以體의 '체'를 『예기』「학기」의 정현 주는 친근親近으로 풀이했다.

12-28

日益之而患少者惟忠, 日損之而患多者惟欲. 多忠少欲, 智也, 爲人臣者之廣道也. 爲人臣者, 非有功勞于國也, 家富而國貧, 爲人臣者之大罪也. 爲人臣者, 非有功勞于國也, 爵尊而主卑, 爲人臣者之大罪也. 無功勞于國而貴富者, 其唯尙賢乎?

매일 늘어나도 오히려 더 줄어들까 우려되는 것은 오직 충심忠心이고, 매일 줄어들어도 오히려 더 늘어날까 우려되는 것은 오직 사욕私欲뿐이다. 충심을 늘리고 사욕을 줄이는 것은 지혜로운 일로 신하가 걸어야 할 기본 노선이다. 신하가 되어 나라를 위해 아무런 공을 세우지도 못한 채 자신의 집만 부유하고 나라가 가난한 가부국빈家富國貧을 초래하면 이는 신하된 자의 대죄大罪이다. 또 아무런 공도 세우지 못한 채 자신은 존귀하고 군주의 위세가 낮은 작존주비爵尊主卑를 초래하면 이 또한 대죄이다. 신하가 나라를 위해 공도 세우지 못한 채 부귀한 자리에 있으면 그 누가 그를 현량한 자로 존경할 수 있겠는가?

기유상현호其唯尙賢乎의 '유'를 곽말약은 수誰로 새겼다.

12-29

衆人之用其心也, 愛者憎之始也, 德者怨之本也. 其事親也, 妻子具則孝衰矣. 其事君也, 有好業·家失富足則行衰矣, 爵祿滿則忠衰矣. 唯賢者不然, 故先王不滿也, 人主操逆, 人臣操順.

백성의 마음씀씀이를 보면 애정은 증오의 시작이고, 덕은 원한의 근원이다. 어버이를 잘 모시다가 처자식이 생기면 효행이 쇠퇴하고, 군주를 잘 섬기다가 일이 잘 풀리고 집안이 풍족해지면 행동이 느려지고, 작록이 만족스러우면 충성심이 쇠퇴하는 이유다. 오직 현자만이 그렇지 않다. 선왕이 신하들이 바라는 작록을 꽉 채워주지 않은 이유다. 군주가 작록을 가득 채워주는 정책을 펴지 않아야 신하들 모두 충성을 굳건히 유지하며 군주의 명을 좇는다.

기사친야其事親也 구절이 일부 판본에는 '기' 앞에 생生이 덧붙여져 있다. 연자이다. 고선왕불만야故先王不滿也 구절을 왕념손은 연문으로 보았다. 그대로 두고 해석했다.

12-30

先王重榮辱, 榮辱在爲. 天下無私愛也, 無私憎也. 爲善者有福, 爲不善者有禍. 禍福在爲, 故先王重爲.

선왕은 영욕榮辱을 중시했다. 영욕은 각자의 행위에 달려 있다. 천지는 사사로운 애정이나 미움이 없다. 선善을 행하면 복을 주고, 불선不善을 행하면 화를 내렸다. 화복은 각자의 행위에 달려 있다. 선왕이 행위를 중시한 이유다.

천하무사애야天下無私愛也의 '천하'를 사호범은 천지天地의 잘못이라고 했다.

12-31

明賞不費, 明刑不暴. 賞罰明則德之至者也, 故先王貴明.

포상은 공개적이되 남상濫賞이 되지 않도록 하고, 형벌 또한 공개적이되 잔포殘暴하지 않게 해야 한다. 상벌을 명확히 하는 것이 최고의 덕정德政이다. 선왕이 상벌의 공개적인 시행을 중시한 이유다.

명상불비明賞不費의 '비'는 써서 없애는 모耗와 통한다.

12-32

天道大而帝王者用, 愛惡愛惡, 天下可祕, 愛惡重閉必固.

천도는 위대하다. 제왕의 대업을 이룬 군주는 이를 잘 활용한다. 천도는 공평무사한 까닭에 원래 애오愛惡가 없으나, 제왕은 사람인 까닭에 애오가 없을 수 없다. 그럼에도 애오의 감정을 마음속에 감춰 밖으로 드러내지 않아야 천도를 능히 활용할 수 있다. 제왕이 애오의 감정을 마음속에 거듭 비밀스럽게 가둬둘 수 있으면 치천하治天下는 반드시 더욱 굳건해질 것이다.

애오애오愛惡愛惡를 곽말약은 애애오오愛愛惡惡의 잘못으로 보았다. 사람들이 좋아하는 것을 좋아하고, 미워하는 것을 미워한다는 의미로 풀이한 이유다. 그가 '천하가비天下可秘, 애오중愛惡重, 폐필고閉必固' 구절을 두고 "애오愛惡의 잣대를 엄격히 실천에 옮기면 천하를 오랫동안 보유하며 잃는 일이 없게 된다."고 풀이한 것도 이 때문이다. 이에 대해 여상봉은 풀이키를, "천도는 공평무사한 까닭에 원래 애오愛惡가 없으나, 제왕은 사람인 까닭에 애오가 없을 수 없다. 그럼에도 애오의 감정을 마음속에 감춰 밖으로 드러내지 않으면 천도를 실천할 수 있다. 비秘라고 표현한 이유다. 마음을 비밀스럽게 하는 것은 곧 겹으로 닫으면서 굳건히 하는 것을 뜻한다. 중폐필고重閉必固를 언급한 이유다."라고 했다. 해석에서 이를 좇았다.

12-33

釜鼓滿則人概之, 人滿則天概之, 故先王不滿也.

되와 말에 곡식이 넘치면 사람들은 평미레로 밀어 이를 평평하게 만들고, 사람의 행동이 지나치면 하늘이 평미레로 밀어 이를 평평하게 만든다. 선왕이 일을 할 때 자만하지 않은 이유다.

부고釜鼓는 곡식의 양을 재는 고대의 도량 단위를 말한다. '부'는 춘추전국시대 당시 제나라에서 유행한 단위이다. 춘추시대에는 '1부'가 6두

斗 4승升이었으나 전국시대에 들어와 10두로 늘어났다. 이는 10말 들이 용량인 1곡斛에 가깝다. '1곡'은 지금의 1석石에 해당한다. 『광아』「석기釋器」는 '곡'을 고鼓로 부른다고 했다. 결국 '부고'는 현대의 도량 단위인 석두石斗에 해당하는 셈이다. 천개지天槪之의 '개'는 곡식을 되질할 때 말 위에 수북이 담은 고봉高捧을 밀어내 평평하게 만들 때 사용하는 '평미레'를 뜻한다. 여기서 고르게 만드는 것을 뜻하는 괄평刮平 내지 삭평削平의 의미로 전용됐다.

12-34

先王之書, 心之敬執也, 而衆人不知也. 故有事, 事也. 毋事亦事也. 吾畏事, 不欲爲事. 吾畏言, 不欲爲言. 故行年六十而老吃也.

선왕이 남긴 글은 마음속으로 경애敬愛해야 하는데도 일반인은 이를 잘 이해하지 못한다. 일이 있을 때도 봉독奉讀하고, 일이 없을 때도 봉독해야 한다. 나는 많은 일을 맞닥뜨릴까 우려해 감히 여러 일을 만들지 않고, 말이 많아질까 우려해 감히 여러 말을 하지 않는다. 나이가 60세를 넘어서면서 말이 어눌해진 이유다.

심지경집心之敬執의 '집'을 『여씨춘추』「우합遇合」은 애愛의 의미로 사용했다. '고유사故有事, 사야事也' 구절의 '사'를 사호범은 남의 글을 받들어 읽는 봉독奉讀으로 풀이했다. 오외사吾畏事의 '오'를 자처한 인물을 두고 곽말약은 송경宋牼으로 파악했다. 송경은 송나라 출신의 직하학궁 원로로 그의 학설은 묵가와 도가, 명가 등의 이론을 모두 내포하고 있다. 『한서』「예문지」의 소설가 항목에 『송자』 18편이 기록돼 있다. 해당 주는 그의 학설을 도가의 일원인 황로학黃老學으로 분류해 놓았다. 그의 이름은 제자백가서마다 달리 나온다. 『맹자』「고자 하」는 송경宋牼, 『장자』「천하」는 송견宋鈃, 『한비자』「현학」은 송영자宋榮子, 『순자』「정론」은 자송자子宋子로 되어 있다. 불욕위사不欲爲事의 '욕'을 손성연은 『태평어람』에 인용된 글을 근거로 감敢의 오자로 간주했다. 노흘老吃은 나이를 먹어 말이 어눌해지는 구흘口吃을 의미한다.

제13장 팔관(八觀)

'팔관'은 나라의 허실을 평가하고 판단하는 8가지 방면의 관찰 방법을 의미한다. 풍요와 기근을 뜻하는 기포饑飽를 비롯해 사치하고 검소한 치검侈儉과 빈부貧富, 허실虛失, 치란治亂, 강약强弱, 흥폐興廢, 존망存亡 등이 그것이다.

13-1

大城不可以不完, 郭周不可以外通, 里域不可以橫通, 閭閈不可以毋闔, 宮垣·關閉不可以不脩. 故大城不完, 則亂賊之人謀. 郭周外通, 則姦遁踰越者作. 里域橫通, 則攘奪竊盜者不止. 閭閈無闔, 外內交通, 則男女無別. 宮垣不備, 關閉不固, 雖有良貨, 不能守也. 故形勢不得爲非, 則姦邪之人慤愿. 禁罰威嚴, 則簡慢之人整齊. 憲令著明, 則蠻夷之人不敢犯. 賞慶信必, 則有功者勸. 教訓習俗者衆, 則君民化變而不自知也. 是故明君在上位, 刑省罰寡, 非可刑而不刑, 非可罪而不罪也. 明君者閉其門, 塞其塗, 弇其迹, 使民毋由接於淫非之地. 是以民之道正行善也, 若性然, 故罪罰寡而民以治矣.

내성內城의 성벽은 견고하지 않으면 안 되고, 외성外城의 성벽은 틈이 있으면 안 된다. 마을의 거리인 이항里巷의 담장은 외부와 통하는 틈이 있으면 안 되고, 이항의 출입문은 평소 닫혀 있지 않으면 안 되고, 집의 담장과 대문의 빗장은 평소 잘 수리해두지 않으면 안 된다. 내성의 성벽이 견고하지 않으면 난신적자亂臣賊子가 모반을 꾀하고, 외성의 성벽에 틈이 있으면 간사한 무리가 담을 넘어 외부와 짜고 일을 벌이고, 향리의 담장에 틈이 있으면 흉포한 무리의 도적질이 그치지 않고, 향리의 출입문이 평소 닫혀 있지 않으면 안팎이 서로 통해 남녀 사이에 분별이 없어지고, 집의 담장과 대문의 빗장을 평소 잘 수리해두지 않으면 귀중한 재화를 지킬 도리가 없다. 주변의 형세形勢만이 비리와 비행을 막으면서 간사한 자를 성실하게 만들고, 금령과 형벌 및 위엄만이 경솔하고 태만한 자로 하여금 법을 지키게 만든다. 법령이 엄정해야 사방의 이적夷狄이 감히 침범치 못하고, 포상이 공평하고 성실해야 공을 세우고자 하는 인재를 격려할 수 있다. 교화와 훈육에 입각한 좋은 풍속을 좇는 자가 많아야 백성이 자신도 모르는 사이에 변화한다. 명군이 다스릴 때 형벌이 줄어드는 이유다. 반드시 형을 가할 때가 아니면 가하지 않고, 반드시 죄를 물을 때가 아니면 죄를 묻지 않기 때문이다. 한마디로 명군은 범죄의 대문을 닫아버리고, 범죄의 길을 봉쇄한다. 범죄의 근원을 차단함으로써 백성이 작란作亂과 작간作奸의 유혹에 빠지지 않도록 하는 것이다. 백성이 정도를 걸으며 선행을 하는 것이 마치 본성처럼 보이는 이유다. 형을 줄이고 벌을 적게 하여 백성이 잘 다스려지는 것도 바로 이 때문이다.

대성大城은 내성內城을 지칭한다. 곽주郭周를 허유휼은 외성外城을 뜻하는 주곽周郭의 잘못으로 보았다. 주周는 성곽으로 둘러싼 것을 말한다. 이성불가이횡통里域不可以橫通의 '이성'은 이항里巷을 둘러싼 담장을 지칭한다. 여한불가이무합閭閈不可以毋闔의 '여한'은 이항을 출입할 때 통과하는 대문을 말한다. '합'은 출입문을 닫는 폐관閉關을 뜻한다. 궁원관폐불가이불수宮垣關閉不可以不脩의 '궁원'은 집의 담장을 말한다. '궁'은 춘추전국시대에 통상적인 집을 지칭했다. '수'를 장문호는 비備의 오자로 보았다. 각원慤愿은 충실과 통한다. 간만지인簡慢之人의 '간만'은 경솔하고 태만하다는 뜻이다.

경상신필賞慶信必의 '신필'은 반드시 구체화한다는 뜻으로 '신'은 필必과 마찬가지로 반드시 이뤄낸다는 뜻의 동사로 사용된 것이다. 군민화변君民化變의 '군'을 유월은 연자로 보았다. '화변'은 서서히 변화하는 것을 말한다. 비가죄이부죄非可罪而不罪의 '죄'를 야스이는 벌罰의 잘못으로 보았으나 그대로 두고 해석해도 가하다. '죄' 자체가 죄를 묻는다는 동사의 의미로 사용된 것이다. 색기도塞其塗의 '도'가 일부 판본에 도랑을 뜻하는 도涂로 되어 있다. 뜻은 같다. 엄기적弇其迹의 '엄'은 가린다는 뜻으로 엄揜 내지 엄掩과 같은 뜻이다. 약성연若性然의 '성'은 인성人性을 뜻한다. 죄벌과罪罰寡를 허유휼은 형생벌과刑省罰寡의 잘못으로 보았다.

13-2

行其田野, 視其耕芸, 計其農事, 而飢飽之國可以知也. 其耕之不深, 芸之不謹, 地宜不任, 草田多穢, 耕者不必肥, 荒者不必墝, 以人猥計其野, 草田多而辟田少者, 雖不水旱, 飢國之野也. 若是而民寡, 則不足以守其地. 若是而民衆, 則國貧民飢. 以此遇水旱, 則衆散而不收. 彼民不足以守者, 其城不固. 民飢者, 不可以使戰. 衆散而不收, 則國爲丘墟. 故曰, "有地君國, 而不務耕芸, 寄生之君也." 故曰, '行其田野, 視其耕芸, 計其農事, 而飢飽之國可知也.'

전야田野로 나가 농부들이 씨뿌리고 김매는 모습을 살펴보며 곡식의 생산량을 계산하면 그 나라의 기포飢飽 여부를 알 수 있다. 땅을 깊이 갈지 않고, 김매기를 열심히 하지 않고, 토양에 맞춰 경작하지 않고, 황무지에 잡초가 가득하고, 경지가 반드시 비옥한 것도 아니며 황무지가 반드시 척박한 것도 아닌 상황에서 백성의 숫자와 토지 면적을 비교할 때 풀밭이 많고 개간된 밭이 적은 경우가 있다. 이것이 바로 설령 홍수나 가뭄이 없을지라도 반드시 굶주리게 되는 나라인 기국飢國의 전야 모습이다. 이런 '기국'에 백성이 적으면 영토를 지킬 길이 없고, 많으면 나라가 가난하고 백성이 굶주린다. 여기에 홍수나 가뭄의 재해까지 겹치면 백성은 사방으로 흩어지고 수확할 길이 없게 된다. 백성이 영토를 지키기에 부족하면 성곽이 견고하지 못하고, 백성이 굶주리면 전쟁이 났을 때 출전시킬 수 없고, 백성이 사방으로 흩어지고 수확하지 못하면 나라가 이내 폐허로 변한다. "영토를 보유한 군주가 나라를 다스리면서 농사를 중시하지 않으면 이는 다른 나라에 목숨을 맡긴 채 살아가는 기생지군寄生之君이다."라고 말하는 이유다. '전야로 나가 농부들이 씨뿌리고 김매는 모습을 보며 생산량을 헤아리면 그 나라의 기포 여부를 알 수 있다.'고 언급한 배경이 여기에 있다.

시기경운視其耕芸의 '운'은 김매기를 뜻하는 운耘과 통한다. 기포지국飢飽之國은 굶주리거나 풍요롭거나 한 나라를 말한다. 운지불근芸之不謹의 '근'은 정성을 들이는 소심小心의 뜻이다. 지의불임地宜不任의 '임'은 적의適宜의 의미이다. 외계기야猥計其野의 '외'를 윤지장은 중衆으로 새겼고, 『한서』의 안사고 주는 적積으로 풀이했다. 초전다草田多의 '초전'은 잡초가 우거진 황무지를 상징한다. 벽전소辟田少의 '벽전'은 개간된 토지를 말한다. '벽'은 벽闢과 통한다. 국위구허國爲丘墟의 '구허'는 폐허廢墟의 의미이다. 유지군국有地君國의 '군'은 군림한다는 동사로 사용된 것이다. 기생지군寄生之君은 다른 나라에 의존에 살아가는 나라의 군주를 뜻한다.

13-3

行其山澤, 觀其桑麻, 計其六畜之產, 而貧富之國可知也. 夫山澤廣大, 則草木易多也. 壤地肥饒, 則桑麻易殖也. 薦草多衍, 則六畜易繁也. 山澤雖廣, 草木毋禁, 壤地雖肥, 桑麻毋數, 薦草雖多, 六畜有征, 閉貨之門也. 故曰, "時貨不遂, 金玉雖多, 謂之'貧國'也." 故曰, '行其山澤, 觀其桑麻, 計其六畜之產, 而貧富之國可知也.'

산택山澤으로 나가 뽕과 삼의 재배 상황을 살펴보며 6축畜의 생산량을 계산하면 그 나라의 빈부貧富 여부를 알 수 있다. 무릇 산택이 광대하면 초목이 무성하기 쉽고, 토지가 비옥하면 뽕과 삼을 심기에 좋고, 목초가 많으면 목축에 유리하다. 산택이 광대할지라도 초목의 남벌을 금하지 않거나, 토지가 비옥할지라도 뽕과 삼을 심는 기술이 없거나, 목초가 많을지라도 6축의 사육에 과도한 세금을 부과하면 이는 재화가 증식하는 문을 가로막는 것이다. "계절에 따라 나오는 농부산물이 제대로 생산되지 않으면 금옥이 아무리 많아도 가난한 나라가 된다."고 말하는 이유다. "산택으로 나가 뽕과 삼의 재배 상황을 살펴보며 6축의 생산량을 계산하면 그 나라의 빈부 여부를 알 수 있다."고 언급한 배경이 여기에 있다.

행기산택行其山澤의 '산택'은 산림과 호택湖澤을 총칭한 말이다. 육축지산六畜之產의 '6축'은 소, 말, 양, 돼지, 개, 닭을 지칭한다. 천초다연薦草多衍의 '천초'는 초식동물과 가축이 먹는 풀을 뜻한다. 『장자』「제물론」에 미록식천麋鹿食薦 표현이 나온다. 상마무수桑麻毋數의 '수'는 기술이나 계책을 뜻한다. 육축유정六畜有征의 '정'을 윤지장은 세금을 부과하는 부賦로 새겼다. 폐화지문閉貨之門은 재화의 생산 및 유통을 막는다는 뜻이다. 시화불수時貨不遂의 '시화'는 시절에 따라 산출되는 재화를 말한다. 여기서는 초목과 상마, 6축 등의 농부산물을 지칭한다. '수'는 성공成功 내지 성사成事의 의미이다.

13-4

入國邑, 視宮室, 觀車馬衣服, 而侈儉之國可知也. 夫國城大而田野淺狹者, 其野不足以養其民. 城域大而人民寡者, 其民不足以守其城. 宮營大而室屋寡者, 其室不足以實其宮. 室屋衆而人徒寡者, 其人不足以處其室. 囷倉寡而臺榭繁者, 其藏不足以共其費. 故曰. "主上無積而宮室美, 氓家無積而衣服脩, 乘車者飾觀望, 步行者雜文采, 本資少而末用多者, 侈國之俗也." 國侈則用費,用費則民貧, 民貧則姦智生, 姦智生則邪巧作. 故姦邪之所生, 生於匱不足. 匱不足之所生, 生於侈. 侈之所生, 生於毋度. 故曰, "審度量, 節衣服, 儉財用, 禁侈泰, 爲國之急也, 不通於若計者, 不可使用國." 故曰, '入國邑, 視宮室, 觀車馬衣服, 而侈儉之國可知也.'

그 나라의 도성으로 들어가 궁실宮室을 살펴보고, 거마車馬와 의복을 관찰하면 그 나라의 치검侈儉 여부를 알 수 있다. 무릇 나라의 성읍城邑은 큰데 전야가 협소하면 그 전야로는 백성을 먹여 살릴 수 없다. 성읍의 구역은 큰데 백성이 적으면 그 백성으로는 성읍을 지킬 수 없다. 궁궐의 규모는 큰데 방실房室이 적으면 그 방실로는 궁궐을 채울 수 없다. 방실은 많은데 사람이 적으면 그 사람들로는 방실을 채울 수 없다. 곡식 창고는 적은데 누각이 많으면 비축한 곡식으로는 누각의 조성비용을 댈 수 없다. "군주가 비축한 재화도 없으면서 궁실을 화려하게 꾸미거나, 백성이 저축한 것도 없으면서 의복을 화사하게 입거나, 수레를 타는 자가 수레의 외관을 아름답게 장식하거나, 길을 가는 자가 옷을 화려하게 치장하거나, 생활용품은 적은데 사치품이 많이 나돌면 이는 사치스런 나라의 풍속이다."라고 말하는 이유다. 나라가 사치하면 비용이 많아지고, 비용이 많아지면 백성이 궁핍해지고, 백성이 궁핍해지면 간교한 지혜인 간지姦智가 생기고, 간지가 생기면 사악하고 거짓된 행위가 빚어진다. 간사奸邪는 빈핍貧乏, 빈핍은 사치奢侈, 사치는 무절제無節制에서 나온다. "각종 제도의 기준을 엄격히 세우고, 의복과 복식服飾을 절제하고, 재용財用을 검소하게 하고, 사치와 낭비를 금하는 것이 나라의 급선무이다. 이런 계책에 밝지 못한 자에게 나라를 다스리게 해서는 안 된다."고 말하는 이유다. '그 나라의 도성으로 들어가 궁실을 살펴보고, 거마와 의복을 관찰하면 그 나라의 치검 여부를 알 수 있다.'고 언급한 배경이 여기에 있다.

입국읍入國邑의 '국읍'은 나라의 수도인 도성 내지 도읍을 뜻하는 국도國都를 달리 표현한 것이다. 경성京城, 경도京都, 경사京師로도 표현한다. 황제국의 도성은 특별히 황성皇城, 황도皇都, 황경皇京, 제성帝城, 제도帝都, 제경帝京 등으로 표현했다. 치검지국侈儉之國은 사치스럽거나 또는 검소하거나 한 나라를 말한다. 국성대國城大의 '성'은 성읍城邑 내지 성시城市를 지칭한다. 전야천협田野淺狹의 '천'은 협소할 협狹의 뜻이다. 정사함은 '천'에 대한 주석인 '협'이 잘못하여 본문에 끼어든 것으로 보았다.

균창과困倉寡의 '균창'은 곡식을 저장하는 창고를 말한다. '균'은 원형, '창'은 방형의 창고이다. 『예기』「월령」은 지하창고인 움집을 파고 지상창고를 수리한다는 뜻의 '천두교穿竇窖, 수균창修困倉' 표현이 나온다. 교窖는 교窌와 같다. 공기비共其費의 '공'은 제공할 공供과 통한다. 고본에는 공供으로 되어 있다. 맹가氓家는 민가民家의 뜻이다. '맹'은 원래 밖에서 유입된 외래 백성을 의미한다. 승거자식관망乘車者飾觀望의 '관망'은 겉모습 즉 외관外觀을 뜻한다. 본자소本資少의 '본자'는 생활필수품을 지칭한다. 심도량審度量은 각종 제도와 기준을 엄격히 세운다는 의미이다. 금치태禁侈泰의 '치태'는 사치와 낭비를 총칭한 말이다. 불통어약계자不通於若計者의 '약'은 지시대명사 차등此等과 통한다. 불가사용국不可使用國의 '용국'은 치국治國의 의미이다.

13-5

課凶饑, 計師役, 觀臺榭, 量國費, 而實虛之國可知也. 凡田野, 萬家之衆可食之地方五十里, 可以爲足矣. 萬家以下, 則就山澤可矣. 萬家以上, 則去山澤可矣. 彼野悉辟, 而民無積者, 國地小而食地淺也. 田半墾, 而民有餘食, 而粟米多者, 國地大而食地博也. 國地大而野不辟者, 君好貨而臣好利者也. 辟地廣而民不足者, 上賦重, 流其藏者也. 故曰, "粟行於三百里, 則國毋一年之積. 粟行於四百里, 則國毋二年之積. 粟行於五百里, 則衆有飢色." 其稼亡三之一者, 命曰'小凶'. 小凶三年而大凶, 大凶則衆有大遺苞矣. 什一之師, 什三毋事,則嫁亡三之一. 嫁亡三之一而非有故蓋積也, 則道有損瘠矣. 什一之師, 三年不解, 非有餘食也, 則民有鬻子矣. 故曰, "山林雖近, 草木雖美, 宮室必有度, 禁發必有時." 是何也? 曰, "大木不可獨伐也, 大木不可獨舉也, 大木不可獨運也, 大木不可加之薄墻之上." 故曰, "山林雖廣, 草木雖美, 禁發必有時. 國雖充盈, 金玉雖多, 宮室必有度. 江海雖廣, 池澤雖博, 魚鼈雖多, 罔罟必有正, 船網不可一財而成也." 非私草木, 愛魚鼈也, 惡廢民於生穀也." 故曰, "先王之禁山澤之作者, 博民於生穀也." 彼民非穀不食, 穀非地不生, 地非民不動, 民非作力毋以致財. 天下之所生, 生於用力. 用力之所生, 生於勞身. 是故主上用財毋已, 是民用力毋休也. 故曰, "臺榭相望者, 其上下相怨也." 民毋餘積者, 其禁不必止. 衆有遺苞者, 其戰不必勝. 道有損瘠者, 其守不必固. 故令不必行, 禁不必止, 戰不必勝, 守不必固, 則危亡隨其後矣. 故曰, '課凶飢, 計師役, 觀臺榭, 量國費, 實虛之國可知也.'

흉년의 기근 상황을 살피고, 병역에 복무할 장정의 숫자를 조사하고, 누각의 조성 상황을 관찰하고, 국가 재정의 비용을 계산하면 그 나라의 허실虛實 여부를 알 수 있다. 무릇 1만호에 달하는 백성을 부양하는데 필요한 전야의 면적은 사방 50리로 족하다. 1만호 이상은 사방 50리 안에서 산택을 경영해야 생활할 수 있고, 1만호 이하는 사방 50리 안에서 산택을 경영하지 않을지라도 생활할 수 있다. 전야가 모두 개간됐는데도 백성이 먹고살기에 빠듯한 것은 영토가 작고 경지가 협소하기 때문이다. 전야가 반만 개간됐는데도 백성이 충분히 먹고도 남을 정도로 식량이 풍부한 것은 영토가 크고 경지가 넓기 때문이다. 영토가 넓은데도 전야가 개간되지 않는 것은 군주가 재화를 탐하고, 신하들이 이익을 탐하기 때문이다. 개간한 토지가 넓은데도 백성이 충분히 먹지 못하는 것은 조정의 세금이 너무 무거운 까닭에 곡물을 안에 저장하지 않고 밖으로 유출했기 때문이다. "식량을 300리 밖까지 운반하면 나라는 1년 치 식량을 쌓아둘 수 없고, 400리 밖까지 운반하면 나라는 반년 치 식량을 쌓아둘 수 없고, 500리 밖까지 운반하면 백성은 굶주린 기색을 띠게 된다."고 말하는 이유다. 수확할 곡식의 3분의 1이 줄어든 것을 소흉小凶이라고 한다. 소흉이 3년 동안 지속되면 대흉大凶과 같다. 대흉이 들면 수많은 백성이 유랑하다가 굶어죽고 만다. 전체 인력의 10분의 1이 병역, 10분의 2가 노역에 동원돼 총 10분의 3이 농사에 종사하지 못하면 생산량의 3분의 1이 줄어들게 된다. 생산량의 3분의 1이 줄어들고 지난해에 비축해 놓은 식량이 없으면 길에는 버려진 아사자의 시체가 나돌게 된다. 전체 인력의 10분의 1을 병역에 동원하는 일을 3년 동안 그만 두지 않고, 비축한 식량까지 없으면 백성이 자식을 내다 파는 일이 빚어진다. 흔히 "산림이 비록 도성에서 가깝고 수목이 무성할지라도 궁실의 건축에는 일정한 한도가 있어야 한다. 봉금封禁과 입산은 반드시 계절을 감안해 정해야 한다."고 말한다. 이는 무엇을 말하는 것인가? 큰 나무는 한 사람이 채벌하거나 들거나 운반할 수 없고, 간이 건물 위에 얹어 놓는 것도 불가능하다. "산림이 아무리 드넓고 초목이 무성할지라도 봉금과 입산은 반드시 계절을 감안해 정해야 한다. 비록 나라가 부유하고 금옥을 많이 쌓아두었을지라도 궁실의 건축에 일정한 한도가 있어야 한다. 설령 강해가 드넓고 못이 넓고 깊어 물고기가 풍족할지라도 어망의 그물코는 반드시 일정한 제한이 있어야 한다. 물고기를 잡는 사람이 어렵의 한 가지 수입원으로 살아가지 못하도록 해야 하기 때문이다."라고 말하는 이유다. 이는 초목을 아끼고 물고기를 편애하기 때문이 아니라, 백성이 농사를 그만두는 것을 꺼리기 때문이다. "선왕은 백성이 산택에서 작업하는 것을 제한하고, 곡물생산에 힘쓰도록 했다."고 말하는 이유다. 백성은 식량이 없으면 살 수 없고, 식량은 토지가 없으면 생산할 수 없고, 토지는 백성이 없으면 파종할 수 없고, 백성은 노력하지 않으면 재화를 얻을 길이 없다. 천하의 모든 재화는 백성이 노력을 기울여 생산한 것이고, 모든 노력은 몸을 수고롭게 한 결과이다. 군주가 재화의 사용을 절제하지 않으면 백성은 수고만 할 뿐 쉴 틈이 없다. "누각을 많이 지어 서로 바라볼 지경이 되면 위아래가 서로 원망한다."고 말하는 이유다. 백성에게 저축이 없으면 도적질을 금해도 그만두지 않는다. 백성 가운데 굶어죽는 자가 나오면 적국과 싸워 필승必勝을 기약할 수 없고, 길에 버려진 시체가 있으면 적이 쳐들어왔을 때 사수死守를 기약할 수 없다. 명령이 반드시 이행되지 않고, 금령이 반드시 지켜지지 않는 상황에서는 필승과 사수를 기약하지 못하는 까닭에 이내 위망危亡이 뒤따르게 된다. '흉년의 기근 상황을 살피고, 병역에 복무할 장정의 숫자를 조사하고, 누각의 건축 상황을 관찰하고, 국가 재정의 비용을 계산하면 그 나라의 허실을 알 수 있다.'고 언급한 배경이 여기에 있다.

과흉기課凶饑의 '과'는 고찰考察 내지 고평考評의 뜻이다. 계사역計師役의 '사역'은 병역과 같다. '사'는 군대를 뜻한다. 만가이하萬家以下와 뒤에 나오는 만가이상萬家以上 구절의 '하'와 '상'을 두고 유월은 서로 바뀌었다고 했다. 취산택就山澤은 50리 안에 산과 못이 있다는 뜻이다. 이와 반대되는 것이 거산택去山澤으로 50리 안에 산과 못이 없다는 의미이다. 식지천야食地淺也의 '식지'는 곡물을 생산하는 땅을 지칭한다.

'상부중上賦重, 유기장流其藏' 구절에 대한 해석이 분분하다. 윤지장은 풀이키를, "위에서 세금을 무겁게 매기면 사람들이 곡물을 감추거나 사방으로 내보낸다."고 풀이했다. 도홍경은 '상부중'과 '유기장'을 별개의 사안으로 보았다. 윤동양은 '유기장'을 군량운송으로 해석했다. 이밖에도 여러 해석이 있으나 원문을 있는 그대로 풀이했다. 속행어사백리粟行於四百里의 '행'은 운수運輸의 뜻이다. 무거운 부세를 피해 곡식을 비싸게 팔기 위해 멀리 운반한다는 의미이다. 국무이년지적國毋二年之積의 '이二'를 곽말약은 반半의 괴자壞字로 보았다. 소흉삼년이대흉小凶三年而大凶의 '이'를 오여륜은 여如와 같다고 보았다. 대유포大遺苞의 '대'를 홍이훤은 연자로 보고, '포'를 아사자의 시체를 뜻하는 표殍와 통하는 부莩로 읽었다. 고대에는 포苞와 부莩가 통용됐다. 개적蓋積의 '개'를 허유휼은 연자로 보았다. 도유손척道有損瘠의 '손'을 왕념손은 연捐의 오자로 보고, '척'을 완전히 썩지 않은 시체를 뜻하는 자胔와 같다고 했다.

대목불가가지박장지상大木不可加之薄墻之上의 '박장'은 간이 건축물을 뜻한다. 대규모 토목공사의 자제를 촉구한 말이다. 윤지장은 풀이키를, "이런 일에는 많은 인력이 필요하다. 농사를 해치므로 궁실에 법도가 있고, 산림에 출입금지와 개방의 시기를 정해야 한다는 뜻이다."라고 했다. 망고필유정罔罟必有正의 '망고'는 어망을 뜻하는 말로 망고网罟와 같다. '정'은 기준을 뜻하는 정중正中의 의미이다. 선망불가일재이성船網不可一財而成을 윤지장은 풀이키를, "반드시 재화를 모으는 재로財路가 많아야만 성공을 거둘 수 있다."고 새겼다. 박민어생곡야博民於生穀也의 '박'을 야스이는 뭉칠 단摶의 잘못이라고 했다. 지비민부동地非民不動의 '동'을 곽말약은 종種의 옛 글자인 종穜으로 새겼다. 용력지소생用力之所生의 '용'을 대망은 연자로 보았다. 상하상원上下相怨을 윤지장은 풀이키를, "위에서 원망하면 아래에서 이바지하지 않고, 아래에서 원망하면 위에서 세금을 많이 물린다."고 했다.

13-6

入州里, 觀習俗, 聽民之所以化其上, 而治亂之國可知也. 州里不鬲, 閭閈不設, 出入毋時, 早晏不禁, 則攘奪竊盜·攻擊殘賊之民, 毋自勝矣. 食谷水, 巷鑿井, 場圃接, 樹木茂, 窮墻毀壞, 門戶不閉, 外內交通, 則男女之別毋自正矣. 鄕毋長游, 里毋士舍, 時無會同, 喪蒸不聚, 禁罰不嚴, 則齒長輯睦毋自生矣. 故昏禮不謹則民不修廉. 論賢不鄕擧則士不及行. 貨財行於國則法令毀於官. 請謁得於上則黨與成於下. 鄕官毋法制, 百姓羣徒不從. 此亡國弑君之所自生也. 故曰, '入州里, 觀習俗, 聽民之所以化其上者, 而治亂之國可知也.'

향리로 들어가 풍속을 살펴보고, 백성이 조정의 교화를 받아들이는 정황에 관한 보고를 들으면 그 나라의 치란治亂 여부를 알 수 있다. 향리 사이에 차단벽이 없고, 관문을 설치하지 않고, 출입에 시간제한이 없고, 이른 아침과 늦은 밤에 통행제한이 없으면 강절도와 살인 등의 흉악범죄를 범하는 자들을 저지할 길이 없다. 같은 산곡의 물을 마시고, 같은 우물에서 물을 긷고, 마당과 텃밭이 연이어져 있고, 수목이 울창하고, 담장이 헐려 있고, 대문을 닫지 않아 안팎이 서로 통하면 남녀의 구별을 스스로 행할 길이 없다. 향리에 우두머리가 없고, 향학鄕學이 없고, 절일節日에 집회가 없고, 상제喪祭와 동제冬祭에 서로 모이지 않고, 금령과 처벌이 엄격하지 않으면 장유長幼 사이에 화목한 기운이 절로 일어날 길이 없다. 혼례가 근엄하지 않으면 백성이 염치를 닦지 않고, 인재의 선발에 향민鄕民의 천거를 생략하면 사민士民은 정도를 걷지 않게 된다. 나라에 뇌물이 성행하면 관부에 의해 법령이 훼손되고, 조정에 청탁의 기풍이 성행하면 아래서 사리를 꾀하는 붕당이 결성되고, 지방관이 법령을 준수하지 않으면 백성이 명을 따르지 않게 된다. 국가의 패망과 군주의 시해가 빚어지는 이유다. '향리로 들어가 풍속을 살펴보고, 백성이 조정의 교화를 받아들이는 정황을 들으면 그 나라의 치란을 알 수 있다.'고 언급한 배경이 여기에 있다.

주리州里는 지방의 편제를 말한다. 「경언」의 '이정'에서 국國을 5향鄕, 향을 5주州, 주를 10리里로 나눈다고 했다. 화기상化其上은 위에서 하는 것을 좇아 습속을 변화시킨다는 뜻이다. 주리불격州里不鬲의 '격'은 막힐 격隔과 통한다. 무자승의毋自勝矣의 '자'를 윤지장은 종從으로 새기면서 풀이키를, "설비設備가 없으면 도적을 제압할 길이 없다."고 풀이했다. '승'은 제복制服의 의미이다. 장포접場圃接을 윤지장은 이웃의 자녀가 쉽게 서로 교통하는 것으로 풀이했다. '장포'는 마당을 뜻한다. 봄여름에 마당인 포圃가 됐다가 가을겨울에 타작하는 장場이 된데서 나온 말이다.

수목무樹木茂를 윤지장은 음행淫行과 비행을 쉽게 행할 수 있다는 의미라고 했다. 그는 또 장유長游를 향리의 우두머리인 십장什長과 오장伍長을 지칭한다고 했다. 사사士舍는 향리에 설치된 학교인 향학鄕學을 말한다. 상증喪蒸의 '상'은 상례喪禮와 장례葬禮를 뜻한다. '증'을 『이아』「석천釋天」은 겨울에 지내는 동제冬祭로 풀이했다. 『주례』「춘관, 대종백大宗伯」은 선왕을 제사지내는 것으로 해석했다. 치장齒長을 윤지장은 장유長幼로 새겼다. '치'는 연령을 뜻한다. 혼례昏禮는 혼례婚禮와 같다. 혼婚은 저녁에 의식을 치른 데서 나온 말이다. 사불급행士不及行의 '급'을 허유휼은 반返의 뜻을 지닌 반反의 오자로 보았다. 당여黨與를 『한서』「소무전蘇武傳」은 붕당朋黨의 의미로 새겼다.

13-7

入朝廷, 觀左右, 本求朝之臣, 論上下之所貴賤者, 而彊弱之國可知也. 功多爲上, 祿賞爲下, 則積勞之臣不務盡力. 治行爲上, 爵列爲下, 則豪桀材臣不務竭能. 便辟左右不論功能而有爵祿, 則百姓疾怨非上, 賤爵輕祿. 金玉貨財商賈之人, 不論志行而在爵祿, 則上令輕, 法制毁. 權重之人不論才能而得尊位, 則民倍本行而求外勢. 彼積勞之人不務盡力, 則兵士不戰矣. 豪桀材人不務竭能, 則內治不別矣. 百姓疾怨非上, 賤爵輕祿, 則上毋以勸衆矣. 上令輕, 法制毁, 則君毋以使臣, 臣毋以事君矣. 民倍本行而求外勢, 則國之情僞竭在敵國矣. 故曰, '入朝廷, 觀左右, 本朝之臣, 論上下之所貴賤者, 而彊弱之國可知也.'

조정에 들어가 군주 주변의 측근과 조정대신을 살펴보고, 군신君臣이 서로 대하는 태도를 헤아리면 그 나라의 강약强弱 여부를 알 수 있다. 전공戰功이 뛰어난데도 논공행상에서 녹봉과 포상이 낮으면 전공을 세운 장수는 더 이상 용력을 발휘하지 않고, 공적이 높은데도 관직이 낮으면 호걸과 재주 있는 재신材臣은 능력을 다하려 하지 않는다. 군주의 총애를 받는 자와 측근이 공적이나 능력과 무관하게 작록을 향유하면 백성이 원한을 품고 군주를 비난하며 작록을 천시한다. 금옥과 재화를 다루는 상인이 지행志行이나 덕행德行과 무관하게 작록을 향유하면 군주의 명이 경시되고 법제가 훼손된다. 실권을 쥔 자가 재능과 무관하게 고위직을 차지하면 백성은 군대를 탈영해 외세外勢에 기대고자 한다. 전공을 세운 장수가 용력을 발휘하지 않고, 병사들이 싸우려 하지 않고, 호걸과 재신이 재능과 능력을 다하려 하지 않으면 내치內治에 분별이 없게 된다. 백성이 원한을 품고 군주를 비난하며 작록을 천시하면 군주는 백성을 독려할 길이 없다. 군명君命이 경시되고 법제가 훼손되면 군주는 신하를 부릴 수 없고, 신하 또한 군주를 위해 일할 수 없다. 병사가 군대를 탈영해 외세에 기대면 나라의 허상과 실상이 모두 적국의 손에 들어간다. "조정에 들어가 군주 주변과 조정대신을 살펴보고, 군신君臣이 서로 대하는 태도를 헤아리면 그 나라의 강약强弱 여부를 알 수 있다."고 언급한 배경이 여기에 있다.

본구조지신本求朝之臣의 '구'를 본本의 오자로 보고, 전사傳寫 과정에서 잘못하여 '본구'가 합성된 것으로 보았다. 본조本朝는 조정朝廷을 뜻한다. '공다위상功多爲上, 녹상위하祿賞爲下'를 윤지장은 논공행상이 잘못된 결과로 보았다. 호걸재인豪桀材臣의 '걸'은 걸傑과 통하는 것으로 『시경』「위풍, 백혜伯兮」는 걸杰로 새겼다. 갈능竭能을 윤지장은 진능盡能으로 해석했다. 편폐좌우便辟左右는 총애 받는 자와 측근을 뜻한다. '폐'는 폐嬖와 통한다. 질원비상疾怨非上은 미워하고 원망하며 군주를 비난한다는 의미이다. 천작경록賤爵輕祿은 관작과 녹봉을 경멸한다는 뜻이다. 배본행倍本行의 '배'는 배背와 같다. '본행'은 본국의 군진軍陣 즉 군행軍行을 말한다. 호걸재인豪桀材人의 '재인'은 고본을 좇아 재신材臣으로 바꿔야 한다. 국지정위國之情僞의 '정위'는 진가眞假 내지 허실虛實을 뜻한다.

13-8

置法出令, 臨衆用民, 計其威嚴寬惠行於其民與不行於其民可知也. 法虛立而害疏遠, 令一布而不聽者存, 賤爵祿而毋功者富, 然則衆必輕令而上位危. 故曰, "良田不在戰士, 三年而兵弱. 賞罰不信, 五年而破. 上賣官爵, 十年而亡. 倍人倫而禽獸行, 十年而滅." 戰不勝, 弱也. 地四削, 入諸侯, 被也. 離本局, 徙都邑, 亡也. 有者異姓, 滅也. 故曰, '置法出令, 臨衆用民, 計威嚴寬惠而行於其民不行於其民可知也.'

법령을 제정한 뒤 이에 근거해 명을 내리면서 백성을 다스리거나 부릴 때의 상벌 정책이 백성에게 시행되는 정황을 파악하면 그 나라의 흥폐興廢 여부를 알 수 있다. 법령이 허울만 남아 군주와 관계가 소원한 자에게 해가 되고, 명이 발포되어도 따르지 않는 자가 오히려 안전하고, 관록을 남발해 공을 세우지 못한 자가 오히려 부귀하면 백성은 반드시 군주의 명을 가벼이 여기게 돼 마침내 군주의 자리까지 위태롭게 된다. "양전良田을 전사戰士에게 포상으로 내리지 않은 세월이 3년이면 군사가 약해지고, 상벌을 공정하게 시행하지 못한 세월이 5년이면 나라의 기강이 무너지고, 조정에서 관작을 팔아먹은 세월이 7년이면 나라가 쇠망하고, 인륜도덕을 거스르고 금수같이 행동한 세월이 10년이면 나라가 패망한다."고 말하는 이유다. 전쟁에서 이기지 못하면 군사가 약해지고, 영토가 사방에서 깎여 다른 나라 판도 안에 들어가면 나라의 기강이 무너지고, 본래의 도읍지를 떠나 다른 곳으로 천도하면 나라가 쇠망하고, 나라는 존재하되 군주의 자리에 다른 성씨가 앉게 되면 종묘사직은 이미 끊어진 것이다. '법령을 제정한 뒤 이에 근거해 명을 내리면서 백성을 다스리거나 부릴 때의 상벌 정책이 백성에게 시행되는 정황을 파악하면 그 나라의 흥폐 여부를 알 수 있다.'고 언급한 배경이 여기에 있다.

가지야可知也를 두고 장패륜은 '가' 위에 흥멸지국興滅之國이 빠져 있다고 했고, 곽말약은 흥폐지국興廢之國이 들어가야 한다고 보았다. 곽말약의 주장을 좇았다. 법허립이해소원法虛立而害疏遠 구절을 윤지장은 풀이키를, "입법을 하여 사이가 소원한 자만을 해치게 되면 백성을 가까이 다가오게 할 수 없다."고 했다. 십년이망十年而亡의 '십十'을 사호범은 '칠七'의 괴자로 보았다. 유자이성有者異姓의 '유자'를 윤지장은 대권을 손에 넣은 자로 해석했다. 마지막 구절은 첫 번째 구절과 같아야 하는 만큼 곽말약의 주장을 좇을 경우 '計威嚴寬惠行於其民與不行於其民而興廢之國可知也'로 바뀌야 할 것이다.

13-9

計敵與, 量上意, 察國本, 觀民産之所有餘不足, 而存亡之國可知也. 敵國彊而與國弱, 諫臣死而諛臣尊, 私情行而公法毁, 然則與國不恃其親, 而敵國不畏其彊. 豪傑不安其位, 而積勞之人不懷其祿. 悅商販而不務本貨, 則民偸處而不事積聚. 豪傑不安其位, 則良臣出. 積勞之人不懷其祿, 則兵士不用. 民偸處而不事積聚, 則囷倉空虛. 如是而君不爲變, 然則攘奪竊盜·殘賊·進取之人起矣. 內者廷無良臣, 兵士不用, 囷倉空虛, 而外有彊敵之憂, 則國居而自毁矣. 故曰, '計敵與, 量上意, 察國本, 觀民産之所有餘不足, 而存亡之國可知也.'

적국과 동맹국의 역량을 파악하고, 군주의 뜻을 헤아리고, 나라의 근본인 농사를 살피면서 생산량이 남아돌거나 부족한 상황을 관찰하면 그 나라의 존망存亡 여부를 알 수 있다. 적국은 강한데 동맹국은 약하거나, 직간하는 신하는 죽임을 당하는데 아첨하는 신하는 존귀한 자리에 있으면 사정私情만 횡행하고 공정을 생명으로 하는 공법公法은 허물어지고 만다. 그러면 동맹국은 동맹의 효력을 불신하고, 적국은 무력행사를 두려워하지 않고, 호걸은 자리를 불안하게 여기고, 전공을 세운 장수는 후한 작록과 포상에도 불만을 품는다. 군주가 상업을 좋아하면서 농업생산을 중시하지 않으면 백성은 구차하게 현실에 안주하며 식량을 비축하는데 힘쓰지 않는다. 호걸이 자리를 불안하게 여기면 양신良臣이 사직하고, 전공을 세운 장수가 작록과 포상에 불만을 품으면 병사들은 사력을 다하려 하지 않고, 백성이 구차하게 현실에 안주하며 식량을 비축하는 데 힘쓰지 않으면 곡식 창고가 텅 비게 된다. 이런 상황에서 군주가 변법을 강구하지 않으면 강절도와 살인 등의 흉악범죄와 권력을 찬탈하려는 무리가 들고 일어난다. 그러면 안으로는 조정에 양신이 없고, 병사가 사력을 다하려 하지 않고, 창고가 텅 비어 있고, 밖으로는 막강한 무력을 지닌 적국의 침공 우려가 커지는 까닭에 나라는 앉아서 절로 망하게 된다. '적국과 동맹국의 역량을 파악하고, 군주의 뜻을 헤아리고, 나라의 근본인 농사를 살피면서 생산량이 남아돌거나 부족한 상황을 관찰하면 그 나라의 존망存亡 여부를 알 수 있다.'고 언급한 배경이 여기에 있다.

계적여計敵與의 '적여'는 적국과 동맹국을 통칭한 말이다. 찰국본察國本의 '본'은 본업인 농사를 지칭한다. 회기록懷其祿의 '회'는 만족을 뜻한다. 군불위변君不爲變의 '변'은 변혁을 의미한다. 진취지인進取之人의 '진취'는 진공進攻과 같다. 국거國居의 '거'를 『논어』「양화」는 좌坐의 의미로 사용했다.

13-10

故以此八者, 觀人主之國, 而人主毋所匿其情矣.

이상 8가지 측면에서 열국을 살펴보면 해당국 군주는 국정國情의 진실을 숨길 도리가 없다.

관인주지국觀人主之國의 '인주지국'은 문맥상 열국列國을 의미한다.

제14장 법금(法禁)

'법금'의 법法은 입법立法, 금禁은 행금行禁을 의미한다. 법을 세워 삿된 행동을 미연에 금지한다는 뜻이다. 군주는 법을 제정해 금령을 어기는 자를 엄히 처벌하고, 공이 있으면 상을 주어 법치를 확고히 해야 한다고 주문하고 있다. 보위를 유지하고 권신의 발호를 미연에 방지키 위한 것이다. 군주가 통일된 법령을 통해 엄히 다스리는 게 관건이다.

14-1

法制不議, 則民不相私. 刑殺毋赦, 則民不偷於爲善. 爵祿毋假, 則下不亂其上. 三者藏於官則爲法, 施於國則成俗, 其餘不彊而治矣.

첫째, 법령을 제정하면서 사사로운 논의를 허용하지 않으면 백성이 서로 사리를 도모하지 않는다. 둘째, 사죄死罪에 대해 가차 없이 형을 집행하면서 결코 사면하지 않으면 백성이 감히 위선僞善을 꾀하지 못하게 된다. 셋째, 군주가 작록을 함부로 내리지 않으면 신하가 감히 군주를 어지럽히는 짓을 하지 못한다. 이 3가지가 관부에 갖춰진 것이 곧 공법公法이고, 전국에 시행된 것이 풍속이다. 나머지 일들은 특별히 장려하지 않을지라도 나라가 잘 다스려진다.

민불투어위선民不偸於爲善의 '투'를 여상봉은 언행이 떳떳하지 못한 구차苟且로 새겼다. 가차 없이 형벌을 가하면 선악이 분명히 가려지는 까닭에 구차한 선행을 하지 못한다는 취지이다. 이는 결국 위선僞善을 행하지 못한다는 의미가 된다. 작록무가爵祿毋假의 '가'를 『한서』「공수전龔遂傳」의 안사고 주는 급여給與로 새겼다. 불강이치不彊而治의 '강'을 여상봉은 힘써 권하는 면강勉彊으로 풀이했다. 강彊은 강强과 같다.

14-2

君壹置其儀, 則百官守其法. 上明陳其制, 則下皆會其度矣. 君之置其儀也不一, 則下之倍法而立私理者必多矣. 是以人用其私, 廢上之制而道其所聞. 故下與官列法, 而上與君分威, 國家之危必自此始矣. 昔者, 聖王之治其民也不然, 廢上之法制者必負以恥. 財厚博惠, 以私親於民者, 正經而自正矣. 亂國之道, 易國之常, 賜賞恣於己者, 聖王之禁也. 聖王旣歿, 受之者衰. 君人而不能知立君之道, 以爲國本, 則大臣之贅下而射人心者必多矣. 君不能心立其法以爲下制, 則百姓之立私理而徑於利者必衆矣.

군주가 일관되게 법도를 제정하면 모든 관원이 그 법을 지키고, 윗사람이 법제를 공개적으로 명확히 진술하면 아랫사람 모두 그 법도를 알게 된다. 군주가 법도를 일관되게 다루지 않으면 법을 위반하며 사사로이 법을 다루는 사리私理 행위가 반드시 많아진다. 이처럼 사람들이 '사리'를 행하면 군주의 법도를 폐하고, 자신들의 '사리'를 전면에 내세운다. 아래에 있는 백성이 관부와 법령의 해석을 다투고, 권신이 군주와 권력을 다투는 이유다. 나라의 위기는 반드시 여기서 비롯된다. 옛 성왕은 백성을 다스릴 때 그리하지 않았다. 군주의 법제를 폐지하는 자는 반드시 치욕을 당하고, 재물을 널리 베풀어 인심을 산 자는 바르게 정비된 법제에 의해 바로잡혔다. 나라의 정도를 어지럽히고 상법常法을 바꾸는 것과 멋대로 상을 내리는 것은 성왕이 금한 것이다. 성왕이 세상을 떠난 뒤 후계자들은 덕이 부진不振했다. 군주노릇을 하면서도 군도君道를 모른 탓에 법제를 나라의 근본으로 삼지 못한 게 그렇다. 대신들이 사사로이 백성과 연결해 민심을 얻은 일이 횡행한 이유다. 군주가 공법을 확립해 신민을 제어하는 이치를 모르면 백성까지 '사리'를 내세우며 부정한 방법으로 이익을 취하고자 하는 일이 많아지게 마련이다.

군일치기의君壹置其儀의 '일'은 통일統一의 뜻이다. 하개회기도下皆會其度의 '회'는 이해한다는 뜻이다. 영회領會, 체회體會, 회의會意, 이회理會, 융회融會 모두 같은 의미이다. 상여군분위上與君分威의 '상'을 윤지장은 권신權臣으로 풀이했다. 필부이치必負以恥의 '부'를 윤지장은 수동을 뜻하는 피被로 새겼다. 재후박혜財厚博惠의 '재후'를 왕념손은 윤지장의 주를 좇아 후재厚財로 바꿔야 한다고 했다. 정경이자정正經而自正의 '정경'을 곽말약은 아래 대목에 나오는 이례異禮와 대비되는 정례正禮의 오자로 보았다. 난국지도亂國之道에서 성왕지금야聖王之禁也에 이르는 19자를 정사함은 착간으로 보고, 아래 대목의 천국권擅國權의 앞에 나와야 한다고 했다. 그대로 두고 해석했다. 대신지췌하大臣之贅下의 '췌'는 연철連綴의 철綴과 통한다. 사인심射人心은 인심의 매수를 뜻한다. 경어리자徑於利者의 '경'은 원래 좁은 지름길을 의미한다. 윤지장은 사행邪行을 저지르며 빨리 나아가는 것으로 풀이했다.

14-3

昔者, 聖王之治人也, 不貴其人博學也, 欲其人之和同以聽令也. 『泰誓』曰, "紂有臣億萬人, 亦有億萬之心. 武王有臣三千而一心." 故紂以億萬之心亡, 武王以一心存. 故有國之君, 苟不能同人心, 一國威, 齊士義, 通上之治, 以爲下法, 則雖有廣地衆民, 猶不能以爲安也. 君失其道, 則大臣比權重以相擧於國, 小臣必循利以相就也. 故擧國之士以爲亡黨, 行公道以爲私惠. 進則相推於君,退則相譽於民, 各便其身, 而忘社稷, 以廣其居, 聚徒威羣, 上以蔽君, 下以索民. 此皆弱君亂國之道也, 故國之危也.

옛날 성왕은 인재를 살필 때 그 박학을 귀하게 여기지 않고, 군주와 합심해 군명君命을 따르는 것을 중시했다. 『서경』「태서」에서 말했다.

"은나라 주紂는 신하가 억만億萬에 달했으나 마음 또한 억만이나 됐다. 주나라 무왕은 신하가 3천千에 불과했으나 마음만은 하나였다."

은나라 주는 억만에 달하는 마음으로 패망했고, 주나라 무왕은 한 마음으로 나라를 보존했다. 나라를 보유한 군주가 실로 민심을 통일하지 못하고, 국위國威를 하나같이 하지 못하고, 선비들의 기개를 통합하지 못하고, 군주의 정책을 아래로 전달해 법제화하지 못하면 아무리 땅이 넓고 백성이 많아도 나라를 안정시킬 수 없다. 군주가 치도治道를 잃으면 대신大臣은 실권을 지닌 자와 결탁해 서로 천거하고, 소신小臣은 반드시 사리私利를 추구하는 쪽으로 다퉈 줄달음친다. 조정백관인 공신公臣을 천거해 사당私黨의 일원으로 만들고, 나라의 공법公法을 이용해 사적인 은혜를 베푸는 사혜私惠를 추구하는 이유다. 조정에 나아가서는 군주에게 서로를 추천하고, 물러나서는 서로를 칭송하며 백성에 영합한다. 각자 자신이 유리한 쪽으로 일을 처리하면서 사직의 안녕을 잊고, 자신의 세력 범위를 크게 넓혀 무리를 모은 뒤 붕당을 결성한다. 위로는 군주를 가로막고, 아래로는 백성을 착취하는 짓이다. 이는 모두 군주를 약하게 만들고 나라를 어지럽히는 길이다. 나라가 위태로워지는 이유가 여기에 있다.

성왕지치인聖王之治人의 '치'는 관찰해 평가한다는 뜻으로 고핵考核과 같다. 태서泰誓는 『서경』의 편명으로 주무왕이 은나라 주紂를 칠 때 제후들 앞에서 선언한 서약을 말한다. 청대 고증학자들은 『서경』을 후대의 위서僞書로 간주했다. 억만인億萬人의 '억만'은 매우 많다는 뜻이다. 고대의 억億은 십만十萬을 가리켰다. 조兆 역시 고대에는 1백만을 뜻했으나 이후 만억萬億 내지 억억億億의 개념으로 확대됐다. 비권중比權重을 윤지장은 권세가와 결탁하는 것으로 풀이했다. 고국지사이위망당擧國之士以爲亡黨의 '망당'을 왕념손은 기당己黨의 잘못으로 보았다. '지'를 도홍경은 연자로 보고, '국사'를 공신公臣으로 풀이했다. 이광기거以廣其居의 '광'을 『사기』「회남형산열전淮南衡山列傳」은 확대의 의미로 사용했다. '거'는 점거를 뜻한다. 취도위군聚徒威羣의 '위군'을 홍이훤은 「외언」편 '법법'의 성군成群 구절을 인용해 '성군'의 오자로 보았다.

14-4

擅國權以深索於民者, 聖王之禁也.

국권國權을 멋대로 휘둘러 백성을 가혹하게 착취하는 것은 성왕이 금하는 짓이다.

천국권擅國權의 '천'은 농단壟斷의 뜻이다.

14-5

其身毋任於上者, 聖王之禁也.

군주를 위해 봉사하지 않는 은사隱士와 유민遊民은 성왕이 금하는 짓이다.

무임어상자毋任於上者를 곽말약은 왕후王侯를 섬기지 않은 채 자신의 지조만을 지키고자 하는 은사隱士와 무위도식하는 유민遊民을 지칭한 것으로 풀이했다.

14-6

進則受祿於君, 退則藏祿於室, 毋事治職, 但力事屬, 私王官, 私君事, 去非其人而人私行者, 聖王之禁也.

조정에 나아가서는 군주로부터 녹봉과 포상을 받고, 물러나서는 집에 녹봉과 포상을 쌓아두고, 공사公事를 폐한 채 사사私事를 위해 애쓰고, 조정의 관원을 사사로이 부리면서 군주의 정사를 멋대로 처리하고, 법에 규정된 자신의 직무가 아닌데도 사사로이 개입해 처리하는 것은 성왕이 금하는 짓이다.

무사치직毋事治職을 장패륜은 무치직사毋治職事, 단력사속但力事屬을 단력속사但力屬事의 잘못으로 보았다. 거비기인去非其人의 '거'를 유월은 법法의 오자로 보았다.

14-7

脩行則不以親爲本, 治事則不以官爲主, 擧毋能, 進毋功者, 聖王之禁也.

덕행을 닦으면서 어버이를 섬기는 사친事親을 근본으로 삼지 않고, 일을 처리하면서 봉공奉公을 위주로 삼지 않고, 무능한 자를 천거하고, 공을 세우지 못한 자를 출사出仕시키는 것은 성왕이 금하는 짓이다.

수행脩行은 수덕修德과 같다.

14-8

交人則以爲己賜, 擧人則以爲己勞, 仕人則與分其祿者, 聖王之禁也.

인재를 끌어들이면서 자신의 은혜로 여기게 만들고, 인재를 천거하면서 자신의 공로로 삼고, 인재를 임용하면서 그 녹봉을 나눠 가지는 것은 성왕이 금하는 짓이다.

교인交人은 인재와 교결交結하는 것을 뜻한다. 이위기사以爲己賜의 '사'는 은사恩賜와 같다.

14-9

交於利通而獲於貧窮, 輕取於其民而重致於其君, 削上以附下, 枉法以求於民者, 聖王之禁也.

부귀한 자와 사귀면서 빈궁한 자를 수탈하고, 민심을 쉽게 얻을 요량으로 군주에게 많은 요구를 하고, 국가 이익을 삭감한 뒤 그 이익을 휘하에게 나눠 주고, 법을 왜곡해 백성의 지지를 구하는 것은 성왕이 금하는 짓이다.

교어이통交於利通의 '이통'은 부귀富貴, '통'은 높은 자리에 있는 현관顯官 내지 달관達官을 뜻한다. 중치어기군重致於其君의 '치'는 민심을 사기 위해 관대한 정책을 요구한다는 뜻의 구求와 같다. 왕법이구어민枉法以求於民의 '구'를 사호범은 뇌물의 수수를 뜻하는 구賕로 새겼다.

14-10

用不稱其人, 家富於其列, 其祿甚寡而資財甚多者, 聖王之禁也.

씀씀이와 신분이 어울리지 않고, 집안의 재부財富가 관직의 녹봉보다 많고, 녹봉이 매우 박한데도 재물이 매우 많은 것은 성왕이 금하는 짓이다.

용불칭기인用不稱其人의 '용'은 소비를 뜻하는 재용財用의 의미이다. 가부어기열家富於其列의 '열'은 차위次位를 말한다. 여기서는 관위官位를 뜻한다.

14-11

拂世以爲行, 非上以爲名, 常反上之法制, 以成羣於國者, 聖王之禁也.

세상의 법도를 어기면서 조정에서 논의되지 않은 것을 내세워 명성을 얻고, 군주의 법제를 어기면서 붕당을 결성하는 것은 성왕이 금하는 것이다.

불세拂世의 '불'은 위배의 뜻이다. 성군成羣의 '군'은 군群과 같은 글자이다.

14-12

飾於貧窮而發於勤勞, 權於貧賤, 身無職事, 家無常姓, 列上下之閒, 議言爲民者, 聖王之禁也.

빈궁한 척 가장하며 열심히 일하지 않고, 권한과 이익을 놓고 빈천한 자들과 다투고, 직업도 없는 데다 집안 또한 항산恒産이 없고, 관민官民 사이를 오가면서 늘 백성을 위한다고 떠벌이는 것은 성왕이 금하는 것이다.

발어근로發於勤勞의 '발'을 손성연은 폐廢로 읽었다. 고대에는 서로 통용됐다. 상성常姓의 '성'을 정사함은 생生의 잘못으로 보았다. '생'은 생산生産 내지 재업財業의 뜻이다. 상생常生은 생업生業 내지 『맹자』에서 말하는 항산恒産과 같다.

14-13

壺士以爲亡資, 脩田以爲亡本, 則生之養, 私不死, 然後失矯以深, 與上爲市者, 聖王之禁也.

선비를 길러 자신의 정치적 자산으로 삼고, 무기를 제조해 밑천으로 삼고, 사적으로 적신賊臣을 육성하고, 자신을 위해 죽을 용사인 감사대敢死隊를 은밀히 육성하고, 연후에 강경하고 불손한 자세로 군주와 흥정하는 것은 성왕이 금하는 짓이다.

호사이위망자壺士以爲亡資의 '호'를 곽말약은 양養의 뜻을 지닌 포餔의 가차로 보았다. 왕념손은 '망'을 기己의 잘못으로 보았다. 수전이위망본脩田以爲亡本의 '전'을 하여장은 무기를 뜻하는 갑甲의 오자로 보았다. 왕념손은 '망본'의 '망' 역시 '기'의 잘못으로 간주했다. 즉생지양則生之養의 '즉생'을 곽말약은 적신賊臣의 잘못으로 보았다. 사불사私不死의 '불'을 허유휼은 필必의 오자로 파악했다. 실교失矯를 곽말약은 화살을 교정하는 시교矢矯의 잘못으로 보았다. 강직한 자세로 양보하지 않는다는 뜻이다. 시矢는 직直과 통한다. 여상위시與上爲市는 군주와 흥정하는 것을 의미한다.

14-14

審飾小節以示民, 時言大事以動上, 遠交以踰羣, 假爵以臨朝者, 聖王之禁也.

사소한 절개를 과장되게 꾸며 백성에게 과시하고, 수시로 큰일을 말하여 군주를 겁먹게 하고, 사방의 선비들과 교유해 동료를 압도하고, 높은 작위를 구실로 조정을 조종하는 것은 성왕이 금하는 짓이다.

소절小節은 작은 의리에 얽매인 절개를 말한다. 국가이익 차원의 대절大節과 대비된다.

14-15

卑身雜處, 隱行辟倚, 側入迎遠, 遁上而遁民者, 聖王之禁也.

굴신屈身의 자세로 백성 사이에 몸을 숨기고, 행적을 숨기며 은밀히 사악한 행동을 하고, 다른 나라에 잠입해 외부의 간사한 자를 끌어들이고, 은밀한 행동으로 군주의 감독과 백성의 감시를 벗어나는 것은 성왕이 금하는 짓이다.

은행벽의隱行辟倚의 '벽의'는 편벽되고 부정한 것을 뜻한다. '벽'은 벽僻, '의'는 사邪와 통한다. 측입영원側入迎遠의 '측입'을 윤지장은 잠입潛入으로 새겼다. 둔상遁上의 '둔'은 도피의 뜻이다. 둔遯과 같다. 둔민遁民의 '둔'이 송본과 조본을 제외한 고본과 주본 등의 여타 판본에는 도道로 나온다.

14-16

詭俗異禮, 大言法行, 難其所爲而高自錯者, 聖王之禁也.

풍속 및 예의와 서로 다르고, 언론과 행실이 광망狂妄하고, 자신이 행하는 것을 매우 어려운 일로 꾸며 자신의 지위를 높이고자 하는 것은 성왕이 금하는 짓이다.

대언법행大言法行은 언행이 광망狂妄한 것을 지칭한다. '법'은 고대에 폐廢와 상통했다.

14-17

守委閒居, 博分以致衆, 勤身遂行, 說人以貨財, 濟人以買譽, 其身甚靜而使人求者, 聖王之禁也.

쌓아 놓은 재물을 굳게 지키며 한가로이 거처하고, 재물을 널리 나눠 무리를 모으고, 찾아온 손님을 정성을 다해 대접하고, 재물을 이용해 사람을 기쁘게 만들고, 남을 도와주면서 명성을 추구하고, 자신은 조용히 쉬면서 사람들이 다퉈 찾아와 서로 도움을 청하도록 만드는 것은 성왕이 금하는 짓이다.

수위한거守委閒居의 '위'를 윤지장은 퇴적堆積의 뜻을 지닌 위적委積으로 새기면서, 박분博分을 널리 시혜施惠하는 것으로 해석했다. 근신수행勤身遂行의 '근신'은 노고를 다한다는 뜻의 신근辛勤과 같다. '수행'은 찾아온 손님을 편히 쉬게 하는 사사賜舍의 뜻이다.

14-18

行僻而堅, 言詭而辯, 術非而博, 順惡而澤者, 聖王之禁也.

행동이 편벽된데다 태도가 완고하고, 언론이 거짓된데다 듣기 좋은 말로 꼬드기고, 계책이 틀린데다 그 오류가 광범하고, 악행을 좇으면서 선행으로 위장하는 것은 성왕이 금하는 짓이다.

언궤이변言詭而辯의 '궤'는 거짓 위僞와 같다. 『순자』「유좌宥坐」에 언위이변言僞而辯 표현이 나온다. 순악이택順惡而澤은 악한 것을 좇으면서 거짓으로 꾸민다는 의미이다. '택'은 위식僞飾을 뜻한다.

14-19

以朋黨爲友, 以蔽惡爲仁, 以數變爲智, 以重斂爲忠, 以遂忿爲勇者, 聖王之禁也.

붕당의 결성을 우애로 여기고, 악행의 비호를 인애로 여기고, 궤계와 계책이 많은 것을 지혜로 여기고, 가혹한 세금 징수를 충성으로 여기고, 사적인 분노의 표시를 용기로 여기는 것은 성왕이 금하는 짓이다.

중렴重斂은 세금을 두터이 거둬들인다는 뜻이다. 가렴苛斂과 같다.

14-20

固國之本, 其身務往於上, 深附於諸侯者, 聖王之禁也.

나라의 실정이 위로 알려지는 근원을 봉쇄하고, 군주 주변에 머물며 군주를 기만하는데 전념하고, 은밀히 다른 제후에게 빌붙는 것은 성왕이 금하는 짓이다.

고국지본固國之本의 '고'를 야스이는 저지할 고錮의 뜻으로 새겼다. 왕어상往於上의 '왕'을 도홍경은 기만할 광誑의 가차인 정廷의 오자로 보았다.

14-21

聖王之身, 治世之時, 德行必有所是, 道義必有所明. 故士莫敢詭俗異禮以自見於國. 莫敢布惠緩行·脩上下之交以和親於民. 故莫敢超等踰官·漁利蘇功以取順其君. 聖王之治民也, 進則使無由得其所利, 退則使無由避其所害, 必使反乎安其位, 樂其羣, 務其職, 榮其名而後止矣. 故踰其官而離其羣者, 必使有害, 不能其事而失其職者, 必使有恥. 是故聖王之敎民也, 以仁錯之, 以恥使之, 脩其能, 致其所成而止. 故曰, "絶而定, 靜而治, 安而尊, 擧錯而不變者, 聖王之道也."

성왕은 세상을 다스릴 때 덕행에 대해서도 반드시 정확한 기준을 제시했고, 도의에 대해서도 반드시 명확한 기준을 제시했다. 이에 관원은 감히 풍속과 예법을 위반하거나 나라 안에서 자신을 드러내거나 하지 않았다. 또한 감히 작은 은혜와 느슨한 형벌 또는 교묘한 상하 교제 등으로 사사롭게 민심을 사거나 감히 등급과 관직을 뛰어넘어 공명과 이익을 낚으면서 군주의 환심을 사거나 하는 짓을 하지 않았다. 성왕은 백성을 다스릴 때 직책을 뛰어넘어 사리를 추구하는 것에 대해서는 그 이익을 취하지 못하게 했고, 퇴직 후 책임을 지지 않으려고 하는 것에 대해서는 그에 상응하는 처벌을 피하지 못하게 했다. 반드시 관원들이 정상적인 길로 돌아와 자신의 직위를 편히 여기고, 사람들과 함께 즐기고, 직무에 힘쓰고, 자신의 명성을 소중히 하도록 한 뒤 비로소 쉴 수 있게 했다. 월권하여 동료들과 동떨어진 모습을 보이는 자에 대해서는 반드시 그에 따른 처벌을 받고, 직무를 소홀히 한 자에 대해서는 반드시 그에 따른 치욕을 감수케 했다. 성왕이 백성을 가르칠 때 인애를 내세워 격려하고, 치욕을 내세워 직무에 매진케 하고, 능력을 고양해 일을 성사시킨 뒤 쉬게 한 이유다. "단호히 결단하고, 고요한 마음으로 나라를 다스리고, 안전하면서도 존엄을 유지하고, 행동에 흔들림이 없는 것이 성왕의 치도이다."라고 말하는 것은 바로 이 때문이다.

자현어국自見於國의 '현'은 현現과 같다. 완행緩行을 장패륜은 완형緩刑의 잘못으로 보았다. 화친어민和親於民의 '화'를 왕념손은 사私의 오자로 파악했다. 고막감초등유관故莫敢超等踰官의 '고'를 야스이는 연자로 보았다. 어리소공漁利蘇功의 '소'를 『초사』「이소離騷」의 왕일 주는 취取로 새겼다.

절이정絶而定은 결단하여 흔들리지 않는다는 뜻이다. '절'을 곽말약은 『석명』「석언어釋言語」를 인용해 끊을 절截로 새겼다. 성왕지도聖王之道의 '도'는 세상을 다스리는 이치인 치세지도治世之道를 말한다.

제15장 중령(重令)

'중령'은 치국의 요체가 법령을 중시하는데 있다는 취지에서 나온 것이다. 중重은 중시重視의 뜻이다. 이 장에서는 법치를 중시하는 관중의 기본입장이 선명히 드러나 있다. 문화대혁명 당시 4인방이 관중을 법가의 효시로 본 것도 이와 무관치 않다. 법령을 중시해야 나라와 백성이 비로소 안정을 유지할 수 있고, 그런 바탕 위에 부국강병도 추구할 수 있다는 게 요지이다.

15-1

凡君國之重器, 莫重於令. 令重則君尊, 君尊則國安. 令輕則君卑, 君卑則國危. 故安國在乎尊君, 尊君在乎行令, 行令在乎嚴罰. 罰嚴令行, 則百吏皆恐. 罰不嚴, 令不行, 則百吏皆喜. 故明君察於治民之本, 本莫要於令. 故曰, "虧令者死, 益令者死, 不行令者死, 留令者死, 不從令者死." 五者死而無赦, 惟令是視. 故曰, "令重而下恐."

나라를 다스리는 계책 가운데 법령보다 중한 게 없다. 법령이 중시되면 군주는 존엄해지고, 군주가 존엄해지면 나라가 안정된다. 그러나 법령이 경시되면 군주가 미약해지고, 군주가 미약해지면 나라가 위태롭게 된다. 나라의 안정은 군주의 존엄, 군주의 존엄은 법령의 철저한 시행, 법령의 철저한 시행은 엄명嚴明한 형벌에서 비롯된다. 형벌이 엄명하고 법령이 철저히 시행되면 모든 관원이 두려워하며 근신한다. 그러나 형벌이 엄명하지 못하고 법령이 철저히 시행되지 않으면 모든 관원이 낄낄대며 좋아한다. 명군은 치민治民의 근본으로 법령보다 더 중요한 게 없다는 사실을 통찰하고 있다. "법령을 함부로 덜어낸 자도 사형, 함부로 더한 자도 사형, 시행하지 않는 자도 사형, 지연시킨 자도 사형, 따르지 않는 자도 사형에 처한다."고 말하는 이유다. 이 5가지를 범한 자는 결코 사면하지 않고 반드시 사형에 처함으로써 오직 법령대로 좇는다. "법령이 중시되면 신하와 백성이 경외敬畏한다."고 말하는 이유다.

백리개공百吏皆恐의 '공'은 공경恭敬, 백리개희百吏皆喜의 '희'는 경만輕慢의 의미로 사용된 것이다. 휴령자虧令者의 '휴'는 감소減少의 의미를 지니고 있다.

15-2

爲上者不明, 令出雖自上, 而論可與不可者在下. 夫倍上令以爲威, 則行恣於己以爲私, 百吏奚不喜之有? 且夫令出雖自上, 而論可與不可者在下, 是威下繫於民也. 威下繫於民, 而求上之毋危, 不可得也. 令出而留者無罪, 則是教民不敬也. 令出而不行者毋罪, 行之者有罪, 是皆教民不聽也. 令出而論可與不可者在官, 是威下分也. 益損者毋罪, 則是教民邪途也. 如此則巧佞之人, 將以此成私爲交. 比周之人, 將以此阿黨取與. 貪利之人, 將以此收貨聚財. 懦弱之人, 將以此阿貴事富, 便辟. 伐矜之人, 將以此買譽成名. 故令一出, 示民邪途五衢, 而求上之毋危, 下之毋亂, 不可得也.

군주가 밝지 못하면 설령 법령이 위에서 나올지라도 시행 여부는 아래에 달려 있게 된다. 무릇 신하가 군주의 명을 위배하는 것을 권위로 삼으면 멋대로 행동하며 사리를 챙기게 된다. 그러고도 백관들이 어찌 낄낄대며 좋아하지 않을 리 있겠는가? 게다가 법령이 위에서 나올지라도 시행 여부를 아래에서 논하게 되면 이는 곧 군위君威가 백성의 견제를 받는 셈이 된다. '군위'가 백성의 견제를 받는데도 위태롭지 않기를 바라면 이는 불가능한 일이다. 법령이 발해졌는데도 이를 지연하는 자가 무죄이면 이는 백성에게 군주를 존경하지 말라고 가르치는 짓이고, 시행하지 않는 자가 무죄이고 시행하는 자가 유죄이면 이는 백성에게 군주의 명을 듣지 말라고 가르치는 짓이다. 법령이 발해졌는데도 시행 여부가 백관에게 달려 있으면 이는 '군위'가 아래 신하들에게 분산된 것이다. 법령을 더하거나 더는 자가 무죄이면 이는 백성에게 사도邪道를 가르치는 짓이다. 그 폐해를 보면 첫째, 거짓을 일삼는 간사한 자들은 이를 사리를 꾀하는 수단으로 삼아 서로 교유한다. 둘째, 붕당을 결성해 사익을 꾀하는 자들은 당인黨人을 비호하는 수단으로 삼아 무리를 그러모은다. 셋째, 탐욕스럽게 이익을 추구하는 자들은 재화를 매점해 폭리를 취한다. 넷째, 겁 많고 나약한 자들은 부귀한 자에게 아부하며 군주 주변의 총신寵臣을 떠받든다. 다섯째, 떠벌이며 자랑하고픈 자들은 영예를 부정한 방법으로 사들이며 명성을 떨친다. 법령을 발하면서 백성에게 이 5가지 사악한 길을 일러주고도 군주가 위태롭지 않고 신하가 작란作亂하지 않기를 바라면 이는 불가능한 일이다.

배상령倍上令의 '배'는 배背의 뜻이다. 행자어기行恣於己의 '자'는 방종放縱을 의미한다. 비주지인比周之人의 '비주'는 붕당을 만들어 사리를 꾀하는 결당영사結黨營私의 뜻이다. 아당취여阿黨取與의 '아'는 한쪽을 편드는 것을 말한다. '여'는 같은 편인 당여黨與의 뜻이다. 편폐便辟는 군주가 총애하는 근신近臣과 소신小臣을 총칭한 말이다. 벌긍지인伐矜之人의 '벌긍'은 과시하고픈 허영심을 의미한다. 사도오구邪途五衢의 '구'는 통상 번화한 거리를 뜻하나 여기서는 도로를 뜻한다.

15-3

菽粟不足, 末生不禁, 民必有飢餓之色, 而工以雕文刻鏤相穉也, 謂之'逆'. 布帛不足, 衣服毋度, 民必有凍寒之傷, 而女以美衣錦繡綦組相穉也, 謂之'逆'. 萬乘藏兵之國, 卒不能野戰應敵, 社稷必有危亡之患, 而士以毋分役相穉也, 謂之'逆'. 爵人不論能, 祿人不論功, 則士無爲行制死節, 而羣臣必通外請謁, 取權道, 行事便辟, 以貴富爲榮華以相穉也, 謂之'逆'.

곡물이 부족한데도 사치품의 생산을 금하지 않으면 백성은 반드시 굶주린 모습을 보이고, 공인들은 자신들이 조각한 문양을 서로 자랑하게 된다. 이를 일컬어 법령을 거스른 역령逆令이라고 한다. 옷감이 부족한데도 의복에 제한을 두지 않으면 백성은 반드시 추위에 떨게 되고, 여인들은 화사한 비단옷과 수놓은 띠를 서로 자랑하게 된다. 이를 일컬어 '역령'이라고 한다. 1만 승乘의 무력을 보유한 대국도 병사들이 전쟁터로 나가 적과 싸우지 못하면 사직은 반드시 위기에 처하고, 장사들은 군역을 분담하지 않는 것을 서로 자랑하게 된다. 이를 일컬어 '역령'이라고 한다. 임관任官에 능력을 논하지 않고 작위를 내리면서 공을 논하지 않으면 장병은 명을 받들어 순국殉國할 생각을 하지 않고, 신하들은 반드시 밖과 내통하며 권모술수로 군주의 총신에게 아첨해 얻은 부귀영화를 서로 자랑하게 된다. 이를 일컬어 '역령'이라고 한다.

숙속부족菽粟不足의 '숙속'은 콩과 조를 뜻하는 말이나 여기서는 곡물을 총칭하는 말로 사용됐다. 말생불금末生不禁의 '말생'은 사치품을 제조하고 유통하는 상공업을 지칭한다. 말사末事 내지 말업末業과 같다. 조문각루상치雕文刻鏤相穉의 '조문각루'는 벽이나 문 등에 무늬를 새겨 넣은 것을 말한다. '루'는 금속을 오려 내거나 투각透刻하는 등의 기법을 말한다. 흔히 사용하는 조각彫刻은 '조문각루'의 줄임말이다. '상치'는 서로 유치하게 자랑한다는 의미이다. '치'는 어린 벼를 뜻하는 말로 치穉 및 치稚와 같다. 윤지장은 교만할 교驕로 새겼다. 위지역謂之逆의 '역'은 법령을 어기는 역령逆令의 뜻이다.

금수기조상치錦繡綦組相穉의 '금수'는 화사한 무늬를 수놓은 비단옷을 뜻한다. '기'를 왕념손은 채색을 한 끈을 뜻하는 찬纂의 잘못으로 보았다. '조'는 끈목이나 띠를 뜻한다. 『한서』「경제기」에 금수찬조錦繡纂組 표현이 나온다. 취권도取權道의 '권도'는 원래 임기응변에 의한 치도治道를 뜻하는 말로 원칙에 입각한 정도正道와 대비되는 말로 사용된다. 여기서는 권모술수를 뜻하는 권술權術의 의미로 사용됐다.

15-4

朝有經臣, 國有經俗, 民有經產. 何謂'朝之經臣'? 察身能而受官, 不誣於上. 謹於法令以治, 不阿黨. 竭能盡力而不尙得, 犯難離患而不辭死. 受祿不過其功, 服位不侈其能, 不以毋實虛受者, 朝之經臣也. 何謂'國之經俗'? 所好惡不違於上, 所貴賤不逆於令, 毋上拂之事, 毋下比之說, 毋侈泰之養, 毋踰等之服, 謹於鄕里之行, 而不逆於本朝之事者, 國之經俗也. 何謂'民之經產'? 畜長樹蓺, 務時殖穀, 力農墾草, 禁止末事者, 民之經產也. 故曰, "朝不貴經臣, 則便辟得進, 毋功虛取, 奸邪得行, 毋能上通. 國不服經俗, 則臣下不順, 而上令難行. 民不務經產, 則倉廩空虛, 財用不足." 便辟得進, 毋功虛取, 姦邪得行, 毋能上通, 則大臣不和. 臣下不順, 上令難行, 則應難不捷. 倉廩空虛, 財用不足, 則國毋以固守. 三者見一焉, 則敵國制之矣.

조정에는 바른 신하인 경신經臣, 나라에는 바른 풍속인 경속經俗, 백성에는 바른 산업인 경산經產이 있다. 무엇을 '경신'이라고 하는가? 능력을 살펴 관직을 받음으로써 군주를 속이지 않고, 법령을 좇아 신중히 나라를 다스림으로써 붕당에 아부하지 않고, 능력을 다해 사리를 추구하지 않음으로써 나라가 위기에 처했을 때 희생을 두려워하지 않고, 공을 뛰어넘는 녹봉과 능력을 초과하는 관직을 마다함으로써 공적도 없이 헛되이 포상을 받지 않는다. 이들이 '경신'이다. 무엇을 '경속'이라고 하는가? 백성의 호오好惡가 군주의 뜻에 어긋나지 않고, 귀천의 구분이 법령에 어긋나지 않고, 직무를 수행하면서 군주의 뜻에 위배되지 않고, 말을 하면서 백성에 영합해 붕당을 결성하는 일이 없고, 사치한 생활을 하지 않고, 등급을 벗어난 의상을 걸치지 않고, 향리에서 행동을 조심하고, 조정에서 논의된 국사를 거스르지 않는 것을 말한다. 이것이 '경속'이다. 무엇을 '경산'이라고 하는가? 가축을 기르며 나무를 심고, 철에 맞춰 곡식을 심고, 농사에 힘써 황무지를 개간하고, 사치품의 생산을 엄히 금한다. 이것이 '경산'이다. "조정이 '경신'을 중시하지 않으면 아첨을 잘하는 소인배가 조정에 진출하고, 공 없는 자가 헛되이 국록을 축내고, 간사한 무리가 활개치고 무능한 자가 중용된다. 나라가 '경속'을 추진하지 않으면 신민이 순복順服하지 않아 군주의 법령이 실행되기 어렵다. 백성이 '경산'을 행하지 않으면 창고가 텅 비어 재정이 부족하게 된다."고 말하는 이유다. 그 폐해를 들면 첫째, 아첨을 잘하는 소인배가 조정에 진출하고, 공 없는 자가 헛되이 국록을 축내고, 간사한 무리가 활개치고, 능력 없는 자가 중용될 경우 대신들은 서로 화합하지 못하게 된다. 둘째, 신민이 순복하지 않아 군주의 법령이 실행되기 어려우면 급작스런 위난危難에 대비할 수 없게 된다. 셋째, 창고가 텅 비어 재정이 부족하게 되면 나라를 굳게 지킬 수 없다. 이 3가지 가운데 1가지 정황만 나타나도 이내 적국에게 제압당하고 만다.

조유경신朝有經臣의 '경신'은 사신邪臣과 대비되는 정신正臣의 의미로 사용된 것이다. '경'을 윤지장은 원칙을 지키는 상常으로 풀이했다. 불무어상不誣於上의 '무'를 윤지장은 무능한 자가 군주를 속여 벼슬을 얻는 것으로 해석했다. 범난이환犯難離患은 어려움을 무릅쓰고 환난을 당한다는 뜻이다.

'이'는 이재罹災의 이罹와 통한다. 무상불지사毋上拂之事의 '불'은 위배違背의 의미이다. 무하비지설毋下比之說의 '비'는 붕당을 결성하는 비주比周의 뜻이다. 무치태지양毋侈泰之養의 '치태'는 사치奢侈와 같다. 『한비자』「해로」는 '치'를 과다한 소비인 다비多費로 풀이했다. '태'는 분수를 넘는 과분過分을 의미한다. 축장수예畜長樹藝의 '축장'을 윤지장은 축산畜産으로 새겼다. '수예'는 곡물의 재배로 『맹자』「등문공 상」은 수예오곡樹藝五穀으로 표현해 놓았다.

15-5

故國不虛重, 兵不虛勝, 民不虛用, 令不虛行. 凡國之重也, 必待兵之勝也, 而國乃重. 凡兵之勝也, 必待民之用也, 而兵乃勝. 凡民之用也, 必待令之行也, 而民乃用. 凡令之行也, 必待近者之勝也, 而令乃行. 故禁不勝於親貴, 罰不行於便辟, 法禁不誅於嚴重而害於疏遠, 慶賞不施於卑賤而求令之必行, 不可得也. 能不通於官, 受祿賞不當於功, 號令逆於民心, 動靜詭於時變, 有功不必賞, 有罪不必誅, 令焉不必行, 禁焉不必止, 在上位無以使下, 而求民之必用, 不可得也. 將帥不嚴威, 民心不專一, 陳士不死制, 卒士不輕敵, 而求兵之必勝, 不可得也. 內守不能完, 外攻不能服, 野戰不能制敵, 侵伐不能威四隣, 而求國之重, 不可得也. 德不加於弱小, 威不信於强大, 征伐不能服天下, 而求霸諸侯, 不可得也. 威有與兩立, 兵有與分爭, 德不能懷遠國, 令不能一諸侯, 而求王天下, 不可得也.

나라는 절로 존중받지 못하고, 군사는 절로 승리하지 못하고, 백성은 절로 부리지 못하고, 법령은 절로 시행되지 않는다. 무릇 나라가 존중받으려면 반드시 군사가 승리해야 가능하다. 군사가 승리하기 위해서는 반드시 임의로 백성을 부릴 수 있어야 가능하다. 백성을 임의로 부리기 위해서는 반드시 법령이 시행되어야 가능하다. 법령이 시행되기 위해서는 반드시 군주

곁에 있는 자가 승복해 잘 따라야 가능하다. 금령이 군주의 친족과 귀척貴戚에게 적용되지 않고, 형벌이 군주 주변의 총신에게 시행되지 않고, 법령과 금률禁律이 죄가 엄중한 자에게는 집행되지 않으면서 관계가 소원한 자에게만 상해를 입히고, 상사賞賜가 신분이 낮은 자에게는 베풀어지지 않으면서 법령이 모든 경우에 반드시 시행되기를 바라면 이는 불가능한 일이다. 능력 있는 자가 관직에 등용되지 못하고, 녹봉과 포상이 공과 균형을 이루지 못하고, 호령이 민심에 위배되고, 행동거지가 시세 변화에 어긋나고, 공을 세워도 반드시 상을 받는 게 아니고, 죄를 지어도 반드시 벌을 받는 게 아니고, 명을 내려도 반드시 집행되는 게 아니고, 금령을 내려도 반드시 단속되는 게 아니고, 위에 있는 군주가 아래에 있는 신하를 임의로 부리지 못하는 상황에서 백성이 반드시 군주를 위해 일하기를 바라면 이는 불가능한 일이다. 장수가 위엄을 갖추지 못하고, 민심이 하나로 뭉치지 못하고, 진지에 있는 전사가 목숨을 바쳐 군령을 좇지 않고, 병사들이 적개심을 불태우지 않는 상황에서 군사가 반드시 승리를 거두기를 바라면 이는 불가능한 일이다. 안으로 수비에 나서도 영토를 제대로 지키지 못하고, 밖으로 공격에 나서도 적을 완전히 굴복시키지 못하고, 야전에서 적을 제압하지 못하고, 공벌에 나서 사방의 주변국을 떨게 만들지 못하면서 나라가 존중받기를 바라면 이는 불가능한 일이다. 은덕이 약소국에 더해지지 못하고, 위엄이 강대국까지 미치지 못하고, 정벌에 나서 천하를 굴복시키지 못하면서 제후들의 패자覇者가 되고자 하면 이는 불가능한 일이다. 위세를 떨치고자 해도 양립이 가능한 맞수가 있고, 병력을 동원코자 해도 대립하는 적수가 있고, 은덕이 멀리 있는 나라를 다독이지 못하고, 호령을 발해 제후들을 하나로 통일하지 못하면서 천하의 왕자王者가 되고자 하면 이는 불가능한 일이다.

필대병지승必待兵之勝의 '승'은 통상 승리 내지 제압의 의미로 사용된다. 『손자병법』「모공」에 분노를 억제한다는 뜻인 승분勝忿 표현이 나온다.

경상불시어비천慶賞不施於卑賤의 '경상'은 상을 내리며 칭송하거나 고취하는 장상獎賞 내지 군주가 대신에게 하사하는 예물인 상사賞賜와 통한다. '상사'는 어사御賜 내지 은전恩典과 같은 말이다. '비천'이 송본 이외의 여타 판본에는 이삼二三으로 나온다. 주석가들은 '비천' 밑에 탈구脫句가 있는 것으로 보고 있다. 진사불사제陳士不死制의 '진'은 진지陣地를 뜻하는 말로 진陣의 옛 글자이다. '사제'는 목숨을 바쳐 군령軍令을 좇는다는 뜻이다. 순제殉制와 같다. '제'는 군주 내지 장수가 발하는 군령을 뜻한다.

졸사불경적卒士不輕敵의 '졸사'는 하사관과 졸병을 통칭하는 사졸士卒 내지 병사兵士의 뜻이다. '경적'은 적을 업신여긴다는 뜻이나 여기서는 적을 두려워하지 않는다는 뜻으로 사용됐다. 위불신어강대威不信於强大의 '신'은 뻗을 신伸과 통한다. 위유여양립威有與兩立의 '양립'은 병립竝立 내지 병립幷立과 같다. 회원국懷遠國의 '회'는 위무慰撫 내지 안무按撫의 뜻이다. 『춘추좌전』「노희공 7년」조에 먼 곳에 있는 나라를 덕으로 감싼다는 의미의 회원이덕懷遠以德 표현이 나온다.

15-6

地大國富, 人衆兵彊, 此霸王之本也, 然而與危亡爲鄰矣. 天道之數, 人心之變. 天道之數, 至則反, 盛則衰. 人心之變, 有餘則驕, 驕則緩怠. 夫驕者, 驕諸侯, 驕諸侯者, 諸侯失於外. 緩怠者, 民亂於內. 諸侯失於外, 民亂於內, 天道也, 此危亡之時也. 若夫地雖大而不幷兼, 不攘奪. 人雖衆, 不緩怠, 不傲下. 國雖富, 不侈泰, 不縱欲. 兵雖彊, 不輕侮諸侯. 動衆用兵, 必爲天下政理, 此正天下之本, 而霸王之主也.

영토가 광대하고, 재정이 풍족하고, 백성의 숫자가 많고, 병력이 강한 것이 패왕霸王의 근본이다. 그러나 이는 동시에 위망危亡의 배경이기도 하다. 천도와 인심이 늘 변하기 때문이다. 천도의 변화란 사물이 극에 달하면 반대로 나아가고, 극성하면 이내 쇠망하는 것을 뜻한다. 인심의 변화란 사람이 여유가 있으면 교만해지고, 교만해지면 이내 나태해지는 것을 말한다. 무릇 군주가 교만해지면 밖으로 제후의 지지를 잃고, 나태해지면 백성이 나라 안에서 난을 일으킨다. 밖으로 제후의 지지를 잃고, 안으로 백성이 난을 일으키는 것도 천도로 인한 것이다. 이는 위망의 때가 다가왔음을 의미한다. 영토가 광대할지라도 주변국을 병탄하거나 약탈하지 말아야 한다. 백성의 숫자가 많을지라도 태만하지 않고, 신하를 멸시하지 않아야 한다. 나라가 부유할지라도 사치하지 않고, 멋대로 행동하지 않아야 한다. 병력이 강할지라도 제후들을 업신여기지 말아야 한다. 백성을 움직여 군사를 동원하는 것은 반드시 천하의 정사를 바로 잡고자 할 경우에만 이뤄져야 한다. 이것이 바로 천하를 바로잡는 정천하正天下의 근본이자, 패왕霸王을 칭하는 길이다.

천도지수天道之數의 '수'는 여기서 자연의 이치를 뜻한다. '교제후驕諸侯, 교제후자驕諸侯者' 구절을 도홍경은 연문으로 보았다. 이를 좇았다. 필위천하정리必爲天下政理를 두고 야스이는 '리' 밑에 치治가 빠졌다고 했다. 당나라 사람들이 이치理治의 발음이 당고종의 이름인 이치李治와 같은 까닭에 치治를 생략했음에도 후대인들이 이를 고치지 않았다는 것이다.

15-7

凡先王治國之器三, 攻而毁之者六. 明王能勝其攻, 故不益於三者而自有國正天下. 亂王不能勝其攻, 故亦不損於三者而自有天下而亡. 三器者何也? 曰, "號令也, 斧鉞也, 祿賞也." 六攻者何也? 曰, "親也, 貴也, 貨也, 色也, 巧佞也, 玩好也." 三器之用何也? 曰, "非號令毋以使下, 非斧鉞毋以威衆, 非祿賞毋以勸民." 六攻之敗何也? 曰, "雖不聽而可以得存者, 雖犯禁而可以得免者, 雖毋功而可以得富者." 凡國有不聽而可以得存者, 則號令不足以使下. 有犯禁而可以得免者, 則斧鉞不足以威衆. 有毋功而可以得富者, 則祿賞不足以勸民. 號令不足以使下, 斧鉞不足以威衆, 祿賞不足以勸民, 若此則民毋爲自用. 民毋爲自用則戰不勝, 戰不勝而守不固, 守不固則敵國制之矣. 然則先王將若之何? 曰, "不爲六者變更於號令, 不爲六者疑錯於斧鉞, 不爲六者益損於祿賞. 若此則遠近一心, 遠近一心則衆寡同力, 衆寡同力則戰可以必勝, 而守可以必固. 非以幷兼攘奪也, 以爲天下政治也, 此正天下之道也."

무릇 옛날 군주에게는 나라를 다스리는 3가지 도구가 있었고, 공격을 받아 패망하는 6가지 원인이 있었다. 명군은 6가지 공격을 이겨낸 덕분에 3가지 도구에 더 이상 보태지 않을지라도 능히 나라를 보존하면서 천하를 바로잡을 수 있었다. 정반대로 암군은 6가지 공격을 이겨내지 못한 탓에 3가지 이상의 도구를 갖고 있는 경우조차 천하를 보유하고 있는데도 이내 패망하고 말았다. 3가지 도구는 무엇인가? 대답은 이렇다.

"호령號令과 형벌刑罰, 포상褒賞이 그것이다."

6가지 공격은 무엇인가? 대답은 이렇다.

"가까이 모시는 친척親戚과 지위가 높고 권세가 있는 권귀權貴, 재화財貨, 여색女色, 간사한 아첨꾼인 교녕巧佞, 곁에 두고 즐기는 완호玩好가 그것이다."

3가지 도구의 작용은 무엇인가?

"호령을 발하지 않으면 아랫사람을 부릴 수 없고, 형벌이 쓰지 않으면 백성을 두렵게 만들 수 없고, 포상을 행하지 않으면 백성을 권할 수 없다."

6가지 공격의 폐해는 무엇인가? 대답은 이렇다.

"호령을 듣지 않아도 여전히 지위를 보존하고, 금령을 어겨도 형벌을 모면하고, 공을 세우지 않고도 부귀를 얻을 수 있는 것을 말한다."

무릇 나라에서 호령을 듣지 않고도 자리를 보존할 수 있으면 호령으로 아랫사람을 부릴 수 없게 된다. 금령을 어겨도 사면 등으로 처벌을 면할 수 있으면 형벌로 백성을 두렵게 만들 수 없다. 공을 세우지 않고도 부귀를 얻을 수 있으면 포상으로 백성을 권할 수 없다. 호령으로 아랫사람을 부릴 수 없고, 형벌로 백성을 두렵게 만들 수 없고, 포상으로 백성을 권할 수 없으면 백성은 군주를 위해 진력하지 않게 된다. 백성이 군주를 위해 진력하지 않으면 전쟁에서 이길 수 없고, 전쟁에서 이길 수 없으면 수비가 견고하지 못하고, 수비가 견고하지 못하면 이내 적국에게 제압당하게 된다."

선왕은 어찌 했는가? 대답은 이렇다.

"이들 6가지 공격으로 인해 호령을 바꾸지 않고, 의심을 품어 형벌을 정지시키는 일을 하지 않고, 포상을 임의로 더하거나 줄이지 않았다. 이같이 하면 원근의 모든 사람이 한마음이 되고, 원근의 모든 사람이 한마음이 되면 백성의 숫자를 떠나 모두 힘을 합치고, 백성의 숫자를 떠나 모두 힘을 합치면 반드시 전쟁에서 승리하고 수비 또한 견고해진다. 이는 다른 나라를 병탄하고 빼앗기 위한 것이 아니라 천하의 정사를 바르게 하기 위한 것이다. 천하를 올바르게 다스리는 길이 여기에 있다."

부월斧鉞은 참수斬首 내지 요참腰斬 때 사용하는 도끼 등의 형구刑具를 말한다. '부'는 통상적인 도끼, '월'은 큰 도끼를 뜻한다. 여기서는 형벌의 의미로 사용됐다. 육자의조六者疑錯의 '의'는 회의懷疑의 뜻이다. '조'는 정지停止의 뜻으로 『사기』「장의열전」에 진위지교가조秦魏之交可錯 표현이 나온다.

제16장 법법(法法)

'법법'은 엄정한 법으로 차질 없이 법치를 행하는 이법행법以法行法을 뜻한다. 위로는 위정자가 법에 따라 일을 처리하고, 아래로는 백성이 법을 지켜 법질서를 완성하는 게 관건이다. 그래야 나라가 잘 다스려지고 백성이 평안해질 수 있다. '이법행법'을 좇지 않는 불법법不法法으로 나아가면 나라는 이내 어지러워져 끝내 패망하고 만다. '명군은 사랑하는 백성 때문에 법령을 훼손하지 않으니 법령이 백성보다 소중하기 때문이다.'라며 법애어민法愛於民을 역설한 이유다.

16-1

不法法則事毋常, 法不法則令不行. 令而不行則令不法也, 法而不行則脩令者不審也, 審而不行則賞罰輕也, 重而不行則賞罰不信也, 信而不行則不以身先之也. 故曰, "禁勝於身, 則令行於民矣."

불법적인 수단으로 법도를 시행하면 나라에 상규常規가 없게 되고, 법도가 불법적인 수단에 의존하면 정령政令이 시행되지 않는다. 정령이 이미 발해졌는데도 시행되지 않는 것은 불법적인 수단에 의존했기 때문이고, 합법적인 수단을 동원했는데도 시행되지 않는 것은 법령 자체가 주밀周密하지 못했기 때문이고, 주밀한데도 시행되지 않는 것은 상벌을 가볍게 했기 때문이고, 상벌을 무겁게 했는데도 시행되지 않는 것은 상벌을 반드시 실시하지 않았기 때문이고, 상벌을 반드시 실시했는데도 시행되지 않는 것은 군주가 솔선하지 않았기 때문이다. "금령이 군주 자신을 제약할 수 있어야만 정령이 백성에게 널리 시행된다."고 말하는 이유다.

수령자脩令者의 '수령'은 법령의 기초를 뜻한다. 불이신선지不以身先之를 두고 윤지장은 풀이키를, "신상필벌이 행해지지 않으면 이는 곧 군주 자신이 먼저 법령을 이행하지 않는 것과 같다."고 했다. 금승어신禁勝於身은 군주 스스로 법령으로 자신을 구속하는 식으로 솔선하여 법령에 복종하는 것을 말한다. '금승'을 윤지장은 좇아서 금지하는 종금從禁으로 풀이했다.

16-2

聞賢而不擧, 殆. 聞善而不索, 殆. 見能而不使, 殆. 親人而不固, 殆. 同謀而離, 殆. 危人而不能, 殆. 廢人而復起, 殆. 可而不爲, 殆. 足而不施, 殆. 幾而不密, 殆. 人主不周密, 則正言直行之士危. 正言直行之士危, 則人主孤而毋內. 人主孤而毋內, 則人臣黨而成羣. 使人主孤而毋內, 人臣黨而成羣者, 此非人臣之罪也, 人主之過也.

군주가 현재賢才에 관한 얘기를 듣고도 등용하지 않거나, 선행에 관한 얘기를 듣고도 찾지 않거나, 능력 있는 자를 보고도 부리지 않거나, 백성을 가까이하면서도 견실하지 못하거나, 더불어 도모하면서도 단결하지 못하거나, 징벌을 가하고자 하면서도 실행하지 못하거나, 내쳤다가 다시 기용하거나, 할 수 있는데도 하지 않거나, 풍족한데도 베풀지 않거나, 긴요한 사안인데도 기밀을 지키지 않거나 하면 위태롭다. 군주가 정사를 펼치면서 주도면밀하지 못하면 바르게 말하고 곧게 행동하는 선비가 위태롭게 되고, 바르게 말하고 곧게 행동하는 선비가 위태로우면 군주는 고립되어 믿고 얘기할 만한 친신親信이 없게 되고, 군주가 고립되어 친신이 없으면 신하들이 붕당을 만들어 사리를 꾀한다. 이는 신하의 죄가 아니라 군주의 과실이다.

태殆는 위태危殆의 뜻으로 『손자병법』「모공」은 '지피지기知彼知己, 백전불패百戰不殆'로 표현해 놓았다. 문선이불색聞善而不索의 '색'은 색출索出 내지 구색求索의 뜻이다. 기이불밀幾而不密의 '기'는 미세한 형적으로 곧 기미幾微를 뜻한다. 기미機微와 같다. 고이무내孤而毋內의 '내'는 가까이하며 신임하는 친신親信을 뜻한다. 『예기』「대학」의 공영달孔穎達 소疏는 '내'를 친근할 친親, 외外를 소원할 소疏로 풀이했다.

16-3

民毋重罪, 過不大也. 民毋大過, 上毋赦也. 上赦小過則民多重罪, 積之所生也. 故曰, "赦出則民不敬, 惠行則過日益." 惠赦加於民, 而囹圄雖實, 殺戮雖繁, 姦不勝矣. 故曰, "邪莫如蚤禁之." 赦過遺善, 則民不勵. 有過不赦, 有善不積, 勵民之道, 於此乎用之矣. 故曰, "明君者, 事斷者也."

백성이 중죄를 범하지 않는 것은 평소의 과오가 크지 않기 때문이고, 백성이 평소 큰 과오를 범하지 않는 것은 군주가 가벼이 사면하지 않기 때문이다. 군주가 작은 과오를 멋대로 사면하면 백성이 중죄를 많이 범하게 된다. 작은 과오가 누적된 탓이다. "사면령을 한 번 내리면 백성이 조심하지 않게 되고, 은혜를 한 번 베풀면 과오가 날로 심해진다."고 말하는 이유다. 백성에게 은혜와 사면을 베풀면 감옥을 꽉 채우고 죄인을 아무리 많이 죽일지라도 간교한 일이 더욱 많아져 감당할 길이 없다. "사악한 짓은 일찌감치 금하는 것보다 나은 게 없다."고 말하는 이유다. 과오를 사면하고 선행을 잊으면 백성을 격려할 길이 없다. 과오를 사면하지 않고 작은 선행도 즉시 포상해야 백성을 격려하는 도를 여기서 활용할 수 있다. "명군은 결단을 잘하는 자이다."라고 말하는 이유다.

민불경民不敬의 '경'은 계신戒愼의 뜻이다. 『시경』「주송, 민여소자閔予小子」는 잠잘 때 비로소 '계신'을 그친다는 의미로 숙야경지夙夜敬止로 표현해 놓았다. 영어囹圄는 감옥監獄 내지 뇌옥牢獄과 같은 말이다. 조금지蚤禁之의 '조'는 조早와 통한다. 유선부적有善不積을 여상봉은 작은 선행도 즉시 포상하는 것으로 새겼다. 조본이 '적'을 유遺로 바꿔놓은 것은 '유선부적'의 뜻을 곡해한데서 비롯된 것이라고 지적했다.

16-4

君有三欲於民, 三欲不節, 則上位危. 三欲者何也? 一曰'求', 二曰'禁', 三曰'令'. 求必欲得, 禁必欲止, 令必欲行. 求多者其得寡, 禁多者其止寡, 令多者其行寡. 求而不得則威日損, 禁而不止則刑罰侮, 令而不行則下凌上. 故未有能多求而多得者也, 未有能多禁而多止者也, 未有能多令而多行者也. 故曰, "上苛則下不聽, 下不聽而彊以刑罰, 則爲人上者衆謀矣." 爲人上而衆謀之, 雖欲毋危, 不可得也. 號令已出又易之, 禮義已行又止之, 度量已制又遷之, 刑法已錯又移之, 如是, 則慶賞雖重, 民不勸也. 殺戮雖繁, 民不畏也. 故曰, "上毋固植, 下有疑心. 國無常經, 民力必竭, 數也."

통상 군주는 백성에게 3가지를 바란다. 이를 절제하지 않으면 군위君位가 위태로워진다. 3가지 바라는 것은 무엇을 말하는가? 첫째 요구要求, 둘째 금지禁止, 셋째 명령命令이다. 요구는 반드시 얻으려 하고, 금지는 반드시 그치게 만들려 하고, 명령은 반드시 시행하려 한다. 요구가 많은 자는 얻는 게 적고, 금지가 많은 자는 그치도록 만드는 게 적고, 명령이 많은 자는 시행되는 게 적다. 요구해도 얻지 못하면 위엄이 날로 줄어들고, 금지해도 그치지 않으면 형벌이 경시되고, 명령해도 시행되지 않으면 아래가 위를 능멸한다.

많이 요구해서 많이 얻은 자가 없고, 많이 금지해서 많이 그치게 한 자가 없고, 많이 명령해서 많이 시행한 자가 없는 이유다. "위에서 가혹하면 아래에서 듣지 않고, 아래에서 듣지 않는다고 형벌로 압박하면 백성의 모반을 부추기게 된다."고 말하는 것도 이 때문이다. 백성이 모반을 꾀하는 상황에서 위태롭지 않기를 바랄지라도 이는 불가능한 일이다. 이미 호령을 발한 뒤 다시 바꾸고, 이미 예의를 시행한 뒤 다시 폐지하고, 이미 도량형을 제정한 뒤 다시 바꾸고, 이미 형법을 제정한 뒤 다시 바꾸면 설령 포상이 아무리 후할지라도 백성을 격려하기 어렵고, 사형을 아무리 많이 시행할지라도 백성이 두려워하지 않는다. "군주에게 굳건한 의지가 없으면 백성이 의심을 품고, 나라에 상법常法이 없으면 민력이 반드시 고갈된다. 이는 자연의 기본 이치이다."라고 말하는 이유다.

형벌모刑罰侮의 '모'는 얕보며 농락하는 모농侮弄의 뜻이다. 상무고식上毋固植의 '식'을 윤지장은 지志로 새겼다. 수야數也의 '수'를 윤지장은 자연의 이치를 뜻하는 리理로 새겼다.

16-5

明君在上位, 民毋敢立私議自貴者, 國毋怪嚴, 毋雜俗, 毋異禮, 士毋私議. 倨傲易令, 錯儀畫制, 作議者盡誅. 故彊者折, 銳者挫, 堅者破. 引之以繩墨, 繩之以誅僇. 故萬民之心皆服而從上, 推之而往, 引之而來. 彼下有立其私議自貴, 分爭而退者, 則令自此不行矣. 故曰, "私議立則主道卑矣." 況主倨傲易令, 錯儀畫制, 變易風俗, 詭服殊說猶立! 上不行君令, 下不合於鄉里, 變更自爲, 易國之成俗者, 命之曰'不牧之民'. 不牧之民, 繩之外也, 繩之外誅. 使賢者食於能, 鬪士食於功. 賢者食於能, 則上尊而民從. 鬪士食於功, 則卒輕患而傲敵. 上尊而民從, 卒輕患而傲敵, 二者設於國, 則天下治而主安矣.

명군이 윗자리에 있으면 백성이 감히 이설異說을 내세워 함부로 자귀자대自貴自大하지 않는다. 또 나라에는 괴이하고 헛된 얘기, 잡스런 풍속, 괴이한 예의가 없다. 선비들도 감히 사사롭게 이설을 내세우지 않게 된다. 무릇 오만하고 불공不恭한 자세로 법령을 왜곡하고, 멋대로 예제를 만들거나 계획하고, 함부로 이설을 내세우는 자는 모두 목을 벤다. 그래야 군주의 명을 거부하는 강민彊民이 몸을 굽히고, 날카롭게 저항하는 예민銳民이 꺾이고, 자신의 주장만 고집하는 견민堅民이 부서진다. 명군은 백성을 법도로 인도하고 죄인을 사형에 처하여 풍속을 바로잡는다. 천하 만민이 심복하여 군주를 따르는 이유다. 이같이 해야 원하는 대로 신민을 밀고 가거나 끌어올 수 있다. 신민이 사사롭게 이설을 내세워 '자귀자대'하고, 조정에서 삿대질을 하며 다투다가 물러나는 경우가 있으면 군주의 명령이 이로부터 시행되지 않게 된다. "사적인 이설이 횡행하면 군주의 정령이 비천해진다."고 말하는 이유다. 하물며 오만하고 불공한 자세로 법령을 왜곡하고, 멋대로 예제를 만들거나 계획하고, 미풍을 함부로 훼손하고, 황당한 얘기를 퍼뜨리며 사사롭게 이설을 내세울 경우 더 이상 말할 게 있겠는가! 위로는 군령君令을 시행하지 않고, 아래로는 향리의 풍속에 부합하지 않고, 바꾸고 고치기를 멋대로 하여 국속國俗을 훼손하는 자를 두고 다스림을 거부하는 자를 뜻하는 불목지민不牧之民이라고 한다. '불목지민'은 법제를 도외시하는 자를 말한다. 법제를 도외시하는 자는 주살誅殺한다. 현자는 능력 위주로 임용하고, 용사는 전공 위주로 임관한다. 현자가 능력을 토대로 벼슬하면 군주가 존엄해지고 백성이 순순히 따르게 된다. 용사가 전공을 토대로 임관되면 병사들이 죽음을 무릅쓰고 용감하게 적과 싸운다. 군주가 존엄해져 백성이 따르고, 병사들이 죽음을 무릅쓰고 용감하게 적과 싸우는 2가지 조건이 구비되면 천하도 안정되고 군주 또한 평안해진다.

사의자귀私議自貴의 '사의'는 사적으로 내세우는 이설異說로 공법公法

내지 군령君令과 대비되는 의미로 사용됐다. '자귀'는 스스로 귀하게 여긴다는 뜻으로 자고自高 내지 자대自大와 통한다.「경언」의 '승마'에 '사의자귀' 표현이 나온다. 국무괴엄國毋怪嚴의 '괴엄'은 괴이하고 헛된 얘기를 뜻하는 괴탄怪誕과 같다. '엄'에 대한 해석이 분분하다. 정사함은 복服의 오자로 보았고, 오여륜은 업業으로 새겼다. 장문호는 한명제의 이름인 유장劉莊을 기휘한 결과로 보고, '괴엄'의 원문은 괴상한 복장을 뜻하는 괴장怪裝으로 보는 게 옳다고 했다. 문맥상 괴탄을 뜻하는 함諴으로 새긴 사호범의 해석을 좇는 게 타당하다. 거오이령倨傲易令의 '거오'는 거만倨慢을 뜻하고, '이령'은 경솔하게 법령을 만든다는 의미이다. 조의획제錯儀畫制의 '조'는 조措, '획'은 획劃과 같다. 작의자作議者는 공법과 배치되는 사의私議를 공론인 양 내세우는 자를 뜻한다.

강자절彊者折의 '강'은 자신의 주장만을 내세우며 저항하는 억센 백성인 강민彊民을 뜻한다. 유가의 덕목 등을 내세우며 군주의 명을 거부하거나 복종하지 않는 억센 백성을 뜻한다. '강민'은 상앙의 저서인『상군서商君書』에 처음으로 나온다.『상군서』「거강去彊」은 "백성을 사납게 만드는 유가의 덕목을 내세워 '강민'을 없애고자 하는 나라는 쇠약해지고, 백성을 법령에 굴복토록 만드는 조치로 '강민'을 사라지게 만든 나라는 강해진다."고 했다. 이를 이강거강以彊去彊으로 표현해 놓았다. 앞의 '강'은 백성을 사납게 만드는 조치를 뜻한다. 유가의 덕목을 지칭한다. 두 번째 '강'은 유가의 덕목 등을 내세우며 군주의 명에 복종하지 않는 '강민'을 의미한다.『한비자』「오두」는 사적인 무력을 마구 행사하는 협객도 유가와 같은 '강민'으로 간주했다.

예자좌銳者挫의 '예'는 조정의 명령에 날카롭게 저항하는 예민銳民, 견자파堅者破의 '견' 역시 자신의 주장만 고집하는 견민堅民을 뜻한다. 황주거오이령況主倨傲易令의 '주'를 곽말약은 '무릇'을 뜻하는 부夫의 오자로 보았다. 승지외주繩之外誅의 '승'은 먹줄을 뜻하는 말로 여기서는 준칙의 의미로 사용됐다.

16-6

凡赦者, 小利而大害者也, 故久而不勝其禍. 毋赦者, 小害而大利者也, 故久而不勝其福. 故赦者, 犇馬之委轡. 毋赦者, 痤雎之礦石也.

무릇 사면赦免은 이익은 작고 해로움만 큰데다, 오래되면 그 화난이 무궁하다. 불사不赦는 해로움은 작고 이익은 큰데다, 오래되면 그 복록이 무궁하다. 사면은 말이 질주할 때 고삐를 놓는 것과 같고, 불사는 종기에 폄석砭石을 놓는 것과 같다.

분마지위비犇馬之委轡의 '분'은 내달린다는 뜻으로 분奔과 같다. '위'는 버린다는 뜻의 위기委棄를 의미한다. '비'는 말고삐를 뜻한다. 좌저지광석痤雎之礦石也의 '저'를 손성연은 악성 종기를 뜻하는 저疽의 오자로 보았다. 『회남자』「설림훈」에 '좌저' 표현이 나온다. '광석'은 돌로 만든 침인 폄석砭石과 같다.

16-7

爵不尊祿不重者, 不與圖難犯危, 以其道爲未可以求之也. 是故先王制軒冕足以著貴賤, 不求其美. 設爵祿所以守其服, 不求其觀也. 使君子食於道, 小人食於力. 君子食於道, 則上尊而民順. 小人食於力, 則財厚而養足. 上尊而民順, 財厚而養足, 四者備體, 則胥足上尊時而王不難矣.

작위가 높지 않고 녹봉이 두텁지 않으면 몸을 던져 위난을 구하려는 자가 없게 된다. 그런 계책으로는 백성이 원하는 것을 만족시킬 수 없기 때문이다. 선왕이 헌면軒冕 제도를 만든 것은 귀천의 등급을 드러내기 위한 것으로 화미華美를 추구하기 위한 게 아니다. 작록爵祿 제도를 만든 것 역시 녹봉의 등급을 드러내기 위한 것으로 기관奇觀을 추구하기 위한 게 아니다. 관원은 치국治國으로 먹고 살고, 백성은 노력勞力으로 먹고 산다. 관원이 치국으로 먹고 살면 군주가 존엄해지고, 백성이 순순히 따르게 된다. 백성이 노력으로 먹고 살면 재물이 풍족해지고, 먹고 사는 게 여유로워진다. 군주가 존엄해지고, 백성이 순순히 따르고, 재물이 풍족해지고, 먹고 사는 게 여유로워지는 이들 4가지 조건이 구비되면 때를 기다려 왕업을 이루는 게 결코 어려운 일이 아니다.

헌면軒冕의 '헌'은 대부 이상이 사용하는 수레, '면'은 제왕과 제후 및 경대부가 머리에 쓴 관을 뜻한다. 불구기관不求其觀의 '관'은 기이한 볼거리를 뜻하는 기관奇觀을 의미한다. 판을 크게 벌리거나 통 큰 모습을 뜻하는 배장排場과 통한다. 서족상존胥足上尊의 '서'를 윤지장은 하명을 기다리는 등대等待의 의미로 풀이했다. 「내언」의 '대광'에 잠시 기다린다는 뜻의 고소서姑少胥 표현이 나온다. '족상존'을 왕념손은 연자로 보았다.

16-8

文有三侑, 武毋一赦. 惠者, 多赦者也, 先易而後難, 久而不勝其禍. 法者, 先難而後易, 久而不勝其福. 故惠者, 民之仇讎也, 法者, 民之父母也. 太上以制制度, 其次失而能追之, 雖有過亦不甚矣.

문인文人은 3번 관용할 수 있으나 무인武人은 단 1번도 사면할 수 없다. 시은施恩은 여러 번 사면하는 것을 뜻한다. 처음 시행할 때는 쉬워도 이후에는 어려워지고, 오래되면 그에 따른 재난이 무궁하다. 집법執法은 처음 시행하는 게 어려워도 이후에는 쉬워지고, 오래되면 그에 따른 복록이 무궁하다. '시은'을 행하는 자는 백성의 원수이고, '집법'을 행하는 자는 백성의 부모이다. 최상의 다스림은 법제를 통해 사람을 바른 길로 이끄는 것이고, 그 다음은 과오를 범한 사람을 뉘우치도록 만드는 것이다. 이같이 하면 설령 과오를 범할지라도 그리 심하지 않게 된다.

문유삼유文有三侑의 '유'는 너그러이 용서하는 유宥와 같다. 태상太上은 최상最上의 의미이다. 『대대례기大戴禮記』「증자입사曾子立事」는 순서를 가리킬 때 '태상'을 시작으로 기차其次, 기하其下 등으로 구분했다. 능추지能追之의 '추'는 미진한 것을 보완해 구제하는 보구補救의 의미이다. 『논어』「미자」에 나오는 내자유가추來者猶可追의 '추'가 유사한 의미로 사용된 것이다.

16-9

明君制宗廟, 足以設賓祀, 不求其美. 爲宮室臺榭, 足以避燥濕寒暑, 不求其大. 爲彫文刻鏤, 足以辯貴賤, 不求其觀. 故農夫不失其時, 百工不失其功, 商無廢利, 民無游日, 財無砥墆. 故曰, "儉其道乎!"

명군은 종묘를 세울 때 빈소와 제사 시설로 만족하고, 화미華美를 추구하지 않는다. 집과 누대 및 정자를 지을 때 역시 조습한서燥濕寒暑의 도피에 만족하고, 고대高大를 추구하지 않는다. 나무와 쇳조각을 조각할 때도 귀천의 구분에 만족하고, 기관奇觀을 추구하지 않는다. 농부가 농사철을 놓치지 않고, 백공이 공효功效를 그르치지 않고, 상인이 작은 이익도 잃지 않고, 백성이 방탕하게 놀지 않고, 재화가 오랫동안 적체되지 않는 이유다. "검소함이 치국의 도리이다!"라고 말하는 것도 이 때문이다.

족이설빈사足以設賓祀의 '빈'은 염할 빈殯과 같다. 부실기시不失其時의 '시'는 농시農時를 가리킨다. 부실기공不失其功의 '공'은 공을 들인 보람이나 효과를 뜻하는 공효功效의 의미이다. 민무유일民無游日의 '유'는 방탕하게 노니는 유탕遊蕩을 뜻한다. 재무지체財無砥墆의 '지'는 체류滯留의 뜻이다. '체'를 윤지장은 쌓아두는 저적貯積으로 풀이했다.

16-10

令未布而民或爲之, 而賞從之, 則是上妄予也. 上妄予則功臣怨, 功臣怨而愚民操事於妄作. 愚民操事於妄作, 則大亂之本也. 令未布而罰及之, 則是上妄誅也. 上妄誅則民輕生, 民輕生則暴人興, 曹黨起而亂賊作矣. 令已布而賞不從, 則是使民不勸勉, 不行制, 不死節. 民不勸勉, 不行制, 不死節, 則戰不勝而守不固. 戰不勝而守不固, 則國不安矣. 令已布而罰不及, 則是敎民不聽. 民不聽則彊者立, 彊者立則主位危矣. 故曰, "憲律制度必法道, 號令必著明, 賞罰必信密." 此正民之經也.

법령이 아직 발포되지 않았는데 백성이 우연히 이를 행했을 경우 포상하면 이는 군주가 허망한 상사賞賜를 베푸는 것이다. 군주가 허망하게 포상하면 공신이 원망하고, 공신이 원망하면 어리석은 백성은 일을 건성건성 한다. 어리석은 백성이 일을 건성건성 하는 것은 대란大亂의 근원이다. 법령이 아직 발포되지 않았는데 형벌이 가해지면 이는 군주가 허망하게 형벌을 가하는 것이다. 군주가 허망하게 형벌을 가하면 백성이 생명을 경시하고, 백성이 생명을 경시하면 포학한 자가 일어나 붕당을 만들고 작란作亂을 꾀한다. 법령이 이미 발포됐는데 포상이 뒤따르지 않으면 백성을 격려할 수 없다. 군령軍令이 집행되지 않고, 백성 또한 나라를 위해 순절殉節하지 않는 이유다. 백성을 격려하지 못하고, 군령이 집행되지 않고, 백성이 나라를 위해 순절하지 않으면 전쟁에 이길 수 없고, 수비 또한 견고하지 못하게 된다. 전쟁에 이기지 못하고 수비가 견고하지 않으면 나라가 안전할 수 없다. 법령이 이미 발포됐는데 처벌이 뒤따르지 않으면 이는 백성에게 불복을 가르치는 것이다. 백성이 불복하면 강포한 자가 일어나고, 강포한 자가 일어나면 군주의 자리가 위태로워진다. "법제도는 반드시 치국의 근본방침에 부합하고, 호령은 반드시 엄명하고, 상벌은 반드시 확실하고도 엄히 집행돼야 한다."고 말하는 이유다. 이는 백성을 바로잡는 원칙이다.

조당기曹黨起의 '조'를 진환은 군群으로 새겼다. 『초사』「초은사招隱士」는 무리 중衆의 뜻으로 사용했다. 상벌필신밀賞罰必信密의 '밀'을 왕념손은 필必의 오자로 보았다.

16-11

凡大國之君尊, 小國之君卑. 大國之君所以尊者何也? 曰, "爲之用者衆也." 小國之君所以卑者何也? 曰, "爲之用者寡也." 然則爲之用者衆則尊, 爲之用者寡則卑, 則人主安能不欲民之衆爲己用也? 使民衆爲己用柰何? 曰, "法立令行, 則民之用者衆矣. 法不立, 令不行, 則民之用者寡矣." 故法之所立, 令之所行者多, 而所廢者寡, 則民不誹議. 民不誹議則聽從矣. 法之所立, 令之所行, 與其所廢者鈞, 則國毋常經. 國毋常經則民妄行矣. 法之所立, 令之所行者寡, 而所廢者多, 則民不聽. 民不聽則暴人起而姦邪作矣.

무릇 대국 군주의 자리는 높고, 소국 군주의 자리는 낮다. 대국 군주의 자리가 높은 까닭은 무엇인가? 대답은 이렇다.

"필요한 사람이 많기 때문이다."

소국 군주의 자리가 낮은 까닭은 무엇인가? 대답은 이렇다.

"필요한 사람이 적기 때문이다."

소용되는 사람이 많으면 위세가 높아지고, 적으면 낮아진다. 그러니 군주가 어찌 많은 백성을 쓰지 않으려 하겠는가? 자신을 위해 백성을 쓰려면 어찌해야 하는가? 대답은 이렇다.

"법을 완비하고 정령을 가차 없이 시행하면 소용되는 백성이 많고, 법을 완비하지 않고 정령을 곧바로 시행하지 못하면 소용되는 백성이 적다."

완비된 법과 곧바로 시행되는 정령이 많아지고 폐기되는 법령이 적어지면 백성은 이의를 제기하지 않고 순순히 따르게 된다. 완비된 법과 곧바로 시행되는 정령이 폐기되는 법령과 같으면 나라에 상법常法이 존재하지 않게 된다. 나라에 상법이 존재하지 않으면 백성은 멋대로 비위를 저지르게 된다. 완비된 법과 곧바로 시행되는 법령이 적고 폐기되는 법령이 많으면 백성이 순순히 따르지 않게 된다. 백성이 순순히 따르지 않으면 포학한 자가 반기를 들고 도처에서 간사한 짓이 빚어진다.

여기소폐자균與其所廢者鈞의 '균'은 균均과 통한다. 국무상경國毋常經의 '경'은 법도法度를 뜻한다.

16-12

計上之所以愛民者, 爲用之愛之也. 爲愛民之故, 不難毁法虧令, 則是失所謂'愛民'矣. 夫以愛民用民, 則民之不用明矣. 夫至用民者, 殺之, 危之, 勞之, 飢之, 渴之. 用民者將致之此極也, 而民毋可與慮害己者. 明王在上, 道法行於國, 民皆舍所好而行所惡. 故善用民者, 軒冕不下儗, 而斧鉞不上因. 如是則賢者勸而暴人止. 賢者勸而暴人止, 則功名立其後矣. 蹈白刃, 受矢石, 入水火, 以聽上令. 上令盡行, 禁盡止, 引而使之, 民不敢轉其力. 推而戰之, 民不敢愛其死. 不敢轉其力, 然後有功. 不敢愛其死, 然後無敵. 進無敵, 退有功, 是以三軍之衆皆得保其首領, 父母妻子完安於內. 故民未嘗可與慮始, 而可與樂成功. 是故仁者·知者·有道者, 不與大慮始.

군주가 백성을 사랑하는 이유를 살펴보면 장차 그들을 쓰기 위해 그러는 것이다. 백성을 사랑하는 탓에 법령의 훼손을 무릅쓰면 이는 이른바 애민愛民의 기본취지를 잃는 것이다. 법령을 훼손하면서까지 백성을 사랑하고, 장차 이를 토대로 백성을 쓰고자 하면 제대로 쓰지 못할 게 분명하다. 백성을 잘 부리는 군주는 심지어 백성을 주살하거나, 위태롭게 하거나, 수고롭게 하거나, 굶주리게 하거나, 목마르게 하거나 한다. 이런 극단적인 상황에 이르게 만들지라도 백성은 군주가 자신을 해치는 것으로 생각지 않는다. 이는 명군이 재위하고 있고, 도덕과 법률이 온 나라에 널리 시행되고 있고, 백성 모두 사욕을 버리고 공의公義를 행하고 있기 때문이다. 백성을 잘 부리는 군주는 상사賞賜에 인색하지 않고, 형벌을 남용하지 않는다. 이같이 하면 현자는 격려를 받고, 포학한 자는 저지된다. 현자가 격려를 받고 포학한 자가 저지되면 공업과 명성이 그 뒤를 따라 수립된다. 칼날을 밟고, 화살과 돌을 뒤집어쓰고, 물과 불속으로 뛰어들면서도 군주의 명을 듣는 이유다. 군주가 명하면 모두 시행되고, 금하면 모두 중지되고, 이끌어 부리면 백성은 감히 역량을 딴 곳에 소진하지 않는다. 전쟁터로 내몰아 싸우게 하면 감히 죽음을 두려워하지 않고 분투한다. 백성이 감히 역량을 딴 곳에 소진하지 않아야 비로소 공을 세울 수 있고, 감히 죽음을 두려워하지 않고 분투해야 무적이 된다. 나아가면 무적이고, 물러나면 공을 세우는 이유다. 덕분에 3군의 장병 모두 목숨을 보존할 수 있고, 부모처자 또한 집에서 온전히 평안할 수 있다. 일찍이 백성은 더불어 사업을 시작한 적은 없으나 더불어 성공을 즐길 수는 있다. 어질고, 지혜롭고, 도를 아는 군주가 백성과 더불어 사업을 시작하지 않는 이유가 여기에 있다.

지용민자至用民를 장패륜은 선용민善用民의 잘못으로 간주했다. 사소호舍所好의 '소호'는 좋아하는 것을 말한다. 윤지장은 '소호'를 사욕私欲으로 풀이하면서, 소오所惡를 이와 대비되는 공의公義로 새겼다. 헌면불하의軒冕不下儗를 두고 윤지장은 사총私寵으로 인해 함부로 벼슬을 내려서는 안 된다는 뜻이라고 했다. 이에 대해 유월은 '의'를 헤아리며 논의하는 의의擬議로 새기면서 풀이키를, "선행을 하면 이를 기준으로 벼슬을 내린다. 아랫자리에 있다는 이유로 따지며 논의해서는 안 된다."고 했다. 포상에 인색해서는 안 된다는 취지이다. 부월불상인斧鉞不上因을 두고 윤지장은 윗사람이 사감私憾으로 인해 형벌을 남용해서는 안 된다는 뜻이라고 했다. 유월은 풀이키를, "죄를 범하면 죄를 기준으로 처벌하면 된다. 그가 윗자리에 있다는 이유로 처벌규정을 어겨서는 안 된다."고 했다. 남형濫刑을 경계한 것이다. 이를 좇았다. 불여대여시不與大慮始의 '대'를 왕념손은 백성을 뜻하는 인人의 잘못이라고 했다.

16-13

國無以小與不幸而削亡者, 必主與大臣之德行失於身也, 官職·法制·政教失於國也, 諸侯之謀慮失於外也, 故地削而國危矣. 國無以大與幸而有功名者, 必主與大臣之德行得於身也, 官職·法制·政教得於國也, 諸侯之謀慮得於外也, 然後功立而名成. 然則國何可無道? 人何可無求? 得道而導之, 得賢而使之, 將有所大期於興利除害. 期於興利除害, 莫急於身, 而君獨甚. 傷也, 必先令之失. 人主失令而蔽, 已蔽而劫, 已劫而弑.

나라가 작지도 않고 불행한 일도 없는데 영토가 줄거나 심지어 패망하는 것은 반드시 군주와 대신 스스로 덕행을 그르치고, 관직과 법제 및 정교에 잘못이 있고, 제후들에 대한 외교 책략을 그르쳤기 때문이다. 영토가 줄거나 패망하는 이유가 여기에 있다. 나라가 크지도 않고 다행한 일이 없는데도 공을 세우고 명망이 높은 것은 반드시 군주와 대신 스스로 덕행을 실천하고, 관직과 법제 및 정교가 정확하고, 제후들에 대한 외교 책략을 적절히 구사했기 때문이다. 이같이 해야만 비로소 공을 세우고 명망을 이룰 수 있다. 그러니 어찌 나라를 다스리면서 뛰어난 책략을 강구하지 않고, 널리 현재를 구하지 않을 수 있겠는가? 뛰어난 책략을 강구하고, 널리 현재를 얻어 부리는 것은 장차 이익을 일으키고 재난을 제거하는 홍리제해興利除害에 큰 도움이 되기 때문이다. '홍리제해'를 이루기 위해 솔선수범보다 더 시급한 게 없다. 군주의 솔선수범이 가장 급하다. '홍리제해'가 제대로 이뤄지지 않으면 반드시 먼저 법령부터 잃게 된다. 군주는 법령을 잃으면 아랫사람에 의해 가려지고, 가려지면 겁박劫迫을 당하고, 겁박을 당하면 이내 시해되고 만다.

지삭이국위地削而國危의 '위'를 정사함은 앞의 문장에 비춰볼 때 망亡의 오자라고 했다. 인하가무구人何可無求의 '구'를 장패륜은 현賢의 오자라고 했다. 이폐이겁已蔽而劫의 '폐'는 덮어 감출 몽폐蒙蔽의 뜻이다. 이겁이시已劫而弑의 '겁'은 겁박劫迫 내지 위협威脅의 의미이다.

16-14

凡人君之所以爲君者, 勢也. 故人君失勢, 則臣制之矣. 勢在下, 則君制於臣矣, 勢在上, 則臣制於君矣. 故君臣之易位, 勢在下也. 在臣期年, 臣雖不忠, 君不能奪也. 在子期年, 子雖不孝, 父不能服也. 故『春秋』之記, "臣有弑其君, 子有弑其父者矣." 故曰, "堂上遠於百里, 堂下遠於千里, 門廷遠於萬里." 今步者一日, 百里之情通矣. 堂上有事, 十日而君不聞, 此所謂'遠於百里'也. 步者十日, 千里之情通矣. 堂下有事, 一月而君不聞, 此所謂'遠於千里'也. 步者百日, 萬里之情通矣, 門廷有事, 期年而君不聞, 此所謂'遠於萬里'也. 故請入而不出謂之'滅', 出而不入謂之'絕', 入而不至謂之'侵', 出而道止謂之'壅'. 滅絕侵壅之君者, 非杜其門而守其戶也, 爲政之有所不行也. 故曰, "令重於寶, 社稷先於親戚, 法重於民, 威權貴於爵祿." 故不爲重寶輕號令, 不爲親戚後社稷, 不爲愛民枉法律, 不爲爵祿分威權. 故曰, 勢非所以予人也.

무릇 군주가 군주 노릇을 하는 까닭은 권세가 있기 때문이다. 군주가 권세를 잃으면 신하가 그를 제어한다. 권세가 아래에 있으면 신하가 군주를 제어하고, 권세가 위에 있으면 군주가 신하를 제어한다. 군주와 신하의 위치가 바뀌는 것은 바로 권세가 아래에 있기 때문이다. 권세가 신하의 수중에 넘어간 지 1년이면 신하가 불충해도 그 권력을 빼앗을 수 없고, 자식에게 넘어간 지 1년이면 자식이 불효해도 바로 잡을 길이 없다. 『춘추』에 이를 뒷받침하는 기록이 나온다.

"신하 가운데 군주를 시해弑害하는 자가 있고, 자식 가운데 그 아비를 시해하는 자가 있다."

권세가 아래에 있는 상황을 언급한 다음 비유도 같은 맥락에서 나온 것이다.

"당상堂上은 100리보다 멀고, 당하堂下는 1천 리보다 멀고, 문간은 1만 리보다 멀다."

지금도 행인은 1일 동안 걸어 100리 이내의 실정을 훤히 알 수 있다. 당상에서 일이 빚어졌는데도 10일이 넘도록 군주가 이를 듣지 못하는 경우가 있다. 100리보다 멀다고 말한 이유다. 행인은 10일 동안 걸어 1천 리 이내의 실정을 훤히 알 수 있다. 그러나 당하에서 일이 빚어졌는데도 1달이 넘도록 군주가 이를 듣지 못하는 경우가 있다. 1천 리보다 멀다고 말한 이유다. 행인은 100일에 1만 리 이내의 실정을 훤히 알 수 있다. 그러나 문간에서 일이 빚어졌는데도 1년이 넘도록 군주가 이를 듣지 못하는 경우가 있다. 1만 리보다 멀다고 말한 이유다. 실정이 조정에 보고됐는데도 정령이 내리지 않는 것을 인멸湮滅, 정령이 내려졌는데도 집행의 정황이 보고되지 않는 것을 단절斷絶, 집행의 정황이 조정에 보고됐는데도 군주의 수중에 이르지 않은 것을 침탈侵奪, 정령이 발포됐는데도 도중에 막히게 된 것을 옹색壅塞이라고 한다. 군주에게 인멸, 단절, 침탈, 옹색 현상이 빚어진 것은 누가 궐문을 막거나 궁궐을 봉쇄했기 때문이 아니라 정령이 시행되지 못하는 다른 이유가 있기 때문이다. "정령이 보물보다 소중하고, 사직이 친척보다 우선하고, 법제가 백성보다 중요하고, 위권威權이 작록보다 진귀하다."고 말하는 이유다. 소중한 보물 때문에 호령을 가볍게 보지 않고, 친척 때문에 사직을 뒤로 하지 않고, 백성 때문에 법제를 왜곡하지 않고, 작록 때문에 위권을 나누지 않는 것도 이 때문이다. "권세는 남에게 나눠주는 게 아니다."라고 말하는 이유가 여기에 있다.

재신기년在臣期年의 '기년'은 1년을 말한다. 부블능복야父不能服也의 '복'은 통제 내지 제어의 뜻이다. 문정원어만리門廷遠於萬里의 '문정'은 대문이나 중문 안에 있는 뜰을 말한다. 문정門庭과 같다. 청입請入의 '청'을 정사함은 정황을 뜻하는 정情으로 새겼다. 고대에는 청請과 정情이 서로 통용됐다. 위권威權은 위세와 권력을 뜻한다. 불위친척후사직不爲親戚後社稷의 '친척'은 부모형제를 지칭한다. 고대에는 부모를 '친척'으로 표현했다. 『사기』「오제본기」에 나오는 "요임금의 두 딸이 감히 군주의 딸이라는 이유로 교만을 떠는 일 없이 순임금의 부모를 지성껏 섬겼으니 실로 부도婦道가 대단했다."는 대목의 사순친척事舜親戚 구절이 대표적인 예이다.

16-15

政者正也. 正也者, 所以正定萬物之命也. 是故聖人精德立中以生正, 明正以治國. 故正者所以止過而逮不及也. 過與不及也, 皆非正也, 非正, 則傷國一也. 故勇而不義傷兵. 仁而不法傷正. 故軍之敗也, 生於不義, 法之侵也, 生於不正. 故言有辯而非務者, 行有難而非善者. 故言必中務, 不苟爲辯. 行必思善, 不苟爲難. 規矩者, 方圜之正也. 雖有巧目利手, 不如拙規矩之正方圜也. 故巧者能生規矩, 不能廢規矩而正方圜. 雖聖人能生法, 不能廢法而治國. 故雖有明智高行, 倍法而治, 是廢規矩而正方圜.

정사란 바로 잡는 것이다. 정正은 공평한 입장에서 만물의 명칭을 바로잡아 주는 것을 말한다. 성인이 마음을 다해 덕을 닦고 중정中正의 자세로 공정公正을 배양하고, 공평무사한 태도로 나라를 다스린 이유다. 공정은 과한 것을 막고, 부족한 것을 보충하는 것이다. 과부족過不足 모두 공정이 아니다. 불공정은 나라에 해를 끼치는 것과 같다. 용감해도 불의不義하면 군사를 해치고, 어질어도 부정不正하면 법을 해친다. 군사 실패는 불의, 법도 파괴는 부정에서 나온다. 말을 잘해도 실익이 없는 게 있고, 행실이 신중해도 실효가 없는 게 있다. 말은 반드시 실익이 있어야 하며 웅변에 얽매이지 않아야 하고, 행실은 반드시 실효가 있어야 하며 신중에 얽매이지 않아야 한다. 그림쇠와 곱자는 네모와 원을 그리는 기준이다. 사람이 아무리 예리한 눈과 정교한 솜씨를 자랑할지라도 시원찮은 그림쇠와 곱자를 네모와 원의 기준으로 삼는 것만 못하다. 정교한 솜씨를 지는 자가 아무리 그림쇠와 곱자를 잘 만들지라도 그림쇠와 곱자를 버리고는 네모와 원을 제대로 그릴 수 없다. 성인이 아무리 법령을 잘 만들지라도 법령을 폐하고 나라를 제대로 다스릴 수 없는 것과 같다. 명철한 지혜와 고상한 행실을 자랑하는 군주일지라도 법령을 폐한 채 나라를 다스리는 것은 마치 그림쇠와 곱자를 버리고 네모와 원을 그리는 것과 같다.

정자정야政者正也 구절은 『논어』「안연」에도 나온다. 정정만물지명正定萬物之命의 '명'은 이름을 지어 붙이는 명명命名의 뜻이다. 체불급逮不及의 '체'는 이를 급及 내지 도到와 같다. 불법상정不法傷正을 손측승은 부정상법不正傷法의 잘못이라고 했다. 언유변이비무자言有辯而非務者의 '변'이 일부 판본에는 변辨으로 되어 있다. 서로 통한다. '무'는 굳세다는 뜻으로 강彊과 통한다. 행유난이비선자行有難而非善者의 '난'을 사호범은 두려워할 난戁과 통한다고 했다. 언필중무言必中務의 '무'는 실속이 있는 무실務實을 뜻한다. 방환지정方圜之正의 '환'은 원圓과 같다. '정'은 표준의 뜻이다. 배법이치倍法而治의 '배'는 배背의 의미이다.

16-16

一曰, "凡人君之德害威嚴, 非獨能盡賢於人也, 曰'人君'也, 故從而貴之, 不敢論其德行之高卑." 有故爲其殺生急於司命也. 富人貧人, 使人相畜也. 貴人賤人, 使人相臣也. 人主操此六者以畜其臣, 人臣亦望此六者以事其君. 君臣之會, 六者謂之'謀'. 六者在臣期年, 臣不忠, 君不能奪. 在子期年, 子不孝, 父不能奪. 故『春秋』之記, 臣有弑其君, 子有弑其父者. 得此六者, 而君父不智也. 六者在臣, 則主蔽矣. 主蔽者, 失其令也. 故曰, "令入而不出謂之'蔽', 令出而不入謂之'壅', 令出而不行謂之'牽', 令入而不至謂之'瑕'." 牽瑕蔽壅之事君者, 非敢杜其門而守其戶也, 爲令之有所不行也. 此其所以然者, 由賢人不至, 而忠信不用也. 故人主不可以不愼其令. 令者, 人主之大寶也.

이런 말이 있다.

"군주의 위엄은 군주의 덕행이 남보다 뛰어나기 때문이 아니라 군주의 자리에 있기 때문이다. 사람들이 그 자리를 존중하는 까닭에 감히 그 덕행의 고하高를 논하지 못하는 것이다."

군주는 생살生殺의 대권을 장악하고 있어 운명을 맡은 귀신인 사명司命보다 더 위엄이 있다. 나아가 빈부貧富를 관장하며 다퉈 공양토록 만드는 대권과 귀천貴賤을 관장하며 다퉈 복종토록 만드는 대권까지 손에 쥐고 있다. 군주는 이들 생살과 빈부 및 귀천 등 6가지 대권을 활용해 신하를 관리하고, 신하 역시 이 6가지 대권을 바라보며 군주를 섬긴다. 군신의 만남은 이 6가지 대권을 매개로 이뤄진다. 6가지 대권이 신하의 수중에 넘어간 지 1년이면 신하가 불충해도 그 권력을 빼앗을 수 없고, 아들에게 넘어간 지 1년이면 아들이 불효해도 바로 잡을 길이 없다. 『춘추』가 "신하 가운데 군주를 시해하는 자가 있고, 자식 가운데 그 아비를 시해하는 자가 있다."고 기록한 이유다. 이는 신하와 자식이 6가지 대권을 가지고 있는데도 군주와 아비는 그 중요성을 인식하지 못하고 있는 점을 지적한 것이다. 6가지 대권이 신하에게 있으면 군주의 눈과 귀가 가려지게 되고, 군주의 눈과 귀가 가려지면 정령을 잃게 된다. 정령이 조정에만 머물고 밖으로 발포되지 않는 것을 가린다는 뜻의 은폐隱蔽, 정령이 발포됐는데도 집행 상황이 조정에 보고되지 않는 것을 봉쇄한다는 뜻의 옹색壅塞, 정령이 발포됐는데도 시행되지 않는 것을 질질 끈다는 뜻의 견루牽累, 정령이 발포되고 집행 상황이 조정에 보고됐는데도 군주에게 이르지 않은 것을 막힌다는 뜻의 한격扞格이라고 한다. 군주에게 은폐와 옹색, 견루, 한격 현상이 빚어진 것은 누가 궐문을 막거나 궁궐을 봉쇄했기 때문이 아니다. 정령의 시행을 막은 이유들이 존재한 탓이다. 이런 현상이 빚어지는 것은 기본적으로 현자가 이르지 않고, 충신이 등용되지 않았기 때문이다. 군주가 정령의 발포를 신중히 하지 않을 수 없는 이유다. 정령은 군주의 큰 보물이다.

일왈一曰을 유적은 또 다른 얘기를 언급할 때 사용한다고 했다. '범인군지덕해위엄凡人君之德害威嚴, 비독능진현어인야非獨能盡賢於人也' 구절을 도홍경은 문맥상 '점인군지위엄凡人君之威嚴, 비덕행독능진현어인야非德行獨能盡賢於人也'의 잘못이라고 했다. 육자위지모六者謂之謀의 '모'를 유월은 매媒의 오자로 보고, '위'는 위爲와 통한다고 했다. 고대에는 '매'와 '모'는 물론 위謂와 위爲 역시 서로 통용됐다. 군부부지야君父不智也의 '지'는 지知와 같다. 위지견謂之牽의 '견'은 견루牽累 내지 연루連累의 뜻이다. 위지하謂之瑕의 '하'를 유월은 『의례』와 『설문해자』 등을 인용해 막힐 격格으로 읽어야 한다고 했다. 고대에 서로 통용됐다는 것이다. 견하폐옹지사군자牽瑕蔽壅之事君者의 '사'를 왕념손은 연자로 보았다. 비감두기문非敢杜其門의 '감'을 두고 왕념손은 『군서치요』의 인용문에 '감' 자가 없다며 연자로 보았다.

16-17

一曰, "賢人不至謂之'蔽', 忠臣不用謂之'塞', 令而不行謂之'障', 禁而不止謂之'逆'. 蔽塞障逆之君者, 不敢杜其門而守其戶也, 爲賢者之不至, 令之不行也."

이런 말이 있다.

"현자가 이르지 않는 것을 은폐隱蔽, 충신이 등용되지 않는 것을 옹색

壅塞, 명령해도 시행되지 않는 것을 장애障碍, 금지해도 중지되지 않는 것을 거역拒逆이라고 한다. 군주에게 은폐, 옹색, 장애, 거역 현상이 빚어진 것은 누가 궐문을 막거나 궁궐을 봉쇄했기 때문이 아니라 정령이 시행되지 못하는 다른 이유가 있기 때문이다."

위지역謂之逆의 '역'은 거역拒逆 내지 반역叛逆의 뜻이다. 불감두기문不敢杜其門의 '감'을 왕념손은 연자로 보았다.

16-18

凡民從上也, 不從口之所言, 從情之所好者也. 上好勇則民輕死, 上好仁則民輕財. 故上之所好, 民必甚焉. 是故明君知民之必以上爲心也, 故置法以自治, 立儀以自正也. 故上不行則民不從. 彼民不服法死制, 則國必亂矣. 是以有道之君, 行法脩制, 先民服也.

무릇 백성이 군주의 명을 좇는 것은 입에서 나온 말을 따르는 게 아니라, 군주의 성정이 좋아하는 바를 따르는 것이다. 군주가 무용武勇을 좋아하면 백성은 죽음을 가벼이 여기고, 군주가 인자仁慈를 좋아하면 백성은 재물을 가벼이 여긴다. 군주가 좋아하는 것은 반드시 백성이 더 심하게 좋아하게 마련이다. 명군은 백성이 반드시 군주가 좋아하는 것을 더 좋아하는 마음을 잘 알고 있다. 법도를 만들어 백성 스스로 다스리게 하고, 예의를 확립해 백성 스스로 바로잡게 하는 이유다. 군주가 법제를 시행하지 않으면 백성은 복종하지 않는다. 백성이 법제에 복종하지 않고 법제를 위해 죽지 않으면 나라는 반드시 어지러워진다. 도를 아는 군주가 법령을 시행하고, 제도를 수정하는 이유다. 한마디로 군주는 백성이 법제를 준수하기 전에 먼저 모범을 보여주어야만 한다.

복법사제服法死制는 법에 복종하고 절의에 죽는다는 뜻이다. '제'는 절節과 통한다. 선민복야先民服也의 '복'을 윤지장은 행할 행行의 의미로 새겼다.

16-19

凡論人有要. 矜物之人, 無大士焉. 彼矜者滿也, 滿者虛也. 滿虛在物, 在物爲制也. 矜者, 細之屬也. 凡論人而遠古者, 無高士焉. 旣不知古而易其功者, 無智士焉. 德行成於身而遠古, 卑人也. 事無資, 遇時而簡其業者, 愚士也. 釣名之人, 無賢士焉. 釣利之君, 無王主焉. 賢人之行其身也, 忘其有名也. 王主之行其道也, 忘其成功也. 賢人之行, 王主之道, 其所不能已也.

무릇 사람을 평가할 때는 요령이 있다. 남에게 교만한 자 가운데 그릇이 큰 대사大士는 없다. 교만한 자는 자만하기 때문이다. 자만하는 자는 실속이 없다. 자만하여 실속이 없는 자세로 사람을 대하면 곧 상대에게 제어된다. 교만한 자는 소인배이다. 무릇 사람을 평가하면서 옛 치도인 고도古道와 어긋나는 자 가운데 덕행이 뛰어난 고사高士는 없다. 또 옛날을 알지 못하고 공업功業을 경시하는 자 가운데 지혜로운 지사智士는 없다. 덕행을 아직 이루지 못했는데도 '고도'를 어기는 자는 천박한 비사卑士이다. 사업을 벌이면서 기댈 곳이 없고, 때를 만나도 이를 소홀히 흘려보내며 일하는 자는 어리석은 우사愚士이다. 명예를 추구하는 자 가운데는 현사賢士가 없고, 이익을 추구하는 군주 가운데는 왕도를 이루는 왕자王者가 없다. 현자는 일을 행할 때 명예를 마음에 두지 않고, 왕자는 치도를 행할 때 공업을 마음에 두지 않는다. 현자의 뛰어난 행실과 왕자의 왕도 행보는 도중에 그만둘 수 없는 것이다.

궁물지인矜物之人은 남에게 교만한 사람으로 긍인矜人과 같다. '물'은 공중公衆의 뜻이다. 긍자矜者를 윤지장은 스스로를 내세우며 떠벌이는 소인의 부류라고 했다. 논인이원고자論人而遠古者의 '원고'를 요영개는 옛날과 어긋난다는 뜻의 위고違古의 잘못이라고 했다. 덕행성어신德行成於身을 두고 곽말약은 '성' 앞에 미未 자가 빠졌다고 했다. 사무자事無資의 '자'는 밑천을 뜻한다. 간기업자簡其業者의 '간'을 윤지장은 소홀히 흘려보낸다는 뜻의 간기簡棄로 풀이했다. 기소불능이其所不能已의 '이'는 정지停止의 뜻이다.

16-20

明君公國一民以聽於世, 忠臣直進以論其能. 明君不以祿爵私所愛, 忠臣不誣能以干爵祿. 君不私國, 臣不誣能, 行此道者, 雖未大治, 正民之經也. 今以誣能之臣, 事私國之君, 而能濟功名者, 古今無之. 誣能之人易知也. 臣度之先王者, 舜之有天下也, 禹爲司空, 契爲司徒, 皐陶爲李, 后稷爲田. 此四士者, 天下之賢人也, 猶尙精一德, 以事其君. 今誣能之人, 服事任官, 皆兼四賢之能. 自此觀之, 功名之不立, 亦易知也. 故列尊祿重, 無以不受也. 勢利官大, 無以不從也. 以此事君, 此所謂'誣能篡利之臣'者也. 世無公國之君, 則無直進之士. 無論能之主, 則無成功之臣. 昔者, 三代之相授也, 安得二天下而殺之.

명군은 공평한 잣대로 나라를 다스리고 민심을 하나로 묶는 공국일민公國一民의 자세로 세상일을 처리한다. 충신은 올바른 도리를 행하며 재능을 평가받는다. 명군은 가까운 자에게 작록을 사사로이 수여하지 않고, 충신은 재능을 속여 작록을 구하지 않는다. 군주는 사사로운 마음으로 나라를 다스리지 않고, 충신은 재능을 속이지 않아야 하니 이를 행하는 것이야말로 비록 나라를 크게 다스리지는 못할지라도 백성을 바로잡는 법칙에 부합한다. 지금 자신의 재능을 속이는 신하가 나라를 사사로운 마음으로 다스리는 군주를 섬기면서 공명을 이룬 경우는 예나 지금이나 존재한 적이 없다. 자신의 재능을 속이는 자는 쉽게 식별할 수 있다. 역대 선왕을 살펴 보건대 순임금이 천하를 다스릴 때 우禹는 사공司空, 설契은 사도, 고요皐陶는 사리司理, 후직后稷은 전정田正으로 있었다. 이 4명의 신하는 천하의 현자였음에도 오히려 하나같이 덕을 정성껏 닦으며 군주를 섬겼다. 지금 재능을 속인 자가 국사를 행하기 위해 관직을 맡는 것은 이들 현자 4명의 직무를 겸하는 것이다. 이로써 보면 공명을 세우지 못하는 이유 또한 쉽게 알 수 있다. 높은 자리와 두터운 녹봉을 받지 않은 적이 없고, 세력과 이익이 뒤따르는 고관직을 차지하지 않은 적이 없는 자들이 군주를 섬기니 이는 재능을 속이고 작록을 찬탈하는 이른바 무능찬리지신誣能簒利之臣에 해당한다. 세상에 공평한 잣대로 나라를 다스리는 군주가 없으면 올바른 도리를 행하며 벼슬하는 선비가 없게 되고, 신하의 재능을 제대로 평가하는 군주가 없으면 공을 이루고자 하는 신하가 없게 된다. 옛날 삼대三代에는 공평한 방법을 통해 천하를 서로 전했다. 천하가 걸주桀紂의 치세라고 해서 우탕禹湯 때와 달라진 게 없었을 터인데 어찌하여 마치 별개의 천하가 존재한 것처럼 형륙刑戮이 횡행한 것인가?

공국일민公國一民의 '공국'은 공평한 잣대로 나라를 다스리는 뜻의 공치公治의 의미로 '공'은 동사로 사용된 것이다. '일민'은 민심을 하나로 통일한다는 뜻으로 '일' 역시 동사로 사용된 것이다. 청어세聽於世의 '청'은 처리의 뜻이다. 『한서』「한연수전韓延壽傳」에 나오는 청사聽事가 대표적인 사례이다. 능제공명能濟功名의 '제'는 성공을 뜻한다. 무능지인誣能之人의 '인'을 허유흘은 신臣의 잘못이라고 했다. 신탁지선왕자臣度之先王者의 '신'은 자칭自稱이다. 하여장은 『관자』 전편을 통해 '신'을 칭한 유일한 사례로 지적하면서, 후대인의 주석이 끼어든 것으로 보았다. 이에 대해 여상봉은 『한비자』에 신臣을 칭한 대목이 적지 않은 점과 본문의 내용이 건의서 형식을 띠고 있는 점 등을 들어 이상하게 볼 것은 없다고 했다.

고요위리皐陶爲李의 '리'를 윤지장은 고대에 옥송을 전담한 사리司理로 풀이했다. '리'는 리理와 통한다. 정일덕精一德을 윤지장은 1가지 일에 정통한 정일사精一事로 새겼다. 무이부종無以不從의 '이'를 요영개는 연자로 보았다. '종'은 종사從事의 뜻이다. 안득이천하이살지安得二天下殺之의 이二는 여타餘他 내지 기타其他의 뜻이다. '살'에 대한 해석이 분분하다. 허유휼은 시試의 잘못으로 보았다. 전사傳寫 과정에서 시試를 시弑, '시'를 다시 살殺로 오사誤寫했다는 것이다. 여상봉은 풀이키를, "우왕과 탕왕의 천하가 걸桀과 주紂의 천하와 다를 리 없었을 터인데 어찌하여 별개의 천하가 따로 존재한 것처럼 형벌이 횡행한 것인가?"라고 했다. 이를 좇았다.

16-21

貧民·傷財, 莫大於兵, 危國·憂主, 莫速於兵. 此四患者明矣, 古今莫之能廢也. 兵當廢而不廢, 則古今惑也. 此二者不廢而欲廢之, 則亦惑也. 此二者傷國一也. 黃帝·唐·虞, 帝之隆也, 資有天下, 制在一人. 當此之時也, 兵不廢. 今德不及三帝, 天下不順, 而求廢兵, 不亦難乎? 故明君知所擅, 知所患. 國治而民務積, 此所謂'擅'也. 動與靜, 此所患也. 是故明君心其所擅, 以備其所患也.

백성을 가난하게 만드는 빈민貧民과 재물을 파괴하는 상재傷財 가운데 군사보다 엄중한 게 없고, 나라를 위태롭게 만드는 위국危國과 군주를 근심스럽게 하는 우주憂主 가운데 군사보다 빠른 게 없다. '빈민'과 '상재' 및 '위국'과 '우주' 등 이 4가지 화난은 매우 분명한 것인데도 예나 지금이나 하나같이 가장 근원적인 배경인 전쟁을 폐하지 못하고 있다. 전쟁은 응당 폐해야 하는 것인데도 폐하지 못하고 있다고 생각하는 것은 미혹된 일이다. 나아가 전쟁은 폐할 수 없는 것인데도 이를 폐하고자 시도하는 것 또한 미혹된 일이다. 폐해야 하는 것인데도 폐하지 못하고 있다고 생각하는 것이나, 폐할 수 없는 것을 폐하고자 시도하는 것이나 모두 나라를 크게 손상시킨다는 점에서는 아무 차이가 없다. 황제黃帝와 당요唐堯, 우순虞舜의 치세는 자연의 이치에 맞춰 다스리는 제업帝業이 융성한 시기였다. 천하를 보유하고 제어하는 것이 제왕 한 사람에게 있었던 이유다. 이때도 군사를 폐하지 않았다. 지금 군주의 덕행이 황제와 요순 등에 미치지 못하고, 천하 또한 태평하지 못하다. 그런데도 군사를 폐하고자 하면 이 또한 곤란한 일이 아니겠는가? 명군은 자신이 전담하여 해결해야 할 사안이 무엇이고, 자신을 근심스럽게 만드는 사안이 무엇인지 안다. 나라가 안녕하고 백성이 두루 잘사는 안보와 민생은 군주가 전담하여 해결해야 할 사안이고, 시의에 부합하지 않는 비현실적인 주장 모두 군주를 근심케 만드는 사안이다. 명군이 자신이 전담하여 처리할 안보와 민생에 전력을 기울이고, 자신을 근심케 만드는 사안을 미리 대비하는 이유가 여기에 있다.

고금혹야古今惑也의 '고금'을 왕념손은 연자로 보았다. 그는 또 차이자불폐이욕폐지此二者不廢而欲廢之의 '차이자'를 연자로 보면서 '불' 밑에 당當이 생략됐다고 했다. 상국傷國은 국론을 분열시키고 국력을 크게 손상시킨다는 뜻이다. 자유천하資有天下의 '자유'를 이면은 보유한다는 뜻으로 풀이했다. '자'를 지持의 뜻을 지닌 지支와 통한다고 본 것이다. 여상봉은 '자'를 용用으로 새겼다. 국치이민무적國治而民務積의 '국치'는 국가의 안위, '민무적'은 백성의 생업을 지칭한다. 곧 안보와 민생을 의미한다. '천'은 단독으로 처리하거나 전담하여 해결한다는 뜻이다.

차소위천야此所謂擅也 구절을 두고 왕념손은 '위'를 후대인이 끼워 넣은 연자로 보고, '천'을 전담하여 처리한다는 뜻의 전專으로 새겼다. 여상봉은 '천'을 「외언」의 '추언'에 나오는 "왕업王業을 이루는 왕주王主는 덕을 백성에게 쌓고, 패업霸業을 이루는 패주霸主는 장병에게 쌓고, 위업危業을 행하는 쇠주衰主는 대관에게 쌓고, 망업亡業을 행하는 망주亡主는 부녀자의 주옥에 쌓는다."는 구절 가운데 '왕주'의 역할을 지칭한 것으로 간주해 연자가 아니라고 했다. 이면은 '소위'를 소이所以의 잘못으로 보았다. 동여정動與靜을 윤지장은 동정에 마땅함을 잃은 것으로 풀이했다. 시의에 부합하지 않는 충동적인 변혁과 퇴행적인 고집을 뜻한다.

16-22

猛毅之君, 不免於外難. 懦弱之君, 不免於內亂. 猛毅之君者輕誅, 輕誅之流, 道正者不安, 道正者不安則材能之臣去亡矣. 彼智者知吾情僞, 爲敵謀我, 則外難自是至矣. 故曰, "猛毅之君不免於外難." 懦弱之君者重誅, 重誅之過, 行邪者不革, 行邪者久而不革則羣臣比周. 羣臣比周則蔽美揚惡. 蔽美揚惡則內亂自是起矣. 故曰, "懦弱之君不免於內亂."

사나운 군주는 외환外患을 면치 못하고, 나약한 군주는 내란內亂을 면치 못한다. 사나운 군주는 사람을 죽이는 주살誅殺을 가벼이 여긴다. 주살을 가벼이 여기면 정도를 걷는 신하들이 내심 불안해하고, 이들이 불안해하면 재능 있는 신하들이 대거 망명한다. 외부의 적들이 그들 내부의 허실을 알고, 내부 사람들이 외부의 적을 위해 난을 꾀하면 이내 외환에 이르게 된다. "사나운 군주는 외환을 면치 못한다."고 말하는 이유다. 나약한 군주는 주살을 어렵게 여긴다. 이게 지나치면 사악한 자를 교정할 길이 없고, 이런 일이 지속되면 신하들이 붕당을 만들어 사리를 꾀하면서 군주의 미행을 가리고 악행을 드러낸다. 군주의 미행이 가려지고 악행만 드러나면 이내 내란이 빚어지게 된다. "나약한 군주는 내란을 면치 못한다."고 말하는 이유다.

동일한 내용이 「단어」의 '참환'에도 나온다. 맹의지군猛毅之君의 '맹의'는 나약지군懦弱之君의 '나약'과 대비된 말로 굳세고 사납다는 뜻이다. '맹의'는 강의剛毅와 통한다. 경주輕誅의 '주'를 윤지장은 죄를 엄히 물어 죽이는 주벌誅罰 내지 주살誅殺로 풀이했다. 토벌討伐의 '토'와 통한다. 흔히 주토誅討로 표현하는 게 그렇다. 불면어외난不免於外難의 '외난'은 외환外患과 같은 뜻이다. 군신비주羣臣比周의 '비주'를 『순자』「신도臣道」는 붕당을 지어 사리를 꾀하는 붕당비주朋黨比周로 표현해 놓았다. 불면어내란不免於內亂의 '내란'은 내환內患과 같다. 내환과 외난은 통상 환난患難으로 통칭해 사용한다. 환란患亂과 환화患禍, 화란禍亂, 재란災亂, 화난禍難, 재난災難, 화환禍患, 화앙禍殃, 화재禍災, 화해禍害, 재해災害, 재앙災殃 모두 '환난'과 동일한 뜻이다.

16-23

明君不爲親戚危其社稷, 社稷戚於親. 不爲君欲變其令, 令尊於君. 不爲重寶分其威, 威貴於寶. 不爲愛民虧其法, 法愛於民.

명군은 친척 때문에 사직을 위태롭게 하지 않으니 사직이 친척보다 친근하기 때문이다. 명군은 사욕 때문에 법령을 바꾸지 않으니 법령이 군주보다 존엄하기 때문이다. 명군은 진귀한 보물 때문에 그 위세를 나누지 않으니 위세가 보물보다 귀중하기 때문이다. 명군은 사랑하는 백성 때문에 법령을 훼손하지 않으니 법령이 백성보다 소중하기 때문이다.

사직척어친社稷戚於親의 '척'은 친근親近의 뜻이다.

제17장 병법(兵法)

'병법'은 치병治兵과 용병用兵의 이치를 뜻한다. '치병'은 크게 삼관三官과 오도五道 및 구장九章이 있어야 하고, '용병'은 싸움을 이끄는 주수主帥와 군량의 비축備蓄과 정교한 병기兵器와 엄정한 상벌賞罰이 뒷받침돼야 한다는 게 골자이다. 「경언」의 '칠법'과 '유관', 「잡어」의 '금장', 「단어」의 '지도'와 '세' 등과 함께 '관자병법'을 구성하는 핵심 대목이다.

17-1

明一者皇, 察道者帝, 通德者王, 謀得兵勝者霸. 故夫兵雖非備道至德也, 然而所以輔王成霸. 今代之用兵者不然, 不知兵權者也. 故擧兵之日, 而境內貧, 戰不必勝, 勝則多死, 得地而國敗. 此四者, 用兵之禍者也. 四禍其國而無不危矣.

천지만물의 근본인 도를 밝히는 것이 황도皇道, 도를 살피는 것이 제도帝道, 덕을 통하는 것이 왕도王道, 전략을 세운 뒤 용병하여 승리를 거두는 것이 패도霸道이다. 군사운용을 두고 도를 갖추거나 덕이 지극한 것은 아니지만 제왕을 보좌해 패업을 이루는 계책이라고 말하는 이유다. 지금 시대의 군사운용은 그러하지 못하다. 군사운용의 시기와 경중을 알지 못한 탓이다. 첫째, 출병할 즈음 나라가 빈곤한 거일내빈擧日內貧이다. 둘째, 싸울지라도 필승을 기약할 수 없는 전불필승戰不必勝이다. 셋째, 설령 승리를 거둘지라도 사상자가 많은 승이다사勝而多死이다. 넷째, 일시 땅을 얻을지라도 국력이 피폐해지는 득지국패得地國敗이다. 이 4가지 정황은 잘못된 군사운용에 따르는 재난이다. 이 4가지 재난이 닥치고도 위태롭지 않은 경우는 없었다.

명일자황明一者皇의 '일'은 만물의 원리와 규칙으로 천도天道를 의미한다. '황'은 치도에서 가장 높은 황도皇道를 지칭한다. 찰도자제察道者帝의 '제'는 황도 다음으로 높은 제도帝道를 말한다. 모득병승자패謀得兵勝者霸의 '모득'과 '병승'을 윤지장은 계책을 내면 반드시 성공하고, 싸우면 반드시 승리하는 것으로 풀이했다. 소이보왕성패所以輔王成霸의 '소이'를 허유휼은 가이可以로 새겼다. 승즉다사勝則多死를 정사함은 승이다사勝而多死의 잘못으로 보았다. 사화기국이무불위의四禍其國而無不危矣를 유월은 '사화구이국무불위의四禍具而國無不危矣'의 잘못으로 파악했다.

17-2

『大度』之書曰, "擧兵之日, 而境內不貧, 戰而必勝, 勝而不死, 得地而國不敗." 爲此四者若何? 擧兵之日而境內不貧者, 計數得也. 戰而必勝者, 法度審也. 勝而不死者, 敎器備利, 而敵不敢校也. 得地而國不敗者, 因其民也. 因其民, 則號制有發也. 敎器備利, 則有制也. 法度審, 則有守也. 計數得, 則有明也. 治衆有數, 勝敵有理. 察數而知理, 審器而識勝, 明理而勝敵. 定宗廟, 遂男女, 官四分, 則可以定威德, 制法儀, 出號令, 然後可以一衆治民.

옛 병서인 『대도大弢』에 이르기를, "출병할 즈음 나라가 빈곤하지 않으면 싸워서 반드시 승리하고, 승리를 거두는 과정에서 사상자도 나지 않고, 땅을 얻을지라도 국력이 피폐해지는 일이 없다."고 했다. 이 4가지 정황의 배경은 무엇인가? 출병할 즈음 나라가 빈곤하지 않은 것은 계책이 치밀했기 때문이고, 싸워서 반드시 승리하는 것은 법도가 엄명했기 때문이고, 사상자가 나지 않는 것은 평소 훈련이 잘되고 무기가 날카로워 적이 감히 대항하지 못했기 때문이고, 땅을 얻어도 국력이 피폐해지지 않은 것은 적국의 풍속과 민심에 부응했기 때문이다. 적국의 풍속과 민심에 부응하면 법령이 잘 집행되고, 평소 훈련이 잘되고 무기가 날카로우면 군사편제가 탄탄하고, 법도가 엄명하면 장수와 병졸들이 군법을 잘 지키고, 계책이 치밀하면 승부를 미리 예측할 수 있다. 군사를 운용하기 위해서는 계책이 있어야 하고, 적에게 승리를 거두기 위해서는 병기가 날카로워야 한다. 계책을 잘 살펴 용병원리를 알고, 무기의 우열을 잘 살펴 승부를 예측하고, 용병원리를 잘 활용해 승리를 거두는 이유다. 종묘를 안정시키고, 자식을 잘 기르고, 관직을 춘하추동으로 나눠 다스려야 위엄을 세우며 덕정을 펴고, 법도와 예의를 제정하거나, 호령을 내리거나 할 수 있다. 그런 연후에 비로소 백성을 하나로 묶어 다스리는 일이 가능하다.

대도지서大度之書를 두고 여상봉은 선인이 남긴 고서古書의 명칭으로 보았으나 허유휼은 『한서』「고금인표古今人表」의 주사대도周史大弢 구절을 근거로 조나라 사관 대도大弢가 쓴 저서로 풀이했다. 교기비리教器備利는 평소 훈련을 충실히 하고, 병기를 예리하게 정비해 둔다는 의미이다. 적불감교敵不敢校의 '교'를 사호범은 항거抗拒로 새겼다. 인기민因其民은 적국 백성의 풍속에 순응한다는 의미이다. 호제유발號制有發의 '호제'를 장패륜은 연자로 보았으나, 허유휼은 '발'을 법法으로 새겼다. 찰수이지리察數而知理의 '리'를 치治로 새겼다. 당나라 때 고종의 이름 이치李治를 기휘한 까닭에 '치'를 '리'로 표현했다는 것이다.

승적유리勝敵有理의 '리'를 두고 장패륜은 뒤에 나오는 심기이식승審器而識勝의 '기'와 일치시키기 위해서는 무기를 뜻하는 '기'로 바꿔야 한다고 했다. 수남녀遂男女의 '수'를 허유휼은 육育으로 새겼다. 관사분官四分의 '4분'을 허유휼은「경언」편 '유관'의 행덕行德의 춘관春官, 제법의制法儀의 하관夏官, 입위立威의 추관秋官, 출호령出號令의 동관冬官을 지칭하는 것으로 보았다.

17-3

兵無主, 則不蚤知敵, 野無吏, 則無蓄積. 官無常, 則下怨上. 器械不巧, 則朝無定. 賞罰不明, 則民輕其產. 故曰, "早知敵, 而獨行. 有蓄積, 則久而不匱. 器械巧, 則伐而不費. 賞罰明, 則勇士勸也."

군대에 주장主將이 없으면 적의 정황을 미리 알 수 없고, 전야에 관리하는 관원이 없으면 군량을 축적할 길이 없고, 관부에 상규常規가 없으면 공장工匠이 관원을 원망하고, 무기가 정량精良하지 못하면 외적에게 얕보여 조정의 정령을 수립할 길이 없고, 상벌이 명백하지 않으면 백성은 요행을 바라며 구차하게 살아가는 요행투생僥倖偷生을 꾀한다. "적의 정황을 미리 알면 저항 없이 진격할 수 있고, 군량을 넉넉히 비축하면 오랜 시간이 지나도 모자라지 않고, 무기가 정량하면 거듭 진공에 나서도 쉽게 파손되지 않고, 상벌이 분명하면 용사들이 앞 다퉈 진격한다."고 말하는 이유다.

'기계불후器械不巧, 즉조무정則朝無定' 구절을 두고 손성연은 교巧를 정교하며 날카로운 정량精良의 공功, 정定을 정령을 뜻하는 정政의 잘못으로 보았다. 민경기산民輕其產의 '산'을 허유휼은 생生의 오자로 파악했다. 이독행而獨行의 '이'를 여상봉은 여如로 풀이했다. 일부 판본에는 즉則으로 되어 있다.

17-4

三官不繆, 五教不亂, 九章著明, 則危危而無害, 窮窮而無難. 故能致遠以數, 縱彊以制. 三官, 一曰'鼓'. 鼓所以任也, 所以起也, 所以進也. 二曰'金'. 金所以坐也, 所以退也, 所以免也. 三曰'旗'. 旗所以立兵也, 所以利兵也, 所以偃兵也. 此之謂'三官'. 有三令而兵法治也. 五教, 一曰'教其目以形色之旗', 二曰'教其身以號令之數', 三曰'教其足以進退之度', 四曰'教其手以長短之利', 五曰'教其心以賞罰之誠'. 五教各習, 而士負以勇矣. 九章, 一曰'擧日章則晝行', 二曰'擧月章則夜行', 三曰'擧龍章則行水', 四曰'擧虎章則行林', 五曰'擧鳥章則行陂', 六曰'擧蛇章則行澤', 七曰'擧鵲章則行陸', 八曰'擧狼章則行山', 九曰'擧韓章則載食而駕'. 九章旣定, 而動靜不過.

호령을 전달하는 3가지 신호인 3관三官은 차질이 없어야 하고, 5가지 훈련인 5교教는 어지럽지 않아야 하고, 9가지 종류의 지휘용 깃발인 9장章은 밝게 볼 수 있어야 한다. 그래야 아무리 위험한 상황에 처할지라도 화난이 없고, 아무리 곤궁한 상황에 처할지라도 재난이 없게 된다. 책략을 써 멀리 원정하고, 엄정한 법규로 열강을 지휘할 수 있는 이유다. 3관은 다음과 같다. 첫째, 북이다. 북은 적을 맞아 싸우고, 떨쳐 일어나 진공하고, 승세에 올라타 진격할 때 사용한다. 둘째, 징이다. 징은 방비에 치중하고, 퇴각하고, 휴전을 행할 때 사용한다. 셋째, 군기軍旗이다. 군기는 군대를 모으고, 제어하고, 해산할 때 사용한다. 이를 일컬어 3관이라고 한다. 이들 3가지 호령만 있으면 군사를 능히 병법에 맞춰 운용할 수 있다. 5교는 다음과 같다. 첫째, 병사의 눈을 여러 색의 기호旗號로 가르치는 것이다. 둘째, 병사의 귀를 호령의 소리로 가르치는 것이다. 셋째, 병사의 발을 진퇴의 법도로 가르치는 것이다. 넷째, 병사의 손을 창 등의 장병기長兵器와 칼 등의 단병기短兵器로 가르치는 것이다. 다섯째, 병사의 마음을 신상필벌로 가르치는 것이다. 5교를 익숙하게 익히면 병사들 모두 용맹스러워져 무적이 된다. 9장은 다음과 같다. 첫째, 해 깃발을 들면 낮에 행군하는 것이다. 둘째, 달 깃발을 들면 밤에 행군하는 것이다. 셋째, 용 깃발을 들면 물을 건너는 것이다. 넷째, 호랑이 깃발을 들면 숲을 행군하는 것이다. 다섯째, 까마귀 깃발을 들면 고개를 행군하는 것이다. 여섯째 뱀 깃발을 들면 소택지沼澤地를 건너는 것이다. 일곱째, 꿩 깃발을 들면 평지를 행군하는 것이다. 여덟째, 이리 깃발을 들면 산지를 행군하는 것이다. 아홉째, 고계皐鷄 깃발을 들면 군량을 수레에 싣고 가는 것이다. 9장이 확정되면 군대의 움직임에 차질이 없다.

삼관불류三官不繆의 '3관'은 호령을 전달하는 3가지 신호체계를 뜻한다. '류'는 착오를 뜻하는 류謬와 같다. '류'는 얽는다는 뜻으로 사용할 때는 '무', 시호로 사용할 때는 목穆과 통하는 '목'으로 읽는다. '위위이무해危危而無害, 궁궁이무난窮窮而無難'의 '위위'와 '궁궁'을 윤지장은 의미를 강조하는 강조법의 일환으로 파악했다. 치원이수致遠以數의 '치'는 지至와 통한다. 총강이제縱彊以制의 '총'을 김정계는 『예기』「단궁」의 주를 인용해 총령總領으로 풀이하면서 '종'이 아닌 '총'으로 읽어야 한다고 했다. 고소이임鼓所以任의 '임'을 강한江瀚은 『춘추좌전』「노장공 10년」조에 나오는 일고작기一鼓作氣 구절을 근거로 당當으로 해석했다. 소이리병所以利兵의 '리'를 도홍경은 제制의 잘못으로 보았다.

교기신敎其身의 '신'을 홍이훤은 이耳의 오자로 파악했다. 사부이용士負以勇의 '부'를 윤지장은 시恃로 새겼다. 조장즉행피鳥章則行陂의 '조'를 여상봉은 봉황으로 파악했으나 곽말약은 고본에 오장烏章으로 나온 점을 근거로 까마귀로 새겼다. '피'는 산비탈 내지 고개를 뜻하는 산파山坡와 같다. 고장韗章의 '고'를 두고 당란唐蘭은 풀이키를, "고韗 내지 고韚는 역韠과 같다. 『주서』「왕회해王會解」의 문한약고계文翰若皐鷄 구절에 대한 주에서 '새 가운데 짐승의 발톱 변釆과 유사한 무늬를 가진 새를 고계皐鷄라고 한다.'고 했다. 오리와 비슷한 모양의 새로 북쪽 기주冀州에서는 택특澤特이라고 한다. 바로 이 새를 지칭한 것이다."라고 했다.

17-5

三官·五敎·九章. 始乎無端, 卒乎無窮. 始乎無端者, 道也. 卒乎無窮者, 德也. 道不可量, 德不可數也. 故不可量則衆彊不能圖, 不可數則僞詐不敢嚮. 兩者備施, 則動靜有功. 徑乎不知, 發乎不意. 徑乎不知, 故莫之能禦也. 發乎不意, 故莫之能應也. 故全勝而無害. 因便而敎, 準利而行. 敎無常, 行無常, 兩者備施, 動乃有功.

3관과 5교 및 9장이 나오게 된 배경은 다음과 같다. 본래 전쟁은 개전할 때 실마리가 없고, 종전할 때 끝자락이 없다. 시작할 때 실마리가 없는 것은 도道, 끝날 때 끝자락이 없는 것은 덕德이다. 도는 그 양을 헤아릴 수 없고, 덕은 그 수를 셀 수 없다. 헤아릴 수 없으면 여러 강적도 우리를 도모하지 못하고, 셀 수 없으면 궤계詭計를 동원해 우리를 공격하지 못한다. 이 2가지를 겸하여 사용하면 진공과 수비에 모두 큰 성공을 거둘 수 있다. 적이 알지 못하는 사이에 국경을 통과하고, 적이 예기치 못하는 사이에 출격한다. 적이 알지 못하는 사이에 국경을 통과하는 까닭에 막을 수 없고, 적이 예기치 못하는 사이에 출격하는 까닭에 대응할 수 없다. 아군이 온전한 승리를 거두어 아무런 피해도 입지 않는 이유다. 농사철을 피하는 등 상황에 맞춰 훈련을 실시하고, 유리한 형세를 좇아 행군한 덕분이다. 훈련과 행군에는 일정한 규칙이 없다. 이 2가지를 겸해야만 출동해서 큰 공을 세울 수 있다.

3관官과 5교敎 및 9장將을 두고 사호범은 이하의 문장과 연속되지 않는 점을 들어 대략 위에 나오는 구절의 표제어가 삽입된 것으로 보았다. 시호무단始乎無端 이하의 내용은 「경언」편 '유관'의 서방부도西方副圖와 대략 같다. 경호부지徑乎不知 이하 몇 구절 역시 「경언」편 '유관'의 동방부도東方副圖와 대략 유사하다. '경'이 「경언」의 '유관'에는 군대가 국경을 넘어간다는 뜻의 경經으로 되어 있다. 전승이무해全勝而無害가 「경언」의 '유관'에는 '막지능응莫之能應, 고전승이무해故全勝而無害. 막지능해莫之能害, 고필승이무적故必勝而無敵'으로 되어 있다. '막지능해'의 '해'를 대망과 야스이가 지적한 것처럼 원본을 좇아 어圉로 바꿀 필요가 있다. '전승'은 유혈전을 벌이지 않고 적군을 있는 그대로 굴복시키는 온전한 승리를 말한다.

17-6

器成敎施, 追亡逐遁若飄風, 擊刺若雷電. 絶地不守, 恃固不拔. 中處而無敵, 令行而不留. 器成敎施, 散之無方, 聚之不可計. 敎器備利, 進退若雷電, 而無所疑匱. 一氣專定, 則傍通而不疑, 厲士利械, 則涉難而不匱. 進無所疑, 退無所匱, 敵乃爲用. 凌山阬, 不待鉤梯, 歷水谷不須舟檝. 徑於絶地, 攻於恃固. 獨出獨入, 而莫之能止. 寶不獨入, 而莫之能止. 寶不獨見, 故莫之能斂. 無名之至, 盡盡而不意, 故不能疑神.

무기가 완비되고 훈련이 시행되면 달아나는 적을 쫓는 기세가 마치 회오리바람 같고, 격파하는 속도가 마치 번개 같다. 적이 비록 멀리 떨어져 방어코자 해도 지킬 수 없고, 험하고 견고한 곳에 의지해 맞서고자 해도 저항할 길이 없다. 아군은 주동적인 위치에 있는 까닭에 진격하는 곳마다 무적이고, 군령軍令 또한 조금도 지체되는 일이 없다. 무기가 완비돼 있고 훈련 또한 다양한데다 진격할 때 여러 길로 나눠 가며 일정한 틀이 없는 까닭에 적이 군사를 집결시켜 저항코자 해도 아무 소용이 없다. 평소 훈련이 잘 돼 있고 무기가 날카로워 진퇴가 마치 번개 같은 까닭에 조금도 지체되거나 어지러워지는 일이 없다. 사기가 높고 정해진 목표를 향해 매진하는 까닭에 상황을 좇아 임기응변하고 조금도 머뭇거리는 일이 없다. 병사들이 정예하고 무기가 날카로운 까닭에 곤경에 처할지라도 사방으로 흩어지는 일이 없다. 진군할 때 거침이 없고, 퇴각할 때 흩어지지 않는 까닭에 군사가 나를 위해 쓰이게 된다. 산악을 오르내릴 때 갈고리와 사다리를 쓰지 않고 하천과 계곡을 건널 때 배와 노를 쓰지 않아도 되는 까닭에 험준한 지역도 무난히 지날 수 있고, 적의 견고한 보루도 격파할 수 있다. 홀로 나다니는 독출독입獨出獨入을 행할지라도 이를 저지할 자가 없고, 홀로 듣고 보는 독문독견獨聞獨見을 행할지라도 이를 거짓으로 속일 자가 없다. 용병이 이처럼 천지가 시작할 때와 유사한 무명無名의 지극한 경지에 이르러 적이 전혀 예측하지 못하게 되면 그 신묘한 용병은 가히 신령에 견줄만하다.

시고불발恃固不拔의 '발'을 우성오는 막을 거拒의 뜻을 지닌 지支와 통하는 지枝의 오자라고 했다. 중처中處는 전장에서 주동적인 위치에 서는 것을 의미한다. 무소의궤無所疑匱의 '의'를 대망은 가로막을 애礙의 생략형이라고 했다. 정사함은 '궤'를 무너질 궤潰의 가차로 보았다. 일기전정一氣專定의 '정'을 정사함은 심心의 오자로 파악했다. 적내위용敵乃爲用의 '적'을 두고 곽말약은 구적仇敵이 아닌 군려軍旅의 뜻으로 풀이했다. 당시 제나라에서는 '적'을 군려의 뜻으로 사용했다는 게 논거이다. 릉산갱淩山阬의 '갱'은 구릉의 뜻이다.

'보불독입寶不獨入, 이막지능지而莫之能止' 구절의 '보'를 이면은 실實의 잘못으로 보았다. 그러나 장패륜은 '보불'을 독문獨聞의 잘못으로 간주하고, 문장 전체를 뒤에 나오는 '독문독견獨聞獨見, 고막지능렴故莫之能斂'의 연문으로 해석했다. 무명지지無名之至의 '명'을 여상봉은 명銘으로 새겼다. 이에 대해 사호범은 '무명'을 『도덕경』에 나오는 천지가 시작하는 혼돈의 상태로 풀이했다. 이를 좇았다. 진진이불의盡盡而不意는 지극한 경지에 이르러 적이 전혀 예측치 못하는 상황을 언급한 것이다. 불능의신不能疑神의 '불'을 곽말약은 어기조사語氣助詞인 비丕로 새겼으나 유월은 연자로 간주했다. '의신'은 신령에 견줄만하다는 뜻으로 '의'는 의擬와 통한다.

17-7

畜之以道則民和, 養之以德則民合. 化合故能諧, 諧故能輯, 諧輯以悉, 莫之能傷. 定一至, 行二要, 縱三權, 施四教, 發五機, 設六行, 論七數, 守八應, 審九器, 章十號, 故能全勝.

양병養兵의 이치가 도에 합당하면 백성이 화목하고, 덕에 합당하면 백성이 단결한다. 백성이 화목하고 단결하면 능히 서로 협조하고, 서로 협조하면 능히 힘을 합칠 수 있다. 천하 만민이 하나가 되어 서로 협조하며 힘을 합치면 그 누구도 해칠 수 없다. 1가지 지극한 이치인 '1지至'를 정하고, 2가지 요점인 '2요要'를 실행하고, 3가지 권력인 '3권權'을 휘두르고, 4가지 기무인 '4기機'를 장악하고, 5가지 훈련인 '5교教'를 습득하고, 6가지 행군인 '6행行'을 꾀하고, 7가지 계책인 '7수數'를 논의하고, 8가지 대응인 '8응應'을 지키고, 9가지 깃발인 '9장章'을 살피고, 10가지 호령인 '10호號'를 밝혀야 한다. 전승全勝을 거두는 이유가 여기에 있다.

이 대목은 「경언」편 '유관'의 서방부도西方副圖 내용과 대략 같다. 정일지定一至의 '일지'를 곽말약은 앞에 나온 무명지지無名之至로 파악했다. 행2요行二要를 곽말약은 앞에 나온 '인편이교因便而教, 준리이행準利而行. 교무상教無常, 행무상行無常' 구절을 지칭한 것으로 보았다. 종삼권縱三權을 곽말약은 앞에 나온 '총강이제縱彊以制'를 지칭한 것으로 파악했다. 시사교施四教의 '4교'와 발오기發五機의 '5기'를 두고 장패륜은 '4기'와 '5교'가 뒤바뀐 것이라고 했다. 설육행設六行은 「경언」의 '칠법'에 나오는 6가지 행군작전을 말한다. 곧 풍우지행風雨之行, 비조지거飛鳥之擧, 뇌전지전雷電之戰, 수한지공水旱之功, 금성지수金城之守, 일체지치一體之治를 말한다. 논칠수論七數는 「경언」의 '칠법'에 나오는 7가지 치군治軍의 원칙을 의미한다. 곧 칙則, 상象, 법法, 화化, 결색決塞, 심술心術, 계수計數를 지칭한다. 수팔응守八應은 「경언」편 '칠법'

의 취재聚財, 논공論工, 제기制器, 선사選士, 정교政敎, 복습服習, 편지천하遍知天下, 명어기수明於機數를 말한다. 심구기審九器의 '기'를 장패륜은 장章의 잘못으로 보았다. 창십호章十號의 '창'은 창彰과 같다. '10호'와 관련해 『관자』에 언급된 내용이 없다.

17-8

大勝無守也, 故能守勝. 數戰則士罷, 數勝則君驕, 夫以驕君使罷民, 則國安得無危? 故至善不戰, 其次一之. 破大勝彊, 一之至也. 亂之不以變, 乘之不以詭, 勝之不以詐, 一之實也. 近則用實, 遠則施號, 力不可量, 彊不可度, 氣不可極, 德不可測, 一之原也. 衆若時雨, 寡若飄風, 一之終也.

싸우면 이기지 못하는 경우가 없어 능히 대승大勝을 거두고, 지키면 견고하지 않은 경우가 없어 능히 지키는 방법으로 이기는 수승守勝을 거둔다. 자주 싸우면 병사들이 피로해지고, 자주 승리하면 군주가 교만해진다. 교만한 군주가 피로한 병사를 동원해 싸우면 나라가 어찌 위기에 처하지 않을 수 있겠는가? 최상의 용병은 싸우지 않고 승리를 거두는 부전이승不戰而勝이고, 차선의 용병은 단 1번만의 싸움으로 승리를 거두는 일전이승一戰而勝이다. 대국을 격파하고 강적을 이기는 파대승강破大勝彊의 계책은 '일전이승' 계책의 극치에 해당한다. 적진을 어지럽힐 때 임기응변의 기변機變을 구사하지 않고, 적의 빈틈을 올라탈 때 간교한 계책인 궤계詭計를 구사하지 않고, 승리를 거둘 때 거짓으로 적을 속이는 사위詐僞를 구사하지 않는 것이 '일전이승' 계책의 구체적인 내용이다. 실력으로 가까이 있는 적을 격파하고, 호령으로 멀리 있는 적을 두렵게 만드니 그 역량을 계산하기 어렵고, 그 강대함을 헤아리기 어렵고, 그 기세는 한정할 수 없고, 그 군심軍心은 측량하기 어렵다. 이것이 '일전이승' 계책의 근원이다. 진공할 때 병력을 하나로 모으는 것이 마치 제철에 때맞춰 비가 내리는 듯하고, 승리를 거둔 후 철군할 때 재빨리 물러나는 것이 마치 회오리바람이 이는 듯하다. 이것이 '일전이승' 계책의 최종 결과이다.

대승무수大勝無守 구절을 두고 장패륜은 '무불승야無不勝也, 고능전승故能大勝. 무불수야無不守也, 고능수승故能守勝' 구절에 궐문闕文이 생긴 것으로 파악했다. 고능수승故能守勝의 '수승'은 굳게 지킴으로써 승리하는 것으로 곧 이수취승以守取勝을 뜻한다. 공격을 통해 승리를 거두는 이공취승以攻取勝과 대비된다. 기차일지其次一之 이하의 내용은 「경언」편 '유관'의 남방부도南方副圖와 대략 같다. 승지불이궤乘之不以詭의 '승'은 전승戰勝을 뜻한다. 덕불가측德不可測의 '덕'을 허유휼은 군심軍心으로 새겼다. '중약시우衆若時雨, 과약표풍寡若飄風' 구절을 두고 허유휼은 '중'을 모을 취聚, '과'를 사방으로 흩뜨리는 소산疏散의 뜻을 지닌 분分의 잘못으로 보았다. 일지종야一之終也의 '종'은 끝판을 뜻하는 종국終局 내지 결국結局의 뜻이다.

17-9

利適, 器之至也. 用適, 敎之盡也. 不能致器者, 不能利適. 不能盡敎者, 不能用敵. 不能用敵者窮, 不能致器者困. 遠用兵而可以必勝, 出入異塗則傷其敵, 深入危之則士自脩, 士自脩則同心同力. 善者之爲兵也, 使敵若據虛, 若搏景. 無設無形焉, 無不可以成也. 無形無爲焉, 無不可以化也. 此之謂'道'矣. 若亡而存, 若後而先, 威不足以命之.

군사통제는 평소의 무비武備에 따른 결과이고, 군사운용은 평소의 교련敎鍊에 따른 결과이다. 평소 무기를 제대로 갖추지 못하면 군사를 통제할 수 없고, 평소 훈련을 제대로 하지 못하면 군사를 운용할 수 없다. 군사운용이 제대로 이뤄지지 않으면 피동적이 되고, 군사통제가 제대로 이뤄지지 않으면 구차해진다. 용병이 신속하면 가히 필승을 거둘 수 있다. 서로 다른 길로 출동하거나 철군하면 병사들을 상하게 만든다. 적진 깊숙이 들어가 위태로워지면 병사들은 스스로 경계하면서 마음과 힘을 하나로 합치게 된다. 용병에 뛰어난 자가 지휘하면 군사가 마치 허공에 머무는 듯하여, 적은 마치 그림자와 싸우는 것처럼 보인다. 적이 미리 대비하지 못하게 하면서 아군의 형체를 남기지 않으면 이루지 못할 게 없고, 아군의 형체를 남기지 않으면서 흔적을 남기지 않으면 변화시키지 못할 게 없다. 이를 일컬어 병도兵道라고 한다. 마치 없는 듯이 보이다가 실재하고, 뒤에 머무는 듯이 보이다가 앞서 나오는 게 그렇다. 이같이 용병할 경우 단순히 병위兵威를 뜻하는 '위' 자만으로는 병도의 위엄을 제대로 표현할 길이 없게 된다.

이적利適의 '이'를 우성오는 제制의 오자로 보았다. '적'을 곽말약은 통상적인 군대를 뜻하는 적敵의 잘못이라고 했다. 그러나 고대에 적適은 적敵과 같은 의미로 사용됐다. 불능용적자궁不能用敵者窮의 '궁'은 궁지에 몰려 피동적이 된다는 뜻이다. 불능치기자곤不能致器者困의 '치기'를 진환은 이적利敵의 잘못이라고 했다. '곤'은 어렵고 구차해진다는 뜻의 곤군困窘의 의미이다. 원용병遠用兵의 '원'을 장문호는 병법의 기본이치인 병귀신속兵貴神速을 뜻하는 속速의 오자로 보았다. 사자수士自脩의 '자수'는 스스로 경비하는 자경自儆의 뜻이다. 동심동력同心同力은 마음과 힘을 함께 한다는 의미이다. 박영搏影은 그림자와 싸우는 것처럼 황당한 일을 지칭한다. 무형무위無形無爲의 '위'를 곽말약은 상象의 잘못이라고 했다.

차지위도의此之謂道矣의 '도'는 용병지도用兵之道인 병도兵道를 뜻한다. 현존 『손자병법』의 원형에 해당하는 삼국시대 조조의 『손자약해孫子略解』는 서문에서 '병도'를 이같이 풀이해 놓았다.

"나 조조가 듣건대 상고시대에는 무기를 사용해 세상을 바로잡는 이로움인 소위 호시지리弧矢之利가 있었다고 한다. 『논어』「안연」에서 확고한 군비를 뜻하는 족병足兵을 얘기하고, 『서경』「홍범」에서 8정八政을 예로 들며 군사문제를 언급한 게 그 증거다. 『주역』「사괘師卦」에도 '군사가 바르니 현명한 군주가 이끌면 길하다'고 했다. 『시경』「대아, 황의」는 '주문왕이 크게 화를 내며 군사를 가지런히 갖춰 침략의 무리를 막았네!'라고 했다. 전설적인 성군인 황제黃帝와 상나라 창업주인 탕왕湯王, 주나라 건국주인 무왕武王 모두 무력을 동원해 세상을 구제했다. 옛 병서인 『사마법』에 이르기를, '큰 잘못을 저질러 세상 질서를 어지럽힌 자는 죽여도 좋다.'고 했다. 예로부터 칼의 힘에만 의지하는 시무자恃武者도 패망했고, 붓의 힘에만 의지하는 시문자恃文者도 패망했다. 오왕 부차夫差와 서언왕徐偃王이 바로 그런 자들이다. 성인의 용병은 평소 무기를 거두었다가 필요한 때에만 움직이는 집이시동戢而時動에 그 요체가 있다. 『도덕경』에 나오듯이 부득이할 때에 한해 용병하는 부득이용병不得已用兵이 그것이다. 내가 수많은 병서와 전략 등을 두루 살펴보았으나 이런 이치를 담은 손무의 『손자병법』만이 가장 심오하다. 그는 생전에 오왕 합려를 위해 병법 13편을 지었다. 당시 그는 합려의 궁녀들을 이끌고 시범을 보인 뒤 이내 오나라 장수에 발탁됐다. 이후 서쪽으로는 남방의 강국 초나라를 격파해 도성인 영도郢都까지 쳐들어갔고, 북쪽으로는 제齊나라와 진晉나라를 벌벌 떨게 만들었다. 그의 사후 100여 년 뒤 손빈孫臏이 나타났다. 그는 손무의 후손이다. 손무가 제시한 병법은 주밀하게 생각하고 신중하게 움직이는 심계중거深計重擧와 분명하게 계책을 세우고 깊이 도모하는 명획심도明畫深圖에 기초해 있다. 함부로 왜곡할 수 없는 이유다. 그러나 세인들 입장에서는 그 이치를 깊이 헤아려 깨닫기가 매우 어렵다. 더구나 후대로 오면서 여러 사람이 장황한 설명과 함께 임의로 개작한 번잡한 글을 덧붙여 세상에 퍼뜨린 후에는 근본 취지와 핵심마저 잃고 말았다. 내가 뒤늦게 간략한 풀이를 덧붙인 『손자약해』를 펴낸 이유다."

'약망이존若亡而存, 약후이선若後而先'은 『손자병법』을 위시한 전래의 모든 병서가 중시하는 이른바 궤도詭道의 진수를 언급한 것이다. 적을 기만에 빠뜨려 제압하는 것을 뜻한다. 위부족이명지威不足以命之를 두고 곽말약은 풀이하기를 "군사운용은 위엄이 서린 위언威言을 통해 이뤄진다. 이같이 용병할 경우 병위兵威를 뜻하는 '위威' 자만으로는 제대로 표현키가 어렵다."고 했다.

제3편 「내언內言」

제18장 대광(大匡)

'대광'은 크게 바로잡는다는 뜻이다. 이 장은 관중이 제환공을 보필할 때의 일을 싣고 있다. 「내언」편 '중광' 및 '소광'과 하나로 연결돼 있다. 편년체 형식으로 사실史實을 서술하고 있는 게 특징이다. 곽말약이 광匡을 기록할 부簿의 가차로 해석한 것도 바로 이 때문이다. 대大, 중中, 소小는 서간書簡의 길이에 따른 것으로 「내언」편 '대광'과 '중광' 및 '소광' 모두 개인의 기록을 정리한 것이다. 일부 내용이 서로 중복되는 이유다.

18-1

齊僖公生公子諸兒·公子糺·公子小白. 使鮑叔傅小白, 鮑叔辭, 稱疾不出. 管仲與召忽往見之, 曰, "何故不出?" 鮑叔曰, "先人有言曰, '知子莫若父, 知臣莫若君.' 今君知臣之不肖也, 是以使賤臣傅小白也. 賤臣知棄矣." 召忽曰, "子固辭無出, 吾權任子以死亡, 必免子." 鮑叔曰, "子如是, 何不免之有乎?" 管仲曰, "不可. 持社稷宗廟者, 不讓事, 不廣閒. 將有國者, 未可知也. 子其出乎?" 召忽曰, "不可. 吾三人者之於齊國也, 譬之猶鼎之有足也, 去一焉則必不立矣. 吾觀小白必不爲後矣." 管仲曰, "不然也. 夫國人憎惡糺之母, 以及糺之身, 而憐小白之無母也. 諸兒長而賤, 事未可知也. 夫所以定齊國者, 非此二公子者, 將無已也. 小白之爲人, 無小智, 惕而有大慮, 非夷吾莫容小白. 天不幸降禍加殃于齊, 糾雖得立, 事將不濟, 非子定社稷, 其將誰也?" 召忽曰, "百歲之後, 吾君卜世, 犯吾君命而廢吾所立, 奪吾糾也, 雖得天下, 吾不生也, 兄與我齊國之政也? 受君令而不改, 奉所立而不濟, 是吾義也." 管仲曰, "夷吾之爲君臣也, 將承君命, 奉社稷以持宗廟, 豈死一糾哉? 夷吾之所死者, 社稷破, 宗廟滅, 祭祀絶, 則夷吾死之. 非此三者, 則夷吾生. 夷吾生則齊國利, 夷吾死則齊國不利." 鮑叔曰, "然則奈何?" 管子曰, "子出奉令則可." 鮑叔許諾, 乃出奉令, 遂傅小白. 鮑叔謂管仲曰, "何行?" 管仲曰, "爲人臣者, 不盡力於君, 則不親信. 不親信, 則言不聽. 言不聽, 則社稷不定. 夫事君者無二心." 鮑叔許諾.

제희공齊僖公이 여러 여인으로부터 공자 제예諸兒, 공자 규糾, 공자 소백小白을 얻었다. 그가 포숙아鮑叔牙에게 소백을 돕도록 했으나 포숙아가 사양하며 병을 핑계로 나아가지 않았다. 공자 규를 보좌하는 관중이 소홀과 함께 찾아가 물었다.

"어찌하여 집에서 나오지 않는 것이오?"

포숙아가 대답했다.

"옛사람이 말하기를, '자식을 아는 것으로 아비만한 사람이 없고, 신하를 아는 것으로 군주만한 사람이 없다.'고 했소. 지금 군주는 내가 불초하다는 것을 알고 공자 소백을 보좌토록 한 것이오. 나는 이미 내가 버려진 인물이라는 것을 알고 있소."

소홀이 동조했다.

"그대가 끝까지 사양하며 나오지 않고자 하면 내가 군주에게 병 때문에 그렇다고 보고토록 하겠소. 그러면 틀림없이 면직하는 선에서 끝낼 수 있을 것이오."

포숙아가 말했다.

"그대가 그리 얘기하면 군주가 어찌 면직처분을 내리지 않을 리 있겠소?"

관중이 반대했다.

"안 되오. 종묘사직을 지탱하는 자는 국사를 거절해도 안 되고, 편히 쉬려고 해도 안 되오. 장차 보위를 이을 공자가 누구인지 아직은 알 수 없소. 그대는 반드시 밖으로 나와 직무를 맡아야 하오."

소홀이 반박했다.

"밖으로 나오지 마시오. 제나라에서 우리 3인의 역할은 비유하면 세발솥의 3족足과 같소. 하나만 없어도 제대로 설 수 없소. 내가 보건대 소백은 보위를 이을 재목이 못되오."

관중이 재차 반박했다.

"그렇지 않소. 백성들은 공자 규의 생모를 미워하고 있소. 이 여파가 공자 규에게 미치고 있소. 그러나 소백은 생모가 일찍 세상을 떠난 까닭에 오히려 동정을 받고 있소. 제예는 비록 장자이기는 하나 성품이 저열한 까닭에 장차 후사 문제가 어찌 될 지 예단할 수 없소. 제나라를 제대로 안정시킬 수 있는 사람은 공자 소백과 규 두 사람을 제외하고는 달리 없소. 소백은 위인이 작은 지혜를 쓰지 않고, 비록 조급하기는 하나 큰 뜻을 품고 있소. 나 이오夷吾가 아니고는 그의 재능을 마음껏 펴줄 사람이 없소. 불행히도 하늘이 제나라에 재앙을 내릴 경우 비록 공자 규가 보위에 앉을지라도 결코 성공을 거두기 어려울 것이오. 그대가 보필하여 사직을 안정시키지 않으면 그 누가 이를 감당할 수 있겠소?"

소홀이 말했다.

"백년 후 우리 군주가 세상을 떠났을 때 누가 우리 군주의 유명遺命을 어기고 내가 옹립한 공자 규를 내쫓고자 하면 설령 천하를 얻을지라도 나는 더 살지 않을 것이오. 하물며 나에게 제나라 정사를 맡기는 경우이겠소? 군주의 명을 받들어 임의로 바꾸지 않고, 옹립한 후사를 받들며 명을 폐하지 않는 게 신하된 자의 도리일 뿐이오."

관중이 말했다.

"신하된 자로서 나 이오는 군주의 명을 받들어 종묘사직을 지키고 있는데 어찌 공자 규 한 사람만을 위해 목숨을 바칠 수 있겠소? 내가 목숨을 바치는 경우는 오직 사직이 무너지고, 종묘가 사라지고, 제사가 끊어지는 때일 뿐이오. 그때는 나 스스로 목숨을 끊을 것이오. 이 3가지 경우가 아니면 나는 살아남을 것이오. 내가 살아 있어야 제나라에 이롭고, 죽으면 제나라에 불리하기 때문이오."

포숙아가 물었다.

"그렇다면 어찌해야 좋겠소?"

관중이 대답했다.

"그대는 밖으로 나와 명을 받드는 게 낫소."

포숙아가 이내 명을 받들어 소백을 보필했다. 하루는 포숙아가 관중에게 물었다.

"장차 무엇을 해야 하오?"

관중이 대답했다.

"신하가 되어 전력을 다해 군주를 섬기지 않으면 군주의 신임을 얻을 수 없고, 신임을 얻지 못하면 건의를 받아들이지 않고, 건의를 받아들이지 않으면 사직이 불안정해지오. 군주를 섬기는 자는 2가지 마음을 품어서는 안 되오."

포숙아가 고개를 끄덕였다.

제희공齊僖公은 기원전 730년에서 기원전 698년까지 재위한 제나라 군주로 이름은 녹보祿甫이다. 장자인 제예諸兒가 그의 뒤를 이어 보위에 올랐다. '예'는 사물의 시말을 추측하는 단예端倪의 예倪와 통한다. 제예가 바로 제양공齊襄公이다. 제희공은 공자 시절부터 노환공魯桓公에게 시집을 간 이복 누이동생 문강文姜과 사통했다. 그는 문강의 초청을 받아 노나라로 갔다가 이내 간통사실이 발각되자 노환공을 죽이고 말았다. 제희공 사후 제양공이 보위에 올랐으나 그는 약속을 어긴 탓에 신하에게 시해를 당하고 사촌동생인 공손 무지無知가 보위에 올랐다. 그러나 공손 무지 또한 곧바로 군신들에게 죽임을 당하고 거莒나라로 망명한 공자 소백小白과 노나라로 망명한 공자 규糾가 보위를 놓고 치열한 신경전을 펼치게 됐다. 이에 막역한 사이로 지내던 관중과 포숙아도 각기 자신의 주군을 위해 서로 다투게 됐다. 관중이 역사의 전면에 등장하게 된 근본배경이다.

포숙鮑叔은 관포지교管鮑之交로 유명한 포숙아鮑叔牙를 말한다. 원래 성씨는 사성姒姓으로 사포숙姒鮑叔의 아들이다. '숙아'는 그의 이름이다. 그의 본명은 사포숙아姒鮑叔牙이나 사서는 통상 '포숙' 내지 '포숙아'로 기록해 놓았다. 높여서 포자鮑子로 부르기도 한다. 소홀召忽은 관중과 함께 공자 규를 섬기다가 공자 규가 소백과의 보위 다툼에서 패해 이내 죽게 되자 의리를 지켜 자진한 인물이다. 이로 인해 후대에 많은 칭송을 받았다. 정반대로 관중은 의리를 저버린 인물로 매도됐다. 『논어』에 이에 관한 얘기가 산견된다. 공자는 대의를 위해 소의를 저버린 관중의 행보를 긍정 평가했다.

자고사무출子固辭無出의 '무'는 무毋와 같다. 오권임자이사마吾權任子以死亡의 '임'을 윤지장은 보保로 해석했다. 장무이야將無已也의 '이'를 유적은 이以와 같다고 했다. 고대에는 서로 통용됐다. 척이유대려惕而有大慮의 '척'을 『국어』「오어」의 위소 주는 질疾로 새겼다. 막용소백莫容小白의 '용'을 윤지장은 세속의 사람들에게 용납되지 못했다고 해석했으나 도홍경은 용用으로 새기면서 윤지장의 해석이 잘못됐다고 했다. 요영개는 고대에 용用과 용庸이 서로 통용됐다고 했다.

백세지후百歲之後는 백년 뒤의 일이라는 뜻으로 군주의 죽음을 의미하는 아어雅語이다. 산릉이 무너진다는 뜻의 산릉붕山陵崩 등의 표현도 있다. 오군복세吾君卜世의 '복'을 유월은 하下의 잘못으로 보았다. 하세下世는 세상을 떠난다는 뜻의 통상적인 평어平語이다. 황여아제국지정兄與我齊國之政의 '황'

을 장얼張嶠은 『독관자讀管子』에서 황況의 옛 글자라고 했다. 봉소립이부제奉所立而不濟의 '제'를 유월은 폐廢의 오자로 보았다. 이에 대해 여상봉은 『방언』에서 저상沮喪의 뜻을 지닌 우憂로 새겼다며 오자가 아니라고 했다. 포숙허락鮑叔許諾의 '허락'은 수긍했다는 의미이다.

18-2

僖公之母弟夷仲年生公孫無知, 有寵於僖公, 衣服禮秩如適. 僖公卒, 以諸兒長得爲君, 是爲襄公. 襄公立後, 絀無知, 無知怒. 公令連稱·管至父戍葵丘曰, "瓜時而往, 及瓜時而來." 期戍, 公問不至, 請代不許. 故二人因公孫無知以作亂.

제희공의 동복 동생인 이중년夷仲年이 공손 무지無知를 낳았다. 제희공이 총애한 까닭에 공손 무지에게 세자 제예와 똑같은 옷을 입게 했다. 제희공이 죽자 가장 나이가 많은 제예가 뒤를 이었다. 바로 제양공齊襄公이다. 제양공이 즉위한 뒤 공손 무지를 내쫓자 공손 무지가 크게 노했다. 제양공은 일찍이 대부 연칭連稱과 관지보管至父를 국경지대인 규구葵丘 땅으로 파견하면서 이같이 약속했다.

"올해 오이가 익을 때 가면 내년에 오이가 익을 때쯤 돌아오도록 하시오."

1년의 임기가 끝났으나 돌아오라는 소식이 없었다. 교대를 청했으나 허락받지 못했다. 마침내 두 사람이 공손 무지와 합세해 난을 일으켰다.

의복예질여적衣服禮秩如適의 '질'은 통상通常의 의미를 지닌 상도常度와 같다. '적'은 적嫡과 통한다. 출무지絀無知의 '출'은 쫓아내거나 제거한다는 뜻의 출黜과 같은 의미이다. 연칭連稱과 관지보管至父는 제나라 대부의 이름이다. 계구葵丘는 지금의 산동성 치박시淄博市 동쪽 임치구臨淄區의 서쪽 일대를 말한다. 공문부지公問不至의 '문'은 소식消息 내지 음신音信을 말한다. 인공손무지이작란因公孫無知以作亂은 『사기』「제태공세가」에 따르면 기원전 686년인 제양공 12년에 빚어진 시해사건을 말한다.

18-3

魯桓公夫人文姜, 齊女也. 公將如齊, 與夫人皆行. 申兪諫曰, "不可. 女有家, 男有室, 無相瀆也, 謂之'有禮'." 公不聽, 遂以文姜會齊侯於濼. 文姜通於齊侯, 桓公聞, 責文姜. 文姜告齊侯, 齊侯怒, 饗公, 使公子彭生乘魯侯, 脅之, 公薨於車. 豎曼曰, "賢者死忠以振疑, 百姓寓焉. 智者究理而長慮, 身得免焉. 今彭生二於君, 無盡言而諛行, 以戲我君, 使我君失親戚之禮, 命又力成吾君之禍, 以搆二國之怨, 彭生其得免乎? 禍理屬焉. 夫君以怒遂禍, 不畏惡親, 聞容昏生, 無醜也. 豈及彭生而能止之哉? 魯若有誅, 必以彭生爲說." 二月, 魯人告齊曰, "寡君畏君之威, 不敢寧居, 來脩舊好, 禮成而不反, 無所歸死, 請以彭生除之." 齊人爲殺彭生, 以謝于魯. 五月, 襄公田于貝丘, 見豕彘, 從者曰, "公子彭生也!" 公怒曰, "公子彭生安敢見?" 射之, 豕人立而啼. 公懼, 墜於車下, 傷足亡屨. 反, 誅屨於徒人費, 不得也, 鞭之見血. 費走而出, 遇賊於門, 脅而束之. 費袒而示之背, 賊信之, 使費先入, 伏公而出, 鬪死于門中, 石之紛如死于階下. 孟陽代君寢于牀, 賊殺之, 曰, "非君也, 不類!" 見公之足于戶下, 雖殺公, 而立公孫無知也.

노환공魯桓公의 부인 문강文姜은 제희공의 이복 여동생이다. 노환공이 제나라로 가면서 문강과 함께 가려고 했다. 대부 신유申兪가 간했다.

"안 됩니다. 여인에게는 시집이 있고 남자에게는 처가가 있습니다. 시집과 처가가 서로 문란해서는 안 됩니다. 이것이 예禮입니다."

노환공은 듣지 않고 드디어 문강과 함께 제양공을 낙수濼水 가에서 만났다. 이때 문강이 제양공과 간통했다. 이 사실을 알게 된 노환공이 문강을 책망하자 문강이 이를 제양공에게 일러바쳤다. 제양공이 크게 화를 냈다. 곧 노환공을 연회에 초대해 크게 취하게 만든 후 공자 팽생彭生을 시켜 수레 안에서 은밀히 제거케 했다. 팽생이 수레에 동승한 뒤 제환공의 늑골을 부러뜨려 죽였다. 제나라 대부 수만竪曼이 제양공에게 간했다.

"현자賢者는 충성스런 죽음으로 사람들의 의심을 없애는 까닭에 백성이 몸을 맡기고, 지자智者는 사물의 이치를 깊이 탐구해 멀리 내다보는 까닭에 화난을 면합니다. 지금 팽생은 군주에 버금하는 위세를 떨치면서 강력히 간하기는커녕 오히려 아첨으로 비위를 맞추면서 군주를 희롱하고, 마침내 군주로 하여금 친척 사이의 예의와 명분을 잃어버리게 했습니다. 지금 군주에게 커다란 화난을 조성해 두 나라를 원수로 만들었으니 그가 어찌 죄를 면할 수 있겠습니까? 이번 화난은 팽생으로 인한 것입니다. 군주는 한때의 노여움을 참지 못해 화를 부르고, 혼인으로 맺어진 나라와 악연을 맺는 것을 두려워하지 않고, 마침내 어리석게도 추문이 백성들 내에 파다하게 만들었습니다. 이는 부끄러움을 모르는 것입니다. 그러니 이번 화난이 어찌 팽생의 책임으로만 끝나겠습니까? 노나라에서 이번 사건을 문제 삼으면 반드시 팽생을 구실로 내세워야 할 것입니다."

이해 2월, 노나라 사자가 제양공에게 청했다.

"우리 군주는 제나라 군주의 위엄을 두려워하여 감히 평안히 지내지도 못하다가 이번에 귀국에 와서 이전의 우호 관계를 다지고자 했습니다. 그러나 예를 이루고도 살아서 돌아오지 못했습니다. 아직도 그 책임소재를 제대로 가리지 못하고 있으니 청컨대 팽생을 제거해 주시기 바랍니다."

제나라가 팽생을 죽이고 노나라에 사과했다. 이로부터 8년 뒤인 기원전 686년 겨울 12월, 제양공이 패구貝丘 땅에서 사냥했다. 이때 문득 커다란 멧돼지가 나타나자 수종이 큰소리로 말했다.

"공자 팽생이다!"

제양공이 크게 화를 냈다.

"공자 팽생이 어찌 감히 내 앞에 나타나는가?"

활을 쏘아 맞추자 멧돼지가 사람처럼 벌떡 서서 울부짖었다. 제양공이 크게 두려워하다가 이내 수레에서 떨어지고 말았다. 이때 다리를 다치고 신발도 잃어버렸다. 공궁公宮으로 돌아온 뒤 시종 비費에게 신발을 찾게 했으나 이내 찾지 못하자 채찍으로 피가 나도록 때렸다. 시종 비가 달아나다가 공궁 대문에서 공손 무지無知와 함께 공궁을 습격하기 위해 쳐들어오는 연칭 및 관지보 등의 도적과 만나게 됐다. 도적들이 붙잡아 묶으려고 하자 시종 비가 웃옷을 벗어 피가 난 자국을 보이며 자초지종을 설명했다. 이 말을 믿은 도적들이 제양공을 잡으러 가면서 시종 비에게 앞장서 가게 했다. 시종 비가 먼저 내실로 들어가 제양공을 숨긴 뒤 밖으로 나와 도적들과 싸우다가 죽었다. 이때 시종 석지분여石之紛如가 도적들과 싸우다가 계단 아래에서 죽고, 시종 맹양孟陽은 제양공을 대신해 침상에 누워 있다가 도적에게 죽임을 당했다. 제양공이 아닌 것을 안 도적들이 소리쳤다.

"이는 군주가 아니다. 그를 닮지 않았다!"

도적들이 제양공을 찾던 중 이내 제양공의 발이 문짝 밖으로 살짝 나와 있는 것을 발견하게 됐다. 곧 문짝 뒤에 있던 제양공을 끌어내 시해한 뒤 공손 무지를 새 군주로 옹립했다.

문강文姜의 '강'은 강태공이 세운 제나라의 공실의 성씨로 사서에는 제나라 공실의 여인을 지칭하는 말로 사용됐다. 공장여제公將如齊의 '여'는 갈 거去의 뜻이다. 여부인해행與夫人皆行의 '해'는 해偕와 같다. 고대에는 서로 통용됐다. 신유申兪는 제나라의 대부로 『춘추좌전』에는 신수申繻로 나온다. 무상독無相瀆의 '독'은 도랑을 뜻하는 구溝와 통하는 말로 여기서는 왕래往來의 뜻으로 사용됐다. 윤동양은 '무상독'의 배경과 관련해 "제후들의 부인은 한번 시집을 가면 친정으로 돌아가지 못했다. 국정이 누설될까 우려했기 때문이다."라고 풀이했다.

회제후어락會齊侯於濼의 '락'은 지금의 산동성 제남시 서북쪽에서 발원해 북쪽으로 흘러 낙구濼口에서 옛날 제수濟水로 흘러들어가는 낙수濼水를 말한다. 협지脅之의 '협'을 왕인지는 꺾거나 부러뜨릴 협拹의 가차로 보았다. 공홍어거公薨於車의 '홍'은 제후의 죽음을 말한다. 천자는 붕崩으로 표현했다. 수만竪曼은 제나라 대부이다. 사충이진의死忠以振疑의 '진'을 유월은 『의례』「사상례」를 인용해 닦아낼 진搌으로 새겼다. 『이아』「석고釋詁」는 진搌을 쓸어버린다는 뜻의 청淸으로 풀이해 놓았다. 팽생이어군彭生二於君의 '이'를 유월은 이貳의 잘못으로 보았다. 군주 다음으로 위세를 떨친다는 뜻이다. 명우命又의 '명'을 허유휼은 금今의 오자로 보았다. 이구이국지원以搆二國之怨의 '구'는 구構와 통한다.

문용혼생聞容昏生의 '문용'을 우성오는 어리석다는 뜻의 혼용惛庸 내지 혼용昏庸으로 새겼다. '혼생'을 대망은 제양공과 문강의 추문이 백성들 사이에 널리 유포됐다는 뜻의 민성泯姓으로 새겼다. 무추無醜는 무치無恥와 같다. 무소귀사無所歸死의 '귀사'를 왕념손은 기원전 694년의 일을 기록한 『춘추좌전』「노환공 18년」조의 구절을 좇아 책임을 물을 곳이 없다는 뜻의 귀구歸咎로 바꿔야 한다고 했다. 5월이 『춘추좌전』「노장공 8년」조에 따르면 기원전 686년인 제양공 12년 12월로 되어 있다. 이를 좇았다.

전우패구田于貝丘의 '전'은 사냥할 전렵田獵의 뜻으로 전畋과 같다. '패구'가 『사기』「제태공세가」에는 패구沛丘로 되어 있다. 두예는 주에서 지금의 산동성 치박시 인근인 박창현博昌縣 남쪽으로 보았다. 견시체見豕彘의 '체'를 정사함은 후대인의 방주旁注가 본문에 끼어든 연자로 보았다. 상족망구傷足亡屨의 '구'는 신발을 뜻하는 말로 리履와 통한다. 도인비徒人費를 왕인지는 『한서』「고금인표」에 대한 안사고의 주 등을 인용해 곁에서 시종하는 종자비費를 뜻하는 시인비侍人費로 새겼다. 견공지족우호하見公之足于戶下의 '호하'는 문하門下와 같다. 고대에는 양쪽 문을 문門, 외짝 문을 호戶로 나눠 표현했다.

18-4

鮑叔牙奉公子小白奔莒, 管夷吾·召忽奉公子糾奔魯. 九年, 公孫無知虐於雍廩, 雍廩殺無知也. 桓公自莒先入, 魯人伐齊, 納公子糾, 戰於乾時, 管仲射桓公中鉤. 魯師敗績. 桓公踐位, 於是劫魯, 使魯殺公子糾.

포숙아는 공자 소백을 모시고 거莒나라로 달아났고, 관중과 소홀은 공자 규를 모시고 노나라로 망명했다. 노장공 9년인 기원전 685년 봄, 공손 무지가 대부 옹름雍廩을 학대하자 옹름이 공손 무지를 죽였다. 소백이 거나라에서 먼저 제나라로 들어오려고 하던 즈음 노장공이 군사를 일으켜 제나라로 쳐들어왔다. 공자 규를 옹립하려는 의도였다. 간시乾時에서 싸움이 빚어졌다. 관중이 미리 길을 막고 있다가 소백에게 활을 쏘아 그의 허리띠 갈고리를 맞췄다. 간신히 제나라로 들어온 소백이 제나라 군사를 이끌고 가 노나라 군사를 깨뜨리고 보위에 올랐다. 그가 제환공이다. 얼마 후 제환공이 노장공을 압박해 공자 규를 죽이게 했다.

구년九年는 노장공 9년인 기원전 685년을 지칭한다. 야스이는 제나라 연호 대신 노나라 연호를 사용한 것을 두고 「내언」편 '대광'이 『춘추좌전』 이후에 나왔을 것으로 보았다. 곽말약은 후대인의 주석이 본문에 잘못 끼어든 것으로 보았다. 전어간시戰於乾時의 '간시'는 지금의 산동성 박흥현 남쪽을 가리킨다. 사환공중구射桓公中鉤의 '구'는 허리띠의 갈고리를 뜻한다. 노사패적魯師敗績의 '패적'은 싸움에서 패했다는 뜻으로 궤패潰敗와 같다. 환공천위桓公踐位의 '천'은 즉위하기 위해 섬돌을 밟는다는 뜻으로, 보위로 나아간다는 뜻의 즉위할 즉卽과 같은 의미이다.

18-5

桓公問於鮑叔曰, "將何以定社稷?" 鮑叔曰, "得管仲與召忽則社稷定矣." 公曰, "夷吾與召忽, 吾賊也." 鮑叔乃告公其故圖. 公曰, "然則可得乎?" 鮑叔曰, "若亟召則可得也, 不亟不可得也. 夫魯施伯知夷吾爲人之有慧也, 其謀必將令魯致政於夷吾. 夷吾受之, 則彼知能弱齊矣. 夷吾不受, 彼知其將反於齊也, 必將殺之." 公曰, "然則夷吾將受魯之政乎, 其否也?" 鮑叔對曰, "不受, 夫夷吾之不死糾也, 爲欲定齊國之社稷也. 今受魯之政, 是弱齊也. 夷吾之事君無二心, 雖知死, 必不受也." 公曰, "其於我也曾若是乎?" 鮑叔對曰, "非爲君也, 爲先君也. 其於君不如親糾也. 糾之不死, 而況君乎? 君若欲定齊之社稷, 則亟迎之." 公曰, "恐不及. 奈何?" 鮑叔曰, "夫施伯之爲人也, 敏而多畏, 公若先反, 恐注怨焉, 必不殺也." 公曰, "諾." 施伯進對魯君曰, "管仲有急, 其事不濟, 今在魯, 君其致魯之政焉. 若受之, 則齊可弱也, 若不受, 則殺之. 殺之以說於齊也. 與同怒, 尙賢於已." 君曰, "諾." 魯未及致政, 而齊之使至, 曰, "夷吾與召忽也, 寡人之賊也. 今在魯, 寡人願生得之. 若不得也, 是君與寡人賊比也." 魯君問施伯, 施伯曰, "君與之. 臣聞齊君惕而亟驕, 雖得賢, 庸必能用之乎? 及齊君之能用之也, 管子之事濟也. 夫管仲, 天下之大聖也. 今彼反齊, 天下皆鄕之, 豈獨魯乎? 今若殺之, 此鮑叔之友也, 鮑叔因此以作難, 君必不能待也, 不如與之." 魯君乃遂束縛管仲與召忽. 管仲謂召忽曰, "子懼乎?" 召忽曰, "何懼乎? 吾不蚤死, 將胥有所定也, 今旣定矣, 令子相齊之左, 必令忽相齊之右. 雖然, 殺君而用吾身, 是再辱我也. 子爲生臣, 忽爲死臣. 忽也知得萬乘之政而死, 公子糾可謂'有死臣'矣. 子生而霸諸侯, 公子糾可謂'有生臣'矣. 死者成行, 生者成名. 名不兩立, 行不虛至, 子其勉之, 死生有分矣." 乃行, 入齊境, 自刎而死. 管仲遂入. 君子聞之曰, "召忽之死也, 賢其生也. 管仲之生也, 賢其死也."

제환공이 포숙아에게 물었다.

"장차 어찌해야 사직을 안정시킬 수 있겠소?"

포숙아가 대답했다.

"관중과 소홀을 얻으면 사직이 안정될 것입니다."

제환공이 반문했다.

"관중과 소홀은 나의 적이오."

포숙아가 자신의 계책을 일러주자 제환공이 물었다.

"그러면 어찌해야 그들을 얻을 수 있겠소?"

포숙아가 대답했다.

"빨리 서두르면 되지만 서두르지 않으면 얻을 수 없습니다. 노나라 대부 시백施伯은 관중이 지혜롭다는 것을 알고 있습니다. 노나라 군주가 장차 관중에게 노나라의 정사를 맡기고자 할 것입니다. 관중이 이를 받아들이면 그는 제나라를 약하게 만들 수 있습니다. 만일 받아들이지 않으면 노나라는 그가 장차 제나라로 돌아갈 것을 알기 때문에 반드시 그를 죽이고 말 것입니다."

제환공이 물었다.

"그렇다면 관중은 장차 노나라 정사를 맡는 것이오, 그렇지 않은 것이오?"

포숙아가 대답했다.

"맡지 않을 것입니다. 무릇 관중이 공자 규를 위해 죽는 것을 거부하는 것은 제나라 사직의 안정 때문입니다. 지금 그가 노나라 정사를 맡으면 이는 제나라를 약화시키는 것입니다. 관중은 제나라 군주를 섬기면서 두 마음을 갖고 있지 않습니다. 설령 죽을지라도 그는 결코 노나라 정사를 맡지 않을 것입니다."

제환공이 물었다.

"그렇다면 그는 전에 왜 나를 죽이려 했던 것이오?"

포숙아가 대답했다.

"군주 때문이 아니라 선군 때문에 그리한 것입니다. 그의 군주에 대한 태도는 공자 규에 대한 것만 못했습니다. 공자 규가 죽지 않았다면 어찌 군주를 섬기려 하겠습니까? 제나라 사직을 안정시키고자 하면 서둘러 맞아들이도록 하십시오."

제환공이 물었다.

"그가 오지 못할까 걱정이 되는데, 어찌해야 좋겠소?"

포숙아가 대답했다.

"무릇 시백은 위인이 민첩하게 일을 처리하면서도 두려움이 많은 자입니다. 군주가 먼저 관중을 돌려받고자 하면 그는 혹여 제나라와 원수가 될까 우려해 반드시 관중을 죽이지 않을 것입니다."

"잘 알겠소."

이때 시백이 노장공에게 이같이 말했다.

"관중은 지혜가 뛰어난 인물인데, 모시던 공자 규를 옹립하려던 계획이 실패하고 말았습니다. 이제 노나라는 응당 그에게 정사를 맡겨야 합니다. 그가 받아들이면 제나라를 약화시킬 수 있습니다. 만일 받아들이지 않으면 제거토록 하십시오. 그를 죽이면 제나라 군주가 좋아할 것입니다. 그를 죽이면 제나라의 환심을 살 수 있고, 제나라와 똑같은 노여움을 표시하는 셈이 됩니다. 그를 죽이지 않는 것보다 현명한 처사입니다."

"잘 알겠소."

노나라가 관중에게 정사를 맡기지도 전에 제나라 사자가 도착해 제환공의 말을 전했다.

"관중과 소홀은 과인의 적이다. 지금 저들이 노나라에 있으니 저들을 산 채로 데려가 화를 풀고자 한다. 그리되지 못하면 이는 노나라 군주가 과인의 적과 한통속이 되는 것이다."

노장공이 시백에게 대책을 묻자 시백이 대답했다.

"저들을 돌려보내도록 하십시오. 신이 듣건대, '제나라 군주는 성질이 급하고 아주 교만하다.'고 합니다. 비록 관중 같은 현자를 얻은들 어찌 반드시 쓸 리 있겠습니까? 만일 제나라 군주가 그를 등용하면 관중의 사업은 성공할 것입니다. 관중은 천하의 큰 성인입니다. 그가 제나라로 돌아가면 천하의 제후가 모두 제나라에 귀순할 것입니다. 어찌 노나라에 그치겠습니까? 지금 그를 죽이면 그의 친구인 포숙아가 이를 구실로 군사를 일으켜 그 죄를 물을 것입니다. 그러면 군주는 반드시 감당키 어려울 것입니다. 허락하느니만 못합니다."

노장공이 이내 관중과 소홀을 포박코자 했다. 관중이 소홀에게 물었다.

"당신은 두렵소?"

소홀이 대답했다.

"무엇을 두려워한다는 것이오? 내가 공자 규의 뒤를 이어 곧바로 죽지 않은 것은 제나라가 안정되길 기다렸기 때문이오. 이제 제나라가 안정이 됐으니 틀림없이 그대는 제나라의 좌상左相, 나는 우상右相이 될 것이오. 내가 섬기던 공자 규를 죽인 뒤 나를 기용하면 이는 나를 2번 욕되게 하는 것이오. 그대는 살아서 군주를 보필하는 생신生臣이 되도록 하시오. 나는 죽어서 충절을 지키는 사신死臣이 될 것이오. 나는 장차 대국의 상국相國이 될 수 있는데도 죽음을 택하니, 공자 규는 자신을 위해 기꺼이 죽음을 택한 신하가 있다는 말을 들을 수 있을 것이오. 그대는 살아서 패업을 이루면, 공자 규는 자신을 위해 기꺼이 살아남아 패업을 이룬 신하가 있다는 말을 들을 수 있을 것이오. 각자 죽어서 덕행을 이루고, 살아서 공명을 이루는 셈이오. 공명은 덕행과 양립할 수 없고, 덕행 또한 거저 만들어지는 게 아니오. 당신은 살아서 힘써 노력토록 하시오. 생사는 각기 정해진 분수가 있소."

이에 제나라 경내로 들어간 뒤 소홀은 이내 자결하고, 관중은 마침내 제나라로 귀환했다. 군자가 이 얘기를 듣고 이같이 찬탄했다.

"소홀은 죽음을 택해 살아 있는 것보다 현명한 선택을 했고, 관중은 살아남아 죽는 것보다 현명한 선택을 했구나!"

고공기고도告公其故圖의 '고도'는 원래 의도를 뜻하는 말로 윤지장은 관중이 당초 포숙아에게 소백의 스승으로 있다가 옹립할 것을 권한 일로 풀이했다. 증약시호曾若是乎의 '증'을 윤지장은 즉則으로 해석했다. 관중유급管仲有急의 '급'을 도홍경은 혜慧의 오자로 보았다. 상현어이尙賢於已의 '이'를 윤지장은 불살不殺로 풀이했다. 용필능용지호庸必能用之乎의 '용'은 어찌 기豈 내지 하何의 뜻이다. 급제군지능용지야及齊君之能用之也의 '급'은 가정을 뜻하는 약若의 의미로 사용됐다. 군필불능대야君必不能待也의 '대'는 대접한다는 뜻으로 『국어』「초어」의 위소 주는 통제할 어御로 풀이했다. 장서유소정야將胥有所定也의 '서'는 명을 기다리는 등대等待의 의미이다. 행불허지行不虛至의 '허'는 우리말의 '거저'와 같은 의미로 아무런 까닭도 없다는 뜻의 빙공憑空과 뜻이 통한다.

18-6

或曰. 明年襄公逐小白, 小白走莒. 三年, 襄公薨, 公子糺踐位, 國人召小白. 鮑叔曰, "胡不行矣?" 小白曰, "不可. 夫管仲知, 召忽强武, 雖國人召我, 我猶不得入也." 鮑叔曰, "管仲得行其知於國, 國可謂'亂'乎? 召忽强武, 豈能獨圖我哉?" 小白曰, "夫雖不得行其知, 豈且不有焉乎? 召忽雖不得衆, 其及豈不足以圖我哉?" 鮑叔對曰, "夫國之亂也, 智人不得作內事, 朋友不能相合摎, 而國乃可圖也." 乃命車駕, 鮑叔御, 小白乘而出於莒. 小白曰, "夫二人者奉君令, 吾不可以試也!" 乃將下. 鮑叔履其足曰, "事之濟也在此時, 事若不濟, 老臣死之, 公子猶之免也." 乃行, 至於邑郊. 鮑叔令車二十乘先, 十乘後. 鮑叔乃告小白曰, "夫國之疑二三子, 莫忍老臣. 事之未濟也, 老臣是以塞道." 鮑叔乃誓曰, "事之濟也, 聽我令! 事之不濟也, 免公子者爲上, 死者爲下. 吾以五乘之實距路!" 鮑叔乃爲前驅, 遂入國, 逐公子糺, 管仲射小白中鉤. 管仲與公子糺·召忽遂走魯. 桓公踐位, 魯伐齊, 納公子糺而不能.

이런 기록도 있다. 제양공이 즉위한 이듬해에 공자 소백을 내쫓자 소백이 외가가 있는 거나라로 달아났다. 제양공이 재위 12년에 횡사하자 공자 규가 뒤를 이었으나 제나라 사람들이 소백을 불러들이고자 했다. 소백이 가지 않으려고 하자 포숙아가 물었다.

"어찌하여 가지 않으려는 것입니까?"

소백이 대답했다.

"불가하오. 공자 규를 보필하는 관중은 지혜가 많고, 소홀은 무력이 뛰어나오. 비록 제나라 사람들이 나를 부를지라도 나는 제나라에 들어갈 수 없소."

포숙아가 다시 물었다.

"관중이 제나라에 자신의 지혜를 펼치고 있다면 제나라가 어찌하여 아직까지 혼란스러운 것입니까? 또한 소홀이 아무리 무력이 뛰어나다고 할지라도 어찌 우리를 홀로 상대할 수 있겠습니까?"

소백이 반박했다.

"관중이 비록 그 지혜를 다 발휘하고 있지 않다고 하여 어찌 지혜가 없다고 말할 수 있겠소? 또 소홀이 비록 여러 사람의 지지를 받지 못한다고 하여 어찌 그의 무리가 우리를 대적하는데 부족할 리 있겠소?"

포숙아가 말했다.

"무릇 나라가 어지러우면 지자智者는 국사에 참여하지 못하고, 붕우는 서로 유대를 맺지 못합니다. 가히 나라를 도모할 만합니다."

공자 소백이 거마를 준비케 했다. 포숙아가 수레를 몰았다. 소백이 수레에 올라 거나라를 떠날 즈음 이같이 탄식했다.

"관중과 소홀이 군명君命을 받들어 대항하면 우리는 그들과 대적할 수 없을 것이다!"

그러고는 수레에서 내리려고 했다. 포숙아가 소백의 발을 밟고 말했다.

"지금 일이 거의 다 이뤄졌습니다. 설령 일이 이뤄지지 못할지라도 이 늙은 신하만 죽을 뿐 주군은 화를 면할 수 있습니다."

이에 다시 수레를 타고 제나라를 향했다. 제나라 도성의 교외에 이르러 포숙아가 수레 20승을 먼저 보내고, 10승은 나중에 가도록 하면서 소백에게 이같이 말했다.

"저들이 혹여 우리 일행을 의심할 수 있으나 늙은 저를 잘 알지는 못합니다. 일이 성사되지 못할 경우 제가 길을 막도록 하겠습니다."

그러고는 무리들 앞에서 큰소리로 선포했다.

"일이 성사되면 모두 나의 명을 듣도록 하라! 그러나 실패하면 공자를 탈출시키는 게 우선이다. 우리가 죽는 것은 그 다음이다. 내가 수레 5승에 있는 짐을 끌어내 길을 막도록 하겠다!"

포숙아가 앞장서 길을 열며 이내 도성 안으로 들어간 뒤 공자 규를 내쫓았다. 이때 관중이 활을 쏘아 공자 소백의 허리띠를 맞췄으나 실패했다. 관중이 공자 규 및 소홀과 함께 노나라로 달아났다. 제환공이 즉위하자 노나라가 제나라를 공격해 공자 규를 다시 제나라로 들여보내고자 했으나 성공하지 못했다.

명년明年은 제양공이 즉위한 이듬해를 말한다. 3년三年을 두고 손촉승은 제양공의 재위 12년을 뜻하는 12년十二年의 오자로 보았다. 이게 사서의 기록에 부합한다. 국가위란호國可謂亂乎의 '가'를 곽말약은 하何, '위'는 위爲와 통하는 것으로 풀이했다. 기급기부족이도아재其及豈不足以圖我哉의 '급'을 곽말약은 우두머리를 좇는 무리인 당우黨羽와 뜻이 통하는 우友의 오자로 보았다. '도아'는 우리를 해치고자 도모한다는 의미이다. 불능상합규不能相合摎의 '규'를 윤지장은 결탁한다는 뜻의 교인交人으로 풀이했다. 공자유지면야公子猶之免也의 '지'를 허유휼은 가可의 오자로 보았다. 부국지의이삼자夫國之疑二三子의 '국'을 곽말약은 혹或의 잘못으로 파악했다. 막인노신莫忍老臣의 '인'을 여상봉은 인식할 인認의 가차로 보았다.

18-7

桓公二年, 踐位召管仲, 管仲至, 公問曰, "社稷可定乎?" 管仲對曰, "君霸王, 社稷定. 君不霸王, 社稷不定." 公曰, "吾不敢至於此其大也, 定社稷而已." 管仲又請, 君曰, "不能!" 管仲辭於君曰, "君免臣於死, 臣之幸也. 然臣之不死糺也, 爲欲定社稷也. 社稷不定, 臣祿齊國之政而不死糺也, 臣不敢." 乃走出. 至門, 公召管仲. 管仲反, 公汗出曰, "勿已, 其勉霸乎!" 管仲再拜稽首而起, 曰, "今日君成霸, 臣貪承命趨立於相位." 乃令五官行事. 異日, 公告管仲曰, "欲以諸侯之閒無事也, 小脩兵革?" 管仲曰, "不可. 百姓病, 公先與百姓而藏其兵. 與其厚於兵, 不如厚於人. 齊國之社稷未定, 公未始於人而始於兵, 外不親於諸侯, 內不親於民." 公曰, "諾." 政未能有行也.

제환공은 재위 원년에 관중을 불렀다. 관중이 오자 제환공이 물었다.

"사직을 가히 안정시킬 수 있겠소?"

관중이 대답했다.

"군주가 패왕霸王이 되면 사직을 안정시킬 수 있고, 안 되면 안정시킬 수 없습니다."

제환공이 말했다.

"나는 감히 그처럼 큰 사업을 할 수 없소. 단지 사직의 안정만을 바랄 뿐이오."

관중이 패왕의 대업을 다시 청하자 제환공이 잘라 말했다.

"나는 할 수 없소!"

관중이 사의를 표하면서 말했다.

"군주가 신의 사죄死罪를 면해 준 것은 신의 행운입니다. 신이 공자 규를 위해 죽지 않은 것은 사직의 안정 때문입니다. 모시던 공자 규를 뒤따라 죽지도 못한 상황에서 사직을 안정시키지도 못하면 더 이상 감히 제나라 정사를 맡을 수 없습니다."

그리고는 밖으로 나갔다. 문에 이르렀을 때 제환공이 불렀다. 관중이 돌아오자 제환공이 식은땀을 흘리며 말했다.

"떠나지 마시오. 패업을 이루기 위해 힘써 주시오!"

관중이 머리를 조아려 두 번 절하는 재배계수再拜稽首를 행한 뒤 이같이 말했다.

"오늘 군주가 패업을 이루고자 하니 신은 삼가 군명君命을 받들어 재상의 자리에 오르도록 하겠습니다."

그러고는 곧 대신들에게 명하여 정무를 처리케 했다. 다른 날 제환공이 관중에게 말했다.

"제후들이 싸우지 않는 틈을 타 안으로 군비를 강화할 생각이오."

관중이 반대했다.

"안 됩니다. 지금 백성이 궁핍합니다. 군주는 먼저 백성을 가까이하면서 무기를 은밀히 감춰 둬야 합니다. 군비강화는 백성을 부유하게 만드느니만 못합니다. 제나라의 사직이 아직 안정되지 않았는데 군주가 백성을 가까이하지도 않은 채 군비강화부터 서두르면 밖으로는 제후들과 친밀해질 기회를 잃고, 안으로는 백성을 가까이할 기회를 잃게 됩니다."

"잘 알겠소."

결국 군비강화와 관련한 정령은 시행되지 않았다.

환공이년桓公二年의 '2년'을 곽말약은 원년元年의 잘못이라고 했다. 천위소관중踐位召管仲의 '천위'를 왕념손은 연자로 보았다. 신록제국지정臣祿齊國之政의 '록'을 유월은 통솔한다는 뜻인 영록領錄의 의미로 새겼다. 신흠승명추립어상위臣貪承命趨立於相位의 '흠'을 진환은 흠欽의 가차로 보았다. '흠승명'은 군명君命을 삼가 받든다는 뜻이다. '흠'은 군주가 행하는 일을 높이기 위해 붙이는 말이다. 내령오관행사乃令五官行事의 '5관'을 『예기』「곡례」는 사도司徒, 사마司馬, 사공司空, 사사司士, 사구司寇로 기록해 놓았다. 곧 조정대신을 뜻한다. 소수병혁小脩兵革의 '소수'를 허유휼은 내수內修의 잘못으로 보았다. 공선여백성公先與百姓의 '공'을 야스이는 고대에 군주를 일컬어 '공'으로 칭한 적이 없다며 군君의 잘못이라고 했다. '여'를 왕선겸王先謙의 문하생 출신인 소여蘇輿는 가까이할 친親으로 새겼다.

18-8

二年, 桓公彌亂, 又告管仲曰, "欲繕兵." 管仲又曰, "不可." 公不聽, 果爲兵. 桓公與宋夫人飮舡中, 夫人蕩舡而懼公. 公怒出之, 宋受而嫁之蔡侯. 明年, 公怒告管仲曰, "欲伐宋." 管仲曰, "不可. 臣聞內政不脩, 外擧事不濟." 公不聽, 果伐宋. 諸侯興兵而救宋, 大敗齊師. 公怒, 歸告管仲曰, "請脩革. 吾士不練, 吾兵不實, 諸侯故敢救吾讎. 內脩兵." 管仲曰, "不可, 齊國危矣. 內奪民用, 士勸於勇, 外亂之本也. 外犯諸侯, 民多怨也. 爲義之士, 不入齊國, 安得無危?" 鮑叔曰, "公必用夷吾之言." 公不聽, 乃令四封之內脩兵, 關市之征侈之. 公乃遂用以勇授祿. 鮑叔謂管仲曰, "異日者, 公許子覇, 今國彌亂, 子將何如?" 管仲曰, "吾君惕, 其智多誨. 姑少胥, 其自及也." 鮑叔曰, "比其自及也, 國無闕亡乎?" 管仲曰, "未也. 國中之政, 夷吾尙微爲焉. 亂乎尙可以待. 外諸侯之佐, 旣無有吾二人者, 未有敢犯我者." 明年, 朝之爭祿相刺, 裚領而刎頸者不絶. 鮑叔謂管仲曰, "國死者衆矣, 毋乃害乎?" 管仲曰, "安得已然? 此皆其貪民也. 夷吾之所患者, 諸侯之爲義者莫肯入齊, 齊之爲義者莫肯仕, 此夷吾之所患也. 若夫死者, 吾安用而愛之." 公又內脩兵.

재위 2년이 되자 나라가 매우 혼란스러웠다. 제환공이 다시 관중에게 물었다.

"이제 군비를 강화코자 하오."

관중이 반대했다.

"안 됩니다."

그러나 제환공은 이를 듣지 않고 군비강화를 서두르기 시작했다. 하루는 제환공이 송宋 부인과 함께 뱃놀이를 하며 술을 마셨다. 송 부인이 뱃전을 흔들며 제환공을 놀라게 만들었다. 제환공이 크게 노한 나머지 송 부인을 내쫓아 송나라로 돌려보냈다. 송나라 군주가 그녀를 채蔡나라 군주에게 개가시켰다. 이듬해에 제환공이 노한 표정으로 관중에게 물었다.

"이제 송나라를 칠 생각이오."

관중이 반대했다.

"안 됩니다. 신이 듣건대, '내정을 다지지 않은 채 외정外征에 나서면 성공하지 못한다.'고 했습니다."

제환공이 듣지 않고 마침내 송나라를 쳤다. 이 소식을 들은 제후들이 합세해 송나라를 돕자 제나라 군사가 크게 패했다. 제환공이 크게 화를 내며 철군한 뒤 관중에게 말했다.

"군비를 더욱 강화해야만 하겠소. 우리 군사는 제대로 훈련도 되어 있지 않은데다 무기 또한 충분치 못했소, 제후들이 감히 우리의 원수를 도운 것은 이 때문이오. 나는 군사를 더욱 강화해야만 하겠소."

관중이 거듭 반대했다.

"안 됩니다. 제나라는 지금 위험한 상황입니다. 안으로 백성의 재용財用을 빼앗아 병사들의 용무勇武를 부추기면 이는 나라를 어지럽게 만드는 근원이 됩니다. 또한 밖으로 이웃 제후국을 침공하면 백성의 원망이 쌓이게 됩니다. 그러면 의를 실천코자 하는 선비들이 제나라로 오지 않게 됩니다. 어찌 위험하다고 하지 않을 수 있겠습니까?"

포숙아도 말했다.

"군주는 반드시 관중의 말을 들어야 합니다."

그러나 제환공은 이를 듣지 않은 채 전국에 군비강화를 명했다. 관문과 시장에서 세금을 더 거둬들이면서 오직 용맹을 기준으로 녹봉을 주었다. 하루는 포숙아가 관중에게 물었다.

"전에 군주는 패업의 완성을 주문한 그대의 요구를 받아들였소. 그런데 지금 나라가 더욱 어지러워지고 말았소. 장차 어찌할 생각이오?"

관중이 대답했다.

"우리 군주는 성질이 급하기는 하나 지혜로운 까닭에 이내 깨우칠 수 있을 것이오. 군주가 스스로 깨우칠 때까지 잠시 기다려보도록 합시다."

포숙아가 물었다.

"스스로 깨우칠 때까지 기다리고자 하면 나라가 이내 패망하지 않겠소?"

관중이 대답했다.

"아직은 괜찮소. 국내 정사는 내가 나름 보이지 않게 손을 써 놓고 있어 비록 어지럽기는 하나 군주가 깨우칠 때까지 기다릴 만하오. 제후국의 상황을 보면 군주를 돕는 좌우의 보필도 우리 두 사람에 미치지 못하고 있소. 감히 우리를 침범치 못하는 이유요."

이듬해가 되자 조정에서 보다 많은 녹봉을 받기 위해 서로 척살하며, 목이나 머리를 끊거나 베는 일이 끊이지 않았다. 포숙아가 관중에게 물었다.

"나라에 죽는 자가 너무 많으니 어찌 해가 되지 않을 리 있겠소?"

관중이 대답했다.

"어찌 그럴 리 있겠소? 그들 모두 욕심이 사나운 자들일 뿐이오. 내가 근심하는 것은 제후국들 내에서 의사義士들이 제나라로 오려고 하지 않거나, 제나라의 의사들이 벼슬하려 하지 않거나 하는 것이오. 이것이 바로 내가 근심하는 것들이오. 그러니 내 어찌 저들이 서로 죽이는 것을 애석히 여길 리 있겠소?"

이때 제환공은 군비증강에 더욱 박차를 가했다.

'환공미란桓公彌亂, 우고관중왈又告管仲曰' 구절을 허유휼은 '국미란國彌亂, 환공우고관중왈桓公又告管仲曰'의 잘못이라고 했다. 부인탕강이구공夫人蕩舡而懼公의 '부인'을 『춘추좌전』「노희공 3년」조는 채희蔡姬로 기록해 놓았다. 기원전 657년인 제환공 29년의 일이다. 외란지본야外亂之本也의 '외'를 왕념손은 연자로 보았다. 관시지정치지關市之征侈之의 '치'를 윤지장은 통상적인 정도를 넘은 과상過常으로 풀이했다. 과도한 중세重稅를 지칭한다. 기지다회其智多誨의 '회'를 손성연은 후회할 회悔의 잘못이라고 했다. 고소서姑少胥는 잠시 기다린다는 의미이다. 비기자급比其自及의 '비'는 기다린다는 뜻이다. 국무궐망호國無闕亡乎의 '궐망'은 패망敗亡과 같다. 이오상미위夷吾尙微爲의 '미위'는 은밀히 일을 행한다는 뜻이다. 『설문해자』는 '미'를 은행隱行으로 풀이해 놓았다. 제령이문경자婓領而刎頸者의 '제'를 정사함은 단절을 뜻하는 절折의 속자라고 했다. '령'은 목 전체, '경'은 목덜미를 지칭한다.

18-9

三年, 桓公將伐魯, 曰, "魯與寡人近, 於是其救宋也疾, 寡人且誅焉." 管仲曰, "不可. 臣聞, 有土之君, 不勤於兵, 不忌於辱, 不輔其過, 則社稷安. 勤於兵, 忌於辱, 輔其過, 則社稷危." 公不聽, 興師伐魯. 造於長勺, 魯莊公興師逆之, 大敗之. 桓公曰, "吾兵猶尙少, 吾參圍之, 安能圉我!" 四年, 脩兵, 同甲十萬, 車五千乘, 謂管仲曰, "吾士既練, 吾兵既多, 寡人欲服魯." 管仲喟然嘆曰, "齊國危矣, 君不競於德, 而競於兵. 天下之國, 帶甲十萬者不鮮矣, 吾欲發小兵以服大兵, 內失吾衆. 諸侯設備, 吾人設詐, 國欲無危, 得已乎?" 公不聽, 果伐魯. 魯不敢戰, 去國五十里, 而爲之關. 魯請比於關內, 以從于齊, 齊亦毋復侵魯. 桓公許諾. 魯人請盟, 曰, "魯, 小國也, 固不帶劍. 今而帶劍, 是交兵聞於諸侯, 君不如已. 請去兵." 桓公曰, "諾." 乃令從者毋以兵. 管仲曰, "不可. 諸侯加忌於君, 君如是以退, 可. 君果弱魯君, 諸侯又加貪於君. 後有事, 小國彌堅, 大國設備, 非齊國之利也." 桓公不聽, 管仲又諫曰, "君必不去魯, 胡不用兵. 曹劌之爲人也, 堅强以忌, 不可以約取也." 桓公不聽, 果與之遇, 莊公自懷劍, 曹劌亦懷劍. 踐壇, 莊公抽劍其懷, 曰, "魯之境, 去國五十里, 亦無不死而已." 左椹桓公右自承, 曰, "均之死也, 戮死於君前." 管仲走君, 曹劌抽劍當兩階之閒, 曰, "二君將改圖, 無有進者." 管仲曰, "君與地, 以汶爲竟." 桓公許諾, 以汶爲竟而歸. 桓公歸而脩於政, 不脩於兵革, 自圉辟人, 以過弭師.

재위 3년이 되자 제환공이 마침내 노나라를 칠 준비를 하면서 이같이 말했다.

"노나라는 우리 제나라와 인접해 있는 까닭에 송나라를 구한 제후국 가운데 가장 빨리 이르렀소. 과인은 이제 노나라를 응징할 생각이오."

관중이 만류했다.

"안 됩니다. 신이 듣건대, '일국을 다스리는 군주는 무력증강에 나서지 않고, 모욕을 괘념하지 않고, 잘못을 조장하지 않는 까닭에 사직이 안정된다.'고 했습니다. 무력증강에 힘쓰고, 모욕을 크게 꺼리고, 잘못을 조장하면 사직이 위태롭게 됩니다."

제환공이 이를 듣지 않고 군사를 일으켰다. 노장공 10년인 기원전 684년, 제나라 군사가 노나라를 치기 위해 장작長勺 땅에 이르렀다. 노장공이 군사를 이끌고 나와 영격迎擊했다. 제나라 군사가 대패했다. 제환공이 탄식했다.

"우리 군사는 아직 숫자가 부족하다. 병력이 3배만 많았어도 노나라 군사를 포위했을 것이다. 그러면 저들이 어찌 우리 군사를 막을 수 있었겠는가!"

재위 4년이 되는 해에 제환공이 병력을 증강했다. 보병 10만 명에 전차 5천 승乘이 됐다. 제환공이 관중에게 말했다.

"우리 군사는 이미 훈련도 끝났고, 병력도 충분히 확보됐소. 과인은 다시 노나라를 칠 생각이오."

관중이 장탄식을 하며 말했다.

"제나라는 지금 위태롭습니다. 군주가 덕을 베푸는 데 힘쓰지 않고, 군사에만 힘을 쓰기 때문입니다. 천하의 제후국 가운데 10만의 병력을 보유한 나라가 적지 않습니다. 적은 병력으로 큰 병력을 정복코자 하면 안으로는 민심을 잃고, 밖으로는 제후들을 더욱 경계토록 만들 뿐입니다. 여러모로 부족한 우리는 부득불 속임수에 기댈 수밖에 없게 됩니다. 그 경우 나라가 위태롭지 않기를 바란들 과연 그것이 가능하겠습니까?"

그러나 제환공은 이를 듣지 않고 노나라를 쳤다. 노나라는 감히 영격에 나서지 못한 채 도성에서 50리 떨어진 곳에 방어망을 구축했다. 노장공이 곧 제나라의 지휘를 받는 관내후關內侯의 입장에서 제나라를 섬길 뜻을 밝히면서 다시는 침공치 말 것을 청해 왔다. 제환공이 이를 허락했다. 노나라 사람이 회맹會盟을 청하면서 이같이 말했다.

"노나라는 소국입니다. 회맹 때 무장을 풀도록 하겠습니다. 지금 무장을 한 채 회맹하면 교전한 사실이 여러 제후국에 알려질 터이니 이는 회맹을 그만두는 것만도 못합니다. 청컨대 회맹 때 군사를 뒤로 물려주십시오."

"잘 알겠소."

그러고는 주변의 시종들에게 무장 해제를 명했다. 관중이 만류했다.

"그같이 해서는 안 됩니다. 지금 제후들 모두 군주를 꺼려하고 있기에 무장을 해제하는 것은 나름 가합니다. 그러나 군주가 회맹을 통해 노나라 군주를 약하게 만들면 제후들은 군주의 행보를 두고 매우 탐욕스럽다고 말할 것입니다. 이후 일이 생기면 소국은 더욱 강경해질 것이고, 대국 또한 더욱 경계하고 나설 것입니다. 이는 결코 제나라의 이익이 될 수 없습니다."

제환공이 듣지 않자 관중이 다시 간했다.

"군주는 무장을 해제한 채 회맹 장소로 가서는 안 됩니다. 노나라가 어찌 회맹 때 무장하지 않을 리 있겠습니까? 노나라 장수 조귀曹劌는 위인이 고집이 세고 독한 까닭에 맹약으로 신뢰를 쌓을 만한 자가 못됩니다."

제환공이 끝내 듣지 않고 노나라와 회맹키로 했다. 회맹 당일 노장공은 물론 조귀까지 은밀히 칼을 품었다. 제환공이 단 위에 올라 맹서를 하려는 순간 노장공이 가슴에 품었던 칼을 꺼내들어 제환공을 협박했다.

"노나라 국경은 도성에서 겨우 50리밖에 안 됩니다. 틀림없이 목숨을 부지할 수 없을 것입니다."

그러고는 왼손으로 칼을 들어 제환공을 겨누고, 오른손으로 자신을 가리키며 이같이 말했다.

"모두 죽는 마당에 저는 제나라 군주 앞에서 죽겠습니다."

크게 놀란 관중이 제환공 쪽으로 뛰쳐나가자 조귀가 뽑아든 칼로 두 계단 사이를 가로막고 서서 말했다.

"두 나라 군주가 장차 국경선을 바꾸려고 하니 그 누구도 앞으로 나오지 마시오."

관중이 제환공에게 건의했다.

"군주는 노나라로부터 빼앗은 땅을 노나라에 돌려주고 문수汶水를 국경으로 삼도록 하십시오."

제환공이 이를 받아들여 문수를 국경으로 삼은 뒤 철군했다. 이후 그는 내정을 정비하는데 몰두했다. 군비증강을 더 이상 하지 않고, 변경을 지키는 것에 만족해하며 충돌을 피하고, 과격한 반응을 자제하며 병력동원을 멈춘 채 장병에게 휴식을 취하도록 조치한 게 그렇다.

조어장작造於長勺의 '조'는 도달한다는 의미이다. 흥사역지興師逆之의 '역'은 영격迎擊의 뜻이다. 오삼위지吾參圍之의 '삼'은 삼三과 같다. 안능어아安能圉我의 '어'는 저지할 어御와 통한다. 동갑십만同甲十萬의 '동'을 윤지장은 완비의 뜻으로 새겼다. 이위지관而爲之關을 윤지장은 다시 국경을 획정해 관문을 세우는 것으로 풀이했다. 군불여이君不如已의 '이'를 윤지장은 회맹의 정지로 해석했다. 조귀曹劌는 노나라 대부로 뛰어난 병법가이다. 『춘추좌전』에는 '조귀', 『사기』에는 조말曹沫로 나온다.

견강이기堅强以忌의 '기'를 정사함은 독하다는 뜻의 기惎로 새겼다. 장공추검기회莊公抽劒其懷 구절에 대해 주석가들은 아무런 언급도 하지 않았으나 당시 조귀만이 칼을 품고 있었다는 사서의 기록에 비춰볼 때 이 구절은 역사적 사실과 동떨어진 항간의 얘기로 보인다. 좌심환공우자승左椹桓公右自承의 '심'은 원래 나무를 팰 때 밑에 괴는 나무인 모탕을 뜻하는 말이다. 송본을 저본으로 삼은 『관자교주』에는 '심'으로 되어 있으나 『관자전역』 등에는 찌를 침揕으로 나온다. '침'으로 새기는 게 문맥에 부합한다.

'자승'은 자신을 가리킨다는 뜻이다. 균지사야均之死也의 '균'은 동同과 같다. 이문위경以汶爲竟의 '문'은 문수汶水를 가리킨다. '경'은 경境과 같다. 자어피인自圉辟人의 '자어'를 장패륜은 세심히 변경을 지킨다는 뜻으로 풀이했다. '피'를 장패륜은 이해할 이理로 새겼으나 여상봉은 그런 사례가 없다며 다른 나라와 충돌을 피했다는 의미의 피避로 새겼다. 여상봉의 해석이 그럴듯하다.

이과미사以過弭師의 '이과'를 장패륜은 과도한 반등을 자제한다는 취지의 지과止過로 해석했다. '미사'는 싸움을 멈춘다는 의미로 정전停戰과 같다. 여기의 사師는 동사로 사용된 것이다. 장병에게 휴식을 취하도록 했다는 취지이다.

18-10

五年, 宋伐杞, 桓公謂管仲與鮑叔曰, "夫宋, 寡人固欲伐之, 無若諸侯何? 夫杞, 明王之後也. 今宋伐之, 予欲救之, 其可乎?" 管仲曰, "不可. 臣聞內政之不脩, 外擧義不信. 君將外擧義, 以行先之, 則諸侯可令附?" 桓公曰, "於此不救, 後無以伐宋." 管仲曰, "諸侯之君, 不貪於土. 貪於土必勤於兵, 勤於兵必病於民, 民病則多詐. 夫詐密而後動者勝, 詐則不信於民. 夫不信於民則亂, 內動則危於身. 是以古之人聞先王之道者, 不競於兵." 桓公曰, "然則奚若?" 管仲對曰, "以臣則不. 而令人以重幣使之, 使之而不可, 君受而封之." 桓公問鮑叔曰, "奚若?" 鮑叔曰, "公行夷吾之言." 公乃命曹孫宿使於宋, 宋不聽, 果伐杞. 桓公築緣陵以封之, 予車百乘, 甲一千. 明年, 狄人伐邢, 邢君出致於齊. 桓公築夷儀以封之, 予車百乘, 卒千人. 明年, 狄人伐衛, 衛君出致於虛, 桓公且封之. 隰朋·賓胥無諫曰, "不可. 三國所以亡者, 絶以小. 今君蘄封亡國, 國盡若何?" 桓公問管仲曰, "奚若?" 管仲曰, "君有行之名, 安得有其實. 君其行也." 公又問鮑叔, 鮑叔曰, "君行夷吾之言." 桓公築楚丘以封之, 與車三百乘, 甲五千.

제환공 재위 5년, 송나라가 약소국인 기杞나라를 쳤다. 제환공이 관중과 포숙아에게 물었다.

"저 송나라는 과인이 진즉 치고자 했으나 제후들을 어찌할 수가 없었소. 저 기나라는 성왕인 우왕의 후예가 다스리는 나라요. 지금 송나라가 침공했으니 내가 구해 주어도 가하지 않겠소?"

관중이 대답했다.

"안 됩니다. 신이 듣건대, '내정을 다지지 않은 채 외정外征에 나서 의를 행하면 사람들이 신복信服치 않는다.'고 했습니다. 군주가 장차 외정에 나서 의를 행하고자 하면 먼저 내정부터 다져야 합니다. 그래야 제후들을 친부親附토록 만들 수 있습니다."

제환공이 말했다.

"지금 출병하여 구하지 않으면 나중에 송나라를 칠 명분이 없어지게 되오."

관중이 말했다.

"제후국의 군주는 다른 나라 영토를 탐내서는 안 됩니다. 그러려면 반드시 많은 무력을 동원해야 하고, 그러면 반드시 백성에게 큰 해를 입히고, 백성이 큰 해를 입으면 사술詐術이 횡행하게 됩니다. 사술을 쓰지 않고 용병해야 승리할 수 있습니다. 사술을 쓰면 백성의 신뢰를 잃게 됩니다. 그러면 혼란이 빚어지고, 군사를 동원해 이를 진압하면 군주 자신이 위험해집니다. 선왕의 도를 들은 옛 군주들이 군비경쟁을 벌이지 않은 이유입니다."

"그렇다면 어찌해야 하오?"

관중이 대답했다.

"신의 생각으로는 그리하지 않는 게 좋을 듯합니다. 먼저 사람을 시켜 송나라에 값진 예물을 보내십시오. 일이 잘 풀리지 않으면 기나라 제후를 맞아들인 뒤 봉토封土를 내리도록 하십시오."

제환공이 포숙아에게 물었다.

"어찌하는 게 좋겠소?"

포숙아가 대답했다.

"군주는 관중의 말대로 하십시오."

제환공이 조손숙曹孫宿을 송나라에 사자로 보냈다. 송나라가 듣지 않고 기나라를 쳤다. 제환공이 연릉緣陵에 성을 쌓은 뒤 기나라 군주를 봉하고 전차 100승과 병사 1천 명을 보냈다. 이듬해에 북쪽의 적인狄人들이 형邢나라를 쳤다. 형나라 군주가 황급히 제나라로 피신했다. 제환공이 이의夷儀에 성을 쌓은 뒤 형나라 군주를 봉하고 전차 100승과 병사 1천 명을 보냈다. 또 이듬해에 적인이 위衛나라를 쳤다. 위나라 군주가 달아나 허許 땅에 이르렀다. 제환공이 또 그를 봉하려고 하자 습붕隰朋과 빈서무賓胥無가 간했다.

"안 됩니다. 기나라와 형나라 및 위나라 등 3국이 패망한 것은 나라가 작았기 때문입니다. 지금 군주는 패망한 나라 군주를 거듭 받아들여 봉지를 내리고 있습니다. 장차 제나라 땅이 다 소진되면 어찌할 생각입니까?"

제환공이 관중에게 물었다.

"어찌하는 게 좋겠소?"

관중이 대답했다.

"군주는 지금 의를 행한 덕분에 큰 명성을 얻고 있습니다. 그대로 계속하십시오."

제환공이 다시 포숙아에게 묻자 포숙아가 대답했다.

"군주는 관중의 말대로 하십시오."

제환공이 초구楚丘에 성을 쌓은 뒤 위나라 군주를 봉하고 전차 3백 승과 병사 5천 명을 보냈다.

송벌기宋伐杞의 '기'는 주무왕이 하나라 후손을 찾아내 봉한 나라의 이름이다. 이행선지以行先之의 '행'은 내정을 닦는 내행內行을 뜻한다. 사밀이후동자승詐密而後動者勝의 '밀'은 정지停止의 의미이다. 이신즉불以臣則不의 '불'이 고본에는 불연不然으로 되어 있다. 이영인이중폐사지而令人以重幣使之의 '이'는 고대에 여如와 통용됐다. 고본에는 약若으로 되어 있다.

조손숙曹孫宿은 조나라 대부로 고본에는 조손숙曹孫叔으로 나온다. 『사기』와 『춘추좌전』에 나오지 않는 인물이다. 연릉緣陵은 성의 명칭이다. 윤지장은 기杞나라의 성城이라고 했다. 이의夷儀 역시 성의 이름이다. 윤지장은 형邢나라의 성이라고 했다. 위군출치어허衛君出致於虛의 '허'는 제나라의 지명이다. 절이소絶以小의 '절'은 단지但只의 뜻이다. '군유행지명君有行之名, 안득유기실安得有其實' 구절을 두고 곽말약은 명名과 실實이 바뀌었다고 했다. 초구楚丘 역시 성의 이름이다.

18-11

旣以封衛, 明年, 桓公問管仲, "將何行?" 管仲對曰, "公內脩政而勸民, 可以信於諸侯矣." 君許諾. 乃輕稅, 弛關市之征, 爲賦祿之制. 旣已, 管仲又請曰, "問病臣, 願賞而無罰, 五年諸侯可令傅." 公曰, "諾." 旣行之, 管仲又請曰, "諸侯之禮, 令齊以豹皮往, 小侯以鹿皮報. 齊以馬往, 小侯以犬報." 桓公許諾. 行之, 管仲又請賞於國, 以及諸侯. 君曰, "諾." 行之, 管仲賞於國中, 君賞於諸侯. 諸侯之君, 有行事善者, 以重幣賀之. 從列士以下有善者, 衣裳賀之. 凡諸侯之臣, 有諫其君而善者, 以璽問之, 以信其言. 公旣行之, 又問管仲曰, "何行?" 管仲曰, "隰朋聰明捷給, 可令爲東國. 賓胥無堅强以良, 可以爲西土. 衛國之敎, 危傅以利. 公子開方之爲人也, 慧以給, 不能久而樂始, 可游於衛. 魯邑之教, 好邇而訓於禮. 季友之爲人也, 恭以精, 博於糧, 多小信, 可游於魯. 楚國之教, 巧文以利, 不好立大義, 而好立小信. 蒙孫博於教, 而文巧於辭, 不好立大義, 而好結小信, 可游於楚. 小侯旣服, 大侯旣附. 夫如是, 則始可以施政矣." 君曰, "諾." 乃游公子開方於衛, 游季友於魯, 游蒙孫於楚. 五年, 諸侯附.

위나라 군주를 초구에 봉한 이듬해에 제환공이 관중에게 물었다.

"앞으로 무엇을 해야 하오?"

관중이 대답했다.

"군주가 안으로 내정으로 굳건히 다지면서 백성을 적극 권장하면 제후들의 신뢰를 얻을 수 있을 것입니다."

제환공이 이를 받아들여 세금을 줄이고, 관시關市의 징수를 완화하고, 조세와 녹봉의 제도를 정비했다. 이를 시행한 뒤 관중이 제환공에게 청했다.

"병든 백성을 위문하는 제도를 만들고, 포상을 확대하면서 형벌을 줄이십시오. 이같이 5년 동안 하면 제후들이 귀의할 것입니다."

"잘 알겠소."

이를 시행한 뒤 관중이 다시 청했다.

"제후들과 예물을 주고받을 때 제나라는 표피豹皮를 보내되, 소국은 녹비鹿皮사슴 가죽으로 보답케 하십시오. 또 제나라는 말을 보내되, 소국은 개로 보답케 하십시오."

제환공이 건의를 받아들였다. 이를 시행한 뒤 관중이 다시 포상 제도를 적극 활용하면서 이를 제후들에게 확대할 것을 청했다. 제환공이 흔쾌히 받아들였다.

"잘 알겠소."

포상과정에서 관중이 국내에서 무슨 일로 포상을 행하면 제환공은 같은 식으로 제후들에게 후한 상을 내렸다. 제후들 가운데 좋은 정책을 펼치는 자가 있으면 값진 예물을 보내 축하하고, 제나라의 봉토를 받는 자에게는 제후의 의상을 보내 축하하는 식이었다. 제후들의 군신들 가운데 군주에게 간언을 올려 선행을 하는 자들에게는 관인官印을 새겨 보내며 노고를 치하했다. 모두 자신의 언행에 믿음을 주기 위한 것이었다. 이를 시행한 뒤 제환공이 관중에게 물었다.

"이제 무엇을 해야 하오?"

관중이 대답했다.

"습붕은 총명하고 민첩하니 가히 동쪽 제후국 업무를 맡길 만합니다. 빈서무는 굳세고 선량하니 가히 서쪽 제후국 업무를 맡길 만합니다. 위나라의 교화는 경박하고 이익만을 좇을 뿐입니다. 위나라 출신 공자 개방開方은 위인이 총명하고 민첩하지만 참을성이 없는데다 지나치게 새로운 것을 좋아하니 위나라로 보내 일을 시킬 만합니다. 노나라의 교화는 육예六藝를 좋아하며 예를 따릅니다. 노나라 대부 계우季友는 위인이 공경스럽고 자상하며 예제에 밝아 세세한 일을 잘 처리하니 노나라로 보내 일을 시킬 만합니다. 초나라의 교화는 화려한 문채를 추구하며 이익을 추구하는 까닭에 대의를 세우는 일을 꺼리고 작은 신용을 지키는 것을 좋아합니다. 초나라 출신 몽손蒙孫은 교화작업에 두루 해박하고 화려한 글로 대응하는데 뛰어나지만 대의를 세우는 일을 꺼리고 작은 신용을 지키는 것을 좋아하니 초나라로 보내 일을 시킬 만합니다. 소국의 제후가 순복順服하고, 대국의 제후가 친부親附해야 비로소 정사를 제대로 펼 수 있습니다."

"잘 알겠소."

곧 공자 개방을 위나라, 계우를 노나라, 몽손을 초나라로 보내 일을 처리케 했다. 5년 후 모든 제후들이 제나라에 귀의했다.

제후가령부諸侯可令傅의 '부'는 친부할 부附와 같다. 영제이표피왕令齊以豹皮往의 '표피'는 표범 가죽으로 매우 비싼 예물에 속한다. 소후이녹비

보小侯以鹿皮報의 '녹비'는 사슴가죽으로 표피보다는 값이 싸다. 우리말로는 '녹비'로 읽는다. 맹서의 의미로 사용될 때 서誓를 '세'로 읽는 것과 같다. 이신기언以信其言의 '신'을 윤지장은 사실을 검증하는 증실證實로 새겼다. 사령위동국可令爲東國의 '동국'은 제나라의 동쪽을 지칭한 것이다. 가이위서토可以爲西土의 '서토' 역시 제나라의 서쪽 땅을 말한 것이다.

위부이리危傅以利의 '위부'를 곽말약은 경박하고 간교하다는 뜻의 현박儇薄과 통하는 궤박詭薄으로 풀이했다. 여상봉은 '위'를 궤詭, '부'를 부附와 통한다고 했다. 불능구이낙시不能久而樂始의 '낙시'를 윤지장은 위나라 공자 개방이 경박한 까닭에 마무리를 짓지 못한 채 매번 새로운 일을 찾아나서는 행태를 지적한 것이라고 했다. 호이이훈어례好邇而訓於禮의 '호이'를 우성오는 6예藝를 좋아하는 호예好藝로 풀이했다. 대망은 '이'를 겸손할 손遜의 잘못으로 보았다. '훈'을 장문호는 순복順服할 순順으로 새겼다. 박어량博於糧의 '량'을 유적은 예禮의 오자로 보았다.

18-12

狄人伐. 桓公告諸侯曰, "請救伐! 諸侯許諾, 大侯車二百乘, 卒二千人. 小侯車百乘, 卒千人." 諸侯皆許諾. 齊車千乘, 卒可致緣陵, 戰於後故, 敗狄. 其車甲與貨, 小侯受之. 大侯近者, 以其縣分之, 不踐其國. 北州侯莫來, 桓公遇南州侯於召陵, 曰, "狄爲無道, 犯天子令, 以伐小國. 以天子之故, 敬天之命, 令以救伐, 北州侯莫至, 上不聽天子令, 下無禮諸侯, 寡人請誅於北州之侯." 諸侯許諾. 桓公乃北伐令支, 下鳧之山, 斬孤竹, 遇山戎. 顧問管仲曰, "將何行?" 管仲對曰, "君教諸侯爲民聚食. 諸侯之兵不足者, 君助之發. 如此則始可以加政矣." 桓公乃告諸侯, 必足三年之食, 安以其餘脩兵革. 兵革不足, 以引其事, 告齊, 齊助之發. 既行之, 公又問管仲曰, "何行?" 管仲對曰, "君會其君臣父子, 則可以加政矣." 公曰, "會之道奈何?" 曰, "諸侯無專立妾以爲妻, 毋專殺大臣, 無國勞, 毋專予祿, 士庶人毋專棄妻, 毋曲隄, 毋貯粟, 毋今材. 行此卒歲, 則始可以罰矣." 君乃布之於諸侯, 諸侯許諾, 受而行之. 卒歲, 吳人伐穀, 桓公告諸侯未徧, 諸侯之師竭至, 以待桓公. 桓公以車千乘會諸侯於竟, 都師未至, 吳人逃. 諸侯皆罷. 桓公歸, 問管仲曰, "將何行?" 管仲曰, "可以加政矣." 曰, "從今以往二年, 適子不聞孝, 不聞愛其弟, 不聞敬老國良, 三者無一焉, 可誅也. 諸侯之臣及國事, 三年不聞善, 可罰也. 君有過, 大夫不諫. 士庶人有善, 而大夫不進, 可罰也. 士庶人聞之吏, 賢孝悌可賞也." 桓公受而行之, 近侯莫不請事, 兵車之會六, 乘車之會三, 饗國四十二年.

적인이 기나라를 치자 제환공이 제후들에게 격서檄書를 돌렸다.

"청컨대 기나라를 구하도록 합시다! 여러 제후들이 동의하면 대국은 전차 200승 당 병사 2천 명, 소국은 전차 100승 당 병사 1천 명씩 동원토록 합시다."

제후들이 모두 허락했다. 제나라가 전차 1천 승과 병사 1만 명을 동원해 먼저 연릉緣陵에 도착했다. 제후국 군사가 도착하자 이들과 합세해 적인을 물리쳤다. 노획한 전차 등의 무기와 군수물자 등을 소국에 나눠주었다. 대국을 포함해 적인과 가까이 있는 나라는 적인의 땅을 나눠 가졌다. 그러나 적인의 도성을 공략하지는 않았다. 당시 북쪽 제후국은 아무도 참전하지 않았다. 제환공이 소릉召陵에서 남쪽 제후들과 회맹하며 이같이 말했다.

"적인이 무도하게도 천자의 명을 어기고 기나라를 쳤소. 과인은 천자의 명을 지키기 위해 천명을 공경히 받들어 기나라 구원에 나설 것을 청했소. 그런데도 북쪽 제후들이 구원병을 보내지 않았소. 이는 위로 천자의 명을 듣지 않고, 아래로 여러 제후들에게 무례를 범한 것이오. 청컨대 과인은 북쪽 제후를 토벌코자 하오."

제후들이 허락했다. 제환공이 북쪽으로 영지令支를 치고, 부지산鳧之山을 공략하고, 고죽국孤竹國 군주의 목을 베고, 산융山戎을 제압했다. 제환공이 관중을 돌아보며 물었다.

"장차 무엇을 해야 하오?"

관중이 대답했다.

"군주는 제후들에게 고해 곡물을 비축케 하고, 제후들의 병력이 부족하면 군주가 도와주어 발전토록 하십시오. 이같이 하면 가히 정령을 시행할 수 있을 것입니다."

제환공이 이내 제후들에게 반드시 3년 치 식량을 비축하고, 여력으로 군비를 갖추게 했다. 군비가 부족할 때는 증원이 필요한 정황을 제나라에 보고토록 했다. 제나라의 도움으로 모든 제후국이 동시에 출병할 수 있었던 배경이다. 이를 시행한 뒤 제환공이 관중에게 물었다.

"또 무엇을 해야 하오?"

관중이 대답했다.

"군주가 제후국의 군신 및 부자 관계의 정황을 살피면 가히 정령을 시행할 수 있습니다."

제환공이 물었다.

"어찌 살펴야 하오?"

관중이 대답했다.

"제후들이 멋대로 첩을 정실로 삼거나, 대신을 함부로 죽이거나, 공이 없는 자에게 녹봉과 포상을 멋대로 내리거나, 선비와 서민이 함부로 처자를 버리거나, 용수用水로 인한 분쟁을 야기할 소지가 큰 제방을 멋대로 쌓거나, 임의로 곡물을 쌓아 두거나, 산택의 자원 개발을 금하거나 하는 일이 없도록 해야 합니다. 이를 1년 동한 시행하면 가히 위반자에 대한 처벌을 시행할 수 있습니다."

제환공이 이내 제후들에게 금령을 포고했다. 제후들이 기꺼이 이를 받아들여 시행했다. 1년 뒤 오吳나라가 곡穀 땅을 쳤다. 제환공이 이를 제후국에다 알리기도 전에 제후들의 군사가 미리 약속한 장소에 도착해 제환공을 기다렸다. 제환공이 전차 1천 승을 이끌고 변경에서 제후들과 회동코자 했다. 제나라 군사가 이르기도 전에 오나라 군사가 달아났다. 제후들도 철군했다. 제환공이 돌아온 뒤 관중에게 물었다.

"이제는 또 무엇을 해야 하오?"

관중이 대답했다.

"이제 정령을 시행할 만합니다."

그러고는 이같이 덧붙였다.

"향후 2년 이내에 제후국 가운데 세자가 효를 행하고, 형제간 우애를 다하고, 현량한 신하를 공경하는 등 3가지 일 가운데 1가지라도 행하지 못했다는 얘기가 들리면 가히 토벌할 수 있습니다. 또 제후의 신하가 국사를 처리하면서 3년 내에 선정을 베푼다는 얘기가 들리지 않으면 토벌할 수 있습니다. 이어 군주에게 과실이 있는데도 대부가 간하지 않거나, 선비와 서민이 선행을 했는데도 대부가 군주에게 천거하지 않거나 하면 토벌할 수 있습니다. 나아가 선비나 서민이 현량한 행보를 보이고 효제孝悌를 실천했다는 얘기가 관원의 귀에 들리면 상을 내릴 수 있습니다."

제환공이 이를 받아들여 행하자 가까운 나라의 제후들 가운데 조알朝謁을 청하지 않는 자가 없었다. 제환공은 재위 기간 중 군사동원을 위한 회맹인 병거지회兵車之會를 6회, 친선을 다지기 위한 회맹인 승거지회乘車之會를 3회 거행했다. 42년 동안 천하를 호령한 배경이다.

적인벌狄人伐은 적인이 기杞나라를 쳤다는 뜻이다. 제후허락諸侯許諾을 곽말약은 제후들의 허락이 있는 것을 전제로 한 일종의 외교사령外交辭令에 해당한다고 했다. 졸가치연릉卒可致緣陵의 '졸'은 곧 제나라 병사를 지칭하는 말로 앞서 큰 제후국은 2백 승乘 당 2천 명을 동원키로 한 만큼 1천 승을 보유한 제나라는 1만 명의 병사를 동원한 셈이 된다. 전어후고戰於後故의 '후고'를 장패륜은 연릉緣陵의 괴자로 보았다. 참고죽斬孤竹은 고죽국 군주의 목을 베었다는 뜻이다. 우산융遇山戎의 '우'가 야스이는 고본에 과過

로 되어 있다고 했다. '우'를 곽말약은 억제할 알遏의 오자로 보았다. 안이기여수병혁安以其餘脩兵革의 '안'은 '이에'의 뜻인 내乃와 통하는 어기조사이다. 이인기사以引其事의 '인'을 소여는 증원增援이 필요한 부분을 뜻하는 익益으로 새겼다.

군회기군신부자君會其君臣父子의 '회'를 윤지장은 군신 및 부자간의 의리에 합당한지 여부를 검토하는 고핵考覈으로 풀이했다. 무곡제毋曲隄를 윤동양은 용수用水로 인한 분쟁을 미연에 막기 위해 임의로 제방을 쌓지 못하게 한 것으로 해석했다. 무저속毋貯粟의 '저속'은 곡물을 작은 곳집에 쌓는 이른바 둔집囤集을 의미한다. 오인벌곡吳人伐穀의 '곡'을 윤지장은 훗날 관중을 봉한 제나라 땅으로 해석했다. 그는 또 도사미지都師未至의 '도사'를 제나라 도성에서 출발한 군사로 풀이했다.

적자불문효適子不聞孝의 '적자'는 적자嫡子와 같은 말로 곧 제후의 적자인 세자世子를 뜻한다. 경로국량敬老國良의 '경로'는 존경의 뜻이다. '로'는 존尊과 같다. 사서인문지리士庶人聞之吏의 '문지리'는 선행이 관원의 귀에 들린다는 뜻이다. 병거지회兵車之會는 군사동원을 위한 회맹을 뜻한다. 승거지회乘車之會는 친선을 위한 회맹을 말한다. 향국사십이년饗國四十二年은 제환공이 재위한 기원전 685년에서 기원전 643년까지의 기간을 뜻한다

18-13

桓公踐位十九年, 弛關市之征, 五十而取一. 賦祿以粟, 案田而稅. 二歲而稅一, 上年什取三, 中年什取二, 下年什取一, 歲飢不稅, 歲飢弛而稅.

제환공은 보위에 오른 지 19년이 되던 해에 관시關市의 징수를 크게 완화해 이익의 50분의 1을 세금으로 거두었다. 농지에 관한 세금은 곡식으로 거두면서 전답의 비척肥瘠을 고려해 세금을 매겼다. 2년에 한 번씩 세금을 부과했는데 풍년이 든 해는 10분의 3, 평년은 10분의 2, 수확이 좋지 않은

해는 10분의 1을 거둬들였다. 기근이 든 해는 부과하지 않다가 기근이 풀리면 다시 거둬들였다.

부록이속賦祿以粟의 '록'은 기록할 록綠과 통한다. 여기서는 계산을 의미한다. 안전이세案田而稅의 '안'을 윤지장은 근거로 삼는 안按으로 새겼다.

18-14

桓公使鮑叔識君臣之有善者, 晏子識不仕與耕者之有善者, 高子識工賈之有善者. 國子爲李, 隰朋爲東國, 賓胥無爲西土, 弗鄭爲宅. 凡仕者近公, 不仕與耕者近門, 工賈近市. 三十里置遽, 委焉, 有司職之. 從諸侯欲通, 吏從行者, 令一人爲負以車. 若宿者, 令人養其馬, 食其委. 客與有司別契, 至國八契費, 義數而不當, 有罪. 凡庶人欲通, 鄉吏不通, 七日囚. 出欲通, 吏不通, 五日囚. 貴人子欲通, 吏不通, 二日囚. 凡縣吏進諸侯士而有善, 觀其能之大小, 以爲之賞, 有過無罪. 令鮑叔進大夫, 勸國家, 得之成而不悔, 爲上舉. 從政治爲次, 野爲原, 又多不發, 起訟不驕, 次之. 勸國家, 得之成而悔, 從政雖治, 而不能野原, 又多發, 起訟驕, 行此三者爲下. 令晏子進貴人之子, 出不仕, 處不華, 而友有少長, 爲上舉. 得二爲次. 得一爲下. 士處靖, 敬老與貴, 交不失禮, 行此三者爲上舉. 得二爲次. 得一爲下. 耕者農農用力, 應於父兄, 事賢多, 行此三者爲上舉. 得二爲次. 得一爲下. 令高子進工賈, 應於父兄, 事長養老, 承事敬, 行此三者爲上舉, 得二者爲次. 得一者爲下. 令國子以情斷獄. 三大夫既已選舉, 使縣行之. 管仲進而舉言, 上而見之於君, 以卒年君舉. 管仲告鮑叔曰, "勸國家不得成而悔, 從政不治, 不能野原, 又多而發, 訟驕, 凡三者有罪無赦." 告晏子曰, "貴人子處華, 下交, 好飲食, 行此三者, 有罪無赦. 士出入無常, 不敬老而營富, 行此三者, 有罪無赦. 耕者出入不應於父兄, 用力不農, 不事賢, 行此三者, 有罪無赦." 告國子曰, "工賈出入不應父兄, 承事不敬, 而違老治危, 行此三者, 有罪無赦. 凡於父兄無過, 州里稱之, 吏進之, 君用之. 有善無賞,有過無罰, 吏不進, 廉意. 於父兄無過, 於州里莫稱, 吏進之, 君用之. 善, 爲上賞. 不善, 吏有罰." 君謂國子, "凡貴賤之義, 入與父俱, 出與師俱, 上與君俱. 凡三者遇賊不死, 不知賊, 則無赦. 斷獄, 情與義易, 義與祿易, 易祿可無斂, 有可無赦."

제환공이 포숙아에게는 대부 중의 선행자, 안자晏子에게는 평민과 농부 중의 선행자, 고자高子에게는 상공인 중의 선행자가 있으면 반드시 기록케 했다. 또 국자國子에게는 감옥과 소송 관련 사안, 습붕에게는 동쪽 제후국 관련 사안, 빈서무에게는 서쪽 제후국 관련 사안, 불정弗鄭에게는 택지 관련 사안을 담당케 했다. 이어 관원은 궁궐 부근, 평민과 농부는 성문 부근, 상공인은 저자 부근에 살게 했다. 30리마다 역참을 설치한 뒤 그 안에 물자를 비축하고, 관원을 두어 이를 관장케 했다. 제후를 수종하면서 제나라를 지나고자 할 경우 제나라로 들어온 관원과 수행원을 위해 역참의 관원은 개인용 수레를 보내 이들의 짐을 운송해 주도록 했다. 역참에서 숙박코자 할 경우는 관원으로 하여금 말을 먹이고, 비축한 물자로 손님에게 음식을 대접케 했다. 제나라로 온 빈객과 역참의 관원이 별도의 계약을 맺으면 빈객이 도성으로 들어온 뒤 계약서의 내용을 좇아 비용을 납입케 했다. 접대비나 접대예절이 합당치 않으면 역참의 관원을 죄로 다스렸다. 서민이 위에 진정코자 할 때 향리가 바로 처리하지 않고 7일을 끌거나, 선비가 위에 진정코자 할 때 해당 관아의 관원이 바로 처리하지 않고 5일을 끌거나, 귀인의 자제가 위에 진정코자 할 때 관원이 바로 처리하지 않고 2일 동안 끌거나 하면 곧바로 구속했다. 각 현縣의 관원이 제후국의 선비를 천거할 경우 천거된 선비가 일을 잘하면 그 능력의 크기를 살펴 천거한 관원에게 합당한 상을 주고, 천거된 선비에게 과실이 있을지라도 천거한 관원의 죄를 면해 주었다. 또 포숙아에게는 대부를 천거케 하면서 나라를 위해 애쓴 덕분에 성과를 거두고 과실이 없는 자를 상등으로 분류케 했다. 또 정치에 종사하면서 조정의 정무에 힘써 들판이 대거 개간되고, 옥송獄訟을 다루면서 사실에 입각해 처리하며 교만하지 않은 자를 중등으로 분류케 했다. 나라를 위해 애써 나름 성과를 거두기는 했으나 과실이 있거나, 조정의 정무에 힘써 나름 성과를 거두기는 했으나 재능이 없거나, 들판이 대거 개간되지 않거나, 옥송을 사실에 입각해 처리하지 않고 교만한 모습을 보이는 자는 하등으로 분류케 했다. 안자에게는 귀인의 자제 등을 천거케 하면서 밖으로 나가서는 방종하지 않고, 평소 사치스럽지 않고, 노소를 불문하고 교유하는 자를 상등으로 분류토록 했다. 3가지 중 2가지를 충족하면 중등, 1가지만 충족하면 하등으로 분류했다. 선비 가운데 평소의 태도가 공손하고, 노인과 귀인을 공경하고, 사람과 교유하면서 예절을 잃지 않는 자를 상등으로 분류토록 했다. 3가지 중 2가지를 충족하면 중등, 1가지만 충족하면 하등으로 분류했다. 농부 가운데 부지런히 농사를 짓고, 부형父兄에게 순응하고, 힘든 일을 마다하지 않는 자를 상등으로 분류케 했다. 3가지 중 2가지를 충족하면 중등, 1가지만 충족하면 하등으로 분류했다. 고자에게는 상공인을 천거케 하면서 부형에게 순응하고, 어른을 섬기면서 노인을 봉양하고, 정성을 다해 맡은 작업을 완수하는 자를 상등으로 분류토록 했다. 3가지 중 2가지를 충족하면 중등, 1가지만 충족하면 하등으로 분류했다. 국자에게는 사실에 입각해 옥송을 처리케 했다. 삼대부三大夫인 포숙아와 안자 및 고자의 인재천거 작업이 끝나자 각 현에 명해 이를 차질 없이 시행케 했다. 관중은 선발된 인재와 얘기를 나눈 뒤 제환공을 알현시키고, 그해 말까지 이들을 채용토록 했다. 관중이 포숙아에게 말했다.

"나라를 위해 일하면서 성과를 거두지도 못한 채 과실만 만들고, 조정의 정무를 담당하면서 일을 제대로 처리하지도 못한데다 능력도 없고, 들판에 황폐한 곳이 많고, 옥송을 다루면서 사실에 입각해 처리하지 않으면 이 3가지는 엄히 죄로 다스리고 결코 용서해서는 안 됩니다."

관중이 안자에게 말했다.

"귀인의 자제가 평소 사치하고, 경박한 자와 교유하고, 주식酒食과 유희를 좋아하면 이 3가지는 엄히 죄로 다스리고 결코 용서하면 안 됩니다. 선비가 행동에 절도가 없고, 노인을 공경하지 않고, 사리만 꾀하면서 부를 축적하는데 힘쓰면 이 3가지는 엄히 죄로 다스리고 결코 용서해서는 안 됩니다. 농부가 부형에게 순응하지 않고, 농사에 힘쓰지 않고, 힘든 일을 회피하면 이 3가지는 엄히 죄로 다스리고 결코 용서해서는 안 됩니다."

관중이 국자에게 말했다.

"상공인이 부형에게 순응하지 않고, 맡은 작업을 완수하지 않고, 어른의 가르침을 어기며 간교한 짓을 행하면 이 3가지는 엄히 죄로 다스리고 결코 용서하면 안 됩니다. 무릇 부형에게 잘못을 저지르지 않았고, 해당 지역에서 칭송이 자자하고, 관원이 그를 천거하면 그를 임용토록 하십시오. 관원이 선행을 포상하지 않거나, 죄과를 처벌하지 않거나, 인재를 천거치 않거나 하면 즉각 파면토록 하십시오. 부형에게 잘못을 저지르지는 않았고, 해당 지역에서 칭송하지 않았는데도 관원이 그를 천거하면 그를 임용토록 하십시오. 그가 일을 잘하면 천거한 관원에게 상등의 상을 주고, 일을 잘하지 못하면 해당 관리에게 벌을 내리십시오."

제환공이 곧 국자에게 일렀다.

"무릇 귀천의 원칙에 따르면 집에서는 부형과 함께 하고, 밖에서는 스승과 함께 하고, 위로는 군주와 함께 해야 하오. 만일 부형과 스승 및 군주가 도적을 만났는데 사력을 다해 구하지 않거나, 해를 입었는데도 이를 모르면 엄히 죄로 다스리고 결코 용서해서는 안 되오. 또한 옥송을 처결할 때 인정과 국법을 맞바꾸거나, 국법과 권세를 맞바꾸거나, 권세가에게 국법적용의 배제를 약속하거나 했으면 이는 엄히 죄로 다스리고 결코 용서해서는 안 되오."

포숙식군신지유선자鮑叔識君臣之有善者의 '식'을 윤지장은 기억할 지志

로 새겼다. '군신'을 왕인지는 여러 대부大夫를 지칭하는 군신群臣의 잘못으로 보았다. 국자위리國子爲李의 '리'를 윤지장은 옥관獄官으로 새겼다. '리'는 리理와 통용됐다. 불정위택弗鄭爲宅의 '불정'은 대부의 이름이다. '택'은 택지를 관장하는 관명官名으로 사택司宅에 해당한다. 사자근공仕者近公의 '공'이 송본을 제외한 여타 판본에는 궁宮으로 되어 있다. 곽말약은 문맥상 '궁'으로 보아야 한다고 했다. 삼십리치거三十里置遽의 '거'는 역참驛站을 지칭한다. 위언委焉의 '위'를 윤지장은 적취積聚의 의미로 새겼다.

지국팔계비至國八契費의 '팔八'을 도홍경은 입入의 잘못으로 보았다. 곽말약은 '입'을 납입納入의 의미로 새겼다. '계비'는 계약서에 따른 비용을 의미한다. 의수이부당義數而不當의 '의'는 의儀와 통하고, '수'는 비용을 뜻하는 수목數目의 의미이다. '이'는 조건을 표시하는 부사로 약若과 같다. 출욕통出欲通의 '출'을 유적은 사士의 오자로 보았다. 득지성이불회得之成而不悔의 '득지성'을 유사배는 유공有功의 뜻인 득성得成의 잘못으로 보았다. '회'는 허물 구咎의 뜻이다. 종정치위차從政治爲次의 '위차'를 왕인지는 연자로 보았다. 야위원野爲原의 '위'를 허유휼은 「내언」편 '계'의 주에 '위'를 여與로 새긴 것을 근거로 야여원野與原으로 새겼다. 우다불발又多不發의 '불발'을 홍이훤은 불폐不廢로 새겼다. 고대에 발發과 폐廢는 통용됐다.

행차삼자위하行此三者爲下의 '행차삼자'를 왕인지는 연자로 보았고, 손촉승은 아래 구절의 위상거爲上擧 위에 나오는 글이 잘못 끼어든 것이라고 했다. 해석에서 이를 좇았다. 사처정士處靖의 '정'은 공경恭敬의 뜻이다. 농농용력農農用力의 '농농'을 두고 왕인지는 면勉의 뜻을 지닌 '농' 자가 후대인에 의해 겹치게 됐다고 보았다. 이에 대해 곽말약은 부지런하다는 뜻의 농농濃濃으로 새겼다. 응어부형應於父兄은 부모형제에 순응한다는 의미이다. 사현다事賢多의 '현'을 대망은 힘들 노勞, 사호범은 어려울 간艱으로 새겼다. 관중진이거언管仲進而擧言의 '거'를 도홍경은 여與로 새겼다.

출입무상出入無常은 들고나는 행동에 절도가 없다는 뜻이다. 고국자왈告

國子曰의 '국자'를 하여장은 문맥상 고자高子의 잘못이라고 했다. 이위로치위而違老治危의 '위'를 소여는 詭詭의 가차라고 했다. 염의廉意를 곽말약은 폐기廢棄의 오자로 보았다. 역록가무렴易祿可無斂의 '역'을 곽말약은 고본을 좇아 없애야 한다고 했다. '렴'은 검속檢束의 뜻이다. 유가무사有可無赦의 '유가'를 왕념손은 유죄有罪의 오자로 보았다.

제19장 중광(中匡)

'중광'은 기록된 내용이 「내언」의 '대광'과 '소광'의 중간쯤 된다는 취지에서 붙여진 것이다. 「내언」의 '대광'과 마찬가지로 치국평천하의 방략을 둘러싼 관중과 제환공 간의 대화로 이뤄져 있다. 관중은 패업을 이루기 위해서는 먼저 민심을 얻어 나라를 안정시킨 뒤 제후들의 신임을 얻어야 한다고 역설하고 있다. 이는 고금을 관통하는 기본 이치이기도 하다.

19-1

管仲會國用, 三分二在賓客, 其一在國, 管仲懼而復之. 公曰, "吾子猶如是乎? 四鄰賓客, 入者說, 出者譽, 光名滿天下. 入者不說, 出者不譽, 汙名滿天下. 壤可以爲粟, 木可以爲貨. 粟盡則有生, 貨散則有聚. 君人者, 名之爲貴, 財安可有?" 管仲曰, "此君之明也." 公曰, "民辦軍事矣, 則可乎?" 對曰, "不可. 甲兵未足也. 請薄刑罰以厚甲兵." 於是死罪不殺, 刑罪不罰, 使以甲兵贖. 死罪以犀甲一戟, 刑罰以脅盾一戟, 過罰以金軍, 無所計而訟者, 成以束矢. 公曰, "甲兵既足矣, 吾欲誅大國之不道者, 可乎?" 對曰, "愛四封之內, 而後可以惡竟外之不善者. 安卿大夫之家, 而後可以危救敵之國 賜小國地, 而後可以誅大國之不道者. 擧賢良, 而後可以廢慢法鄙賤之民. 是故先王必有置也, 而後必有廢也. 必有利也, 而後必有害也." 桓公曰, "昔三王者旣弑其君, 今言仁義, 則必以三王爲法度, 不識其故何也?" 對曰, "昔者, 禹平治天下, 及桀而亂之, 湯放桀以定禹功也. 湯平治天下, 及紂而亂之, 武王伐紂以定湯功也. 且善之伐不善也, 自古至今, 未有改之, 君何疑焉?" 公又問曰, "古之亡國其何失?" 對曰, "計得地與寶而不計失諸侯. 計得財委而不計失百姓. 計見親而不計見棄. 三者之屬, 一足以削, 遍而有者亡矣. 古之隳國家·隕社稷者, 非故且爲之也, 必少有樂焉, 不知其陷於惡也."

관중이 나라 재정을 모두 따져보니 3분의 2가 빈객용, 3분의 1이 국용國用으로 사용됐다. 크게 놀라 즉각 보고하자 제환공이 태연히 말했다.

"그대는 왜 이처럼 놀라는 것이오? 사방의 빈객이 우리 제나라로 와 크게 기뻐하고, 떠난 후 크게 칭송하면 광명光名이 천하에 가득 차게 되오. 우리 제나라를 방문한 자가 기뻐하지 않고, 떠난 후 칭송하지 않으면 오명汚名이 천하게 가득 차게 되오. 땅은 늘 곡물을 생산하고, 목재는 늘 재화로 바꿀 수 있소. 곡물은 고갈되면 다시 생산하면 되고, 재화는 흩어지면 다시 쌓으면 되오. 군주에게는 명성이 가장 귀하오. 굳이 재화를 논할 필요가 있겠소?"

관중이 감탄했다.

"이는 군주가 밝게 살피는 것입니다."

제환공이 물었다.

"백성들이 이제 전쟁을 치를 준비를 모두 마쳤소. 무도한 대국을 치고자 하는데, 과연 이게 가능하겠소?"

관중이 대답했다.

"아직 안 됩니다. 갑옷과 무기가 아직 충분하지 않습니다. 청컨대 형벌을 가볍게 해 갑옷과 무기를 보충토록 하십시오."

이에 죽을죄에 해당하는 사죄死罪를 범한 자는 사형시키지 않고, 형벌을 받는 통상적인 죄인 형죄刑罪를 범한 자는 벌하지 않고, 대신 갑옷과 무기를 바치고 속죄贖罪토록 했다. 사죄는 무소 갑옷과 미늘창 한 자루, 형죄는 가슴을 보호하는 방패와 미늘창 한 자루, 과실로 인한 죄는 금붙이 1균鈞으로 속죄하게 했다. 특별한 까닭도 없이 쟁송한 자는 화살 다발로 논죄토록 했다. 제환공이 관중에게 물었다.

"이제 갑옷과 무기가 넉넉해졌소. 무도한 대국을 치고자 하는데 가능하겠소?"

관중이 대답했다.

"국내의 백성을 애틋하게 여긴 뒤 비로소 국외의 악인을 미워할 수 있고, 경대부의 집안을 편히 한 뒤 비로소 원수의 나라를 해칠 수 있고, 소국에 은혜를 베푼 뒤 비로소 무도한 대국을 벌할 수 있고, 현량한 인재를 등용한 뒤 비로소 법을 어기는 천민을 내칠 수 있습니다. 선왕이 반드시 먼저 세워준 뒤 폐하고, 먼저 이롭게 한 뒤 해를 가한 이유입니다."

환공이 물었다.

"옛날 삼왕三王은 신하로서 그 군주를 시해한 자들이오. 지금 인의仁義를 말하면서 반드시 삼왕을 규범으로 삼고자 하니 그 까닭을 모르겠소."

관중이 대답했다.

"옛날 하나라 우왕은 천하를 평정했으나 걸桀에 이르러 어지러워졌습니다. 은나라 탕왕이 걸을 방벌放伐해 우왕의 공업을 안정시켰습니다. 탕왕은 천하를 평정했으나 주紂에 이르러 다시 어지러워졌습니다. 무왕이 주를 방벌해 탕왕의 공업을 안정시켰습니다. 선이 악을 벌하는 것은 예로부터 지금까지 바뀐 적이 없습니다. 군주는 무엇을 의심하는 것입니까?"

제환공이 또 물었다.

"옛날 나라를 망친 자는 무슨 잘못을 저지른 것이오?"

관중이 대답했다.

"영토와 보물을 얻는 것에 연연해한 나머지 제후들로부터 신뢰를 잃는 것을 생각지 못하고, 재부의 축적에 연연해한 나머지 민심이 이반하는 것을 생각지 못하고, 가까이 다가오는 백성에 연연해한 나머지 버림받는 백성을 생각지 못했기 때문입니다. 이 3가지 가운데 1가지만 범해도 나라가 쇠약해지고, 3가지 모두 범하면 이내 패망하고 맙니다. 옛날 나라가 패망하고 사직이 무너진 배경은 반드시 이런 이유에서만 비롯된 게 아닙니다. 잠시 음락淫樂을 즐기려다가 자신도 모르는 사이 악행의 깊은 심연에 빠지는 것을 깨닫지 못한 게 근본이유입니다."

관중회국용管仲會國用의 '회'는 회계會計 내지 총계를 뜻한다. 구이복지懼而復之의 '복'은 보고의 의미이다. 입자열入者說의 '열'은 열悅의 뜻이다. 재안가유財安可有를 곽말약은 재언하유財焉何有의 잘못으로 보았다. 굳이 재화를 논한 이유가 있겠느냐는 뜻이다. '민판군사의民辦軍事矣, 즉가호則可乎'의 '판'을 대망은 원본元本에 변辨으로 되어 있다고 했다. 이 구절을 두고 도홍경은 전사傳寫 과정에 오탈誤脫이 있었다며 '민판군사의民辦軍事矣, 오욕지부도자吾欲誅大國之不道者, 가호可乎'의 잘못이라고 했다.

서갑일극犀甲一戟은 무소가죽으로 만든 갑옷 1벌과 끝이 낚시바늘처럼 갈라진 미늘 창 1자루를 뜻한다. 형벌이협순일극刑罰以脅盾一戟의 '형벌'을 왕인지는 형죄刑罪의 오자로 보았다. 과벌이금군過罰以金軍의 '금군'을 왕인지는 금 1균鈞을 내는 금균金鈞의 잘못이라고 했다. 여기의 '금'은 동철銅鐵 등의 금속을 통칭한 말이다. 1균은 30근에 해당한다.

무소계無所計를 소여는 몸을 굽혀 억누르거나 복종하는 굴억屈抑 내지 위굴委屈로 인한 원망이 없는 무소억無所抑의 오자라고 했다. 성이속시成以束矢의 '속시'는 화살 다발을 뜻한다. '속'을 『회남자』「범론훈」의 고유 주는 화살 20개를 1속으로 풀이했다. 위구적지국危救敵之國의 '구적'을 왕인지는 구적仇敵과 같다고 했다. 고대에는 구仇, 구救, 구執가 서로 통용됐다. 위적委積은 재부의 저축을 뜻한다. 휴국가隳國家의 '휴'는 무너뜨릴 훼괴毁壞의 뜻이다. 운사직隕社稷의 '운'은 사멸死滅의 의미이다. 비고차위지非故且爲之의 '고'를 허유휼은 어떤 한 가지 이유만을 뜻하는 전고專故, '차'를 어조사로 보왔다.

19-2

桓公謂管仲曰, “請致仲父.” 公與管仲父而將飮之, 掘新井而柴焉, 十日齋戒, 召管仲. 管仲至, 公執爵, 夫人執尊, 觴三行, 管仲趨出. 公怒曰, “寡人齋戒十日而飮仲父, 寡人自以爲脩矣. 仲父不固寡人而出, 其故何也?” 鮑叔·隰朋趨而出, 及管仲於途, 曰, “公怒!” 管仲反, 入, 倍屛而立, 公不與言. 少進中庭, 公不與言. 少進傅堂, 公曰, “寡人齋戒十日而飮仲父, 自以爲脫於罪矣. 仲父不告寡人而出, 未知其故也.” 對曰, “臣聞之, 沉於樂者洽於憂, 厚於味者薄於行, 慢於朝者緩於政, 害於國家者危於社稷. 臣是以敢出也.” 公遽下堂曰, “寡人非敢自爲脩也. 仲父年長, 雖寡人亦衰矣, 吾願一朝安仲父也.” 對曰, “臣聞壯者無怠, 老者無偸, 順天之道, 必以善終者也. 三王失之也, 非一朝之萃. 君奈何其偸乎?” 管仲走出, 君以賓客之禮再拜送之.

제환공이 관중에게 말했다.

“청컨대 중보仲父를 초청해 주연을 즐기고자 하오.”

제환공이 먼저 주연을 베풀기 위해 새 우물을 파고 섶으로 우물 입구를 덮었다. 10일 동안 재계한 뒤 관중을 불렀다. 관중이 오자 제환공과 부인이 술잔을 들어 건배했다. 술잔이 3차례 돌자 관중이 문득 빠른 걸음으로 물러나왔다. 제환공이 화를 냈다.

“과인은 10일 동안 재계한 뒤 연회를 베풀어 중보를 청했다. 예의를 다한 셈이다. 그런데 중보는 과인에게 인사도 없이 물러가니 이는 무슨 까닭인가?”

포숙아와 습붕이 급히 뛰쳐나가 귀가 중인 관중을 만났다.

“군주가 노했소!”

관중이 되돌아와 문 안으로 들어온 뒤 병풍을 등지고 서자 제환공은 말도 하지 않으려고 했다. 관중이 조금 더 나아가 중정中庭에 이르렀으나 여전히 말을 걸지 않았다. 관중이 좀 더 앞으로 나아가 청당廳堂 부근에 이르자 비로소 말했다.

"과인은 10일 동안 재계한 뒤 연회를 베풀어 중보를 청했소. 결코 결례를 한 것은 아니라고 생각하오. 그런데 중보는 과인에게 인사도 하지 않은 채 물러나니 과인은 그 까닭을 모르겠소."

관중이 대답했다.

"신이 듣건대, '음악을 즐기는 자는 우환에 빠지고, 맛을 즐기는 자는 덕행을 가벼이 여기고, 국사를 소홀히 하는 자는 정사를 그르치고, 국익을 해치는 자는 사직을 위태롭게 한다.'고 했습니다. 신이 감히 연회장을 빠져나온 이유입니다."

제환공이 크게 놀라 급히 당 아래로 내려와 사과했다.

"과인이 홀로 구차하게 안락을 탐하고자 한 게 아니오. 중보도 나이를 먹고 과인 역시 늙어가는 까닭에 중보를 하루라도 즐겁게 해주고자 그리했던 것이오."

관중이 말했다.

"신이 듣건대, '젊어서는 나태하지 않고, 늙어서는 안락을 탐하지 않고, 천도에 응해야만 반드시 좋은 결과를 얻을 수 있다.'고 했습니다. 하나라 걸과 은나라 주, 주나라 유왕幽王이 천하를 잃은 것은 하루아침에 그리된 게 아닙니다. 군주가 어찌 한가하게 안락을 탐할 수 있겠습니까?"

관중이 문밖으로 나갈 때 제환공이 그를 빈객의 예로 재배再拜하며 배웅했다.

청치중보請致仲父의 '중보'는 관중의 존칭으로 '보'는 남자의 미칭인 보甫와 통한다. 고본에는 '중보' 밑에 기환其桓 2자가 덧붙여져 있다. 환桓은 자리에서 서성이는 반환盤桓을 뜻한다. 술잔을 돌리며 즐기는 것을 의미한다. 공여관중보公與管仲父의 '여'를 유월은 우선을 뜻하는 예預로 새겼다. 굴신정이시掘新井而柴는 새 우물을 파고 섶으로 우물 입구를 덮었다는 뜻이다. 청결히 하여 공경의 뜻을 드러내려는 행보이다. 당시 우물을 청소할 때는 섶으로 우물 입구를 덮었다.

공집작公執爵의 '작'은 술잔을 뜻하는 말로 술을 채우거나 덮힐 때 사용했다. 상삼행觴三行의 '상'은 술잔을 말한다. 고대의 예절에 따르면 신하들은 연회에서 3잔 이상 마시면 실례를 범하는 것으로 간주됐다. 소진부당少進傅堂은 좀 더 앞으로 나아가 이내 청당廳堂 가까운 곳으로 다가갔다는 뜻이다. '부'를 곽말약은 다가갈 박迫과 통하는 박薄으로 새겼다. 침어락자흡어우沉於樂者洽於憂의 '침'은 침윤浸潤 내지 침닉沉溺의 뜻이다. 자위수自爲脩의 '수'를 곽말약은 구차하게 탐할 투偸의 잘못으로 보았다. 비일조지췌非一朝之萃의 '췌'를 유월은 졸猝의 잘못으로 파악했다.

19-3

明日, 管仲朝, 公曰, "寡人願聞國君之信." 對曰, "民愛之, 鄰國親之, 天下信之, 此國君之信." 公曰, "善. 請問信安是而可?" 對曰, "始於爲身, 中於爲國, 成於爲天下." 公曰, "請問爲身." 對曰, "道血氣以求長年, 長心, 長德, 此爲身也." 公曰, "請問爲國." 對曰, "遠擧賢人, 慈愛百姓, 外存亡國, 繼絶世, 起諸孤, 薄稅斂, 輕刑罰, 此爲國之大禮也." "法行而不苛, 刑廉而不赦, 有司寬而不淩, 菀濁困滯, 皆法度不亡, 往行不來, 而民游世矣, 此爲天下也."

다음날 관중이 조회 차 입조入朝하자 제환공이 청했다.

"과인은 원컨대 군주의 신뢰에 관해 듣고자 하오."

관중이 대답했다.

"백성이 사랑하고, 주변국에서 친부親附하고, 천하의 백성이 믿으면 됩니다. 그게 군주의 신뢰입니다."

제환공이 물었다.

"좋은 말이오. 묻건대 믿음은 어디서부터 시작해야 좋은 것이오?"

관중이 대답했다.

"자기 몸을 다스리는 치신治身에서 시작합니다. 치국治國을 거쳐 치천하治天下에서 완성됩니다."

제환공이 또 물었다.

"치신에 관해 묻고자 하오."

관중이 대답했다.

"혈기를 잘 통하게 하여 장수를 꾀하고, 사려를 깊게 하고, 덕성을 키우는 것이 치신의 계책입니다."

제환공이 다시 물었다.

"치국에 관해 묻고자 하오."

관중이 대답했다.

"자신과 소원한 관계에 있는 현자를 널리 발탁하고, 백성을 자애롭게 보살피고, 밖으로 패망한 나라를 다시 일으켜 세우면서 대가 끊어진 군주의 후사를 이어주고, 나라를 위해 죽은 자의 자식을 임용하고, 세금을 엷게 하고, 형벌을 가볍게 하면 됩니다. 이것이 치국의 대원칙입니다."

제환공이 거듭 물었다.

"치천하에 관해 묻고자 하오."

"법령을 시행하되 가혹하지 않고, 형벌을 줄이되 함부로 사면하지 않고, 관원이 관용을 베풀되 집행을 어기지 않고, 고독과 곤경에 처한 자들이 법도를 잊지 않고, 사람들이 압박을 받지 않고, 백성이 화락和樂하면 됩니다. 이것이 치천하의 계책입니다."

시어위신始於爲身의 '위'를 『여씨춘추』「집일執一」의 고유 주는 치治로 새겼다. 성어위천하成於爲天下의 '성'을 『국어』「주어 하」의 위소 주는 종終으로 풀이했다. 장덕長德의 '장'을 곽말약은 양養으로 읽었다. 법행이불가法行而不苛를 두고 장패륜은 앞에 '공왈公曰, 청문위천하請問爲天下' 구절이 와야 한다고 했다. '위천하'는 치천하治天下와 같다. 해석에서 이를 좇았다. 관이불릉寬而不淩의 '릉'은 늦춘다는 뜻으로 마치 구릉이 세월이 지나면서 평평해진다는 뜻의 능지淩遲 내지 능지陵遲와 같다.

완탁곤체菀濁困滯를 두고 야스이는 '완'을 굴屈, '탁'을 욕辱, '곤'을 궁窮, '체'를 엄淹으로 새겼다. 이에 대해 장패륜은 '완탁'을 고독과 근심을 뜻하는 경독煢獨의 오자로 보고, '곤체'를 궁곤窮困으로 새겼다. 법도불망法度不亡의 '망'은 망忘의 뜻이다. 왕행불래往行不來의 '래'가 일부 판본에는 칙勑의 옛 글자인 칙朿으로 되어 있다. 불칙不勑은 압박을 받지 않는다는 뜻이 된다. 이에 대해 여상봉은 래來를 원래 위로하거나 교정한다는 뜻의 래勑의 옛 글자라고 했다. 불래不勑는 곧 고칠 것을 명하는 간섭을 받지 않는다는 의미가 된다. '불칙'과 '불래'의 의미에 근본적인 차이는 없는 셈이다. 래勑와 칙勑이 닮은 데서 2가지 유형의 글자가 나온 듯하다. 민유세의民游世矣의 '유세'를 유월은 화락和樂의 뜻을 지닌 유설游泄로 풀이했다.

제20장 소광(小匡)

'소광'은 서간의 내용이 가장 짧다는 취지에서 붙여진 것이다. 이 장에서는 포숙아가 관중을 제환공에게 천거하고, 관중이 제환공을 보필해 패업을 이룬 과정이 기록돼 있다. 곽말약은 크게 4단계로 나눠 분석했다. 이 장을 통해 당시 제환공이 명군으로 불리고, 관중은 사람과 사물을 잘 파악하는 찰상察相으로 칭송된 배경을 짐작할 수 있다. 일각에서는 내용이 『국어』「제어」과 유사한 점에 주목해 후대인이 「제어」의 일부 내용을 가다듬어 삽입시킨 것으로 보고 있다.

20-1

桓公自莒反于齊, 使鮑叔牙爲宰. 鮑叔辭曰, "臣, 君之庸臣也. 君有加惠於其臣, 使臣不凍飢, 則是君之賜也. 若必治國家, 則非臣之所能也, 其唯管夷吾乎? 臣之所不如管夷吾者五. 寬惠愛民, 臣不如也. 治國不失秉, 臣不如也. 忠信可結於諸侯, 臣不如也. 齊禮義可法於四方, 臣不如也. 介胄執枹, 立於軍門, 使百姓皆加勇, 臣不如也. 夫管仲, 民之父母也. 將欲治其子, 不可棄其父母." 公曰, "管夷吾親射寡人, 中鉤, 殆於死. 今乃用之, 可乎?" 鮑叔曰, "彼爲其君動也, 君若宥而反之, 其爲君亦猶是也." 公曰, "然則爲之奈何?" 鮑叔曰, "君使人請之魯." 公曰, "施伯, 魯之謀臣也. 彼知吾將用之, 必不吾予也." 鮑叔曰, "君詔使者曰, '寡君有不令之臣在君之國, 願請之以戮羣臣.' 魯君必諾. 且施伯之知夷吾之才, 必將致魯之政, 夷吾受之, 則魯能弱齊矣. 夷吾不受, 彼知其將反於齊, 必殺之." 公曰, "然則夷吾受乎?" 鮑叔曰, "不受也. 夷吾事君無二心." 公曰, "其於寡人猶如是乎?" 對曰, "非爲君也, 爲先君與社稷之故. 君若欲定宗廟, 則亟請之. 不然, 無及也."

제환공이 거나라에서 제나라로 돌아와 보위에 오른 뒤 포숙아를 재상으로 삼고자 했다. 포숙아가 사양했다.

"신은 군주 휘하에 있는 평범한 수준의 용신庸臣일 뿐입니다. 군주가 신에게 은혜를 베풀어 신을 춥거나 굶주리지 않게 해주고 있으니 이는 군주의 은덕입니다. 신에게 치국의 소임을 맡기면 이는 신이 감당할 수 있는 게 아닙니다. 그 적임자는 신이 아니라 오직 관중밖에 없습니다. 신이 관중보다 못한 것이 5가지 있습니다. 첫째, 관대하고 은혜로운 자세로 백성을 사랑하는 것이 그보다 못합니다. 둘째, 치국 과정에서 상벌의 칼자루를 잃지 않는 것이 그보다 못합니다. 셋째, 충신忠信으로 제후들과 결맹하는 것이 그보다 못합니다. 넷째, 예제를 정비해 천하가 본받도록 만드는 것이 그보다 못합니다. 다섯째, 투구를 쓴 채 북채를 들고 군문軍門 앞에 서서 장병들을 모두 용맹하게 만드는 것이 그보다 못합니다. 무릇 관중은 백성의 부모입니다. 장차 자식을 다스리고자 하면서 그 부모를 버릴 수는 없는 일입니다."

제환공이 물었다.

"관중은 직접 과인에게 활을 쏘아 과인의 허리띠를 맞힌 자요. 당시 과인은 거의 죽을 뻔했소. 지금 그를 재상으로 쓰는 게 말이 되는 얘기요?"

포숙아가 대답했다.

"당시 그는 자신의 주군인 공자 규를 위해 그리 한 것입니다. 만일 군주가 그를 용서해 제나라로 돌아오도록 하면 그는 군주를 위해서도 그리 할 것입니다."

제환공이 물었다.

"그리하려면 어찌해야 되오?"

포숙아가 대답했다.

"군주가 사람을 노나라로 보내 그를 돌려보내도록 청하십시오."

제환공이 말했다.

"시백施伯은 노나라의 모신謀臣이오. 과인이 장차 관중을 등용코자 하는 것을 알면 그는 반드시 돌려보내지 않을 것이오."

포숙아가 대답했다.

"군주는 사자를 통해 전하기를, '과군寡君의 명을 따르지 않는 신하가 지금 노나라에 있소. 원컨대 여러 군신들 앞에서 그를 죽이고자 하오.'라고 하십시오. 노나라 군주가 반드시 허락할 것입니다. 시백은 관중의 재주를 알기 때문에 반드시 노나라의 정사를 맡기고자 할 것입니다. 관중이 이를 받아들이면 노나라는 제나라를 약화시킬 수 있습니다. 관중이 받아들이지 않으면 시백은 관중이 장차 제나라로 돌아갈 것을 알고 반드시 죽이고야 말 것입니다."

제환공이 물었다.

"그렇다면 관중이 시백의 제의를 받아들인다는 것이오?"

포숙아가 대답했다.

"받아들이지 않을 것입니다. 관중은 군주를 섬기면서 두 마음을 품지 않습니다."

제환공이 다시 물었다.

"그가 과인에게도 여전히 그리 할 것 같소?"

포숙아가 대답했다.

"군주 때문이 아니라 선군과 사직을 위해 그리할 것입니다. 군주가 종묘사직을 안정시키고자 하면 속히 그를 돌려보내도록 청하십시오. 그리 하지 않으면 때를 놓칠 것입니다."

군유가혜君有加惠의 '유'는 우又와 같다. 치국부실병治國不失秉의 '병'을 윤지장은 상벌의 칼자루를 뜻하는 병柄으로 새겼다. 개주집포介冑執枹의 '개주'는 갑옷을 뜻하는 갑주甲冑와 같다. '포'는 북채로 부桴와 같다. 피위기군동야彼爲其君動也의 '동'은 근勤 내지 로勞와 통한다. 육군신戮羣臣이 고본에는 육어군신戮於群臣으로 되어 있다.

20-2

公乃使鮑叔行成, 曰, "公子糾, 親也. 請君討之." 魯人爲殺公子糾. 又曰, "管仲, 讎也. 請受而甘心焉." 魯君許諾. 施伯爲魯侯曰, "勿予. 非戮之也, 將用其政也. 管仲者, 天下之賢人也, 大器也. 在楚則楚得意於天下, 在晉則晉得意於天下, 在狄則狄得意於天下. 今齊求而得之, 則必長爲魯國憂, 君何不殺而受之其屍?" 魯君曰, "諾." 將殺管仲, 鮑叔進曰, "殺之齊, 是戮齊也. 殺之魯, 是戮魯也. 弊邑寡君願生得之, 以徇於國, 爲羣臣僇. 若不生得, 是君與寡君賊比也, 非弊邑之君所謂也, 使臣不能受命." 於是魯君乃不殺, 遂生束縛而柙以予齊. 鮑叔受而哭之, 三擧. 施伯從而笑之, 謂大夫曰, "管仲必不死. 夫鮑叔之忍, 不僇賢人. 其智, 稱賢以自成也. 鮑叔相公子小白, 先入得國, 管仲·召忽奉公子糾, 後入, 與魯以戰, 能使魯敗, 功足以. 得天與失天, 其人事一也. 今魯懼, 殺公子糾·召忽, 因管仲以予齊, 鮑叔知無後事, 必將勤管仲以勞其君願, 以顯其功. 衆必予之有得. 力死之功, 猶尙可加也. 顯生之功, 將何如! 是昭德以貳君也, 鮑叔之知不是失也." 至於堂阜之上, 鮑叔祓而浴之三. 桓公親迎之郊, 管仲詘纓捷衽, 使人操斧而立其後. 公辭斧三, 然後退之. 公曰, "垂纓下衽, 寡人將見." 管仲再拜稽首, 曰, "應公之賜, 殺之黃泉, 死且不朽."

제환공이 이내 포숙아를 보내 노나라와 화친을 맺은 뒤 노장공에게 이같이 전하게 했다.

"공자 규는 과인의 친족이오. 친족을 과인이 직접 죽일 수 없으니 청컨대 대신 그를 토벌해주기 바라오."

노나라 사람이 공자 규를 죽였다. 포숙아가 청했다.

"관중은 과군의 원수입니다. 청컨대 그를 돌려보내 과군을 기쁘게 해 주십시오."

노장공이 허락하려고 하자 시백이 간했다.

"보내지 마십시오. 그를 죽이려는 게 아니라 그를 등용해 정사를 맡기려고 그러는 것입니다. 관중은 천하의 현인이고, 큰 그릇입니다. 초나라에 머물면 초나라가, 중원의 진晉나라에 머물면 진나라가, 적인狄人의 땅에 머물면 적인이 천하에 뜻을 얻을 것입니다. 지금 제나라가 그를 얻으면 오랫동안 노나라의 우환이 될 것입니다. 군주는 어찌하여 그를 죽인 뒤 그 시체를 보내려 하지 않는 것입니까?"

"잘 알겠소."

노장공이 곧 관중을 죽이려고 하자 포숙아가 앞으로 나아가 말했다.

"그를 제나라에서 죽이면 제나라의 죄인을 죽이는 게 됩니다. 그러나 노나라에서 그를 죽이면 이는 노나라의 죄인을 죽이는 게 됩니다. 과군은 그를 산 채로 잡아다가 제나라 백성들에게 두루 공개하고 군신群臣들 앞에서 죽이려고 합니다. 만일 산 채로 잡아다가 죽이지 못하면 곧 노나라 군주가 과군의 역적과 행보를 함께 하는 게 됩니다. 이는 과군이 원하는 바가 아닙니다. 신 또한 그 명을 따를 수 없습니다."

노장공이 관중을 죽이지 못하고 이내 산 채로 포박해 제나라 사자에게 인계했다. 포숙아가 관중을 인수받고는 애도하는 차원에서 곡을 한 뒤 3번 소리 높여 울었다. 시백이 포숙아를 뒤따라 나와 '노나라에 인재가 없다고 생각지 말라!'고 비웃고는 노나라 대부들에게 이같이 말했다.

"관중은 결코 죽지 않을 것이다. 포숙아의 위인이 인자해 현인을 죽이지 않을 것이고, 또한 지혜로운 까닭에 현자를 천거하는 것으로 공을 세우고자 할 것이다. 그는 이미 공자 소백을 모시고 제나라로 먼저 들어가 나라를 얻은 바 있다. 당시 관중과 소홀은 공자 규를 모시고 뒤늦게 제나라로 들어가고자 했다. 두 나라의 접전에서 그는 이미 노나라 군사를 격파하는 대공을 세웠다. 천시天時의 득실과 무관하게 인사人事에 진력하는 그의 자세가 이처럼 하나같다. 지금 노나라는 제나라의 보복이 두려운 나머지 공자 규와 소홀을 죽이고, 관중을 산 채로 제나라에 넘겨주었다. 포숙아는 뒤탈이 없을 것을 알고 반드시 제나라 군주에게 그를 천거해 그가 큰 공을 세우도록 도와줄 것이다. 그러면 제나라 신민은 포숙아를 두고 유덕有德하다고 칭송할 것이다. 그는 공자 규를 제거하고 공자 소백을 옹립한 것만으로도 이미 큰 공을 세웠다. 이에 그치지 않고 이제 제나라 군주로 하여금 생전에 관중을 부려 대업을 이루는 공까지 세우게 됐으니 이 얼마나 대단한 일인가! 이는 신하로서 덕을 밝혀 군주를 보좌하는 길이다. 포숙아의 지혜는 실로 자그마한 실수도 없다."

관중을 포박한 수레가 두 나라의 접경지역인 당부堂阜 근처에 이르자 포숙아가 재앙을 물리치는 푸닥거리를 행하고 관중을 3번 목욕시켰다. 제환공이 친히 교외까지 나와 관중을 맞이했다. 관중이 갓끈을 아래로 늘어뜨려 옷깃 사이에 넣는 식으로 죽을 채비를 한 뒤 사람을 시켜 도끼를 들고 자신의 뒤에 서 있게 했다. 제환공이 도끼를 든 자를 3번 꾸짖어 물러나게 한 뒤 이같이 말했다.

"갓끈을 내려뜨려 옷깃 사이에 넣었으니 내가 이제 그대를 만나볼 생각이오."

관중이 2번 절하고 머리를 조아리는 재배계수再拜稽首를 행하며 말했다.

"은사恩賜를 입었으니 설령 죽어서 황천에 갈지라도 영원히 그 은덕을 잊지 못할 것입니다."

사포숙행성使鮑叔行成의 '행성'은 화친을 맺는다는 뜻이다. '성'을 『사기』「월왕구천세가」에 대한 사마정의 『사기색은』 주는 화평을 구하는 평平

으로 새겼다. 수야讎也의 '수'가 일부 판본에는 구仇로 나온다. 청수이감심언請受而甘心焉이 이를 인용한 공영달의 『좌전정의』에는 청수이육지請受而戮之로 나온다. '수'는 수여할 수授와 통한다. 시육제야是戮齊也를 윤지장은 제나라를 위해 순절殉節케 만든다는 의미로 새겼다. 폐읍과군弊邑寡君의 '폐국'은 자국을 낮춰 부르는 말로 폐읍蔽邑과 같다. '과군' 역시 자국의 군주를 낮춰 부르는 말이다. 군주가 겸양의 뜻으로 자신을 과인寡人으로 표시하는 것과 같은 취지이다. '과'는 덕이 적다는 의미이다.

군여과군적비君與寡君賊比의 '과군적'은 과군의 원수라는 뜻이다. '비'는 어깨를 나란히 하며 뜻을 같이한다는 의미이다. 폐읍지군소위弊邑之君所謂의 '위'가 『좌전정의』에는 청請으로 나온다. 합이여제柙以予齊의 '합'은 맹수를 가두는 우리를 말한다. 여기서는 죄수를 가둔 채 호송하는 수레인 수거囚車를 지칭한다. 삼거三擧는 3번 장례식 때 소리 높여 3번 펄쩍 뛰며 우는 것을 말한다. 여기서는 짐짓 관중이 장차 죽게 될 것을 애도하는 시늉을 보인 것이다. 종이소지從而笑之의 '소'를 윤지장은 조소嘲笑로 풀이했다.

포숙지인鮑叔之忍의 '인'을 장문호는 인仁의 옛 글자인 인忎의 오자로 보았다. 비슷한 글자인 천忏은 화를 낸다는 뜻이다. 공족이功足以의 '이'는 이已와 같다. 필장근관중이로기군원必將勤管仲以勞其君願의 근勤을 야스이는 권勸의 잘못이라고 했으나 여상봉과 『국어』「진어晉語」의 위소 주는 도울 조助로 새겼다. '원'이 고본에는 사람을 알아보고 예우하는 지우知遇 내지 고우顧遇를 뜻하는 고顧로 되어 있다. 중필여지유득衆必予之有得의 '득'이 고본에는 덕德으로 되어 있다. 고대에는 '득'과 '덕'이 통용됐다. 소덕이이군昭德以貳君의 '이군'을 윤지장은 군주 다음가는 사람인 재상宰相으로 풀이했다. 당부堂阜는 지금의 산동성 몽음현蒙陰縣 서북쪽에 해당한다. 『사기집해』는 두예의 주를 인용해 포숙아가 관중의 포박을 풀어준 곳으로 풀이하면서 몽음현 서북쪽에 이오정夷吾亭이 있었다고 했다.

불이욕지삼祓而浴之三의 '불'을 윤지장은 재앙을 떨쳐내기 위한 푸닥거리로 풀이했다. '욕지삼'을 대망은 유향을 넣은 물로 3번 목욕한다는 뜻으로 해석했다. 『국어』「제어」는 삼흔삼욕三釁三浴으로 기록해 놓았다. 굴영첩임詘纓捷衽의 '굴영'은 갓끈을 내려뜨린다는 뜻으로 굴영屈纓과 같다. '첩'이 송본 이외의 다른 판본에는 섭攝 내지 삽挿으로 되어 있다. 왕념손은 '첩'과 '삽'이 고대에 서로 통용됐다며 '삽'을 후대인의 개작改作으로 보았다. '굴영첩임'은 갓끈을 내려뜨려 옷깃 사이에 넣는다는 뜻의 수영하임垂纓下衽과 같은 뜻이다.

사차불후死且不朽는 죽어도 그 은덕을 잊지 못한다는 뜻이다. 이 구절은 『춘추좌전』「노성공 3년」조에 처음으로 나온다. 「노양공 24년」조에는 사이불후死而不朽로 되어 있다. 제갈량의 「후출사표」에는 몸소 자청해 온갖 수고를 다하는 국궁진췌鞠躬盡瘁의 작업이 죽어야 그친다는 뜻의 사이후이死而後已 표현이 나온다.

20-3

公遂與歸, 禮之於廟, 三酌而問爲政焉, 曰, "昔先君襄公, 高臺廣池, 湛樂飮酒, 田獵罼弋, 不聽國政, 卑聖侮士, 唯女是崇, 九妃六嬪, 陳妾數千. 食必粱肉, 衣必文繡, 而戎士凍飢. 戎馬待游車之弊, 戎士待陳妾之餘. 倡優侏儒在前, 而賢大夫在後. 是以國家不日益, 不月長. 吾恐宗廟之不掃除, 社稷之不血食, 敢問爲之奈何?" 管子對曰, "昔吾先王周昭王穆王, 世法文武之遠迹, 以成其名. 合羣國, 比校民之有道者, 設象以爲民紀. 式美以相應, 比綴以書, 原本窮末. 勸之以慶賞, 糾之以刑罰. 糞除其顚旄, 賜予以鎭撫之, 以爲民終始." 公曰, "爲之奈何?" 管子對曰, "昔者, 聖王之治其民也, 參其國而伍其鄙, 定民之居, 成民之事, 以爲民紀. 謹用其六秉. 如是而民情可得, 而百姓可御."

제환공이 마침내 관중과 함께 궁으로 돌아왔다. 곧바로 묘당廟堂에서 예로 대접하고 3번 잔을 주고받은 뒤 정사에 관해 물었다.

"전에 선군 양공襄公은 높은 대를 쌓고 넓은 연못을 만든 뒤 지나치게 음주를 즐겼소. 또 온갖 사냥에 빠져 국정을 돌보지 않았소. 성인을 업신여기며 선비를 무시하고, 오직 총애하는 여인들만 소중히 여겼소. 구비육빈九妃六嬪을 비롯해 후궁에 머문 처첩이 수천 명이나 됐소. 먹는 것은 모두 기름진 음식이고, 입는 것은 모두 무늬가 화려한 비단옷뿐이었소. 그 사이 병사들은 추위에 떨며 굶주리게 됐소. 전마戰馬는 사냥하며 노니는 수레를 몰다가 폐기되는 말을 기다려야 했고, 전사戰士 또한 후궁의 처첩이 먹다 남은 음식을 기다려야 했소. 광대와 난쟁이들이 군주 앞에서 재주를 부리고, 현대부들은 군주의 뒤에 서 있어야만 했소. 나라가 날로 새로워지고, 다달이 성장하지 못한 이유요. 과인은 장차 종묘의 먼지를 제때 쓸지 못하고, 사직에 제사를 제때 올리지 못할까 두렵기만 하오. 감히 묻건대 과연 어찌해야만 하오?"

관중이 대답했다.

"옛날 선왕인 주소왕周昭王과 주목왕周穆王은 대대로 문왕의 문치文治와 무왕의 무공武功 전통을 이어받아 명성을 이뤘습니다. 열국의 인재를 그러모으고, 백성 가운데 덕행이 뛰어난 자를 전범典範으로 내세워 백성들로 하여금 이를 본받게 했습니다. 또 계약서 등 공문서의 양식을 만들어 백성들로 하여금 빈칸을 채워 넣게 하고, 서간書簡을 편찬해 백성들이 표현하는 호오好惡를 깊이 탐구토록 했습니다. 포상으로 선행을 권장하고 형벌로 악행을 바로잡았습니다. 머리를 깎는 곤형髡刑으로 경계하거나 하사품을 내려 백성을 다독이는 식으로 통상적인 정책을 편 게 그렇습니다."

제환공이 물었다.

"선왕의 정책을 펴려면 어찌해야 하오?"

관중이 대답했다.

"옛 성왕은 백성을 다스릴 때 도성과 교외 지역을 3개 구역, 교외 이외의 지역을 5개 구역으로 나눴습니다. 이어 백성의 거처를 정하고 직업을 만들어 주었습니다. 이것으로 치민治民의 기본 체제를 만든 뒤 군주의 6가지 권력인 이른바 육병六秉을 신중히 행사했습니다. 그래서 민정民情을 정확히 파악하고, 능히 다스릴 수 있었던 것입니다."

예지어묘禮之於廟의 '묘'는 선군의 위패를 모셔 놓은 태묘太廟 즉 종묘宗廟의 본당인 명당明堂을 뜻한다. 국가의 중대사를 이곳에서 논했다. 담락음주湛樂飮酒의 '담락'은 과도한 향락을 뜻한다. 전렵필익田獵畢弋은 갖가지 사냥을 총칭한 말이다. '전'은 일반 사냥, '렵'은 에워싸는 사냥, '필'은 그물질, '익'은 주살질 사냥을 뜻한다. 창우주유倡優侏儒의 '창우'는 악무樂舞와 희학戲謔을 하는 배우를 뜻한다. 『한서』「관부전灌夫傳」의 안사고 주는 '창'을 악인樂人, '우'를 희인戲人으로 풀이했다. '주유'는 원래 난쟁이 어릿광대를 뜻하는 말로 후대에는 광대를 통칭하는 말로 사용됐다.

혈식血食은 후손들로부터 제사를 받는 것을 뜻한다. 사직이 계속 유지되는 것을 『사기』「봉선서」는 혈식천하血食天下로 비유했다. 설상이위민기設象以爲民紀의 '상'을 윤지장은 모범이 될 만한 모습인 법상法象, '민기'를 백성의 기강이 될 만한 선도자인 인기人紀로 새겼다. 식미이상응式美以相應의 '미'를 곽말약은 『국어』「제어」에 권權으로 나오고 있는 점을 근거로 권券의 오자로 파악했다. 분제기전모糞除其顚旄의 '분제'는 깨끗이 제거하는 청제淸除의 뜻이다. 『춘추좌전』『노소공 3년』조에 '분제' 표현이 나온다. '모'를 곽말약은 머리를 깎는 곤형髡刑을 뜻하는 모毛로 바꿔야 한다고 했다. 전모顚毛는 정수리에 난 털을 뜻한다.

사여이진무지賜予以鎭撫之의 '사여'는 사여賜與와 같다. '진무'는 진정시켜 다독인다는 뜻의 진정안무鎭定按撫의 줄임말이다. 『사기』「회음후열전」에 진무기국鎭撫其國 표현이 나온다. 이위민종시以爲民終始의 '종시'를 유적은 늘 똑같이 행하는 상행常行으로 풀이했다. 성왕지치기민야聖王之治其民也 구절이 『국어』「제어」에는 성왕지치천하야聖王之治天下也로 나온다. '삼기국이오기비參其國而伍其鄙' 구절을 두고 위소韦昭는 주석키를, "삼参은 삼三이다. 국国은 도성 주변의 교외 지역을 말한다. 오伍는 오五이다. 비鄙는 교외 이외의 지역을 말한다. 곧 도성과 주변의 교외 지역은 국国을 나눠 3군軍을 편제하고, 그 이외의 지역인 비鄙를 나눠 5속属으로 편제한다는 뜻이다."라고 했다. 「제어」에 나오는 삼국오비參國伍鄙는 관중이 생각한 중앙과 지방의 기본 행정체제를 상징한다.

20-4

桓公曰, "六秉者何也?" 管子曰, "殺生·貴賤·貧富, 此六秉也." 桓公曰, "參國奈何?" 管子對曰, "制國以爲二十一鄉. 商工之鄉六, 士農之鄉十五. 公帥十一鄉, 高子帥五鄉, 國子帥五鄉. 參國故爲三軍. 公立三官之臣, 市立三鄉, 工立三族, 澤立三虞, 山立三衡. 制五家爲軌, 軌有長. 十軌爲里, 里有司. 四里爲連, 連有長. 十連爲鄉, 鄉有良人. 三鄉一帥." 桓公曰, "五鄙奈何?" 管子對曰, "制五家爲軌, 軌有長. 六軌爲邑, 邑有司. 十邑爲率, 率有長. 十率爲鄉, 鄉有良人. 三鄉爲屬, 屬有帥, 五屬一大夫. 武政聽屬, 文政聽鄉, 各保而聽, 毋有淫泆者."

제환공이 관중에게 물었다.

"6병은 구체적으로 무엇을 말하는 것이오?"

관중이 대답했다.

"살殺, 생生, 귀貴, 천賤, 빈貧, 부富 6가지를 말합니다."

제환공이 물었다.

"도성을 3개로 나누려면 어찌해야 하오?"

관중이 대답했다.

"도성을 먼저 21향鄕으로 나눕니다. 21향 가운데 상향商鄕과 공향工鄕은 모두 6개, 사향士鄕과 농향農鄕은 모두 15개입니다. 군주가 11향, 고자가 5향,

국자가 5향을 통솔합니다. 군사적으로는 도성을 3개 구역으로 나눈 까닭에 3군軍이 됩니다. 사향에는 3개 구역을 다스리는 관원인 삼관지신三官之臣, 상향에는 3향을 담당하는 3향鄕, 공향에는 3족을 관할하는 3족族을 둡니다. 또 농향은 크게 산수山水로 나눠 수향水鄕에는 3우虞와 산향山鄕에는 3형衡을 둡니다. 이어 도성을 군사체계로 편성해 먼저 5가家를 1궤軌로 묶고, 궤마다 궤장軌長을 둡니다. 10궤를 1리里로 묶고, 리마다 유사有司를 둡니다. 4리를 1련連으로 묶고, 연마다 연장連長을 둡니다. 10련을 1향鄕으로 묶고, 향마다 양인良人을 둡니다. 5향을 1수帥로 묶고, 수마다 수장帥長을 둡니다."

제환공이 물었다.

"교외 지역을 5개 구역으로 나누려면 어찌해야 하오?"

관중이 대답했다.

"5가를 1궤로 묶고, 궤마다 궤장을 둡니다. 6궤를 1읍邑으로 묶고, 읍마다 유사를 둡니다. 10읍을 1졸卒로 묶고, 졸마다 졸장卒長을 둡니다. 10졸을 1향으로 묶고, 향마다 양인을 둡니다. 3향을 1속屬으로 묶고, 속마다 대부大夫를 둡니다. 결국 5속에 5명의 대부가 있게 됩니다. 무공武功은 '속', 문치文治는 '향'에서 다룹니다. 각자 지키는 영역이 있는 까닭에 방탕하거나 나태할 여지가 없습니다."

제국이위이십일향制國以爲二十一鄕의 '제'는 규정規定의 뜻이다. '향'은 지방행정 단위를 말한다. 공립삼관지신公立三官之臣의 '공'을 곽말약은 사향士鄕을 뜻하는 궁宮의 오자라고 했다. 시립삼향市立三鄕의 '향'은 여기서 관직의 명칭으로 사용된 것이다. 뒤에 나오는 족族, 우虞, 형衡 모두 관명에 해당한다. 삼향일수三鄕一帥의 '3향'이 고본에는 5향鄕으로 되어 있다. 『국어』「제어」에도 '5향'으로 나온다. 이를 좇았다. 십읍위솔十邑爲率의 '솔'을 왕념손은 『국어』「제어」를 근거로 졸卒의 오자라고 했다. 속유수屬有帥의 '수'를 왕념손은 대부大夫의 잘못이라고 했다. 오속일대부五屬一大夫의 '1'이 『국어』「제어」에는 5五로 나온다. 「경언」의 '이정'에도 오속대부五屬大夫로 나온다.

20-5

桓公曰, "定民之居, 成民之事奈何?" 管子對曰, "士農工商四民者, 國之石民也, 不可使雜處. 雜處則其言哤, 其事亂, 是故聖王之處士必於閒燕, 處農必就田壄, 處工必就官府, 處商必就市井. 今夫士羣萃而州處, 閒燕則父與父言義, 子與子言孝, 其事君者言敬, 長者言愛, 幼者言弟. 旦昔從事於此, 以教其子弟, 少而習焉, 其心安焉, 不見異物而遷焉. 是故其父兄之教, 不肅而成. 其子弟之學, 不勞而能. 夫是故士之子常爲士. 今夫農, 羣萃而州處, 審其四時, 權節具, 備其械器用, 比耒耜穀芨. 及寒, 擊槁除田, 以待時乃耕, 深耕均種疾耰. 先雨芸耨, 以待時雨. 時雨既至, 挾其槍刈·耨鎛. 以旦暮從事於田壄. 稅衣就功, 別苗莠, 列疏遫. 首戴苧蒲, 身服襏襫, 沾體塗足, 暴其髮膚, 盡其四支之力, 以疾從事於田野. 少而習焉, 其心安焉, 不見異物而遷焉. 是故其父兄之教, 不肅而成, 其子弟之學, 不勞而能. 是故農之子常爲農. 樸野而不慝, 其秀才之能爲士者, 則足賴也. 故以耕則多粟, 以仕則多賢, 是以聖王敬畏戚農. 有司見之而不以告, 其罪五, 有司已於事而竣. 今夫工, 羣萃而州處, 相良材, 審其四時, 辨其功苦, 權節其用, 論比計制斷, 器尚完利. 相語以事, 相示以功, 相陳以巧, 相高以知事. 旦昔從事於此, 以教其子弟. 少而習焉, 其心安焉, 不見異物而遷焉. 是故其父兄之教, 不肅而成. 其子弟之學, 不勞而能. 夫是故工之子常爲工. 今夫商, 羣萃而州處, 觀凶飢, 審國變, 察其四時, 而監其鄉之貨, 以知其市之賈. 負任擔荷, 服牛輅馬, 以周四方. 料多少, 計貴賤, 以其所有, 易其所無, 買賤鬻貴. 是以羽旄不求而至, 竹箭有餘於國, 奇怪時來, 珍異物聚. 旦昔從事於此, 以教其子弟. 相語以利, 相示以時, 相陳以知賈. 少而習焉, 其心安焉, 不見異物而遷焉. 是故其父兄之教, 不肅而成. 其子弟之學, 不勞而能. 夫是故商之子常爲商. 相地而衰其政, 則民不移矣. 正旅舊, 則民不惰. 山澤各以其時至, 則民不苟. 陵陸丘井田疇均, 則民不惑. 無奪民時, 則百姓富, 犧牲不勞, 則牛馬育."

제환공이 물었다.

"백성의 거처를 정하고 직업을 만들어 주려면 어찌해야 하오?"

관중이 대답했다.

"사농공상 4민은 나라의 주춧돌 같은 백성을 뜻합니다. 먼저 이들을 잡거토록 하면 안 됩니다. 잡거하면 말이 혼잡해지고, 일 또한 매우 어지러워집니다. 성왕이 반드시 선비는 학교 부근, 농부는 전야 부근, 공인은 관부官府 부근, 상인들은 반드시 시장 부근에 살도록 한 이유입니다. 지금 선비를 학교 부근에 모여 살게 하면 어버이들은 의로울 의義, 자식들은 효도할 효孝, 군주를 섬기는 관원들은 공정할 경敬, 연장자들은 친애할 애愛, 연하자들은 공경할 제悌를 말하게 됩니다. 아침저녁으로 이 일에 종사하며 자제를 가르치면, 선비의 자제들은 어려서부터 이를 익혀 마음에 편히 여기고 다른 것을 볼지라도 뜻을 바꾸지 않습니다. 그러면 부형의 가르침이 엄하지 않아도 성공을 거두고, 자제의 학습이 굳이 애쓰지 않아도 능하게 됩니다. 선비의 자식이 늘 선비가 되는 이유입니다. 지금 농부를 전야 부근에 모여 살게 하면 이들은 사계절의 변화를 살펴 때에 맞는 도구를 마련하고, 쟁기와 가래 등의 농기구를 가지런히 하며 농사에 대비할 것입니다. 겨울이 오면 마른 잡초를 제거하며 밭을 고르고, 봄이 오면 때맞춰 깊이 갈고 고르게 파종하며 흙을 덮습니다. 비가 오기 전에 김매기를 하고, 때맞춰 내리는 시우時雨를 기다립니다. 시우가 내리면 긴 낫과 괭이 및 호미 등을 옆에 끼고 일합니다. 아침저녁으로 전야에서 농사를 지으면서 이들은 웃옷을 벗은 채 일하고, 싹과 잡초를 구별하고, 듬성듬성 난 것을 보충하며 조밀하게 난 것을 솎아내 싹을 고르게 합니다. 머리에는 풀로 엮은 삿갓을 쓰고, 몸에는 도롱이를 걸치고, 몸을 적시며 진흙탕에 들어가고, 터럭과 살을 드러낸 채 전야에서 온 힘을 다해 열심히 일합니다. 농부의 자제들은 어려서부터 이를 익혀 마음에 편히 여기고 다른 것을 볼지라도 뜻을 바꾸지 않습니다. 그러면 부형의 가르침이 엄하지 않아도 성공을 거두고, 자제의 학습이 굳이 애쓰지 않아도 능하게 됩니다. 농부의 자식이 늘 농부가 되는 이유입니다. 농부는 질박하며 간사하지 않은 까닭에 그들 가운데 우수한 인재는 능히 선비가 될 수 있습니다. 이들은 족히 믿을 만합니다. 농부가 열심히 경작하면 곡물생산이 많아지고, 벼슬을 하면 현명한 신하가 많이 배출되는 이유입니다. 성왕이 농부를 공경하고 친히 여긴 것도 이 때문입니다. 농부 가운에 이런 인재가 있는 것을 보도고 유사有司가 고하지 않을 때는 5형刑으로 다스립니다. 유사는 이를 보고한 뒤에야 비로소 직무를 마칠 수 있습니다. 지금 공인을 관부 부근에 모여 살게 하면 이들은 좋은 재료를 택하고, 사계절의 변화를 자세히 살펴 재료와 기술의 우열을 분별하고, 계절의 수요에 맞춰 기물의 용도를 안배하고, 재료의 등급을 평가하며 재료의 공급처를 조절합니다. 기물을 만들면서 정확히 재단하며 실용에 도움이 되도록 애쓰는 이유입니다. 이들은 서로 자신의 작업에 관해 얘기하면서 각기 제작한 기물을 보여주고, 서로 기술을 교류하면서 그 지식을 높게 평가합니다. 아침저녁으로 이 일에 종사하며 자제를 가르치면, 공인의 자제들은 어려서부터 이를 익혀 마음에 편히 여기고 다른 것을 볼지라도 뜻을 바꾸지 않습니다. 그러면 부형의 가르침이 엄하지 않아도 성공을 거두고, 자제의 학습이 굳이 애쓰지 않아도 능하게 됩니다. 공인의 자식이 늘 공인이 되는 이유입니다. 지금 상인을 시장 부근에 모여 살게 하면 이들은 흉년에 나타나는 기황飢荒의 정황을 보면서 정책의 변화를 세심히 살피고, 사계절의 운행과 지역 특산물을 살펴 시장가격을 파악합니다. 등에 짊어지고 어깨에 메거나, 달구지나 마차에 상품을 싣고 천하를 두루 돌아다니는 이유입니다. 또한 물자의 다소를 예측하고, 상품의 귀천을 계산하고, 있는 것과 없는 것을 맞바꾸고, 싼 곳에서 사다가 비싼 곳에서 팝니다. 깃발에 사용하는 우모羽旄를 굳이 멀리 가서 구하지 않을지라도 절로 이르고, 죽전竹箭이 제나라 시장에서 남아돌고, 기괴한 상품이 수시로 등장하고, 진귀하고 기이한 화물이 시장에 대거 쌓이는 이유입니다. 아침저녁으로 이 일에 종사하며 자제를 가르치면, 상인의 자제들은 서로 교역의 이익에 관해 말하고, 시기時機를 주시하고, 정보교류 등을 통해 이익을 맞출 수 있는 시장가격을 알게 됩니다. 상인의 자제들이 어려서부터 이를 익혀 마음에 편히 여기며 다른 것을 볼지라도 뜻을 바꾸지 않는 배경이 여기에 있습니다. 그러면 부형의 가르침이 엄하지 않아도 성공을 거두고, 자제의 학습이 굳이 애쓰지 않아도 능하게 됩니다. 상인의 자식이 늘 상인이 되는 이유입니다. 땅의 비척肥瘠을 살펴 세금에 차등을 두면 백성이 옮겨 다니지 않고, 정사를 펼치며 옛 전통을 버리지 않으면 백성이 태만하지 않고, 산택山澤을 계절에 맞춰 개방하면 백성이 구차하지 않고, 크고 작은 구릉과 경지 등을 고르게 나눠주면 백성이 서운해하지 않습니다. 농사철을 빼앗지 않으면 백성은 부유해지고, 각종 제사의 희생을 지나치게 사용하지 않으면 소와 말이 잘 자라게 됩니다."

국지석민야國之石民也의 '석'을 윤지장은 주춧돌처럼 굳건한 백성이라는 뜻의 주지석柱之石으로 새겼다. 잡처즉기언방雜處則其言哤의 '방'을 윤지장은 어지러울 난亂으로 풀이했다. 필어한연必於閒燕의 '한연'을 윤지장은 학교가 있는 곳으로 해석했다. 곽말약은 향교를 뜻하는 여횡閭黃의 오자로 보았다. '횡'은 학교를 뜻하는 횡黌의 가차이다. 공자의 고향인 지금의 산동성 곡부시曲阜市에 있는 창평향昌平鄉에 세운 학교 이름이 창평횡昌平黌이다. 일본 동경대의 전신인 에도시대의 막부 직할 연구기관 명칭도 '창평횡'이었다. 필취전야必就田壄의 '전야'는 전야田野와 같다. '야'는 야野의 옛 글자로 야埜로 쓰기도 한다.

금부사군췌이주처今夫士羣萃而州處의 '금'을 야스이와 정사함 모두 『국어』「제어」를 좇아 영令으로 바꿔야 한다고 했다. '췌'는 취집聚集의 뜻이다.

'주'는 취聚와 밀密의 뜻을 지닌 주周의 가차이다. 단석旦昔은 단석旦夕과 같다. 고대에 석昔과 석夕은 서로 통용됐다. 불견이물이천언不見異物而遷焉의 '이물'을 윤지장은 이사異事로 풀이했다. '천'은 변역變易의 뜻이다. 불숙이성不肅而成의 '숙'을 사호범은 『예기』「예운」을 인용해 엄하고 급한 엄급嚴急으로 새겼다.

'권절구權節具, 비기계기용備其械器用' 구절을 유적은 「제어」를 좇아 '권절기용權節其用, 비기계기備其械器'로 바꿔야 한다고 했다. '권절'은 조절하여 안배한다는 뜻이다. 비뢰사곡급比耒耜穀芨의 '비'는 비유한다는 뜻인 비여比如의 의미로 일부 판본에 차此로 되어 있으나 이는 '비'의 오자이다. '뇌사곡급'이 「제어」에는 뇌사가삼耒耜枷芟으로 되어 있다. '뇌사'는 흙을 뒤집을 때 사용하는 따비로 쟁기보다 작고 보습이 좁다. '가삼'을 두고 위소는 주에서 '가'를 풀 더미를 때릴 때 사용하는 도리깨인 채栜, '삼'을 풀을 벨 때 사용하는 큰 낫인 대겸大鐮으로 새겼다. 렴鐮은 겸鐮과 같은 글자이다. '겸'의 원래 발음이 '렴'이다. 중국의 전통 가면극인 변검變臉의 원래 발음이 '변렴'인 것과 같다.

격고제전擊稾除田의 '고'는 마른 풀을 뜻하는 고稿와 통한다. 선우운누先雨芸耨의 '운누'는 김을 매는 제초除草를 의미한다. 창예누박槍刈耨鎛의 '창예'는 낫과 유사한 제초용 농기구, '누박'은 괭이 내지 호미와 유사한 농기구를 지칭한다. 탈의취공稅衣就功의 '탈'은 탈脫과 통한다. 『맹자』「고자 하」에 탈면稅冕 표현이 나온다. '공'은 공工과 같다. 여기서는 농사를 지칭한다. 별묘수別苗莠의 '수'는 여기서 풀을 통칭한 말로 사용됐다. 열소속列疏遬의 '속'은 빽빽할 촉數과 통하는 속遬과 같은 뜻이다. 소촉疏數은 소밀疏密과 같은 말이다. 수數는 잦거나 빠르다는 의미일 때는 '삭', 빽빽하다는 뜻일 때는 '촉'으로 읽는다.

수대저포首戴苧蒲의 '저포'는 물가에서 생장하는 부들을 말한다. 윤지장은 '저'와 '포'를 엮어 삿갓을 만든다고 했다. 신복발석身服襏襫의 '발석'은 도롱이를 뜻한다. 사지지력四支之力의 '지'는 지肢와 같다. 이질종사以疾從事의 '질'을 『이아』「석고」는 역力으로 풀이했다. 경외척농敬畏戚農의 '경외'는 경복敬服의 뜻이다. '외'를 『예기』「곡례 상」의 정현 주는 심복心服으로 풀이했다. '척'은 친근의 의미이다.

'유사견지이불이고有司見之而不以告, 기죄오其罪五, 유사이어사이준有司已於事而竣' 구절은 송본에만 나온다. 장패륜은 이를 연문으로 보았다. 여상봉은 이 구절이 매우 중요한 의미를 지니고 있는 까닭에 자주 출현한다며 조본 등의 판본이 이를 삭제한 것은 잘못이라고 했다. 기죄오其罪五의 '5'는 5형刑을 뜻한다. 목을 베는 대벽형大辟刑, 거세하는 궁형宮刑, 발꿈치를 베는 비형剕刑 내지 월형刖刑, 코를 베는 의형劓刑, 얼굴에 먹을 뜨는 묵형墨刑이 그것이다.

변기공고辨其功苦의 '공'을 윤지장은 미덕을 견지하는 견미堅美, '고'를 악을 자행하는 남악濫惡으로 풀이했다. 논비계제단論比計制斷을 요영개는 「제어」를 토대로 논비즙재論比汁財의 잘못으로 보면서 '단'을 후대인이 가필한 것으로 파악했다. 즙汁은 협協과 통하고, 재財는 재材와 통한다. 상고이지사相高以知事의 '사'를 도홍경은 연자로 보았다.

감기향지화監其鄕之貨의 '감'을 윤지장은 감시할 시視로 새겼다. 복우로마服牛輅馬의 '로'를 두고 대망은 고대에 사용치 않은 글자라며 초軺의 잘못으로 보았다. 이에 대해 요영개는 『설문해자』에서 가駕를 각挌으로 새긴 것을 근거로 '가'가 고대에는 '각'의 음을 지닌 로輅의 의미로 사용됐다고 했다. 매전육귀買賤鬻貴의 '육'은 매賣의 뜻이다. 우모불구羽旄不求의 '우모'는 꿩 깃과 털이 긴 모우旄牛의 꼬리를 말한다. 매우 귀했던 까닭에 모두 정기旌旗의 장식으로 사용됐다. 상지이쇠기정相地而衰其政을 두고 『국어』「제어」의 위소 주는 '상'을 시視, '쇠'를 차差, '정'을 정征으로 새겼다. 「제어」에는 '정'이 정征으로 되어 있다.

정려구正旅舊를 유적은 「제어」를 좇아 정불려구政不旅舊로 바꿔야 한다고 했다. '려구'는 터전을 버리고 떠돌아다닌다는 의미이다. '구'는 고구故舊의 뜻이다. 능육구정陵陸丘井의 '정'을 정사함은 문맥상 언덕 부阜로 바꿔야 한다고 했다. 민불혹民不惑의 '혹'을 야스이는 모든 판본에 혹惑으로 나와 있으나 고본에는 심心 자가 마치 민悶 자처럼 혹或 자 속에 들어가 있는 모습으로 나와 있다며 이를 감感의 괴자로 보았다. 감感은 서운해할 감憾의 옛 글자이다. 「제어」에는 감憾으로 되어 있다. 희생불로犧牲不勞의 '로'를 왕념손은 로撈를 취取로 새긴 『방언』을 근거로, 고대에는 로撈가 없어 로勞를 차자借字로 사용했다고 주장했다.

20-6

桓公又問曰, "寡人欲脩政以干時於天下, 其可乎?" 管子對曰, "可." 公曰, "安始而可." 管子對曰, "始於愛民." 公曰, "愛民之道奈何?" 管子對曰, "公修公族, 家修家族, 使相連以事, 相及以祿, 則民相親矣. 放舊罪, 修舊宗, 立無後, 則民殖矣. 省刑罰, 薄賦斂, 則民富矣. 鄉建賢士, 使教於國, 則民有禮矣. 出令不改, 則民正矣. 此愛民之道也." 公曰, "民富而以親, 則可以使之乎?" 管子對曰, "舉財長工, 以止民用. 陳力尚賢, 以勸民知. 加刑無苛, 以濟百姓. 行之無私, 則足以容衆矣. 出言必信, 則令不窮矣. 此使民之道也."

제환공이 또 물었다.

"과인은 정사를 밝게 하여 수시로 천하 제후들과 회맹코자 하오. 그것이 가능하겠소?"

"가능합니다."

"무엇부터 시작하는 게 좋겠소?"

관중이 대답했다.

"백성을 사랑하는 애민愛民부터 시작해야 합니다."

"애민의 길은 어떤 것이오?"

관중이 대답했다.

"먼저 군주는 공족公族, 대부는 동족同族을 다스립니다. 이들의 사업事業이 서로 이어지고, 녹위祿位가 하나로 연결되면 백성 또한 서로 친해집니다. 과거의 죄를 용서하고, 옛 종족을 정리하고, 후사가 끊어진 자에게 후사를 세워주면 백성이 늘어납니다. 형벌을 적게 하고, 세금을 가볍게 하면 백성이 부유해집니다. 향鄕에 현사賢士를 두어 백성을 교화토록 하면 백성이 예의염치를 알게 됩니다. 정령을 발한 뒤 번복하지 않으면 백성이 바르게 됩니다. 이것이 애민의 길입니다."

제환공이 물었다.

"백성이 이미 부유해지고 친해졌으면 어찌해야 백성을 부릴 수 있는 것이오?"

관중이 대답했다.

"먼저 자원과 재화를 개발하고 공인의 작업장을 확대해 백성의 수요를 채워주어야 합니다. 이어 지혜를 선양하며 현자를 숭상하는 식으로 백성의 지혜를 고취해야 합니다. 또한 형벌을 시행하되 가혹하지 않게 하여 힘없는 백성을 구해야 합니다. 끝으로 정사를 펼치면서 공평무사해야 백성을 두루 포용할 수 있고, 언행을 미덥게 해야 정령이 궁해지지 않습니다. 이것이 백성을 부리는 길입니다."

간시어천하干時於天下의 '간'을 『순자』「의병」의 양경 주는 구求로 새겼다. '시'는 제왕이 부정기적으로 제후의 알현을 받는 이른바 시회時會 내지 시견時見을 의미한다. 『주례』「춘관, 대종백」에 대한 정현의 주는 시회 내지 시견을 회맹會盟의 의미로 새겼다. 가이사지호可以使之乎의 '하'를 곽말약은 하何와 통한다고 했다. 이지민용以止民用의 '지'를 왕념손은 족足의 잘못으로 보았다.

20-7

桓公曰, "民居定矣, 事已成矣, 吾欲從事於天下諸侯, 其可乎?" 管子對曰, "未可, 民心未吾安." 公曰, "安之奈何?" 管子對曰, "脩舊法, 擇其善者, 擧而嚴用之. 慈於民, 予無財. 寬政役, 敬百姓, 則國富而民安矣." 公曰, "民安矣, 其可乎?" 管仲對曰, "未可. 君若用正卒伍, 修甲兵, 則大國亦將正卒伍, 修甲兵. 君有征戰之事, 則小國諸侯之臣有守圉之備矣. 然則難以速得意於天下. 公欲速得意於天下諸侯, 則事有所隱, 而政有所寓." 公曰, "爲之奈何?" 管子對曰, "作內政而寓軍令焉. 爲高子之里, 爲國子之里, 爲公里, 三分齊國, 以爲三軍. 擇其賢民, 使爲里君. 鄕有行伍, 卒長則其制令, 且以田獵, 因以賞罰, 則百姓通於軍事矣." 桓公曰, "善." 於是乎管子乃制五家以爲軌, 軌爲之長. 十軌爲里, 里有司. 四里爲連, 連爲之長. 十連爲鄕, 鄕有良人. 以爲軍令. 是故五家爲軌, 五人爲伍, 軌長率之. 十軌爲里, 故五十人爲小戎, 里有司率之. 四里爲連, 故二百人爲卒, 連長率之. 十連爲鄕, 故二千人爲旅, 鄕良人率之. 五鄕一師, 故萬人一軍, 五鄕之師率之. 三軍, 故有中軍之鼓, 有高子之鼓, 有國子之鼓. 春以田曰蒐, 振旅. 秋以田曰獮, 治兵. 是故卒伍政定於里. 軍旅政定於郊. 內敎旣成, 令不得遷徙. 故卒伍之人, 人與人相保, 家與家相愛, 少相居, 長相游, 祭祀相福, 死喪相恤, 禍福相憂, 居處相樂, 行作相和, 哭泣相哀. 是故夜戰其聲相聞, 足以無亂. 晝戰其目相見, 足以相識. 驩欣足以相死. 是故以守則固, 以戰則勝. 君有此敎士三萬人, 以横行於天下, 誅無道, 以定周室, 天下大國之君, 莫之能圉也.

제환공이 관중에게 물었다.

"백성의 거처가 이미 정해지고 직업도 만들어줬으니 이제 천하의 제후들과 회맹코자 하오. 이게 가능하겠소?"

관중이 대답했다.

"아직 불가합니다. 민심이 아직 안정되지 않았습니다."

제환공이 물었다.

"어찌해야 안정시킬 수 있겠소?"

관중이 대답했다.

"옛 법을 정비하면서 그 가운데 좋은 것을 선택해 엄정히 쓰고, 백성에게 자애를 베풀면서 빈궁한 자를 구제하고, 요역과 세금을 관대하게 하면서 백성을 존중하면 됩니다. 그러면 나라가 부유해지고, 민심 또한 안정될 것입니다."

제환공이 물었다.

"민심이 안정되면 가능하겠소?"

관중이 대답했다.

"그래도 아직 불가합니다. 군사정비 과정에서 군비를 강화코자 하면 다른 대국도 이를 좇아 군사를 정비하고 군비를 강화할 것입니다. 군주가 정벌에 나서면 소국 제후들의 군신들 역시 방어에 만반의 준비를 할 것입니다. 그 경우 속히 천하에 뜻을 이루기가 쉽지 않을 것입니다. 군주가 속히 천하의 제후들 사이에서 뜻을 얻고자 하면 먼저 군사훈련을 은밀히 행하고, 군정軍政 또한 수렵 등으로 위장할 줄 알아야 합니다."

제환공이 물었다.

"그리하려면 어찌해야 하오?"

관중이 대답했다.

"내정을 실시하면서 군령을 그 안에 덧붙이십시오. 고자와 국자 및 군주가 관할하는 향리를 따로 만들고, 제나라 도성을 3개로 나누면서 3군軍을 건립합니다. 백성 가운데 현명한 자를 발탁해 이군里君으로 임명합니다. 향마다 군사조직을 두고, 군졸을 지휘하는 졸장卒長으로 하여금 군사제도와 군령을 본받게 하고, 수렵을 통해 훈련하면서 그 성과에 따라 상벌을 행하면 백성이 군사에 능통하게 됩니다."

"좋은 말이오."

이에 관중은 곧 5가家를 1궤軌로 묶어 궤마다 궤장을 두고, 10궤를 1里로 묶어 리마다 이장인 이사里司를 두고, 4리를 1련連으로 묶어 연마다 연장連長을 두고, 10련을 1향鄕으로 묶어 향마다 향장인 양인良人을 두었다. 이런 식으로 군령軍令을 시행했다. 5가가 1궤로 묶인 까닭에 병사 5명이 1오伍가 되고, 오장伍長에 해당하는 궤장이 통솔했다. 10궤가 1리로 묶인 까닭에 병사 50명이 1소융小戎이 되고, 이장인 이사가 통솔했다. 4리가 1연으로 묶인 까닭에 병사 2백 명이 1졸卒이 되고, 졸장卒長에 해당하는 연장이 통솔했다. 10연이 1향으로 묶인 까닭에 병사 2천 명이 1려旅가 되고, 향장인 양인이 통솔했다. 5향이 1사師로 묶인 까닭에 병사 1만 명이 1군軍이 되고, 군장軍長에 해당하는 5향의 우두머리인 장수將帥가 통솔했다. 상군上軍과 중군中軍 및 하군下軍의 3군을 설치한 까닭에 군주가 지휘하는 중군과 고자가 지휘하는 상군 및 국자가 지휘하는 하군에 각각 북을 두었다. 봄에 하는 사냥을 수蒐라고 한다. 이때는 사냥을 위장한 까닭에 군사를 은밀히 정비했다. 가을에 하는 사냥을 미獮라고 한다. 이때는 가을의 살기殺氣를 틈탄 까닭에 군사를 강도 높게 훈련시켰다. 졸오卒伍와 관련한 군정은 리里 안에서 편성하고, 군려軍旅와 관련한 군정은 교외 내에서 편성했다. 국내의 교령敎令이 완성되면 군령을 바꾸지 않았다. 같은 졸오 내의 사람들은 서로가 서로를 보호하고, 집안과 집안이 서로 가까이 지냈다. 어려서 같이 자라고, 자라서 함께 놀고, 제사 때 서로 복을 빌고, 초상 때 서로 도와주고, 재해가 빚어졌을 때 서로 걱정하고, 생활할 때 서로 즐거움을 나누고, 일할 때 서로 화합하고, 슬플 때 서로 애련哀憐해한 이유다. 야간전투가 벌어지면 소리만 들어도 서로 알아 혼란스럽지 않고, 주간전투가 벌어지면 눈빛만 보아도 서로를 알아차릴 수 있었다. 서로 기쁨을 나눈 까닭에 족히 함께 죽을 수 있었다. 수비하면 견고하고, 싸우면 승리한 이유다. 제환공은 이같이 훈련받은 군사 3만 명을 두고 천하를 두루 횡행할 수 있었다. 무도한 나라를 토벌하고, 주나라 왕실을 안정시키고, 천하의 그 어떤 대국의 군주라도 능히 당해

낼 자가 없었던 이유다.

욕종사欲從事의 '사'를 윤지장은 제후들과 회맹하는 회사會事로 새겼다. 거이엄용지擧而嚴用之의 '엄'을 야스이는 존尊, 장패륜은 경敬으로 풀이했다. 『예기』「학기」에 엄사위난嚴師爲難 표현이 나온다. 관정역寬政役의 '정'은 정征의 뜻이다. 정졸오正卒伍의 '정'을 홍이훤은 『한서』「형법지」를 인용해 정定의 잘못이라고 했다. 수어지비守圉之備의 '어'는 방어할 어御와 통한다. 어御와 어禦는 같다. 정유소우政有所寓의 '우'를 윤지장은 의탁依託 내지 가탁假託할 기우寄寓의 의미로 새겼다. 짐짓 가장한다는 뜻이다. 「제어」에는 기寄로 나온다.

향유항오鄕有行伍의 '항오'는 군대의 편제로 '항'은 25인, '오'는 5인으로 구성된다. 여기서는 군대의 의미로 사용됐다. 군대의 행렬行列 역시 원래는 '항렬'이 맞으나 통상 '행렬'로 읽고 있다. 졸장즉기제령卒長則其制令의 '기'를 손성연은 『통전』의 인용문을 근거로 유有의 오자라고 했다. 이유사솔지里有司率之의 '유'를 도홍경은 연자라고 했다. 오향일사五鄕一師의 '사'를 왕념손은 「제어」와 『통전』의 기록을 좇아 수帥로 바꿔야 한다고 했다. 여상봉은 후대인이 '사'를 흔히 사용하는 '수'로 고쳤다고 했다. 중군지고中軍之鼓의 '중군'은 상군과 중군, 하군의 3군 가운데 사령부가 있는 부대를 말한다. 중군, 좌군, 우군으로 편성키도 했다.

춘치전왈수春以田曰蒐의 '전'은 수렵을 의미한다. '수'는 춘렵春獵을 뜻한다. 『이아』「석고」는 군졸을 모은다는 뜻의 취聚로 새겼다. 진려振旅는 군사를 정비한다는 뜻이다. 『춘추좌전』「노은공 5년」조의 두예 주는 진振을 정비할 정整, 려旅를 무리 중衆으로 해석했다. 추이전왈미秋以田曰獮의 '미'를 『이아』「석고」는 추렵秋獵으로 새겼다. 치병治兵을 『주례』「하관, 대사마大司馬」는 출병出兵을 대비한 훈련으로 풀이했다. 화복상우禍福相憂의 '복'을 야스이는 「제어」를 좇아 재災로 바꿔야 한다고 했다. 교사삼만인敎士三萬人의 '교사'를 윤지장은 먼저 교습敎習을 받은 사병으로 풀이했다.

횡행어천하橫行於天下의 '횡'을 대망은 보편普遍의 뜻인 방旁으로 새겼다. 『주역』「계사 상」과 『한서』「지리지 상」 등에 나오는 방행旁行은 사방을 거리낌 없이 두루 나다니는 편행遍行의 의미이다. 『문선』「송옥宋玉」 등에 나오는 '횡행'은 원래 옆걸음으로 걷는 '모로 가다'의 뜻이나 '방행'의 의미로도 사용됐다.

20-8

正月之朝, 鄕長復事, 公親問焉, 曰, "於子之鄕, 有居處爲義好學·聰明質仁·慈孝於父母·長弟聞於鄕里者? 有則以告. 有而不以告, 謂之'蔽賢', 其罪五." 有司已於事而竣. 公又問焉, 曰, "於子之鄕, 有拳勇股肱之力·筋骨秀出於衆者? 有則以告. 有而不以告, 爲之蔽才, 其罪五." 有司已於事而竣. 公又問焉, 曰, "於子之鄕, 有不慈孝於父母·不長弟於鄕里·驕躁淫暴·不用上令者? 有則以告. 有而不以告, 爲之下比, 其罪五." 有司已於事而竣. 於是乎鄕長退而脩德進賢明. 公親見之, 遂使役之官. 公令官長期而書伐以告, 且令選官之賢者而復之. 曰, "有人居我官, 有功, 休德維順, 端慤以待時使, 使民恭敬以勸. 其稱秉言, 則足以補官之不善政." 公宣問其鄕里, 而有考驗, 乃召而與之坐, 省相其質, 以參其成功, 成事可立, 而時. 設問國家之患而不肉, 退而察問其鄕里, 以觀其所能, 而無大過, 登以爲上卿之佐, 名之曰三選. 高子·國子退而脩鄕, 鄕退而脩連, 連退而脩里, 里退而脩軌, 軌退而脩家. 是故匹夫有善, 故可得而擧也. 匹夫有不善, 可得而誅也. 政旣成, 鄕不越長, 朝不越爵. 罷士無伍, 罷女無家. 士三出妻, 逐於境外. 女三嫁, 入於春穀. 是故民皆勸爲善, 士與其爲善於鄕, 不如爲善於里. 與其爲善於里, 不如爲善於家. 是故士莫敢言一朝之便, 皆有終歲之計. 莫敢以終歲爲議, 皆有終身之功.

정월에 제환공이 조회朝會에 참석해 업무보고를 들었다. 향장鄕長이 업무를 보고하자 제환공이 친히 물었다.

"그대의 향에 사는 백성 가운데 평소 의를 행하며 호학好學하고, 총명한데다 성품이 인자하고, 부모에게 효도하며 어른을 공경하여 그 소문이 향리에 널리 퍼진 자가 있는가? 있으면 고하라. 있는데도 고하지 않는 것을 폐현蔽賢이라고 한다. 그 죄는 5형刑에 해당한다."

다른 향장이 업무보고를 마치고 물러날 때 제환공이 또 물었다.

"그대의 향에 사는 백성 가운데 용맹하고, 사지와 근골의 힘이 발군인 자가 있는가? 있으면 고하라. 있는데도 고하지 않는 것을 폐재蔽才라고 한다. 그 죄는 5형에 해당한다."

또 다른 향장이 업무보고를 마치고 물러날 때 제환공이 다시 물었다.

"그대의 향에 사는 백성 가운데 부모에게 효도하지 않고, 어른을 공경하지 않고, 교만하며 경박하고, 음탕하고 포학해 나라의 법령을 듣지 않는 자가 있는가? 있으면 고하라. 있는데도 고하지 않는 것을 죄인과 손을 잡고 비호하는 하비下比라고 한다. 그 죄는 5형에 해당한다."

이런 식으로 모든 향장이 업무보고를 마치고 물러났다. 향장 모두 조정에서 물러나온 뒤 덕정을 펼치면서 현자를 제환공에게 천거했다. 제환공이 이들을 친히 만나본 뒤 관부로 보내 업무를 처리케 했다. 이어 관장에게 명해 1년 동안 이들이 행한 공적을 기록해 보고하면서 이들 가운데 공적이 뛰어난 자를 알리도록 했다. 관장이 보고했다.

"어떤 사람이 우리 관부에서 공을 세웠습니다. 미덕이 있는데다 명을 잘 따르고, 단정하고 성실한 자세로 명을 기다려 부릴 줄 알고, 사람을 부리면서 공경한 자세로 고취할 줄 압니다. 또한 비방하는 소리를 그치게 만드니 관부의 선정善政 시행에 부족한 면을 보완케 할 만합니다."

제환공이 천거 받은 자의 향리에 사람을 보내 여러 사항을 물으며 그의 행적을 조사했다. 이어 그를 불러 얘기하며 그 자질을 살펴보고, 그가 얼마나 공을 세우고 일을 성사시켰는지 정확히 점검했다. 이후 벼슬을 줄 만하다고 판단되면 기다리게 한 뒤 나라의 환란을 가정해 질문하며 답변을 통해 나라에 무슨 잘못이 있는지 살폈다. 그가 물러나면 향리에 사람을 보내 그의 능력을 살펴보고, 중대한 과실이 없으면 곧바로 등용해 상경上卿의 보좌로 삼았다. 이를 두고 향장鄕長이 천거하고, 관장官長이 선발하고, 군주가 물어 살피는 이른바 3선選이라고 한다. 이에 고자와 국자가 조정에서 물러나 향을 정비하고, 향장인 양인이 물러나 연을 정비하고, 연장이 물러나 리里를 정비하고, 이장인 이사里司가 물러나 5가家로 구성된 궤를 정비하고, 궤장이 물러나 각 가家를 정비했다. 필부도 선행이 있으면 과감히 천거되고, 악행이 있으면 가차 없이 벌을 받게 된 연유다. 이처럼 체계적으로 정사가 펼쳐지면서 리에서 어른을 능멸하고, 조정에서 자신의 직책을 벗어나는 일이 없게 됐다. 또한 덕행이 없는 남자는 그와 함께 오伍를 이룰 사람이 없고, 덕행이 없는 여자는 데려갈 사람이 없게 됐다. 선비가 아내를 3번 내치면 국외로 쫓아냈고, 여자가 3번 개가하면 종일토록 절구질하는 노비로 살게 했다. 백성 모두 선행을 하는데 힘쓴 이유다. 선비의 경우 향에서 선행을 하는 것이 향리에서 선을 행하는 것만 못하고, 향리에서 선행을 하는 것이 집에서 선행을 하는 것만 못했다. 선비가 감히 한때의 이익을 얘기하는 대신 1년의 계책을 논하고, 1년의 계책을 논하는 대신 평생의 공업을 이루기 위해 애쓴 배경이다.

향장복사鄕長復事의 '복사'는 업무 보고를 뜻한다. 윤지장은 '복'을 말할 백白으로 새겼다. 총명질인聽明質仁의 '질'을 『국어』「제어」의 위소 주는 성性으로 새겼다. 장제長弟의 '제'는 형장兄長을 경애하는 제悌와 통한다. 원래 '형'은 같은 문도門徒에서 사용한 것으로 같은 문도가 아니면 제弟로 부르지 못하고 장丈으로 표현했다. 여기서 형장兄丈은 나이가 많은 선배 내지 노인을 뜻하는 용어로 사용케 되었다. 폐현蔽賢은 현자를 매몰시킨다는 뜻이다. 이어사이준已於事而竣의 '준'을 「제어」의 위소 주는 퇴退로 새겼다.

고굉지력股肱之力의 '고굉'은 사지四肢를 뜻한다. 원래 '고'는 허벅지, '굉'은 팔뚝을 의미한다. 수출어중秀出於衆의 '수'를 『광아』「석고」는 빼어날 출出로 새겼다. 위지하비爲之下比의 '하비'는 아랫사람과 결탁하는 것을 말한다. '비'는 비庇와 통한다. 공친견지公親見之의 '공'이 일부 판본에는 환공桓公으로 되어 있다. 수사역지관遂使役之官을 윤지장은 관직을 내려 재능을 시험하는 것으로 풀이했다. 「제어」의 위소 주는 '역'을 위爲로 새겼다. 공령관장기이서벌이고公令官長期而書伐以告를 두고 「제어」의 위소 주는 관장官長을 장관長官, 기期를 년年, 벌伐을 공功으로 새겼다. 서書는 기록한다는 뜻이다.

단각이대시사端慤以待時使를 두고 윤지장은 '각'을 성실誠實, '시'는 가용지시可用之時로 새겼다. 칭병언稱秉言을 대망은 「제어」를 근거로 비방을 그치게 했다는 뜻의 수방언綏謗言의 잘못으로 보았다. 「제어」의 위소 주는 '수'를 지止로 해석했다. 이에 대해 왕소란의 '칭'을 드러낼 양揚과 통하는 칭偁으로 새기면서 '병'을 방謗과 통하는 것으로 간주해 풀이키를, "비방하는 소리를 군주의 귀에까지 들리게 했다."고 했다. 사호범이 이를 좇았다. 나름 일리가 있으나 여상봉은 왕소란의 해석이 지나치게 자의적이라고 비판했다. 문맥상 위소의 주를 좇아 해석하는 게 간명하다.

성상기질省相其質의 '성상'은 성찰省察 내지 성시省視의 뜻이다. 참기성공參其成功의 '참'은 검사하여 증명하는 검험檢驗의 뜻이다. 성사가립成事可立이 「제어」에는 사성가립事誠可立으로 되어 있다. 이시而時를 곽말약은 명을 기다리게 한다는 뜻의 대시待時로 풀이했다. 「제어」에는 관직을 내린다는 뜻의 이수지而授之로 나온다. 설문국가지환이불육設問國家之患而不肉의 '육'을 왕념손은 「제어」를 근거로 지병을 뜻하는 구疚의 오자로 보았다. 원래 '구'가 빈병貧病을 뜻하는 구疚로 되어 있었는데 이 글자의 예서체가 육肉과 비슷했던 까닭에 후대인이 '육'으로 오사誤寫했다는 것이다. 3선選을 「제어」의 위소 주는 향장鄉長이 천거하고, 관장官長이 선발하고, 군주가 물어 살피는 것을 지칭한다고 했다. 향불월장鄉不越長의 '장'을 「제어」의 위소 주는 향리에서 나이를 위주로 장자長者를 선발하는 까닭에 장유長幼가 서로 한계를 뛰어넘는 일이 없다고 풀이했다.

피사무오罷士無伍의 '피'는 피疲와 통한다. 『순자』「왕패」에 '피사' 표현이 나온다. 피녀무가罷女無家의 '피녀'를 윤지장은 풀이키를, "'피녀' 역시 '피사'와 같다. 많은 사람들이 맞이하는 것을 꺼리는 까닭에 시집을 갈 수 없다."고 했다. 입어용곡入於舂穀의 '용'은 절구질한다는 뜻이다. '곡'을 장패륜은 고槀의 오자로 보았다. '용고'는 고대의 여자 노비를 일컫는 말이다. 절구를 빻는 강제노역에 복역한 까닭에 '이런' 명칭이 나왔다. 『주례』「대사구, 사려司厲」에 이르기를, "죄를 지어 노비가 되면 남자는 죄례罪隸, 여자는 '용고'로 들어간다."고 했다.

20-9

正月之朝, 五屬大夫復事於公. 擇其寡功者而譙之, 曰, "列地分民者若一, 何故獨寡功? 何以不及人? 敎訓不善, 政事其不治, 一再則宥, 三則不赦." 公又問焉, 曰, "於子之屬, 有居處爲義好學·聰明質仁·慈孝於父母·長弟聞於鄕里者? 有則以告. 有而不以告, 爲之蔽賢, 其罪五." 有司已事而竣. 公又問焉, 曰, "於子之屬, 有拳勇股肱之力·秀出於衆者? 有則以告. 有而不以告, 爲之蔽才, 其罪五." 有司已事而竣. 公又問焉, 曰, "於子之屬, 有不慈孝於父母·不長弟於鄕里·驕躁淫暴·不用上令者? 有則以告. 有而不以告者, 爲之下比, 其罪五." 有司已事而竣. 於是乎五屬大夫退而脩屬, 屬退而脩連, 連退而脩鄕, 鄕退而脩卒, 卒退而脩邑, 邑退而脩家. 是故匹夫有善, 可得而擧. 匹夫有不善, 可得而誅. 政成國安, 以守則固, 以戰則彊. 封內治, 百姓親, 可以出征四方, 立一覇王矣.

정월에 제환공이 청조聽朝했다. 오속대부五屬大夫가 공무를 보고하자 제환공이 별다른 공적을 세우지 못한 대부를 지목해 꾸짖었다.

"나눠준 땅과 백성이 똑같은데도 어찌하여 유독 공적이 적은 것인가? 왜 다른 대부에 미치지 못하는 것인가? 교도教導가 좋지 않으면 정사가 제대로 펼쳐지지 않는 법이다. 한두 번은 용서하겠으나 3번째는 용서하지 않을 것이다."

제환공이 또 물었다.

"그대의 속屬에 사는 백성 가운데 평소 의를 행하며 호학하고, 총명한데다 성품이 인자하고, 부모에게 효도하며 어른을 공경하여 그 소문이 향리에 널리 퍼진 자가 있는가? 있으면 고하도록 하라. 있는데도 고하지 않는 것을 폐현蔽賢이라고 한다. 그 죄는 5형刑에 해당한다."

다른 오속대부가 업무보고를 마치고 물러날 때 제환공이 또 물었다.

"그대의 속에 사는 백성 가운데 용맹하며 사지의 힘과 근골이 발군인 자가 있는가? 있으면 고하도록 하라. 있는데도 고하지 않는 것을 폐재蔽才라고 한다. 그 죄는 5형에 해당한다."

또 다른 오속대부가 업무보고를 마치고 물러날 때 제환공이 다시 물었다.

"그대의 속에 사는 백성 가운데 부모에게 효도하지 않고, 어른을 공경하지 않고, 교만하며 경박하고, 음탕하고 포학해 나라의 법령을 듣지 않는 자가 있는가? 있으면 고하도록 하라. 있는데도 고하지 않는 것을 죄인과 손을 잡고 비호하는 하비下比라고 한다. 그 죄는 5형에 해당한다."

이런 식으로 모든 오속대부가 업무보고를 마치고 물러났다. 오속대부 모두 조정에서 물러나 속을 정비하고, 속의 대부가 물러나 연을 정비하고, 연장이 물러나 향을 정비하고, 향장인 양인이 물러나 각 졸卒을 정비하고, 졸장이 물러나 읍邑을 정비하고, 읍장邑長이 물러나 각 가家를 정비했다. 필부도 선행이 있으면 과감히 천거되고, 악행이 있으면 가차 없이 벌을 받게 된 연유다. 정사가 잘 이뤄지고 나라가 안정되자 지키면 수비가 견고했고, 전쟁을 벌이면 매우 강력했다. 내치가 잘 이뤄지자 백성이 가까이 다가왔다. 출정에 나서 사방의 제후국을 제압한 뒤 마침내 패왕의 대업을 이룰 수 있었던 배경이다.

초지왈譙之曰의 '초'는 견책의 뜻이다. 같은 뜻의 초誚로 된 판본도 있다. 열지분민列地分民의 '열지'는 땅을 획분劃分한다는 뜻으로 '열'은 열裂과 같다. 유사이사有司已事의 '이사'는 유사가 보고를 마쳤다는 뜻이다. 사호범은 문맥상 이어사已於事로 바꿔야 하고, 뒤에 나오는 수출어중자秀出於衆者 구절 역시 문맥상 '근골수출어중자筋骨秀出於衆者'로 바꿔야 한다고 했다. 입일패왕立一覇王의 '일'을 곽말약은 이而의 잘못으로 보았다.

20-10

桓公曰, "卒伍定矣, 事已成矣, 吾欲從事於諸侯, 其可乎?" 管子對曰, "未可. 若軍令則吾旣寄諸內政矣. 夫齊國寡甲兵, 吾欲輕重罪而移之於甲兵." 公曰, "爲之柰何?" 管子對曰, "制, 重罪入以兵甲犀脅二戟, 輕罪入蘭盾鞈革二戟, 小罪入以金鈞, 分宥薄罪入以半鈞, 無坐抑而訟獄者, 正三禁之而不直, 則入一束矢以罰之. 美金以鑄戈劒矛戟, 試諸狗馬. 惡金以鑄斤斧鉏夷鋸欘, 試諸木土."

제환공이 관중에게 물었다.

"군사편제도 끝났고 내치도 잘 이뤄졌으니 이제 천하의 제후들과 회맹코자 하오. 이게 가능하겠소?"

관중이 대답했다.

"아직 불가합니다. 군령軍令은 제가 이미 내정에 덧붙여 놓았습니다. 그러나 제나라는 아직 무기가 모자랍니다. 중형을 감경하는 속형贖刑의 방법으로 병력과 무기를 확충코자 합니다."

제환공이 물었다.

"어찌해야 가능하겠소?"

관중이 대답했다.

"제도를 만들 때 우선 무거운 죄를 범한 자는 무기와 갑옷 및 무소가죽 제품의 말고삐인 협구脇驅와 미늘창 2자루, 가벼운 죄를 범한 자는 무기걸이와 방패 및 흉갑胸甲과 미늘창 2자루, 과실에 해당하는 작은 죄는 쇠붙이 1균鈞 반을 납부토록 합니다. 이어 가벼운 죄를 감면할 때는 쇠붙이 반균半鈞을 내도록 하고, 까닭 없이 송사를 벌이는 자는 3차에 걸쳐 그만둘 것을 명했는데도 듣지 않고 송사를 벌일 경우 화살 한 다발을 내도록 조치합니다. 좋은 쇠붙이로는 과戈, 검劒, 모矛, 극戟을 주조한 뒤 개와 말에게 시험해 봅니다. 여타 쇠붙이로는 도끼와 호미, 괭이, 낫, 톱 등을 주조해 벌목하거나 경작할 때 시험해 보도록 하십시오."

오욕경중죄吾欲輕重罪의 '경중죄'를 곽말약은 중벌을 감경한다는 뜻으로 새기면서 '죄'를 벌罰의 오자라고 했다. 서협이극犀脅二戟의 '협'을 장패륜은 『시경』「소융」의 전箋을 근거로 4마리가 이끄는 수레의 복마服馬 바깥쪽에 있는 참마驂馬를 몰 때 사용하는 무소가죽 제품의 협구脇驅로 풀이했다. 이에 대해 소여는 「제어」와 『회남자』「범훈론」 등을 근거로 방패 순盾으로 읽었다. 사호범은 장패륜의 해석을 좇았다. 난순협혁蘭盾鞈革의 '난'을 사호범은 활과 화살을 꽂아 넣어 등에 지도록 만든 동개箇介를 비롯한 무기걸이를 뜻하는 란籣의 차자로 보았다. 『문선』「서경부」의 이선李善 주는 "통상적인 무기걸이는 란籣, 쇠뇌를 걸어두는 틀은 기錡라고 한다."고 했다. '협혁'을 윤지장은 가슴을 보호하기 위해 두꺼운 가죽을 사용해 만든 흉갑胸甲으로 풀이했다. 금균金鈞의 '금'은 쇠나 구리 등의 쇠붙이를 말한다. '균'은 30근에 해당한다.

무좌억이송옥無坐抑而訟獄의 '좌'를 유월은 좌절하여 억울해한다는 뜻의 좌挫로 새겼다. 정삼금지正三禁之의 '정'은 잘못을 지적한다는 뜻이다. 근부서이거속斤斧鉏夷鋸欘의 '근부'는 나무를 벨 때 사용하는 코고 작은 도끼를 말한다. '서'는 호미를 뜻하는 서鋤와 통한다. '이'를 장패륜은 갈고리나 낫을 뜻하는 구렴鉤鐮으로 풀이했다. '거'는 톱을 뜻한다. '속'이 일부 판본에는 자귀나 호미를 뜻하는 촉欘으로 되어 있다. 문맥상 등류等類를 뜻하는 속屬으로 풀이하는 게 낫다. 시저목토試諸木土의 '저'는 지어之於의 줄임말이다. '목토'는 나무를 베거나 땅을 경작한다는 뜻의 동사로 사용된 것이다.

20-11

桓公曰, "甲兵大足矣, 吾欲從事於諸侯, 可乎?" 管仲對曰, "未可. 治內者未具也, 爲外者未備也." 故使鮑叔牙爲大諫, 王子城父爲將, 弦子旗爲理, 寗戚爲田, 隰朋爲行, 曹孫宿處楚, 商容處宋, 季勞處魯, 徐開封處衛, 匽尚處燕, 審友處晉. 又游士八千人, 奉之以車馬衣裘, 多其資糧, 財幣足之, 使出周游於四方, 以號召收求天下之賢士. 飾玩好, 使出周游於四方, 鬻之諸侯, 以觀其上下之所貴好, 擇其沉亂者而先政之.

제환공이 관중에게 물었다.

"갑옷 등의 무기가 충분이 마련됐소. 이제 천하의 제후들과 회맹을 추진코자 하는데 이게 가능하겠소?"

관중이 대답했다.

"아직 불가합니다. 내치를 담당할 인재가 갖춰져 있지 않고, 외치에 종사할 인재가 준비돼 있지 않습니다."

이에 포숙아를 간언을 담당하는 대간大諫, 왕자 성보城父를 군사를 지휘하는 장수將帥, 현자기弦子旗를 형옥을 다스리는 이관理官, 영척寗戚을 농사를 독려하는 전관田官, 습붕을 외교를 담당하는 행인行人으로 삼았다. 또 조손숙曹孫宿을 초나라, 상용商容을 송나라, 계우季友를 노나라, 위나라 공자 개방開方을 위나라, 언상匽尚을 연나라, 심우審友를 중원의 진晉나라로 보내 상주케 했다. 이어 유세를 떠맡은 유사游士 80명을 선발해 거마車馬와 의구衣裘를 비롯해 많은 물자와 곡물을 충분히 제공한 뒤 여러 보물과 예물을 싣고 사방을 돌아다니며 천하의 현자를 초빙하게 했다. 또 좋은 완호물玩好物을 들고 사방을 돌아다니며 제후에게 팔고, 열국의 군신들이 귀하게 여기고 좋아하는 것을 관찰해 보고토록 한 뒤 음란淫亂한 제후를 가려내 먼저 정벌했다.

대간大諫은 간관諫官을 뜻한다. 현자기위리弦子旗爲理의 '리'는 곧 옥관獄官을 말한다. 영척위전寗戚爲田의 '전'은 농관農官의 의미이다. 습붕위행隰朋爲行의 '행'은 행관行官 즉 외교를 담당하는 외교관을 지칭한다. 계로처로季勞處魯의 '계로'를 유적은「내언」의 '대광'을 좇아 계우季友로 바꿔야 한다고 했다. 서개봉처위徐開封處衛의 '서개봉' 역시 왕념손「내언」편 '대광'을 좇아 위나라 공자 개방을 뜻하는 위개방衛開方으로 바꿔야 한다고 했다. 유사팔천인游士八千人이『국어』「제어」에는 '팔십八十'으로 나온다. 치란자沉亂者의 '침'은 고대에 음淫과 통했다. 선정지先政之의 '정'은 정征의 뜻이다.

20-12

公曰, "外內定矣, 可乎?" 管子對曰, "未可. 鄰國未吾親也." 公曰, "親之奈何?" 管子對曰, "審吾疆場, 反其侵地, 正其封界, 毋受其貨財, 而美爲皮幣, 以極聘覜於諸侯, 以安四鄰, 則鄰國親我矣." 桓公曰, "甲兵大足矣, 吾欲南伐, 何主?" 管子對曰, "以魯爲主, 反其侵地常·潛, 使海於有弊, 渠彌於有陼, 綱山於有牢." 桓公曰, "吾欲西伐, 何主?" 管子對曰, "以衛爲主, 反其侵地吉臺·原姑與柒里, 使海於有弊, 渠彌於有陼, 綱山於有牢." 桓公曰, "吾欲北伐, 何主?" 管子對曰, "以燕爲主, 反其侵地柴夫·吠狗, 使海於有弊, 渠彌於有陼, 綱山於有牢." 四鄰大親, 旣反其侵地, 正其封疆, 地南至于岱陰, 西至於濟, 北至於海, 東至于紀隨, 地方三百六十里. 三歲治定, 四歲敎成, 五歲兵出, 有敎士三萬人, 革車八百乘. 諸侯多沉亂, 不服於天子, 於是乎桓公東救徐州, 分吳半, 存魯蔡陵, 割越地. 南據宋·鄭, 征伐楚, 濟汝水, 踰方地, 望文山, 使貢絲于周室, 成周反胙於隆嶽, 荊州諸侯, 莫不來服. 中救晉公, 禽狄王, 敗胡貉, 破屠何, 而騎寇始服. 北伐山戎, 制泠支, 斬孤竹, 而九夷始聽. 海濱諸侯, 莫不來服. 西征, 攘白狄之地, 遂至于西河. 方舟投柎, 乘浮濟河, 至于石沈. 縣車束馬, 踰大行. 與卑耳之貉, 拘秦夏. 西服流沙西虞, 而秦戎始從. 故兵一出而大功十二, 故東夷·西戎·南蠻·北狄·中國諸侯, 莫不賓服. 與諸侯飾牲爲載書, 以誓要于上下, 薦神, 然後率天下定周室, 大朝諸侯於陽穀. 故兵車之會六, 乘車之會三, 九合諸侯, 一匡天下. 甲不解壘, 兵不解翳, 弢無弓, 服無矢, 寢武事, 行文道, 以朝天子.

제환공이 관중에게 물었다.

"외교와 내정이 이미 안정됐으니 이제 천하의 제후와 회맹코자 하오. 이게 가능하겠소?"

관중이 대답했다.

"아직 불가합니다. 주변국이 아직 우리를 친하게 여기지 않습니다."

제환공이 물었다.

"그리하려면 어찌해야 하오?"

관중이 대답했다.

"우리의 변경을 살펴 빼앗은 땅은 돌려주고, 경계선을 바르게 하고, 주변국의 재화를 거둬들이지 말고, 거듭 예물을 들고 자주 제후들을 방문해 사방의 이웃을 안정시키면 됩니다. 그러면 주변국이 우리를 친하게 여길 것입니다."

제환공이 물었다.

"갑옷 등의 무기가 풍족해졌소. 남쪽을 칠 경우 어느 나라를 거점으로 삼는 게 좋겠소?"

관중이 대답했다.

"노나라를 택하십시오. 노나라로부터 빼앗은 상常과 잠潛 땅을 돌려주고, 제나라의 동쪽 큰 바다를 병풍으로 삼고, 작은 바다를 울타리로 삼고, 환산環山을 성벽으로 삼으십시오."

제환공이 물었다.

"서쪽을 칠 경우 어느 나라를 거점으로 삼는 게 좋겠소?"

관중이 대답했다.

"위衛나라를 택하십시오. 위나라로부터 빼앗은 대臺, 원原, 고姑, 칠리漆里 땅을 돌려주고, 제나라의 동쪽 큰 바다를 병풍으로 삼고, 작은 바다를 울타리로 삼고, 환산을 성벽으로 삼으십시오."

제환공이 물었다.

"북쪽을 칠 경우 어느 나라를 거점으로 삼는 게 좋겠소?"

관중이 대답했다.

"연燕나라를 택하십시오. 연나라로부터 빼앗은 시부柴夫와 폐구吠狗 땅을 돌려주고, 제나라의 동쪽 큰 바다를 병풍으로 삼고, 작은 바다를 울타리로 삼고, 환산을 성벽으로 삼으십시오."

이에 사방의 주변국과 모두 친해졌다. 전에 빼앗은 땅을 돌려주고, 국경선을 바로잡은 덕분이다. 제나라 영토가 남쪽으로 태산泰山의 북쪽, 서쪽으로 제수濟水, 북쪽으로는 대해大海, 동쪽으로는 기紀 및 수隨 땅에 이르게 됐다. 사방으로 360리나 됐다. 3년 만에 내치가 안정되고, 4년 만에 군사훈련이 완성되고, 5년 만에 출병할 수 있었던 이유다. 훈련받은 군사가 3만 명, 전차가 6백 승이었다. 당시 제후들 가운데 어지러운 자가 많았다. 주왕실의 천자에게 복종하지 않은 게 그렇다. 제환공이 동쪽으로 출병해 서주徐州를 구하고, 오吳나라의 반쪽을 차지하고, 노나라를 위로하고, 채蔡나라를 공략하고, 월越나라를 분할한 것도 이 때문이다. 남쪽으로 송宋과 정鄭을 거점으로 삼아 초나라를 제압했다. 여수汝水를 건너, 방성方城을 넘고, 문산汶山

에 산천 제사를 올린 뒤 초나라를 압박해 주왕실에 생사를 조공으로 바치게 한 결과다. 주왕실의 천자가 그 공을 높이 사 제환공에게 종묘제사를 지낸 음식인 조胙를 하사해 제후들의 패자覇者로 공인했다. 이에 형주荊州 일대의 열국 제후들 가운데 다퉈 귀의하지 않는 자가 없었다. 중원 일대에서 진晉나라 군주를 구하고, 적인狄人의 추장을 포로로 잡고, 호인胡人과 맥인貉人을 패퇴시키고, 도하屠何를 깨뜨렸다. 그러자 마적행각을 벌인 동호東胡가 비로소 복종했다. 북쪽으로 산융山戎을 쳐 영지泠支 일대를 제압하고, 고죽孤竹의 군주를 베었다. 그러자 구이九夷가 명을 따르기 시작했다. 바닷가 인근의 열국 제후들 역시 다퉈 복종하지 않는 자가 없었다. 서쪽으로 백적白狄의 땅을 빼앗아 이내 서하西河에 이르게 됐다. 배를 묶거나 뗏목을 엮는 식으로 배를 만들어 황하를 건너 뒤 석침石沈에 이르렀다. 수레와 말을 타고 태항산大行山을 넘고 비이산卑耳山의 계곡을 지나 대하大夏의 군주를 생포하고, 서쪽으로 유사流沙와 서우西虞를 정복했다. 그러자 진융秦戎이 비로소 복종했다. 제환공은 1번 출정해 12가지 대공을 세웠다. 동이, 서융, 남만, 북적 등 사방의 이적夷狄과 중원의 여러 제후가 찾아와 조공하며 복종하지 않는 자가 없었던 이유다. 제환공이 여러 제후들과 함께 제사에 쓸 희생을 준비하고 회맹의 내용을 기재한 맹세문을 작성한 뒤 천상천하의 모든 신에게 서약했다. 이후 천하의 제후를 통솔해 주나라 왕실을 안정시키고, 양곡陽穀에서 제후들을 크게 모았다. 전쟁을 치르기 위한 모임인 병거지회兵車之會가 6번, 결속을 다지기 위한 승거지회乘車之會가 3번 있었다. 모두 9번에 걸쳐 제후들을 규합해 천하를 일거에 바로잡았다. 갑옷과 투구의 끈을 풀 일이 없고, 무기를 무기함에서 꺼내지 않고, 활집에 활이 없고, 화살통에 화살이 없어진 이유다. 전쟁이 그치고 문도文道를 널리 행하자 열국 제후들이 다퉈 주왕실의 천자를 조회朝會했다.

심오강역審吾疆場의 '강역'은 강계疆界의 뜻이다. 『춘추좌전』「노성공

13년」조에 '강역' 표현이 나온다. 미위피폐美爲皮幣의 '미'를 허유휼은 다시 갱更의 오자로 보았다. 「제어」에는 겹칠 중重으로 나온다. 극빙조어제후亟聘覜於諸侯의 '극'은 빠를 극亟과 통한다. 누차屢次의 뜻을 지닌 삭數의 의미로 사용됐다. 빙조는 조빙覜聘과 같은 말로 『주례』「춘관, 전서典瑞」의 '조빙'에 대한 정현 주는 "대부들이 많이 찾아오는 것을 조覜, 적게 찾아오는 것을 빙聘이라고 한다."고 했다. 사해어유폐使海於有弊의 '폐'가 「제어」에는 가릴 폐蔽로 되어 있다.

거미어유저渠彌於有陼의 '거미'가 「제어」에는 거미渠弭로 나온다. 위소 주는 비해裨海로 풀이했다. 소해小海의 뜻이다. '유저'가 여타 판본에는 하저河陼로 되어 있다. 「제어」에는 유저有陼로 나온다. '저'는 물가의 모래섬 내지 삼각주를 뜻하는 저渚의 뜻이다. 강산어유뢰綱山於有牢의 '강산'이 「제어」에는 환산環山으로 되어 있다. 곽말약은 풀이키를, "환산은 제나라의 지명이다. 『한서』「지리지」에 따르면 낭야군 창현昌縣에 환산사環山祠가 있다고 한다."고 했다. '뢰'를 곽말약은 견고한 울타리로 해석했다.

길대원고여칠리吉臺原姑與柒里의 '길대원고'가 「제어」에는 '대원고'로 나온다. 모두 지명이다. '칠리'가 「제어」에는 칠리漆里로 되어 있다. 고대에 칠柒과 칠漆은 서로 통했다. 지남지어대음地南至于岱陰의 '대음'은 태산의 북쪽을 말한다. 혁거팔백승革車八百乘의 '팔八'을 왕인지는 '6六'의 잘못이라고 했다. 50인이 소융小戎이 된다고 한 점을 감안할 때 3만 명은 6백 승에 해당한다는 것이다.

존로채릉存魯蔡陵의 '채릉'을 장패륜은 『춘추좌전』「노희공 4년」조를 근거로 채나라를 침릉侵陵했다는 뜻의 능채陵蔡로 바꿔야 한다고 했다. 유방지踰方地의 '지'를 유적은 「제어」를 좇아 성城으로 바꿔야 한다고 했다. '방성'은 초나라가 축조한 장성이다. 전국시대에 들어와 더욱 확대돼 초나라의 북쪽 병풍 역할을 수행했다. 『회남자』『지형훈地形訓」에 따르면 '방성'은 태분太汾, 민액澠阨, 형원荊阮, 효판殽阪, 정형井陘, 영자令疵, 구주句注, 거용居庸과 더불어 9가지 장벽인 이른바 9색塞의 하나였다. 망문산望文山의 '망'은 산천에 제사지내는 것을 뜻하는 말로 망제望祭의 약칭이다. '문'은 고본에 문汶으로 나온다. 청대 가경제 때 활약한 동증령董增齡은 『국어정의國語正義』에서 민산岷山으로 새겼다.

반조어융악反胙於隆嶽의 '조'를 『후한서』「등표전」의 이현李賢 주는 종묘제사를 지낸 고기로 새겼다. '융악'은 태악太嶽을 뜻하는 말로 곧 제후齊侯를 상징한다. 고대에 4악嶽이 있는 지역의 제후를 방백方伯으로 삼은데서 비롯된 말이다. 제환공이 패업을 이루자 주나라 왕실에서 '방백'의 칭호를 내렸다. 파도하破屠何의 '도하'를 윤지장은 동호東胡의 조상으로 풀이했다. 방주투부方舟投柎의 '방주'를 「제어」의 위소 주는 배를 나란히 하여 가는 것으로 새겼다. '투부'는 뗏목을 엮은 뒤 배를 대신해 제수濟水를 건넌다는 뜻이다. '부'는 『설문해자』「수부水部」에 따르면 나무를 묶어 도강하는 것을 의미한다. 승부제하 乘浮濟河의 '부'는 작은 뗏목을 지칭한다. 『논어』「공야장」에 '승부' 표현이 나온다. 석침石沈은 중원 진晉나라 땅이다.

현거속마縣車束馬의 '현'은 현懸과 통한다. 비이지맥卑耳之貉의 '맥'을 왕념손은 계곡을 뜻하는 계谿의 오자로 보았다. 계谿는 계溪의 이체자異體字이다. 구진하拘秦夏의 '진하'를 정사함은 서쪽의 대국인 대하大夏를 뜻하는 태하泰夏의 잘못으로 보았다. 고본과 유본劉本에는 '태하'로 되어 있다. 『사기』「봉선서」에 한무제 때 대하大夏를 정벌했다는 기록이 나온다. 병1출이대공십이兵一出而大功十二를 두고 윤지장은 서주徐州를 구한 이래 12번의 공을 세웠다는 의미로 풀이했다.

중국제후中國諸侯가 일부 판본에는 중제후국中諸侯國으로 되어 있다. 대망은 고본 등을 좇아 '중국제후'로 바꿔야 한다고 했다. 식생위재서飾牲爲載書의 '서'를 윤지장은 제후들이 회맹할 때 맹세한 내용을 적은 글로 풀이했다. 서요우상하誓要于上下의 '서요'를 왕념손은 요서要誓의 잘못이라고 했다. 「제어」에는 약서約誓로 나온다. 천신薦神의 '천'을 유적은 「제어」를 좇아 서庶로 바꿀 것을 주장했다.

갑불해루甲不解壘의 '루'를 왕념손은 「제어」를 좇아 검은 색의 포승을 뜻하는 루縲 내지 루纍와 통하는 루累로 바꿔야 한다고 했다. 도무궁弢無弓의 '도'는 활집을 뜻한다. 복무시服無矢의 '복'은 화살을 넣는 전동인 복箙과 통한다. 침무사寢武事는 무력을 동원하지 않는다는 뜻의 침병寢兵과 같다. '침'을 『한서』「예악지」의 안사고 주는 그친다는 뜻의 식息으로 새겼다. 행문도行文道는 칼 대신 붓을 앞세우는 문치文治 위주의 치도治道를 말한다.

20-13

葵丘之會, 天子使大夫宰孔致胙於桓公曰, "余一人之命, 有事於文武, 使宰孔致胙." 且有後命曰, "以爾自卑勞, 實謂爾伯舅, 毋下拜." 桓公召管仲而謀, 管仲對曰, "爲君不君, 爲臣不臣, 亂之本也." 桓公曰, "余乘車之會三, 兵車之會六, 九合諸侯, 一匡天下. 北至於孤竹·山戎·穢貊, 拘秦夏. 西至流沙·西虞, 南至吳·越·巴·牂柯·䡅·不庾·雕題·黑齒, 荊夷之國, 莫違寡人之命, 而中國卑我. 昔三代之受命者, 其異於此乎?" 管子對曰, "夫鳳凰鸞鳥不降, 而鷹隼鴟梟豐. 庶神不格, 守龜不兆, 握粟而筮者屢中. 時雨甘露不降, 飄風暴雨數臻. 五穀不蕃, 六畜不育, 而蓬蒿藜藋竝興. 夫鳳皇之文, 前德義, 後日昌. 昔人之受命者, 龍龜假, 河出圖, 雒出書, 地出乘黃. 今三祥未見有者, 雖曰受命, 無乃失諸乎?" 桓公懼, 出見客曰, "天威不違顏咫尺, 小白承天子之命, 而毋下拜, 恐顚蹶於下, 以爲天子羞." 遂下拜, 登受賞服, 大路, 龍旗九游, 渠門赤旂. 天子致胙於桓公而不受, 天下諸侯稱順焉.

규구葵丘의 회맹 때 주양왕周襄王이 집정대부 재공宰孔을 시켜 제환공에게 종묘제사를 지낸 음식인 조胙를 보내며 이같이 전했다.

"과인에게 문왕과 무왕의 종묘제사가 있었기에 재공을 시켜 제사 고기를 보낸다."

또 이같이 명했다.

"스스로 겸손하고 많은 노고를 행한 까닭에 실로 백구伯舅라고 부를 만하니 당 아래로 내려가 절하지 말라."

제환공이 관중을 불러 의논하자 관중이 이같이 말했다.

"군주가 군주답지 못하고, 신하가 신하답지 못한 것은 천하가 어지러워지는 근원입니다."

제환공이 말했다.

"나는 '승거지회' 3번, '병거지회' 6번 등 모두 9번에 걸쳐 제후들을 규합해 천하를 일거에 바로잡았소. 북쪽으로 고죽孤竹과 산융山戎 및 예맥穢貊에 이르고, 태하大夏의 군주를 사로잡았소. 서쪽으로 유사流沙와 서우西虞에 이르렀소. 또 남쪽으로 오吳, 월越, 파巴, 장가牂柯, 장瓺, 불유不庾, 조제雕題, 흑치黑齒에 이르렀소. 지금 변방의 모든 나라가 과인의 명을 어기지 않는데도 중원의 제후들은 오히려 나를 가벼이 여기고 있소. 그러나 옛날 삼대 때 천명을 받아 천자가 된 사람이 과연 과인과 무엇이 다르겠소?"

관중이 반박했다.

"아직 길조를 상징하는 봉황鳳凰과 난조鸞鳥가 내려오지 않고 있는데, 매와 올빼미 등만 많습니다. 뭇 신들이 아직 이르지 않은 까닭에 신령한 거북으로 점치는 점괘는 아직 징조를 드러내지 않았는데, 쌀로 점치는 값싼 점괘만 여러 번 들어맞고 있습니다. 지금 때 맞게 내리는 시우時雨와 감로수甘露水가 내리지 않고 있는데, 태풍과 폭풍우만 여러 번 몰려왔습니다. 오곡이 풍성하지 않고 육축이 잘 자라지 못하고 있는데, 쑥대와 쑥들만 어지럽게 자라고 있습니다. 봉황의 문양을 보면 앞면의 머리와 벼슬은 덕德 내지 의義 자와 닮았고, 뒷면의 꼬리 깃은 일日 내지 창昌 자와 닮았습니다. 옛날 천명을 받을 때면 용과 거북이 나타났고, 하수河水에서 용마龍馬의 등에 하도河圖가 나오고, 낙수洛水에서 거북의 등에 낙서洛書가 나오고, 땅에서 신령스런 말인 승황乘黃이 나왔습니다. 지금 이 3가지 상서로움이 나타나지 않았으니 설령 천명을 받아 보위에 오를지라도 어찌 실책失策이 없을 리 있겠습니까?"

제환공이 두려워하며 주왕실의 사자를 접견하면서 이같이 겸양했다.

"천자의 위엄이 지척에 있는데 저 소백에게 당 아래서 절하지 말라는 명을 받들면 군신의 예의가 땅에 떨어지고, 천자에게 수치를 안길까 두렵습니다."

그러고는 당 아래에서 절한 뒤 당 위로 올라와 상으로 내린 조복朝服과 큰 수레인 대로大輅, 9개의 술이 달린 용기龍旗, 군문을 상징하는 적기赤旂를 받았다. 천자가 종묘제사에 사용한 제육祭肉을 보내자 제환공이 당 아래서 절하며 받았다. 천하의 제후들이 제환공의 이런 행보를 두고 예를 잘 지킨다고 칭송했다.

규구지회葵丘之會의 '규구'의 위치를 두고 지금의 하남성 난고현 동쪽과 하북성 임장현 서쪽이라는 설이 대립하고 있다. 여일인지명余一人之命의 '여일인'은 진시황이 짐朕을 칭하기 이전까지 주나라 왕을 비롯한 제후들이 자신을 일컫는 호칭으로 사용한 말이다. '지명'을 왕인지는 연자로 보았다. 유사어문무有事於文武의 '사'를 윤지장은 문왕과 무왕의 사당에 제사를 올렸다는 의미로 새겼다. 실이위백구實謂爾伯舅의 '백구'는 주나라 왕이 이성異姓의 대국 제후를 지칭할 때 사용한 말이다. 동성同姓의 대국 제후는 백부伯父, 이성의 소국은 숙구叔舅, 동성의 소국은 숙부叔父로 칭했다. 무하배毋下拜의 '하배'는 당堂 아래로 내려가 절하며 받는 것을 말한다. 「제어」에는 무하배無下拜로 나온다.

오吳·월越·파巴·장가·柯·장漲·불유不庾·조제雕題·흑치黑齒를 두고 윤지장은 모두 남이南夷의 국명으로 보았다. '장가'를 장패륜은 『한서』「지리지」 등을 근거로 지금의 귀주와 운남성 일대에 있던 나라라고 했다. 장가牂柯로도 표기한다. '장'을 윤동양은 지금의 호남성 성도인 장사長沙로 간주하면서,

'불유'를 『산해경』「해내남경」에 나오는 북구北朐로 추정했다. '조제'를 야스이는 지금의 인도차이나 반도인 교지交趾로 파악하면서, '흑치'를 지금의 광동성 일대인 영남嶺南 사람들이 빈랑檳榔을 먹어 이빨이 검은데서 비롯된 명칭으로 보았다.

응준치효鷹隼鴟梟 모두 매와 올빼미 등을 지칭한 말이다. 고대에는 모두 상서롭지 못한 동물로 취급했다. 서신불격庶神不格의 '격'은 감응한다는 뜻이다. 수구부조守龜不兆의 '수구'는 점복을 칠 때 사용하는 거북을 말한다. 『춘추좌전』『노애공 23년』조에 '수구' 표현이 나온다. 표풍폭우삭진飄風暴雨數臻의 '표풍'은 태풍, '삭'은 누차의 뜻이다. '진'은 지至와 통한다.

봉호려조蓬蒿藜藋의 '봉호'는 쑥, '려조'는 명아주를 뜻한다. '조'를 유월은 명아주 조藋와 통하는 조藋의 오자로 보았다. '전덕의前德義, 후일창後日昌' 구절을 두고 곽말약은 풀이키를, "덕의德義와 일창日昌 모두 글자의 모습을 취한 것이다. '일창'은 봉황의 꼬리 깃이 마치 일日 내지 창昌 자와 같다는 취지이다. '덕의'의 경우는 봉황의 눈이 마치 덕德, 봉황의 머리에 있는 벼슬이 마치 의義 자와 유사하다는 취지에서 나온 것이다."라고 했다. 용구가龍龜假의 '가'는 이를 도到의 뜻인 격格과 통한다.

'하출도河出圖, 낙출서雒出書'는 흔히 하도낙서河圖洛書로 줄여서 표현한다. '하도'는 복희씨가 황하에서 얻은 그림을 말한다. 이를 토대로 주역의 8괘를 만들었다고 한다. '낙서'는 하나라 우왕이 낙수洛水에서 얻은 글을 말한다. 이를 토대로 천하를 다스리는 기본법인 홍범구주洪範九疇를 만들었다고 한다. 홍범은 대법大法, 9주는 9개 조항을 뜻한다. 『서경』「주서周書, 홍범」에 따르면 주나라 무왕이 기자箕子에게 선정善政의 방안을 물었을 때 기자가 홍범구주를 언급했다고 한다.

낙雒은 낙洛과 같다. 지출승황地出乘黃의 '승황'은 신마神馬의 명칭이다. 『산해경』「해외서경」에 따르면 모습이 여우와 같고, 등에 뿔이 나 있다. 대로大路는 큰 수레로 대로大輅와 같다. 용기구유龍旗九游는 깃발의 명칭이다. 구기구류九旗九旒로 표현키도 한다. 깃발 위에 교룡蛟龍을 그려 넣었고, 깃대에 매지 않는 부분의 기폭 귀에 9개의 길게 드리운 술인 류旒가 달려 있다. 거문적기渠門赤旂의 '거'는 거巨와 통한다. '기'는 제후가 세우는 깃발로 날아오르는 용과 내려오는 용을 그려 넣었다. '거문'을 「제어」의 위소 주는 2개의 기旂를 세운 군문軍門으로 후대의 아문牙門에 해당한다고 풀이했다. 치조어환공이불수致胙於桓公而不受의 '불'을 진환은 하下의 오자라고 했다.

20-14

桓公憂天下諸侯. 魯有夫人慶父之亂, 而二君弑死, 國絶無後. 桓公聞之, 使高子存之. 男女不淫, 馬牛選具. 執玉以見, 請爲關內之侯, 而桓公不使也. 狄人攻邢, 桓公築夷儀以封之. 男女不淫, 馬牛選具. 執玉以見, 請爲關內之侯, 而桓公不使也. 狄人攻衛, 衛人出旅於曹, 桓公城楚丘封之, 其畜以散亡, 故桓公予之繫馬三百匹, 天下諸侯稱仁焉. 於是天下之諸侯知桓公之爲己勤也, 是以諸侯之歸之也譬若市人. 桓公知諸侯之歸己也, 故使輕其幣而重其禮. 故使天下諸侯以疲馬犬羊爲幣, 齊以良馬報. 諸侯以縷帛布鹿皮四分以爲幣, 齊以文錦虎豹皮報. 諸侯之使, 垂橐而入, 攟載而歸. 故鈞之以愛, 致之以利, 結之以信, 示之以武. 是以天下小國諸侯旣服桓公, 莫敢之倍而歸之, 喜其愛而貪其利, 臣其仁而畏其武. 桓公知天下小國諸侯之多與己也, 於是又大施忠焉. 可爲憂者爲之憂, 可爲謀者爲之謀, 可爲動者爲之動. 伐譚·萊而不有也, 諸侯稱仁焉. 通齊國之魚鹽東萊, 使關市幾而不正, 壥而不稅, 以爲諸侯之利, 諸侯稱寬焉. 築蔡·鄢陵·培夏·靈父丘, 以衛戎狄之地, 所以禁暴於諸侯也. 築五鹿·中牟·鄴蓋與社丘, 以衛諸夏之地, 所以示勸於中國也. 敎大成. 是故天下之於桓公, 遠國之民望如父母, 近國之民從如流水. 故行地玆遠, 得人彌衆, 是何也? 懷其文而畏其武. 故殺無道, 定周室, 天下莫之能圉, 武事立也. 定三革, 偃五兵, 朝服以濟河, 而無怵惕焉, 文事勝也. 是故大國之君慙媿, 小國諸侯附比. 是故大國之君事如臣僕, 小國諸侯驩如父母. 夫然, 故大國之君不尊,小國諸侯不卑. 是故大國之君不驕, 小國諸侯不慴. 於是列廣地以益狹地, 損有財以與無財. 周其君子, 不失成功. 周其小人, 不失成命. 夫如是, 居處則順, 出則有成功. 不稱動甲兵之事, 以遂文武之近於天下.

제환공이 천하 제후들의 우환을 풀어주고자 했다. 당시 노나라는 노장공의 부인이 노환공의 아들인 경보慶父와 결탁한 난이 일어나면서 2명의 군주가 잇따라 시해를 당하고, 대가 끊긴 채 후사를 두지 못했다. 제환공이 이를 전해 듣고는 곧 고자를 시켜 후사를 세우고, 남녀가 난잡하지 않도록 하고, 우마를 고루 갖추게 했다. 제환공 덕분에 보위에 오른 노장공의 아들 노희공魯釐公이 옥기玉器를 받들고 알현하면서 제나라의 관내후關內侯가 될 것을 청했으나 제환공이 받아들이지 않았다. 적인狄人이 형邢나라를 치자 제환공이 이의夷儀에 성을 쌓아 형나라 군주를 봉하고, 남녀가 난잡하지 않도록 하고, 우마를 고루 갖추게 했다. 형나라 군주가 옥기를 받들고 알현하면서 관내후가 될 것을 청했으나 제환공이 받아들이지 않았다. 적인이 다시 위衛나라를 치자 위나라 사람들이 조曹 땅으로 달아나 거처했다. 제환공이 초구楚丘에 성을 쌓아 위나라 군주를 봉했다. 위나라의 가축이 사방으로 흩어진 까닭에 제환공이 양마良馬 3백 필을 주었다. 천하의 제후들 모두 이를 어질다고 칭송하며 비로소 제환공이 자신들을 위해 수고한다는 사실을 알았다. 이들의 귀의가 마치 시장에 사람이 몰려드는 것과 같았다. 제환공은 제후들이 귀의하는 이유를 잘 알고 있었다. 알현 예물을 가볍게 하면서도, 답례 예물을 후하게 준 이유다. 천하의 제후들이 비쩍 마른 말이나 개나 양을 예물로 보내면 양마로 보답하고, 무늬 없는 포백布帛과 사슴 가죽 4장을 보내면 무늬 있는 비단과 호표虎豹 가죽으로 보답한 게 그렇다. 제후의 사자들은 빈 자루를 갖고 들어와서는 예물을 가득 채운 뒤 수레에 싣고 돌아갔다. 인애仁愛로 마음을 사고, 이익으로 오게 하고, 신의로 결속하고, 무력으로 위엄을 보인 것이다. 천하의 소국 제후들이 귀의하며 감히 배반하지 못한 이유다. 그의 인애에 기뻐하고, 그가 주는 이익을 탐하고, 그의 어진 행보를 믿고, 그의 무력을 두려워한 것도 이 때문이다. 제환공은 천하의 소국 제후들 대부분이 자신을 가까이 여기는 것을 알고는 은혜를 크게 베풀었다. 걱정할 일이 생기면 그들을 위해 걱정하고, 꾀할 일이 생기면 그들을 위해 꾀하고, 움직일 일이 생기면 그들을 위해 움직였다. 담譚나라와 수遂나라를 토벌한 뒤 그 땅을 차지하지 않은 것도 이 때문이다. 천하의 제후들 모두 이를 어질다고 칭송했다. 또 제나라 동래東萊 일대에서 나는 물고기와 소금을 사방으로 유통시키면서 제나라 관시關市에서는 검색만 할 뿐 세금을 걷지 않도록 하고, 나아가 점포세만 부과할 뿐 상품세도 걷지 않았다. 제후들을 이롭게 하려는 조치였다. 제후들 모두 너그러운 자라고 칭송했다. 또 채蔡, 언릉鄢陵, 부하負夏, 영구靈丘에 성을 쌓아 융적戎狄의 침입을 방비함으로써 이들이 중원의 제후에게 포학하게 구는 것을 막았다. 오록五鹿, 중모中牟, 업개鄴蓋, 모구牡丘에 성을 쌓아 중원의 영토를 수호함으로써 중원의 열국을 고취했다. 교화가 크게 이뤄진 배경이다. 덕분에 천하의 사람들 모두 제환공을 칭송했다. 먼 나라의 백성은 부모처럼 우러르고, 가까운 나라의 백성은 흐르는 물처럼 좇았다. 제환공이 순행하는 영지가 넓어질수록 그를 좇는 백성 또한 더욱 많아졌다. 이는 무슨 까닭인가? 그 문덕文德을 사모하고 그 무위武威를 두려워했기 때문이다. 무도한 군주를 죽여 주나라 왕실을 안정시킴으로써 천하에 감히 그를 제어할 자가 없었으니 이는 무위를 확립한 것이다. 갑옷과 투구 및 방패 등 3혁革을 창고에 수장하고, 5가지 무기인 5병兵을 쓰지 않고, 조복을 입은 채 황하를 건너 제후들과 회맹해도 전혀 두려워하지 않았으니 이는 문덕이 승리한 것이다. 대국의 군주가 부끄러워하고, 소국의 제후가 귀의한 이유다. 대국의 군주는 제환공을 섬기면서 마치 노복이 주인을 받들듯이 정성을 다하고, 소국의 제후들은 제환공을 알현하면서 마치 자식이 부모를 대하듯이 기뻐했다. 대국의 군주가 존귀한 척하지 않고, 소국의 제후가 비천한 모습을 보이지 않은 이유다. 당시 대국의 군주는 교만하지 않았고, 소국의 제후는 두려워하지 않았다. 제환공은 광대한 영토를 쪼개 협소한 영토를 보유한 자에게 더해주고, 부유한 자의 재산을 덜어 재산이 없는 자에게 더해 주었다. 또 군자를 도와 공을 이루는데 차질이 없게 하고, 서민을 도와 삶을 이어가는 데 지장이 없게 했다. 이같이 하자 평시에는 매사가 순조로웠고, 전시에는 일단 출정하면 반드시 공을 이뤘다. 군사를 동원하지 않고도 문왕과 무왕의 업적을 천하에 완성한 배경이다.

경보지란慶父之亂은 노장공의 서형인 경보慶父가 노장공의 부인과 통정한 뒤 보위를 이은 자반子般과 노민공魯閔公을 잇달아 시해한 사건을 말한다. 남녀불음男女不淫의 '음'은 난잡할 란亂과 통한다. 마우선구馬牛選具의 '선구'는 온전히 갖출 제비齊備의 뜻이다. 계마삼백필繫馬三百匹의 '계마'는 양마良馬를 말한다. 윤지장은 풀이키를, "한가한 마구간에서 양육되는 까닭에 '양마'라고 한 것이다."라고 했다. 누백포백비縷帛布鹿皮의 '누백'을 왕념손은 무늬 없는 비단인 만백縵帛을 뜻한다고 했다. 사분이위폐四分以爲幣의 '분'을 왕인지는 개個 내지 개个와 통하는 개介의 잘못이라고 했다.

수고이입垂櫜而入의 '수고'는 활집을 거꾸로 세운다는 뜻이다. 무기도 없고 싸울 의사가 없다는 뜻을 표시한 것이다. '고'는 갑옷이나 활 등을 넣어두는 전대를 말한다. 『춘추좌전』「노소공 원년」조에 '수고이입' 표현이 나온다. 균재이귀攟載而歸의 '균'을 윤지장은 수습할 군捃의 뜻으로 새겼다. 묶을 균稛과 통한다. 균지이애鈞之以愛의 '균'을 야스이는 고본에 취取의 뜻인 조釣로 되어 있다고 했다. 대시충大施忠의 '충'을 유사배는 혜惠의 잘못이라고 했다. 주본朱本에는 '혜'로 되어 있다.

벌담래伐譚萊의 '래'를 장패륜은 수遂의 오자로 보았다. '담'과 '수'는 제나라에게 패망한 제후국의 명칭이다. 통제국지어염동래通齊國之魚鹽東萊의 '통'은 유통의 뜻이다. 윤지장은 풀이키를, "동래에서 나온 어염을 여러 제후국에 통용시켰다는 의미이다."라고 했다. 기이부정幾而不正은 조사만 하고 세금을 걷지 않는다는 뜻이다. '기'를 여상봉은 사찰査察의 의미로 새겼다. 충고하거나 나무랄 기譏와 통한다. 야스이는 '정'이 고본에 세금을 징수할 정征으로 되어 있다고 했다.

전이불세廛而不稅를 『예기』「왕제」의 정현 주는 가게에만 세금을 물리고 상품에는 세금을 부과하지 않는 것으로 풀이했다. '전'은 가게 전廛의 이체자이다. 배하培夏를 장패륜은 『예기』「단궁」의 정현 주를 인용해 위衛나라 땅인 부하負夏의 잘못으로 보았다. 「제어」에 '부하'로 되어 있다. 이에 대해 유월은 고대에 배培와 부負는 서로 통용됐다고 했다. 장패륜은 영보구靈父丘도 조기趙岐의 『맹자주孟子注』를 인용해 영구靈丘의 잘못으로 파악했다. 사구社丘를 왕인지는 고본古本과 「제어」를 좇아 모구牡丘로 고쳐야 한다고 했다.

정삼혁定三革의 '3혁'에 대한 해석이 분분하다. 「제어」의 위소 주는 갑甲, 주胄, 순盾으로 새겼다. 윤지장은 거車와 마馬 및 인人에 필요한 혁갑革甲을 지칭한다고 했다. 『순자』「유효」의 양경 주는 무소인 서犀, 외뿔소인 시兕, 소우牛로 보았다. 대략 방호防護를 위한 피혁제품으로 새기면 될 것이다. 언오병偃五兵의 '언'은 식息과 통한다. '5병'에 대한 해석도 분분하다. 『주례』「하관, 사병司兵」의 정현 주는 창 과戈, 몽둥이 수殳, 미늘창 극戟, 짧은 창인 추모酋矛, 가장 긴 창인 이모夷矛로 보았다. 『춘추곡량전』「노장공 25년」조에 대한 범녕范寧의 주석은 모矛, 극戟, 월鉞, 순楯, 궁시弓矢로 파악했다. 『한서』「오구수왕전吾丘寿王传」에 대한 안사고의 주는 모矛, 극戟, 궁弓, 검劍, 과戈로 보았다.

무출척無怵惕의 '출척'은 경계하며 두려워할 계구戒懼와 같다. 주기군자周其君子의 '주'는 완벽하게 두루 돕는 주전周全의 뜻이다. 근어천하近於天下의 '근'을 장패륜은 업적의 의미인 적迹의 잘못이라고 했다.

20-15

桓公能假其羣臣之謀, 以益其智也. 其相曰'夷吾', 大夫曰'寗戚·隰朋·賓胥無·鮑叔牙'. 用此五子者何功, 度義廣德, 繼法紹終, 以遺後嗣, 貽孝昭穆, 大霸天下, 名聲廣裕, 不可掩也. 則唯有明君在上·察相在下也.

제환공은 평소 군신들의 지모智謀를 빌린 덕분에 자신의 지혜를 더할 수 있었다. 재상은 관중이었고, 재상을 돕는 대부로는 영척寗戚, 습붕隰朋, 빈서무賓胥無, 포숙아鮑叔牙 등이 있었다. 관중을 포함한 이들 5인에게 국사를 맡긴 덕분에 법제를 정비하며 덕행을 빛내고, 옛 법을 계승해 천하를 밝히고, 이를 후대에 길이 전하고, 조상의 사당을 지키면서 천하에 패업을 이루고, 마침내 명성을 크게 떨쳐 가리고자 해도 가릴 수가 없을 지경이 됐다. 모두 위로 명군, 아래로 현상이 존재한 덕분이다.

가기군신지모假其羣臣之謀의 '가'는 기댄다는 뜻이다. 용차오자자하공用此五子者何功의 '하'를 곽말약은 하荷로 새겼다. 윤동양은 '하공'을 일을 떠맡는 임사任事로 풀이했다. 소종紹終이 고본 등에는 소우천하紹于天下로 되어 있다. 이효소목貽孝昭穆의 '이'는 사似와 같다. '소목'을 두고 『주례』「소종백」의 주는 부父가 '소', 자子가 '목'에 해당한다고 했다.

20-16

初, 桓公郊迎管子而問焉, 管仲辭讓, 然後對以參國伍鄙, 立五鄕以崇化, 建五屬以厲武, 寄兵於政, 因罰, 備器械, 加兵無道諸侯, 以事周室. 桓公大說, 於是齋戒十日, 將相管仲. 管仲曰, "斧鉞之人也, 幸以獲生, 以屬其腰領, 臣之祿也. 若知國政, 非臣之任也." 公曰, "子大夫受政, 寡人勝任. 子大夫不受政, 寡人恐崩." 管仲許諾, 再拜而受相. 三日, 公曰, "寡人有大邪三, 其猶尙可以爲國乎?" 對曰, "臣未得聞." 公曰, "寡人不幸而好田, 晦夜而至禽側, 田莫不見禽而後反. 諸侯使者無所致, 百官有司無所復." 對曰, "惡則惡矣, 然非其急者也." 公曰, "寡人不幸而好酒, 日夜相繼, 諸侯使者無所致, 百官有司無所服." 對曰, "惡則惡矣, 然非其急者也." 公曰, "寡人有汙行, 不幸而好色, 而姑姊有不嫁者." 對曰, "惡則惡矣, 然非其急者也." 公作色曰, "此三者且可, 則惡有不可者矣?" 對曰, "人君唯優與不敏爲不可. 優則亡衆, 不敏不及事." 公曰, "善. 吾子就舍, 異日請與吾子圖之." 對曰, "時可將與夷吾, 何待異日乎?" 公曰, "奈何?" 對曰, "公子擧, 爲人博聞而知禮, 好學而辭遜, 請使游於魯, 以結交焉. 公子開方, 爲人巧轉而兌利, 請使游於衛, 以結交焉. 曹孫宿, 其爲人也, 小廉而苛忕, 足恭而辭結, 正荊之則也, 請使往游, 以結交焉." 遂立行三使者而後退.

당초 제환공이 교외에서 처음으로 관중을 맞이하며 치국에 관해 자문을 구했을 때 관중은 사양하며 대답하지 않았다. 이후 도성과 주변 교외 지역을 3개 구역, 교외 이외의 지역을 5개 구역으로 나누는 이른바 삼국오비參國伍鄙의 행정체제를 건의했다. 덕분에 5향鄕을 세워 교화를 숭상하고, 5속屬을 세워 교련에 힘쓰고, 군사훈련을 내정에 숨기고, 형벌을 감면하는 속죄贖罪 제도를 통해 무기를 완비하고, 무도한 제후를 무력으로 제압해 주왕실을 섬기도록 만들 수 있었다. 당시 제환공이 크게 기뻐하며 10일 동안 재계한 뒤 재상으로 삼으려 하자 관중이 정중히 사양했다.

"원래 신은 도끼로 허리를 자르는 극형을 받아야 할 자입니다. 다행히 목숨을 부지해 허리와 목이 붙어 있는 것은 신의 복입니다. 국정을 다스리는 일은 신의 소임이 아닙니다."

제환공이 말했다.

"그대가 국정을 떠맡으면 과인은 보위를 감당할 수 있소. 그러나 그대가 국정을 떠맡지 않으면 과인은 종묘사직이 이내 무너질까 두렵기만 하오."

관중이 이를 받아들여 재배再拜한 뒤 재상의 자리에 올랐다. 3일 후 제환공이 물었다.

"과인은 3가지 큰 병폐가 있소. 그런데도 능히 나라를 다스릴 수 있겠소?"

"신은 아직 들은 바가 없습니다."

제환공이 말했다.

"과인은 불행히도 사냥을 좋아하오. 심야에 금수가 출몰하는 곳으로 가 짐승을 잡지 않고는 돌아오지 않는 까닭에 제후의 사자들은 사명使命을 보고할 길이 없고, 백관 또한 업무를 보고할 길이 없소."

관중이 대답했다.

"나쁘기는 나쁩니다. 그러나 그리 중대한 문제는 아닙니다."

제환공이 말했다.

"과인은 불행히도 술을 좋아하오. 밤낮으로 계속 마시는 까닭에 제후의 사자들은 사명을 보고할 길이 없고, 백관들 또한 업무를 보고할 길이 없소."

"나쁘기는 나쁩니다. 그러나 이 또한 그리 중대한 문제는 아닙니다."

제환공이 또 말했다.

"과인에게 추문이 있소. 불행히도 여색을 좋아하는 게 그렇소. 집안의 여인 가운데 아직 출가하지 못한 사촌 자매가 있소."

"나쁘기는 나쁩니다. 그러나 이 역시 그리 중대한 문제는 아닙니다."

제환공이 안색을 바꿔 화난 표정으로 말했다.

"이 3가지가 가하다면 도대체 어떤 일이 불가한 것이오?"

관중이 대답했다.

"오직 머뭇거리며 결단하지 않는 우유부단優柔不斷과 어리석고 둔해 재빨리 대처하지 못하는 불민不敏이 가장 큰 문제입니다. 우유부단하면 백성을 지킬 수 없고, 불민하면 대업을 이룰 수 없습니다."

"좋은 말이오. 그대는 숙소로 돌아가 쉬도록 하시오. 다른 날 다시 논의키로 합시다."

관중이 말했다.

"지금이야말로 저와 함께 논의하기 좋은 때입니다. 어찌 굳이 다른 날을 기약하려는 것입니까?"

제환공이 문득 작색作色하며 물었다.

"그렇다면 무엇부터 하는 것이 좋겠소?"

관중이 대답했다.

"공자 거擧는 위인이 해박한데다 예의를 알고, 호학하며 겸손합니다. 청컨대 노나라에 사자로 보내 친교를 맺도록 하십시오. 공자 개방開方은 위인이 원활하고 예리합니다. 청컨대 위나라에 사자로 보내 친교를 맺도록 하십시오. 조손숙曹孫宿은 위인이 작은 일을 면밀히 살피고 지나치다고 할 정도로 공손한데다 언변이 뛰어납니다. 초나라 사람의 기질에 잘 맞습니다. 청컨대 그를 초나라에 사자로 보내 친교를 맺도록 하십시오."

관중이 이들 3인을 곧바로 사자로 보낸 뒤 궁에서 나왔다.

건오속이려무建五屬以厲武의 '려'는 갈고 닦는 마려磨礪의 뜻인 려礪와 통한다. 인벌因罰을 도홍경은 인형벌因刑罰의 잘못이라고 했다. 부월지인야斧鉞之人也 구절을 두고 정사함은 위에 신臣이 빠졌다고 했다. 촉기요령屬其腰領의 '촉'을 윤지장은 연접한다는 뜻의 철련綴連으로 새겼다. 촉屬은 잇거나 접한다는 뜻일 때는 '촉', 무리에 속하거나 붙인다는 뜻으로 사용될 때는 '속'으로 읽는다. 과인승임寡人勝任의 '승임'을 윤지장은 군주의 역할을 수행하는 것으로 풀이했다.

회야이지금측晦夜而至禽側의 '회야'는 흑야黑夜의 뜻이다. 금측禽側을 여상봉은 짐승을 쫓아다니는 탓에 환궁할 생각을 하지 못한다는 뜻으로 풀이했다. 이에 대해 사호범은 금측禽堲을 뜻한다고 했다. 측堲은 금수가 번식하는 장소인 호택湖澤 등을 지칭한다. 전막불견금田莫不見禽의 '막'을 곽말약은 조용할 막漠의 가차로 보았다. 고자유불가자姑姊有不嫁者의 '자'를 손성연은 자매姊妹로 바꿔야 한다고 했다. 자姉는 자姊의 이체자이다. 오유불가자의惡有不可者矣의 '오'는 의문부사로 하何와 통한다.

유애여불민위불가唯僾與不敏爲不可의 '애'를 송상봉宋翔鳳은 후대의 주석가들 모두 '애'의 의미를 제대로 파악치 못한 탓에 우優로 고쳤다며 자신의 속마음을 감추는 은隱으로 새겼다. 그러나 '애'는 문맥상 우유부단優柔不斷으로 새기는 게 옳다. 『설문해자』는 '애'를 방불彷彿로 새겼다. '방'은 원래 어정거리며 헤맨다는 뜻이다. '우유부단'과 뜻이 통한다. 윤지장은 조본趙本의 '우'를 위수부단逶隨不斷으로 새겼다. 우유부단과 같은 의미이다.

교전이태리巧轉而兌利의 '교전'은 원활의 뜻이다. '예'를 고광기顧廣圻는 예銳의 가차로 보았다. 소렴이하서小廉而荷忕의 '렴'은 고찰의 뜻이다. '하서'는 자세히 살핀다는 의미이다. '하'가 조본을 비롯한 여타 판본에는 가苛로 되어 있다. 여상봉은 '서'를 습習으로 새겼다.

주공이사결足恭而辭結의 '주공'은 지나칠 정도로 공손하다는 뜻이다. '주'는 통상 발 내지 만족의 의미로 사용될 때는 '족'으로 읽으나 더할 익益 내지 과도하게 공손한 편벽주공便僻足恭의 뜻으로 사용될 때는 '주'로 읽는다. 『논어』「공야장」에 다음과 같이 교언영색주공巧言令色足恭 표현이 나온다. "교언, 영색, 주공으로 남의 비위를 맞춰 아부하는 것을 좌구명左丘明은 부끄러워했다. 나 또한 이를 부끄러워한다." 공자의 후손인 공안국은 일찍이 '좌구명'을 두고 노나라의 태사太史라고 주장했다. 『한서』「예문지」도 이를 좇았다. '사결辭結'을 유적은 「내언」편 '대광'의 구절을 근거로 언사가 민첩하다는 뜻의 사급辭給으로 바꿔야 한다고 했다.

20-17

相三月, 請論百官. 公曰, "諾." 管仲曰, "升降揖讓, 進退閑習, 辨辭之剛柔, 臣不如隰朋, 請立爲大行. 墾草入邑, 辟土聚粟, 多衆, 盡地之利, 臣不如寗戚,請立爲大司田. 平原廣牧, 車不結轍, 士不旋踵, 鼓之而三軍之士視死如歸, 臣不如王子城父, 請立爲大司馬. 決獄折中, 不殺不辜, 不誣無罪, 臣不如賓胥無, 請立爲大司理. 犯君顔色, 進諫必忠, 不辟死亡, 不撓富貴, 臣不如東郭牙, 請立以爲大諫之官. 此五子者, 夷吾一不如, 然而以易夷吾, 夷吾不爲也. 君若欲治國彊兵, 則五子者存矣. 若欲覇王, 夷吾在此." 桓公曰, "善."

재상의 자리에 오른 지 3달 뒤 관중이 백관에 대한 평가를 청했다. 제환공이 대답했다.

"잘 알겠소."

관중이 말했다.

"오르내리며 사양하는 것이 예절에 맞고, 조정 내에서 진퇴하는 법도에 익숙하고, 말에 부드럽고 굳센 절제가 있는 것은 신이 습붕만 못합니다. 청컨대 그를 외교를 총괄하는 대행大行으로 삼도록 하십시오. 벽지를 개발해 성읍을 세우고, 황무지를 개간해 곡물을 증산하고, 백성을 늘려 토지의 효능을 크게 취하는 것은 신이 영척만 못합니다. 청컨대 그를 농사를 관장하는 대사전大司田으로 삼도록 하십시오. 평원의 넓은 들판에서 전차가 혼란스럽지 않게 나아가고, 병사들이 물러설 줄 모르고, 진군의 북을 쳐 3군의 병사들로 하여금 전사를 귀향처럼 여기도록 만드는 것은 신이 왕자 성보만 못합니다. 청컨대 그를 군사를 지휘하는 대사마大司馬로 삼도록 하십시오. 옥사를 공정하게 처리해 무고한 자를 죽이거나, 죄 없는 자를 억울하게 만들지 않는 것은 신이 빈서무만 못합니다. 청컨대 그를 옥송을 관장하는 대사리大司理로 삼도록 하십시오. 군주의 안색을 거스르면서 나아가 간할 때 반드시 충성을 다하고, 간언으로 인한 죽음을 피하지 않고, 부귀한 자에게 굴하지 않는 것은 신이 동곽아만 못합니다. 청컨대 그를 간언을 전담하는 대간大諫의 자리에 앉히도록 하십시오. 이들 5인이 지닌 장점에 저는 단 1가지도 미치지 못합니다. 저에게 이를 하라고 하면 저는 감당치 못할 것입니다. 군주가 나라를 잘 다스리면서 동시에 군사를 강하게 만들고자 하면 이들 5인으로 족합니다. 그러나 패왕의 대업을 이루고자 하면 제가 곁에 있어야만 합니다."

"좋은 말이오."

승강읍양升降揖讓의 '읍양'을 『주례』「추관, 사의司儀」는 빈주賓主가 상견할 때 베푸는 예절로 풀이했다. 진퇴한습進退閑習의 '한'을 사호범은 숙련될 한嫻으로 새겼다. 청립위대행請立爲大行의 '대행'을 윤지장은 대사大使의 관직으로 새겼다. 외교관인 행인行人의 우두머리에 해당한다. 간초입읍墾草入邑의 '입읍'을 곽말약은 입창創邑을 뜻하는 입읍立邑의 오자로 보았다. 이오일불여夷吾一不如의 '일'을 김정계는 『대대례기』「위장군문자衛將軍文子」의 주를 인용해 개皆의 뜻으로 풀이했으나 '일불여'를 '단 1가지도 그들만 못하다.'고 풀이할 경우 아무런 문제가 없다. 오자자존의五子者存矣의 '존'이 일부 판본에 재在로 되어 있다. 유월은 『여씨춘추』「물궁勿躬」을 인용해 족足의 잘못으로 보았다.

제21장 왕언(王言) 망실

제22장 패형(覇形)

'패형'은 패업의 규모와 형세를 뜻한다. 바로 뒤에 나오는 「내언」의 '패언'과 짝을 이루고 있다. 이 장은 주로 패업의 방략을 놓고 관중과 제환공 사이에 오간 대화로 구성돼 있다. 크게 3부분으로 이뤄져 있다. 첫째, 세금감면과 약자보호 등을 통해 백성을 근본으로 삼는 정책이다. 둘째, 향락의 절제와 제후들과의 수교이다. 셋째, 중원 제후들의 규합을 통한 초나라 제압이다. 제환공은 관중의 이런 단계별 패업 방략을 좇아 춘추5패의 우두머리가 될 수 있었다.

22-1

桓公在位, 管仲·隰朋見, 立有間, 有貳鴻飛而過之. 桓公嘆曰, "仲父, 今彼鴻鵠有時而南, 有時而北, 有時而往, 有時而來, 四方無遠, 所欲至而至焉. 非唯有羽翼之故, 是以能通其意於天下乎?" 管仲·隰朋不對. 桓公曰, "二者何故不對?" 管子對曰, "君有覇王之心, 而夷吾非覇王之臣也, 是以不敢對." 桓公曰, "仲父胡爲然? 盍不當言, 寡人其有鄉乎? 寡人之有仲父也, 猶飛鴻之有羽翼也, 若濟大水有舟楫也. 仲父不一言教寡人, 寡人之有耳, 將安聞道而得度哉?" 管子對曰, "君若將欲覇王, 擧大事乎? 則必從其本事矣." 桓公變躬遷席, 拱手而問曰, "敢問何謂其本?" 管子對曰, "齊國百姓, 公之本也. 人甚憂飢, 而稅斂重. 人甚懼死, 而刑政險. 人甚傷勞, 而上擧事不時. 公輕其稅斂, 則人不憂飢. 緩其刑政, 則人不懼死. 擧事以時, 則人不傷勞." 桓公曰, "寡人聞仲父之言, 此三者聞命矣, 不敢擅也, 將薦之先君." 於是令百官有司, 削方墨筆. 明日, 皆朝於太廟之門朝, 定令於百吏. 使稅者百一鍾, 孤幼不刑, 澤梁時縱, 關譏而不征, 市書而不賦, 近者示之以忠信, 遠者示之以禮義. 行此數年, 而民歸之如流水.

제환공이 조정에 있을 때 관중과 습붕이 알현했다. 잠시 서 있는 사이 기러기 2마리가 날아가자 제환공이 탄식했다.

"중보仲父여, 지금 저 기러기는 때가 되면 남쪽과 북쪽을 오가거나 사방을 왕래하고 있소. 그 어느 곳일지라도 가고 싶은 대로 가는 게 그렇소. 이는 무릇 좌우로 우익羽翼을 갖고 있기에 그 뜻을 천하에 널리 편 덕분이 아니겠소?"

관중과 습붕이 아무 대답도 하지 않자 제환공이 관중에게 물었다.

"두 분은 어째서 대답이 없는 것이오?"

관중이 대답했다.

"군주는 패왕의 대업을 이루려는 마음을 갖고 있습니다. 그러나 저는 패왕의 대업을 이룰 수 있는 신하가 못 되어 감히 대답하지 못한 것입니다."

제환공이 말했다.

"중보는 왜 이같이 말하는 것이오? 어찌하여 과인에게 직언을 하여 옳은 방향을 제시해 주지 않는 것이오? 과인에게 중보가 있는 것은 마치 기러기에게 날개가 있는 것과 같고, 강을 건널 때 배가 있는 것과 같소. 중보가 한 마디로 과인을 지도해 주지 않으면 과인이 비록 큰 귀를 갖고 있기는 하나 어디서 치국의 방략과 법도를 들을 수 있겠소?"

관중이 대답했다.

"군주가 만일 패왕의 대업을 이루고자 하면 반드시 근본이 되는 일부터 시작해야 합니다."

제환공이 문득 자세를 바꾸고 자리를 옮긴 뒤 두 손을 맞잡고 읍揖을 하며 물었다.

"감히 묻건대 무엇을 근본이라고 하는 것이오?"

관중이 대답했다.

"제나라 백성은 군주의 근본입니다. 백성이 기아에 허덕이고 있는데 세금은 무겁고, 백성이 사죄死罪를 두려워하고 있는데 형벌은 가혹하고, 백성이 노역에 지쳐 있는데 부역동원은 때도 없이 이뤄지고 있습니다. 군주가 세금을 가볍게 하면 백성은 기아를 걱정하지 않을 것이고, 형벌을 관대하게 하면 백성은 사죄를 두려워하지 않을 것이고, 때맞춰 부역동원을 하면 백성이 지치지 않을 것입니다."

제환공이 말했다.

"과인은 중보로부터 이 3가지 말을 듣고 비로소 깨닫게 됐소. 감히 멋대로 시행할 수 없는 만큼 먼저 사당의 선군에게 고할 생각이오."

이에 조정백관의 해당 관원에게 명해 법령을 새기는 목판에 글을 새기고 글자에 먹을 입히도록 했다. 이튿날 모두 태묘의 뜰에 모이도록 한 뒤 법령을 반포했다. 또 세금은 100분의 1종鍾만 걷게 하고, 고아와 어린이에게는 형벌을 시행하지 않도록 하고, 물고기를 잡는 시기를 정해 소택沼澤을 개방하고, 관문關門은 검색만 할 뿐 관세를 물리지 않도록 하고, 시장은 상인거주 지역에 상호와 이름 등만 등록할 뿐 별도로 세금을 물리지 않고, 주변국에는 충신忠信한 모습을 보여주고 멀리 떨어진 나라에는 예의禮義를 보여주도록 했다. 시행한 지 몇 년이 흐르자 천하 백성의 귀의하는 모습이 마치 흐르는 물과 같았다.

비유유우이지고非唯有羽翼之故의 비非를 홍이훤은 『예문유취』와 『태평어람』의 인용구절을 근거로 없는 글자라고 했다. 이에 대해 손촉승은 「내언」의 '계'에 나오는 유사한 구절을 예로 들어 비匪의 의미로 새겼다. 허유휼은 비匪와 부夫 모두 비非와 뜻이 같다고 했다. 합부당언盍不當言의 '합'은 '어찌하여 아니'의 뜻인 하불何不의 축약형이다. 부不는 연자이다. '당언'을 왕념손은 직언直言을 뜻하는 당언讜言으로 새겼다. 과인비유향호寡人其有鄕乎의 '향'은 향嚮 내지 향向과 같다. 필종기본사必從其本事의 '본사'를 도홍경은 시초始初를 뜻하는 본시本始의 잘못이라고 했다. 장천지선군將薦之先君을 윤지장은 종묘로 가서 선군에게 보고한다는 의미로 풀이했다.

삭방묵필削方墨筆은 법령을 새기는 목판인 방판方板에 글을 새기고 그 글자에 먹을 입힌다는 의미이다. '방'을 윤지장은 판독版牘으로 새겼다. 태묘지문조太廟之門朝, '문조'를 정사함은 문정門廷으로 풀이했다. 조朝와 정廷은 통한다. 사세자백일종使稅者百一鍾의 '백일'은 1백분의 1을 뜻한다. '종'은 제나라의 계량단위로 640승升에 해당한다. 원래는 4승升이 1두斗, 4두가 1구區, 4구가 1부釜, 10부가 1종鍾이었으나 전씨田氏가 강씨姜氏의 제나라를 찬탈한 전국시대에 들어와서는 4승이 1두, 5두가 1구, 5구가 1부, 10부가 1승으로 바뀌었다. 관중이 활약한 춘추시대를 기준으로 하면 1종은 640승에 해당한다.

택량시종澤梁時縱의 '택량'은 늪이나 연못에서 물고기를 잡을 때 사용하는 어구漁具이다. 싸리와 참대 따위로 울타리를 친 뒤 그물을 달아 두거나 통발과 같은 장치를 하여 물고기가 들어가도록 만들었다. 이를 통상 어전漁箭이라고 한다. 우리말로는 '어살'이다. '종'은 개방開放의 뜻이다. 관기이부정關譏而不征의 '기'는 조사 내지 사문査問의 의미이다. 시서이불부市書而不賦의 '시서'를 장패륜은 『주례』를 근거로 기록만 할 뿐 가게 주인에게 세금을 물리지 않는 것으로 풀이했다. 이에 대해 여상봉은 『광아』「석언」에 서書를 적籍의 뜻을 지닌 저箸로 풀이한 점을 토대로 상인들이 거주하는 지역에 세금을 물리지 않는 것으로 풀이했다. 이를 좇았다.

22-2

此其後, 宋伐杞, 狄伐邢·衛, 桓公不救, 裸體紉胸稱疾. 召管仲曰, “寡人有千歲之食, 而無百歲之壽, 今有疾病, 姑樂乎?” 管子曰, “諾.” 於是令之縣鐘磬之榬, 陳歌舞竽瑟之樂, 日殺數十牛者數旬. 羣臣進諫曰, “宋伐杞, 狄伐邢·衛, 君不可不救.” 桓公曰, “寡人有千歲之食, 而無百歲之壽, 今有疾病, 姑樂乎? 且彼非伐寡人之國也, 伐鄰國也, 子無事焉.” 宋已取杞, 狄已拔邢·衛矣. 桓公起, 行筍虡之閒, 管子從, 至大鐘之西, 桓公南面而立, 管仲北鄕對之. 大鐘鳴. 桓公視管子曰, “樂夫, 仲父!” 管仲對曰, “此臣之所謂‘哀’, 非樂也. 臣聞之, 古者之言樂於鐘磬之閒者, 不如此. 言脫於口, 而令行乎天下. 游鐘磬之閒, 而無四面兵革之憂. 今君之事, 言脫於口, 令不得行於天下. 在鐘磬之閒, 而有四面兵革之憂. 此臣之所謂‘哀’, 非樂也.” 桓公曰, “善.” 於是伐鐘磬之縣, 并歌舞之樂, 宮中虛無人. 桓公曰, “寡人以伐鐘磬之縣, 并歌舞之樂矣, 請問所始, 於國將爲何行?” 管子對曰, “宋伐杞, 狄伐邢·衛, 而君之不救也, 臣請以慶. 臣聞之, 諸侯爭於彊者, 勿與分於彊. 今君何不定三君之處哉?” 於是桓公曰, “諾.” 因命以車百乘, 卒千人, 以緣陵封杞. 車百乘, 卒千人, 以夷儀封邢. 車五百乘, 卒五千人, 以楚丘封衛. 桓公曰, “寡人以定三君之居處矣, 今又將何行?” 管子對曰, “臣聞, ‘諸侯貪於利, 勿與分於利.’ 君何不發虎豹之皮·文錦以使諸侯, 令諸侯以縵帛·鹿皮報?” 桓公曰, “諾.” 於是以虎豹皮·文錦使諸侯, 諸侯以縵帛·鹿皮報. 則令固始行於天下矣.

이후 송나라가 기杞나라를 치고 적인이 형나라와 위나라를 침공했을 때 제환공은 구원병을 보내기는커녕 상체를 벗은 채 비단으로 가슴을 동여매고는 아픈 시늉을 했다. 그러고는 관중을 불러놓고 이같이 물었다.

“과인에게 1천 년 동안 먹을 식량이 있소. 100년도 살지 못하는데 지금 병까지 들었으니 잠시 즐기는 것이 어떻겠소?”

“좋습니다.” 이에 종과 경쇠의 고리를 틀에 매단 뒤 가무歌舞를 펼치게 하고 생황과 거문고 등의 우슬竽瑟로 음악을 연주하게 했다. 또 매일 수십 마리의 소를 잡아 연회를 베풀었다. 이런 날이 수십 일 동안 지속됐다. 참다못한 군신들이 나서 간했다.

"지금 송나라가 기나라를 공격하고, 적인이 형나라와 위나라를 침공했습니다. 군주가 구하지 않으면 안 됩니다."

제환공이 말했다.

"과인에게 1천 년 동안 먹을 식량이 있소. 100년도 살지 못하는데 지금 병까지 들었으니 잠시 즐겨도 되지 않겠소? 게다가 저들은 과인의 나라를 공격한 것도 아니고 주변국을 공격한 것이오. 그대들에게는 아무 일도 없을 것이오."

그 사이 송나라가 이미 기나라를 공략하고, 적인이 형나라와 위나라를 점령했다. 제환공이 일어나 종과 경쇠를 매단 틀 사이를 지날 때 관중이 뒤따라와 큰 종의 서쪽에 이르게 됐다. 제환공이 남쪽을 향해 서자 관중은 북쪽을 향해 마주했다. 큰 종이 울리자 제환공이 관중을 보며 말했다.

"즐겁지 않소, 중보!"

관중이 대답했다.

"이는 신이 애통하게 여기는 것으로 결코 즐거워할 게 아닙니다. 신이 듣건대, '옛 군왕은 종과 경쇠 속에서 노닐 때 전쟁의 우환이 없었다.'고 했습니다. 말이 입에서 나오면 호령이 곧바로 천하에 시행되고, 종과 경쇠 속에서 노닐지라도 그 어느 곳에서도 전쟁의 우환은 전혀 없었습니다. 지금 군주의 경우는 말이 입에서 나왔는데도 호령이 천하에 시행되지 않고, 종과 경쇠 속에서 노니는 사이 사방에서 전쟁의 우환이 빚어지고 있습니다. 이는 신이 애통하게 여기는 것으로 결코 즐거워할 게 아닙니다."

"좋은 말이오."

곧 종과 경쇠를 매단 끈을 끊고, 가무와 음악을 물리쳤다. 궁중이 텅 비어 아무도 없게 됐다. 제환공이 관중에게 물었다.

“과인은 이미 종과 경쇠를 매단 끈도 끊고 가무와 음악을 물리쳤소. 이제 천하경영을 무엇부터 시작해야 하오?”

관중이 대답했다.

“송나라가 기나라를 치고 적인이 형나라와 위나라를 침공했을 때 군주가 구원하지 않은 것은 잘한 일입니다. 경하 드립니다. 신이 듣건대, ‘제후들이 주도권 다툼을 벌일 때는 그 다툼에 휘말리지 않는다.’고 했습니다. 군주는 어찌하여 3국의 군주가 머물 곳을 정해주지 않는 것입니까?”

“잘 알겠소.”

그러고는 100승의 수레와 1천 명의 병사를 보내면서 연릉緣陵에 기나라 군주를 봉하고, 100승의 수레와 1천 명의 병사를 보내면서 이의夷儀에 형나라 군주를 봉하고, 5백 승의 수레와 5천 명의 병사를 보내면서 초구楚丘에 위나라 군주를 봉했다. 제환공이 관중에게 물었다.

“과인은 이미 3국 군주가 머물 곳을 정해주었소. 이제 또 무엇을 해야 하오?”

관중이 대답했다.

“신이 듣건대, ‘제후들이 이익을 탐할 때는 함께 이익을 탐하지 않는다.’고 했습니다. 군주는 어찌하여 사자를 시켜 호표 가죽과 무늬 있는 비단을 제후에게 보낸 뒤 답례로 무늬 없는 비단과 사슴 가죽을 보내도록 하지 않는 것입니까?”

“잘 알겠소.”

그러고는 호표 가죽과 무늬 있는 비단을 제후에게 보냈다. 제후들이 무늬 없는 비단과 사슴 가죽으로 답례했다. 제나라의 호령이 천하에 널리 시행되기 시작한 이유다.

나체인흉칭질裸體紉胸稱疾의 ‘인’을 홍이훤은 동여맨다는 뜻의 결속結束으로 풀이했다. 종경지원鐘磬之棖은 종이나 경쇠의 고리를 말한다. ‘원’을 곽말약은 고리를 뜻하는 환環의 가차로 보았다. 고대에는 종경에 고리가 달려 있었던 까닭에 틀에다 매달고 연주했다. 행순거지간行筍虡之閒의 '순거'는 종이나 경쇠를 매단 틀을 말한다. 가로 놓인 것은 순栒, 세로로 놓인 것은 거虡라고 했다. 순筍은 순栒 및 순簨과 통한다. '간'은 간間과 같다. 벌종경지현伐鐘磬之縣의 '벌'을 윤지장은 틀을 비집어 만든다는 뜻으로 새겼다.

병가무지악倂歌舞之樂의 '병'은 병幷 내지 병屛과 통한다. 여상봉은 제거한다는 뜻의 병제屛除를 의미하는 제除로 파악했다. 군지불구君之不救를 장패륜은 군부지구君不之救의 잘못이라고 했다. 물여분어강勿與分於疆을 곽말약은 풀이키를, "제후들이 무력을 다투고 있는 상황에서 이를 평정코자 하면 이들과 무력을 다툴 수밖에 없다."고 했다. 군하부정삼군지처재君何不定三君之處哉 구절을 두고 허유휼은 지之 밑에 거居 자가 빠졌다고 했다. 만백녹비縵帛鹿皮의 '만백'은 무늬가 없는 비단을 말한다. 무늬가 있는 문백文帛과 대비되는 말이다. '만백'은 서쪽 진秦나라에서 생산된 까닭에 진백秦帛으로 불렸다.

22-3

此其後, 楚人攻宋鄭. 燒焫熯焚鄭地, 使城壞者不得復築也, 屋之燒者不得復葺也, 令其人有喪雌雄, 居室如鳥鼠處穴. 要宋田夾塞兩川, 使水不得東流, 東山之西, 水深滅垝, 四百里而後可田也. 楚欲呑宋鄭而畏齊, 曰思人衆兵彊能害己者必齊也. 於是乎楚王號令於國中曰, "寡人之所明於人君者, 莫如桓公. 所賢於人臣者, 莫如管仲. 明其君而賢其臣, 寡人願事之. 誰能爲我交齊者, 寡人不愛封侯之君焉." 於是楚國之賢士, 皆抱其重寶幣帛以事齊. 桓公之左右, 無不受重寶幣帛者. 於是桓公召管仲曰, "寡人聞之, 善人者, 人亦善之. 今楚王之善寡人一甚矣, 寡人不善, 將拂於道. 仲父何不遂交楚哉?" 管子對曰, "不可. 楚人攻宋鄭, 燒焫熯焚鄭地, 使城壞者不得復築也, 屋之燒者不得復葺也. 令人有喪雌雄, 居室如鳥鼠處穴. 要宋田夾塞兩川, 使水不得東流,東山之西, 水深滅垝, 四百里而後可田也. 楚欲吞宋鄭, 思人衆兵彊而能害己者必齊也, 是欲以文克齊, 而以武取宋鄭也. 楚取宋鄭而不止禁, 是失宋鄭也, 禁之則是又不信於楚也. 知失於內, 兵困於外, 非善擧也." 桓公曰, "善. 然則若何?" 管子對曰, "請興兵而南存宋鄭, 而令曰'無攻楚', 言與楚王遇. 至於遇上, 而以鄭城與宋水爲請. 楚若許, 則是我以文令也. 楚若不許, 則遂以武令焉." 桓公曰, "善." 於是遂興兵而南存宋鄭, 與楚王遇於召陵之上, 而令於遇上曰, "毋貯粟, 毋曲隄, 無擅廢適子, 無置妾以爲妻." 因以鄭城與宋水爲請於楚. 楚人不許, 遂退七十里而舍. 使軍人城鄭南之地, 立百代城焉, 曰, "自此以北, 至於河者, 鄭自城之. 而楚不敢隳也." 東發宋田, 夾兩川, 使水復東流, 而楚不敢塞也. 遂南伐及, 踰方城濟於汝水, 望汶山, 南致楚越之君, 而西伐秦, 北伐狄, 東存晉公於南, 北伐孤竹, 還, 存燕公. 兵車之會六, 乘車之會三, 九合諸侯, 反位已霸, 修鐘磬而復樂. 管子曰, "此臣之所謂'樂'也!"

이후 초나라가 송나라와 정나라를 쳤다. 정나라 성벽을 크게 무너뜨린 탓에 다시 쌓기도 쉽지 않았고, 불 탄 집을 재건하기도 쉽지 않았다. 남녀 모두 짝을 잃었고, 집은 마치 새와 쥐가 사는 곳처럼 변했다. 또 송나라의 농토를 중간에서 끊고, 수수睢水와 변수汴水의 두 물줄기를 가로막아 황하의 물길이 동쪽으로 흐르지 못하게 했다. 동산東山의 서쪽은 담장이 수몰될 정도로 물에 잠긴 탓에 400리를 지나야 겨우 농사를 지을 수 있었다. 초나라는 송나라와 정나라를 병탄코자 했으나 내심 제나라를 두려워했다. 백성의 숫자가 많고 무기가 날카로워 자신들을 해칠 수 있는 나라는 반드시 제나라일 것으로 여긴 탓이다. 초성왕楚成王이 국내에 호령을 발했다.

"과인이 존경하는 군주 가운데 제환공과 비교할 자가 없고, 칭송할 만한 현신 가운데 관중만한 자가 없다. 군주가 존경스럽고 신하가 현명하니 과인은 그들을 섬기고 싶을 지경이다. 누군가 능히 과인을 위해 제나라와 교류할 수 있으면 과인은 그를 제후에 책봉하는 포상도 마다하지 않을 것이다."

이에 초나라의 명사들 모두 귀중한 보물과 예물을 들고 제나라로 들어갔다. 제환공의 좌우 군신들 가운데 그 보물과 예물을 받지 않은 자가 없었다. 제환공이 관중을 불러 물었다.

"과인이 듣건대, '남을 잘 대접하면 남도 잘 대접한다.'고 했소. 지금 초왕이 과인에게 이토록 잘 대하니 과인이 잘 대하지 않으면 도리에 어긋날 것이오. 중보는 어찌하여 초나라와 친교를 맺으려 하지 않는 것이오?"

관중이 대답했다.

"불가합니다. 초나라는 송나라와 정나라를 침공하는 과정에서 정나라 성벽을 크게 무너뜨린 탓에 다시 쌓기도 쉽지 않고, 불 탄 집을 재건하기도 쉽지 않습니다. 남녀 모두 짝을 잃었고, 집은 마치 새와 쥐가 사는 곳처럼 변했습니다. 또 송나라의 농토를 중간에서 끊고, 수수와 변수의 두 물줄기를 가로막아 황하의 물길이 동쪽으로 흐르지 못하게 했습니다. 동산의 서쪽은 담장이 수몰될 정도로 물에 잠긴 탓에 400리를 지나야 겨우 농사를 지을 수 있습니다. 초나라는 송나라와 정나라를 병탄코자 하면서도 내심 백성의 숫자가 많고 무기가 날카로워 자신들을 해칠 수 있는 나라는 반드시 제나라일 것으로 여기고 있습니다. 이는 문덕文德으로 제나라를 물리치고, 무공武功으로 송나라와 정나라를 탈취하려는 속셈입니다. 초나라가 송나라와 정나라를 병탄코자 하는데도 이를 막지 않으면 송나라와 정나라를 잃는 게 되고, 이를 막으면 초나라의 신의를 저버리는 게 됩니다. 결국 안으로는 지략에 실패하고, 밖으로는 병사가 곤욕을 당하게 됩니다. 초나라와 친교를 맺는 것은 좋은 계책이 아닙니다."

제환공이 물었다.

"좋은 말이오. 그렇다면 어찌하는 게 좋겠소?"

관중이 대답했다.

"군사를 남하시켜 송나라와 정나라를 보존한 뒤 '초나라를 공격하지 말라.'고 명하면서 초왕과 만날 것이라고 말하십시오. 이어 초왕과 회맹하는 자리에서 정나라의 성이 불타고 송나라가 수해를 입은 문제를 제기하십시오. 초나라가 응답하면 우리는 문덕으로 그들에게 명하는 게 되고, 응답하지 않으면 무력을 동원해 제압토록 하십시오."

"좋은 말이오."

그러고는 마침내 군사를 일으켜 남쪽의 송나라와 정나라를 보존시키고, 초성왕과 소릉召陵에서 만나면서 이같이 명했다.

"양곡을 저장하지 말고, 제방을 함부로 쌓지 말고, 적자嫡子를 함부로 폐하지 말고, 첩을 부인으로 삼지 말라."

이어 정나라의 성이 불타고 송나라가 수해를 입은 문제를 제기했다. 초성왕이 응답하지 않자 마침내 70리를 뒤로 물러나 군사를 주둔시켰다. 정나라 남쪽에 군사를 파견해 성을 쌓은 뒤 백대성百代城으로 명명하고 이같이 선포했다.

"여기서 북쪽으로 황하까지 정나라가 스스로 성을 쌓은 것이다. 초나라는 감히 무너뜨리지 말라."

또 동쪽으로 송나라 농토를 개간한 뒤 수수와 변수를 소통시켜 물길을 다시 동쪽으로 흐르게 하면서 초나라가 감히 막지 못하게 했다. 이후 마침내 남하해 초나라를 쳤다. 방성方城을 넘고, 여수汝水를 건너, 곧바로 문산汶山으로 나아가 오나라와 월나라의 군주를 불러 접견했다. 이후 서쪽으로 진秦나라를 치고, 북쪽으로 적인을 정벌하고, 동남쪽으로 중원 진晉나라의 종묘사직을 보존했다. 북쪽으로 고죽국을 정벌하고, 돌아오는 길에 연나라의 종묘사직을 보존했다. 군사를 동원한 '병거지회'가 6번, 평화적인 '승거지회'가 3번 등 모두 9번에 걸쳐 제후들을 규합했다. 제환공이 제나라로 돌아왔을 때 천하를 호령하는 패업이 이미 완성됐다. 다시 종과 경쇠를 매달고 연회를 베풀자 관중이 말했다.

"이것이 바로 신이 말한 참된 즐거움입니다!"

소열한분燒烈熯焚의 '열'과 '한'과 '분' 모두 '소'와 마찬가지로 태운다는 뜻이다. 곽말약은 문맥에 비춰볼 때 초나라가 정나라를 칠 때는 화공火攻, 송나라를 칠 때는 수공水攻을 가했다고 보았다. 영기인유상자웅令其人有喪雌雄의 유有를 대망은 우又로 새겼다. 요송전협색양천要宋田夾塞兩川의 '요송전'은 송나라의 농토를 중간에서 차단해 끊는다는 뜻이다. 요要는 요邀와 통한다. '협색양천'은 수수睢水와 변수汴水의 두 물줄기를 가로막는다는 의미이다. 수심멸궤水深滅垝의 '궤'를 윤지장은 담이 무너지는 패장敗墻으로 풀이했다.

왈사인중병강능해기자曰思人衆兵彊能害己者의 '왈'을 이카이는 연자로 보았으나 여상봉은 일日과 같은 뜻이라며 이를 부인했다. 손촉승은 능能 위에 이而가 빠졌다고 했다. 과인지소명어인군자寡人之所明於人君者의 명明을 허유휼은 뒤에 나오는 소현어인군자所賢於人臣者의 현賢과 대비돼 있다며 존尊의 의미로 새겼다. 불애봉후지군언不愛封侯之君焉의 '군'을 이카이는 상賞의 잘못이라고 했다. 장불어도將拂於道의 '불'을 윤지장은 위違로 풀이했다.

초취송정이부지금楚取宋鄭而不止禁의 '지'가 여타 본에는 지知로 되어 있다. 언여초왕우言與楚王遇의 '언'을 도홍경은 오吾의 오자로 보았다. '우'를 윤지장은 동회冬會의 의미라고 했다. 지어우상至於遇上의 '상'을 야스이는 소所와 같다고 했다. 수남벌급遂南伐及의 '급'을 곽말약은 초楚의 괴자로 파악했다. 남치초월지군南致楚越之君의 '초'를 장패륜은 「내언」편 '소광'의 구절을 근거로 오吳의 잘못이라고 했다. '서벌진西伐秦, 북벌적北伐狄, 동존진공어남東存晉公於南' 구절을 두고 유월은 앞의 문장을 이어받은 것으로 보고 풀이키를, "진秦에서 볼 때 중원에 가까운 진晉은 동쪽에 위치한다. 적狄에서 볼 때 진晉은 남쪽에 위치한다."고 했다.

제23장 패언(霸言)

'패언'은 천하를 제패하는 패천하霸天下에 관련된 얘기라는 뜻이다. 이카이는 첫머리가 패왕지형霸王之形으로 시작하는 점을 근거로 앞 장과 이 장의 편명이 서로 바뀐 것으로 보았다. 일리 있는 지적이다. 내용 또한 패업霸業은 물론 왕업王業도 함께 논하고 있다. 일각에서 편명을 '패왕霸王'으로 하는 게 적절하다는 견해를 제시하는 이유다. 이 장은 앞 장인 「내언」편 '패형'과 더불어 패도와 왕도를 통한 평천하의 방략을 깊숙이 논하고 있어 치세와 난세의 차이점을 선명히 보여주고 있다.

23-1

霸王之形, 象天則地, 化人易代, 創制天下, 等列諸侯, 賓屬四海, 時匡天下. 大國小之, 曲國正之, 彊國弱之, 重國輕之. 亂國幷之, 暴王殘之, 僇其罪, 卑其列, 維其民, 然後王之. 夫豐國之謂'霸', 兼正之國之謂'王'. 夫王者有所獨明, 德共者不取也, 道同者不王也. 夫爭天下者, 以威易危, 暴王之常也. 君人者有道, 霸王者有時. 國修而鄰國無道, 霸王之資也. 夫國之存也, 鄰國有焉. 國之亡也, 鄰國有焉. 鄰國有事, 鄰國得焉. 鄰國有事, 鄰國亡焉. 天下有事, 則聖王利也. 國危則聖人知矣. 夫先王所以王者, 資鄰國之擧不當也. 擧而不當, 此鄰敵之所以得意也.

패업霸業과 왕업王業의 형세는 하늘을 본받으며 땅을 법칙으로 삼고, 민심을 교화하며 왕조를 바꾸고, 새로운 천하를 만들고, 제후를 작위에 따라 안배하고, 사해의 모든 나라를 귀복歸服케 만들고, 때에 맞춰 천하를 바로잡는 것을 말한다. 영토가 방대한 대국大國은 판도를 줄이고, 풍속이 바르지 못한 곡국曲國은 풍속을 바로잡고, 무력이 강한 강국彊國은 약화시키고, 크게 중시되는 중국重國은 가볍게 만든다. 또 어지러운 나라를 겸병하고 포학한 군주를 주살할 때는 그 죄를 드러내 욕되게 만들고, 지위를 낮추고, 백성의 이익을 보호한 연후에 군주를 두어 다스리게 한다. 스스로 부강해진 나라의 군주를 일컬어 패자霸者, 다른 나라까지 겸하여 바르게 만든 나라의 군주를 일컬어 왕자王者라고 한다. 왕자는 홀로 밝은 바가 있다. 덕행을 같이하는 나라는 취하지 않고, 도의가 같은 나라에 대해서는 '왕자'를 칭하지 않는 게 그렇다. 무릇 천하를 놓고 다투면서 위세를 이용해 위난에 처한 나라의 군주를 바꾸는 것은 패왕의 상사常事이다. 백성을 다스리는 데는 상도常道가 있고, 패왕의 위업을 이루는 데는 시기時機가 있다. 자기 나라는 잘 다스려지는데 주변국이 무도하면 패왕의 대업을 이룰 수 있는 배경이 된다. 나라의 보존과 패망 모두 인국鄰國과 깊은 관련이 있다. 아국我國의 위망은 인국과 밀접한 관련이 있는 까닭에 종합적으로 볼 때 인국에 사변이 나면 아국이 얻는 것도 있고, 잃는 것도 있다. 마찬가지로 천하에 사변이 나면 성왕에게는 크게 유리하다. 나라가 위태로우면 뒤늦게나마 성왕의 지혜를 되돌아보기 때문이다. 무릇 선왕이 왕업을 이룬 데에는 무엇보다 인국의 정사가 바르지 못한 탓이 크다. 이처럼 인국의 정사가 바르지 못한 것은 곧 아국이 뜻을 이룰 수 있는 배경이 된다.

등렬제후等列諸侯의 '등렬'은 작위의 등급을 살펴 안배한다는 뜻이다. 빈속사해賓屬四海의 '빈속'은 귀의하여 복속한다는 뜻으로 귀복歸服과 같다. 곡국정지曲國正之의 '곡국'은 사곡지국邪曲之國의 줄임말이다. 폭왕잔지暴

王殘之의 '폭'은 포학暴虐의 뜻이다. '폭왕'도 원래는 '포왕'으로 읽는 게 타당하나 폭력暴力과 폭정暴政 및 폭군暴君처럼 '포학한'의 의미로 뒤에 나오는 명사를 수식할 때는 '폭'으로 읽는다. 유기민維其民의 '유'는 유지維持의 뜻이다.

풍국지위패豐國之謂覇의 '풍국'을 윤지장은 자국을 풍요롭게 만든다는 뜻의 풍기국豊其國으로 풀이했다. 겸정지국지위왕兼正之國之謂王의 위의 지之를 유월은 타他와 통하는 타它의 오자로 보았다. 폭왕지상야暴王之常也의 '폭'을 곽말약은 패覇의 잘못으로 파악했다. 패왕지자야覇王之資也의 '자'를 윤지장은 배경 내지 구실의 의미로 해석했다. 그는 풀이키를, "나는 정사를 바로 닦고 저들은 폭정을 행하니 가히 어지럽고 망령된 나라를 손에 넣거나 모멸하는 취란모망取亂侮亡이 가능해진다. 그래서 '자'라고 표현한 것이다."라고 했다.

인국득언鄰國得焉과 인국망언鄰國亡焉 구절을 두고 도홍경은 풀이키를, "원래는 인적득언鄰敵得焉과 인적망언鄰敵亡焉이다. '인적'은 이웃 나라의 적국을 말한다. 바꿔 말하면 곧 아국我國을 지칭한 것이다."라고 했다. 성인지의聖人知矣의 '지'를 도홍경은 지혜를 뜻하는 지智로 새겼다.

23-2

夫欲用天下之權者, 必先布德諸侯. 是故先王有所取, 有所與, 有所詘, 有所信, 然後能用天下之權. 夫兵幸於權, 權幸於地. 故諸侯之得地利者, 權從之. 失地利者, 權去之. 夫爭天下者, 必先爭人. 明大數者得人, 審小計者失人. 得天下之衆者王, 得其半者覇. 是故聖王卑禮以下天下之賢而王之, 均分以釣天下之衆而臣之. 故貴爲天子, 富有天下, 而伐不謂'貪'者, 其大計存也. 以天下之財, 利天下之人. 以明威之振, 合天下之權, 以遂德之行, 結諸侯之親. 以姦佞之罪, 刑天下之心. 因天下之威, 以廣明王之伐. 攻逆亂之國, 賞有功之勞. 封賢聖之德, 明一人之行, 而百姓定矣.

무릇 천하의 권력을 활용코자 하는 자는 반드시 먼저 제후들에게 은덕을 베풀어야 한다. 선왕이 취하면서 내주고, 굽히면서 펼치는 식으로 천하의 권력을 활용한 이유다. 군사력의 우열은 권력에 달려 있고, 권력의 우열은 영토의 크기에 달려 있다. 제후가 지리地利를 얻으면 권력이 따르고, 잃으면 권력이 떠나는 이유다. 무릇 천하를 다투는 자는 반드시 민심을 얻는 것부터 다툰다. 대계大計에 밝은 자는 민심을 얻고, 소계小計를 세심히 살피는 자는 민심을 잃는다. 천하의 민심을 얻은 자는 왕업, 그 절반을 얻은 자는 패업을 이룰 수 있다. 성왕이 자신을 낮추는 겸비謙卑의 예로 천하의 현자를 예우하며 임용하고, 이록利祿을 고루 나누는 식으로 천하의 백성을 끌어들여 다스린 이유다. 존귀하기로는 천자가 되고, 부유하기로는 천하를 보유하게 됐는데도 세인들이 '탐욕스럽다'고 말하지 않는 것은 대계에 밝기 때문이다. 천하의 재부財富로 천하의 백성을 이롭게 하고, 강대한 위세로 천하의 권력을 합치고, 광대한 시덕施德으로 제후와 결속을 다지고, 엄정한 형벌로 간녕奸佞한 자를 징벌해 천하인의 마음에 규범으로 자리 잡는다. 천하에 위세를 떨쳐 명군의 공적을 넓히고, 역란逆亂의 나라를 토벌해 유공자에게 포상하고, 성현의 위망威望을 내걸고 천자의 덕행을 밝히면 백성이 안정된다.

유소굴有所詘의 '굴'은 굴屈, 유소신有所信의 '신'은 신伸과 같다. 병행어권兵幸於權의 '행'을 우성오는 인因과 통하는 승乘의 오자로 보았다. 비례이하천하지현이왕지卑禮以下天下之賢而王之의 왕王을 허유휼은 임용할 임任의 뜻인 임壬의 잘못으로 파악했다. 벌불위탐자伐不謂貪者의 '벌'을 야스이는 세世의 오자라고 했다. 명위지진明威之振의 '명위'는 극성한 권위를 뜻하는 성위盛威의 뜻이다. '진'은 진震과 같다. 형천하지심刑天下之心을 윤지장은 1명을 징계해 1백 명에게 권하는 징일권백懲一勸百으로 풀이했다. '형'을 곽말약은 형型으로 새겼다. 명일인지행明一人之行의 '1인'을 요영개는 천자天子로 풀이했다.

23-3

夫先王取天下也術. 術乎, 大德哉! 物利之謂也. 夫使國常無患, 而名利並至者, 神聖也. 國在危亡, 而能壽者, 明聖也. 是故先王之所師者, 神聖也. 其所賞者, 明聖也. 夫一言而壽國, 不聽而國亡, 若此者, 大聖之言也. 夫明王之所輕者馬與玉, 其所重者政與軍. 若失主不然, 輕予人政, 而重予人馬. 輕予人軍, 而重予人玉. 重宮門之營, 而輕四竟之守. 所以削也.

무릇 선왕이 천하를 거머쥔 것은 천지자연의 이치에 부합하는 대도大道의 계책을 구사했기 때문이다. 대도의 계책이야말로 실로 대덕大德에 해당하는구나! 대도의 계책은 만물을 이용해 사람을 이롭게 하는 것을 뜻한다. 나라에 늘 우환이 없게 하고, 명분과 실리를 함께 얻도록 하는 것을 두고 신성神聖, 나라가 위망의 위기에 처했을 때 이를 보존토록 하는 것을 두고 명성明聖이라고 말한다. 선왕이 법도로 삼은 것은 '신성'이고, 숭상한 것은 '명성'이다. 한마디 말로 나라를 보존하고, 이를 좇지 않으면 나라가 패망할 경우 이는 대성大聖의 말에 해당한다. 명군은 명마와 보옥을 가볍게 여기고, 정사와 군사를 중시했다. 그러나 나라를 패망케 만든 암군은 그렇지 않았다. 현자에게 정사를 맡기는 것을 경시하고, 무부武夫에게 준마를 하사하는 것을 중시했다. 또 간인奸人에게 병권을 맡기는 것을 경시하고, 처첩에게 보옥을 나눠주는 것을 중시했다. 나아가 궁궐을 영건하는 것을 중시하고, 영토를 지키는 것을 경시했다. 영토가 깎인 이유다.

'부선왕취천하야술夫先王取天下也術. 술호術乎, 대덕재大德哉' 구절을 두고 이카이와 야스이 및 왕념손 등은 '부선왕취천하야夫先王取天下也, 술술호대덕재術術乎大德哉'로 끊어 읽었다. 이카이는 '술술'을 여러 유형의 도술로 새겼고, 왕념손은 '덕행의 수행'으로 파악했다. 그러나 여상봉은 덕德을 득得으로 풀이하면서 '술술'로 붙여 읽어서는 안 된다고 했다. '술'을 두고 요영개는 풀이키를, "술術 속에 대의大義가 있다. 자연스럽게 대덕大德을 이루는 이유다."라고 했다. '술'을 천지자연의 이치에 부합하는 대도大道로 풀이한 셈이다.

이능수자而能壽者의 '수'를 유월은 『국어』의 위소 주를 인용해 보保로 새겼다. 기소상자其所賞者의 '상'을 정사함은 숭상할 상尙으로 풀이했다. 『순자』「왕패」에 현자를 숭상하는 상현尙賢의 뜻인 상현賞賢 표현이 나온다. 실주불연失主不然의 '실주'는 실국失國의 군주를 의미한다.

23-4

夫權者, 神聖之所資也. 獨明者, 天下之利器也. 獨斷者, 微密之營壘也. 此三者, 聖人之所則也. 聖人畏微, 而愚人畏明. 聖人之憎惡也內, 愚人之憎惡也外. 聖人將動必知, 愚人至危易辭. 聖人能輔時, 不能違時. 智者善謀, 不如當時. 精時者, 日少而功多. 夫謀無主則困, 事無備則廢. 是以聖王務具其備, 而愼守其時. 以備待時, 以時興事, 時至而擧兵, 絶堅而攻國, 破大而制地, 大本而小摽, 埊近而攻遠. 以大牽小, 以彊使弱, 以衆致寡. 德利百姓, 威振天下. 令行諸侯而不拂, 近無不服, 遠無不聽. 夫明王爲天下正理也. 按彊助弱, 圉暴止貪, 存亡定危, 繼絶世. 此天下之所載也, 諸侯之所與也, 百姓之所利也, 是故天下王之. 知蓋天下, 繼最一世, 材振四海, 王之佐也.

무릇 권력은 신성神聖을 법도로 삼는 군주가 의지하는 바탕이다. 홀로 지혜로운 독명獨明은 마치 천하의 이기利器를 지닌 것과 같고, 홀로 결단하는 독단獨斷은 마치 견고한 요새를 지키는 것과 같다. 이들 '독명'과 '독단'의 2가지 기준은 성인이 법도로 삼은 것이다. 성인聖人은 미세한 징조를 두려워하고, 어리석은 우인愚人은 밝게 드러난 표상을 두려워한다. 성인이 증오하는 것은 안에 있고, 우인이 증오하는 것은 밖에 있다. 성인은 장차 움직이고자 할 때 반드시 미리 알고, 우인은 위험이 닥쳐 죽게 됐는데도 고집을 바꾸지 않는다. 성인은 시기時機를 잘 포착해 어긋나는 일이 없고, 지인智人은 일을 꾀하는 데는 뛰어나지만 시기를 포착해 움직이는 것이 성인만 못하다. 시기를 잘 살펴 움직이면 단기간 내에 많은 공을 세울 수 있다. 일을 꾀하면서 주관이 없으면 막히고, 일에 임하면서 준비가 없으면 폐기된다. 성왕이 준비에 만전을 기하고, 시기를 신중히 지킨 이유다. 차분히 준비하면서 시기를 기다리고, 적당한 시기에 사업을 일으키고, 시기가 무르익었을 때 거병擧兵한다. 적의 견고한 요새를 쳐서 적국을 공략하고, 적의 본영을 격파해 적국의 영토를 통제한다. 기반을 튼튼히 하면서 목표를 간소하게 하고, 인국과 친목하며 멀리 떨어진 적을 치는 원공근목遠攻近睦 계책을 구사한다. 대군大軍을 이용해 소군小軍을 견제하고, 강국을 이용해 약국을 부리고, 다수를 이용해 소수를 이르게 하고, 덕행으로 백성을 이롭게 하고, 위세를 천하에 떨친다. 이를 토대로 제후들에게 호령을 발하면 가까이는 복종하지 않는 자가 없게 되고, 멀리는 따르지 않는 자가 없게 된다. 무릇 명군이 천하를 위해 잘못을 바로잡는 것은 이치상 당연하다. 강국을 억제하며 약국을 도와주고, 포학한 행위를 막으며 탐욕을 저지하고, 망국을 보존하며 위태로운 나라를 안정시키고, 후사가 끊어진 것을 이어주는 게 그것이다. 이는 천하의 백성이 추대하고, 제후들이 가까이 다가오고, 백성이 이롭게 여기는 것들이다. 천하를 호령하는 왕이 될 수 있는 이유다. 지모가 천하를 덮고, 결단에 대한 칭송이 당대를 풍미하고, 재주가 사해에 떨칠 만한 자는 군왕을 보좌하는 재목이다.

차삼자此三者의 '3'을 여상봉은 권력勸力, 독명獨明, 독단獨斷으로 풀이했다. 그러나 고본 등에는 차이자此二者로 나온다. 곽말약은 독명과 독단의 '2'로 파악하는 게 옳다고 했다. 이를 좇았다. 성인외미聖人畏微의 '외미'

는 길흉화복의 기미를 두려워한다는 뜻이다. 우인외명愚人畏明의 '외명'은 정반대로 밝게 드러나는 것을 두려워한다는 의미이다. 우인지위역사愚人至危易辭의 '역'이 고본 등에는 물勿로 되어 있다. 곽말약은 어리석은 자들이 죽는 순간까지 고집을 꺾거나 잘못을 고치거나 하지 않는다는 점에서 '물'이 옳다고 했다. 성인능보시聖人能輔時의 '보'를 곽말약은 포착할 포捕의 가차로 보았다.

대본이소표大本而小摽의 '표'가 조본 등에는 표標로 되어 있다. 서로 통한다. 이는 기반을 튼튼히 하면서 목표를 간소화한다는 의미이다. 윤지장은 풀이키를, "표標는 말末의 뜻이다. 기본을 튼튼히 하면서 끝을 작게 하면 쉽게 무너지지 않는다."고 했다. 이면은 본업인 농업을 크게 하고 말업末業인 상업을 축소하는 것으로 해석했으나 이는 상공업을 중시한 『관자』의 기본 취지와 배치된다. 여기서는 거병한 이후의 상황을 언급하고 있는 만큼 기반을 튼튼히 하면서 목표를 간소하게 만든다는 취지로 풀이하는 게 낫다.

지근이공원埊近而攻遠의 '지'를 손성연은 지地의 옛 글자라고 했다. 그러나 이 경우 '지'가 명사가 되어 공원攻遠과 대구를 이루지 못하게 된다. 여상봉이 '지'를 동사로 보아야 한다며 목睦과 통하는 육陸의 의미인 육坴으로 새긴 이유다. 이같이 볼 경우 '지근공원'은 전국시대 말기 종횡가인 범수范雎가 제시한 원교근공遠交近攻과 정반대되는 원공근목遠攻近睦의 뜻이 된다. 전국시대 말기는 천하통일을 기치로 내세운 까닭에 '원교근공'이 타당하나, 관중이 활약한 춘추시대 중기는 예양을 중시하며 공존을 꾀한 까닭에 '원공근목'의 계책이 타당했다. 이를 좇았다.

안강조약按彊助弱의 '안'을 윤지장은 억抑으로 새겼다. 천하지소재天下之所載의 '재'를 이카이는 옹대할 대戴와 같다고 했다. 계최일세繼最一世의 '계'를 장패륜과 이카이는 단斷의 오자로 보았다. '최'는 칭송이 자자할 칭절稱絶, 일세一世는 당세當世 내지 당대當代를 의미한다.

23-5

千乘之國, 可得其守, 諸侯可得而臣, 天下可得而有也. 萬乘之國失其守, 國非其國也. 天下皆理己獨亂, 國非其國也. 諸侯皆令己獨孤, 國非其國也. 鄰國皆險己獨易, 國非其國也. 此三者, 亡國之徵也. 夫國大而政小者, 國從其政. 國小而政大者, 國益大. 大而不爲者復小, 彊而不理者復弱, 衆而不理者復寡. 貴而無禮者復賤. 重而凌節者復輕. 富而驕肆者復貧. 故觀國者觀君, 觀君者觀將, 觀備者觀野. 其君如明而非明也, 其將如賢而非賢也, 其人如耕者而非耕也, 三守旣失, 國非其國也. 地大而不爲, 命曰'土滿'. 人衆而不理, 命曰'人滿'. 兵威而不止, 命曰'武滿', 三滿而不止, 國非其國也. 地大而不耕, 非其地也. 卿貴而不臣, 非其卿也. 人衆而不親, 非其人也.

천승지국千乘之國도 군왕을 보좌하는 재목을 얻으면 가히 제후들을 신복臣服시키고, 천하를 거머쥘 수 있다. 만승지국萬乘之國의 대국도 이런 재목을 잃으면 이내 패망한다. 천하가 모두 다스려지는데 자기 나라만 홀로 어지러우면 그 나라는 패망한다. 제후들이 모두 화합하는데 자기 나라만 홀로 고립되면 그 나라는 패망한다. 주변국이 모두 험지에 요새를 두었는데 자기 나라만 홀로 아무런 방비도 하지 않으면 그 나라는 패망한다. 이 3가지 모두 나라가 패망하는 징조이다. 무릇 나라가 큰데도 공적이 작으면 나라의 위세도 공적만큼 작아지고, 나라가 작은데도 공적이 크면 나라의 위세도 공적만큼 커진다. 나라가 커지는데도 적극적으로 행동하지 않는 나라는 다시 작아지고, 나라가 강성한데도 적극적으로 일처리를 하지 않는 나라는 다시 약해진다. 백성이 많은데도 제대로 다스리지 않는 나라는 다시 적어지고, 위세가 존귀한데도 예의가 없는 나라는 다시 비천해진다. 높은 자리에 있는데도 법도를 능멸하면 다시 내려앉고, 부유한데도 교만하고 방자하면 다시 빈곤해진다. 그 나라의 실정을 알고자 하는 자는 그 군주를 살피고, 그 나라의 군주를 알고자 하는 자는 그 장수를 살피고, 그 나라의 군비 상황을 알고자 하는 자는 그 나라의 전야를 살핀다. 군주가 겉으로 영명해 보이지만 사실은 영명치 않고, 장수가 겉으로 현명해 보이지만 사실은 현명치 않고, 백성이 겉으로 경작하는 듯이 보이지만 사실은 경작하지 않는 경우가 있다. 이처럼 3가지 사항이 지켜지지 않으면 그 나라는 패망한다. 땅이 넓은데도 농사짓지 않는 것을 일컬어 토만土滿, 백성이 많은데도 다스려지지 않는 것을 일컬어 인만人滿, 군대가 나름 위엄이 있는데도 군기軍紀가 없는 것을 일컬어 무만武滿이라고 한다. 이들 3만滿이 그치지 않으면 그 나라는 패망한다. 땅이 넓은데도 경작하지 않으면 땅을 잃은 것과 같고, 경상卿相이 존귀한데도 군주에게 복종하지 않으면 경상을 잃은 것과 같고, 백성이 많은데도 군주를 가까이 하지 않으면 백성을 잃은 것과 같다.

천하개리기독란天下皆理己獨亂의 '리'를 장패륜은 당고종 이치李治의 이름을 기휘忌諱한 것으로 원래 치治였다고 했다. 국비기국國非其國은 그 나라는 해당국 군주의 나라가 아니라는 뜻으로 곧 패망을 의미한다. 제후개령기독고諸侯皆令己獨孤의 '령'을 이카이는 합合의 잘못이라고 했다. 인국개험기독이鄰國皆險己獨易의 '이'를 윤지장은 수비상황이 평이平易해 튼튼하지 않은 것으로 풀이했다. 병위이부지兵威而不止의 '지'를 정사함은 정正의 잘못으로 보았다.

23-6

夫無土而欲富者憂, 無德而欲王者危, 施薄而求厚者孤. 夫上夾而下苴, 國小而都大者弑. 主尊臣卑, 上威下敬, 令行人服, 理之至也. 使天下兩天子, 天下不可理也. 一國而兩君, 一國不可理也. 一家而兩父, 一家不可理也. 夫令不高不行, 不摶不聽. 堯舜之人, 非生而理也. 桀紂之人, 非生而亂也. 故理亂在上也. 夫霸王之所始也, 以人爲本. 本理則國固, 本亂則國危. 故上明則下敬, 政平則人安士, 敎和則兵勝敵, 使能則百事理, 親仁則上不危, 任賢則諸侯服.

무릇 땅이 없으면서 부유해지고자 하면 우환이 생기고, 덕행이 없으면서 왕업을 이루고자 하면 위태롭고, 조금 베풀면서 많이 얻고자 하면 고립된다. 군주의 권력은 작은데 신하의 권력이 크거나, 나라는 협소한데 군주의 친인척과 공경이 머무는 도시가 거대하면 시해弑害의 화를 당한다. 군주가 존귀하고 신하가 비천하거나, 윗사람이 위엄 있고 아랫사람이 공경하거나, 정령이 시행되어 모든 신민이 복종하는 것은 치국의 지극한 경지이다. 천하에 2명의 천자가 있으면 천하를 다스릴 수 없고, 한 나라에 2명의 군주가 있으면 나라를 다스릴 수 없고, 한 집안에 2명의 아버지가 있으면 집안을 다스릴 수 없다. 무릇 정령이 높은 곳에서 나오지 않으면 시행되지 않고, 정령을 내리는 권력이 군주에게 집중되어 있지 않으면 따르는 자가 없게 된다. 요순 때의 사람이라고 해서 태어날 때부터 잘 다스려진 게 아니다. 걸주桀紂 때의 사람이라고 해서 태어나면서부터 난을 일으킨 게 아니다. 치란은 오직 윗사람이 하는 것에 달려 있을 뿐이다. 패왕의 대업은 사람을 근본으로 삼는데서 시작한다. 근본이 다스려지면 나라가 굳건해지고, 어지러우면 나라가 위태로워진다. 윗사람이 명철하면 아랫사람이 공경하고, 정사가 너그러우면 백성이 본토에 안거安居하고, 교화가 화해和諧를 추구하면 적을 이기고, 유능한 자를 부리면 모든 일이 잘 풀리고, 어진 자와 친하면 군주가 위태롭지 않고, 현자를 임용하면 제후들이 복종한다.

상협이하저上夾而下苴의 '협'을 왕념손은 윤지장의 주석을 좇아 협狹으로 바꿔야 하고, '저'는 거칠 조粗의 뜻이라고 했다. 불박불청不搏不聽의 '박'을 여상봉은 취聚로 새겼다. 야스이는 뭉칠 단摶의 잘못으로 보았다. '요순지인堯舜之人, 비생이리야非生而理也' 구절을 두고 대망은 『태평어람』의 인용문을 근거로 '인'의 원래 글자는 민民이라고 했다. 당나라 때 당태종 이세

민李世民의 '민'을 기휘한 까닭에 '인'으로 바꿨다는 것이다. 그는 또 '리'를 치治로 바꿔야 한다고 했다. 정평즉인안사政平則人安士의 '사'를 대망은 토土의 잘못이라고 했다.

23-7

覇王之形, 德義勝之, 智謀勝之, 兵戰勝之, 地形勝之, 動作勝之, 故王之. 夫善用國者, 因其大國之重, 以其勢小之. 因彊國之權, 以其勢弱之. 因重國之形, 以其勢輕之. 弱國衆, 合彊以攻弱, 以圖覇. 彊國少, 合小以攻大, 以圖王. 彊國衆而言王勢者, 愚人之智也. 彊國少而施覇道者, 敗事之謀也. 夫神聖視天下之形, 知動靜之時. 視先後之稱, 知禍福之門. 彊國衆, 先擧者危, 後擧者利. 彊國少, 先擧者王, 後擧者亡. 戰國衆, 後擧可以覇. 戰國少, 先擧可以王.

패왕의 형세는 덕의德義와 지모智謀, 용병작전用兵作戰, 지형활용地形活用, 동작動作에서 남보다 뛰어난 경우를 말한다. 그러면 천하를 호령하는 왕이 될 수 있다. 무릇 치국에 뛰어난 군주는 대국大國의 위세를 이용해 다른 나라의 세력을 줄이고, 강국强國의 권력을 이용해 다른 나라의 세력을 약화시키고, 중국重國의 형세를 이용해 다른 나라의 세력을 가볍게 만든다. 천하에 강국이 많으면 강국을 연합해 약국을 침으로써 패업을 꾀하고, 강국이 적으면 소국을 연합해 대국을 침으로써 왕업을 도모한다. 강국이 많은데도 왕도를 논하는 것은 어리석은 자의 지혜이고, 강국이 적은데도 패도를 행하는 것은 일을 망치는 계책이다. 무릇 신성神聖을 법도로 삼는 군주는 천하의 형세를 살펴 동정의 시기를 알고, 선후의 적기를 살펴 화복禍福의 입구를 안다. 강국이 많을 때는 먼저 거병하면 위태롭고, 나중에 거병하면 유리하다. 강국이 적을 때는 먼저 거병하면 왕업을 이루고, 나중에 거병하면 패망한다. 호전적인 나라가 많을 때는 뒤늦게 거병해야 패업을 이룰 수 있고, 적을 때는 먼저 거병해야 왕업을 이룰 수 있다.

덕의승지德義勝之는 덕의 방면에 뛰어나다는 의미이다. '승'은 뛰어날 우優의 뜻이다. 인기대국지중因其大國之重의 '기'를 유월은 연자로 보았다. 시선후지칭視先後之稱을 진고응陳鼓應의 『관자사편전역管子四篇詮譯』에 인용된 이국상李國祥의 주는 선후의 조화를 잃지 않는다는 의미로 새겼다. 선거자위先擧者危를 두고 윤지장은 풀이키를, "강국이 많을 때 먼저 거병하면 반드시 강국의 유인책에 넘어가 위기에 처하게 된다."고 했다.

23-8

夫王者之心方, 而不最列, 不讓賢賢, 不齒弟擇衆, 是貪大物也. 是以王之形大也. 夫先王之爭天下也以方心, 其立之也以整齊, 其理之也以平易. 立政出令用人道, 施爵祿用地道, 擧大事用天道. 是故先王之伐也, 伐逆不伐順, 伐險不伐易, 伐過不伐及. 四封之內, 以正使之. 諸侯之會, 以權致之. 近而不服者, 以地患之. 遠而不聽者, 以刑危之. 一而伐之, 武也. 服而舍之, 文也. 文武具滿, 德也.

무릇 왕업을 이루고자 하는 군주의 마음은 방정하고 편협하지 않다. 작위를 내릴 때 현자를 배척하지 않고, 현자를 무리에서 선발할 때 나이와 지위를 보지 않는다. 이는 앞으로 있을 커다란 이익을 염두에 두었기 때문이다. 왕업의 형세가 광대해지는 이유다. 무릇 선왕은 천하를 놓고 다툴 때 방정方正한 마음을 기본으로 삼았다. 천하를 세우면서 정제整齊된 호령을 발하고, 천하를 다스리면서 간명한 정책을 편 이유다. 정사에 임해 정령을 발포할 때는 민심에 부합토록 하고, 작록을 내릴 때는 공평무사의 원칙을 좇고, 거병하여 출정할 때는 천시를 좇았다. 선왕이 거병하여 출정할 때는 거역하는 제후를 치면서 순종하는 제후는 치지 않고, 험요한 곳을 치면서 평이한 곳은 치지 않고, 분수를 넘은 제후를 치면서 분수에 미치지 못하는 제후는 치지 않은 이유다. 국내의 백성은 정령으로 지휘하고, 제후들과 함께 하는 회맹은 권위를 이용해 소집했다. 가까이 있으면서 복종하지 않는 제후는 영토를 깎아 근심케 만들고, 멀리 있으면서 따르지 않는 제후는 형세形勢로 핍박해 위태롭게 만들었다. 배반하는 제후를 치는 것은 무덕武德이고, 복종하는 제후를 너그럽게 용서하는 것은 문덕文德이다. 문무를 구비해야 비로소 완벽한 덕을 이룰 수 있다.

'부왕자지심방夫王者之心方, 이불최렬而不最列, 불양현현不讓賢賢, 불치제택중不齒弟擇衆' 구절에 대한 해석이 분분하다. 진환陳奐은 방方을 변통의 권도를 모르는 고지식함으로 풀이하고, 최最를 취聚의 의미로 새기면서 현현賢賢의 두 번째 '현' 자를 연자로 보았다. 이 경우 "무릇 왕업을 이루고자 하는 군주의 마음은 고지식한 까닭에 권도權道를 모른다. 현자를 그러모아 작위를 내리지 않고, 현자에게 양보하지 않는 게 그렇다. 무리 가운데서 인재를 과감히 발탁하지도 않는 까닭에 작위를 아낀다는 지적을 받는다."는 의미가 된다. 여상봉도 대략 이를 좇았다. 이에 대해 사호범과 이면 등은 '부왕자지심夫王者之心, 방이불최方而不最. 열불양현列不讓賢, 현불치제택중賢不齒弟擇衆'으로 끊어 읽었다. 이 경우 "무릇 왕업을 이루고자 하는 군주의 마음은 방정하고 편협하지 않다. 작위를 내릴 때 현자를 배척하지 않고, 현자를 무리에서 선발할 때 나이와 지위를 보지 않는다."는 의미가 된다. 진환 및 여상봉의 해석과 정반대가 된다. 이를 좇았다.

선왕지쟁천하야이방심先王之爭天下也以方心의 방심方心을 왕념손은 방정方正의 오자로 보았다. 이정출령용인도立政出令用人道의 '이정'은 정사에 임한다는 뜻이다. '출령'을 장패륜은 출정령出政令의 잘못이라고 했다. '용인도'를 윤지장은 민심에 부합한 정책의 반포로 풀이했다. 시작록용지도施爵祿用地道의 '용지도'를 윤지장은 매우 공평해 사사로움이 없는 것으로 해석했다. 거대사용천도擧大事用天道의 '용천도'를 윤지장은 마음이 천시에 응하는 것으로 풀이했다. 벌과불벌급伐過不伐及 구절을 두고 대망은 송본과 원본 등에는 '급'

자 위에 불不 자가 있다고 했다. 정사함은 『설원』「지무指武」에 나오는 동일한 구절을 인용해 송본이 옳다고 했다.

이형위지以刑危之의 '형'을 장패륜은 형形의 오자로 보았다. 일이벌지一而伐之의 '1'을 왕념손은 2심心을 뜻하는 2二의 잘못이라고 했다. '2심'은 이심貳心의 뜻으로 반역하는 제후를 의미한다. 문무구만文武具滿의 '만'을 왕인지는 비備의 오자라고 했다.

23-9

夫輕重彊弱之形, 諸侯合則彊, 孤則弱. 驥之材而百馬伐之, 驥必罷矣. 彊最一伐而天下共之, 國必弱矣. 彊國得之也以收小, 其失之也以恃彊. 小國得之也以制節, 其失之也以離彊. 夫國小大有謀, 彊弱有形. 服近而彊遠, 王國之形也. 合小以攻大, 敵國之形也. 以負海攻負海, 中國之形也. 折節事彊以避罪, 小國之形也.

무릇 나라 지위의 경중과 국력의 강약 형세를 말하면 제후들이 합하면 강성해지고, 고립되면 미약해진다. 아무리 뛰어난 천리마의 자질을 지니고 있을지라도 노마駑馬 100마리와 번갈아 상대하면 반드시 피로해지고, 아무리 강성한 나라일지라도 천하의 여러 나라를 동시에 상대하면 반드시 약해지고 말 것이다. 강국이 강성한 것은 소국의 지지를 얻었기 때문이고, 강성함을 잃는 것은 강하다고 자만했기 때문이다. 소국이 나라를 보존할 수 있는 것은 자신을 낮추고 대국을 섬기기 때문이고, 나라를 잃는 것은 자만하며 강국에서 이탈했기 때문이다. 무릇 크고 작은 나라 모두 각기 책략이 있고, 강약의 형세가 있다. 주변국을 복종시키고 멀리 있는 적을 무위로 위협하는 게 왕업을 이루는 왕국王國의 형세이고, 소국과 합세해 대국을 치는 게 적대하는 나라인 적국敵國의 형세이다. 만이蠻夷를 이용해 만이의 나라를 치는 것은 중원의 형세이고, 자신을 낮춘 채 강대국을 섬겨 대국의 징벌을 피하는 것은 소국의 형세이다.

백마벌지百馬伐之와 강최일벌彊最一伐의 '벌'을 왕념손은 송본을 좇아 교대한다는 뜻의 대代로 바꿔야 한다고 했다. 소국득지야이제절小國得之也以制節의 제절制節은 자신을 낮추고 대국을 섬긴다는 뜻으로 '제'를 왕인지는 비굴하다는 뜻의 절折로 새겼다. 복근이강원服近而彊遠을 윤지장은 강병을 이용해 먼 곳의 나라를 위협하는 것으로 풀이했다. 이부해공부해以負海攻負海는 이이제이以夷制夷와 취지를 같이한다. '부해'는 변경 지역의 소수민족을 지칭한다. 윤지장은 사방의 만이蠻夷가 바다를 끼고 사는 덕분에 견고한 수비를 유지하게 됐다는 취지에서 '부해'로 표현한 것이라고 했다.

23-10

自古以至今, 未嘗有先能作難, 違時易形, 以立功名者, 無有. 常先作難, 違時易形, 無不敗者也. 夫欲臣伐君, 正四海者, 不可以兵獨攻而取也. 必先定謀慮, 便地形, 利權稱, 親與國. 視時而動, 王者之術也. 夫先王之伐也, 擧之必義, 用之必暴, 相形而知可, 量力而知攻, 攻得而知時. 是故先王之伐也, 必先戰而後攻, 先攻而後取地. 故善攻者, 料衆以攻衆, 料食以攻食, 料備以攻備. 以衆攻衆, 衆存不攻. 以食攻食, 食存不攻. 以備攻備, 備存不攻. 釋實而攻虛, 釋堅而攻膬, 釋難而攻易.

예로부터 지금까지 먼저 난을 일으키면서 시기를 어기고 형세를 뒤집고도 공명을 세운 경우는 없다. 늘 먼저 거사하면서 시기를 어기고 형세를 뒤집고도 패하지 않은 경우도 없다. 신하로서 군주를 방벌放伐해 사해를 바로잡고자 하는 경우 단지 무력으로만 공격해 천하를 취하려고 생각해서는 안 된다. 반드시 먼저 계책을 정한 뒤 지형地形을 유리하게 이용하고, 득실을 재고, 동맹국과 연락하고, 시기를 보아 움직여야 한다. 이것이 왕업을 이루고자 하는 왕자王者의 계책이다. 무릇 선왕은 공벌에 나설 때 거병은 반드시 의에 부합토록 하고, 용병은 반드시 태도를 공경하게 하고, 형세를 살펴 행동 여부를 결정하고, 병력을 헤아려 진공 여부를 결정하고, 득실을 헤아려 진공의 시기를 판단했다. 선왕이 공벌에 나서면 반드시 먼저 접전을 통해 전력을 헤아린 뒤 공격하고, 먼저 선공을 가해 승리를 거머쥔 배경이다. 진공을 잘하는 장수는 적과 자신이 보유한 병력과 군량 및 군비의 다소 및 우열을 정확히 헤아린 뒤 진공한다. 병력을 헤아려 진공할 때 적의 병력이 충분히 확보되어 있으면 공격하지 않고, 군량을 헤아려 진공할 때 적의 군량이 충분히 확보되어 있으면 공격하지 않고, 군비를 헤아려 공격할 때 적의 군비가 충분히 확보되어 있으면 공격하지 않는다. 견실한 곳을 피해 공허한 곳을 치고, 견고한 곳을 피하고 취약한 곳을 치고, 공격하기 어려운 난공難攻을 피해 공격하기 쉬운 이공易攻을 친다.

선능작난先能爵難의 '선능'이 송본에는 능선能先으로 되어 있다. 무불패자無不敗者의 '무'를 장문호는 이而의 오자로 보았다. 신벌군臣伐君을 장패륜은 신제후臣諸侯의 잘못으로 파악했다. 용지필폭用之必暴의 '폭'을 장패륜은 공恭의 잘못이라고 했다. 공득이지시攻得而知時의 '공'을 야스이는 헤아릴 고考로 새겼다. 선공이후취지先攻而後取地의 '지'를 허유휼은 야也의 오자라고 했다. 석견이공취釋堅而攻膬의 '취'는 취약할 취脆의 옛 글자이다.

23-11

夫摶國不在敦古, 理世不在善攻, 覇王不在成曲. 夫擧失而國危, 刑過而權倒, 謀易而禍反. 計得而彊信, 功得而名從, 權重而令行, 固其數也. 夫爭彊之國, 必先爭謀·爭刑·爭權. 令人主一喜一怒者, 謀也. 令國一輕一重者, 刑也. 令兵一進一退者, 權也. 故精於謀, 則人主之願可得, 而令可行也. 精於刑, 則大國之地可奪, 彊國之兵可圉也. 精於權, 則天下之兵可齊, 諸侯之君可朝也. 夫神聖視天下之刑, 知世之所謀, 知兵之所攻, 知地之所歸, 知令之所加矣.

夫兵攻所憎而利之, 此鄰國之所不親也. 權動所惡, 而實寡歸者, 彊. 擅破一國, 彊在後世者, 王. 擅破一國, 彊在鄰國者, 亡.

무릇 나라를 통솔하는 전국專國의 요체는 옛날의 치도인 고도古道를 중시하는데 있지 않고, 세상을 다스리는 이세理世의 요체는 옛날의 예절인 구제舊制를 밝게 아는데 있지 않고, 패업과 왕업의 대업을 이루는 패왕霸王의 요체는 옛날의 법전인 구전舊典을 고수하는데 있지 않다. 군주의 행보가 잘못되면 나라가 위태롭고, 형세가 기울어지면 군권君權이 무너지고, 모사謀事가 경솔하면 재앙이 몸에 이른다. 그러나 계책이 타당하면 강한 힘을 발휘할 수 있고, 공업을 이루면 명성이 뒤따르고, 권력이 무거우면 명령이 시행된다. 이것이 치국의 기본이치이다. 무릇 강성함을 다투는 나라는 반드시 먼저 모략과 형세 및 권력을 다툰다. 군주를 기쁘게도 하고 노하게도 하는 일희일노一喜一怒가 모략이고, 나라의 위세를 낮추기도 하고 높이기도 하는 일경일중一輕一重이 형세이고, 군사를 나아가게도 하고 물러서게도 하는 일진일퇴一進一退가 권력이다. 모략에 정통하면 군주가 바라는 바를 성사시키고, 정령도 잘 시행할 수 있다. 형세에 정통하면 대국의 영토를 빼앗을 수 있고, 강국의 군사도 막아낼 수 있다. 권력에 정통하면 천하대란의 싸움도 제지할 수 있고 열국의 제후들을 조회토록 만들 수 있다. 무릇 신성神聖을 법도로 삼는 군주는 천하의 형세를 살펴 당세當世의 모략을 알고, 군사동향을 알고, 영토의 귀속 여부를 알고, 명령의 시행 대상을 안다. 군사를 동원해 증오하는 적국을 친 뒤 자신만 이롭게 하면 주변국과 화친할 수 없다. 권세를 이용해 적국을 친 뒤 약간의 이익만 취하면 강한 나라가 된다. 한 나라를 격파한 뒤 능히 그 강성함을 지키며 후대까지 전할 수 있으면 가히 왕업을 이룰 수 있다. 그러나 한 나라를 격파한 뒤 그 강성함을 지키지 못하고 주변국이 오히려 강성해지면 반드시 위망에 이르게 된다.

박국부재돈고搏國不在敦古의 '박'을 장패륜은 통솔의 의미를 지닌 단搏의 잘못으로 보고, '돈'을 치治로 새겼다. 부재선공不在善攻의 '고'를 곽말약은 고故의 괴자라고 했다. 부재성곡不在成曲의 '곡'을 유월은 전典의 잘못으로 보았다. 형과이권도刑過而權倒의 '형'을 정사함은 형形의 오자로 파악했다. 모이이화반謀易而禍反의 이易를 도홍경은 경솔과 뜻이 통하는 솔이率易로 풀이하면서, '반'을 급及의 오자로 보았다. 고기수야固其數也의 '수'는 기리機理 내지 이치의 의미이다. 천하지병가제天下之兵可齊의 '제'를 유월은 지止와 뜻이 통하는 제濟로 새겼다. 실과귀자實寡歸者의 '실'을 이카이는 이로울 이利로 풀이했다.

제24장 문(問)

'문'은 군주가 신민臣民에게 묻는 순문詢問 내지 상세히 묻는다는 뜻을 지닌 「내언」편 '소광'에 나오는 찰문察問의 의미로 사용된 것이다. 위정자가 정사를 펼 때 자문해야 할 사항을 물음의 형식으로 정리해 놓은 게 특징이다. 자문이 필요한 65개 항목을 24개의 물음으로 요약해 놓았다. 곽말약은 이 장을 『초사楚辭』「천문天問」에 비유했다.

24-1

凡立朝廷, 問有本紀. 爵授有德, 則大臣興義. 祿予有功, 則士輕死節. 上帥士以人之所戴, 則上下和. 授事以能, 則人上功. 審刑當罪, 則人不易訟. 無亂社稷宗廟, 則人有所宗. 毋遺老忘親, 則大臣不怨. 擧知人急, 則衆不亂. 行此道也, 國有常經, 人知終始, 此霸王之術也.

무릇 조정에서 국사를 논하는 임조청정臨朝聽政의 과정에서 천하의 실정에 관해 신민에게 묻는 이른바 순문詢問을 행할 때는 반드시 지켜야 할 기본원칙이 있다. 유덕자에게 작위를 내리면 대신들이 덕의德義를 일으키고, 유공자에게 녹봉을 주면 병사들이 죽음을 가벼이 여기며 죽음으로써 절개를 지키는 사절死節을 행하고, 아랫사람들이 추대하는 자를 장수로 삼으면 상하가 화목和睦하고, 능력 있는 자에게 일을 맡기면 사람들이 공적功績

을 숭상하고, 죄에 따른 형벌을 가차 없이 시행하면 쉽게 소송을 벌이는 이송易訟이 없고, 종묘사직을 어지럽히지 않으면 사람들이 존숭尊崇하는 바가 있게 되고, 늙은 신하와 종친을 버리거나 잊지 않으면 대신들이 원망을 품는 포원抱怨이 없고, 일을 하면서 사람의 고충을 알아주면 작란作亂이 없게 된다. 이런 도를 행하면 나라에는 늘 지켜지는 법도인 상경常經이 존재하게 되고, 사람들 또한 일을 하면서 그 시종始終의 기본규범을 알게 된다. 이것이 패왕의 대업을 이루는 계책이다.

이조정立朝廷은 조정에서 국사를 논하는 임조청정臨朝聽政을 뜻한다. '이'는 임臨의 뜻을 지닌 이莅와 통한다. 문유본기問有本紀의 '본기'를 윤지장은 근본강기根本綱紀로 새겼다. 경사절輕死節의 '경사'는 죽음을 가벼이 여긴다는 뜻이다. '절'은 죽기로 싸우며 절개를 지키는 사절死節을 의미한다. 곽말약은 '경사'과 '사절'을 합쳐 '경사절'로 표현한 것이라고 했다. 인상공人上功의 '상'을 허유휼은 상尙으로 풀이했다. 거지인급擧知人急의 '거'를 도홍경은 거사擧事로 해석했다.

24-2

然後問事. 事先大功, 政自小始. 問死事之孤, 其未有田宅者有乎? 問少仕而未勝甲兵者幾何人? 問死事之寡, 其餼廩何如? 問國之有功大者, 何官之吏也? 問州之大夫也, 何里之士也? 今吏, 亦何以明之矣? 問刑論有常以行, 不可改也, 今其事之久留也何若? 問五官有度制, 官都其有常斷, 今事之稽也何待? 問獨夫·寡婦·孤寡·疾病者幾何人也? 問國之棄人, 何族之子弟也? 問鄉之良家, 其所牧養者幾何人矣? 問邑之貧人, 債而食者幾何家? 問理園圃而食者幾何家? 人之開田而耕者幾何家? 士之身耕者幾何家? 問鄉之貧人, 何族之別也? 問宗子之牧昆弟者, 以貧從昆弟者幾何家? 餘子仕而有田邑, 今入者幾何人? 子弟以孝聞於鄉里者幾何人? 餘子父母存, 不養而出離者幾何人? 士之有田而不使者幾何人? 吏惡何事? 士之有田而不耕者幾何人? 身何事? 君臣有位而未有田者幾何人? 外人之來從而未有田宅者幾何家? 國子弟之游于外者幾何人? 貧士之受責於大夫者幾何人? 官賤行書身士, 以家臣自代者幾何人? 官承吏之無田餼而徒理事者幾何人? 羣臣有位事官大夫者幾何人? 外人來游, 在大夫之家者幾何人? 鄕子弟力田爲人率者幾何人? 國子弟之無上事, 衣食不節, 率子弟不田弋獵者幾何人? 男女不整齊, 亂鄕子弟者有乎? 問人之貸粟米有別券者幾何家?

이런 패왕의 계책을 강구한 연후에 비로소 순문을 행한다. 순문할 때는 먼저 공신이 세운 대공大功부터 언급하고, 정사를 논할 때는 작은 일부터 시작한다. 구체적인 실례는 다음과 같다.

문 : 나라를 위해 희생한 자의 자손 가운데 아직 전택田宅을 마련치 못한 자가 있는가?

문 : 청장년 가운데 군역에 종사하지 않은 자는 얼마나 되는가?

문 : 나라를 위해 희생한 자의 아내는 식량 등의 구휼救恤을 받고 있는가?

문 : 나라에 대공을 세운 자는 지금 어떤 벼슬을 하고 있는가?

문 : 각 주州의 대부는 어느 향리 출신인가? 지금 관원은 무엇을 근거로 천거됐는가?

문 : 형벌을 논할 때는 응당 상법常法에 따라야 한다. 이는 멋대로 바꿀 수 없다. 지금 여러 사안의 판결이 계속 늦어지고 있는데 그 까닭은 무엇인가?

문 : 동서남북과 중앙에 배치된 5관官 제도에 따르면 5관을 총괄하는 관도官都는 늘 사안마다 속히 결정해야 한다. 지금 속히 결정하지 못하고 여러 사안이 계류되어 있는 까닭은 무엇인가?

문 : 홀아비와 과부를 비롯해 고궁孤窮하고 병든 자는 얼마나 되는가?

문 : 죄를 지어 도성에서 쫓겨난 자는 어느 집안의 자제인가?

문 : 향리의 부호富戶는 얼마나 많은 사람을 거두어 돌보고 있는가?

문 : 성읍城邑의 빈자 가운데 빚을 내어 근근이 생계를 잇는 가구는 얼마나 되는가?

문 : 과수원과 채마밭을 운영하는 가구는 얼마나 되는가? 황무지를 개간해 농사짓는 가구는 얼마나 되는가? 선비 출신으로 농사짓는 가구는 얼마나 되는가?

문 : 향리의 빈자는 어느 집안에서 갈라져 나왔는가?

문 : 적장자 가운데 다른 형제를 거둬 돌보고 있거나, 가난 때문에 다른 형제에게 얹혀사는 자는 얼마나 되는가? 적장자 이외의 자식인 여자餘子 가운데 벼슬을 하면서 봉지封地를 받거나, 지금도 계속 세금을 내는 자는 얼마나 되는가? 향리에 효행으로 소문이 난 자제는 얼마나 되는가? 적장자 이외의 '여자' 가운데 부모가 살아 있는데도 봉양하지 않고 따로 나와 처가 등에 얹혀사는 자는 얼마나 되는가? 선비 가운데 전답을 보유하고도 벼슬길에 오르려 하지 않는 자는 얼마나 되는가? 관원은 이를 미워하지 않고 다른 그 무엇을 미워하는 것인가? 선비 가운데 전답이 있는데도 농사짓지 않는 자는 얼마나 되는가? 그렇다면 그들은 과연 무슨 일을 하고 있는 것인가? 군신들 가운데 작위만 있고 전답에서 얻는 게 없는 자는 얼마나 되는가? 다른 나라에서 이주해 살면서 아직 전택을 보유하지 못한 가구는 얼마나 되는가? 나라의 자제들 가운데 다른 나라로 가 지내는 자는 얼마나 되는가? 선비 가운데 빈궁한 나머지 대부에게 빚을 내 사는 자는 얼마나 되는가? 벼슬이 낮아 서리書吏로 있으면서 선비 출신이 떠맡는 직책을 맡은 뒤 가신으로 하여금 이를 대신토록 하는 자는 얼마나 되는가? 지방관의 보좌관인 승사丞史 등의 소리小吏로 있으면서 전답에서 나오는 수입이 없는데도 아무 보람도 없이 일만 하는 자는 얼마나 되는가? 군신들 가운데 대부의 벼슬을 지내는 자를 위해 일하

는 자는 얼마나 되는가? 다른 나라에서 와서 사람들과 교유하며 대부의 집에 머무는 자는 얼마나 되는가? 향리 출신 자제 가운데 농사에 힘써 남의 모범이 되는 자는 얼마나 되는가? 도성의 자제 가운데 직업도 없이 사치한 생활을 하고, 많은 자제를 이끌고 다니며 농사를 내팽개친 채 사냥에 열중하는 자는 얼마나 되는가? 향리의 남녀 가운데 풍기가 문란해 향리의 자제와 난잡하게 어울리는 자는 얼마나 되는가?

문 : 곡식을 빌려주면서 빚을 독촉할 수 있는 별권別券을 손에 넣은 자는 얼마나 되는가?

미승갑병자未勝甲兵者의 '승갑병'은 종군從軍을 뜻한다. 희름하여餼稟何如의 '희름'은 나라에서 지급한 식량을 총칭한 말이다. 윤지장은 '희'를 양식을 뜻하는 생식生食, '름'을 곡식을 뜻하는 미속米粟으로 새겼다. 하관지리何官之吏의 '관'을 곽말약은 대행大行, 대사전大司田, 대사리大司理, 대간大諫, 대사마大司馬의 5관官으로 새겼다. 문주지대부問州之大夫의 '주'는 2천5백 호戶의 큰 고을을 말한다. 하리지사何里之士의 '리'는 25호의 작은 마을을 지칭한다. 문형론問刑論의 '형론'은 형벌의 판결을 말한다. 문오관問五官의 '5관'은 동서남북과 중앙의 5방方에 설치한 관직을 뜻한다. 관도기유상단官都其有常斷의 '관도'는 5관의 총괄 관원을 의미한다.

고과孤寡의 '과'를 허유휼은 앞에 나온 과부寡婦와 뜻이 겹친다며 궁할 궁窮의 잘못이라고 했다. 기소목양자其所牧養者의 '목'을 이카이는 수收의 오자로 보았다. 종자지목곤제자宗子之牧昆弟者의 '종자'는 적장자를 뜻한다. '곤제'는 형제를 총칭한 말이다. 곤昆은 후생後生의 의미이다. 이빈종곤제자以貧從昆弟者의 '종'을 곽말약은 기식寄食으로 풀이했다. 여자사餘子仕의 '여자'는 적장자 이외의 자식을 총칭한 말이다.

불양이출리자不養而出離者의 '출리자'를 유월은 데릴사위를 뜻하는 췌서贅

婿로 파악하면서 '리'를 려儷의 의미로 새겼다. 불사자不使者의 '불사'를 곽말약은 벼슬길에 오르지 않는 불사不仕로 풀이했다. 이오하사吏惡何事의 '오'는 출사出仕 거부행위를 미워한다는 뜻이다. 군신유위君臣有位의 '군'을 이카이는 군群의 오자로 파악했다. 외인지래종外人之來從의 '외인'을 왕인지는 타국지인他國之人으로 새기면서 '종'을 사徙의 잘못이라고 했다. 빈사지사수채貧士之受責의 '채'는 채무를 뜻하는 채債와 통한다.

관천행서신사官賤行書身士 구절을 두고 해석이 분분하다. '관'을 관館으로 새긴 곽말약은 '관천'을 상공인 등의 천인을 거둬들이는 것으로 보고, '행서'를 장사를 하는 행고行賈로 해석했다. 상공인과 결탁해 영리행위를 하는 것으로 풀이한 것이다. 사호범도 이를 좇았으나 서書를 고賈로 새긴 이유를 알기 어렵다. 이면은 '사'를 사事와 통하는 것으로 보아 자신이 맡은 일인 신사身事로 해석했으나 근거가 미약하다. 여상봉은 '행서'를 글을 베껴 쓰는 서리書吏, '신사'를 선비의 직임으로 풀이했다. 가장 그럴 듯하다.

승리지무전희承吏之無田餼의 '승리'를 장패륜은 관장의 하속下屬인 승사丞史의 오자로 보았다. '승사'는 진한秦汉 때 중앙과 지방의 하속을 말한다. 한나라 때 승상丞相 밑에 2명의 장사长史가 있었고, 어사御史 밑에 2명의 승丞이 있었다. 이들을 통칭해 '승사'라고 했다. 지방관인 태수太守 이하에는 군승郡丞과 현승縣丞 및 장사长史 등의 보좌관이 있었다. 이들도 '승사'로 불렀다. 여기서는 중앙관이 파견되는 최하위 지방단위의 현령縣令이나 현장縣長 밑에서 일하는 현승縣丞 내지 장사를 지칭한 것이다.

군신유위羣臣有位의 '위'를 오여륜은 맡을 이莅로 새겼다. 솔자제率子弟는 10읍邑의 자제를 거느렸다는 뜻이다. 「내언」편 '소광'에 십읍위솔十邑爲率 표현이 나온다. 유별권有別券의 '별권'을 윤지장은 일종의 채권債券인 분계分契로 보았다. 원래 '분계'는 계약할 때 계약서를 둘로 나눠 가진데서 나온 말이다.

24-3

問國之伏利, 其可應人之急者幾何所也? 人之所害於鄕里者何物也? 問士之有田宅, 身在陳列者幾何人? 餘子之勝甲兵有行伍者幾何人? 問男女有巧伎, 能利備用者幾何人? 處女操工事者幾何人? 冗國所開口而食者幾何人? 問一民有幾年之食也? 問兵車之計, 幾何乘也? 牽家馬·輗家車者幾何乘? 處士修行, 足以敎人, 可使帥衆莅百姓者幾何人? 士之急難可使者幾何人? 工之巧, 出足以利軍伍, 處可以修城郭·補守備者幾何人? 城粟軍糧, 其何以行幾何年也? 吏之急難可使者幾何人? 大夫疏器, 甲兵·兵車·旌旗·鼓鐃·帷幕帥車之載幾何乘? 疏藏器, 弓弩之張, 衣夾鋏·鉤弦之造·戈戟之緊, 其厲何若? 其宜修而不修者, 何故視? 而造修之官, 出器處器之具, 宜起而未起者何待? 鄕師車輜造脩之具, 其繕何若? 工尹伐材用, 毋於三時, 羣材乃植而造器定, 冬, 完良備用必足. 人有餘兵詭陳之行, 以愼國常. 時簡稽帥馬牛之肥膌, 其老而死者, 皆舉之. 其就山藪林澤食薦者幾何? 出入死生之會幾何? 若夫城郭之厚薄, 溝壑之淺深, 門閭之尊卑, 宜脩而不脩者, 上必幾之守備之伍. 器物不失其具, 淫雨而各有處藏. 問兵官之吏, 國之豪士, 其急難足以先後者幾何人? 夫兵事者, 危物也, 不時而勝, 不義而得, 未爲福也. 失謀而敗, 國之危也, 愼謀乃保國. 問所以敎選人者何事? 問執官都者, 其位事幾何年矣? 所辟草萊, 有益於家邑者幾何矣? 所封表以益人之生利者何物也? 所築城郭, 脩牆閉, 絶通道, 阨闕, 深防溝, 以益人之地守者何所也? 所捕盜賊, 除人害者幾何矣?

문 : 국내의 개발되지 않은 자원 가운데 급히 필요할 때 쓸 수 있는 곳은 몇 곳이나 있는가? 사람들이 향리에 해악을 준다고 생각하는 것은 무엇인가?

문 : 선비 가운데 전택을 보유하고 군역에 종사하는 자는 얼마나 되는가? 적장자 이외의 '여자' 가운데 군역에 종사할 수 있는 자로서 현재 군적을 보유하고 있는 자는 얼마나 되는가?

문 : 뛰어난 기술을 보유한 남녀 가운데 각종 장비를 능히 제조할 수 있는 자는 얼마나 되는가? 베를 짜는 등의 여공女工의 역할을 할 수 있는 처자處子는 얼마나 되는가?

문 : 나라에서 농사도 짓지 않으면서 먹고 사는 자는 얼마나 되는가?

문 : 농부 1인이 몇 사람이 먹을 수 있는 곡물을 생산하는가?

문 : 병거는 총 몇 승乘이나 되는가? 자신의 말을 끌어다가 자신의 수레에 매는 병거는 몇 승이나 되는가? 처사處士 가운데 덕행이 뛰어나 모범이 될 만하고, 무리를 지휘하며 백성을 이끌 수 있는 자는 얼마나 되는가? 선비 가운데 나라가 위난에 처했을 때 써 먹을 수 있는 자는 얼마나 되는가? 기술이 뛰어난 덕분에 전시에는 군사정비에 이롭고, 평시에는 성곽 수축 등을 통해 방비에 만전을 기할 수 있는 자는 얼마나 되는가? 수성守城과 출성出城에 대비한 군량은 몇 년 치가 비축돼 있는가? 위난에 처했을 때 써 먹을 수 있는 자는 얼마나 되는가? 대부가 기록한 기구 가운데 갑옷과 투구, 병거와 깃발, 북과 징, 장막 등의 각종 군비는 수레를 이용해 실을 수 있는 양이 몇 수레 분이나 되는가? 대부가 기록해 놓은 무기 가운데 궁노弓弩와 창칼을 넣어두는 집을 비롯해 활시위를 당길 때 사용하는 깍지를 보관하는 조실竈室, 갈고리 창과 미늘창의 집 가운데 마모된 것은 얼마나 되는가? 이 가운데 수리해야 할 것과 수리하지 못한 것, 파손된 것 등은 어떻게 점검하고 있는가? 무기를 제조하고 수리하는 곳을 비롯해 나눠주고 보관하는 곳 가운데 응당 건조建造해야 하거나 아직 건조하지 않은 게 있는 것은 무슨 연유인가? 크고 작은 고을인 향鄕과 수帥에 있는 병거와 치중輜重의 제조 및 수리 시설의 현재 상태는 어떠한가? 공인을 총괄하는 공윤工尹은 나무가 자라는 봄과 여름 및 가을에 벌목해서는 안 된다. 그래야만 각종 나무가 한껏 자라 그 용도를 확정할 수 있고, 겨울에 이들 나무를 베어 필요한 곳의 목재로

충분히 활용할 수 있게 된다. 남아도는 무기는 모두 군영에 보관케 하여 나라의 법기法紀를 엄정하게 만들어야 한다. 수시로 '향'과 '수'에서 키우는 마소의 비척肥瘠을 살피면서 늙어 죽은 것 등을 상세히 기록해 둔다. 이 경우 산림과 수택水澤에서 방목할 가축의 숫자는 얼마나 되는가? 사고팔거나 죽어나가거나 우리에서 태어나는 가축의 숫자는 얼마나 되는가? 성곽의 후박厚薄과 해자의 심천深淺, 성문과 성루의 고저高低, 수리해야 할 것과 수리하지 못한 것 등에 관해 군주는 반드시 수비를 책임진 군대에 자세히 물어야 한다. 군사장비는 모두 보관시설을 갖춰야 한다. 장마철에 대비한 보관장소를 각지에 미리 마련해 두어야 한다.

문 : 장령과 호걸들 가운데 나라가 위난에 처했을 때 능히 군주를 보좌할 수 있는 자는 얼마나 되는가? 무릇 전쟁은 위험한 일이다. 시기에 부합치 않는 불시不時한 승리와 의롭지 못한 방법을 통한 불의不義한 이득은 결코 복이 될 수 없다. 계책이 미흡해 싸움에서 패하면 곧 나라가 위난에 처하게 된다. 계책이 신중해야 나라를 보존할 수 있는 이유다.

문 : 어찌해야 능히 인재를 가르치고 잘 뽑을 수 있는가?

문 : 관원지휘 책임을 떠안은 관도官都의 직책에 있는 자는 그 직무를 몇 년 동안 수행하고 있는가? 그들이 임기 중에 개간한 황무지가 농가나 성읍에 도움을 준 것이 얼마나 되는가? 시국에 관한 건의문인 봉표封表를 통해 백성을 이롭게 한 것은 구체적으로 어떤 것인가? 신축한 성곽, 수축한 장원牆垣, 차단된 통행로, 봉쇄된 궐문, 깊이 판 해자 등과 같이 수비능력의 제고에 도움을 준 설비는 어디에 있는가? 도적을 잡는 것처럼 백성의 폐해를 제거한 사례는 얼마나 되는가?

국지복리國之伏利를 윤지장은 은동銀銅 광산 개발과 하천 개발을 통한 관개灌漑 등을 예로 들었다. 신재진열자身在陳列者의 '진열'은 군대를 뜻하는 진열陣列과 같다. 남녀유교기男女有巧伎의 '기'는 기예 기技와 통한다. 용국소개구冗國所開口의 '용'을 정사함은 문問의 잘못이라고 했다. 기년지식幾年之食의 '기년'이 고본 등에는 기인幾人으로 나온다. 곽말약은 이를 좇는 게 낫다고 했다. 대부소기大夫疏器를 두고 안창요는 '소'를 『광아』「석고」의 소에 나오는 식識 내지 『설문해자』「언부言部」에 나오는 기記로 새기면서 대부가 기록한 기구器具의 숫자로 해석했다. 수거지재帥車之載의 '수거'를 오여륜은 병거를 뜻하는 사거師車로 보았다. 장패륜은 '수거지재'를 수레에 실을 수 있는 각종 군비의 규모로 풀이했다.

궁노지장弓弩之張의 '장'을 장패륜은 『설문해자』를 인용해 활집 창韔의 잘못으로 보았다. 또 그는 『장자』「설검說劍」을 인용해 의협협衣夾鋏의 협鋏을 양날의 창을 뜻하는 담錟의 오자라고 했다. 원래 협夾은 칼자루를 뜻하는 협鋏과 통한다. 그는 여기서 한 발 더 나아가 의협담衣夾錟은 협담지의夾錟之衣로 바꾸는 게 옳다고 했다. 과극지긴戈戟之緊의 '긴'을 정사함은 극戟을 집어넣는 창 전대인 예䋍의 잘못이라고 했다. 기려하약其厲何若의 '려'는 마모의 뜻으로 마磨와 통한다. 조수지관造修之官의 '관'을 곽말약은 관館으로 새겼다. 출기처기지구出器處器之具의 '구'를 요영개는 무기를 수장하는 장소로 풀이했다. 그는 또 『예기』「예운」의 소를 인용해 의기이미기자宜起而未起者의 '기'를 작作으로 해석했다.

향사거치鄕師車輜의 '사'를 야스이는 수帥의 오자로 보았다. '수'는 1백 호의 읍에 해당한다. 공윤벌재용工尹伐材用의 '공윤'은 공인工人을 총괄하는 관원을 말한다. 무어삼시毋於三時의 '3시'를 윤지장은 나무가 자라는 봄, 여름, 가을을 지칭한 것으로 풀이했다. '무'를 무벌毋伐로 새기면서 벌목을 겨울에 한해 허용한 이유로 보았다. 인유여병궤진지행人有餘兵詭陳之行을 장병린은 남아도는 무기를 군대로 보내 보관함으로써 사적으로 감추는 사닉私匿이 없어야 한다고 풀이하면서 '책'을 『설문해자』를 인용해 맡긴 일이 잘 되도록 다짐을 받는다는 뜻의 책성責成의 책責으로 새겼다.

시간계수時簡稽帥를 두고 허유휼은 '수' 위에 향鄕이 빠진 것으로 보았다. '간계'는 시찰의 뜻이다. 식천자食薦者의 '천'을 윤지장은 식용 풀로 풀이하면서, 상필기지上必幾之의 '기'를 찰察로 새겼다. 병관지리兵官之吏를 허유휼은 병지관리兵之官吏의 잘못으로 보았다. 족이선후자足以先後者의 '선후'를 야스이는 보좌輔佐로 풀이했다. 부병사자夫兵事者에서 신모내보국愼謀乃保國에 이르는 구절을 장패륜은 착간錯簡으로 보았으나 여상봉은 이를 부인했다. 기위사기하년其位事幾何年의 '위'를 정사함은 이莅의 잘못이라고 했다. 소벽초래所辟草萊의 '초래'는 잡초가 뒤덮인 황무지를 뜻한다. '래'는 원래 경작하지 않은 묵은 밭을 의미한다. 소봉표所封表의 '봉표'는 땅을 떼어 봉하면서 표창表彰한다는 뜻이다. '수장폐脩牆閉, 절통도絶通道, 액궐阨闕, 심방구深防溝' 구절을 두고 진환은 장牆 아래에 원垣이 빠졌고, 궐闕 위에 나와야 할 문門이 잘못하여 '장' 밑으로 가 폐閉로 오사誤寫됐다고 했다. 또 방구防溝 역시 구방溝防의 오자라고 했다. 해석에서 이를 좇았다.

24-4

『制地君』曰, "理國之道, 地德爲首. 君臣之禮, 父子之親, 覆育萬人. 官府之藏, 彊兵保國. 城郭之險, 外應四極, 具取之地. 而市者, 天地之財具也, 而萬人之所和而利也, 正是道也. 民荒無苛, 人盡地之職. 一保其國. 各主異位, 毋使讒人亂普而德, 營九軍之親. 關者, 諸侯之陬隧也, 而外財之門戶也, 萬人之道行也. 明道以重告之, 征於關者勿征於市, 征於市者勿征於關, 虛車勿索, 徒負勿入, 以來遠人, 十六道同身. 外事謹, 則聽其名, 視其名, 視其色, 是其事, 稽其德, 以觀其外, 則無敦於權人, 以困貌德. 國則不惑, 行之職也. 問於邊吏曰, '小利害信, 小怒傷義. 邊信傷德厚, 和構四國, 以順貌德, 后鄕四極.' 令守法之官日, '行度必明, 無失經常.'"

『제지군制地君』에서 말했다.

"치국의 계책은 지덕地德을 높이는데서 시작한다. 군신간의 예법禮法과 부자간의 친애親愛 모두 '지덕'에서 나온 것으로 천하 만민을 두루 화육化育할 만하다. 관부의 저장貯藏은 능히 군사를 강하게 만들어 나라를 보위할 만하다. 성곽의 험요險要는 사방의 제후국 침공에 대응할 만하다. 시장은 천지간의 모든 재물이 모이고, 천하 만민이 교역을 통해 이로움을 얻는 곳이다. 시장을 위정의 요체로 꼽는 이유다. 군주는 백성이 기아 등으로 인해 유망流亡할까 초조해할 필요가 없으니, '지덕'을 최대한 활용하면 하나같이 나라를 보존할 수 있다. 시장은 오전, 오후, 저녁에 따라 교역의 당사자가 바뀌는 만큼 관부는 간사한 자가 시장을 교란하며 멋대로 상품을 교환하는 식으로 폭리를 취하지 못하게 단속해야 한다. 그러면 천하를 두루 화목하게 만들 수 있다. 관문關門은 각국의 제후들이 중원으로 들어오는 변경의 도로에 위치한 까닭에 외부의 재화가 들어오는 문호이자, 천하 만인이 오가는 통로로 작용한다. 관문 통행에 관한 법령을 거듭 분명히 밝혀야 하는 이유다. 예컨대 관문에서 세금을 거두면 시장에서 세금을 걷지 않거나, 시장에서 세금을 거두면 관문에서 세금을 걷지 않는 식이다. 또 빈 수레로 들어오면 세금을 걷지 않고, 보부상에게도 세금을 거두지 않아야 한다. 그래야 먼 곳의 상인을 불러들일 수 있다. 제나라의 전국 16개 주요 관문에서 똑같은 법령을 적용한다. 외국의 사자가 근현覲見을 위해 관문을 통과할 때는 그의 명성을 탐문하고, 안색을 살피고, 맡은 일을 관찰하고, 덕행을 조사하고, 외모를 거듭 대조한다. 이같이 해야 겉모습만 충후忠厚하게 꾸민 간사한 자들이 빈틈을 노리지 못하게 된다. 나라가 미혹되지 않는 이유다. 이는 외교 담당 관원의 직무이다. 군주는 변경의 관문을 담당한 소리에게 당부키를, '작은 이익을 탐해 신용을 잃거나, 작은 일에 분노해 인의를 해치는 일이 없어야 한다. 주변국과 화목하게 지내면서 사방에서 오는 빈객을 두터이 대해야 한다. 그래야 외모外貌와 내덕內德이 일치해 매사가 순조롭게 풀린다. 이것이

변경을 안정시키는 계책이다.'라고 한다. 또 법을 집행하는 관원에게는 당부키를, '법도를 집행할 때는 반드시 엄명해야 하고, 상규常規와 상도常道를 잃어서는 안 된다.'고 한다."

제지군制地君의 '제지'를 여상봉은 땅을 획정하는 계책으로 풀이했다. '제지군'은 곧 국토를 통제하는 군주의 뜻이 된다. 야스이는 이 대목의 글이 고본에 나오지 않는다고 했다. 하여장은 앞에 나오는 글과 내용이 다른 만큼 별개의 편篇으로 묶는 게 낫다며 '제지'를 제목으로 간주했다. 곽말약은 '제지군'을 고서古書의 명칭으로 보았다. 이를 좇았다. '군신지례君臣之禮, 부자지친父子之親' 구절을 두고 하여장은 아래에 나오는 구취지지具取之地 구절을 바로 이곳 뒤로 옮겨 복육만인覆育萬人 구절에 연접시켜야 한다고 했다. 해석에서 이를 좇았다.

정시도야正是道也의 '정'을 곽말약은 『서경』에 나오는 홍범구주洪範九疇의 8정政을 인용해 정법正法으로 새겼다. 시장은 위정爲政의 요체에 해당한다는 의미이다. 민황무가民荒無苛의 '황'을 윤동양은 백성 맹氓으로 새겼다. '가'를 곽말약은 급할 극亟의 오자로 보았다. 각주이위各主異位를 두고 허유휼은 풀이키를, "『주례』「사시司市」에 따르면 가장 사람이 많이 모이는 시장인 대시大市는 오후에 연다. 이때는 천하의 모든 사람인 백족百族이 주인이 된다. 조시朝市는 아침에 연다. 이때는 상인들이 서로 사고파는 식으로 상고商賈가 주인이 된다. 석시夕市는 저녁에 연다. 이때는 아침에 물건을 떠다가 저녁에 파는 필부필부인 판부판부販夫販婦가 주인이 된다. 이처럼 상황에 따라 주인이 달라진다. '각주이위'를 언급한 이유다."라고 했다.

'무사참인란보이덕毋使讒人亂普而德, 영구군지친營九軍之親' 구절에 대한 해석이 분분하다. 장패륜은 보普를 거짓 참僭의 옛 글자인 참朁의 잘못으로 보았다. 이에 대해 왕념손은 체替의 뜻을 지닌 백㬜 자와 '보'의 옛 글자인 보㬜가 흡사한 탓에 '보'로 오기됐다고 풀이했다. 정사함은 '9군'을 천하를 뜻하는 9위圍로 새겼다. 여상봉은 왕념손을 좇아 '보'를 체替의 잘못으로 보고, '군'을 정사함을 좇아 9위圍로 새기면서, 덕德을 득得으로 풀이했다. 이를 좇았다.

제후지추수諸侯之陬隧의 '추수'를 윤지장은 구석 내지 변계邊界를 뜻하는 추우지도陬隅之道로 새겼다. 만인지도행萬人之道行의 '도'를 야스이는 반드시 거쳐야 한다는 뜻의 유由로 풀이했다. 도부물입徒負勿入의 '도부'를 윤지장은 작은 짐을 들고 다니는 보부상으로 새겼다. '입'은 세금을 물리는 부세賦稅의 의미이다. 십육도동신十六道同身은 전국 16개 주요 관문에 법령을 똑같이 한다는 뜻이다. 장패륜은 6六을 8八의 잘못으로 보았으나 윤지장은 제나라에 도성인 임치를 중심으로 16개의 간선도로가 나 있었다고 했다. 여상봉도 이를 좇았다. '동신'을 두고 우성오는 『석명釋名』「석천釋天」을 인용해 동신고령同申告令으로 해석했다.

외사근外事謹을 두고 대망은 탈오脫誤가 있는 것으로 보았다. '외사'를 곽말약은 외사外使로 풀이했다. '근'을 여상봉은 엄嚴으로 풀이했고, 곽말약은 만나볼 근覲으로 새겼다. 시기명視其名을 야스이는 연자로 보았으나 그대로 두고 해석하는 게 문맥상 더 낫다. 시기사是其事의 '시'를 유월은 시視로 풀이했다. 무돈어권인無敦於權人을 곽말약은 간인이 시장의 허술한 틈에 올라타지 못하도록 한다는 의미로 해석했다. '돈'을 승乘, '권인'을 간인奸人으로 새긴 결과다. 이곤모덕以困貌德의 '곤'을 곽말약은 거짓이 없고 성실한 곤悃의 의미로 새겼다. 문어변리왈問於邊吏曰의 '문'을 곽말약은 당부할 고告로 풀이했다.

변신상덕후邊信傷德厚를 장패륜은 연문으로 보았다. 이순모덕以順貌德의 '모덕'을 두고 이면은 모貌를 완完과 비슷한 아皃의 잘못으로 보고 온전한 덕으로 새겼다. 그러나 장패륜은 외모와 내덕內德으로 풀이했다. 이를 좇았다. 영수법지관일令守法之官日의 '일'을 왕념손은 왈曰의 잘못이라고 했다.

제25장 모실(謀失) 망실

제26장 계(戒)

'계'는 잘못이 없도록 타일러 주의시킨다는 뜻의 권계勸戒를 의미한다. 이 장에는 관중이 여러 차례에 걸쳐 제환공에게 간한 여러 주의 사항이 수록돼 있다. 백성의 노고를 잊어서는 안 되고, 평소 수양을 게을리해서는 안 된다는 게 골자이다. 관중이 임종을 앞두고 마지막으로 간하는 장면도 실려 있다.

26-1

桓公將東游, 問於管仲曰, "我游猶軸轉斛, 南至琅邪. 司馬曰, '亦先王之游已.' 何謂也?" 管仲對曰, "先王之游也, 春出, 原農事之不本者, 謂之'游'. 秋出, 補人之不足者, 謂之'夕'. 夫師行而糧食其民者, 謂之'亡'. 從樂而不反者, 謂之'荒'. 先王有游夕之業於人, 無荒亡之行於身." 桓公退, 再拜, 命曰, "寶法也."

제환공이 장차 동쪽을 유람할 생각으로 관중에게 물었다.

"내가 이번 출유出遊에서 동쪽으로 가 전부산轉附山에서 바다를 보고 남쪽으로 내려가 낭야琅邪를 구경하려고 하자 사마司馬가 말하기를, '전에 선왕이 유람했던 길과 같습니다.'라고 했소. 이는 무슨 말이오?"

관중이 반대했다.

"선왕이 출유를 봄에 한 것은 백성들의 농사 밑천이 아직 충분치 못한 자를 돕기 위한 것입니다. 순유巡遊로 부른 이유입니다. 가을에 출유하는 것은 백성에게 부족한 것이 있어 도와주어야 하기 때문입니다. 참예參豫로 부른 이유입니다. 군주가 인마人馬를 동원해 앞뒤로 사냥이나 하면서 백성의 곡물을 축내는 것은 망국亡國이라고 합니다. 방종하게 노닐다가 돌아갈 줄 모르는 것을 황정荒政이라고 합니다. 선왕은 백성에게 '순유'와 '참예'의 공덕을 베풀었을지언정 스스로 '망국'이나 '황정'의 행보를 보인 적은 없었습니다."

제환공이 뒤로 물러나 배사拜謝하며 칭송했다.

"실로 귀한 귀감이 됐소!"

아유유축전곡我游猶軸轉斛의 유猶를 왕인지는 욕欲으로 새겼다. 곽말약은 축軸을 거車와 유由가 오합誤合한 것으로 보았다. 이면은 거유車由를 동유東由의 잘못으로 보았다. 『맹자』「양혜왕 하」의 관련 구절에 비춰볼 때 이게 타당할 듯하다. '전곡'을 유적은 전부산轉附山의 잘못으로 보았다. 「양혜왕 하」의 해당대목이다.

"제경공齊景公이 재상 안영晏嬰에게 묻기를, '과인은 전부산轉附山과 조무산朝儛山을 여행하고 바다를 따라 남쪽으로 내려가 낭야瑯邪에까지 가고자 하오. 과인이 어찌 준비해야 가히 옛 선왕들이 행했던 순방과 비슷하게 할 수 있겠소?'라고 했다. 안영이 대답키를, '그 질문이 매우 좋습니다. 천자가 제후의 나라에 가는 것을 순수巡狩라고 합니다. 순수는 제후가 지키는 영토를 순시하는 것을 뜻합니다. 제후가 천자에게 조회 가는 것을 술직述職이라고 합니다. 술직은 맡은 직무를 보고하는 것을 뜻합니다. 이들 모두 일과 관련되지 않는 게 없습니다. 봄에는 경작 상황을 살펴 곤궁한 자를 보충해주고, 가을에는 수확 상황을 살펴 수확이 부족한 자를 도와줍니다. 군주가 순유巡遊하지 않으면 백성이 어찌 쉬고, 군주가 참예參豫하지 않으면 백성이 어찌 도움을 받을 수 있는지 탄식한 하夏나라 속담이 있습니다. 이로써 1번 순유하고 1번 참예하는 일유일예一遊一豫가 제후들의 법도가 되었습니다.'라고 했다."

『안자춘추晏子春秋』에도 유사한 일화가 나온다. 제경공과 안영에 관한 일화가 후대인에 의해 제환공과 관중의 일화로 둔갑해 『관자』에 삽입된 것으로 보인다. 원농사지불본자原農事之不本者의 '원'을 윤지장은 찰察로 새겼다. '본'을 장패륜은 「경중」편의 '경주 정'을 근거로 밑천으로 새겼다. '불본'은 경작 밑천이 넉넉지 못한 자를 뜻한다. 위지석謂之夕의 '석'을 손성연은 『안자춘추』「내편內篇, 간상諫上」에 나오는 구절을 인용해 참여參與와 통하는 참예參豫의 뜻인 예豫의 잘못으로 보았다. 「간상」에 "봄에는 경작 상황을 돌아보며 궁곤한 자를 보조하는 까닭에 순유巡遊라고 부르고, 가을에는 수확 상황을 돌아보며 넉넉히 거두지 못한 자를 도와주는 까닭에 참예參豫라고 부른다."는 구절이 나온다. 손성연은 '예'와 석夕의 발음이 비슷한 까닭에 후대인들이 '석'으로 전사했다는 것이다. 이를 좇았다.

사행이양식기민자師行而糧食其民者의 '사행'은 인마人馬가 출행한다는 뜻이다. 여상봉은 이 구절을 두고 풀이키를, "만일 '사행'이 아무런 성공도 거두지 못한 채 양식만 축낼 경우 이는 반드시 패망하고 만다."고 했다. 종락이불반자從樂而不反者 구절을 두고 사호범은 '종'을 방종할 종縱, '반'을 돌아올 반返으로 새겼다. 위지황謂之荒의 '황'은 과도한 향락을 뜻한다. 유석지업游夕之業에 대해 주석가 가운데 아무도 언급치 않고 있으나 문맥상 「양혜왕 하」에 나오듯이 1번 순유하고 1번 참예하는 일유일예一遊一豫를 지칭한 것으로 보는 게 옳다. 이와 대비되는 것이 뒤에 나오는 황망지행荒亡之行이다.

'환공퇴桓公退, 재배再拜' 구절은 제환공이 2번 절을 하며 공경히 받들어 사례했다는 뜻으로 배사拜謝와 같다. 웃어른이 하사하는 것을 삼가 공손히 받드는 배사拜賜, 웃어른에게 삼가 사양하는 뜻을 표할 때 사용하거나 관원이나 사자가 임지로 떠나기 전 군주를 찾아가 절하는 숙배肅拜와 사직인사를 올리는 사조辭朝를 통칭할 때 사용하는 배사拜辭와 구별해야 한다.

26-2

管仲復於桓公曰, "無翼而飛者, 聲也. 無根而固者, 情也. 無方而富者, 生也. 公亦固情謹聲, 以嚴尊生, 此謂'道之榮'." 桓公退, 再拜, "請若此言." 管仲復於桓公曰, "任之重者莫如身, 塗之畏者莫如口, 期而遠者莫如年. 以重任行畏塗, 至遠期, 唯君子乃能矣." 桓公退, 再拜之曰, "夫子數以此言者敎寡人." 管仲對曰, "滋味動靜, 生之養也. 好惡喜怒哀樂, 生之變也. 聰明當物, 生之德也. 是故聖人齊滋味而時動靜, 御正六氣之變, 禁止聲色之淫, 邪行亡乎體, 違言不存口, 靜然定生, 聖也. 仁從中出, 義從外作. 仁, 故不以天下爲利. 義, 故不以天下爲名. 仁, 故不代王. 義, 故七十而致政. 是故聖人上德而下功, 尊道而賤物. 道德當身, 故不以物惑. 是故身在草茅之中, 而無懾意. 南面聽天下, 而無驕色. 如此而後可以爲天下王. 所以謂德者, 不動而疾, 不相告而知, 不爲而成, 不召而至, 是德也. 故天不動, 四時云下而萬物化. 君不動, 政令陳下而萬功成. 心不動, 使四枝耳目而萬物情. 寡交多親, 謂之'知人'. 寡事成功, 謂之'知用'. 聞一言以貫萬物, 謂之'知道'. 多言而不當, 不如其寡也. 博學而不自反, 必有邪. 孝悌者, 仁之祖也. 忠信者, 交之慶也. 內不考孝悌, 外不正忠信, 澤其4經而誦學者, 是亡其身者也."

관중이 다시 제환공에게 말했다.

"날개도 없이 멀리 날아가는 것은 소리이고, 뿌리도 없이 공고한 것은 정감이고, 지위도 없이 존귀한 것은 심성입니다. 군주도 정감을 공고히 하고, 말을 삼가고, 심성을 엄히 키우면 됩니다. 이를 일컬어 도를 좇는 영광인 순도지영順道之榮이라고 합니다."

제환공이 물러나 다시 배사하며 말했다.

"그대의 말을 좇도록 하겠소."

관중이 다시 말했다.

"짐이 무거운 것으로 몸 위에 얹는 것보다 더한 게 없고, 길을 가는데 험한 것으로 입에서 나온 말보다 더한 게 없고, 기간이 긴 것으로 연대年代보다 더한 게 없습니다. 무거운 짐을 지고, 험한 길을 가고, 오랫동안 견지하는 것은 오직 군자만이 할 수 있습니다."

제환공이 물러나 다시 배사했다.

"그대는 자주 이런 말로 과인을 깨우쳐 주시오."

관중이 말했다.

"음식을 먹거나, 일하며 쉬는 것은 심성의 육성입니다. 호好, 오惡, 희喜, 노怒, 애哀, 락樂은 심성의 변화입니다. 이치를 밝히며 예를 좇는 것은 심성의 덕행입니다. 성인이 먹는 음식을 절제하고, 때맞춰 휴식하고, 호오와 희로애락의 6기氣 변화를 통제하고, 성색聲色의 음탕함에 빠지지 않도록 스스로를 단속하고, 사악한 행위가 빚어지지 않도록 조심하고, 어그러진 말이 입에서 나오지 않도록 삼가고, 고요한 마음으로 심성의 안정을 꾀한 이유입니다. 이것이 성인이 되는 길입니다. 인仁은 마음속에서 나오고, 의義는 밖에서 만들어집니다. '인'은 천하를 대상으로 이익을 다투는 쟁리爭利를 하지 않고, '의'는 천하를 대상으로 명성을 다투는 쟁명爭名을 하지 않습니다. 또 '인'은 도로써 군주를 보필할 뿐 스스로 칭왕稱王하지 않고, '의'는 나이 70세 때 일선에서 물러나는 치사致仕를 행합니다. 성인이 덕을 높이면서 공을 아래에 두는 상덕하공上德下功을 행하고, 도를 존중하면서 물질은 천시한 존도천물尊道賤物을 행한 이유입니다. 성인은 도덕을 몸에 간직하고 있기에 외물外物의 유혹에 빠지지 않습니다. 몸은 비록 초야에 묻혀 있을지라도 두려운 게 없고, 군주가 되어 남면南面하며 천하를 다스릴지라도 교만한 기색이 없습니다. 이같이 해야 천하를 호령하는 왕이 될 수 있습니다. 덕행이 있다고 불리는 것은 스스로 서둘지 않아도 백성들이 맡은 바 일에 힘쓰고, 말하지 않아도 백성들이 알아서 일처리를 잘하고, 행하지 않아도 백성이 일을 성사시키고, 부르지 않아도 백성이 절로 모이기 때문입니다. 이것이 바로 덕의 힘입니다. 이를 좇으면 하늘이 움직이지 않아도 사계절이 운행하며 만물이 절로 화육하고, 군주가 움직이지 않아도 정령이 시행되며 온갖 공업이 이뤄지고, 심성이 움직이지 않아도 사지와 이목이 작동해 만물의 실정을 알게 됩니다. 교유는 적게 하면서 많은 사람과 친한 것을 두고 사람을 아는 지인知人이라고 합니다. 일은 적게 벌이면서 많은 성공을 거두는 것을 두고 쓰임새를 아는 지용知用이라고 합니다. 한마디 말만 듣고도 사물의 이치를 꿰는 것을 두고 도를 아는 지도知道라고 합니다. 다언多言으로 타당성이 없으면 말을 적게 하느니만 못하고, 박학博學으로 자성할 줄 모르면 반드시 심성이 사벽邪僻으로 기울어집니다. 효제孝悌는 인애의 근원이고, 충신忠信은 교유의 배경이 됩니다. 안으로 효제를 돌아보지 않고, 밖으로 충신을 바로 하지 않고, 효제충신의 4경經을 저버린 채 학문을 논하면 반드시 그 몸을 망치고 맙니다."

무방이부자無方而富者를 곽말약은 무립이귀자생야無立而貴者로 바꿔야 한다고 했다. 립立은 위位의 옛 글자로 전사과정에서 오사됐다는 것이다. 그는 또 생야生也의 '생'을 심성을 뜻하는 성性으로 새겼다. 청약차언請若此言의 '약'을 윤지장은 순順으로 해석했다. 기이원자期而遠者의 '이'를 왕념손은 원래 지之였다고 했다. 군자내능의君子乃能矣의 '내능의'를 손성연은 『치평요람』의 인용구절을 근거로 위능급의爲能及矣의 잘못으로 보았다. 부자삭이차언자夫子數以此言者의 '삭'을 윤동양은 빠를 속速의 뜻으로 풀이하며 '삭'으로 읽었다. 잦다는 의미로 사용될 때 역시 '삭'으로 읽는다. 자미동정滋味動靜은 음식을 먹거나, 일하며 쉬는 것을 뜻한다. 여상봉은 기공氣功 등의 조식調息을 행하는 양생養生으로 풀이했다.

총명당물聰明當物의 '당물'을 윤지장은 예가 아니면 시청視聽하지 않는 것으로 해석했다. 어정육기지변御正六氣之變의 '6기'를 여상봉은 호好, 오惡, 희喜, 노怒, 애哀, 락樂의 감정으로 풀이했다. 인종중출仁從中出의 '중출'을 윤지장은 '인'이 심성에서 나온다는 의미라고 했다. 의종외작義從外作의 '외작'

을 윤지장은 '의'가 일을 결단하는데서 비롯된다는 취지라고 했다. 칠십이치정七十而致政의 '치정'은 관원이 사직하고 귀가한다는 뜻이다. 치사致仕 내지 치사致事 및 휴치休致 등과 같은 말이다. 불상고이지不相告而知의 '상'을 왕념손은 연자라고 했다.

사시운하四時云下의 '운'을 왕인지는 운運으로 새겼다. '하'를 곽말약은 재哉의 뜻을 지닌 재才의 오자라고 했다. 사사지이목使四枝耳目의 지枝가 송본 이외의 여타 판본에는 지肢로 되어 있다. 이 구절을 도홍경은 사지이목사四肢耳目使의 잘못으로 보았다. 교지경交之慶의 '경'을 이카이는 근거를 뜻하는 탁度의 잘못으로 보았다. 곽말약은 '탁'을 의탁할 탁托의 의미로 풀이했다. 택기사경澤其四經의 '택'을 왕념손은 사舍로 새겼다. 사舍, 석釋, 택澤 모두 고대에는 같은 음으로 사용됐다는 것이다. '4경'은 효孝, 제悌, 충忠, 신信 등의 4개의 벼리를 지칭한다.

26-3

桓公明日弋在廩, 管仲·隰朋朝. 公望二子, 弛弓脫釬而迎之, 曰, "今夫鴻鵠, 春北而秋南, 而不失其時, 夫唯有羽翼以通其意於天下乎? 今孤之不得意於天下, 非皆二子之憂也?" 桓公再言, 二子不對. 桓公曰, "孤既言矣, 二子何不對乎?" 管仲對曰, "今夫人患勞, 而上使不時. 人患飢, 而上重斂焉. 人患死, 而上急刑焉. 如此而又近有色而遠有德, 雖鴻鵠之有翼, 濟大水之有舟楫也, 其將若君何?" 桓公蹴然逡遁. 管仲曰, "昔先王之理人也, 蓋人有患勞, 而上使之以時, 則人不患勞也. 人患飢, 而上薄斂焉, 則人不患飢矣. 人患死, 而上寬刑焉, 則人不患死矣. 如此而近有德而遠有色, 則四封之內視君其猶父母邪. 四方之外歸君其猶流水乎?" 公輟射, 援綏而乘, 自御, 管仲爲左, 隰朋參乘. 朔月三日, 進二子於里官, 再拜頓首, 曰, "孤之聞二子之言也, 耳加聰而視加明, 於孤不敢獨聽之, 薦之先祖." 管仲·隰朋再拜頓首, 曰, "如君之王也, 此非臣之言也, 君之教也." 於是管仲與桓公盟誓爲令, 曰, "老弱勿刑, 參宥而後弊.

關幾而不正, 市正而不布. 山林梁澤以時禁發, 而不正也." 草封澤鹽者之歸之也, 譬若市人. 三年教人, 四年選賢以爲長, 五年始興車踐乘. 遂南伐楚, 門傅施城. 北伐山戎, 出冬蔥與戎叔. 布之天下, 果三匡天子而九合諸侯.

이튿날 제환공이 곡식창고 부근에서 주살로 새를 잡고 있을 때 관중과 습붕이 조현朝見하러 왔다. 제환공이 두 사람을 보고는 활을 풀고 어깨 갑옷을 벗어 놓은 뒤 반가이 맞이하며 물었다.

"지금 저 홍혹鴻鵠은 봄이면 북쪽으로 왔다가 가을이면 남쪽으로 내려가오. 시령時令을 잃지 않는 것이 곧 두 날개에 의지해 천하에 그 뜻을 펴는 게 아니겠소? 지금 내가 천하에 뜻을 펴지 못하는 것은 과인의 두 날개 역할을 하는 두 분의 걱정이 아니겠소?"

제환공이 거듭 얘기했으나 두 사람이 대답치 않았다. 제환공이 관중에게 물었다.

"내가 벌써 말했는데도 어찌하여 대답치 않는 것이오?"

관중이 대답했다.

"지금 백성은 노고勞苦를 걱정하는데 군주는 수시로 동원하고, 백성은 기아飢餓를 걱정하는데 군주는 부세를 무겁게 하고, 백성은 형사刑死를 걱정하는데 군주는 형벌을 각박하게 합니다. 게다가 군주는 여색을 가까이 하며 덕행을 멀리하고 있습니다. 설령 홍혹의 두 날개와 큰 강을 건너는 배와 노가 있은들 군주에게 무엇을 어찌 해드릴 수가 있겠습니까?"

제환공이 삼가는 듯 축연蹴然히 들으면서 머리를 숙이고 좌우를 오갔다. 관중이 말했다.

"옛날 선왕은 천하를 다스릴 때 백성이 노고를 걱정하면 때 맞춰 부려 백성이 노고를 걱정하지 않았고, 기아를 걱정하면 세금을 가볍게 해 백성이 기아를 걱정하지 않았고, 형사를 두려워하면 형벌을 관대하게 해 백성이 형사를 두려워하지 않았습니다. 군주가 이같이 하면서 덕행을 가까이하고

색을 멀리 하면 백성이 군주를 마치 부모를 대하듯 하고, 주변의 백성들은 마치 물이 바다로 들어가듯 군주에게 귀의할 것입니다."

제환공이 곧바로 사냥을 그친 뒤 수레의 고삐를 직접 잡고는 수레를 직접 몰았다. 관중을 왼쪽에 앉혀 존경의 뜻을 표하고, 습붕도 오른쪽에 태웠다. 이어 3일 동안 재계한 뒤 두 사람을 사당으로 불러 재배돈수再拜頓首하며 말했다.

"내가 두 분의 말을 듣고는 귀가 더 또렷해지고, 눈이 더 밝아졌소. 감히 홀로 들을 수 없어 두 분을 선조에게 천거한 것이오."

관중과 습붕이 재배돈수하며 말했다.

"군주처럼 하면 장차 틀림없이 왕업을 이룰 수 있을 것입니다. 이는 군신들의 말이 아니라 군주의 교도敎導로 공포돼야 합니다."

관중이 제환공과 함께 맹서한 뒤 이같이 하명했다.

"노약자는 형벌을 면제한다. 범죄자는 3번 용서한 뒤 그 죄를 다스린다. 관문에서는 조사만 하고 과세하지 않는다. 시장에서는 기록만 하고 과세하지 않는다. 산림과 소택沼澤에서는 때맞춰 봉금하거나 개방하고 과세하지 않는다."

얼마 뒤 황무지를 개간한 뒤 경계를 둘러치고 바닷물을 졸여 소금을 만드는 자들이 대거 귀의하는 모습이 마치 시장에 모여드는 것과 같았다. 제환공은 3년 동안 백성을 교화한 뒤 4년째 되는 해에 현자를 발탁해 관장官長으로 삼고, 5년째 되는 해에 비로소 출정 채비를 했다. 이에 남쪽으로 초나라를 치고 초나라의 방성方城 부근까지 이르렀다. 또 북쪽으로 산융을 치고 그곳의 특산품인 동총冬蔥과 대두大豆를 갖고 와 천하에 보급했다. 3번이나 천자를 보좌하고, 9번이나 제후들과 회맹한 배경이다.

이궁탈한弛弓脫釬의 '한'을 손성연은 『설문해자』를 좇아 어깨를 보호하는 갑옷인 비개臂鎧로 풀이했다. 부실기시不失其時의 '시'는 계절을 뜻하는 시령時令을 지칭한다. 축연준둔蹴然逡遁의 '축연'은 공경하는 모습을 형용한 말이다. '준둔'은 느릿하게 배회하는 것을 뜻한다. 원수이승援綏而乘의 '수'는 끈처럼 늘어뜨린 수레 손잡이를 말한다. 습붕참승隰朋參乘의 '참승'은 함께 탑승하는 배승陪乘을 의미한다. 『한서』의 안사고 주에 따르면 고대에는 수레를 탈 때 존자尊者는 왼쪽, 어자御者는 가운데, 호위병인 융우戎右는 오른쪽에 자리를 잡았다. 삭월3일朔月三日의 '삭월'은 이카이는 재齋의 잘못이라고 했다. 진이자어이궁進二子於里官의 '이궁'은 조상의 사당을 뜻하는 말로 곧 종묘를 지칭한다. 재배돈수再拜頓首는 2번 절하고 머리를 조아리는 것을 말한다.

관기이부정關幾而不正을 두고 곽말약은 「내언」편 '패형'의 구절을 근거로 '정'을 정征으로 새겼다. 또 시정이불포市正而不布의 '정'을 서書의 오자로 보고, '포'를 부賦의 가차로 파악했다. 초봉택염草封澤鹽의 '초'를 장패륜은 『상군서』에 나오는 간초墾草로 풀이했다. 황무지 개간을 뜻한다. '봉'은 『국어』「오어」의 위소 주를 인용해 옹壅으로 새겼다. '택염'을 두고 여상봉은 『본초도경本草圖經』을 인용해 바닷물을 이용해 소금을 만드는 것으로 풀이했다. '택'은 해변의 물이 낮은 지역을 말한다. 문부시성門傳施城의 '문'을 정사함은 연자로 보았다. '시성'을 홍이훤은 초나라 변경에 있는 방성方城의 잘못이라고 했다.

동총여융숙冬蔥與戎叔을 두고 윤지장은 풀이키를, "산융에는 동총과 융숙이 있다. 지금 토벌하여 그것을 천하에 퍼뜨렸다는 뜻이다. '융숙'은 호두胡豆를 말한다."고 했다. 동총은 겨울에도 얼지 않는 파를 말한다. 총蔥은 총葱 내지 총葱과 통한다. '융숙'의 숙叔은 숙菽과 같다. 윤지장이 말한 '호두'는 팥을 뜻하는 소두小豆와 대비되는 대두大豆 즉 지금의 콩을 말한다. 삼광천자三匡天子를 곽말약은 천자를 3번 보필한 삼보천자三輔天子로 해석했다.

26-4

桓公外舍而不鼎饋, 仲婦諸子謂'宮人', "盍不出從乎? 君將有行." 宮人皆出從. 公怒曰, "孰謂我有行者?" 宮人曰, "賤妾聞之仲婦諸子." 公召仲婦諸子曰, "女焉聞吾有行也?" 對曰, "妾人聞之, 君外舍而不鼎饋, 非有內憂, 必有外患. 今君外舍而不鼎饋, 君非有內憂也, 妾是以知君之將有行也." 公曰, "善. 此非吾所與女及也, 而言乃至焉, 吾是以語女. 吾欲致諸侯而不至, 爲之奈何?" 仲婦諸子曰, "自妾之身之不爲人持接也, 未嘗得人之布織也, 意者更容不審邪?" 明日, 管仲朝, 公告之. 管仲曰, "此聖人之言也, 君必行也."

제환공이 제사를 올리기 위해 침궁寢宮 밖에서 유숙留宿코자 했다. 이때는 세발솥을 벌려 놓고 차리는 성찬盛饌을 먹지 않는다. 궁인宮人으로 불리는 궁중의 내관內官인 중침제자仲寢諸子가 궁녀들에게 말했다.

"어찌하여 속히 가서 모시지 않는 것인가? 군주가 곧 출행出行에 나설 모양이다."

궁녀들이 분분히 가서 제환공을 모셨다. 제환공이 화를 냈다.

"내가 출행할 것이라고 누가 말했는가?"

궁녀들이 말했다.

"저희들은 '중침제자'로부터 들었습니다."

제환공이 '중침제자'를 불러 물었다.

"그대는 내가 출행하리라는 것을 어디서 들었는가?"

'중침제자'가 대답했다.

"제가 듣건대, '군주가 침궁 밖에서 유숙하면서 세발솥의 성찬을 먹지 않을 경우 내우內憂가 없으면 반드시 외환外患이 있다.'고 했습니다. 지금 군주는 침궁 밖에 머물면서 성찬을 먹지 않고 있습니다. 하직 내우가 없는 만큼 저는 군주가 장차 외환을 해소하기 위한 출행에 나서리라는 것을 대략 짐작할 수 있었습니다."

제환공이 말했다.

"좋다. 이는 그대와 더불어 따질 사안이 아니다. 말이 나온 김에 내가 그대에게 하나 물어보겠다. 내가 열국의 제후들을 초청코자 하는데 만일 이들이 오지 않으면 어찌 하는 게 좋겠는가?"

'중침제자'가 대답했다.

"저는 다른 분을 섬기지 않는 까닭에 그들이 보낸 포백布帛을 받아본 적이 없습니다. 이로써 미뤄보면 그 답이 명백하지 않겠습니까?"

이튿날 관중이 조회에 참석하자 제환공이 이를 알렸다. 관중이 말했다.

"이는 성인의 말입니다. 군주는 반드시 그 말을 좇아 행하도록 하십시오."

외사이부정궤外舍而不鼎饋의 '외사'가 「단어」편 '치미'에는 사어조舍於朝로 나온다. 이카이는 외外를 침寢과 대비되는 말로 간주했고, 윤지장은 궁 밖에서 자는 것으로 풀이했다. 부정궤不鼎饋의 '정궤'는 세발솥을 늘어놓고 먹는 성찬盛饌을 뜻한다. 중부제자仲婦諸子는 군주의 시중을 드는 궁중의 내관內官을 지칭한다. 「단어」의 '치미'에는 중침제자仲寢諸子로 나온다. 여상봉은 「내언」의 '소광'에 나오는 제환공의 사촌자매인 고자姑姊로 풀이했다. 첩인문지妾人聞之의 '첩인'을 장문호張文虎는 첩신妾身으로 새겼다. 야스이는 '인'을 구久의 잘못이라고 했다. 여상봉은 '첩'을 『백호통』「가취嫁娶」를 인용해 접견할 접接의 의미로 새겼다. 장문호의 해석이 간명하다.

소여여급所與女及의 '여'는 2인칭 여汝의 생략형이다. '자첩지신불위인지접야自妾之身之不爲人持接也, 미상득인지포직야未嘗得人之布織也' 구절을 두고 유적劉績은 풀이키를, "이는 다른 사람을 섬기지 않은 까닭에 다른 사람이 보낸 직물로 옷을 만들어 입은 적이 없다는 뜻이다. 군주가 소국의 제후들에게 먼저 예를 베풀지 않으면 제후들이 오지 않는다는 취지이다."라고 했다. 여상봉과 사호범이 이를 좇았다. 의자갱용불심야意者更容不審邪의 '의자'는 추론한다는 의미이다. '갱용'을 여상봉은 『국어』「진어」의 주 등을 인용해 계속하여 예를 베푼다는 뜻의 갱속賡續, '심'을 자세히 살필 제諟로 새겼다.

26-5

管仲寢疾, 桓公往問之, 曰, "仲父之疾甚矣, 若不可諱也, 不幸而不起此疾, 彼政我將安移之?" 管仲未對. 桓公曰, "鮑叔之爲人何如?" 管仲對曰, "鮑叔, 君子也. 千乘之國, 不以其道予之, 不受也. 雖然, 不可以爲政. 其爲人也, 好善而惡惡已甚, 見一惡終身不忘." 桓公曰, "然則孰可?" 管仲對曰, "隰朋可. 朋之爲人, 好上識而下問. 臣聞之, '以德予人者, 謂之仁. 以財予人者, 謂之良.' 以善勝人者, 未有能服人者也. 以善養人者, 未有不服人者也. 於國有所不知政, 於家有所不知事, 必則朋乎? 且朋之爲人也, 居其家不忘公門, 居公門不忘其家, 事君不二其心, 亦不忘其身. 擧齊國之幣, 握路家五十室, 其人不知也. 大仁也哉, 其朋乎!" 公又問曰, "不幸而失仲父也, 二三大夫者, 其猶能以國寧乎?" 管仲對曰, "君請矍已乎! 鮑叔牙之爲人也, 好直. 賓胥無之爲人也, 好善. 寗戚之爲人也, 能事. 孫在之爲人也, 善言." 公曰, "此四子者, 其孰能一人之上也. 寡人幷而臣之, 則其不以國寧, 何也?" 對曰, "鮑叔之爲人, 好直而不能以國詘. 賓胥無之爲人也, 好善而不能以國詘. 寗戚之爲人, 能事而不能以足息. 孫在之爲人, 善言而不能以信默. 臣聞之, 消息盈虛, 與百姓詘信, 然後能以國寧. 勿已者, 朋其可乎? 朋之爲人也, 動必量力, 擧必量技." 言終, 喟然而歎曰, "天之生朋, 以爲夷吾舌也. 其身死, 舌焉得生哉!" 管仲曰, "夫江·黃之國近於楚, 爲臣死乎, 君必歸之楚而寄之. 君不歸楚, 必私之, 私之而不救也則不可. 救之則亂自此始矣." 桓公曰, "諾." 管仲又言曰, "東郭有狗嘊嘊, 旦暮欲齧, 我猳而不使也. 今夫易牙, 子之不能愛, 將安能愛君? 君必去之." 公曰, "諾." 管子又言曰, "北郭有狗嘊嘊, 旦暮欲齧, 我猳而不使也. 今夫豎刁, 其身之不愛, 焉能愛君? 君必去之." 公曰, "諾." 管子又言曰, "西郭有狗嘊嘊, 旦暮欲齧, 我猳而不使也, 今夫衛公子開方, 去其千乘之太子而臣事君, 是所願也得於君者, 是將欲過其千乘也. 君必去之." 桓公曰, "諾." 管子遂卒. 卒十月, 隰朋亦卒.

관중이 병이 나 자리에 눕자 제환공이 병문안을 하며 물었다.

"중보의 병이 이처럼 중하니 꺼리거나 숨기는 말이 있으면 안 되오. 불행히도 중보의 병이 호전되지 않으면 장차 누구에게 정치를 맡겨야만 하오?"

관중이 대답하지 않자 제환공이 관중에게 물었다.

"포숙아는 위인이 어떻소?"

관중이 대답했다.

"포숙아는 군자입니다. 천승千乘의 나라일지라도 원칙에 어긋나면 그 어떤 관직도 받아들이지 않을 것입니다. 집정執政의 자리를 맡을 수 없는 이유입니다. 그는 위인이 선을 좋아하고 악을 미워하는 호선오악好善惡惡이 심한 까닭에 1가지 악행을 보면 죽을 때까지 잊지 않습니다."

제환공이 물었다.

"그렇다면 누가 가하오?"

관중이 대답했다.

"습붕이 가합니다. 그는 위인이 두루 많이 알고 기억력이 좋은데도 아랫사람에게 묻기를 좋아합니다. 신이 듣건대, '남에게 덕을 베푸는 자는 인인仁人, 남에게 재물을 베푸는 자는 양인良人이다.'라고 했습니다. 선행으로 남을 앞서고자 하는 자는 남을 심복心服시킬 수 없고, 선행으로 남을 감화시키는 자는 심복시키지 못하는 경우가 없습니다. 치국治國에는 다루기 힘든 정무가 있고, 치가治家에는 묻지 못할 사안이 있기 마련입니다. 오직 습붕만이 이런 일을 해낼 수 있습니다. 습붕은 위인이 집에 있을 때도 공사公事를 잊지 않고, 공사를 행할 때도 가사家事를 잊지 않습니다. 군주를 섬기면서 두 마음을 품지 않고, 자신을 잊지도 않습니다. 그는 일찍이 제나라의 돈으로 빈민 50호를 구한 적이 있는데 구제 받은 자들 모두 도운 사람이 누구인지 몰랐습니다. 대인大人을 행할 만하구나, 습붕이여!"

제환공이 또 물었다.

"불행히도 중보를 잃는다면 여러 대부들 가운데 누가 나라를 평안하게 만들 수 있소?"

관중이 대답했다.

"청컨대 군주 스스로 헤아려 보십시오. 포숙아는 위인이 강직하고, 빈서무는 위인이 선량하고, 영척은 위인이 다재다능하고, 조손숙曹孫宿은 위인이 달변입니다."

제환공이 물었다.

"이들 4인의 대부는 재예才藝가 출중하오. 과인이 이들 4인을 모두 중용하면 나라가 평안치 않다고 하는 얘기가 있는데 이는 무슨 까닭이오?"

관중이 대답했다.

"포숙아는 위인이 강직한 까닭에 때론 굴욕을 참아야 하는데 그러지 못하고, 빈서무 또한 위인이 선량한 까닭에 굴욕을 참지 못하고, 영척은 위인이 다재다능한 까닭에 만족할 줄 모르고, 조손숙은 위인이 달변인 까닭에 침묵할 줄 모릅니다. 신이 듣건대, '천지만물의 소장영허消長盈虛 이치를 좇아 백성과 더불어 굴신屈伸할 줄 알아야 나라가 평안하다.'고 했습니다. 그 지혜가 무궁하니, 오직 습붕만이 그럴 수 있습니다. 습붕은 위인이 움직일 때는 반드시 그 역량을 헤아려 보고, 일할 때는 반드시 그 기량을 헤아리는 자입니다."

관중이 말을 끝낸 뒤 장탄식을 하며 말했다.

"하늘이 습붕을 낳은 뒤 나의 후설喉舌로 삼았는데, 내가 죽으면 어찌 후설 홀로 살 수 있겠는가!"

관중이 말했다.

"강江나라와 황黃나라는 초나라와 가깝습니다. 신이 죽으면 군주는 반드시 두 나라를 초나라에게 돌려주어 초나라가 관할케 하십시오. 돌려주지 않으면 초나라가 반드시 병탄할 것입니다. 병탄을 구하지 않으면 옳지 않고, 구하면 화란이 여기서 시작할 것입니다."

"잘 알겠소."

관중이 말했다.

"성의 동쪽에 개 한 마리가 종일토록 이빨을 드러낸 채 사람을 물려고 합니다. 제가 개의 목에 칼을 씌워 사람을 물지 못하게 했습니다. 지금 자식을 삶아 바친 역아易牙는 자식도 제대로 사랑하지 못했는데 어찌 군주를 사랑할 리 있겠습니까? 군주는 그를 반드시 내치도록 하십시오."

"잘 알겠소."

관중이 말했다.

"성의 북쪽에 개 한 마리가 종일토록 이빨을 드러낸 채 사람을 물려고 합니다. 제가 개의 목에 칼을 씌워 사람을 물지 못하게 했습니다. 지금 스스로 환관이 된 수조豎刁는 제 몸조차 아끼지 않는데 어찌 군주를 사랑할 리 있겠습니까? 군주는 그를 반드시 내치도록 하십시오."

"잘 알겠소."

관중이 말했다.

"성의 서쪽에 개 한 마리가 종일토록 이빨을 드러낸 채 사람을 물려고 합니다. 제가 개의 목에 칼을 씌워 사람을 물지 못하게 했습니다. 지금 제나라로 망명한 위나라 공자 개방開方은 천승의 나라 태자 자리를 마다하고 군주를 섬기고 있습니다. 그의 소원은 보위를 차지하는 것입니다. 실로 천승의 나라를 뛰어넘으려는 속셈입니다. 군주는 그를 반드시 내치도록 하십시오."

"잘 알겠소."

관중이 드디어 숨을 거두었다. 그의 사후 10달 만에 습붕도 죽었다.

호선이오악이심好善而惡惡已甚의 이已를 윤지장은 태太로 새겼다. 호상지이하문好上識而下問의 호好를 이카이는 야也의 잘못이라고 했다. 상지上識는 기억력이 좋은 강기强記의 뜻이다. '상지이하문'이 『여씨춘추』「맹춘기孟春紀, 귀공貴公」에는 상지이하구上志而下求로 나온다. 악로가오십실握路家五十室의 '악'을 송상봉은 마음씀씀이가 두터운 우악優渥할 악渥으로 새겼다. '로'를 왕인지는 드러낼 로露로 읽었다. 노가露家는 곧 빈궁한 집을 지칭한다. 군청확이호君請矍已乎의 '확'을 유월은 획獲의 오자로 보았다. 곽말약은 헤아릴 약蒦과 같은 글자라고 했다. '확이'를 장패륜은 『한비자』「십과」의 해당 구절을 근거로 심결지心決之의 의미로 새겼다. 손재지위인孫在之爲人의 '손재'를 유사배는 「내언」의 '소광'에 나오는 조손숙曹孫宿으로 새겼다. 조손숙의 숙宿이 재在로 오사된데 이어 조曹가 탈락한 것으로 파악한 것이다. 이를 좇았다. 기숙능일인지상其孰能一人之上의 '숙'을 곽말약은 심을 예藝와 통하는 예埶의 오자로 보았다.

불능이국굴不能以國詘의 '국'을 곽말약은 혹或의 잘못으로 보았다. '굴'은 굴屈과 같다. 불능이족식不能以足息의 '족'을 손촉승은 지止로 새겼다. 소식영허消息盈虛의 '소식'은 소장消長과 같다. 위신사호爲臣死乎의 '위'를 왕념손은 여如의 의미로 새겼다. 동곽유구애애東郭有狗嘊嘊의 '동곽유구'는 자식을 삶아 제환공에게 바친 역아易牙를 개에 비유한 것이다. 역아는 옹무雍巫로도 불린다. 옹雍은 옹饔과 통하는 것으로 '옹인'은 궁중 요리사를 뜻한다. 무巫는 이름이다. '애애'는 개가 짖을 때 내는 '왈왈'의 의성어이다. 단모욕설旦暮欲齧의 '설'은 물어뜯는다는 뜻으로 교咬와 같다. 아가이불사我猳而不使의 '가'를 왕인지는 목에 씌우는 형틀인 칼의 의미인 가枷의 오자로 보았다. 소원야所願也의 '야'를 홍이훤은 연자로 파악했다. 시장욕과기천승是將欲過其千乘의 '시'를 도홍경은 실實로 새겼다.

26-6

桓公去易牙·豎刁·衛公子開方. 五味不至, 於是乎復反易牙. 宮中亂, 復反豎刁. 利言卑辭不在側, 復反衛公子開方. 桓公內不量力, 外不量交, 而力伐四隣. 公薨, 六者皆求立. 易牙與衛公子, 內與豎刁, 因共殺羣吏而立公子無虧. 故公死七日不斂, 九月不葬. 孝公犇宋, 宋襄公率諸侯以伐齊, 戰于甗, 大敗齊師, 殺公子無虧, 立孝公而還. 襄公立十三年, 桓公立四十二年.

관중 사후 제환공은 곧바로 역아와 수조, 공자 개방을 내보냈다. 그러나 이내 음식이 맞지 않자 역아를 다시 불러들이고, 내궁이 혼란스러워지자 수조를 다시 불러들이고, 아첨하는 달콤한 말이 귓가에 들리지 않자 공자 개방을 다시 불러들였다. 제환공은 안으로 국력을 헤아리지 않고, 밖으로 외교문제를 고려하지 않은 채 힘을 다해 주변국을 쳤다. 제환공이 죽자 6명의 자식 모두 서로 보위에 오르기 위해 다퉜다. 역아와 수조 및 공자 개방이 이를 틈타 백관을 죽이고 공자 무휴無虧를 옹립했다. 이로 인해 제환공이 죽은 지 67일이 지나도록 염습殮襲도 못하고, 9달이 지나도록 장례를 치르지 못했다. 훗날 제효공齊孝公으로 즉위한 공자 소昭가 송나라로 달아나자 송양공宋襄公이 제후들과 함께 언甗 땅에서 무휴의 군사를 격파했다. 공자 무휴를 죽이고 공자 소를 제효공으로 옹립한 뒤 철군했다. 제양공은 13년, 제환공은 42년 동안 재위했다.

공사칠일불렴公死七日不斂의 '7일'을 도홍경은 67일의 잘못으로 보았다. 『사기』「제세가」에도 '67일'로 나온다. '렴'은 시신에 옷을 입혀 입관하는 것으로 빈殯과 같다. 통상 빈殯은 시신에 옷을 입혀 입관하는 것을 말하나 시신을 매장키 위해 영구를 장지에 가까운 곳으로 운구하는 출관出棺을 의미키도 한다. 상례의 예식에 따르면 시신을 입관할 때 먼저 '염'을 했다. 염에는 크게 소렴小斂과 대렴大斂이 있다. 소렴은 시신에 옷을 입힌 뒤 이불로 감싸는 의식을 말한다. 이때 신분이 귀할수록 더욱 많은 옷과 이불을 소비했다. 소렴을 행할 때 먼저 죽은 사람의 입에 반함飯含 의식을 거행했다. '반함'의 반飯은 죽은 자의 입 속에 쌀을 넣는 것을 말하고, 함含은 입 속에 옥을 넣는 것을 말한다. 함琀으로도 표기한 이유다. 제후들이 사용하는 옥은 대벽大璧이라고 했다. 보물처럼 다뤄진 까닭에 '대벽'은 늘 도굴 대상이 됐다. 소렴 절차가 끝나면 곧바로 시신을 관에 넣는 대렴 의식을 행했다. 대렴이 끝나면 영구를 장지와 가까운 빈소로 운구하는 의식을 거행했다. 이를 빈殯이라고 했다. '빈'이 끝나면 빈소에서 조문객을 맞았다. 조문객이 문상問喪할 수 있는 기간은 신분에 따라 달랐다. 진문공의 경우는 대략 4달이 걸렸다. 당시의 관행에 부합하는 것이다. 통상 장례기간은 천자는 7달, 제후는 5달, 대부는 3달이 소요됐다. 문상이 끝나면 영구를 장지로 이송하는 장송葬送의 절차에 들어갔다. 이를 출빈出殯이라고 했다.

구월부장九月不葬은 9달 동안 장례를 치르지 못했다는 뜻이다. 이하의 구절은 『춘추좌전』「노희공 17년」조에 나오는 당시의 상황을 요약해 놓은 것이다. 『춘추좌전』에 따르면 제환공은 왕실의 여인인 공희共姬를 비롯해 영씨嬴氏의 나라인 서徐나라 출신 서영徐嬴, 채나라 출신 채희蔡姬 등 3명의 부인을 두었다. 공교롭게도 이들 모두 아들을 낳지 못했다. 그가 여색을 밝힌 까닭에 당시 궁중에는 이들 이외에도 총애받는 후궁인 내총內寵이 매우 많았다. 그중에는 부인과 같은 대우를 받은 여인이 6명이나 있었다. 장위희長衛姬는 보위에 올랐다가 이내 피살된 공자 무휴無虧, 소위희少衛姬는 제혜공齊惠公으로 즉위한 공자 원元, 정희鄭姬는 제효공齊孝公인 공자 소昭, 갈영葛嬴은 제소공齊昭公인 공자 반潘, 밀희密姬는 제의공齊懿公인 공자 상인商人, 송나라 권신 화씨華氏의 딸은 공자 옹雍을 낳았다. 제환공과 관중은 죽기 직전 제효공을 송양공에게 부탁하여 태자로 삼았다. 당시 역아는 장위희의 총애를 받았다. 그는 환관 수초豎貂의 주선으로 제환공의 총애도 입게 됐다. 제환공이 장위희의 소생인 공자 무휴를 후계자로 삼을 것을 허락한 이유다. 이게 보위를 둘러싼 유혈전의 빌미가 됐다. 관중이 세상을 떠나자 5명의 공자 모두 후사가 되기 위해 추종세력과 함께 모의했다. 이해 겨울 10월 7일, 제환공이 관중의 뒤를 이어 세상을 떠났다. 그러자 역아가 궁중으로 들어가 수초와 함께 장위희의 지원에 힘입어 반대파 대부들을 죽이고 공자 무휴를 군주로 세웠다. 훗날 제효공으로 즉위한 공자 소가 송나라로 달아난 이유다. 제환공이 죽은 지 2달이 지난 12월 8일, 제나라가 비로소 제환공의 죽음을 제후들에게 알렸다. 12월 14일 밤에야 뒤늦게 제환공을 빈殯할 수 있었다.

제4편 「단어短語」

제27장 지도(地圖)

'지도'는 행군과 작전 상황의 지도를 뜻한다. 용병할 때 지휘관이 반드시 숙지해야 한다는 취지에서 나온 것이다. 지리의 다양한 형세를 활용해 그에 부응하는 작전을 펴는 게 중요하다. 이 장을 통해 '관자병법'이 구체적인 전술을 심도 있게 논하고 있다는 사실을 확인할 수 있다.

27-1

凡兵主者, 必先審知地圖. 轘轅之險, 濫車之水, 名山·通谷·經川·陵陸·丘阜之所在, 苴草·林木·蒲葦之所茂, 道里之遠近, 城郭之大小, 名邑·廢邑·困殖之地, 必盡知之. 地形之出入相錯者, 盡藏之. 然後可以行軍襲邑, 擧錯知先後, 不失地利. 此地圖之常也.

무릇 군대를 지휘하는 장수인 주수主帥는 반드시 먼저 지도地圖를 소상히 파악해야 한다. 이리저리 구부러진 험한 산길, 전차를 침습浸濕시키는 물길, 저명한 산악, 사방으로 트인 계곡, 늘 물이 흐르는 강, 높은 대지, 구릉이 있는 위치, 마른 풀과 임목林木 및 갈대가 무성한 지역, 도로의 원근, 성곽의 대소, 저명한 도시, 폐기된 성읍, 황무지와 경지 등을 모두 정확히 알아야 한다. 지형이 들쭉날쭉 교차하고 있는 지점 등도 마음에 새겨두어야 한다. 그런 연후에 비로소 군사를 움직여 장거리 행군에 나설 수 있다. 적의 성읍을 들이칠 때 군사행동의 선후를 알아야만 지리地利의 이점을 잃지 않게 된다. 이것이 지도의 기본적인 역할이다.

병주兵主는 군대를 지휘하는 장수인 주수主帥 내지 주장主將을 말한다. 환원지험轘轅之險을 윤지장은 길이 마치 수레의 끌채처럼 생긴데다 고리처럼 휘어졌다는 의미로 풀이했다. '환'은 환環과 통한다. 남거지수濫車之水의 '남'을 진환은 적실 점漸의 의미로 새겼다. 경천經川을 윤지장은 늘 물이 흐르는 상천常川으로 해석했다. 육릉陵陸은 고원을 말한다. 곤식지지困殖之地를 곽말약은 곤조지지困阻之地의 잘못으로 보았다. '곤조'는 곤애困隘와 같다. 진장지盡藏之의 '장'을 윤지장은 마음속에 쌓아두는 포온苞蘊으로 새겼다.

27-2

人之衆寡, 士之精麤, 器之功苦, 盡知之, 此乃知形者也. 知形不如知能, 知能不如知意, 故主兵必參具者也, 主明·相知·將能之謂'參具'. 故將出令發士, 期有日數矣. 宿定所征伐之國, 使羣臣·大吏·父兄·便辟左右不能議成敗, 人主之任也. 論功勞, 行賞罰, 不敢蔽賢有私. 行用貨財, 供給軍之求索, 使百吏肅敬, 不敢解怠行邪, 以待君之令, 相室之任也. 繕器械, 選練士, 爲教服, 連什伍, 徧知天下, 審御機數, 此兵主之事也.

병력의 중과衆寡, 병사의 정조精粗, 군사장비의 우열優劣을 모두 숙지해야 한다. 이것이 군대의 겉모습을 파악하는 지형知形으로, '지형'은 작전능력을 파악하는 지능知能만 못하고, '지능'은 작전의도를 파악하는 지의知意만 못하다. 군사를 통수統帥하기 위해서는 다음에서 말하는 3가지 조건을 두루 갖춰야 한다. 군주의 총명인 주명主明과 재상의 지혜인 상지相知, 장수의 능력인 장능將能을 두루 갖춘 것을 두고 삼구參具라고 한다. 장수가 영을 내려 병사를 출격시킬 때는 작전 기한을 정해야 한다. 정벌 대상을 정할 때 조정대신과 고관, 부형, 좌우의 총신과 친신親臣 등이 함부로 성패를 논하지 못하도록 한다. 이는 군주의 책임이다. 공로를 평하고 상벌을 시행할 때는 감히 현재賢才를 가리거나 사심私心을 품거나 하지 않도록 하고, 재화를 사용하고 군수물자를 조달할 때는 모든 관리가 숙연하고 경건한 자세를 지녀야 한다. 또한 감히 태만한 자세로 일을 왜곡하지 못하게 하고, 반드시 군주의 명을 기다리게 한다. 이는 재상의 책임이다. 무기를 수리하고, 정예병을 선발하고, 교련을 실시하고, 군대를 편제하고, 천하 각국의 형세를 두루 파악하고, 전기戰機와 전략을 자세히 살펴 능히 통제할 수 있어야 한다. 이는 장수의 책임이다.

사지정추士之精麤의 '정추'는 정예하고 조잡한 것을 통칭한 말로 정조精粗와 같다. 기지공고器之功苦의 '공고'는 우열優劣을 뜻한다. '공'은 정밀하고 좋은 것, '고'는 넘치고 나쁜 것을 지칭한다. 『순자』「왕제」에 변공고辨功苦 구절이 나온다. 주병필삼구主兵必參具의 '주병'은 군사를 통수한다는 뜻이다. '삼'은 3三의 뜻이다. '삼구'를 윤지장은 군주의 총명인 주명主明과 재상의 지혜인 상지相知, 장수의 능력인 장능將能을 두루 구비한 것을 의미한다고 풀이했다. 숙정소정벌지국宿定所征伐之國의 '숙'을 윤지장은 선先으로 새겼다. 행용재화行用貨財의 '행용'을 곽말약은 이용移用 내지 동용動用으로 풀이했다. 상실지임相室之任의 '상실'은 상국相國 내지 재상을 뜻한다. 위교복爲敎服의 '교복'은 교령을 내려 병사들로 하여금 복습케 한다는 말이다. 연십오連什伍의 '연'은 군대의 기본단위인 '십'과 '오'를 연결시켜 체계화한다는 뜻으로 곧 군대의 편제를 지칭한다.

제28장 참환(參患)

'참환'을 두고 윤지장은 풀이키를, "너무 강해도 우환이 있고, 너무 약해도 우환이 있다. 반드시 그 중간에 머물 필요가 있다. 그래야 우환이 없다. '참환'은 이를 의미한다."고 했다. 그러나 이는 앞 대목에만 부합하는 까닭에 이 장 전체의 의미를 포괄하지 못하고 있다. 이 장은 크게 4개의 절로 이뤄졌다. 제1절은 너무 강하거나 약해서는 안 된다는 내용으로 「외언」편 '법법'의 마지막 절과 취지를 같이한다. 뒤에 나오는 내용과 무관한 까닭에 일각에서는 착간錯簡으로 간주하고 있다. 제2절은 폭력과 사행邪行을 금지하는 군대의 역할을 언급하고 있다. 제3절은 용병 계책의 중요성을 역설하고 있다. 제4절은 성공적인 용병을 담보하는 4가지 구성 요소인 무기와 병사, 장령, 군주의 역할을 논하고 있다.

28-1

凡人主者, 猛毅則伐, 懦弱則殺. 猛毅者何也? 輕誅殺人之謂'猛毅'. 懦弱者何也? 重誅殺人之謂'懦弱'. 此皆有失彼此. 凡輕誅者殺不辜, 而重誅者失有罪. 故上殺不辜, 則道正者不安. 上失有罪, 則行邪者不變. 道正者不安, 則才能之人去亡. 行邪者不變, 則羣臣朋黨. 才能之人去亡, 則宜有外難. 羣臣朋黨, 則宜有內亂. 故曰, "猛毅者伐, 懦弱者殺也."

무릇 군주가 사나우면 외침을 당하고, 나약하면 시해를 당한다. 사나운 것은 어떤 것인가? 사람을 죽이는 주살誅殺을 가벼이 여기는 것을 말한다. 나약한 것은 어떤 것인가? 주살을 어렵게 여기는 것을 말한다. 양자 모두 잘못된 바가 있다. 주살을 가벼이 여기는 자는 아무 잘못이 없는 무고無辜한 자까지 죽이고, 주살을 어렵게 여기는 자는 흉악범까지 놓아주게 된다. 군주가 무고한 자를 죽이면 정도를 걷는 자도 내심 불안해하고, 흉악범까지 놓아주면 사악한 짓을 행하는 자가 전혀 잘못을 고치지 않는다. 정도를 걷는 자가 내심 불안해하면 재능 있는 사람이 다른 나라로 달아나고, 사악한 짓을 행하는 자가 전혀 잘못을 고치지 않으면 군신들이 붕당을 만들어 군주를 위협한다. 재능 있는 자가 망명하면 반드시 외환이 뒤따르고, 군신들이 붕당을 만들면 반드시 내란이 일어난다. "사나운 군주는 외환을 부르고, 나약한 군주는 시해를 당한다."고 말하는 이유다.

나약즉살懦弱則殺의 '살'은 시살弑殺을 당한다는 의미이다. 재능지인거망才能之人去亡의 '재능지인'은 재사才士와 능사能士를 통칭한 말이다.

28-2

君之所以卑尊, 國之所以安危者, 莫要於兵. 故誅暴國必以兵, 今辟民必以刑. 然則兵者, 外以誅暴, 內以禁邪. 故兵者, 尊主安國之經也, 不可廢也. 若夫世主則不然. 外不以兵而欲誅暴, 則地必虧矣. 內不以刑而欲禁邪, 則國必亂矣. 故凡用兵之計, 三驚當一至, 三至當一軍, 三軍當一戰. 故一期之師, 十年之蓄積殫. 一戰之費, 累代之功盡. 今交刃接兵而後利之, 則戰之自勝者也. 攻城圍邑, 主人易子而食之, 析骸而爨之, 則攻之自拔者也. 是以聖人小征而大匡, 不失天時, 不空地利, 用日維夢, 其數不出於計. 故計必先定, 而兵出於竟. 計未定而兵出於竟, 則戰之自敗, 攻之自毀者也.

군주의 존비尊卑와 국가의 안위安危를 좌우하는 것으로 군사보다 더한 게 없다. 폭정을 행하는 나라인 폭군暴國의 토벌은 반드시 군사로 하고, 간사하고 편벽된 백성인 벽민辟民의 금압禁壓은 반드시 형벌로 한다. 이처럼 군사는 대외적으로 폭국을 토벌하고, 대내적으로 벽민을 금압하는데 사용된다. 그래서 군대는 군주를 높이고 나라를 평안케 만드는 법도로 활용되는 까닭에 폐지할 수 없는 것이다. 그런데도 지금 열국 군주는 그렇지 못하다. 대외적으로 군사를 동원하지 않은 채 폭국을 토벌하면 반드시 영토가 깎이게 되고, 대내적으로 형벌을 쓰지 않은 채 벽민을 금압하면 반드시 나라가 어지러워진다.

주폭국誅暴國의 '폭국'은 강포지국强暴之國의 줄임말이다. '폭군'이 강포지군强暴之君의 줄임말인 것과 같다. 벽민필이형辟民必以刑의 '벽민'은 삿되고 편벽된 백성을 뜻하는 사벽지민邪僻之民의 줄임말로 벽민僻民과 같다. 약부세주若夫世主의 '세주'는 당세지주當世之主를 뜻한다.

28-3

故凡用兵之計, 三驚當一至, 三至當一軍, 三軍當一戰. 故一期之師, 十年之蓄積殫. 一戰之費, 累代之功盡. 今交刃接兵而後利之, 則戰之自勝者也. 攻城圍邑, 主人易子而食之, 析骸而爨之, 則攻之自拔者也. 是以聖人小征而大匡, 不失天時, 不空地利, 用日維夢, 其數不出於計. 故計必先定, 而兵出於竟. 計未定而兵出於竟, 則戰之自敗, 攻之自毁者也.

무릇 용병의 비용을 따져보면 3번 훈련하는 비용은 1번 출정하는 비용과 같고, 3번 출정하는 비용은 1번 적을 포위하는 비용과 같고, 3번 포위하는 비용은 1번 교전하는 비용과 같다. 1번 군사를 일으키면 10년 동안 쌓은 비축을 없애는 것이고, 1번 전쟁하는 경비는 누대에 걸쳐 쌓은 공력을 소진하는 것이다. 교전 이후에 군비강화를 꾀하면 이는 스스로 패배를 자초하는 짓이다. 성이 공격을 당하고 성읍이 포위당했을 때 사람들이 먹을 것이 없어 자식을 바꿔 잡아먹거나 해골을 쪼개 불을 피우는 상황이 되면 적의 공격에 절로 무너진다. 성인이 소규모 전쟁에도 크게 놀란 기색으로 신중을 기하는 이유다. 천시와 지리를 놓치거나 헛되이 만들지 않기 위한 것이다. 낮에 작전을 펴려면 전날 저녁에 치밀하게 계책을 짜야 한다. 그 계책은 반드시 싸움이 시작되기 전에 나와야 한다. 계책을 정한 뒤 출병하여 국경을 넘는 이유다. 계책을 정하지 않은 채 출병하여 국경을 넘으면 전쟁에서 스스로 패배를 자초하는 짓이다. 적을 치는 와중에 스스로 훼멸毁滅되고 만다.

용병지계用兵之計를 이카이는 용병의 비용을 총계하는 것으로 풀이했다. 삼경당일지三驚當一至의 '경'을 이카이는 경계할 경警의 잘못으로 보았다. '지'는 출정出征을 의미한다. 삼지당일군三至當一軍의 '군'을 도홍경은 포위할 환위圜圍로 풀이했다. 『설문해자』에 따르면 원래는 포위의 뜻이었으나 이후 사려師旅의 뜻으로 바뀌었다는 것이다.

'교인접병이후리지交刃接兵而後利之, 즉전지자승자則戰之自勝者' 구절을 두고 해석이 분분하다. 정사함은 승勝을 패敗의 잘못이라고 했다. '즉전지자승자' 구절에 대해 여상봉은 리利를 뢰賴로 새기면서 "반드시 싸워 이기는 방안을 찾는다."는 식으로 풀이했다. 곽말약은 "이는 적과 싸워 이기는 게 아니라 자신과 싸워 이긴다는 뜻이다."라고 해석했다. 정사함의 해석이 간명하다.

소정이대광小征而大匡의 '광'을 손성연은 『예기』의 주를 인용해 공恐으로 새겼다. 용일유몽用日維夢을 두고 이면은 점을 쳐 길일을 택하는 것으로 풀이했으나, 유월은 '몽'을 '일'과 대응시켜 "낮에 용병을 하기 위해서는 전날 저녁에 치밀하게 계책을 세운다는 의미이다."라고 풀이했다. 불출어계不出於

計의 '불'을 정사함은 필必의 잘못으로 보았다. 이병출어경而兵出於竟을 두고 유사배는 '이' 뒤에 후後 자가 빠졌다고 했다.

28-4

得衆而不得其心, 則與獨行者同實. 兵不完利, 與無操者同實. 甲不堅密, 與俴者同實. 弩不可以及遠, 與短兵同實. 射而不能中, 與無矢者同實. 中而不能入, 與無鏃者同實. 將徒人, 與俴者同實. 短兵待遠矢, 與坐而待死者同實. 故凡兵有大論, 必先論其器, 論其士, 論其將, 論其主. 故曰, "器濫惡不利者, 以其士予人也. 士不可用者, 以其將予人也. 將不知兵者, 以其主予人也. 主不積務於兵者, 以其國予人也." 故一器成, 往夫具, 而天下無戰心. 二器成, 驚夫具, 而天下無守城. 三器成, 游夫具, 而天下無聚衆. 所謂'無戰心'者, 知戰必不勝, 故曰'無戰心'. 所謂'無守城'者, 知城必拔, 故曰'無守城'. 所謂'無聚衆'者, 知衆必散, 故曰'無聚衆'.

병력을 장악하고도 군심을 얻지 못하면 홀로 싸움에 나선 것과 같고, 무기를 완비하지도 못한데다 날카롭지도 않으면 무기 없이 싸우는 것과 같고, 갑옷이 견고하지 못한데다 치밀하지도 않으면 홑옷을 입고 싸우는 것과 같고, 쇠뇌가 멀리 나가지 않으면 칼 등의 단병기短兵器를 들고 싸우는 것과 같고, 화살이 명중하지 못하면 화살도 없이 활을 쏘는 것과 같고, 명중해도 깊이 박히지 않으면 화살촉이 없는 것과 같고, 훈련받지 못한 병사를 이끌고 싸우면 스스로를 잔살殘殺하는 것과 같고, 단병기로 활 등의 장병기長兵器를 상대하면 앉아서 죽음을 기다리는 것과 같다. 무릇 용병할 때는 반드시 크게 주의해야 할 사항이 있다. 반드시 먼저 무기와 병사, 장수, 군주의 우열을 차례로 점검하는 게 그것이다. 그래서 이런 말이 나왔다.

"무기가 조악해 날카롭지 않으면 병사들을 적에게 넘겨주고, 병사들이 지리멸렬해 쓸 수 없으면 장수를 적에게 넘겨주고, 장수가 무능해 용병할 줄 모르면 군주를 적에게 넘겨주고, 군주가 군사력 증강에 힘쓰지 않으면 나라를 적에게 넘겨주는 것이다."

1개 사師의 무기가 날카로운데다 출정을 마다하지 않는 병사인 왕부往夫를 보유하면 천하에 감히 저항하려는 자가 없다. 1개 군軍의 무기가 날카로운데다 지혜와 용맹이 적을 놀라게 할 정도로 뛰어난 병사인 경부驚夫를 보유하면 천하에 감히 수성守城하며 저항하려는 자가 없다. 1개 국國의 무기가 날카로운데다 적을 꼼짝 못하게 할 정도로 언변이 뛰어난 병사인 유부游夫를 보유하면 천하에 감히 군사를 모아 반격에 나서려는 자가 없다. 감히 저항할 마음이 없는 것은 싸움을 해도 반드시 이길 수 없다는 것을 알기에 그런 것이다. 감히 성을 지키며 저항할 생각을 하지 못하는 것은 성이 반드시 공략될 것을 알기에 그런 것이다. 감히 군사를 모아 반격에 나설 엄두를 내지 못하는 것은 싸우면 군사가 반드시 흩어질 것을 알기에 그런 것이다.

무조자無操者의 '무조'를 허유휼은 맨손을 뜻하는 도수徒手와 같다고 했다. 여천자동실與俴者同實의 '천'을 윤지장은 갑옷을 입지 않은 채 홑옷인 단의單衣로 출전한 것과 같다고 풀이했다. '장도인將徒人, 여천자동실與俴者同實'의 '도'를 야스이는 훈련을 받지 않은 백도白徒로 풀이했다. 장패륜은 '천'을 잔殘으로 새겨 "스스로를 잔살殘殺하는 것과 같다."고 해석했다. 단병대원시短兵待遠矢의 '대'를 허유휼은 저항하며 막아서는 저어抵御로 풀이했다. 일기성一器成의 '1기'를 윤지장은 1개 사師의 무기로 새겼다. 왕부往夫는 죽음을 두려워하지 않는 병사를 지칭한다. 이기성二器成의 '2기'를 윤지장은 1개 군軍의 무기로 풀이했다. 삼기성三器成의 '3기'를 윤지장은 1개 국가의 무기로 해석했다.

제29장 제분(制分)

'제분'은 천하를 통제하는 명분의 뜻이다. 천하를 제대로 다스리기 위해서는 먼저 법제를 정비하고, 군신관계를 비롯한 각급 관직과 등급체계를 확립해야 한다는 게 골자이다. 그러나 앞 대목을 제외한 나머지 대목은 편명과 일치하지 않는다. 오히려 전쟁과 용병에 대한 내용이 많다. 편제과정에 적잖은 착간이 있었던 것으로 보는 이유다.

29-1

凡兵之所以先爭. 聖人賢士, 不爲愛尊爵. 道術知能, 不爲愛官職. 巧伎勇力, 不爲愛重祿. 聰耳明目, 不爲愛金財. 故伯夷·叔齊非於死之日而後有名也, 其前行多修矣. 武王非於甲子之朝而後勝也, 其前政多善矣.

무릇 용병에서 가장 먼저 힘써야 할 것은 성현에 버금하는 자가 존작尊爵을 탐하지 않고, 도인의 지략과 능력을 지닌 자가 현직顯職을 탐하지 않고, 무예가 출중하고 뛰어난 용력을 지닌 자가 후록厚祿을 탐하지 않고, 이목이 밝아 정찰에 나서는 자가 재화財貨를 탐하지 않는 일이다. 백이伯夷와 숙제叔齊도 사후에 문득 명성을 떨친 게 아니다. 이전에 많은 수행修行을 했기 때문이다. 무왕도 갑자일甲子日 아침에 문득 은나라 주紂에게 승리를 거둔 게 아니다. 이전에 많은 선정善政을 베풀었기 때문이다.

교기용력巧伎勇力의 '교기'는 무예가 출중하다는 뜻이다. 총이명목聽耳明目은 군중軍中의 정찰 요원을 상징한다. 갑자지조甲子之朝는 주나라 무왕이 은나라 마지막 왕 주紂를 정벌한 날을 지칭한다.

29-2

故小征, 千里徧知之. 築堵之墻, 十人之聚, 日五間之. 大征徧知天下, 日一間之. 散金財, 用聰明也. 故善用兵者, 無溝壘而有耳目. 兵不呼儆, 不苟聚, 不妄行, 不强進. 呼儆則敵人戒, 苟聚則衆不用, 妄行則羣卒困, 强進則銳士挫. 故凡用兵者, 攻堅則軔, 乘瑕則神. 攻堅則瑕者堅, 乘瑕則堅者瑕. 故堅其堅者, 瑕其瑕者, 屠牛坦朝解九牛, 而刀可以莫鐵, 則刃游閒也. 故天道不行, 屈不足從. 人事荒亂, 以十破百. 器備不行, 以半擊倍. 故軍爭者不行於完城池, 有道者不行於無君. 故莫之其將至也, 至而不可圍. 莫知其將去也, 去而不可止. 敵人雖衆, 不能止待.

담장 하나를 쌓기 위해 10명의 인부가 모여 일을 할지라도 주인은 매일 5번은 살펴보아야 한다. 소규모 싸움일지라도 1천 리 내의 정세를 훤히 알아야 하는 이유다. 대규모 싸움의 경우는 천하를 두루 알아야 하고, 매일 1번씩 정찰에 나서야만 한다. 재물을 이용해 간첩을 운용하는 것은 고급정보를 얻기 위한 것이다. 용병을 잘하는 자는 해자와 보루를 만드는 일은 벌이지 않을지라도 반드시 간첩을 통해 고급정보를 알아내는 일은 시행한다. 용병할 때는 큰 소리로 경계를 발해도 안 되고, 경솔하게 집합해도 안 되고, 헛되이 행군해도 안 되고, 무리하게 진공해도 안 된다. 큰 소리로 경계를 발하면 적이 경계태세를 취하고, 경솔하게 집합하면 병사들이 호령을 잘 듣지 않고, 헛되이 행군하면 병사들이 쉽게 피로해지고, 무리하게 진공하면 정예병이 좌절한다. 적의 견고한 곳을 공격하면 쉽게 좌절하지만 취약한 곳을 공격하면 신묘한 성과를 얻을 수 있다. 적의 견고한 곳을 공격하면 취약한 곳도 견고해지고, 취약한 곳을 공격하면 견고한 곳도 취약해진다. 견고한 곳은 그대로 둔 채 취약한 곳을 공격해야 하는 이유다. 백정 탄坦은 하루에 9마리의 소를 잡아도 칼이 전혀 무뎌지지 않는다. 칼날이 뼈와 근육 사이의 빈 곳을 헤집고 다닌 덕분이다. 천도가 순조롭지 않을 때는 곤경에 처한 적도 내쫓을 수 없으나, 적의 내부가 혼란하면 10명으로 적 100명을 물리칠 수 있다. 적의 군비가 제대로 갖춰져 있지 않으면 절반의 병력으로 2배나 되는 적을 공략할 수 있다. 승리를 다투는 자는 적의 견고한 성을 치지 않고, 치도를 아는 군주는 국상을 당해 보위가 비어 있는 나라를 치지 않는다. 적이 아군의 진공을 모르게 해야 진공했을 때 저항하지 못하고, 철군을 모르게 해야 철군할 때 저지하지 못한다. 이같이 하면 적이 아무리 많은 병력을 보유했을지라도 결코 아군을 막을 수 없다.

'축도지장築堵之墻, 십인지취十人之聚, 일오간지日五閒之' 구절의 12자를 두고 이카이는 고소정故小征 구절 앞에 와야 한다고 했다. 정사함은 '축도지장'을 일도지장一堵之墻의 잘못으로 보면서, 이는 '10인지취'와 대비시킨 것이라고 했다. 간閒은 간間과 같은 뜻이다. 윤지장은 은밀한 정찰활동으로 풀이했다. 일일간지日一閒之의 '1'을 곽말약은 5五의 잘못이라고 했다. 병불호경兵不呼儆의 '호경'은 소리를 질러 경계하는 것을 뜻한다. 공견즉인攻堅則軔의 '인'을 이카이는 수레를 정지시키는 쐐기나무로 풀이했다. 송본 이외의 여타 판본에는 인韌으로 되어 있다. 승철즉신乘瑕則神의 '철'을 여상봉은 빈틈이 있고 허약한 곳으로 새겼다. '철'이 대다수 판본에 하瑕로 나온다. 여상봉은 취약脆弱과 통하는 철瑕의 의미를 제대로 이해하지 못한 탓으로 보았다. 옥의 티를 뜻하는 하자瑕疵의 '하'와 차이가 있다. 도우탄조해구우屠牛坦朝解九牛의 '탄'은 소를 도살하는 백정의 이름이다. 도가이막철刀可以莫鐵의 '철'을 장패륜은 둔鈍의 오자로 보았다. 『한서』「가의전」에 '막철'의 뜻인 부둔不鈍 표현이 나온다. 기비불행器備不行을 요영개는 기계불비器械不備의 잘못으로 보았다. 완성지完城池의 '완'은 견고의 의미이다. '지'를 정사함은 연자라고 했다. 불능지대不能止待의 '대'를 유적은 막을 어圉의 뜻으로 새겼다.

29-3

治者所道富也, 治而未必富也, 必知富之事, 然後能富. 富者所道强也, 而富未必强也, 必知强之數, 然後能强. 强者所道勝也, 而强未必勝也, 必知勝之理, 然後能勝. 勝者所道制也, 而勝未必制也, 必知制之分, 然後能制. 是故治國有器, 富國有事, 强國有數, 勝國有理, 制天下有分.

나라를 잘 다스리는 치국治國은 부국富國을 이루는 길이다. 그러나 꼭 그런 것만은 아니다. 반드시 부국을 이루는 정책을 알아야만 가능한 일이다. 부국은 강국强國을 이루는 길이다. 그러나 꼭 그런 것만은 아니다. 반드시 강국을 이루는 계책을 알아야만 가능한 일이다. 강국은 싸움에서 승리를 거두는 승국勝國의 길이다. 그러나 꼭 그런 것만은 아니다. 반드시 승국을 이루는 도리를 알아야만 가능한 일이다. 승국은 천하를 제압하는 제천하制天下의 길이다. 그러나 꼭 그런 것만은 아니다. 반드시 제천하의 명분을 알아야만 가능한 일이다. 치국에 무기, 부국에 정책, 강국에 계책, 승국에 도리, 제천하에 명분이 있어야 하는 이유다.

'치자소도부야治者所道富也, 치이미필부야治而未必富也'의 도道를 이카이는 말미암을 유由로 새기면서, 치이治而를 이치而治의 잘못이라고 했다.

제30장 군신(君臣) 상(上)

'군신'은 군주와 신하가 나아가야 할 길인 군도君道와 신도臣道의 상호관계를 의미한다. 여기에는 군주와 백성을 뜻하는 군민君民 관계도 포함된다. 이 장에서는 군주가 갖춰야 할 도리를 두루 언급하고 있다. 법제의 정비와 인재의 선발, 상벌의 공정한 시행 등이 그렇다. 군주는 신민의 의표儀表인 까닭에 언행에 신중해야 하고, 그래야만 신민이 지지를 받아 명실상부한 군도를 이룰 수 있다는 게 골자이다.

30-1

爲人君子, 修官上之道, 而不言其中. 爲人臣者, 比官中之事, 而不言其外. 君道不明, 則受令者疑. 權度不一, 則修義者惑. 民有疑惑貳豫之心, 而上不能匡, 則百姓之與閒, 猶揭表而令之止也. 是故能象其道於國家, 加之於百姓, 而足以飾官化下者, 明君也. 能上盡言於主, 下致力於民, 而足以修義從令者, 忠臣也. 上惠其道, 下敦其業, 上下相希, 若望參表, 則邪者可知也.

군주는 백관을 통솔하는 군도君道를 강구하며 백관의 구체적인 직책은 말하지 않는다. 신하는 자신의 직무를 잘 처리하는 신도臣道를 실천하며 자신의 직책 이외의 것은 말하지 않는다. 군도가 밝지 않으면 명을 받은 자들이 의심하게 되고, 권한과 법도가 하나로 통일돼 있지 않으면 법도를 좇는 자들이 의혹하며 머뭇거린다. 백성에게 의심과 의혹이 있는데도 군주가 제거하지 못하면 백성과 더욱 멀어져 통하지 않게 되니, 마치 금지령을 발해 발을 묶는 것과 같다. 치국治國과 치민治民의 기준을 제시한 뒤 이를 토대로 백관의 관직을 정비하고 백성을 교화하는 자는 가히 명군으로 부를 만하다. 위로 군주에게 할 말을 다하는 진언盡言과 아래로 백성을 위해 모든 노력을 기울이는 진력盡力을 실천하며, 법도를 준수하고 정령을 좇는 자는 가히 충신으로 부를 만하다. 군주는 군도를 성실히 이행하고, 신하는 신도에 충실해야 한다. 상하가 각기 군도와 신도를 실천하며 서로 감독하는 것이 마치 해시계용 나무 푯대를 바라보며 시간을 재는 것처럼 하면 뒤틀리고 바르지 않은 곡사부정曲邪不正이 일거에 드러난다.

권도불일權度不一의 '권도'는 권한과 법도를 총칭한 말이다. 수의자혹修義者惑의 '수'를 왕념손은 순循의 잘못으로 보았다. 의혹이예지심疑惑貳豫之心의 '이예'는 머뭇거리며 결단하지 못하는 유예猶豫와 같다. 백성지여간百姓之與閒의 '간'을 윤지장은 장애障碍로 풀이했다. 유게표이영지지猶揭表而令之止는 마치 표지를 세운 뒤 백성들이 나오지 못하게 하는 것과 같다는 뜻이다. 상기도象其道의 '상'을 곽말약은 위爲의 잘못으로 보았다. 상혜기도上惠其道의 '혜'를 장패륜은 순順, 하돈기업下敦其業의 '돈'을 『이아』「석고」를 인용해 면勉으로 풀이했다. 상하상희上下相希의 '희'를 유월은 『설문해자』「목부」를 인용해 망望과 통하는 희睎로 새겼다. 약망참표若望參表의 '참표'를 윤지장은 해시계용 나무 푯대로 풀이했다.

30-2

吏嗇夫任事, 人嗇夫任敎. 敎在百姓, 論在不橈, 賞在信誠, 體之以君臣, 其誠也以守戰, 如此則人嗇夫之事究矣. 吏嗇夫盡有訾程事律, 論法辟衡權斗斛, 文劾不以私論, 而以事爲正. 如此則吏嗇夫之事究矣. 人嗇夫成敎, 吏嗇夫成律, 之後, 則雖有敦慤忠信者不得善也, 而戲豫怠傲者不得敗也. 如此則人君之事究矣. 是故爲人君者, 因其業, 乘其事, 而稽之以度. 有善者, 賞之以列爵之尊, 田地之厚, 而民不慕也. 有過者, 罰之以廢亡之辱, 僇死之刑, 而民不疾也. 殺生不違, 而民莫遺其親者, 此唯上有明法, 而下有常事也.

이색부吏嗇夫는 감찰, 민색부民嗇夫는 백성의 교화를 담당한다. 민색부가 교화하는 대상은 백성이다. 죄를 논할 때는 사정私情이 개입돼서는 안 되고, 상을 내릴 때는 성신誠信에 기초해야 한다. 이는 군신이 몸소 실천해야 한다. 이를 성실히 이행해야 백성도 죽기로 싸우며 수비 또는 정벌에 나선다. 여기서 민색부의 일이 완결된다. 이색부는 사물을 계량하는 규정과 일을 처리하는 법규를 장악해 형법과 도량형, 탄핵 등을 논한다. 이때 사정이 개입돼서는 안 되고 반드시 사실을 토대로 해야 한다. 여기서 이색부의 일이 완결된다. 민색부와 이색부의 일이 완결되면 이후 아무리 충후忠厚하고 성신誠信한 자일지라도 이보다 더 잘할 수 없고, 아무리 나태하고 오만한 자일지라도 이를 폐할 수 없다. 여기서 군주의 일이 완결된다. 군주가 이색부와 민색부의 직책과 업무에 근거해 치국을 논하고, 법도를 토대로 이들의 공적을 살펴야 하는 이유다. 그래야 뛰어난 공적을 세운 자에게 존귀한 작위와 많은 봉토를 상으로 내릴지라도 백성이 시기하지 않고, 잘못을 범한 자에게 패망의 치욕과 참수의 형을 내려도 백성이 비난하지 않는다. 살생의 기본원칙을 어지기 않아야 백성이 부모를 버리지 않게 된다. 이는 오직 위에서 군주가 공평무사하게 법을 집행하고, 아래에서 군신들이 변함없이 자신의 직분을 지킨 덕분이다.

*인색부임교人嗇夫任敎의 '인'을 장패륜은 원래 글자가 민民이라고 했다. 논재불요論在不橈의 '요'는 왕곡枉曲의 뜻이다. 기성야이수전其誠也以守戰의 '성'을 유월은 성成의 잘못이라고 했다. '수전'은 수비守備와 공전攻戰을 통칭한

말이다. 자정사율訾程事律의 '자정'은 계량하는 단위를 말한다. '자'는 계량計量, '정'은 규정을 뜻한다. '사율'은 일을 처리하는 법류를 지칭한다. 법벽法辟의 '벽'을 윤지장은 형刑으로 새겼다. 또 그는 문핵불이사론文劾不以私論의 '문핵'을 근거되는 조문을 토대로 탄핵하는 것으로 풀이했다. 부득선야不得善也의 '선'을 장패륜은 보補의 뜻인 선繕으로 새겼다.

30-3

天有常象, 地有常刑, 人有常禮, 一設而不更, 此謂'三常'. 兼而一之, 人君之道也. 分而職之, 人臣之事也. 君失其道, 無以有其國. 臣失其事, 無以有其位. 然則上之畜下不妄, 而下之事上不虛矣. 上之畜下不妄, 所出法則制度者明也. 下之事上不虛, 則循義從令者審也. 上明下審, 上下同德, 代相序也. 君不失其威, 下不曠其産, 而莫相德也. 是以上之人務德, 而下之人守節. 義禮成形於上, 而善下通於民, 則百姓上歸親於主, 而下盡力於農矣, 故曰, "君明·相信·五官肅·士廉·農愚·商工愿, 則上下體, 而外內別也. 民性因而三族制也."

하늘에는 변함없는 상도常道가 있고, 땅에는 변함없는 상형常形이 있고, 사람에게는 변함없는 상례常禮가 있다. 이처럼 일단 성립되면 변치 않는 것을 3상三常이라고 한다. 백관의 업무를 하나로 묶어 통솔하는 것은 군도君道이고, 업무를 나눠 직책을 떠맡는 것은 신도臣道이다. 군주가 군도를 잃으면 나라를 보유할 수 없고, 신하가 업무를 잃으면 직위를 유지할 수 없다. 군주가 신하를 함부로 대하지 않으면 신하 또한 군주를 허위로 섬기지 않는다. 군주가 신하를 함부로 대하지 않으면 법령을 반포하고 제도를 만드는 것이 밝아지고, 신하가 군주를 허위로 섬기지 않으면 법도를 준수하고 법령을 따르는 것이 신중해진다. 군자가 밝고 신하가 신중해져 위아래가 모두 동심동덕同心同德이 되면 서로를 보완하며 군신의 질서를 지키는 치도治道를 이루게 된다. 군주가 위엄을 잃지 않고, 신하가 자신의 직분을 소홀히 하지 않으면 상호 보완관계라는 사실까지 잊게 된다. 군주가 덕행에 힘쓰고 신하가 직분을 지키면 예의가 위에서 형성되고 선덕善德이 아래로 백성에게 흐른다. 그러면 백성은 위로 군주에게 다가가며 아래로 농사짓는데 힘을 다한다. "군주가 현명하고, 재상이 성신誠信하고, 조정관원이 엄숙하고, 선비가 청렴하고, 농부가 소박하고, 상공인이 충직하면 상하가 각기 그 뜻을 얻고, 안팎의 질서가 분명해진다. 민생이 모두 이에 의거하고, 농부와 공인 및 상인 또한 각기 그에 맞는 제도를 갖추게 된다."고 말하는 이유다.

상지휵하불망上之畜下不妄의 '휵'은 기를 양養의 뜻이다. '망'은 허황한 언행인 망탄妄誕을 의미한다. 소출법칙제도자所出法則制度者에 대한 해석이 분분하다. 송본 이외의 여타 판본에는 즉출법제도자則出法制度者로 되어 있다. 송본의 '소'를 정사함은 즉則의 오자로 보았으나 야스이는 '법제도가 도에 근거해 나온 것임을 밝히고 있는 까닭에 소'가 연자가 아니라고 했다. 장패류은 '소'를 칙소則所의 잘못으로 보고 '칙'을 좇을 법法의 의미로 새겼다. 야스이의 해석을 좇았다.

대상서야代相序也의 '대'를 윤지장은 다시 갱更의 뜻으로 풀이했다. 상신相信의 '상'은 재상을 의미한다. 농우農愚의 '우'는 어리석고 고지식한 우직愚直 내지 어리석고 소박한 우박愚樸의 뜻이다. 상공원商工愿의 '원'은 성실하다는 뜻으로, 『상군서』「정분定分」와 『순자』「군도君道」에 나오는 근신하며 충직한 원각愿愨과 같은 의미이다. 5관官은 사도司徒와 사마司馬, 사공司空, 사사司士, 사구司寇를 말한다. 여기서는 조정대신의 의미로 사용됐다. 3족族은 농부와 상공인을 말한다. 이면은 통상적인 의미의 부父, 자子, 손孫으로 풀이했으나 문맥과 동떨어져 있다. 상하체上下體를 윤지장은 상하가 각기 본체本體를 얻게 된다고 풀이했다. '본체'는 근본이 되는 강령인 본령本領을 의미한다. 민성인이삼족제民性因而三族制의 '성'을 이카이는 생生으로 새겼다. '3족'을 윤지장은 농공상農工商으로 풀이했다.

30-4

夫爲人君者, 廕德於人者也. 爲人臣者, 仰生於上者也. 爲人上者, 量功而食之以足. 爲人臣者, 受任而處之以敎. 布政有均, 民足於産, 則國家豐矣. 以勞授祿, 則民不幸生. 刑罰不頗, 則下無怨心. 名正分明, 則民不惑於道. 道也者, 上之所以導民也. 是故道德出於君, 制令傳於相, 事業程於官, 百姓之力也, 胥令而動者也.

무릇 군주는 덕을 이용해 백성을 비호하는 자이고, 신하는 군주를 믿고 기대며 살아가는 자이다. 군주는 공적을 헤아려 공정한 녹봉을 내리고, 신하는 임명을 받아 성실히 직책을 수행한다. 군주의 시정施政이 고르게 펼쳐지면 백성의 산업이 풍족해지고, 나라 또한 풍요로워진다. 공로가 있는 자에게 녹봉을 내리면 백성은 요행을 바라지 않게 되고, 형벌이 치우치지 않으면 백성은 원망하는 마음을 갖지 않게 된다. 형벌의 명분이 정당하고 직분이 분명하면 백성은 군주의 치도治道에 의혹을 품지 않는다. 이른바 '치도'는 군주가 백성을 이끄는 방략을 말한다. '치도'와 치덕治德이 군주로부터 나오고, 제도와 법령이 재상을 통해 반포되고, 각종 사업이 관리에 의해 시행 평가되고, 백성의 역량이 명을 기다렸다가 움직이는 이유가 여기에 있다.

음덕어인자廕德於人者의 '음'은 그늘 내지 비호庇護를 뜻하는 말로 음蔭과 같다. 앙생어상자야仰生於上者也의 '앙'은 믿고 기댄다는 뜻으로 앙장仰仗 내지 의뢰依賴와 통한다. 식지이족食之以足의 '족'을 곽말약은 정正의 오자라고 했다. 처지이교處之以敎의 '교'를 유사배는 경敬의 잘못이라고 했다. 이로수록以勞授祿의 '수'를 야소이는 공이 있는 자에게 작록을 내리는 수록授祿으로 풀이했다. '수'가 고본 이외의 여타 판본에는 수受로 나온다. 형벌불파刑罰不頗의 '파'는 기울어질 편偏의 뜻이다. 명정분명名正分明은 형벌의 명분이 정당하고 직분이 분명하다는 뜻이다. 사업정어관事業程於官의 '정'은 추궁하여 밝히는 고핵考覈의 의미이다. 서령이동자胥令而動者의 '서'를 왕념손은 대待로 새겼다..

30-5

是故君人也者, 無貴如其言. 人臣也者, 無愛如其力. 言下力上, 而臣主之道畢矣. 是故主畫之, 相守之. 相畫之, 官守之. 官畫之, 民役之. 則又有符節·印璽·典法, 筴籍以相揆也. 此明公道而滅姦僞之術也.

군주에게 호령보다 귀한 게 없고, 신하에게 재능보다 중요한 게 없다. 호령이 아래로 반포되고 재능이 위로 봉헌돼야 군신관계가 완성된다. 군주가 꾀하면 재상이 집행하고, 재상이 꾀하면 관원이 집행하고, 관원이 꾀하면 백성이 실천한다. 이때 부절符節과 인새印璽, 법전法典, 전적典籍 등을 토대로 서로 만전을 기한다. 이는 공도公道를 밝히고 간사함과 거짓을 없애기 위한 계책이다.

부절符節과 인새印璽를 두고 윤지장은 믿음을 드러내기 위한 것이고, 전법典法과 책적筴籍은 법제도를 밝힌 것이라고 했다. 책筴은 책策과 같다. 상규相揆의 '규'는 관장管掌을 뜻한다. 백관을 관리하는 재상 내지 총리를 규각揆閣이나 규석揆席으로 표현하는 이유다.

30-6

論材量能, 謀德而擧之, 上之道也. 專意一心, 守職而不勞, 下之事也. 爲人君者, 下及官中之事, 則有司不任. 爲人臣者, 上共專於上, 則人主失威. 是故有道之君, 正其德以莅民, 而不言智能聰明. 智能聰明者, 下之職也. 所以用智能聰明者, 上之道也. 上之人明其道, 下之人守其職, 上下之分不同任, 而復合爲一體.

재능을 논하며 덕행을 헤아려 임용하는 것은 군도이고, 한마음으로 직책을 지키며 의혹을 품지 않는 것은 신도이다. 군주가 아래로 관직의 세밀한 부분까지 간섭하면 관원은 책임질 길이 없고, 신하가 위로 군권君權을 침탈해 공히 명을 내리면 군주는 권위를 지킬 길이 없다. 군도를 지키는 군주가 덕행을 단정히 하여 백성에게 임하면서 자신의 지능과 총명을 추구하지 않는 이유다. 지능과 총명은 신하의 몫이고, 이를 활용하는 것은 군주의 몫이다. 군주가 군도를 명확히 밝히고, 신하가 신도를 신중히 지켜야 군신이 서로 다른 임무를 행하면서 다시 합쳐 완전한 하나의 몸을 이룬다.

수직이불로守職而不勞의 '로'를 곽말약은 혹란惑亂과 통하는 영營의 오자로 보았다. '위인신자爲人臣者, 상공전어상上共專於上'을 유적은 신하가 군주의 직권을 침탈해 군주와 더불어 명령을 내리는 것으로 풀이했다.

30-7

是故知善, 人君也. 身善, 人役也. 君身善則不公矣. 人君不公, 常惠於賞而不忍於刑, 是國無法也. 治國無法, 則民朋黨而下比, 飾巧以成其私. 法制有常, 則民不散而上合, 竭情以納其忠. 是以不言智能, 而順事治, 國患解, 大臣之任也. 不言於聰明, 而善人擧, 姦僞誅, 視聽者衆也.

사람의 재능을 잘 살펴 적재적소에 배치하는 지인知人은 군주의 몫이고, 사안을 잘 꿰어 직접 나서 열심히 일하는 지사知事는 신하의 몫이다. 군주가 몸소 '지사'에 신경을 쓰면 공정하지 않게 되고, 군주가 공정하지 않으면 늘 포상을 후하게 하고 처벌을 단호하게 하지 못해 나라에 법도가 없게 된다. 나라에 법도가 없게 되면 신민이 붕당을 만들고, 서로 결탁해 사리를 꾀한다. 나라에 늘 법도가 구비돼 있으면 신민이 붕당을 결성치 않고, 군주를 위해 충성을 바친다. 군주가 자신의 재능을 강구할 필요도 없고, 조정의 일 또한 절로 잘 이뤄지고, 나라의 환란도 쉽게 해소되는 이유다. 능력 있는 대신을 임명한데 따른 결과다. 나아가 군주는 자신의 총명을 강구할 필요가 없고, 인재가 절로 천거되고, 간사하고 거짓된 행동을 일삼는 자들이 주살을 당한다. 국정을 감찰하는 눈이 많은데 따른 결과다.

'신선身善, 인역야人役也' 구절의 '신'을 곽말약은 궁躬으로 새기면서, '인역'을 인신지역人臣之役으로 풀이했다. 순사치順事治를 곽말약은 조정의 일을 처리하는 조사치朝事治로 해석했다. 불언어총명不言於聰明의 '어'를 장문호는 연자로 보았다.

30-8

是以爲人君者, 坐萬物之原, 而官諸生之職者也. 選賢論材而待之以法, 擧而得其人, 坐而收其福, 不可勝收也. 官不勝任, 犇走而奉, 其敗事不可勝救也. 而國未嘗乏於勝任之士, 上之明適不足以知之. 是以明君審知勝任之臣者也. 故曰, "主道得, 賢材遂, 百姓治, 治亂在主而已矣."

군주는 만물의 본원을 장악해 능력에 맞게 관직을 하사하는 자이다. 현능한 선비에게 관직을 내리고 그 재간을 평가하는 것은 모두 법도에 따라야 한다. 천거를 통해 적합한 인재를 얻으면 가만히 앉아 있어도 커다란 성과를 거둘 수 있다. 그에 따른 복은 이루 다 거두기 어려울 정도로 많다. 관직에 임명된 자가 그 임무를 감당치 못하면 분주히 돌아다니기만 할 뿐 아무 성과도 거둘 수 없다. 그에 따른 화는 이루 다 구제할 수 없을 정도로 많다. 이는 나라에 그 자리를 떠맡은 인재가 부족하기 때문이 아니라 인재를 알아보는 군주의 안목이 부족했기 때문이다. 명군은 직무를 감당할 신하를 자세히 살필 줄 아는 안목의 보유자이다. "군주가 인재를 단박에 알아보는 안목을 갖고 있으면, 현능한 신하가 발탁되고 백성이 잘 다스려진다.

치란治亂은 오직 군주에게 달려 있을 뿐이다."라고 말하는 이유다.

좌만물지원坐萬物之原의 '좌'를 장문호는 주主의 오자로 보았다. 관제생지직자官諸生之職者의 '관'을 곽말약은 관직을 내리는 수직授職으로 풀이했다. '제생'은 학문을 닦는 선비를 말한다. 분주이봉犇走而奉의 '분'은 분奔과 같다. '봉'을 정사함은 구救의 잘못으로 보고, 기패사불가승구其敗事不可勝救의 '사'를 연자로 파악했다. 상지명적上之明適의 '적'을 우성오는 각별할 특特의 의미로 새겼다. 명군심지明君審知의 '심지'는 신중히 파악한다는 의미이다.

30-9

故曰, "主身者, 正德之本也. 官治者, 耳目之制也." 身立而民化, 德正而官治. 治官化民, 其要在上. 是故君子不求於民. 是以上及下之事謂之'矯', 下及上之事謂之'勝'. 爲上而矯, 悖也. 爲下而勝, 逆也. 國家有悖逆反迕之行, 有土主民者失其紀也.

그래서 말하기를, "군주는 덕행의 근본이다. 관원이 군주의 명을 받은 후에 움직이는 것은 눈과 귀가 마음의 명을 받은 후에 움직이는 것과 같다."고 하는 것이다. 군주가 몸을 바로세우면 백성이 교화되고, 덕행이 바르면 관원이 다스려진다. 관원을 다스리고 백성을 교화하는 치관화민治官化民의 관건은 군주에게 있다. 군주가 치도의 요체를 백성에게서 구하지 않는 이유다. 군주가 신하의 직무까지 자세히 살피는 것을 일컬어 신도臣道를 임의로 고친다는 뜻의 교신矯臣이라고 하고, 신하가 군주의 일에 끼어드는 것을 일컬어 군도君道를 뛰어넘는다는 뜻의 승군勝君이라고 한다. 군주가 '교신'을 행하면 군도를 이지러뜨리는 패군悖君이 되고, 신하가 '승군'을 행하면 신도를 거스르는 역신逆臣이 된다. 나라에 패군과 역신의 행보가 등장하는 것은 군주가 치도의 기강을 잃은 탓이다.

'관치자官治者, 이목지제耳目之制'를 두고 곽말약은 풀이키를, "관원이 군주의 명을 받은 뒤 움직이는 것은 마치 눈과 귀가 마음의 명을 받은 후에 움직이는 것과 같다."고 했다. 제制는 명령의 뜻이다. 군자불구어민君子不求於民의 '군자'를 사호범은 군주君主의 잘못이라고 했으나 '군자'는 원래 '군주'의 의미로 사용된 말이다. 공자가 출현한 후 군주의 의미로 사용된 '군자'를 덕행이 뛰어난 사람으로 바꿔 사용한 이후 '군자'와 '군주'의 의미가 갈리게 됐다. 위지교謂之矯의 '교'를 왕념손은 떨쳐낼 불拂로 풀이했으나 문맥상 군주의 행보가 신도臣道를 멋대로 고친다는 뜻의 교신矯臣으로 해석하는 게 낫다. 위지승謂之勝의 '승'을 왕념손은 능멸할 능陵으로 풀이했다. 그러나 이 역시 문맥상 신하의 행보가 군도君道를 능가한다는 뜻의 승군勝君으로 풀이하는 게 타당하다. 패역반오悖逆反迕의 '오'는 배역背逆의 뜻이다. 유토주민자有土主民者는 영토를 지니고 백성을 다스린다는 뜻으로 곧 군주를 지칭한다.

30-10

是故別交正分之謂'理', 順理而不失之謂'道'. 道德定而民有軌矣. 有道之君者, 善明設法而不以私防者也. 而無道之君, 旣已設法, 則舍法而行私者也. 爲人上者, 釋法而行私, 則爲人臣者, 援私以爲公. 公道不違, 則是私道不違者也. 行公道而託其私焉, 寖久而不知, 姦心得無積乎? 姦心之積也, 其大者有侵偪殺上之禍, 其小者有比周內爭之亂. 此其所以然者, 由主德不立, 而國無常法也. 主德不立, 則婦人能食其意. 國無常法, 則大臣敢侵其勢. 大臣假於女之能以規主情, 婦人嬖寵假於男之知以援外權. 於是乎外夫人而危太子, 兵亂內作, 以召外寇, 此危君之徵也.

군신관계를 구별하고 군신의 직분을 바로잡는 것을 치리治理, 천지자연의 순리를 좇으면서 그 요체를 잃지 않는 것을 치도治道라고 한다. 군주의 도덕이 확립되면 백성 또한 순순히 좇게 된다. 치도를 아는 군주는 법제를 분명히 설정하는 까닭에 사사롭게 법제의 시행을 막는 일이 없다. 그러나 치도를 모르는 군주는 법제를 설정하고도 법제를 버려둔 채 사사롭게 행동한다. 군주가 법제를 버려둔 채 사사롭게 행동하면 군신들도 사적인 행보를 공도公道로 위장한다. 이들이 공도를 어기지 않는다고 말하는 것은 곧 사리사익을 추구하는 사도私道를 어기지 않는다는 뜻이다. 표면상 공도를 행하면서 사실상 사도를 행하는 일이 오래도록 드러나지 않으면, 어찌 간사한 마음이 차곡차곡 쌓이지 않을 수 있겠는가? 간사한 마음이 차곡차곡 쌓이면 크게는 군주의 권력을 침탈해 마침내 시해하는 재앙이 뒤따르게 되고, 작게는 붕당을 만들어 안에서 서로 싸우는 내란이 빚어진다. 군덕君德이 바로 서지 않고, 나라에 상법常法이 제대로 서 있지 않은 탓이다. 군덕이 바로 서지 않으면 부녀자까지 군주의 속셈을 헤아리며 사리를 꾀하고, 나라에 상법이 없으면 대신까지 감히 군주의 권세를 침탈코자 한다. 대신이 군주의 총희寵姬를 이용해 군주의 정황을 살피고, 총희가 대신의 지모를 빌려 궁 밖의 세력을 끌어들이는 이유다. 이같이 하면 정실부인을 내치며 태자를 위태롭게 만들고, 마침내 안으로는 병란兵亂이 일어나고, 밖으로는 외적의 침공을 부르게 된다. 모두 군주를 위태롭게 만드는 징조들이다.

'공도불위公道不違, 즉시사도불위자則是私道不違者'를 두고 윤지장은 풀이키를, "신하들이 공도를 행한다고 생각하는 것은 곧 사도에 지나지 않는다. 표면상 공도를 어기지 않았다고 말하는 것은 곧 사도를 어기지 않았다는 의미이다."라고 했다. 부인능사기의婦人能食其意의 사食를 우성오는 찰察과 통하는 사伺로 새겨야 한다고 했다. 먹일 사飼의 뜻을 확대해석한 셈이다. 규주정規主情의 '규'를 정사함은 엿볼 규窺의 고자古字라고 했다. 외부인

外夫人의 '외'를 곽말약은 물리칠 병제屛除로 풀이했다.

30-11

是故有道之君, 上有五官以牧其民, 則衆不敢踰軌而行矣. 下有五橫以揆其官, 則有司不敢離法而使矣. 朝有定度衡儀以尊主位, 衣服緷絻盡有法度, 則君體法而立矣. 君據法而出令, 有司奉命而行事, 百姓順上而成俗, 著久而爲常, 犯俗離教者, 衆共姦之, 則爲上者佚矣.

치도를 아는 군주가 위로 5관官을 두어 백성을 보살피면 백성이 감히 상궤常軌를 뛰어넘어 멋대로 행동하지 않고, 아래로 5횡橫을 두어 관원을 규찰하면 관원이 감히 법제를 떠나 멋대로 월권하지 않는다. 조정에 일정한 법도와 예제가 있으면 군주의 지위가 높아지고, 관복 및 관대冠帶 등에 모두 법도가 있게 된다. 군주가 법제에 의거해 정사에 임할 수 있는 배경이다. 군주가 법제를 좇아 명을 내리면, 유사有司가 군명을 받들어 이를 시행하고, 백성은 군주에 순응하며 아름다운 풍속을 갖추게 된다. 이것이 오래 지속되면 상규常規가 만들어진다. 그러면 아름다운 풍속을 범하거나 교화를 거스르는 자에 대해 천하 만민이 들고 일어나 죄를 묻게 된다. 군주가 평안해지는 이유다.

하유오횡下有五橫의 '횡'을 윤지장은 5관官의 전횡으로 풀이했다. 의복혼문衣服緷絻의 '혼문'을 윤지장은 곤면袞冕의 옛 글자라고 했다. 군체법이立君體法而立의 '체'를 여상봉은 의依로 새겼다. 이立는 임할 이莅의 의미이다. 범속이교犯俗離教를 윤지장은 풍속과 교화를 거스르며 간사한 죄를 범하는 자로 풀이했다.

30-12

天子出令於天下, 諸侯受令於天子, 大夫受令於君, 子受令於父母, 下聽其上, 弟聽其兄, 此至順矣. 衡石一稱, 斗斛一量, 丈尺一綧制, 戈兵一度, 書同名, 車同軌, 此至正也. 從順獨逆, 從正獨辟, 此猶夜有求而得火也, 姦僞之人, 無所伏矣, 此先王之所以一民心也. 是故天子有善, 讓德於天. 諸侯有善, 慶之於天子. 大夫有善, 納之於君. 民有善, 本於父, 慶之於長老. 此道法之所從來, 是治本也.

천자가 천하에 명을 내리고, 제후가 천자로부터 명을 받고, 대부가 제후로부터 명을 받고, 자식이 부모로부터 명을 받고, 아랫사람이 윗사람의 말을 좇고, 아우가 형의 말을 듣는 것은 지극히 당연한 질서이다. 형석衡石 등 무게를 재는 저울의 칭량稱量, 두곡斗斛 등 부피를 재는 말과 되의 용량容量, 장척丈尺 등 길이를 재는 자의 장단長短, 병과兵戈 등 무기의 규격, 문서에 사용하는 글자, 수레바퀴의 궤도 등이 하나의 단위로 통일되는 것은 지극히 당연한 규범이다. 사람들은 순종하는데 홀로 거역하고, 사람들은 반듯한데 홀로 치우치면 마치 칠흑 같은 밤에 뭔가를 찾을 때 횃불을 들어 밝히는 것처럼 훤히 드러난다. 간사하고 거짓된 행동을 숨길 길이 없다. 이는 선왕이 민심을 하나로 만든 계책이기도 하다. 천자가 선행을 하면 하늘에 그 공덕을 양보하고, 제후가 선행을 하면 천자에게 그 공덕을 돌리고, 대부가 선행을 하면 그 공덕을 군주에게 바치고, 백성이 선행을 하면 그 근원을 부모에게서 찾으면서 그 공덕을 어른에게 돌리는 것도 이 때문이다. 이것이 바로 나라의 예법이 나온 배경이다. 다스림의 근본인 치본治本이 바로 이러하다.

장척일돈제丈尺一綧制의 '돈'을 이카이는 『주례』「내재內宰」의 정현 주를 인용해 피륙의 넓이를 뜻하는 돈純과 통하는 순淳과 같다고 했다. '제'는 피륙을 셀 때 단위인 필匹 내지 필疋의 길이를 뜻한다. 서동명書同名의 '명'을 강한江瀚은 같은 문자인 동문同文으로 새겼다. 종정독벽從正獨辟의 '종'을 이카이는 중衆의 오자로 보았다. '벽'은 벽僻과 같다. 경지어천자慶之於天子와 경지어장로慶之於長老의 '경'을 왕념손은 봉헌할 천薦의 오자라고 했다.

30-13

是故歲一言者, 君也. 時省者, 相也. 月稽者, 官也. 務四支之力, 修耕農之業以待令者, 庶人也. 是故百姓量其力於父兄之間, 聽其言於君臣之義, 而官論其德能而待之. 大夫比官中之事, 不言其外. 而相爲常具以給之. 相總要, 者官謀士, 量實義美, 匡請所疑. 而君發其明府之法瑞以稽之, 立三階之上, 南面而受要. 是以上有餘日, 而官勝其任, 時令不淫, 而百姓肅給, 唯此上有法制, 下有分職也.

법령 및 시령時令과 관련해 1년 단위로 1번 종합적으로 살피는 것은 군주이고, 계절마다 4번 살피는 것은 재상이고, 달마다 12번 살피는 것은 관원이고, 사지의 힘을 이용해 농사에 힘쓰며 절기에 따라 24번 살피는 것은 서민이다. 군주는 백성에 대해 부형의 관점에서 그들의 능력을 헤아리고, 군신의 의리 관점에서 그들의 언론을 살펴야 한다. 관원은 백성의 재덕才德을 논하면서 재덕이 뛰어난 백성을 군주에게 천거해야만 한다. 대부는 자신이 맡은 관직의 일만 세심히 살피고, 그 밖의 것은 말하지 않아야 한다. 재상은 통상적인 조례를 정해 널리 배포하면서 백관을 총괄한다. 관원은 구체적인 내용을 검토하면서 공적을 평가하고 선행을 논의한다. 또 의심스러운 것이 있을 때는 재상에게 문의해 바로잡는다. 군주는 관부에 비치한 법령과 규벽珪璧 등을 꺼내 심사평가의 기준으로 삼고, 궁실의 3층 계단 위에서 남면하여 백관의 업무보고를 들으면 된다. 이같이 하면 군주는 여유가 있고, 관원은 각자 자신의 업무를 충실히 이행할 수 있고, 계절에 부응하는 정령은 어지럽지 않게 되고, 백성들은 공경한 자세로 군주가 필요로 하는 물품을 공급하게 된다. 모두 위에서 법제를 준수하고, 아래에서 각자의 직분에 맞춰 열심히 일한 덕분이다.

세일언자歲一言者의 '1언'을 진환은 살필 성省의 오자라고 했다. 논기덕능이대지論其德能而待之의 논論을 허유휼은 『설문해자』를 근거로 가릴 륜掄과 통한다고 했다. 또 대待를 『전국책』「제책」의 주를 인용해 제공할 공供의 뜻인 공共으로 새겼다. 상위상구相爲常具의 '상구'는 통상적인 조례를 지칭한다. 상총요相總要의 '총요'는 핵심현안을 한데 묶어 관할하는 총람總攬의 뜻이다. 제관모사者官謀士의 '제'를 윤동양은 제諸와 같다고 했다. 제관諸官은 중관衆官 내지 백관百官의 뜻이다. '사'를 하여장은 사事로 새겼다. 양실의미量實義美의 '실'을 정사함은 공실功實로 새기면서, '의'를 의議의 잘못이라고 했다. 명부지법서이계지明府之法瑞以稽之의 '명부'은 관부官府를 뜻한다. '법서'는 법제와 명령을 총칭한 말이다. '서'를 윤지장은 군주가 신하에게 하사한 규벽珪璧 등의 신표信標로 해석했다. '계'는 심사하고 평가한다는 뜻으로 고핵考覈 내지 고핵考核과 통한다. 입삼계지상立三階之上의 '3계'는 궁궐의 3층 계단을 말한다. 유차상유법제唯此上有法制의 '유차'를 정사함은 차유此唯의 잘못이라고 했다.

30-14

道者, 誠人之姓也, 非在人也. 而聖王明君, 善知而道之者也. 是故治民有常道, 而生財有常法. 道也者, 萬物之要也. 爲人君者, 執要而待之, 則下雖有姦僞之心, 不敢殺也. 夫道者虛設, 其人在則通, 其人亡則塞者也, 非玆是無以理人, 非玆是無以生財. 民治財育, 其福歸於上. 是以知明君之重道法而輕其國也. 故君一國者, 其道君之也. 王天下者, 其道王之也. 大王天下, 小君一國, 其道臨之也. 是以其所欲者, 能得諸民. 其所惡者, 能除諸民. 所欲者, 能得諸民,故賢材遂. 所惡者, 能除諸民, 故姦僞省. 如冶之於金, 陶之於埴, 制在工也.

치도治道는 사람을 살게 하는 근본으로 사람의 통제를 받지 않는다. 역대 성왕과 명군 모두 이를 잘 알아서 실행한 자들이다. 백성을 다스리는 데는 변함없는 치도인 상도常道가 있고, 재화를 생산하는 데는 변함없는 법칙인 상법常法이 존재한다. 상도는 만물의 요체이다. 군주가 상도를 지닌 채 만물을 다스리면 아래로 간사하고 거짓된 마음을 지닌 자일지라도 감히 함부로 이를 행하지 못한다. 상도는 형체가 없다. 이를 지닌 군주가 생존해 있을 때는 활발히 통하지만, 죽으면 이내 막히고 만다. 상도가 아니면 사람을 다스릴 길이 없고, 재화도 생산할 길이 없다. 백성이 잘 다스려지고 재화가 풍족하게 생산되면 그 복은 모두 군주에게 돌아간다. 이로써 명군이 상도와 상법을 중시하며 나라를 가벼이 여긴 이유를 알 수 있다. 상도는 일국의 군주에게 군도君道로 나타나고, 천하를 호령하는 자에게는 왕도王道로 나타난다. 크게는 천하의 왕이 되고, 작게는 한 나라의 군주가 되는 것은 상도가 적절히 발휘된 결과다. 상도를 행하면 바라는 바를 백성을 통해 이룰 수 있고, 꺼리는 바를 백성을 통해 제거할 수 있다. 바라는 바를 백성을 통해 이루는 까닭에 현능한 인재가 발탁되고, 꺼리는 바를 백성을 통해 제거하는 까닭에 간사하고 거짓된 자가 쉽게 드러난다. 이는 마치 야장冶匠과 도공陶工이 쇠붙이와 진흙을 원하는 바대로 주물러 물건을 만드는 것과 같다.

도자道者는 군주가 치국평천하를 행할 때 천지자연의 이치에 맞는 치도治道를 행한다는 취지이다. 성인지성야誠人之姓也를 두고 대망은 성誠을 성成, 성姓은 생生의 오자라고 했다. 도지자야道之者也의 '도'를 명대의 주장춘朱長春은 『관자각管子榷』에서 유由로 새겼다. 불감살야不敢殺也의 '살'을 왕념손은 시試의 잘못이라고 했다. 비자시무이리인非兹是無以理人의 자兹를 왕인지는 도道를 지칭하는 지시대명사 차此의 의미로 새겼다. 시是는 『이아』를 인용해 즉則으로 풀이했다. 인人을 왕념손은 원래 글자가 민民이라고 했다. 도지어식陶之於埴의 '식'은 진흙인 점토粘土를 말한다.

30-15

是故將與之, 惠厚不能供. 將殺之, 嚴威不能振. 嚴威不能振, 惠厚不能供, 聲實有閒也. 有善者不留其賞, 故民不私其利. 有過者不宿其罰, 故民不疾其威. 威罰之制, 無踰於民, 則人歸親於上矣. 如天雨然, 澤下尺, 生上尺.

포상할 때 시혜가 지나치면 내릴 수 없고, 처벌할 때 위엄이 지나치면 행할 수 없다. 형벌이 지나치면 사람을 두렵게 만들 수 없고, 시혜가 지나치면 포상을 계속할 수 없다. 선행이 있는 자에 대한 포상을 늦추지 않으면 백성은 사익을 따지지 않고, 잘못이 있는 자에게 처벌을 늦추지 않으면 백성은 위엄을 원망하지 않는다. 상벌의 법제가 백성의 기대에서 벗어나지 않으면 백성은 군주에게 친근히 다가온다. 마치 하늘이 1척尺의 비를 내리면 식물이 1척만큼 자라는 것과 같다.

혜후불능공惠厚不能供의 '혜후'를 정사함은 위엄威嚴과 대비되는 후혜厚惠로 바꿔야 한다고 했다. 성실유문聲實有閒의 '성실'은 명실名實의 뜻이다. 과자불숙過者不宿의 '숙'을 윤지장은 정停으로 새겼다. 위벌지제威罰之制의 '위'를 유적은 상賞의 잘못이라고 했다. ,

30-16

是以官人不官, 事人不事, 獨立而無稽者, 人主之位也. 先王之在天下也, 民比之神明之德, 先王善牧之於民者也. 夫民別而聽之則愚, 合而聽之則聖, 雖有湯·武之德, 復合於市人之言. 是以明君順人心, 安情性, 而發於衆心之所聚. 是以令出而不稽, 刑設而不用. 先王善與民爲一體. 與民爲一體, 則是以國守國, 以民守民也. 然則民不便爲非矣.

남에게 관직을 내릴 뿐 자신은 갖지 않고, 남에게 일을 맡길 뿐 자신은 맡지 않고, 홀로 움직이며 남의 제어를 받지 않는 것이 군주의 자리이다. 선왕이 천하를 다스릴 때 백성은 그 덕행을 신명神明에 비유했다. 선왕이 백성을 잘 거두어 양육했기 때문이다. 무릇 백성의 얘기를 나눠 들으면 어리석어지고, 종합해 들으면 슬기로워진다. 탕왕과 무왕의 덕이 있을지라도 반드시 시중의 얘기를 종합해 들어야 한다. 명군이 인심에 순응하고, 인정을 안정시키고, 모든 것을 민심에서 시작한 이유다. 덕분에 법령을 발포하면 지체되는 일이 없었고, 형벌은 있어도 쓸 이유가 없었다. 선왕은 백성과 더불어 하나가 되는 여민일체與民一體를 잘했다. 여민일체가 되면 나라로 나라를 지키는 이국수국以國守國과 백성으로 백성을 지키는 이민수민以民守民이 가능해진다. 백성도 자연히 비행을 저지르지 않게 된다.

선왕선목지先王善牧之의 '목'을 도홍경은 『광아』「석고」를 인용해 취取의 뜻인 수收의 오자라고 했다. 영출이불계令出而不稽의 '계'는 유체留滯의 뜻이다.

30-17

雖有明君, 百步之外, 聽而不聞. 閒之堵牆, 窺而不見也. 而名爲明君者, 君善用其臣, 臣善納其忠也. 臣以繼信, 善以傳善, 是以四海之內, 可得而治. 是以明君之擧其下也, 盡知其短長, 知其所不能益, 若任之以事. 賢人之臣其主也, 盡知短長, 與身力之所不至, 若量能而授官. 上以此畜下, 何以此事上, 上下交期於正, 則百姓男女皆與治焉.

아무리 명군일지라도 100보 밖에서는 들을 수 없고, 담장 하나만 있어도 볼 수 없다. 그럼에도 명군으로 부르는 것은 용신用臣을 잘해 신하가 모든 충성을 바치기 때문이다. 성신誠信으로 성신을 잇고, 선량善良으로 선량을 전하는 까닭에 천하가 잘 다스려진다. 명군의 '용신'은 신하의 장단점을 두루 꿰고, 그 한계 또한 알아야만 가능하다. 그래야만 적재를 적소에 앉힐 수 있다. 현자가 군주의 신하가 될 때는 먼저 자신의 장단점은 물론 역량이 미치지 못하는 부분까지 소상히 파악한 뒤 자신의 능력을 헤아려 관직을 받아야 한다. 군주는 이런 원칙하에 신하를 육성하고, 신하는 이런 원칙하에 군주를 섬겨야 한다. 군신이 서로 공정한 마음을 견지하면 남녀 백성 모두 잘 다스려진다.

약임지이사若任之以事와 약량능이수관若量能而授官의 약若을 유월은 우리말 '이내'의 뜻인 내乃로 새겨야 한다고 했다. 그는 또 수관授官을 수관受官의 잘못이라고 했다.

제31장 군신(君臣) 하(下)

이 장 역시 앞 장에 이어 군도와 신도의 상호관계를 깊숙이 논하고 있다. 다루고 있는 내용을 보면 그 폭이 매우 넓다. 국가의 형성과정, 군주의 처신, 현자의 선발, 군신群臣의 업무 분장, 권신의 발호 문제 등이 두루 언급돼 있다.

31-1

古者未有君臣上下之別, 未有夫婦妃匹之合, 獸處羣居, 以力相征. 於是智者詐愚, 强者凌弱, 老幼孤獨不得其所. 故智者假衆力以禁强虐, 而暴人止. 爲民興利除害, 正民之德, 而民師之. 是故道術德行出於賢人, 其從義理兆形於民心, 則民反道矣. 名物處, 違是非之分, 則賞罰行矣. 上下設, 民生體, 而國都立矣.

옛날에는 군신 간의 상하 구별도 없었고, 남녀 간의 정해진 짝도 없었다. 짐승처럼 모여 살며 서로 공격을 일삼은 이유다. 지자智者가 우자愚者를 속이고, 강자가 약자를 능멸한 까닭에 노약자와 고아 및 홀아비 등은 편히 살 수 없었다. 성왕이 나타나 중력衆力으로 강포한 행위를 금하자 강포한 행위가 그치게 됐다. 또 백성을 위해 흥리제해興利除害를 도모하고, 백성의 덕행을 북돋워주자 백성들이 그를 스승으로 삼았다. 이후 도술과 덕행이 성왕을 흉내 낸 현인에게서 나오고, 도덕의 의리가 민심에 깊이 파고들어가면서 백성이 천지자연의 도로 되돌아가는 움직임을 보인 이유다. 그러나 명분과 실리가 나뉘고, 시비가 나뉘면서 상벌이 시행되는 상황이 나타났다. 이후 상하간의 예제가 정해지고, 민생을 위한 근본이 마련되면서 나라의 도읍이 건립되기 시작했다.

부부비필夫婦妃匹의 '비필'은 배필配匹 내지 배우配偶와 같다. 지자가중력智者假衆力의 '지자'를 윤지장은 성왕聖王으로 새겼다. 기종의리조형其從義理兆形의 종從을 곽말약은 연자로 보았다. '명물처名物處, 위시비지분違是非之分' 구절을 두고 장패륜은 아래에 나오는 '상하설上下設, 민생체民生體' 구절과 대조시킨 것이라며 위違와 지之를 연자로 보았다. 처處는 가릴 변辨의 의미이다.

31-2

是故國之所以爲國者, 民體以爲國. 君之所以爲君者, 賞罰以爲君. 致賞則匱, 致罰則虐. 財匱而令虐, 所以失其民也. 是故明君審居處之教, 而民可使, 居治戰勝守固者也. 夫賞重則上不給也, 罰虐則下不信也. 是故明君飾食飲弔傷之禮, 而物厲之者也. 是故厲之以八政, 旌之以衣服, 富之以國裹, 貴之以王禁, 則民親君, 可用也. 民用, 則天下可致也. 天下道其道則至, 不道其道則不至也. 夫水波而上, 盡其搖而復下, 其勢固然者也. 故德之以懷也, 威之以畏也, 則天下歸之矣. 有道之國, 發號出令, 而夫婦盡歸親於上矣. 布法出憲, 而賢人列士盡功能於上矣. 千里之內, 束布之罰, 一畝之賦, 盡可知也. 治斧鉞者不敢讓刑, 治軒冕者不敢讓賞, 墳然若一父之子, 若一家之實, 義禮明也.

국가가 국가의 모습을 갖춘 것은 백성을 근본으로 삼은 덕분이고, 군주가 군주답게 된 것은 상벌을 공정히 시행한 덕분이다. 포상이 지나치면 국고가 바닥나고, 형벌이 지나치면 법령이 포학해진다. 국고가 바닥나고 법령이 포학하면 백성의 지지를 잃는다. 명군이 거처에서 행하는 교화를 세심히 살피고, 백성의 거처를 안정되게 하고, 전쟁을 승리로 이끌면서 수비를 견고히 한 이유다. 포상이 지나치면 군주가 이를 지속할 길이 없고, 법령이 포학하면 백성이 불신케 된다. 명군이 관혼상제의 예제를 바르게 정해 백성들이 서로 친하게 지내도록 만든 이유다. 8종의 관직을 만들어 백성들을 고취하고, 여러 복식으로 표창하고, 나라의 녹봉으로 부유하게 만들고, 군주의 법령으로 귀하게 만들면 백성이 군주를 친근하게 여긴다. 그러면 장차 필요할 때 군주를 위해 요긴하게 쓸 수 있고, 백성을 능히 부릴 수 있으면 이내 천하의 백성의 마음이 귀의한다. 군주가 군도를 행하면 천하가 다가오고, 행하지 않으면 다가오지 않는다. 마치 파도가 휘몰아칠 때 높이 솟아올랐다가 힘이 다하면 아래로 급히 내려오는 것과 같다. 이는 수세水勢의 자연스런 현상이기도 하다. 덕을 베풀어 백성들로 하여금 이를 가슴에 품게 하고, 위엄을 보여 이를 경외토록 만들면 이내 천하가 귀의한다. 치도가 행해지는 나라에서는 군주가 호령을 발포하면 나라의 남녀 백성 모두 군주에게 친부親附하고, 헌령憲令을 반포하면 현인을 비롯한 많은 선비가 군주를 위해 자신의 재능을 다한다. 이같이 하면 사방 1천 리 안에서 집행되는 베 1필의 벌금이나 땅 1평의 세금까지 훤히 알 수 있다. 형벌권을 뜻하는 부월斧鉞을 관리하는 자는 감히 그 권한을 남에게 양도할 수 없고, 포상권을 뜻하는 헌면軒冕을 관리하는 자는 감히 그 일을 남에게 양도할 수 없다. 백성이 상벌권에 복종하는 것은 마치 자식이 아버지를 따르는 것처럼 가정의 실제 모습과 닮았다. 모두 예제가 분명한데 따른 것이다.

민체이위국民體以爲國을 곽말약은 『서경』「하서夏書, 오자지가五子之歌」에 나오는 민위방본民爲邦本의 의미로 새겼다. 백성이 나라의 근본이라는 뜻이다. 치벌즉학致罰則虐의 '치'를 허유휼은 극極의 뜻인 지至로 풀이했다. 여지이팔정厲之以八政의 '8정'은 홍범구주洪範九疇의 8가지 치국 계책을 말한다. 『서경』「주서, 홍범」에 따르면 9주는 5행五行, 5사五事, 8정八政, 5기五紀, 황극皇極, 3덕三德, 계의稽疑, 서징庶徵, 오복육극五福六極으로 구성돼 있다. 8정은 식량을 관리하는 식食, 재화를 관리하는 화貨, 제사를 관리하는 사祀, 토목을 주관하는 사공司空, 관원을 선발하고 감찰하는 사도司徒, 범죄를 단속하는 사구司寇, 빈객을 접대하는 빈賓, 군사를 육성하는 사師를 말한다.

부지이국과富之以國裹의 '과'를 왕인지는 곳집 름廩의 옛 글자인 름稟의 오자라고 했다. 부수파이상夫水波而上의 '파'를 대망은 파播의 가차로 보았다. 진공능어상盡功能於上의 '공'을 유월은 『설문해자』「패부貝部」를 인용해 헌공獻功의 뜻인 공貢의 잘못으로 파악했다. 속포지벌束布之罰의 '속포'를 야스이는 베 한 묶음으로 풀이했다. 불감양형不敢讓刑과 불감양상不敢讓賞의 '양'을 유월은 강탈과 통하는 양절攘竊의 양攘으로 바꿔야 한다고 했다. 뜻이 통하지 않기 때문이다. 분연墳然의 '분'을 진환은 부드러운 모습인 퇴隤의 오자로 판단했다.

31-3

夫下不戴其上, 臣不戴其君, 則賢人不來. 賢人不來, 則百姓不用. 百姓不用, 則天下不至. 故曰, "德侵則君危, 論侵則有功者危, 令侵則官危, 刑侵則百姓危." 而明君者, 審禁淫侵者也. 上無淫侵之論, 則下無冀幸之心矣.

백성이 군주를 떠받들지 않고, 신하가 군주를 떠받들지 않으면 현인이 오지 않는다. 현인이 보좌하지 않으면 백성 또한 부릴 길이 없다. 백성을 부릴 수 없으면 천하가 군주에게 귀의하지 않는다. "덕정을 베푸는 군권君權이 침탈되면 보위가 위태롭고, 논공행상의 군권이 침탈되면 유공자가 위태롭고, 호령을 발하는 군권이 침탈되면 백관이 위태롭고, 형을 집행하는 군권이 침탈되면 백성이 위태롭다."고 말하는 이유다. 명군이 군권의 침탈을 세심히 살피는 것도 바로 이 때문이다. 위에서 군권의 침탈에 관한 얘기가 나오지 않으면 아래서도 요행을 바라는 망상을 하지 않을 것이다.

덕침즉국위德侵則君危의 '덕'은 덕정德政, '침'은 침탈의 뜻이다. 기행지심冀幸之心의 '기행'은 요행을 바란다는 뜻이다. 송본 이외의 여타 판본에는 이異로 나온다.

31-4

爲人君者, 倍道棄法而好行私, 謂之'亂'. 爲人臣者, 變故易常而巧官以諂上, 謂之'騰'. 亂至則虐, 騰至則北. 四者有一至, 敗, 敵人謀之. 則故施舍優猶以濟亂, 則百姓悅. 選賢遂材而禮孝悌, 則姦僞止. 要淫佚, 別男女, 則通亂隔. 貴賤有義, 倫等不踰, 則有功者勸. 國有常式, 故法不隱, 則下無怨心. 此五者, 興德匡過, 存國定民之道也.

군주가 군도를 어기고 법제를 포기하면서 사정私情을 즐겨 좇는 것을 일컬어 혼란混亂이라고 한다. 신하가 멋대로 구제舊制를 고치고 상규常規를 바꾸면서 교언으로 군주에게 아첨하는 것을 일컬어 능가凌駕라고 한다. 군주의 혼란이 극에 달하면 포학해지고, 신하의 능가가 극에 달하면 배반한다. 포학과 배반의 2가지 사항 가운데 어느 하나라도 나타나면 나라가 패망하고, 외적이 틈을 노려 쳐들어온다. 군주가 관대하게 덕을 베풀고, 화란을 막으면 백성이 기뻐한다. 현재賢才를 등용하고, 효제孝悌의 인물을 우대하면 간사하고 거짓된 행동이 사라진다. 음일淫佚을 금지시켜 남녀의 구별을 명확히 하면 남녀가 음란하게 사통하는 짓이 그친다. 귀천에 구별이 있어 질서를 뛰어넘지 못하게 하면 유공자는 더욱 노력한다. 나라에 상법常法이 있고, 이를 백성 앞에서 공개하면 백성이 원심怨心을 품지 않는다. 이 5가지야말로 덕행을 일으켜 잘못을 바로 잡고, 나라를 보존하며 백성을 안정시키는 길이다.

배도기법倍道棄法의 '배'는 배신할 배背의 뜻이다. 교관이첨상巧官以諂上의 '관'을 왕인지는 언言의 잘못으로 보았다. 위지등謂之騰의 '등'을 윤지장은 기어오른다는 뜻의 참월僭越 내지 초월을 뜻하는 능가凌駕의 의미로 새겼다. 등지즉배騰至則北의 '배'를 왕념손은 배背와 같다고 했다. 사자유일지四者有一至의 '4'를 곽말약은 양兩의 오자로 보았다. 즉고시사우유이제란則故施舍優猶以濟亂의 즉則을 야스이는 연자로 보았다. 우유優猶를 왕념손은 관대한 덕정을 베풀어 마음껏 노닐게 한다는 뜻의 우유優游로 새겼다. 제濟는 지止의 뜻이다. 요음일要淫佚의 '요'는 단속을 뜻한다. '음일'은 음란하고 방탕하다는 의미이다. 윤등불유倫等不踰의 '윤등'은 등급等級과 같은 말이다.

31-5

夫君人者有大過, 臣人者有大罪. 國所有也, 民所君也, 有國君民, 而使民所惡制之, 此一過也. 民有三務不布, 其民非其民也. 民非其民, 則不可以守戰. 此君人者二過也. 夫臣人者, 受君高爵重祿, 治大官. 倍其官, 遺其事, 穆君之色, 從其欲, 阿而勝之, 此臣人之大罪也. 君有過而不改謂之'倒', 臣當罪而不誅謂之'亂'. 君爲倒君, 臣爲亂臣, 國家之衰也, 可坐而待之. 是故有道之君者執本, 相執要, 大夫執法, 以牧其羣臣. 羣臣盡智竭力, 以役其上. 四守者, 得則治, 易則亂, 故不可不明設而守固.

무릇 군주도 대과大過를 저지를 수 있고, 신하도 대죄大罪를 저지를 수 있다. 나라는 군주가 관리하는 대상이고, 백성은 군주가 다스리는 대상이다. 그럼에도 나라를 떠맡아 백성을 다스리는 군주는 많은 백성이 꺼리는 간사하고 거짓된 자를 관원으로 파견해 백성들을 통제한다. 이것이 군주의 1번째 대과이다. 백성은 봄과 여름과 가을의 세 계절에 때맞춰 농사를 짓는다. 군주가 멋대로 정령을 발해 농사지을 시기를 빼앗으면 백성은 자신의 백성이 아니게 된다. 백성이 자신의 백성이 아니게 되면 수비나 공격에 나설 수 없다. 이것이 군주의 2번째 대과이다. 무릇 신하는 군주로부터 고귀한 작위와 두터운 봉록을 받고 대임大任을 떠맡은 자이다. 그런데도 직분을 저버리고, 직무를 유기하고, 군주의 안색을 살펴 기쁘게 만들면서 군주의 사욕을 채우는 데 복종하고, 간교한 말과 비굴한 표정으로 군주를 받들면서 농락코자 한다. 이것이 신하의 대죄이다. 군주가 잘못을 저질러도 곁에 있는 신하가 간하지 않을 경우 그 군주를 도군倒君, 신하가 죄를 지어도 군주가 주살하지 않는 경우 그 신하를 난신亂臣이라고 한다. 이처럼 군주가 나라를 거꾸러뜨리는 '도군'이 되고, 신하가 나라를 어지럽게 만드는 '난신'이 되면 나라의 쇠망은 앉아서 기다릴 정도로 빠르게 다가온다. 치도를 아는 군주가 반드시 치국의 근본을 붙잡고, 재상이 그 요점을 붙잡고, 대부가 구체적인 법령을 붙잡는 이유다. 군주가 이런 식으로 군신을 다스리면, 군신들은 모든 지혜와 힘을 다하는 진지갈력盡智竭力의 자세로 군주를 위해 일할 것이다. 이상 4가지 사항을 잘 지키면 나라가 잘 다스려지고, 어기면 나라가 어지러워진다. 치국에 관한 규정을 명확히 정한 뒤 굳게 지키지 않을 수 없는 이유다.

민소오民所惡의 대상을 장패륜은 간사하고 거짓된 간위奸僞를 지칭한 것으로 풀이했다. 민유삼무民有三務를 윤지장은 춘경春耕, 하운夏耘, 추수秋收로 해석했다. 목군지색穆君之色의 '목'을 윤지장은 군주를 안색을 살펴 기쁘게 만드는 열悅로 새겼다. 명설이수고明設而守固의 '수고'를 정사함은 고수固守로 바꿔야 한다고 했다.

31-6

昔者, 聖王本厚民生, 審知禍福之所生, 是故愼小事微, 違非索辯以根之.

然則躁作姦邪僞詐之人, 不敢試也. 此禮正民之道也.

옛날의 성왕은 민생民生을 두텁게 하는 것을 근본으로 삼고, 화복禍福이 빚어지는 근원을 상세히 살폈다. 민생 관련 사안은 사소한 일의 하찮은 것까지 정성을 다해 신중히 처리하고, 성실히 임하며 시비를 분명히 가리고 그 배경을 깊이 추궁한 이유다. 덕분에 경거망동하면서 간사하고 거짓된 일을 저지르는 자들이 감히 함부로 움직일 수 없었다. 이것이 예법의 제정을 통해 백성을 바르게 이끄는 길이다.

위비색변違非索辯의 '위'를 정사함은 『설문해자』를 근거로 바를 시是의 뜻인 위韙의 오자로 보았다. 차례정민지도此禮正民之道 구절을 두고 윤지장은 '차' 뒤에 제制가 빠졌다고 했다.

31-7

古者有二言, "牆有耳, 伏寇在側." 牆有耳者, 微謀外泄之謂也. 伏寇在側者, 沉疑得民之道也. 微謀之泄也, 狡婦襲主之請而資游慝也. 沉疑者, 得民者也. 前貴而後賤者, 爲之驅也. 明君在上, 便僻不能食其意, 刑罰亟近也. 大臣不能侵其勢, 比黨者誅, 明也. 爲人君者, 能遠讒諂, 廢比黨, 淫悖行食之徒, 無爵列於朝者, 此止詐·拘姦·厚國·存身之道也.

옛날부터 전해지는 말 가운데 이런 2마디 경구가 있다.

"담장에 귀가 달려 있고, 신변에 도적이 숨어 있다."

'담장에 귀가 달려 있다.'는 말은 밀모密謀조차 이내 밖으로 누설된다는 뜻이다. '신변에 도적이 숨어 있다.'는 말은 음험陰險하고 참월僭越하는 권신權臣이 은밀히 민심을 그러모은다는 뜻이다. 밀모의 누설은 군주 주변의 간교한 시첩들이 군주의 속마음을 알아내 몰래 간특한 무리에게 일러주는데서 비롯된다. 권신의 민심 장악 시도는 득총得寵으로 고귀한 자리에 있다가 실총失寵으로 밀려난 자들이 구사하는 것이다. 명군이 재위할 때 시첩 등이 군주의 속마음을 알지 못한 것은 엄한 형벌이 이들에게 먼저 떨어졌기 때문이고, 대신이 참월한 짓을 하지 못한 것은 붕당을 만들어 사리를 꾀할 경우 예외 없이 주살했기 때문이다. 군주는 참소와 아첨을 일삼는 자들을 멀리하고, 붕당을 만들어 사리를 꾀하는 자들을 내치고, 음란하고 패역한 생각을 갖고 놀고먹는 자들이 조정대신의 반열에 낄 수 없도록 해야 한다. 이것이 거짓되고 간사한 짓을 방지하고, 나라의 기틀을 공고히 하고, 보위를 보존하는 길이다.

미모외설微謀外泄의 '미모'는 비밀스런 모획謀劃으로 밀모密謀와 같은 말이다. 침의득민지도沉疑得民之道의 '침'을 곽말약은 음험陰險, '의'를 분수에 넘치게 윗사람과 견주는 참의僭擬로 새겼다. 교부습주지청狡婦襲主之請의 '습'을 정사함은 기밀을 은밀히 빼내는 밀취密取로 풀이했다. '청'은 정情과 통한다. '침의자沉疑者, 득민자야得民者也' 구절이 일부 판본에 '침의지득민야자沉疑之得民也者'로 되어 있다. 정사함은 야자也者의 자者를 연자로 보았다. 형벌극근야刑罰亟近也의 '극'을 이카이는 급急으로 새겼다. 행식지도行食之徒의 '행식'을 윤지장은 놀고먹는 유식遊食으로 풀이했다. 사호범은 유세가遊說家를 지칭한다고 보았다.

31-8

爲人上者, 制羣臣百姓, 通中央之人和. 是以中央之人, 臣主之參. 制令之布於民也, 必由中央之人. 中央之人, 以緩爲急, 急可以取威. 以急爲緩, 緩可以惠民. 威惠遷於下, 則爲人上者危矣. 賢不肖之知於上, 必由中央之人. 財力之貢於上, 必由中央之人. 能易賢不肖, 而可威黨於下, 有能以民之財力上陷其主, 而可以爲勞於下. 兼上下以環其私, 爵制而不可加, 則爲人上者危矣. 先其君以善者, 侵其賞而奪之實者也. 先其君以惡者, 侵其刑而奪之威者也. 訛言於外者, 脅其君者也. 鬱令而不出者, 幽其君者也. 四者一作, 而上下不知也, 則國之危可坐而待也.

군주가 군신들과 백성을 다스리기 위해서는 좌우 근신近臣의 화응和應이 있어야만 가능하다. 근신이 군주와 군신들 사이에서 통로 역할을 하기 때문이다. 군주가 법령을 만들어 반포할 때도 반드시 근신이 있어야 한다. 그러나 근신은 느슨한 명령도 하달할 때는 급하게 만들어 백성 앞에서 위세를 세우고, 급한 명령도 느슨하게 만들어 마치 백성에게 시혜를 베푸는 것처럼 가장키도 한다. 위세와 시혜의 권력이 아래로 이동하면 보위가 위태로워진다. 관원의 현우賢愚를 보고할 때도 반드시 근신의 도움이 있어야 한다. 군주에게 공납貢納할 때 역시 반드시 근신을 거쳐야만 한다. 이 과정에서 근신은 현자와 불초자不肖者를 바꿔치기 하는 수법으로 밑에서 붕당을 만든다. 나아가 민간의 재력을 이용해 군주를 미혹시키며 자신을 드러내는 공적을 만들어낸다. 근신이 군주와 백성 사이에서 붕당을 만들어 사리를 취하고, 관작官爵을 멋대로 주무르는 지경에 이르면 보위가 위태로워지는 이유가 여기에 있다. 선행을 한 자에게 군주보다 앞서 상을 내리는 것은 군주의 포상褒賞 대권과 그에 따른 시은施恩의 실권을 빼앗는 짓이고, 악행을 저지른 자에게 군주보다 앞서 처벌하는 것은 군주의 형벌刑罰 대권과 그에 따른 위세威勢의 실권을 빼앗는 짓이다. 이 지경에 이르면 근신은 밖으로 유언비어를 퍼뜨려 군주를 겁박劫迫하고, 정령의 하달과 반포를 차단해 군주를 유폐시킨다. 포상 및 형벌 대권의 박탈과 시은 및 위세 실권의 박탈 등 4가지 정황이 동시에 빚어지는데도 군주가 알아차리지 못하면 나라의 위망은 앉아서 기다릴 정도로 빠르게 다가온다.

'제군신백성制羣臣百姓, 통중앙지인화通中央之人和' 구절에 대한 해석이 분분하다. 정사함은 통通을 말미암을 유由의 뜻을 지닌 도道의 잘못으로 보고, 화和를 연자로 간주했다. 이카이도 같다. 여상봉은 중앙지인中央之人의 '중앙'을 촌진村鎭으로 해석했으나 좇기 어렵다. 여기의 '중앙지인'은 문맥상 군주의 주변에 포진한 신하를 지칭한다. 유사배는 '통' 밑에 즉則이 빠진 것으로 보았다. 이에 대해 손성연은 '제군신制羣臣, 백성통百姓通, 중앙지인화中央之人和'로 끊어 읽으면서 "군신을 통제하기 위해서는 백성이 위로 통해야 하고, 이는 근신의 화답을 통해 가능하다."고 풀이했다. 사호범은 원문대로 끊어 읽으면서 '화'를 화응和應으로 풀이하고, '중앙지인'을 군주 주변의 근신近臣으로 해석했다. 이를 좇았다.

가위당어하可威黨於下의 '위'를 왕념손은 성成의 오자로 보았다. 유능이민지재력상함기주有能以民之財力上陷其主 구절을 두고 도홍경은 유有를 우又로 새기면서 상上을 연자로 간주했다. 함기주陷其主의 '함'을 왕인지는 속이거나 미혹케 만든다는 뜻의 담啗으로 바꿔야 한다고 했다. 위로어하爲勞於下의 '하'를 도홍경은 상上의 잘못으로 파악했다. 환기사環其私의 '환'을 왕념손은 사리를 꾀하는 영사營私의 의미로 파악했다. 고대에 영營과 환環은 서로 통용됐다. 탈지실자奪之實者의 '실'을 정사함은 혜惠의 오자로 보았다. 울령이불출鬱令而不出의 '울'을 윤지장은 막을 색塞으로 새겼다. 사자일작四者一作의 '일'을 왕념손은 개皆로 새겼다. 상하부지上下不知의 '부'가 고본에는 없다.

31-9

神聖者王, 仁智者君, 武勇者長, 此天之道, 人之情也. 天道人情, 通者質, 寵者從, 此數之因也. 是故始於患者, 不如其事, 親其事者, 不規其道. 是以爲人上者, 患而不勞也. 百姓, 勞而不患也. 君臣上下之分素, 則禮制立矣. 是故以人役上, 以力役明, 以刑役心, 此物之理也. 心道進退, 而刑道滔赶. 進退者主制, 滔赶者主勞. 主勞者方, 主制者圓. 圓者運, 運者通, 通則和. 方者執, 執者固, 固則信. 君以利和, 臣以節信, 則上下無邪矣. 故曰, "君人者制仁, 臣人者守信, 此言上下之禮也."

신성神聖을 법도로 삼는 자가 천하를 호령하는 제왕, 인지仁智를 갖춘 자가 일국을 다스리는 군주, 무용武勇을 떨치는 자가 군사를 지휘하는 장군이 되는 것이 천도天道이고 인정人情이다. 천도와 인정을 두루 꿰어 통하게 하는 자는 군주가 되고, 그러지 못한 자는 신하가 된다. 모두 하늘의 운수에 달려 있다. 천도와 인정을 통하게 하는 자는 명령만 내릴 뿐 구체적인 사안에는 직접 참여하지 않고, 구체적인 사안에 참여해 일하는 자는 사안이 나오게 된 근원을 고려하지 않는다. 군주는 마음을 쓰는 노심勞心만 할 뿐 몸을 쓰는 노력勞力을 하지 않고, 백성은 '노력'만 하고 '노심'을 하지 않는다. 군신 간의 직분이 확정되면 예제가 확립된다. 신하가 군주를 위해 일하고, 군신들의 중력衆力이 군주의 명지明智를 위해 일하고, 군신들의 형체形體가 군주의 심령心靈을 위해 일하는 것은 사물의 이치이다. 군주의 심령은 진퇴進退를 판단하고, 군신들의 형체는 굴신屈伸을 가능케 한다. 진퇴의 판단은 호령으로 나타나고, 굴신의 가부는 '노력'으로 나타난다. '노력'은 방정해야 하고, '호령'은 원만해야 한다. 원만하면 쉽게 움직일 수 있고, 쉽게 움직이면 통하게 되고, 통하면 화합한다. 방정하면 지킬 수 있고, 지키면 견고해지고, 견고하면 믿게 된다. 군주는 호령을 통해 화합을 꾀하고, 신하는 절개를 통해 믿음을 지킨다. 이같이 해야 위아래가 어느 한쪽으로 기울어지지 않는다. "군주는 인덕仁德을 행하고, 신하는 신의信義를 지킨다. 이것이 상하의 예제이다."라고 말하는 이유다.

통자질通者質의 '질'을 윤지장은 군주를 뜻하는 주主로 새겼다. 총자종寵者從의 '총'을 정사함은 통通과 대비되는 궁窮의 잘못으로 보았다. 시어환자始於患者의 '시'를 우성오는 주관한다는 뜻의 사司와 통하는 치治로 새겼다. '환'을 하여장은 사환思患으로 풀이했다. 군신상하지분소君臣上下之分素

의 '분소'를 허유휼은 직분을 정하는 분정分定으로 해석했다. 이력역명以力役明은 군신들의 중력衆力이 군주의 명지明智를 위해 일한다는 뜻이다. 이형역심以刑役心의 '형'을 유적은 형形의 오자라고 했다. 형도도천刑道滔赶의 도滔는 류流의 뜻이다. 천赶을 유사배는 우迂의 오자로 새기면서 '도천'을 굴신屈伸의 뜻을 지닌 도우滔迂의 잘못이라고 했다. 군이리화君以利和의 '리'를 곽말약은 제制의 오자로 보았다.

31-10

君之在國都也, 若心之在身體也. 道德定於上, 則百姓化於下矣. 戒心形於內, 則容貌動於外矣. 正也者, 所以明其德. 知得諸己, 知得諸民, 從其理也. 知失諸民, 退而脩諸己, 反其本也. 所求於己者多, 故德行立. 所求於人者少, 故民輕給之. 故君人者上注, 臣人者下注. 上注者, 紀天時, 務民力. 下注者, 發地利, 足財用也. 故能飾大義, 審時節, 上以禮神明, 下以義輔佐者, 明君之道. 能據法而不阿, 上以匡主之過, 下以振民之病者, 忠臣之所行也.

군주가 도성에 머무는 것은 마치 심장이 몸 안에 있는 것과 같다. 군주는 위에서 도덕의 기준을 정하고, 백성은 아래서 그 교화를 받는다. 성신誠信의 마음이 몸 안에 형성되면 그에 따른 용모와 행동이 몸 밖으로 표현된다. 백성을 바르게 이끌고자 하는 마음이 있을 때 군주의 덕행이 밖으로 밝게 드러나는 이유다. 군주 자신이 뭔가를 얻으면 곧바로 백성이 뭔가를 얻었는지 알 수 있다. 치리治理를 좇아 추론한 결과다. 백성이 뭔가를 잃은 것을 알면 곧바로 자신의 언행을 돌아보며 무엇을 잃었는지 반성해야 한다. 이것이 스스로 반성하며 치리의 근본으로 돌아가는 길이다. 스스로 반성하는 일이 많으면 가히 덕행을 수립할 수 있다. 백성에게 구하는 게 적은 까닭에 백성 또한 쉽게 요구에 응할 수 있다. 군주는 응당 하늘을 주시하고, 신하는 마땅히 땅을 주시해야 한다. 하늘을 주시하면 천시天時를 파악해 때

맞춰 민력을 동원할 수 있고, 땅을 주시하면 지리地利를 개발해 재용財用을 풍족하게 할 수 있다. 군주는 치국의 요강을 바르게 세우기 위해 사계절의 변화를 잘 살펴 위로는 예를 갖춰 신명을 공경하고, 아래로는 의에 입각해 군신을 대해야 한다. 이것이 바로 명군의 군도君道이다. 신하는 법령에 의거해 일을 처리하며 권귀權貴에 아부하지 않고, 위로는 군주의 잘못을 바로잡고, 아래로는 백성의 고통을 어루만져 주어야 한다. 이것이 바로 충신의 신도臣道이다.

계심형어내戒心形於內의 '계'를 왕념손은 성誠과 통하는 성成의 잘못으로 보았다. 명군지도明君之道가 고본에는 '도' 밑에 야也가 있는 것으로 나온다. 하이진민지병자下以振民之病者 구절을 두고 야스이는 '진'을 구救, '병'을 환患으로 새겼다. 충신지소행忠臣之所行의 '소'를 정사함은 연자로 보았다.

31-11

明君在上, 忠臣佐之, 則齊民以政刑, 牽於衣食之利, 故愿而易使, 愚而易塞. 君子食於道, 小人食於力, 分民. 威無勢也無所立, 事無爲也無所生, 若此則國平而姦省矣.

명군이 위에서 재위하고 충신이 보좌하면 정교政敎와 형벌로 백성을 가지런히 하고, 의식衣食을 풍족히 하는 쪽으로 백성을 이끌 수 있다. 그러면 백성이 충직해져 쉽게 부릴 수 있고, 소박해져 쉽게 제지할 수 있다. 군주는 치도治道로 먹고 살고, 소인은 노력勞力으로 먹고 산다. 이는 각자의 본분이다. 위망威望에 권세가 없으면 수립되는 게 없고, 사업에 작위作爲가 없으면 생성되는 게 없다. 군민君民이 각자 자신의 본분을 지킬 때 나라도 안정되고, 간사한 일도 줄어든다.

제민이정형齊民以政刑을 두고 곽말약은 풀이키를, "정령으로 백성의 근면을 고취하고, 형벌로 백성의 나태함을 경계한다."고 했다. 원이이사愿而易使의 '원'은 소박하고 충실한 박실朴實의 의미이다. 우이이색愚而易塞의 '색'을 윤지장은 지止로 새겼다. 분민分民을 이카이는 분야分也의 오자로 보았다.

31-12

君子食於道, 則義審而禮明. 義審而禮明, 則倫等不踰, 雖有偏卒之大夫, 不敢有幸心, 則上無危矣. 齊民食於力, 作本. 作本者衆, 農以聽命. 是以明君立世, 民之制於上, 猶草木之制於時也. 故民赶則流之, 民流通則迂之. 決之則行, 塞之則止. 雖有明君, 能決之, 又能塞之. 決之則君子行於禮, 塞之則小人篤於農. 君子行於禮, 則上尊而民順. 小民篤於農, 則財厚而備足. 上尊而民順, 財厚而備足, 四者備體, 頃時而王, 不難矣.

군주가 치도로 먹고 살면 예제가 자세해지고 의리가 밝아진다. 예제가 자세하고 예의가 밝으면 사람들이 등급을 참월僭越하지 않는다. 전차 9대와 병사 100명을 거느린 대부에 이르기까지 감히 요행으로 난을 일으킬 생각을 품지 않아야만 보위가 위태롭지 않게 된다. 백성이 노력勞力으로 먹고 살면 모두 본업인 농사에 힘쓰고, 농사에 힘쓰는 사람이 많아지면 농사를 열심히 지으며 정령을 좇게 된다. 명군이 정사를 펼치면 백성이 군주의 명을 마치 초목이 계절의 통제를 받아들이듯 수용한다. 때로는 백성이 우회를 고집하면 앞길을 열어 곧바로 나아가게 하고, 백성이 앞길을 열어 곧바로 나아가고자 하면 이를 저지하며 우회토록 한다. 길을 터주면 나아가고, 막으면 그치도록 하는 게 관건이다. 오직 명군만이 능히 터주거나 막을 수 있다. 길을 터주면 군자는 예의를 준행遵行하고, 막으면 소인은 농사에 전념한다. 군자가 예의를 준행하면 군주는 존엄해지고, 백성은 순순히 따른다. 소인이 농사에 전념하면 재부財富가 많아지고, 모든 준비가 충족된다. 군주가 존엄해지고, 백성이 순순히 따르고, 재부가 많아지고, 모든 준비가 충족되는 4가지 사항이 구비되면 단기간 내에 천하를 호령하는 왕천하王天下도 결코 어려운 일이 아니다.

의심이예명義審而禮明을 곽말약은 '의'와 '예'가 바뀌었다고 했다. 편졸지대부偏卒之大夫를 두고 유월은 '편'은 수레, '졸'은 사람의 숫자를 말한다고 했다. 당태종과 위국공 이정李靖이 병법을 논한 『당리문대』「권 상」에 1백 인을 졸卒, 9승乘을 소편小偏, 15승을 대편大偏으로 묶는다는 구절이 나온다. 명군입세明君立世의 '세'를 곽말약은 사事의 잘못으로 보았다. 민간즉류지民赶則流之의 '간'은 우迂와 통한다. 이를 오자로 간주해 '우'로 바꾼 판본이 많으나 여상봉은 잘못이 없다고 했다. 민류통즉우지民流通則迂之의 '통'을 이카이는 연자로 보았다. 수유명군雖有明君의 '수'를 대망은 유唯의 오자로 파악했다.

31-13

四肢六道, 身之體也. 四正五官, 國之體也. 四肢不通, 六道不達, 曰'失'. 四正不正, 五官不官, 曰'亂'. 是故國君聘妻於異姓, 設爲姪娣命婦宮女, 盡有法制, 所以治其內也. 明男女之別, 昭嫌疑之節, 所以防其姦也. 是以中外不通, 讒慝不生, 婦言不及官中之事, 而諸臣子弟無宮中之交, 此先王所以明德圉姦, 昭公威私也.

팔다리의 4지四肢와 6도六道가 사람의 몸체라면 군신부자君臣父子의 4정四正과 5관五官은 나라의 몸체이다. 4지가 잘 움직이지 않으면 6맥이 원활히 통하지 않게 된다. 이를 일컬어 균형을 잃는 실조失調라고 한다. 4정이 바르지 않으면 5관이 직무를 수행치 못하게 된다. 이를 일컬어 나라가 어지러워지는 난국亂國이라고 한다. 국군國君이 다른 나라의 여인을 정실로 맞이한 후 질제姪娣와 명부命婦, 궁녀宮女 등을 들일 때 법도를 좇는 것은 내궁의 질서를 바로잡기 위한 것이다. 남녀구별을 명확히 하며 피혐避嫌의 예절을 명시하는 것은 간사한 짓을 미리 예방하기 위한 것이다. 군주는 궁중의 안팎이 사사로이 통하거나, 남을 중상하는 간특한 일이 생기거나, 여인의 말이 조정의 정사에 영향을 미치거나, 조관朝官의 자제들이 궁중에서 서로 왕래하거나 하는 일이 없도록 해야 한다. 이는 선왕이 덕행을 드높이고, 간사한 짓을 방비하고, 공도를 밝히고, 사사로움을 없애기 위해 취한 조치이다.

사지육도四肢六道의 '4지'를 윤지장은 수족手足, '6도'를 몸의 위쪽과 아래쪽에 있는 6개와 2개의 구멍으로 보았다. 이면은 심心, 간肝, 신腎, 폐肺, 비脾, 명命의 6맥脈으로 풀이했으나 장패륜은 9규竅의 잘못으로 파악했다. 사정오관四正五官의 '4정'을 윤지장은 군君, 신臣, 부父, 자子로 보았다. 또 '5관'을 윤지장은 5행에 따라 배치한 관원으로 풀이했다. 설위질제명부設爲姪娣命婦의 '질제'는 제후들이 딸을 시집보낼 때 함께 딸려 보내는 본국 또는 동성국同姓國의 질녀나 자매를 말한다. '질'은 질侄과 같다. '명부'는 봉호를 받은 부녀를 뜻하는 말로 비빈妃嬪과 같은 말이다. 소공위사昭公威私의 '위'를 정사함은 멸滅의 오자로 파악했다.

31-14

明妾寵設, 不以逐子傷義. 禮私愛驩, 勢不竝論, 爵位雖尊, 禮無不行. 選爲都佼, 冒之以衣服, 旌之以章旗, 所以重其威也. 然則兄弟無間郄, 讒人不敢作矣.

군주는 여총女寵을 존귀하게 만들 수는 있으나 적장자를 폐해 의리를 상하게 하거나, 서자를 우대할 수는 있으나 적자와 같은 위치에 세우거나, 서자의 작위를 존귀하게 만들 수는 있으나 적서구별의 예제를 해치거나 해서는 안 된다. 적장자는 나라의 근본인 까닭에 화미華美한 옷으로 치장케 하고, 문채가 있는 깃발을 정표旌表로 삼게 한다. 모두 위의威儀를 높이고자 한 것이다. 이런 식으로 적서를 구별하여 거리감이 없게 만들면 참녕讒佞한 자들이 감히 일을 꾸미지 못한다.

명첩총설明妾寵設의 '명'을 왕념손은 존尊으로 새겼다. '첩'을 유사배는 조본 등을 좇아 립立으로 바꿔야 한다고 했으나 여상봉은 군주를 접견한다는 뜻의 접接과 통하는 글자로 바꿀 필요가 없다고 했다. 유사배의 견해를 좇았다. 세불병론勢不竝論의 '병론'은 서자와 적자의 지위가 동등하다는 뜻이다. '병'은 병並과 같은 글자이다. 병倂 내지 병幷도 같은 의미이다. 선위도교選爲都佼의 '선'을 곽말약은 적嫡과 통하는 적適의 오자로 보았다. '도교'는 극히 중요하다는 뜻의 수뇌首腦 내지 수요首要의 뜻이다. 태자나 세자를 흔히 국본國本으로 부른 이유다. 형제무간극兄弟無閒郄의 '간극'은 감정상의 거리감을 뜻하는 격애隔閡의 의미이다.

31-15

故其立相也, 陳功以加之以德, 論勞以昭之以法, 參伍相德而周擧之, 尊勢而明信之. 是以下之人無諫死之諱, 以聚立者無鬱怨之心, 如此則國平而民無慝矣. 其選賢遂材也, 擧德以就列, 不類無德. 擧能以就官, 不類無能. 以德弇勞, 不以傷年. 如此則上無困以民不幸生矣.

군주는 재상을 세울 때 그의 공적功績을 나열하면서 덧붙여 덕행德行을 함께 고려해야 하고, 노고勞苦를 언급하면서 덧붙여 법도에 부합하는 합법合法 여부를 밝혀야 한다. 이어 여러 면에서 두루 살펴 재덕을 겸비했다고 판단됐을 때 비로소 기용한다. 일단 기용했으면 재상의 권위를 존중해 적극 신뢰를 보내야 한다. 이같이 해야만 그 밑의 관원들이 목숨을 건 간언을 꺼리지 않게 되고, 소리小吏들도 억울하고 원통한 마음을 품지 않게 된다. 나라가 안정되고, 백성에게 사특한 마음이 없는 이유다. 군주가 현재賢才를 발탁코자 하면 유덕有德한 자를 높은 자리에 앉히면서 무덕無德한 자를 내치고, 유능有能한 자를 중요한 자리에 앉히면서 무능無能한 자를 내쳐야 한다. 이때 덕행을 능력보다 위에 두어야 하고, 나이 제한 등을 이유로 배척해서는 안 된다. 이같이 하면 군주는 곤경에 처하지 않고, 백성은 요행으로 살아갈 생각을 버리게 된다.

삼오상덕이주거지參伍相德而周擧之를 두고 윤지장은 풀이키를, "재상은 공功과 덕德을 겸비하고, 노고를 뜻하는 노勞와 합법을 뜻하는 법法이 모두 아름다워야 한다. 이들 4가지 사항을 자세히 검증한 뒤 비로소 발탁한다. '덕'은 득得의 뜻이다."라고 했다. '삼오'를 『주역』「계사 상」은 계책을 놓고 이리저리 바꾸고 종합하여 변화를 일으키는 삼오이변參伍以變으로 표현해 놓았다. 이는 착괘錯卦와 종괘綜卦까지 종합적으로 검토하는 착종기수錯綜其數를 의미한다. '착괘'는 본괘의 음양 효사를 반대로 하여 풀이하는 것을 뜻하고, '종괘'는 본괘를 뒤집어 해석하는 것을 말한다. '삼오이변'과 '착종기수' 모두 사물을 대할 때 다양한 측면에서 종합적으로 검토하라고 주문한 것이다.

간사지기諫死之諱의 '기'는 꺼리거나 두려워할 기忌와 같다. 취립자聚立者의 '취'를 곽말약은 잡어를 뜻하는 추鯫로 새겼다. 작고 비천하다는 의미로 곧 소리小吏를 지칭한다. 불이상년不以傷年의 '상년'을 윤지장은 나이를 이유로 출사出仕 등을 제한하는 것으로 풀이했다.

31-16

國之所以亂者四, 其所以亡者二. 內有疑妻之妾, 此宮亂也. 庶有疑適之子,此家亂也. 朝有疑相之臣, 此國亂也. 任官無能, 此衆亂也. 四者無別, 主失其體. 群官朋黨以懷其私, 則失族矣. 國之幾臣, 陰約閉謀以相待也, 則失援矣. 失族於內, 失援於外, 此2亡也. 故妻必定, 子必正, 相必直立以聽, 官必中信以敬. 故曰, "有宮中之亂, 有兄弟之亂, 有大臣之亂, 有中民之亂, 有小人之亂, 五者一作, 則爲人上者危矣." 宮中亂曰妬紛, 兄弟亂曰黨偏, 大臣亂曰稱述, 中民亂曰讐諄, 小民亂曰財匱. 財匱生薄, 讐諄生慢, 稱述·黨偏·妬紛生變.

나라를 어지럽히는 만드는 원인으로 4가지, 나라를 패망에 이르게 하는 원인으로 2가지를 들 수 있다. 첫째, 궁중에 적처를 참월하는 총첩이 있으면 이는 궁중을 어지럽히는 궁란宮亂이다. 둘째, 집안에 적자를 참월하는 서자가 있으면 이는 집안을 어지럽히는 가란家亂이다. 셋째, 조정에 재상을 의심하는 대신이 있으면 이는 나라를 어지럽히는 국란國亂이다. 넷째, 관부에 무능한 자가 임용되면 이는 백관을 어지럽히는 중란衆亂이다. 군주가 이 4란亂을 변별하지 못하면 체통을 잃게 된다. 첫째, 군신들이 붕당을 만들어 사리를 꾀할 생각을 품으면 군주는 종족의 지지를 잃게 된다. 이것이 실족失族이다. 둘째, 추기樞機의 자리에 앉아 있는 대신들이 은밀히 계책을 꾸며 군주와 대립하면 군주는 백성의 지지를 잃게 된다. 이것이 실원失援이다. 안으로 '실족', 밖으로 '실원'의 상황에 처하는 것이 바로 나라가 패망하는 2가지 배경이다. 궁중과 집안에서는 반드시 적처를 정한 뒤 적자로 하여금 후사를 잇게 하고, 조정에서는 재상으로 하여금 반드시 정직한 자세로 청정聽政토록 하고, 관부에서는 관원들로 하여금 반드시 충신忠信의 자세로 공무에 임하도록 한다. "변란은 궁중지란宮中之亂, 형제지란兄弟之亂, 대신지란大臣之亂, 중민지란中民之亂, 소인지란小人之亂 등 5종이 있다. 이 5종의 변란이 일거에 일어나면 군주의 자리가 위태로워진다."고 말하는 것도 이 때문이다. '궁중지란'은 자신의 소생을 후사로 삼고자 하는 비빈 간의 투기妬忌 다툼, '형제지란'은 무리지어 대립하는 적서 간의 당편黨偏 다툼, '대신지란'은 자신의 주장만이 옳다는 대신 간의 정통正統 다툼, '중민지란'은 서로 무함하며 헐뜯는 관원 간의 반목反目 다툼, '소인지란'은 먹고 입는 재화의 부족에 따른 백성 간의 재궤財匱 다툼에서 비롯된다. 백성 간의 재궤 다툼은 예의를 저버리게 만들고, 관원 간의 반목 다툼은 직무를 유기하게 만들고, 대신 간의 정통 다툼과 적서 간의 편당 다툼 및 처첩 간의 투기 다툼은 변란을 야기한다.

내유의처지첩內有疑妻之妾의 '의'를 송상봉은 참월하여 견주는 의儗로 새겼다. 차중란야此衆亂也의 '중'은 백관百官을 지칭한다. 즉실족의則失族矣의 '실족'을 야스이는 종족의 마음을 잃는 것으로 풀이했다. 국지기신國之幾臣의 '기신'을 야스이는 군신群臣과 대비시켜 기요機要의 직책을 맡은 기신機臣으로 보았으나 이철명은 근신近臣으로 해석했다. 상필직립相必直立의 '직립'을 장패륜은 정직正直의 오자로 보았다. 관필중신官必中信의 '중'을 이카이는 충忠의 잘못이라고 했다. 중민지란中民之亂의 '중민'을 윤지장은 백관百官과 같은 의미인 백리百吏로 새겼다. 궁중란왈투분宮中亂曰妬紛의 '왈'을 비롯해 뒤이어지는 총 5개의 왈曰에 대해 곽말약은 비롯되었다는 뜻의 어於 내지 우于로 새겨야 한다고 했다. 중민란왈섭순中民亂曰讋諄의 '섭'은 두려워할 습慴의 뜻이다. '순'을 안창요는 『공자가어』「오의五儀」에 나오는 톤톤탄야哼哼誕也 구절을 근거로 마구 떠들어대는 톤哼 내지 톤暾으로 풀이했다. 재궤생박財匱生薄의 '박'을 윤지장은 박덕薄德 내지 무례無禮의 뜻으로 해석했다.

31-17

故正名稽疑, 刑殺亟近, 則內定矣. 順大臣以功, 順中民以行, 順小民以務, 則國豐矣. 審天時, 物地生, 以輯民力. 禁淫務, 勸農功, 以職其無事, 則小民治矣. 上稽之以數, 下十伍以徵. 近其罪伏, 以固其意. 鄕樹之師, 以遂其學. 官之以其能, 及年而擧, 則士反行矣. 稱德度功, 勸其所能, 若稽之以衆風, 若任以社稷之任, 若此, 則士反於情矣.

적서 간의 명분을 바로세우고, 처첩 간의 참월한 짓을 조사하고, 거짓을 일삼는 근신을 엄형으로 다스리면 궁중이 안정된다. 대신을 공적에 따라 배치하고, 관원을 능력에 따라 임용하고, 백성을 노력勞力에 따라 대우하면 나라가 풍족해진다. 군주는 천시를 살피고, 지리에 따른 물산을 헤아리고, 백성의 노력을 결집시킨다. 이때 백성들로 하여금 사치에 빠지지 않게 하고, 농사에 힘쓰게 하고, 맡은 일에 충실해 놀고먹는 일이 없도록 하면 백성이 잘 다스려진다. 군주는 필요한 인원을 헤아려 향촌의 십오什伍 단위로 인재를 모으고, 임용과 승진 기간을 단축해 선비들을 고취하고, 향리마다 교사를 두어 자제들의 학업을 도와주고, 재능에 따라 관직을 수여하고 일정 기간 후 천거 대상에 올리면 선비들 모두 덕행을 닦는데 힘쓴다. 덕행과 공적을 심사하고, 재능을 격려하고, 중의衆議를 살펴본 뒤 나라의 중임을 맡긴다. 이같이 하면 선비들 모두 성실한 자세를 견지하게 된다.

물지생物地生의 '물'을 이카이는 물산物産, '지생'을 해당 토양에서 생산되는 토산土産으로 새겼다. 근기죄복近其罪伏의 '죄복'을 곽말약은 선발과 승진을 뜻하는 선승選升과 통하는 손승巽升의 오자로 보았다. 약계지이중풍若稽之以衆風의 '약'을 유월은 내乃, '풍'을 정사함은 풍자할 풍諷으로 새겼다. 사반어정士反於情의 '정'을 곽말약은 성誠으로 해석했다.

제32장 소칭(小稱)

'소칭'의 칭稱을 윤지장은 과실을 드러내는 열거列擧의 의미로 새겼다. 관중이 제환공의 여러 잘못을 거론하며 개선을 촉구했다는 것이다. 앞 대목에서 수신修身 문제를 집중 거론하고 있는 이유를 여기서 찾았다. 그러나 공손恭遜과 경애敬愛의 도리를 언급한 내용은 편명과 일치하지 않는다. 일각에서 이 장 앞에 '수신'이 있었을 것으로 보는 이유다. 제환공이 관중의 유언을 좇지 않아 패망케 됐다는 내용의 뒤 대목은 편명과 부합한다. 첫머리에 '관자왈管子曰'이 나오는 점에 주목해 후대인이 삽입한 것으로 보기도 한다.

32-1

管子曰, "身不善之患, 無患人莫己知. 丹青在山, 民知而取之. 美珠在淵, 民知而取之. 是以我有過爲, 而民毋過命. 民之觀也察矣, 不可遁逃以爲不善. 故我有善則立譽我, 我有過則立毁我. 當民之毁譽也, 則莫歸問於家矣. 故先王畏民. 操名從人, 無不强也. 操名去人, 無不弱也. 雖有天子諸侯, 民皆操名而去之, 則捐其地而走矣. 故先王畏民. 在於身者孰爲利? 氣與目爲利. 聖人得利而託焉, 故民重而名遂, 我亦託焉. 聖人託可好, 我託可惡, 以來美名, 又可得乎? 我託可惡. 愛且不能爲我能也. 毛嬙·西施, 天下之美人也, 盛怨氣於面, 不能以爲可好. 我且惡面而盛怨氣焉, 怨氣見於面, 惡言出於口, 去惡充,以求美名, 又可得乎? 甚矣, 百姓之惡人之有餘忌也! 是以長者斷之, 短者續之, 滿者洫之, 虛者實之."

관자가 말했다.

"군자는 자신의 불선不善을 걱정하고, 남이 알아주지 않는 것을 걱정하지 않는다. 단청丹靑은 깊은 산속에 있어도 사람이 알아서 캐내고, 미주美珠는 깊은 연못에 있어도 사람이 알아서 캐낸다. 자신은 잘못을 범해도, 백성은 잘못된 평가를 내리지 않는다. 백성의 관찰은 철저해 달아나서 악행을 저지를 길이 없다. 선행을 하면 사람들이 곧바로 칭송하고, 잘못을 저지르면 사람들이 곧바로 비난한다. 백성의 훼예毁譽는 집에 가서 물어볼 필요가 없다. 선왕이 백성을 두려워한 이유다. 선명善名을 지닌 채 백성을 따르면 강성해지지 않은 적이 없고, 악명을 지닌 채 백성을 떠나면 쇠약해지지 않은 적이 없다. 아무리 천자나 제후일지라도 백성이 악명을 듣고 떠나면 이내 영지를 버리고 망명할 수밖에 없다. 선왕이 백성을 두려워한 이유다. 사람의 몸에서 가장 예민한 곳은 어디인가? 귀와 눈이다. 성인은 예민한 이목耳目에 의지해 나라를 다스린다. 백성이 존중해주고, 공명功名을 이룰 수 있기 때문이다. 나 또한 이목에 의지코자 한다. 성인은 이목에 의지해 선행을 하는데 내가 악행을 저지를 경우 어찌 악행을 저지르면서 미명美名까지 겸하여 얻을 수 있겠는가? 내가 의지하는 이목이 이미 탁해진 상황에서 미명을 얻는 것은 불가능한 일이다. 모장毛嬙과 서시西施는 전설적인 천하의 미인이다. 그러나 얼굴에 사납고 원망하는 기색이 가득 차 있었으니 결코 보기 좋다고 말할 수는 없다. 나는 보기 싫은 얼굴을 하고 있는데다 사납고 원망하는 기색까지 가득 차 있다. 사납고 원망하는 기색이 얼굴에 가득 차 있고, 입에서는 악담만 쏟아져 나와 추악한 모습이 점점 쌓여만 가는데 과연 미명을 얻고자 한들 그것이 가능하겠는가? 심하구나, 백성이 쓸데없이 시기하는 자를 미워하는 것이! 길면 자르고 짧으면 이어주고, 넘치면 덜어내고 비면 채우면 된다."

단청재산丹青在山의 '단'은 붉은 모래, '청'은 푸른 찰흙의 안료를 말한다. 민무과명民毋過命의 '과명'은 잘못된 평정을 뜻한다. 조명거인操名去人의 '인'은 민民과 같다. 기여목위리氣與目爲利의 '기'를 이면은 정신으로 풀이했으나 곽말약은 이耳의 잘못으로 보았다. 이래미명以來美名의 '래'를 왕념손은 구求의 오자로 보았다. '우가득호又可得乎? 아탁가악我託可惡' 구절의 '아탁가악'이 송본에는 이래미명以來美名 앞에 나온다. '아탁가악'이 겹쳐 나오는 셈이다. 이를 좇았다.

애차불능위아능야愛且不能爲我能也의 '애'를 장패륜은 친애아자親愛我者로 풀이했다. 두 번째 능能을 장문호는 득得으로 풀이했다. 이 구절을 두고 여상봉은 풀이키를, "내가 의지하는 이목이 이미 탁해져서 설령 사람들이 나를 친애할지라도 미명을 얻을 수 없는데 하물며 악행을 저지른 경우이겠는가?"라고 했다. 이를 좇았다. 모장서시毛嬙西施의 모장과 서시 모두 월나라 구천句踐이 총애한 전설상의 여인이다. 서시는 미인계美人計로 인해 오나라 부차夫差에게 보내졌다고 한다. 불능이위가호不能以爲可好의 '능'이 송본에는 없다. '거악충去惡充, 이구미명以求美名'을 두고 유월은 '악충'을 미명美名과 대비되는 악실惡實로 새겼다. 요영개는 '거'를 감출 장藏과 통하는 거弆의 결자缺字라고 했다. 유여기야有餘忌也의 '여기'는 남아도는 시기심을 지칭한다. 만자혁지滿者洫之의 '혁'을 장패륜은 설泄의 오자로 보았다

32-2

管子曰, "善罪身者, 民不得罪也. 不能罪身者, 民罪之. 故稱身之過者, 强也. 治身之節者, 惠也. 不以不善歸人者, 仁也. 故明王有過, 則反之於身. 有善, 則歸之於民. 有過而反之身, 則身懼. 有善而歸之民則民喜. 往喜民, 來懼身, 此明王之所以治民也. 禁夫桀紂不然, 有善則反之於身, 有過則歸之於民.

歸之於民則民怒, 反之於身則身驕. 往怒民, 來驕身, 此其所以失身也. 故明王懼聲以感耳, 懼氣以感目, 以此二者有天下矣, 可毋慎乎? 匠人有以感斤欘, 故繩可得料也. 羿有以感弓矢, 故彀可得中也. 造父有以感轡筴, 故遬獸可及, 遠道可致. 天下者, 無常亂, 無常治. 不善人在則亂, 善人在則治, 在於旣善所以感之也."

관자가 말했다.

"자신을 책망하는 자는 백성이 죄를 묻지 않고, 자신을 책망하지 않는 자는 백성이 죄를 묻는다. 자신의 과오를 말하는 자는 강하고, 자신의 절조節操를 다스리는 자는 지혜롭고, 남에게 악행을 하지 않는 자는 어질다. 명군은 잘못이 있으면 자신을 책망하고, 공이 있으면 백성에게 돌린다. 잘못을 자신에게 돌리면 자신이 이를 경계로 삼고, 공을 백성에게 돌리면 백성이 기뻐한다. 공을 백성에게 돌려 기쁘게 만들고, 잘못을 자신에게 돌려 경계로 삼는 것은 명군이 백성을 다스리는 계책이다. 지금 저 걸주桀紂는 그렇지 않다. 공은 자신에게 돌리고, 잘못은 백성에게 돌렸다. 잘못을 백성에 돌리면 백성이 분노하고, 공을 자신에게 돌리면 자신은 더욱 교만해질 뿐이다. 백성을 분노하게 만들고, 자신을 교만하게 만드는 것은 몸을 망치는 길이다. 명군이 노성怒聲이 귀에 들리고 노색怒色이 눈에 보이는 것을 가장 두려워한 이유다. 이 2가지 모두 천하를 얻는 배경인데 어찌 삼가지 않을 수 있겠는가? 목공은 도끼와 자귀에 감응한 덕분에 먹줄이 튕긴 눈금을 따라 목재를 깎아나갈 수 있다. 전설적인 명궁인 예羿도 활과 화살에 감응한 덕분에 활을 쏘아 백발백중시킬 수 있었다. 전설적인 마부 조보造父도 고삐와 채찍에 감응했기에 수레를 몰아 맹수를 따라잡고 먼 곳까지 갈 수 있었다. 천하의 형세는 늘 어지러운 것도 아니고, 늘 다스려지는 것도 아니다. 악인이 정사를 펴면 어지러워지고, 선인이 정사를 펴면 다스려진다. 선인이 본인의 재능을 다하는 진선盡善을 행할 때 천하를 다스리는 사업도 감응케 된다."

혜야惠也의 '혜'를 정사함은 지혜로울 혜慧와 통한다고 했다. 감근촉感斤欘의 '근속'은 도끼와 자귀 등을 지칭한다. '속'은 원래 도끼자루를 뜻한다. 승가득료繩可得料의 '료'가 일부 판본과 『태평어람』 인용문에는 단斷으로 나온다. 명각본에는 헤아릴 료料로 나와 있다. 구가득중彀可得中의 '구'는 활이나 쇠뇌를 힘껏 당긴다는 뜻이다. 조보유이감비책造父有以感轡筴의 '조보'는 주목왕周穆王의 수레를 몰아 하루에 천리를 달린 전설적인 마부를 말한다. '책'은 채찍 책策과 같다. 속수가급遬獸可及의 '속'은 속速의 뜻이다. 기선소이감지既善所以感之의 '기'를 윤지장은 다할 진盡으로 새겼다.

32-3

管子曰, "修恭遜·敬愛·辭讓·除怨·無爭, 以相逆也, 則不失於人矣. 嘗試多怨爭利, 相爲不遜, 則不得其身. 大哉, 恭遜敬愛之道! 吉事可以入察, 凶事可以居喪, 大以理天下而不益也, 小以治一人而不損也. 嘗試往之中國諸夏蠻夷之國, 以及禽獸昆蟲, 皆待此而爲治亂. 澤之身則榮, 去之身則辱. 審行之身毋怠, 雖夷貉之民, 可化而使之愛. 審去之身, 雖兄弟父母, 可化而使之惡. 故之身者使之愛惡, 名者使之榮辱. 此其變名物也, 如天如地, 故先王曰'道'."

관자가 말했다.

"공손恭遜과 경애敬愛, 사양辭讓, 제원除怨, 무쟁無爭의 덕을 닦으며 사람과 사귀면 인심을 잃지 않는다. 이와 반대로 사람과 이익을 다투어 원한을 쌓고, 서로 불손하면 결코 자신을 보존키가 어렵다. 위대하구나, 공손과 경애를 실천하는 도道가! 길사吉事는 제례祭禮를 주관하는 마음으로 대하고, 흉사凶事는 거상居喪을 행하는 마음으로 대한다. 크게 말하면 천하를 다스리면서 더 보탤 게 없는 지경에 이르고, 작게 말하면 한 사람을 다스리면서 더 덜어낼 게 없는 지경에 이르는 것을 뜻한다. 먼저 경도京都와 중원 및 사방의 이적 땅에 차례로 시험한 뒤 마침내 금수와 곤충에까지 미치게 한다. 모두 이것에 의해 치란이 결정된다. 이런 덕성이 몸에 배이면 영예롭게 되고, 몸에서 떠나면 치욕을 당하게 된다. 세심히 실천해 나태하지 않으면 이적의 백성까지 감화시켜 서로 사랑하게 될 것이다. 이것이 몸에서 떠나면 설령 부모형제 사이일지라도 끝내 원수로 일변케 만들 것이다. 이처럼 공손과 경애의 덕성은 본인이 하기에 따라 사랑 또는 증오로 변한다. 영예 또는 치욕을 불러오는 이유다. 이것이 바로 명칭과 사물을 변화시키는 공손과 경애의 도이다. 이는 천지와 같은 까닭에 선왕은 이를 일컬어 도道라고 했다.

상시다원쟁리嘗試多怨爭利의 '상시'를 정사함은 연자로 보았다. 중국제하만이지국中國諸夏蠻夷之國을 두고 우성오는 '중국'을 도성을 뜻하는 경사京師, '제하'를 전국으로 풀이했다. 택지신澤之身의 '택'을 하여장은 윤潤으로 새겼다. 심행지신審行之身의 '심'은 확실確實의 뜻이다. '행'을 곽말약은 택澤의 잘못이라고 했다. 심거지신審去之身을 두고 장패륜은 밑에 무택毋澤이 빠졌다고 했다. 고지신자故之身者의 '지'를 유월은 연자라고 했다. 변명물變名物은 이름과 사물을 변화시킨다는 뜻이다.

32-4

管仲有病, 桓公往問之, 曰, "仲父之病病矣, 若不可諱而不起此病也, 仲父亦將何以詔寡人." 管仲對曰, "微君之命臣也, 故臣且謁之. 雖然, 君猶不能行也." 公曰, "仲父命寡人東, 寡人東. 令寡人西, 寡人西. 仲父之命於寡人, 寡人敢不從乎?" 管仲攝衣冠起, 對曰, "臣願君之遠易牙·竪刁·堂巫·公子開方. 夫易牙以調和事公, 公曰'惟烝嬰兒之未嘗', 於是烝其首子而獻之公. 人情非不愛其子也, 於子之不愛, 將何有於公? 公喜宮而妬, 竪刁自刑, 而爲公治內. 人情非不愛其身也, 於身之不愛, 將何有於公? 公子開方事公十五年, 不歸視其親, 齊·衛之閒, 不容數日之行. 臣聞之, 務爲不久, 蓋虛不長. 其生不長者, 其死必不終." 桓公曰, "善." 管仲死, 已葬. 公憎四子者, 廢之官. 逐堂巫而苛病起兵, 逐易牙而味不至, 逐豎刁而宮中亂, 逐公子開方而朝不治. 桓公曰, "嗟, 聖人固有悖乎!" 乃復四子者. 處朞年, 四子作難, 衛公一室, 不得出. 有一婦人, 遂從竇入, 得至公所. 公曰, "吾飢而欲食, 渴而欲飮, 不可得, 其故何也?" 婦人對曰, "易牙·豎刁·堂巫·公子開方, 四人分齊國, 塗十日不通矣. 公子開方以書社七百下衛矣, 食將不得矣." 公曰, "嗟玆乎? 聖人之言長乎哉! 死者無知則已, 若有知, 吾何面目以見仲父於地下?" 乃援素幭以裹首而絶. 死十一日, 蟲出於戶, 乃知桓公之死也, 葬以楊門之扇. 桓公之所以身死十一日蟲出戶而不收者, 以不終用賢也!

관중이 병을 앓고 있을 때 제환공이 문병을 와 물었다.

"중보의 병이 이미 깊어진 탓에 부득불 호전되지 못해 일어나지 못할 경우 중보는 또한 무엇으로 과인을 깨우쳐 줄 수 있겠소?"

관중이 대답했다.

"군주가 묻지 않을지라도 신이 진알進謁코자 했습니다. 다만 실행하지 못할까 걱정입니다."

제환공이 말했다.

"중보가 동쪽으로 가라면 과인은 동쪽으로 갔고, 서쪽으로 가라면 서쪽으로 갔소. 중보가 명한 것을 과인이 따르지 않은 적이 있소?"

관중이 의관을 정제한 뒤 일어나 앉아 말했다.

"바라건대 군주는 역아와 수조, 공자 개방을 멀리 하십시오. 역아는 요리로 군주를 모셨습니다. 군주가 농담 삼아 '아기 삶은 요리를 먹어보지 못했다.'고 하자 그는 제 자식을 삶아서 바쳤습니다. 인정에 비춰 자식을 사랑하지 않는 자가 없는데 자식도 사랑하지 않는 자가 어찌 군주를 진정으로 사랑할 리 있겠습니까? 군주가 여색을 좋아한 까닭에 내궁이 질투로 어지럽게 되자 수조는 스스로 거세하여 내궁을 관리했습니다. 인정에 비춰 자기 몸을 아끼지 않는 자가 없는데 자기 몸도 아끼지 않는 자가 어찌 군주를 진정으로 아낄 리 있겠습니까? 위나라 공자 개방은 군주를 섬기느라 15년이나 자기 부모를 보지 않았습니다. 제나라와 위나라는 며칠 거리밖에 안 됩니다. 자기 부모를 사랑하지 않는데 어찌 군주를 제대로 섬길 리 있겠습니까? 신이 듣건대, '겉으로 꾸미면 오래가지 못하고, 은폐된 거짓도 오래가지 못한다.'고 들었습니다. 평생 선행을 해 본 적이 없는 까닭에 틀림없이 결말도 좋지 않을 것입니다."

"좋은 말이오."

관중 사후 장례를 마치자 제환공이 이들을 미워해 이들의 관직을 폐했다. 그러나 제환공은 곧 역아를 내쫓은 뒤 정신착란 증세를 보이며 입맛을 잃었다. 또 수조를 내쫓은 뒤 내궁이 어지러워지고, 공자 개방을 내쫓은 뒤 조정이 혼란스러워졌다.

제환공이 탄식했다.

"아, 성인의 말씀도 잘못될 때가 있는 것인가?"

그러고는 곧 이들을 다시 불러들였다. 1년 후 이들이 반란을 일으켰다. 제환공을 방에 가둔 뒤 밖으로 나오지 못하게 했다. 한 여인이 담장의 구멍을 통해 제환공이 있는 곳까지 들어왔다. 제환공이 말했다.

"배가 고파 밥도 먹고, 목이 말라 물도 마시고 싶다. 그러나 아무리 소리쳐도 갖다 주는 사람이 없다. 무슨 까닭인가?"

여인이 대답했다.

"역아와 수조 및 공자 개방이 제나라를 분점한 후 외부로 나가는 길이 10일이 지나도록 열리지 않고 있습니다. 공자 개방이 7백 사社에 달하는 토지와 그에 딸린 백성을 위나라로 보냈습니다. 군주가 음식을 얻지 못하는 것은 이 때문입니다."

제환공이 탄식했다.

"아, 원래 그랬던 것인가? 성인의 말이 옳구나! 사자는 지각이 없다고 하지만 만일 지각이 있다면 내가 장차 무슨 면목으로 저승에서 중보를 만날 수 있단 말인가?"

그러고는 흰 두건을 머리에 감싼 뒤 숨을 거뒀다. 죽은 지 11일째 되자 시신에서 구더기가 문밖으로 기어 나왔다. 이때 비로소 제환공이 죽었다는 사실을 알게 됐다. 어떤 사람이 남문의 문짝을 뜯어내 시신을 덮었다. 제환공은 죽은 지 11일째 시신에서 구더기가 나왔으나 염습할 사람이 없었으니 이는 현인의 말을 듣지 않은 탓이 아닌가!

중보지병병仲父之病病의 '병병'을 대망은 질병疾病으로 바꿔야 한다고 했다. 질疾은 병이 심해진 것을 뜻한다. 하이조과인何以詔寡人의 '조'는 고告의 뜻이다. 고신차알지故臣且謁之를 왕인지는 신고차알지臣故且謁之의 잘못이라며, 고故를 고固의 뜻으로 새겼다. 역아수조당무易牙豎刁堂巫의 '당무'를 두고 손성연은 『사기』「제세가」에 대한 『사기색인』의 주석과 『한서』「고금인표古今人表」 및 『여씨춘추』「지접知接」을 근거로 당堂 땅의 무巫로 새겼다. 장패륜은 『춘추좌전』에 대한 두예杜預의 주석과 『사기집해』에 인용된 육가陸賈의 주석 등을 근거로 역아의 이름이 무巫라고 했다. 『여씨춘추』가 별개의 인물로 착각했고, 「고금인표」가 이를 답습했다는 것이다. 이들의 주장을 좇았다. 조화사공調和事公의 '화'를 손성연은 『군서치요』의 인용문을 근거로 미味의 잘못이라고 했다.

증영아烝嬰兒의 '증'은 증蒸과 같다. 공희궁이투公喜宮而妬의 '희궁'을 왕인지는 희내喜內의 잘못으로 보았다. 불용수일지행不容數日之行 구절을 두고 왕념손은 『군서치요群書治要』의 해당구절을 근거로 그 뒤에 '어친지불애於親之不愛, 언능유어공焉能有於公' 10자가 빠졌다고 했다. 이를 좇았다. 무위불구務爲不久의 '위'를 왕인지는 위僞로 새겼다. 기생부장자其生不長者의 '장'을 대망은 량良의 잘못이라고 했다. 가병기병苛病起兵의 '가병'을 『여씨춘추』의 고유주는 정신착란에 해당하는 귀혼하인鬼魂下人의 병이라고 했다. 병兵을 이카이는 『여씨춘추』「지접」의 인용문에 없다고 했다. 서사칠백書社七百의 '서사'를 두고 윤지장은 25호戶마다 1개의 사社를 두고, 이를 책策에 기록한 까닭에 '서사'라는 표현이 나왔다고 했다. 7백의 '서사'일 경우 17,500호가 된다. 원소멸이과수援素幭以裹首의 '멸'은 두건頭巾의 뜻이다. 장이양문지선葬以楊門之扇의 '양문'을 윤동양은 『수경주水經注』를 인용해 남문南門으로 새겼다.

32-5

桓公·管仲·鮑叔牙·寗戚四人飮. 飮酣, 桓公謂鮑叔牙曰, "闔不起爲寡人壽乎?" 鮑叔牙奉杯而起, 曰, "使公毋忘出如莒時也, 使管子毋忘束縛在魯也, 使寗戚毋忘飯牛車下也." 桓公辟席再拜, 曰, "寡人與二大夫能無忘夫子之言, 則國之社稷必不危矣."

하루는 제환공과 관중, 포숙아, 영척 등 4인이 함께 술을 마셨다. 주흥이 무르익자 제환공이 포숙아에게 말했다.

"어찌하여 일어나서 과인을 위해 축주祝酒를 올리지 않는 것이오?"

포숙아가 잔을 들고 일어나 말했다.

"군주는 거莒나라로 망명했을 때를 잊지 말고, 관중은 노나라에 붙잡혀 있을 때를 잊지 말고, 영척은 수레 아래서 소 먹이던 때를 잊지 말기 바랍니다."

제환공이 자리에서 일어나 재배하며 사례했다.

"과인과 두 대부 모두 그대의 말을 잊지 않을 것이오. 그러면 나라의 사직은 반드시 위태롭지 않을 것이오."

합불기위과인수호闔不起爲寡人壽乎의 합闔이 『예문유취』 등의 인용문에는 합盍으로 되어 있다. 하불何不의 줄임말이다. 수壽를 허유휼은 축祝으로 새겼다. 반우거하飯牛車下의 '반'은 사飼의 뜻이다. 『여씨춘추』「거난擧難」에 따르면 영척은 곤궁한 나머지 수레 아래에서 소를 먹이다가 쇠뿔을 두드리며 노래를 부르던 중 제환공에게 발탁됐다. 피석재배辟席再拜의 '피'는 피避와 통한다.

제33장 사칭(四稱)

'사칭'을 두고 윤지장은 풀이키를, "관중이 제환공에게 유도지군有道之君과 무도지군無道之君, 유도지신有道之臣, 무도지신無道之臣을 언급하며 경계심을 불러일으킨 것이다."라고 했다. 이 장은 4부류의 군주와 신하의 모습을 상세히 기술해 놓은 게 특징이다. 명군과 현신의 상호 협력을 통한 다스림인 군신공치君臣共治의 이념이 선명히 드러나고 있다.

33-1

桓公問於管子曰, "寡人幼弱惛愚, 不通諸侯四隣之義, 仲父不當盡語我昔者有道之君乎? 吾亦鑒焉." 管子對曰, "夷吾之所能與所不能, 盡在君所矣, 君胡有辱令?" 桓公又問曰, "仲父, 寡人幼弱惛愚, 不通四隣諸侯之義, 仲父不當盡告我昔者有道之君乎? 吾亦鑒焉." 管子對曰, "夷吾聞之於徐伯曰, '昔者有道之君, 敬其山川·宗廟·社稷, 及至先故之大臣, 收聚以忠而大富之. 固其武臣, 宣用其力. 聖人在前, 貞廉在側, 競稱於義, 上下皆飾. 形正明察, 四時不貸, 民亦不憂, 五穀蕃殖. 外內均和, 諸侯臣伏, 國家安寧, 不用兵革. 受其幣帛, 以懷其德, 昭受其令, 以爲法式.' 此亦可謂昔者有道之君也." 桓公曰, "善哉!"

제환공이 관중에게 물었다.

"과인은 유약하고 혼우惛愚하여 사방의 주변국 제후와 교유하는 도리를 통달하지 못했소. 중보는 과인에게 과거의 유도有道한 군주에 관히 말해줘야 하는 게 아니겠소? 과인이 거울로 삼도록 하겠소."

관중이 대답했다.

"제가 할 수 있는 것과 그렇지 못한 것을 군주가 모두 알고 있는데 어찌하여 또 수고스럽게 그런 명을 내리시는 것입니까?"

제환공이 다시 말했다.

"중보여, 과인은 유약하고 혼우하여 사방의 주변국 제후와 교유하는 도리를 통달하지 못했소. 중보는 과인에게 과거의 유도한 군주에 관해 말해줘야 하는 게 아니겠소? 과인이 거울로 삼도록 하겠소."

관중이 대답했다.

"저는 서백徐伯으로부터 들은 바가 있습니다. 그는 말하기를 '옛날 치도를 행한 군주는 산천과 종묘 및 사직을 받들어 공경히 제사를 올리고, 선고先故의 옛 대신에 대해서는 은덕으로 불러 모아 부유하게 해주었다. 무장에 대해서는 그 자리를 공고하게 해주어 능력을 충분히 발휘토록 했다. 성인이 앞에 있고, 정렴貞廉한 인사가 곁에서 보좌하고, 다퉈 의를 행한 덕에 상하 모두 열심히 치도를 닦았다. 형법과 정령을 공개적으로 선포하고, 사계절에 맞춰 농사철에 착오가 없도록 했다. 덕분에 백성은 아무 걱정 없이 농사지을 수 있었고, 오곡이 풍성하게 자랐다. 안팎으로 고루 조화롭고, 제후가 신복臣服한 까닭에 나라가 평안했고 전쟁을 벌일 이유가 없었다. 주변국에 예물로 폐백幣帛을 보내면서 은덕을 가슴에 새기게 하고, 정령을 밝게 보여주어 법도로 삼게 했다.'고 했습니다. 이같이 하면 가히 과거의 유도한 군주와 같다고 할 수 있습니다."

"실로 좋은 말이오!"

오역감언吾亦鑒焉의 '역'을 장문호는 이以의 오자로 보았다. 군호유욕령君胡有辱令의 '유'를 오여륜은 우又로 새겼다. 수취이충收聚以忠의 '충'을 장문호는 덕德의 옛 글자인 덕悳의 오자로 보았다. 형정명찰形正明察의 '형정'이 고본에는 형정刑政으로 되어 있다. 사시부대四時不貸의 '대'를 이카이는 어그러져 앞뒤가 맞지 않는 차착差錯의 뜻인 특忒과 같다고 했다. 제후신복諸侯臣伏의 '신복'은 신하처럼 엎드렸다는 뜻으로 신하를 칭하며 굴복한 신복臣服과 같다. 고대에는 복伏과 복服을 혼용했다. 고본에는 복服으로 나온다. 수기폐백受其幣帛의 '수'는 수授와 같다.

33-2

桓公曰, "仲父旣已語我昔者有道之君矣, 不當盡語我昔者無道之君乎? 吾亦鑒焉." 管子對曰, "今若君之美好而宣通也, 旣官職美道, 又何以聞惡爲?" 桓公曰, "是何言邪? 以繢緣繢, 吾何以知其美也? 以素緣素, 吾何以知其善也.? 仲父已語我其善, 而不語我其惡, 吾豈知善之爲善也?" 管子對曰, "夷吾聞之於徐伯曰, '昔者無道之君, 大其宮室, 高其臺榭. 良臣不使, 讒賊是舍. 有家不治, 借人爲圖, 政令不善, 墨墨若夜. 辟若野獸, 無所朝處. 不脩天道, 不鑒四方. 有家不治, 辟若生狂. 衆所怨詛, 希不滅亡. 進其諛優, 繁其鐘鼓. 流於博塞, 戲其工瞽, 誅其良臣, 敖其婦女. 獠獵畢弋, 暴遇諸父. 馳騁無度, 戲樂笑語. 式政旣輮, 刑罰則烈. 內削其民, 以爲攻伐. 辟猶漏釜, 豈能無竭.' 此亦可謂昔者無道之君矣." 桓公曰, "善哉!"

제환공이 말했다.

"중보는 이미 과인에게 과거의 유도한 군주에 관해 말해 주었소. 이제 과인에게 과거의 무도無道한 군주에 관해 말해 줘야 하는 게 아니겠소? 과인이 거울로 삼도록 하겠소."

관중이 대답했다.

"지금 군주의 치도는 미호美好하고, 명지明智에 통달했습니다. 이미 치도에 밝은데 무엇 때문에 과거의 무도한 군주에 관해 듣고자 하는 것입니까?"

제환공이 말했다.

"그게 무슨 말이오? 검은색으로 검은 옷의 주변을 꾸미면 내가 어찌 그 아름다움을 알 수 있고, 흰색으로 흰 옷의 주변을 꾸미면 내가 어찌 그 좋은 것을 알 수 있겠소? 중보가 나에게 선한 것만 말하고, 악한 것을 말하지 않으면 내가 어찌 선한 것이 선한 이유를 알 수 있겠소?"

관중이 대답했다.

"저는 서백으로부터 들은 바가 있습니다. 그는 말하기를, '옛날 무도한 군주는 궁실을 크게 만들고, 누각을 높이 조영하고, 양신良臣을 기용하는 대신 남을 헐뜯는 소인배를 곁에 머물게 했다. 나라를 제대로 다스리지 않고, 남에 의지해 계책을 꾸미고, 정령을 멋대로 발한 까닭에 나라가 칠흑처럼 어두웠다. 비유하면 마치 야수가 멋대로 나돌아 다니며 갈 곳 몰라 하는 것과 같았다. 천도를 좇지 않고, 사방의 주변국을 거울로 삼지 않고, 궁실을 제대로 다스리지 않았다. 비유하면 마치 사람이 발광發狂한 것과 같았다. 이런 까닭에 백성들의 원망과 저주로 망하지 않을 수 없었다. 이들은 또 어릿광대를 궁 안으로 불러들인 후 종과 북을 벌려 놓고 음탕한 놀이와 음악에 빠졌다. 양신을 주살하고, 미희와 놀아나고, 밤낮으로 사냥하고, 부형을 포학하게 대했다. 종일토록 유희와 오락을 즐기며 낄낄대니 황음荒淫하기 짝이 없었다. 시정施政이 공정하지 못하고, 형벌은 가혹했고, 안으로 백성의 재산을 빼앗아 자신의 공으로 삼았다. 비유하면 마치 솥에서 물이 새는 것과 같았다. 그러니 어찌 그 힘이 다하는 때가 있지 않겠는가?'라고 했습니다. 이같이 하면 과거의 무도한 군주와 같다고 할 수 있습니다."

"실로 좋은 말이오!"

군지미호이선통君之美好而宣通의 '선통'을 허유휼은 명통明通과 같다고 했다. 관직미도官職美道의 '관직'을 허유휼은 명식明識으로 새겼다. 관官은 선

宣과 같고, 직職과 식識은 고대에 서로 통했다. 이색연색以繬緣繬의 '색'을 왕념손은 검은 비단 치緇의 잘못으로 보았다. '연'은 옷의 주변을 지칭한다. 참적시사讒賊是舍의 '사'를 윤지장은 상上으로 풀이했다. 유가불치有家不治의 '유가'를 사호범은 유국有國의 잘못으로 보았다. 무소조처無所朝處의 '조처'를 곽말약은 역대 군신君臣의 사적을 담은 북송 때의 『책부원구冊府元龜』의 인용구절을 근거로 취처就處의 오자로 파악했다. 불수천도不脩天道의 '수'를 왕념손은 순循의 오자로 보았다. 진기유우進其誏優의 '유우'는 일종의 어릿광대로 고본에는 배우俳優로 나온다. 유어박색流於博塞의 '유'를 야스이는 닉溺으로 새겼다. '박색'은 고대의 도박유희를 말한다. 희기공고戲其工瞽의 '공고'는 고대의 악공과 악사를 지칭한다. 맹인이 음악을 담당했던 까닭에 '고'라고 한 것이다. 오기부녀敖其婦女의 '오'를 야스이는 『광아』「석고」를 인용해 희戲로 새겼다. 요렵필익獠獵畢弋은 밤낮으로 수렵하는 것을 말한다. '요'는 야간사냥을 의미한다. '필'은 들짐승을 잡을 때 사용하는 그물, '익'은 새를 잡을 때 사용하는 주살을 뜻한다. '필익'은 사냥을 상징하는 용어로 사용된다. 포우제부暴遇諸父의 '포우'는 포학하게 대우했다는 뜻이다. '부'는 동성의 어른에 대한 존칭이다. 식정기유式政旣輮의 '식'을 『이아』「석고」는 용用으로 풀이했다. '유'는 만곡彎曲의 뜻이다. 이위공벌以爲攻伐의 '공벌'은 자신이 세운 공을 의미한다. '공'은 공功과 통한다.

33-3

桓公曰, "仲父旣已語我昔者有道之君, 與昔者無道之君矣, 仲父不當盡語我昔者有道之臣乎? 吾以鑒焉." 管子對曰, "夷吾聞之徐伯曰, '昔者有道之臣, 委質爲臣, 不賓事左右. 君知則仕, 不知則已. 若有事必圖國家, 偏其發揮, 循其祖德, 辯其順逆. 推育賢人, 讒慝不作. 事君有義, 使下有禮. 貴賤相親, 若兄若弟. 忠於國家, 上下得體. 居處則思義, 語言則謀謨, 動作則事. 居國則富, 處軍則克. 臨難據事, 雖死不悔. 近君爲拂, 遠君爲輔. 義以與交, 廉以與處.

臨官則治, 酒食則慈. 不謗其君, 不諱其辭. 君若有過, 進諫不疑. 君若有憂, 則臣服之.' 此亦可謂昔者有道之臣矣." 桓公曰, "善哉!"

제환공이 관중게 말했다.

"중보는 이미 나에게 과거의 유도한 군주와 무도한 군주에 관해 말해 주었소. 이제 과인에게 과거의 유도한 신하에 관해 말해 줘야 하는 거 아니겠소? 과인이 거울로 삼도록 하겠소."

관중이 대답했다.

"저는 서백으로부터 들은 바가 있습니다. 그는 말하기를, '과거 유도한 신하는 공손히 몸을 굽혀 군주를 섬기되 군주의 근신에게는 아부하지 않았고, 군주가 알아주면 출사出仕하고 알아주지 않으면 물러났다. 나라에 일이 있으면 반드시 나라를 위해 계책을 내며 역량을 모두 발휘했고, 선조의 덕행을 좇아 정령의 순역順逆을 변별했고, 현재를 천거하거나 육성하면서 남을 헐뜯는 간특한 자들을 억제했다. 의로써 군주를 섬기며 예로써 아랫사람을 부렸고, 귀천을 막론하고 친하게 지내 마치 형제와 같았다. 국익을 위해 충성을 다한 덕분에 군신 모두 체모를 유지할 수 있었고, 조용히 머물 때는 의를 생각하고, 말을 할 때는 미리 깊이 헤아리고, 움직여 일을 하면 반드시 공을 세웠다. 나라를 다스리면 반드시 부강하게 하고, 군사를 지휘하면 반드시 승리하고, 위난의 돌변사태를 만나면 반드시 온 몸을 희생하며 죽어도 후회하지 않았다. 조정에 있을 때는 군주의 잘못을 교정하고, 재야에 있을 때도 변함없이 보좌했다. 의로써 사람과 교제하고, 청렴하게 국사를 처리하고, 관직을 맡으면 정성을 다해 다스리고, 주식酒食으로 자애를 베풀며 겸양했다. 군주를 비방하지 않으면서 충언을 숨기지 않았다. 군주에게 과실이 있으면 진간進諫을 조금도 머뭇거리지 않고, 군주에게 근심이 있으면 함께 근심하며 이를 해결하기 위해 힘썼다.'고 했습니다. 이같이 하면 가히 과거의 유도한 신하와 같다고 할 수 있습니다."

"실로 좋은 말이오!"

위지위신委質爲臣의 '위지'는 몸을 낮춰 칭신稱臣하는 것을 뜻한다. '지'는 알현하며 바치는 예물인 지贄와 통한다. '거처즉사의居處則思義, 어언즉모모語言則謀謨'의 의義와 모謨를 두고 장문호는 후대인이 함부로 끼워 넣은 연자로 보았다. 실제로 『책부원구』의 인용문에는 모謨 자가 없다. 동작즉사動作則事의 '사'를 곽말약은 세우거나 둔다는 뜻의 사倳로 새겼다. 사剚와 같은 글자이다. 근군위불近君爲拂의 '불'을 야스이는 필弼로 새겼다. 주식즉자酒食則慈의 '자'가 일부 판본에 사辭로 되어 있다고 했다. 불휘기사不諱其辭의 '휘'가 송본 이외의 일부 판본에는 훼毁로 되어 있다. 즉신복지則臣服之의 '복'을 윤지장은 행行으로 새겼다.

33-4

桓公曰, "仲父旣以語我昔者有道之臣矣, 不當盡語我昔者無道之臣乎, 吾亦鑒焉." 管子對曰, "夷吾聞之於徐伯曰, '昔者無道之臣, 委質爲臣, 賓事左右, 執說以進, 不蘄亡已, 遂進不退, 假寵鬻貴. 尊其貨賄, 卑其爵位. 進曰輔之, 退曰不可. 以敗其君, 皆曰非我. 不仁羣處, 以攻賢者. 見賢若貨, 見賤若過. 貪於貨賂, 競于酒食. 不與善人, 唯其所事. 倨傲不恭, 不友善士, 讒賊與鬪. 不彌人爭, 唯趣人詔. 湛湎於酒, 行義不從. 不脩先故, 變易國常. 擅創爲令, 迷或其君. 生奪之政, 保貴寵矜. 遷損善士, 捕援貨人. 入則乘等, 出則黨駢, 貨賂相入, 酒食相親. 俱亂其君. 君若有過, 各奉其身.' 此亦謂昔者無道之臣." 桓公曰, "善哉!"

제환공이 관중에게 말했다.

"중보는 이미 나에게 과거의 유도有道한 신하에 관해 말해 주었소. 이제 나에게 과거의 무도無道한 신하에 관해 말해 줘야 하는 게 아니겠소? 과인이 거울로 삼도록 하겠소."

관중이 대답했다.

"저는 서백으로부터 들은 바가 있습니다. 그는 말하기를, '과거 무도한 신하는 몸을 굽혀 군주를 섬기면서 군주의 근신을 공경히 받들었다. 간사한 말로 승진에 힘쓰고, 거동을 단정히 하지 않은 채 나아가기만 할 뿐 물러설 줄 몰랐다. 군주의 총애만 믿고 존귀한 신분을 자랑한 이유다. 또 진귀한 보물과 재화를 중시하고, 작위와 신분을 가벼이 여겼다. 조정에서는 군주를 받들면서 물러나서는 불가하다고 비난하고, 군주의 명성을 훼손하면서도 자신의 잘못이 아니라고 한다. 불인不仁한 무리와 어울려 지내며 현자를 공격하고, 권귀權貴에 아부하는 것을 마치 재화를 탐하듯이 하면서 그렇지 못한 자를 마치 행인을 바라보듯이 지나쳤다. 재화를 탐하는 것이 끝이 없고, 주식酒食을 다퉈 밝히고, 선인善人과 함께 어울리지 않은 채 오직 같은 무리들만 가까이 지냈다. 매우 오만하고 불손해 선사善士와 교유할 생각은 하지 않고, 은밀히 소인배와 결탁했다. 분쟁을 해소할 생각은 하지 않고, 작은 이익을 놓고 사람들과 송사를 다투었다. 종일토록 음주 향락에 빠져 행동거지와 용모가 가지런하지 않았다. 선조의 옛 규범을 좇지 않으면서 나라의 상규를 바꾸고, 멋대로 법령을 발포하면서 군주를 미혹시켰다. 군권君權을 빼앗듯이 잠식하면서 존귀한 자리와 은총을 유지한 이유다. 현재賢才와 선사善士를 내치면서 시정의 잡배들을 끌어들이고, 조정에서는 참월한 짓을 벌이면서 조정 밖에서는 붕당을 앞세워 사리를 추구했다. 이때 서로 뇌물과 주식을 주고받으면서 친교를 강화했다. 모두 군주를 어지럽게 만드는 짓이었다. 일단 군주가 화를 당하면 각자 자기 몸을 보신하기 위해 분주했던 이유다.'라고 했습니다. 이같이 하면 가히 과거의 무도한 신하와 같다고 할 수 있습니다."

제환공이 말했다.

"실로 좋은 말이오!"

집설이진執說以進의 '설'을 윤지장은 망령된 얘기를 뜻하는 영설佞說로 풀이했다. 불기망기不蘄亡己의 '기'를 손성연은 구求로 새겼다. '망'을 왕념손은 정正의 잘못이라고 했다. 가총육귀假寵鬻貴의 '육귀'는 존귀한 신분을 팔아먹는다는 뜻으로 거들먹거리는 것을 의미한다. 존기화회尊其貨賄의 '화회'는 재물을 총칭한 말이다. 견현약화見賢若貨의 '현'을 정사함은 귀貴의 잘못으로 보았다. 거오불공倨傲不恭의 '오'가 송본 이외의 다른 판본에는 오敖로 되어 있다. 참적여투讒賊與鬪의 '투'를 조용현은 일부 판본에 통通으로 되어 있다고 했다. 불미인쟁不彌人爭의 '미'를 장문호는 고대에는 싸움을 멈출 미弭와 통용됐다고 했다. 유취인조唯趣人詔의 '취'를 왕념손은 촉促으로 읽었다. 담면어주湛湎於酒의 '담면'은 심취心醉의 뜻이다. '담'과 '면' 모두 술에 빠졌다는 의미이다.

행의부종行義不從의 '의'를 우성오는 의儀와 통한다고 했다. 불수선고不脩先故의 '수'를 왕념손은 순循의 잘못으로 보았다. 천창위령擅創爲令의 '위'를 허유휼은 위僞로 새겼다. 미혹기군迷或其君의 '혹'이 고본에는 혹惑으로 되어 있다. 보귀총긍保貴寵矜의 '총긍'을 곽말약은 긍총矜寵으로 바꿔야 한다고 했다. 천손선사遷損善士의 '천'을 대망은 거去로 새기면서 '손'을 연捐의 오자라고 했다. 포원화인捕援貨人의 '포'를 곽말약은 보輔의 잘못으로 보았다. 입즉승등入則乘等의 '승'을 우성오는 『국어』「주어」의 주를 인용해 등차를 뛰어넘는 능陵으로 새겼다. 또 출즉당병出則黨駢의 '당병'을 붕당을 만들어 사리를 추구하는 결당영사結黨營私로 풀이했다. '군약유과君若有過, 각봉기신各奉其身' 구절의 '과'를 곽말약은 화禍의 오자로 보고, '봉'을 보保로 새겼다.

제34장 정언(正言)　　망실

관자㊤

발행일 1쇄 2021년 1월 29일
지은이 관중
옮긴이 신동준
펴낸이 여국동

펴낸곳 도서출판 인간사랑
출판등록 1983. 1. 26. 제일-3호
주소 경기도 고양시 일산동구 백석로 108번길 60-5 2층
물류센타 경기도 고양시 일산동구 문원길 13-34(문봉동)
전화 031)901-8144(대표) | 031)907-2003(영업부)
팩스 031)905-5815
전자우편 igsr@naver.com
페이스북 http://www.facebook.com/igsrpub
블로그 http://blog.naver.com/igsr
인쇄 인성인쇄 **출력** 현대미디어 **종이** 세원지업사

ISBN 978-89-7418-795-8 03100
978-89-7418-794-1 03100(세트)

* 책값은 뒤표지에 있습니다. * 잘못된 책은 바꿔드립니다.

이 도서의 국립중앙도서관 출판시도서목록(CIP)은 서지정보유통지원시스템 홈페이지(http://seoji.nl.go.kr)와
국가자료공동목록시스템(http://www.nl.go.kr/kolisnet)에서 이용하실 수 있습니다.(CIP제어번호: CIP2020054527)